혜택 2 독끝 NCS 전과목 무료 수강권 추가 제공!

강의를 더 듣고 싶다면 필독!
NCS 전영역 인기강의를 추가로 지원합니다.

 혜택 ❷ 받으러 가기

공기업 NCS 시험을 준비하는 모든 분들에게
반드시 필요한 기초 + 심화 강좌 모두, 1위 독끝 NCS가 **무료**로 배포합니다.

혜택 3 독끝 NCS 온라인 무료스터디 제공!

독학이 힘든 분을 위해,
학습 동기부여 + 공부자극 스터디를 지원합니다.

NCS 기본(개념/유형) 익히기

STEP 1 NCS 통합 기본서

① NCS 영역별로 어떠한 유형의 문제들이 출제되는지 빠르게 1회독
② 필수 출제영역인 의사·수리·문제·자원관리 PSAT+모듈 위주로 선행학습
※ 틀린 문제도 이해가 안 가면 과감히 넘기기
※ 나머지 영역(정보/기술·조직이해·대인관계·자기개발·직업윤리 등)은 시험 1~2달 전 모듈형 학습

STEP 2 NCS 수리·기초수학

① 수포자를 위한 기초(중등) 수학 93개념
② 빠른 풀이를 위한 시간단축 팁+빈출 유형별 풀이팁
※ 실전에 강한 수리 전문가 〈박수웅〉 강사가 전달하는 수리 기초+실전팁!

스터디 종료 후 2~3주 기본서 회독 추가학습

NCS 실전 문제풀이 연습

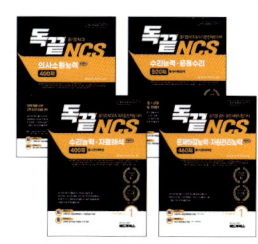

실전문제 풀이 일일 권장 학습량
• 의사소통: 일 3~5문제
• 자료해석: 일 5~10문제
• 응용수리: 일 10~15문제
• 문제해결/자원관리: 일 5~7문제

스터디 종료 후 2~3개월 문풀+오답 회독 추가학습

학습습관 완성

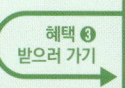  혜택 ❸ 받으러 가기

공기업 NCS 4주 완성, 지금 바로 참여하세요!

N 지금 바로 검색창에서 "**독끝 NCS**"를 검색하세요!

NCS 합격을 위한 가장 확실한 전략
애드투 독끝 NCS 환급 프리패스

* 환급은 부가혜택 및 제세공과금 22%, PG사 수수료 제외 후 지급
** 23년 8월 22일~24년 10월 7일까지 수강후기 평점 5점 만점에 5점 만점의 비중
*** 애드투북스 스토어 + 공기업길잡이 스토어 및 교보문고 + YES24 + 알라딘 등 교재 전체 후기 수 합계

합격 시 수강료 환급*

전체 수강생 강의 만족도 99%**

실구매자 리뷰 1위***

당신을 NCS 합격으로 이끌기에 충분한 모든 것을 담았습니다.

NCS 교재 3권 무료 제공

진단검사를 통한 약점분석 서비스 제공

시간단축비법 등 핵심 자료 추가 제공

배수제한 없이 무제한 수강

합격 시 수강료 환급

파이널 자료/ 특강으로 완벽한 실전대비

자격증, 공기업 전기직 강좌 50% 할인 혜택

선생님의 1:1 질문답변 제공

※ 프리패스 제공 혜택은 판매 주차별로 변경될 수 있습니다.

쌩기초부터 모듈 + PSAT 최종 실전대비까지
따라만 가면 되는 독끝 NCS 합격 커리큘럼

국내유일 기초과정 제공

01 수리·독해 기초
수포자, 입문자를 위한 필수 기초 입문단계

1주 학습

02 PSAT+모듈+피듈 통합 기본학습
- NCS 통합 기본서 필수이론/개념 + 예시문항 + 실전문항

2주 학습

03 고득점을 위한 PSAT 진단검사
진단검사로 약점분석 후 나의 수준 파악

사이트 진단검사 제공

04 PSAT 영역별 심화 문풀
- 응용수리 500제
- 자료해석 400제
- 문제해결·자원관리 460제
- 의사소통능력 400제

2개월 학습

05 실전모의고사 + 파이널 특강
실전 유형의 문제풀이와 파이널 특강으로 최종점검!

2~3일 학습

N 지금 바로 검색창에서 "독끝 NCS"를 검색하세요!

독학으로 끝내는 시리즈

독끝 NCS

공기업 NCS

수리능력·응용수리
500제 + 필수개념요약

①

필수개념요약 + 문항편

구성 및 활용

CONSTRUCTION & FEATURES

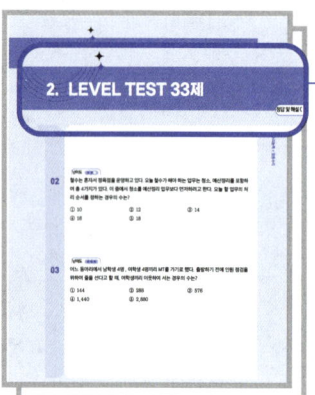

1. 학습 전 Level Test 33제!

- 본격적인 학습 전에 나의 응용수리 수준을 먼저 점검 합니다.
- 테스트 결과에 따라 제시하는 커리큘럼을 참고하여 나에게 맞는 학습방향을 설정하세요.

2. 12일간! 매일 푸는 계산연습

- 농도, 속력, 경우의 수 등 총 6개 유형에 대한 매일 푸는 계산연습으로 실전에서 풀이속도를 높이세요.
- 연습종료 후 각 Set별로 맞은 개수 및 풀이시간을 적어 매일 계산 실력 향상을 목표로 하세요!

독학으로 끝내는
수리능력 · 응용수리

3. 독끝 1일차 시작!

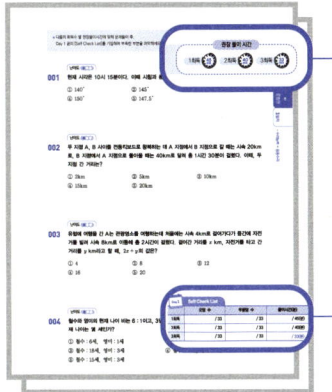

- 각 회독수 별 권장 풀이시간에 맞추어서 일차 별로 문제풀이를 시작하세요.(시작 전, Part 2의 01. 응용수리 학습 가이드 참고)
- 일차 별 문제풀이 종료 후, 말미의 체크리스트를 기입하여, 내가 약한 부분이 무엇인지 꼭 확인하세요
- 회독수 별 체크리스트 기재사항을 기반으로 Part 2의 1. 응용수리 학습 가이드 내용을 참고하여 지속적으로 나의 취약점을 보완해 가세요.

4. 상세해설 확인하기

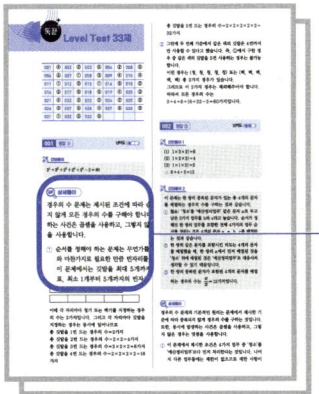

- 간단풀이법이 이해가지 않아도 걱정 마세요!
- 수포자도 이해할 수 있도록 모든 문항에 걸쳐서 상세 해설을 확인할 수 있어요.

공기업 길잡이 의 이야기

 " 합격을 결정짓는 응용수리의 유형 "

응용수리 문제는 코레일, 가스공사 등 많은 공기업의 필기시험에 출제되는 문제 유형 중 하나이며 확실히 공부해두지 않으면 시험 전체의 흐름에 악영향을 끼치는 문제이기도 합니다.

처음에는 중, 고등학교때 배웠던 수학개념들을 수년이 지난 지금에서야 다시 공부한다는 것이 두렵기도 할 것입니다. 하지만 막상 공부를 해보면 생각보다 공부해야 하는 개념이 많지는 않으며 조금만 시간을 투자해서

모든 유형을 확실하게 공부해두면 시험장에서 단 30초 만에 풀 수 있는 문제이기도 합니다.

즉 여기서 시간을 아끼고 다른 문제에 시간 투자를 할 수 있습니다.

따라서 NCS 시험의 합격과 불합격을 결정하는 아주 중요한 유형 중 하나이며 꼭 완벽하게 공부를 해야 하는 유형입니다.

응용수리는 내가 아는 유형이 아닌 몰랐던 유형들을 모두 접해보고 풀어보며 익숙해지는 과정을 거쳐야 필기시험장에서 그 어떤 문제를 만나도 당황하지 않습니다.

여러분들이 필기 시험장에서 응용 수리 문제를 마주치면 당황하고 풀이법이 바로 생각이 나지 않았던 이유가 바로 여기에 있습니다.

나올 수 있는 모든 유형을 미리 공부하지 않아서이기도 하며, 그런 문제집이 없어서이기도 합니다.

출제될 수 있는 거의 모든 유형이 수록 되어 있는
"독학으로 끝내는 응용수리" 교재를 통해 응용수리 문제가
약점이 아닌 강점이 되는 계기가 되길 바랍니다.

— 공기업 길잡이

문제를 하루에 몰아서 다 풀기보다는
매일매일 꾸준히 풀어주는 것이 좋습니다.

우선은 본 문제집에서 제시하는 각 일차별로 (약 33문항씩) 풀어보고, 채점, 오답검토까지 시간이 많이 걸려서 부담된다면, 1일차 학습을 2일에 걸쳐 진행하면서 조금씩 분량을 늘려가면 됩니다.

이 때, 중요한 것은 문제를 맞히고 틀리는 것에 집중하는 것이 아닌, **다양한 유형의 응용수리 문제들을 꾸준하게 반복해서 푸는 것에 중점을 둔다면** 필기 시험장에서 그 어떤 유형의 응용수리 문제를 만나더라도 자신 있게 풀 수 있을 것입니다.

또한, 평소 익숙한 풀이 방법으로만 풀기보다는 해설집에 있는 다양한 풀이 방법들을 적용해 보는 연습을 하셔야 합니다.
당장은 이러한 방법이 시간이 오래 걸리고 귀찮을지라도 이 사소한 노력이 합/불을 결정지을 만큼 중요하기 때문입니다.

한가지 유형에 대해 다양한 풀이 방법을 알고 있다는 것은 그만큼 내가 시험장에서 꺼내 쓸 수가 있는 무기가 많다는 것입니다.

즉 문제를 보자마자 풀이가 떠오르지 않으면 평소 숙달해왔던 다른 풀이 방법을 꺼내 쓰면 되는 것입니다.

어떤 공부를 하시더라도 합격과 불합격은 정말 사소한 노력이 모여 결정짓는다는 것을 항상 유념하시길 바랍니다.

더불어 문제집을 다 풀고 나서도 감각을 잃지 않도록 일주일에
한 번 ~ 두 번 정도는 복습을 해주시고 최소한 2회독까지는
전 문항을 푸시는 걸 추천해 드립니다.

학습 플랜 & NCS 학습 커리큘럼

→ 수리능력·응용수리 500제 **14일 완성** 학습 플랜

1일차
- 학습범위 : 001~033번
- 난이도 구성
  - ●○○ 14문항
  - ●●○ 19문항
  - ●●● 0문항

2일차
- 학습범위 : 034~066번
- 난이도 구성
  - ●○○ 14문항
  - ●●○ 13문항
  - ●●● 6문항

3일차
- 학습범위 : 067~100번
- 난이도 구성
  - ●○○ 0문항
  - ●●○ 27문항
  - ●●● 7문항

4일차
- 학습범위 : 101~133번
- 난이도 구성
  - ●○○ 13문항
  - ●●○ 20문항
  - ●●● 0문항

5일차
- 학습범위 : 134~166번
- 난이도 구성
  - ●○○ 12문항
  - ●●○ 14문항
  - ●●● 7문항

6일차
- 학습범위 : 167~200번
- 난이도 구성
  - ●○○ 0문항
  - ●●○ 23문항
  - ●●● 11문항

7일차
- 학습범위 : 201~233번
- 난이도 구성
  - ●○○ 14문항
  - ●●○ 19문항
  - ●●● 0문항

8일차
- 학습범위 : 234~266번
- 난이도 구성
  - ●○○ 13문항
  - ●●○ 14문항
  - ●●● 6문항

9일차
- 학습범위 : 267~300번
- 난이도 구성
  - ●○○ 0문항
  - ●●○ 27문항
  - ●●● 7문항

10일차
- 학습범위 : 301~333번
- 난이도 구성
  - ●○○ 0문항
  - ●●○ 13문항
  - ●●● 20문항
  - 0문항

11일차
- 학습범위 : 334~366번
- 난이도 구성
  - ●○○ 13문항
  - ●●○ 12문항
  - ●●● 8문항

12일차
- 학습범위 : 367~400번
- 난이도 구성
  - ●○○ 0문항
  - ●●○ 26문항
  - ●●● 8문항

고난도 13일차
- 학습범위 : 01~35번
- 유형 구성
  1. 방정식   2. 부등식   3. 수, 과부족 유형
  4. 속력, 시간, 거리   5. 농도   6. 일률
  7. 원가, 정가, 할인가   8. 나이, 날짜, 요일
  9. 시계   10. 약수와 배수, 톱니바퀴, 간격

고난도 14일차
- 학습범위 : 36~70번
- 유형 구성
  11. 집합   12. 경우의 수
  13. 확률   14. 응용계산
  15. 원리합계, 환율

※ 수리 초보자의 경우 정확한 학습이 중요하므로, 1일차를 2일에 걸쳐 학습하셔도 좋습니다.
※ 정량적인 학습으로 문제풀이 감각을 유지하고 싶은 학습자의 경우, 하루 10문항씩 50일에 걸쳐 학습하셔도 좋으며, 권장 풀이시간은 10문항 당 10~11분 입니다.

→ 독끝 NCS 학습 커리큘럼

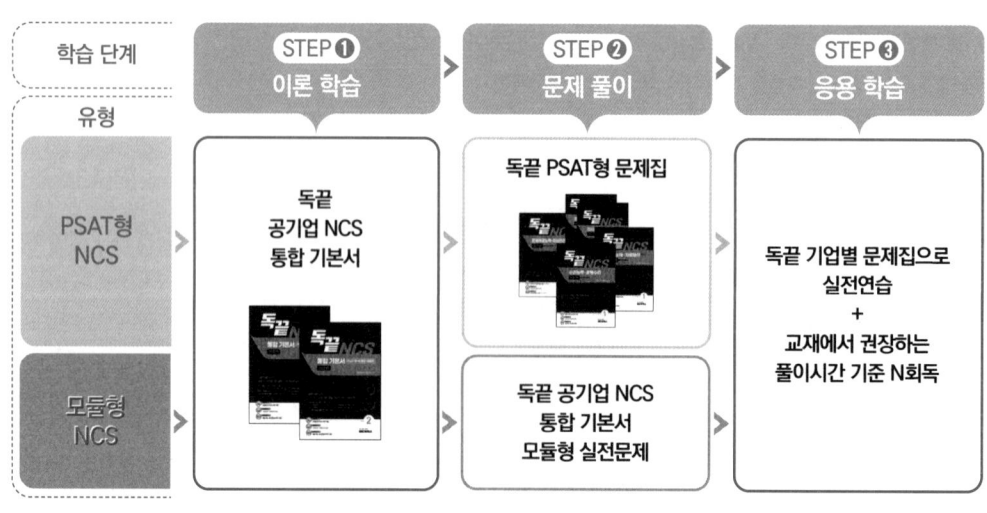

차례

CONTENTS

PART 1 필수개념요약

PART 2 사전 Level Test 33제

01 응용수리 학습 가이드 … 110
02 Level Test 33제 … 111

PART 3 독끝 Daily 400제

Day 1 … 122
Day 2 … 132
Day 3 … 143
Day 4 … 154
Day 5 … 164
Day 6 … 175
Day 7 … 186
Day 8 … 196
Day 9 … 207
Day 10 … 217
Day 11 … 227
Day 12 … 238

PART 4 유형별 고난도 70제

Day 13 … 250
Day 14 … 262

독끝 필수개념요약

PART 1

제 1 장 사칙연산

1 사칙연산

수에 관한 더하기(+), 빼기(−), 곱하기(×), 나누기(÷) 이렇게 네 종류의 연산법을 **사칙연산**이라 합니다. 이때, 덧셈과 곱셈은 다음의 연산법칙을 만족시킵니다.

(1) 연산법칙

구분	덧셈	곱셈
교환법칙	$a+b=b+a$	$a \times b = b \times a$
결합법칙	$a+(b+c)=(a+b)+c$	$a \times (b \times c) = (a \times b) \times c$
분배법칙	$(a+b) \times c = a \times c + b \times c$	

(2) 덧셈과 뺄셈, 곱셈과 나눗셈의 관계

① 뺄셈은 덧셈의 역연산이다.
$a+b=c$일 경우, $a=c-b$, $b=c-a$가 성립합니다.

② 나눗셈은 곱셈의 역연산이다.
$a \times b = c$일 경우, $a = c \div b$, $b = c \div a$가 성립합니다.

> **Tip** $a \div b = a \times \dfrac{1}{b} = \dfrac{a}{b}$와 같다.

2 곱셈, 나눗셈을 덧셈, 뺄셈보다 먼저 하는 것은 규칙

여러 연산 기호가 있는 사칙연산에서는 연산의 우선순위가 달라지면 계산 결과도 달라지기 때문에 모두가 약속한 **우선순위의 기준**이 필요합니다.

수식의 계산은 왼쪽에서 오른쪽으로 차례대로 하되, 곱셈과 나눗셈을 덧셈과 뺄셈보다 먼저 해야 합니다.

예를 들어 $12+3 \times 7$을 계산해야 하는 경우, 곱셈을 먼저 해야 하므로 $3 \times 7 = 21$을 구한 다음, $12+21=33$과 같이 풀어야 합니다.(틀린 풀이: $12+3=15$이므로 $15 \times 7 = 105$)

> **Tip** 2^3과 같은 거듭제곱은 $2 \times 2 \times 2$를 뜻하므로 덧셈, 뺄셈보다 우선한다.

3 괄호는 모든 연산 순위에 우선된다.

괄호가 있는 연산은 무조건 괄호 안의 연산부터 계산해야 하며, 소괄호 ( ) → 중괄호 { } → 대괄호 [ ] 순으로 계산합니다. 예를 들어, {20−(12+3)}×7의 연산을 살펴봅시다. 모든 연산에 앞서 소괄호 안의 연산부터 풀어야 하므로 12+3=15, 그 다음 중괄호 안의 연산을 풀면 20−15=5, 남은 연산을 풀면 5×7=35입니다.

4 계산 순서

괄호가 있는 식은 괄호 안을 먼저 계산한다. 이때, 괄호는 ( ), { }, [ ]의 순서로 푼다.	→	곱셈과 나눗셈을 계산한다.	→	덧셈과 뺄셈을 계산한다.

* 이때, 만약 동순위 연산이 2개 이상이면 왼쪽에서 오른쪽으로 차례대로 연산합니다.

5 검산방법

연산의 결과를 확인하는 과정으로 검산방법에는 역연산과 구거법이 있습니다.

역연산	덧셈은 뺄셈으로, 뺄셈은 덧셈으로, 곱셈은 나눗셈으로, 나눗셈은 곱셈으로 확인하는 방법으로, 본래의 풀이와 반대로 연산을 하여 본래의 답이 맞는지 확인할 수 있습니다.
구거법 (九去法)	어떠한 정수의 각 자릿수의 합을 9로 나눈 나머지는 원래의 수를 9로 나눈 나머지와 같다는 성질을 이용하여 확인하는 방법입니다. 각 수를 9로 나눈 나머지만 계산해서 좌변과 우변의 9로 나눈 나머지가 같은지만 확인하면 됩니다.

6 분수의 연산

(1) 분수의 성질

분모와 분자에 똑같은 값을 곱하거나(×), 나누어도(÷) 전체의 값은 동일합니다.

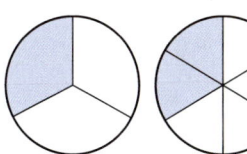
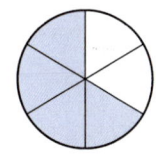
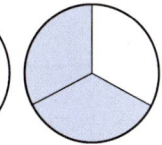

$$\frac{1}{3} = \frac{1 \times 2}{3 \times 2} = \frac{2}{6} \qquad \frac{4}{6} = \frac{4 \div 2}{6 \div 2} = \frac{2}{3}$$

(2) 분수의 통분

분모의 최소공배수를 공통분모로 하여 통분합니다.

예를 들어, $\dfrac{1}{4}+\dfrac{1}{6}$를 연산해보면, 각 분수의 분모인 4와 6의 최소공배수는 12이므로 다음과 같이 12를 공통분모로 하여 통분한 후, 풀 수 있습니다.

$$\dfrac{1}{4}+\dfrac{1}{6}=\dfrac{1\times 3}{4\times 3}+\dfrac{1\times 2}{6\times 2}=\dfrac{3}{12}+\dfrac{2}{12}=\dfrac{5}{12}$$

(3) 분수의 곱셈과 나눗셈

① 분수의 곱셈 : 분수의 곱셈은 분자는 분자끼리, 분모는 분모끼리 곱합니다.

$$\dfrac{a}{b}\times\dfrac{c}{d}=\dfrac{ac}{bd}$$

② 분수의 나눗셈 : 나눗셈(÷)은 역수의 곱셈(×)으로 바꾸어 계산합니다.

$$\dfrac{a}{b}\div\dfrac{c}{d}=\dfrac{a}{b}\times\dfrac{1}{\dfrac{c}{d}}=\dfrac{a}{b}\times\dfrac{d}{c}=\dfrac{ad}{bc}$$

(4) 부분분수 공식(*참고)

이 공식은 분모의 차수를 낮추는 데 사용하는 공식입니다. 분모의 값이 너무 클 경우, 소인수분해하여 뺄셈의 연산으로 바꿀 수 있습니다.

$$\dfrac{1}{AB}=\dfrac{1}{B-A}\left(\dfrac{1}{A}-\dfrac{1}{B}\right)$$

7 빠른 연산을 위한 변환

- 대분수는 가분수로 바꿉니다.
- 소수는 분수로 바꿉니다.
- 분수는 통분과 약분으로 간략하게 만듭니다.

예제

❶ $81+12\times 9-121$

❷ $14-56\div 21\times(-6)$

❸ $4\dfrac{2}{3}+\dfrac{5}{8}\times 2\dfrac{2}{15}$

해설

❶ $81 + 12 \times 9 - 121 = 81 + 108 - 121 = 189 - 121 = \mathbf{68}$

❷ $14 - 56 \div 21 \times (-6) = 14 - 56 \times \dfrac{1}{21} \times (-6) = 14 - \dfrac{8}{3} \times (-6) = 14 + 16 = \mathbf{30}$

❸ $4\dfrac{2}{3} + \dfrac{5}{8} \times 2\dfrac{2}{15} = \dfrac{14}{3} + \dfrac{5}{8} \times \dfrac{32}{15} = \dfrac{14}{3} + \dfrac{4}{3} = \mathbf{\dfrac{18}{3}}$

CASE 1 $3 + \dfrac{4}{3} \times \left[\left\{ 5 + (-2)^2 \right\} \div 6 \right]$ 을 계산하시오.

상세풀이

$= 3 + \dfrac{4}{3} \times \{(5+4) \div 6\} = 3 + \dfrac{4}{3} \times (9 \div 6)$

$= 3 + \dfrac{4}{3} \times \dfrac{9}{6} = 3 + 2 = 5$

CASE 2 $\left[13 + \left\{ 9 \times \left(2\dfrac{4}{5} - 0.8 \right) \right\} \div 6 \right] \div 2^3$ 을 계산하시오.

상세풀이

$= \left[13 + \left\{ 9 \times \left(\dfrac{14}{5} - \dfrac{8}{10} \right) \right\} \div 6 \right] \div 8 = \left[13 + \left\{ 9 \times \left(\dfrac{14-4}{5} \right) \right\} \div 6 \right] \div 8$

$= \left\{ 13 + \left(9 \times \dfrac{10}{5} \right) \div 6 \right\} \div 8 = (13 + 18 \div 6) \div 8 = (13+3) \div 8 = 16 \div 8 = 2$

빠른 연산을 위한 암기 Tip

분수 ⇌ 소수	$\frac{1}{2} = 0.5$	$\frac{1}{3} = 0.33\cdots$	$\frac{1}{4} = 0.25$	$\frac{1}{5} = 0.2$
	$\frac{1}{6} = 0.166\cdots$	$\frac{1}{7} = 0.142\cdots$	$\frac{1}{8} = 0.125$	$\frac{1}{9} = 0.111\cdots$
제곱수	$2^2 = 4$	$3^2 = 9$	$4^2 = 16$	$5^2 = 25$
	$6^2 = 36$	$7^2 = 49$	$8^2 = 64$	$9^2 = 81$
	$10^2 = 100$	$11^2 = 121$	$12^2 = 144$	$13^2 = 169$
	$14^2 = 196$	$15^2 = 225$	$16^2 = 256$	$17^2 = 289$
	$18^2 = 324$	$19^2 = 361$	$20^2 = 400$	

거듭제곱					
	2	$2^1 = 2$	$2^2 = 4$	$2^3 = 8$	$2^4 = 16$
		$2^5 = 32$	$2^6 = 64$	$2^7 = 128$	$2^8 = 256$
		$2^9 = 512$	$2^{10} = 1,024$		
	3	$3^1 = 3$	$3^2 = 9$	$3^3 = 27$	$3^4 = 81$
		$3^5 = 243$			
	5	$5^1 = 5$	$5^2 = 25$	$5^3 = 125$	$5^4 = 625$

제2장 방정식

1 방정식

미지수를 포함하는 등식에서, 미지수의 값에 따라 참 또는 거짓이 되는 식을 **방정식**이라 합니다. 이때, 이 방정식이 참이 되게 하는 미지수의 값을 **근 또는 해**라고 하며, 방정식의 해를 모두 구하는 것을 **방정식을 푼다**고 합니다.
서술형태로 제시된 문항에서는 구하는 값을 미지수로 설정하고 문항에 제시된 조건을 만족시키는 미지수를 포함한 관계식을 도출하여 방정식을 만들 수 있어야 합니다.
이때, 미지수가 많아지면 구해야 하는 방정식도 많아져서 복잡해지므로 미지수를 최소화하는 것이 중요합니다.

2 일차방정식

미지수의 최고차항이 1차인 다항방정식으로, 일반적으로 $ax+b=0$(단, $a \neq 0$)의 꼴로 나타낼 수 있습니다.
이때, 미지수 x는 b를 **이항**[1])하여 다음과 같이 구할 수 있습니다.
$ax+b=0$ ➜ $ax=-b$

(1) $a \neq 0$일 때, $x=-\dfrac{b}{a}$ (해가 1개)

(2) $a=0$일 때, $\begin{cases} b \neq 0 \text{이면 해가 없다.(불능)} \\ b=0 \text{이면 해는 무수히 많다.(부정)} \end{cases}$

---

1) 등식의 한 변에 있는 항의 부호를 바꾸어 다른 변으로 옮기는 것. 그 결과가 항이 이동한 것처럼 보이므로 이항이라고 표현함

3 미지수가 2개인 연립일차방정식

미지수가 2개인 일차방정식 두 개 이상을 하나로 묶어 놓은 것을 말하며, 두 일차방정식을 동시에 만족시키는 미지수의 값(순서쌍 (x, y))이 연립방정식의 해입니다.

(1) 연립방정식의 풀이

① **가감법** : 연립방정식의 두 방정식을 변끼리 더하거나 빼서 한 미지수를 **소거**[2]하여 연립방정식의 해를 구하는 방법

② **대입법** : 연립방정식의 한 방정식을 다른 방정식에 대입하여 한 미지수를 소거하여 연립방정식의 해를 구하는 방법

③ **풀이 순서**

무엇을 미지수 x, y로 나타낼 것인지를 정한다. → 문제의 조건에 맞게 x, y에 대한 연립방정식을 세운다. → 연립방정식을 풀어 x, y의 값을 구한다. → 구한 해가 문제의 뜻에 맞는지 확인한다.

(2) 여러 가지 연립방정식의 풀이

① **괄호가 있는 연립방정식** : 분배법칙을 이용하여 괄호를 푼 후, 동류항끼리 모아서 간단히 하여 풉니다.

② **계수가 소수인 연립방정식** : 양변에 10의 거듭제곱을 곱하여 계수를 정수로 고친 후 풉니다.

③ **계수가 분수인 연립방정식** : 양변에 분모의 최소공배수를 곱하여 계수를 정수로 고친 후 풉니다.

④ **A = B = C꼴의 연립방정식**

$\begin{cases} A = B \\ A = C \end{cases}$, $\begin{cases} A = B \\ B = C \end{cases}$, $\begin{cases} A = C \\ B = C \end{cases}$ 와 같이 등호를 하나만 포함한 방정식 두 개를 만들어 연립방정식을 만든 후 풉니다.

> **Tip** 연립방정식은 일률 문제나 거리·시간·속력 문제, 소금물의 농도 문제 등에서 빈번하게 쓰이므로 풀이방법을 체화시키자.

---

2) 연립방정식에서 미지수들 중 하나를 없애는 것

예제

❶ 연속하는 세 홀수의 합이 183일 때, 가장 작은 수는 무엇인가?

❷ A농장에 있는 오리와 소는 총 25마리이다. 이들의 다리 수가 총 74개라면 A농장에 있는 소는 모두 몇 마리인가?

해설

❶ 가장 작은 수를 x라 하면 연속하는 세 홀수는 x, $(x+2)$, $(x+4)$이다.
$x+(x+2)+(x+4)=3x+6=183$
$3x=177$ ∴ $x=59$
따라서 연속하는 세 홀수는 59, 61, 63이고, 이 중 가장 작은 수는 **59**이다.

❷ 오리와 소는 총 25마리라 하였으므로 소의 수를 x라 하면 오리의 수는 $25-x$이다. 이때, 오리의 다리는 2개, 소의 다리는 4개이고 이들의 다리 수가 총 74개라 하였으므로 다음의 식이 성립한다.
$2(25-x)+4x=74$
괄호를 풀어 정리하면
$50-2x+4x=74$
$2x=24$ ∴ $x=12$
따라서 구하는 소의 수는 모두 **12마리**이다.

Tip 미지수의 개수를 최소화하는 것이 좋으므로 문제에서 구하는 값인 소의 수를 x라 두고, 오리의 수를 $25-x$라 두었다. 이때, 오리의 수를 y라 두고 다음과 같이 연립방정식으로 구할 수도 있다.
$\begin{cases} x+y=25 \\ 4x+2y=74 \end{cases}$
$\begin{cases} x+y=25 & \cdots\cdots ㉠ \\ 2x+y=37 & \cdots\cdots ㉡ \end{cases}$
㉡-㉠을 하면 $x=12$
따라서 구하는 소의 수는 모두 12마리이다.

사탕은 개당 300원, 초콜릿은 개당 500원일 때, 가지고 있는 돈 5,000원을 모두 써서 사탕과 초콜릿을 총 12개 사려고 한다. 이때, 초콜릿을 구매하는 데 드는 금액은 총 얼마인가?

① 2,500원 ② 3,000원 ③ 3,500원
④ 4,000원 ⑤ 4,500원

간단풀이

초콜릿의 개수를 x라 하면 사탕의 개수는 $12-x$라 할 수 있으므로
$300(12-x)+500x=5,000$
$3(12-x)+5x=50$
$36-3x+5x=50$
$2x=14$ ∴ $x=7$
따라서 초콜릿의 개수는 7개이므로 $500 \times 7 = 3,500$원이다.

정답 ③

상세풀이

① 사탕과 초콜릿을 총 12개 구매했다고 하였으므로 초콜릿의 개수를 x라 하면 사탕의 개수는 $12-x$라 할 수 있습니다.

② 초콜릿은 개당 500원이므로 초콜릿을 구매하는 데 드는 금액은 $500x$이고, 사탕은 개당 300원이므로 사탕을 구매하는 데 드는 금액은 $300(12-x)$입니다. 사탕과 초콜릿을 구매하는 데 총 5,000원이 들었다고 하였으므로 이것을 방정식으로 나타내면 다음과 같습니다.
$300(12-x)+500x=5,000$

③ 위의 방정식을 간단히 하면
$3(12-x)+5x=50$
$36-3x+5x=50$
$2x=14$ ∴ $x=7$
따라서 초콜릿의 개수는 7개입니다.

④ 구하는 것은 초콜릿을 구매하는 데 드는 비용이므로 $500 \times 7 = 3,500$원입니다.

다른풀이

사탕의 개수를 x, 초콜릿의 개수를 y라 하면 다음과 같은 연립방정식이 성립한다.
$$\begin{cases} x+y=12 \\ 300x+500y=5,000 \end{cases}$$
$$\begin{cases} 3x+3y=36 \cdots \cdots \ ㉠ \\ 3x+5y=50 \cdots \cdots \ ㉡ \end{cases}$$
㉡-㉠을 하면
$2y=14$ ∴ $y=7$
따라서 초콜릿의 개수는 7개이므로 $500 \times 7 = 3,500$원이다.

철수는 4명의 고객들에게 택배를 보내려고 택배사에 왔다. 택배비는 소포 무게가 3kg 이하면 개당 4,000원, 3kg 초과분부터는 1kg을 초과할 때마다 300원씩 비용이 추가된다. 또한, 소포를 3개 이상 보내면 택배비의 10%를 할인해 준다고 한다. 철수가 4명의 고객들에게 무게가 $x$kg으로 동일한 소포를 하나씩 보냈더니 총 택배비가 18,720원이었다. 이때, x는 얼마인가?

① 4kg   ② 5kg   ③ 6kg
④ 7kg   ⑤ 8kg

간단풀이

$\{4,000+300(x-3)\} \times 4 \times 0.9 = 18,720$
$(3,100+300x) \times 4 \times 0.9 = 18,720$
$3,100+300x = 18,720 \times \dfrac{1}{4} \times \dfrac{10}{9}$
$3,100+300x = 5,200$
$300x = 2,100 \quad \therefore x = 7$

(정답 ④)

상세풀이

① 철수는 4명의 고객들에게 $x$kg짜리 소포를 하나씩 보낸다고 하였습니다.
이때, 소포의 무게가 3kg 이하면 택배비가 개당 4,000원이라 하였으므로 이때의 택배비는 4,000×4 = 16,000원입니다. 하지만 지문에서 총 택배비가 18,720원이라 하였으므로 $x > 3$입니다.

② 3kg의 초과분부터 1kg당 300원이라 하였으므로 초과분에 대한 비용은 $300(x-3)$이며, 따라서 $x$kg 소포 1개를 보내는 비용은 $4,000+300(x-3)$입니다.

③ 이 소포를 4명에게 하나씩 보냈다고 하였으므로 택배비의 총합은 $\{4,000+300(x-3)\} \times 4$입니다. 이때, 소포를 3개 이상 보내면 택배비의 10%를 할인 받을 수 있다고 하였으므로 $\{4,000+300(x-3)\} \times 4 \times (1-0.1) = \{4,000+300(x-3)\} \times 4 \times 0.9$

④ 총 택배비가 18,720원이라 하였으므로 이를 방정식으로 나타내면 다음과 같습니다.
$\{4,000+300(x-3)\} \times 4 \times 0.9 = 18,720$
$(3,100+300x) \times 4 \times 0.9 = 18,720$
$3,100+300x = 18,720 \times \dfrac{1}{4} \times \dfrac{10}{9}$
$3,100+300x = 5,200$
$300x = 2,100 \quad \therefore x = 7$
따라서 각 소포의 무게는 7kg입니다.

○○공단의 작년 신입사원은 640명이었다. 올해 신규 채용된 남자 사원은 작년보다 15% 증가하고, 여자 사원은 작년보다 2% 감소하여 올해 신입사원은 작년보다 28명 증가하였을 때, 올해 신규 채용된 여자 사원 수는 몇 명인가?

① 240명 ② 276명 ③ 312명
④ 392명 ⑤ 400명

간단풀이

(작년 남자 신입사원 수)$=x$, (작년 여자 신입사원 수)$=y$
$$\begin{cases} x+y=640 \\ 0.15x-0.02y=28 \end{cases}$$
$$\begin{cases} x+y=640 \\ 15x-2y=2,800 \end{cases}$$
$$\begin{cases} 2x+2y=1,280 \\ 15x-2y=2,800 \end{cases}$$
$17x=4,080$ ∴ $x=240$
$240+y=640$ ∴ $y=400$
구하는 것은 올해 신규 채용된 여자 사원 수이므로 $(1-0.02)y=0.98\times400=392$명이다.

(정답 ④)

상세풀이

작년 신입사원 수를 기준으로 두고 올해 신규 채용된 직원 수가 작년보다 감소하는지, 증가하는지에 유의하며 방정식을 세워야 합니다.

① 작년 신입사원은 640명이라 하였으므로 작년에 신규 채용된 남자 사원 수를 x, 여자 사원 수를 y라 하면 $x+y=640$

② 올해 남자 신입사원 수는 작년보다 15% 증가하였으므로 증가한 남자 신입사원 수는 $0.15x$, 올해 여자 신입사원 수는 작년보다 2% 감소하였으므로 감소한 여자 신입사원 수는 $-0.02y$입니다. 올해 신입사원 수가 작년보다 28명 증가하였으므로 $0.15x-0.02y=28$

③ ①, ②에서 구한 방정식을 연립하여 풀면 다음과 같습니다.
$$\begin{cases} x+y=640 \\ 0.15x-0.02y=28 \end{cases}$$
$$\begin{cases} x+y=640 \\ 15x-2y=2,800 \end{cases}$$
$$\begin{cases} 2x+2y=1,280 & \cdots\cdots ㉠ \\ 15x-2y=2,800 & \cdots\cdots ㉡ \end{cases}$$
㉠+㉡을 하면
$17x=4,080$ ∴ $x=240$
$240+y=640$ ∴ $y=400$

④ 구하는 것은 올해 신규 채용된 여자 사원 수이므로 $(1-0.02)y=0.98\times400=392$명입니다.

공장을 운영하는 A, B 두 회사의 재고에서 전자제품이 차지하는 비율은 각각 3%, 8%이다. 두 회사의 전체 재고 물량의 합은 155,000개이며 이 중 전자제품은 7,650개 일 때, B회사의 전자제품 재고 물량은?

① 4,700개 ② 4,800개 ③ 4,850개
④ 4,900개 ⑤ 4,950개

간단풀이

A회사의 전체 재고 물량을 a, B회사의 전체 재고 물량을 b라 하면
$$\begin{cases} a+b=155,000 \\ \dfrac{3}{100}a+\dfrac{8}{100}b=7,650 \end{cases}$$
$$\begin{cases} 3a+3b=465,000 \\ 3a+8b=765,000 \end{cases}$$
$b=60,000$ ∴ $\dfrac{8}{100}b=4,800$

정답 ②

상세풀이

① 문제에서 구하고자 하는 것이 B회사의 전자제품 물량이고 B회사의 전자제품 물량은 B회사 재고의 8%라고 하였으므로 B회사 전체 재고 물량을 미지수로 잡으면 식을 쉽게 세울 수 있습니다.
A회사의 전체 재고 물량을 a, B회사의 전체 재고 물량을 b라 하겠습니다.
두 회사의 전체 재고 물량의 합이 155,000개이므로 $a+b=155,000$

② 두 회사의 전체 재고 물량 중 전자제품의 비율은 각각 3%, 8%이므로 각 회사의 전자제품 물량은 $\dfrac{3}{100}a$, $\dfrac{8}{100}b$ 입니다.

이때, 전자제품의 총 물량이 7,650개라고 하였으므로 $\dfrac{3}{100}a+\dfrac{8}{100}b=7,650$

③ 따라서 ①, ②에서 각각 구한 방정식을 연립하여 풀면 다음과 같습니다.
$$\begin{cases} a+b=155,000 \\ \dfrac{3}{100}a+\dfrac{8}{100}b=7,650 \end{cases}$$
$$\begin{cases} 3a+3b=465,000 \cdots\cdots ㉠ \\ 3a+8b=765,000 \cdots\cdots ㉡ \end{cases}$$
㉡-㉠을 하면
$5b=300,000$, $b=60,000$
즉 B회사의 전체 재고 물량은 60,000개입니다.

④ 이때, 구하는 것은 B회사의 전자제품 물량이고, 이것은 전체 재고 물량의 8%이므로
$\dfrac{8}{100}b=\dfrac{8}{100}\times 60,000=4,800$(개)입니다.

제3장 부등식

1 부등식

두 수 또는 두 식의 관계를 부등호로 나타낸 것을 **부등식**이라 하며, 두 수 또는 두 식의 대소 관계를 부등호 (>, <, ≥, ≤)로 연결하여 나타냅니다.
부등호는 네 가지가 있으며 의미는 다음과 같습니다.

- A<B : A가 B보다 작다.
- A≤B : A가 B보다 작거나 같다.
- A>B : A가 B보다 크다.
- A≥B : A가 B보다 크거나 같다.

* 부등식이란, 등식 A=B의 부정인 A≠B인 식을 가리킨다. 즉, A와 B가 다르므로 둘 중 한쪽이 다른 쪽보다 크거나 작다는 것을 의미한다.

2 부등식의 기본성질

실수 a, b, c에 대하여 다음이 성립합니다.

(1) $a>b$, $b>c$이면, $a>c$
(2) $a<b$일 때, $a+c<b+c$, $a-c<b-c$
즉, 부등식의 양변에 같은 실수 c를 더하거나 빼도 부등식의 방향은 바뀌지 않는다.
(3) $a<b$, $c>0$일 때, $ac<bc$, $\dfrac{a}{c}<\dfrac{b}{c}$
즉, 부등식의 양변에 같은 양의 실수 c를 곱하거나 나누어도 부등식의 방향은 바뀌지 않는다.
(4) $a<b$, $c<0$일 때, $ac>bc$, $\dfrac{a}{c}>\dfrac{b}{c}$
즉, 부등식의 양변에 같은 음의 실수 c를 곱하거나 나누면 부등식의 방향은 바뀐다.
(5) a, b가 같은 부호이면 $ab>0$, $\dfrac{b}{a}>0$, $\dfrac{a}{b}>0$
(6) a, b가 다른 부호이면 $ab<0$, $\dfrac{b}{a}<0$, $\dfrac{a}{b}<0$

* 등호가 들어간 '≥' 또는 '≤'의 경우에도 위의 성질을 만족한다. 단, 0으로 나누는 경우는 제외한다.

3 부등식의 해

부등식을 참이 되게 하는 값들을 부등식의 해라고 하며, 부등식을 푼다는 것은 부등식의 해를 모두 구하는 것으로 범위를 구하는 것입니다.

4 일차부등식

(1) 부등식의 우변에 있는 모든 항을 좌변으로 이항하여 정리하였을 때, 미지수의 최고차항이 1차인 부등식으로, 일반적으로 $ax+b>0$, $ax+b<0$, $ax+b \geq 0$, $ax+b \leq 0$(단, $a \neq 0$)의 꼴로 나타낼 수 있습니다.

(2) 부등식의 해를 수직선 위에 나타내면 다음과 같습니다.

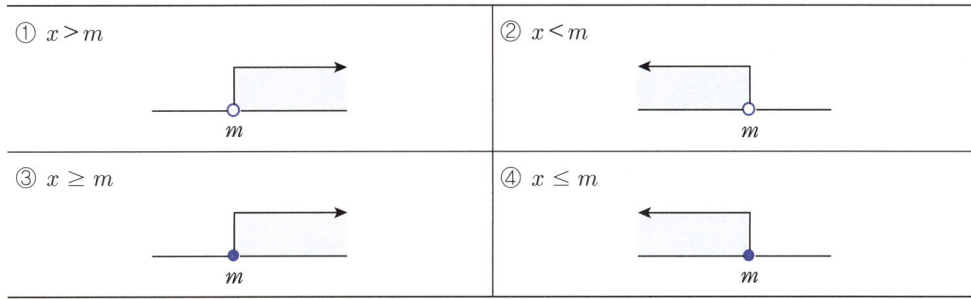

(3) 부등식 $ax>b$의 해는 다음과 같습니다.

① $a>0$일 때, $x>\dfrac{b}{a}$ ← 부등호 방향이 그대로

② $a<0$일 때, $x<\dfrac{b}{a}$ ← 부등호 방향이 반대로

③ $a=0$일 때, $\begin{cases} b \geq 0$이면 해가 없다.(불능) \\ b<0$이면 해는 모든 실수이다.(부정) \end{cases}$

5 연립부등식

$\begin{cases} 2x-1<x+3 \\ 3x-2 \geq 5 \end{cases}$ 와 같이 2개 이상의 일차부등식을 한 쌍으로 묶어 나타낸 부등식을 **연립부등식**이라 합니다.

(1) 연립부등식의 해

각 부등식을 동시에 만족시키는 미지수의 공통된 범위를 구하는 것입니다.

예를 들어, $a<b$일 때, 각 부등식의 해가

① $\begin{cases} x<a \\ x \leq b \end{cases}$ 인 경우 연립부등식의 해는 $x<a$이다.

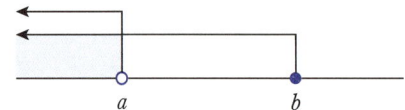

② $\begin{cases} x>a \\ x \leq b \end{cases}$ 인 경우 연립부등식의 해는 $a<x \leq b$이다.

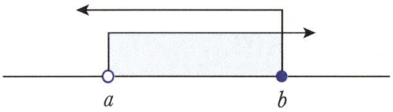

③ $\begin{cases} x>a \\ x \geq b \end{cases}$ 인 경우 연립부등식의 해는 $x \geq b$이다.

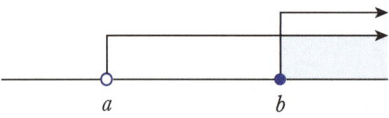

④ $\begin{cases} x<a \\ x \geq b \end{cases}$ 인 경우 연립부등식의 해는 없다.

(2) A<B<C꼴의 연립부등식의 풀이

A<B<C꼴의 연립부등식은 $\begin{cases} A<B \\ B<C \end{cases}$와 같이 두 부분으로 나누어 연립부등식을 만들어 풉니다. 다음 예를 통해 알아보겠습니다.

$x+7 \leq 3x+1 < 2x+8$의 해를 구하여라.

두 개씩 묶어 다음과 같은 연립부등식을 만들 수 있습니다.

$\begin{cases} x+7 \leq 3x+1 \\ 3x+1 < 2x+8 \end{cases}$

각 부등식을 풀면

$\begin{cases} 2x \geq 6 \\ x<7 \end{cases}$, $\begin{cases} x \geq 3 \\ x<7 \end{cases}$

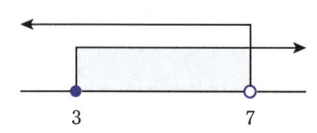

따라서 두 부등식을 동시에 만족시키는 연립부등식의 해는 $3 \leq x < 7$입니다.

* 만약 부등식 A<B<C를 $\begin{cases} A<B \\ A<C \end{cases}$ 또는 $\begin{cases} A<C \\ B<C \end{cases}$ 로 고치면 각각 B와 C, A와 B의 대소관계를 알 수 없어 해를 구할 수 없습니다.

예제

다음 연립부등식의 해를 구하시오.

❶ $\begin{cases} 2x < 5x + 9 \\ 3(x-1) \leq x + 1 \end{cases}$

❷ $\begin{cases} -x \geq 8 - 3x \\ 13 < 2(x+2) \end{cases}$

❸ $\begin{cases} 5(x+2) < 7 + 3x \\ x - 8 \geq 7 - 2x \end{cases}$

❹ $x - 13 \leq 2x - 3 < 12 - x$

해설

❶ 각 부등식을 풀면

$\begin{cases} 3x + 9 > 0 \\ 3x - 3 \leq x + 1 \end{cases}$

$\begin{cases} 3x > -9 \\ 2x \leq 4 \end{cases}$

$\begin{cases} x > -3 \\ x \leq 2 \end{cases}$

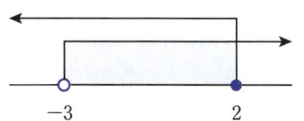

따라서 두 부등식을 동시에 만족시키는 연립부등식의 해는 $-3 < x \leq 2$이다.

❷ 각 부등식을 풀면

$\begin{cases} 2x \geq 8 \\ 13 < 2x + 4 \end{cases}$

$\begin{cases} x \geq 4 \\ 2x > 9 \end{cases}$

$\begin{cases} x \geq 4 \\ x > \dfrac{9}{2} \end{cases}$

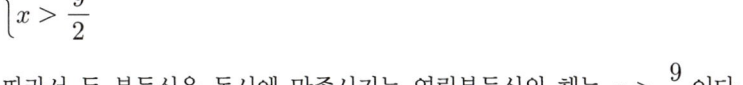

따라서 두 부등식을 동시에 만족시키는 연립부등식의 해는 $x > \dfrac{9}{2}$이다.

❸ 각 부등식을 풀면
$$\begin{cases} 5x+10 < 7+3x \\ 3x \geq 15 \end{cases}$$
$$\begin{cases} 2x < -3 \\ x \geq 5 \end{cases}$$
$$\begin{cases} x < -\dfrac{3}{2} \\ x \geq 5 \end{cases}$$

따라서 두 부등식을 동시에 만족시키는 연립부등식의 해는 없다.

❹ 두 개씩 묶어 다음과 같이 연립부등식을 만들 수 있다.
$$\begin{cases} x-13 \leq 2x-3 \\ 2x-3 < 12-x \end{cases}$$

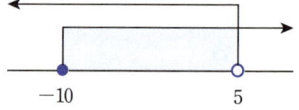

각 부등식을 풀면
$$\begin{cases} x \geq -10 \\ 3x < 15 \end{cases}$$
$$\begin{cases} x \geq -10 \\ x < 5 \end{cases}$$
따라서 두 부등식을 동시에 만족시키는 연립부등식의 해는 $-10 \leq x < 5$이다.

어느 뷔페의 이용 요금은 어른 1인당 21,900원, 어린이는 1인당 12,900원이다. 총 8명이 뷔페에서 식사를 하고 11만 원 이하를 지불했다고 할 때, 어린이는 최소 몇 명인가?

① 4명 ② 5명 ③ 6명
④ 7명 ⑤ 8명

간단풀이

(어린이의 수)$=x$라 하면 (어른의 수)$=8-x$
$21,900(8-x)+12,900x \leq 110,000$
$219(8-x)+129x \leq 1,100$
$1,752-90x \leq 1,100$
$90x \geq 652$ ∴ $x \geq \dfrac{652}{90} ≒ 7.24$
따라서 어린이는 최소 8명이다.

정답 ⑤

상세풀이

① 어른과 어린이를 합쳐 총 8명이 식사를 하였다고 하였으므로 구해야 하는 어린이의 수를 x로 두면 어른의 수는 $8-x$ 입니다.

② 뷔페 이용요금은 어른이 1인당 21,900원이고 어린이가 1인당 12,900원이므로 8명이 뷔페를 이용한 총 요금은 $21,900(8-x)+12,900x$ 입니다. 이때, 지불한 금액이 11만 원 이하이므로 다음과 같은 부등식을 세울 수 있습니다.
$21,900(8-x)+12,900x \leq 110,000$

③ 위의 부등식을 간단히 하여 풀면
$219(8-x)+129x \leq 1,100$
$1,752-90x \leq 1,100$
$90x \geq 652$ ∴ $x \geq \dfrac{652}{90} ≒ 7.24$

④ 이때, x는 자연수이므로 위의 부등식을 만족시키는 자연수 x의 최솟값은 8입니다.
따라서 구하는 어린이의 인원수는 8명입니다.

CASE 2 세 수 $30-x$, $30-2x$, $30-3x$가 삼각형의 세 변의 길이가 되도록 하는 자연수 x의 개수를 구하시오.

① 3개　　　　② 4개　　　　③ 5개
④ 6개　　　　⑤ 7개

간단풀이

$30-x>0$, $30-2x>0$, $30-3x>0$
즉, $x<30$, $x<15$, $x<10$에서
$x<10$ …… ㉠
삼각형의 가장 긴 변의 길이는 나머지 두 변의 길이의 합보다 작으므로
$30-x<(30-2x)+(30-3x)$
$30-x<60-5x$
$4x<30$ ∴ $x<\dfrac{15}{2}$ …… ㉡

㉠, ㉡에서 $x<\dfrac{15}{2}$

따라서 자연수 x는 1, 2, 3, …, 7의 7개이다.

정답 ⑤

상세풀이

① $30-x$, $30-2x$, $30-3x$가 모두 삼각형의 변의 길이이므로 각 변의 길이는 양수입니다.
$30-x>0$, $30-2x>0$, $30-3x>0$
즉, $x<30$, $x<15$, $x<10$에서
$x<10$ …… ㉠

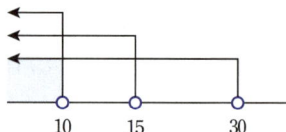

② 이때, $x>0$에서 $30-x>30-2x>30-3x$이므로 가장 긴 변의 길이는 $30-x$, 삼각형의 가장 긴 변의 길이는 나머지 두 변의 길이의 합보다 작으므로
$30-x<(30-2x)+(30-3x)$에서
$30-x<60-5x$
$4x<30$ ∴ $x<\dfrac{15}{2}$ …… ㉡

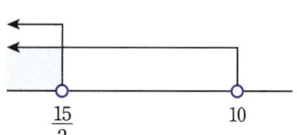

③ ㉠, ㉡에서 $x<\dfrac{15}{2}$

따라서 자연수 x는 1, 2, 3, …, 7의 7개입니다.

제4장 수, 과부족 유형

1 연속한 수에 관한 문제

(1) **연속한 두 정수**: x, $x+1$

(2) **연속한 세 정수**: $x-1$, x, $x+1$

(3) **연속한 두 홀수**: $2x-1$, $2x+1$

(4) **연속한 세 홀수(짝수)**: $x-2$, x, $x+2$

2 자릿수에 관한 문제

(1) **십의 자리 숫자가 a, 일의 자리 숫자가 b인 두 자리 자연수**: $10a+b$

(2) **(1)의 두 자리 자연수의 십의 자리 숫자와 일의 자리 숫자를 바꾼 수**: $10b+a$

3 과부족에 관한 문제

묶음의 개수를 미지수 x로 놓고 방정식 또는 부등식을 세워 푸는 유형입니다.

(1) **방정식 문제**

변하지 않는 개수를 기준으로 두어 서로 같음을 이용하여 방정식을 세울 수 있습니다.

> **방정식의 예**
> • 물건을 x명에게 4개씩 나누어 주면 7개가 남는다. → 물건의 개수: $4x+7$
> • 물건을 x명에게 6개씩 나누어 주면 3개가 부족하다. → 물건의 개수: $6x-3$
> 물건의 개수는 같으므로 $4x+7=6x-3$

(2) **부등식 문제**

묶음의 개수를 기준으로 한 묶음에 들어갈 수 있는 개체의 최대 또는 최소를 이용하여 부등식을 세울 수 있습니다.

부등식의 예

- 물건을 x명에게 4개씩 나누어 주면 7개가 남는다. → 물건의 개수: $4x+7$
- 물건을 x명에게 6개씩 나누어 주면 1명은 물건을 전혀 받지 못한다.
  → 1명은 전혀 받지 못하므로 물건의 개수는 최대 $6(x-1)$이고, 다른 1명은 물건을 최소 1개에서 6개까지 받을 수 있으므로 물건의 개수는 $6(x-1)-5 \sim 6(x-1)$

따라서 물건의 개수는 $6(x-1)-5 \leq 4x+7 \leq 6(x-1)$

연속하는 세 자연수의 합이 180보다 크고 186보다 작다. 세 자연수 중 가운데 있는 자연수의 십의 자리를 a, 일의 자리를 b라고 할 때, $2a+b$를 구하시오.

① 9
② 11
③ 13
④ 15
⑤ 17

상세풀이

① 연속하는 세 자연수를 $x-1$, x, $x+1$라고 두고 부등식을 세워보면 다음과 같습니다.
$180 < (x-1)+x+(x+1) < 186$
$180 < 3x < 186$
$60 < x < 62$
  ∴ x는 자연수이기 때문에 범위를 만족하는 x는 61입니다.

② 연속하는 세 자연수는 60, 61, 62이며, 가운데 있는 수인 61의 십의 자리는 $a=6$이고, 일의 자리는 $b=1$이기 때문에 $2a+b = 2 \times 6 + 1 = 13$ 입니다.

③ 따라서 답은 13입니다.

정답 ③

Tip 연속하는 세 짝수 또는 홀수인 자연수를 구하는 것도 위와 같은 방법으로 미지수를 정하면 됩니다. 연속하는 짝수나 홀수는 2씩 커지거나 또는 이웃하는 수의 차이가 2이기 때문에 x, $x+2$, $x+4$(x는 자연수) 또는 $x-2$, x, $x+2$($x>2$인 자연수)로 두고 문제를 해결합니다.

연속하는 세 홀수의 합이 228보다 크고 234보다 작다. 세 자연수 중 가장 작은 자연수의 십의 자리를 a, 일의 자리를 b라고 할 때, $a+2b$를 구하시오.

① 9
② 11
③ 13
④ 15
⑤ 17

상세풀이

① 연속하는 세 자연수를 x, $x+2$, $x+4$라고 두고 부등식을 세워보면 다음과 같습니다.
$228 < x+(x+2)+(x+4) < 234$
$228 < 3x+6 < 234$
$222 < 3x < 228$
$74 < x < 76$
∴ x는 자연수이기 때문에 범위를 만족하는 x는 75입니다.

② 연속하는 홀수는 75, 77, 79이며, 가장 작은 수인 75의 십의 자리는 $a=7$이고, 일의 자리는 $b=5$ 이기 때문에 $a+2b=7+2\times5=17$ 입니다.

③ 따라서 답은 17입니다.

정답 ⑤

Tip 두 자리 자연수를 구할 때에는 십의 자리는 a, 일의 자리는 b로 두고 두 자리 자연수는 $10a+b$로 나타냅니다. (단, $a=0$이면 두 자리 자연수가 아니므로 $a\neq0$)

CASE 3

두 자리 자연수가 있다. 각 자리의 숫자의 합은 13이고, 십의 자리의 숫자와 일의 자리의 숫자를 바꾼 수와 처음 수의 차는 27이다. 이 두 자리 자연수를 구하여라. (단, 일의 자리의 숫자가 십의 자리의 숫자보다 크다.)

① 49　　② 58　　③ 67
④ 85　　⑤ 94

상세풀이 1

① 십의 자리는 a, 일의 자리는 b로 두면 두 자리 자연수는 $10a+b$이고, 십의 자리의 숫자와 일의 자리의 숫자를 바꾼 수는 $10b+a$입니다.

② 각 자리 숫자의 합은 13이므로 $a+b=13$이고, 각 자리 숫자 자리를 바꾼 수와 처음 수의 차는 27이므로 $10b+a-(10a+b)=27$입니다. (∵ $a<b$)

③ 이는 공통의 미지수를 갖는 두 개의 방정식인 연립방정식이므로 식을 간단히 한 후 두 식을 더하여 계산 합니다.
$\begin{cases} a+b=13 \\ 10b+a-(10a+b)=27 \end{cases} \to \begin{cases} a+b=13 \\ 10b+a-10a-b=27 \end{cases} \to \begin{cases} a+b=13 \\ 9b-9a=27 \end{cases}$
$\to \begin{cases} a+b=13 \\ 9(b-a)=27 \end{cases} \to \begin{cases} a+b=13 \cdots ㉠ \\ b-a=3 \cdots ㉡ \end{cases} \to \begin{matrix} 2b=16 \cdots ㉠+㉡ \\ \therefore b=8, a=5 \end{matrix}$

④ 따라서 십의 자리는 $a=5$, 일의 자리는 $b=8$이므로 두 자리 자연수는 58입니다.

정답 ②

상세풀이 2

① 우선 일의 자리의 숫자가 십의 자리의 숫자보다 작은 ④ 85, ⑤ 94는 답에서 제외합니다.

② 다음으로 ① 49, ② 58, ③ 67을 각각 십의 자리의 숫자와 일의 자리의 숫자를 바꾼 수에서 원래 수를 빼면 $94-49=45$, $85-58=27$, $76-67=9$입니다.

③ 따라서 두 수의 차가 27이 나온 58이 답입니다.

제4장 수, 과부족 유형

세 자리 자연수가 있다. 각 자리의 세 숫자의 합은 18이고, 백의 자리 숫자에 9를 곱하여 십의 자리 숫자에 더하면 65이며, 백의 자리 숫자와 십의 자리의 숫자를 바꾼 수와 처음 수의 차는 450이다. 이 수를 구하여라. (단, 백의 자리 숫자가 십의 자리 숫자보다 크다.)

① 436 ② 567 ③ 675
④ 729 ⑤ 837

💬 상세풀이

① 백의 자리는 a, 십의 자리는 b, 일의 자리는 c로 두면 세 자리 자연수는 $100a+10b+c$이고, 세 숫자의 합은 18이므로 $a+b+c=18$입니다.

② 백의 자리 숫자에 9를 곱하여 십의 자리 숫자에 더하면 65이므로 $9a+b=65$이고, 백의 자리 숫자와 십의 자리 숫자를 바꾼 수는 $100b+10a+c$이며, 처음 수와의 차가 450이므로 식으로 나타내면 $100a+10b+c-(100b+10a+c)=450$입니다. ($\because a>b$)

③ 공통의 미지수를 갖는 세 개의 방정식이 있는 연립방정식이므로 식을 간단히 한 후 세 식을 계산하여 미지수를 구합니다.

$$\begin{cases} a+b+c=18 & \cdots ㉠ \\ 9a+b=65 & \cdots ㉡ \\ 100a+10b+c-(100b+10a+c)=450 & \cdots ㉢ \end{cases} \quad \begin{cases} a+b+c=18 & \cdots ㉠ \\ 9a+b=65 & \cdots ㉡ \\ 90a-90b=450 & \cdots ㉢ \end{cases}$$

$$90(a-b)=450 \cdots ㉢ \quad \begin{cases} 9a+b=65 \cdots ㉡ \\ a-b=5 \cdots ㉢ \end{cases} \quad 10a=70 \cdots ㉡+㉢$$

$$a-b=5 \quad \cdots ㉢ \qquad \qquad \qquad \qquad \therefore a=7$$

㉡에 $a=7$을 대입하면 $9\times 7+b=65$, $63+b=65$ $\therefore b=2$

㉠에 $a=7$, $b=2$을 대입하면 $7+2+c=18$, $9+c=18$ $\therefore c=9$

④ 따라서 백의 자리는 $a=7$, 십의 자리는 $b=2$, 일의 자리는 $c=9$이므로 구하는 세 자리 자연수는 729입니다.

정답 ④

어느 학교 수련회에서 학생들의 인원수에 맞게 방을 배정하려고 한다. 한 방에 6명씩 들어가면 4명이 남고, 한 방에 8명씩 들어가면 방이 3개 남으며 마지막 방에는 2명만이 들어가게 된다. 이 수련회에 있는 학생들의 수는 모두 몇 명인가?

① 98명 ② 102명 ③ 106명
④ 110명 ⑤ 114명

간단풀이

수련회에 있는 방의 수를 x개, 학생들의 수를 y명이라 하면
$\begin{cases} 6x+4=y \\ 8(x-4)+2=y \end{cases}$, $\begin{cases} 6x+4=y \\ 8x-30=y \end{cases}$, $6x+4=8x-30$, $2x=34$ ∴ $x=17$
$y=6x+4=6\times 17+4=106$
따라서 구하는 학생들의 수는 106명이다.

정답 ③

상세풀이

① 구하는 값인 학생들의 수를 구하기 위해서는 학생들의 수와 방의 수와의 관계식을 먼저 구해야 합니다. 따라서 수련회에 있는 방의 수를 x개, 학생들의 수를 y명이라 하고 문제의 조건에 맞게 관계식을 구하여 봅니다.

② 한 방에 6명씩 들어가면 4명이 남는다고 하였으므로 $6x+4=y$입니다.

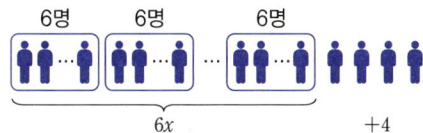

③ 한 방에 8명씩 들어가면 방이 3개가 남으며, 마지막 방에는 2명만이 들어가게 된다고 하였으므로 $8(x-4)+2=y$입니다.

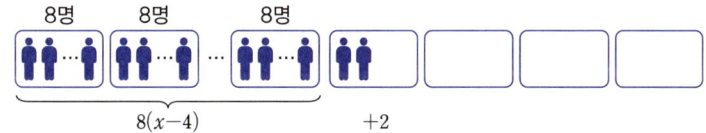

④ 따라서 ②, ③에서 각각 구한 방정식을 연립하여 풀면 다음과 같습니다.
$\begin{cases} 6x+4=y \\ 8(x-4)+2=y \end{cases}$, $\begin{cases} 6x+4=y & \cdots\cdots \unicode{x326F} \\ 8x-30=y & \cdots\cdots \unicode{x3270} \end{cases}$

㉡-㉠을 하면
$2x-34=0$
$2x=34$ ∴ $x=17$
이것을 ㉠에 대입하여 y를 구하면
$y=6x+4=6\times 17+4=106$
따라서 구하는 학생들의 수는 106명입니다.

불멍캠핑동호회에서 이번 가을 정모로 경관이 너무 아름다운 길잡이 캠핑장을 가기로 했다. 동호회에서 준비한 똑같은 텐트에 3명씩 들어가면 4명이 남고, 5명씩 들어가면 텐트가 2개 남는다고 할 때, 불멍캠핑동호회의 인원은 최대 몇 명인가?

① 22명   ② 25명   ③ 28명
④ 31명   ⑤ 34명

간단풀이

(텐트 수)$=x$라 하면 (동호회 인원 수)$=3x+4$
$$5(x-3)+1 \leq 3x+4 \leq 5(x-2)$$
$\begin{cases} 5(x-3)+1 \leq 3x+4 \\ 3x+4 \leq 5(x-2) \end{cases}$, $\begin{cases} 5x-14 \leq 3x+4 \\ 3x+4 \leq 5x-10 \end{cases}$, $\begin{cases} 2x \leq 18 \\ 2x \geq 14 \end{cases}$, $\begin{cases} x \leq 9 \\ x \geq 7 \end{cases}$,
$\therefore 7 \leq x \leq 9$
인원 수가 최대가 되려면 텐트 수도 최대여야 하므로 텐트 수는 9개이다. 따라서 구하는 동호회 인원 수는 $3x+4=3\times 9+4=31$명이다.

정답 ④

상세풀이

① 동호회 인원 수는 변하지 않기 때문에 기준으로 잡습니다. 동호회에서 준비한 텐트가 x개라고 하면 한 텐트에 3명씩 들어갔을 때 4명이 남기 때문에 동호회 인원 수는 $(3x+4)$명입니다.

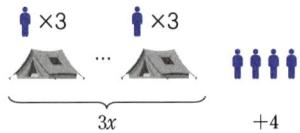

② 5명씩 들어갔을 때 2개의 텐트가 남는다는 것은 $(x-3)$개의 텐트에 5명씩 들어가고, 1개의 텐트에는 1~5명의 동호회 사람이 들어간 후 2개의 텐트가 남는다는 것을 의미합니다. 이를 그림으로 나타내면 다음과 같습니다.

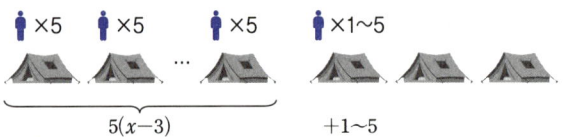

(최소 인원수)$=5(x-3)+1$
(최대 인원수)$=5(x-3)+5=5(x-2)$

③ (최소 인원 수) $\leq 3x+4 \leq$ (최대 인원 수) →
$$5(x-3)+1 \leq 3x+4 \leq 5(x-2)$$
$\begin{cases} 5(x-3)+1 \leq 3x+4 \\ 3x+4 \leq 5(x-2) \end{cases}$, $\begin{cases} 5x-14 \leq 3x+4 \\ 3x+4 \leq 5x-10 \end{cases}$, $\begin{cases} 2x \leq 18 \\ 2x \geq 14 \end{cases}$,
$\begin{cases} x \leq 9 \\ x \geq 7 \end{cases}$
$\therefore 7 \leq x \leq 9$

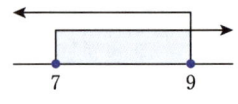

④ 텐트의 최대 개수는 9개입니다. 텐트 수가 가장 많을 때 최대 인원이 되므로 동호회 인원 수인 $(3x+4)$명에 $x=9$를 대입하면 $3\times 9+4=31$입니다. 따라서 동호회의 최대 인원은 31명입니다.

길잡이 놀이공원에 있는 바이킹에는 한 열에 최대 8명까지 앉을 수 있다. 소풍을 온 어느 반 학생들이 바이킹을 타려고 한다. 한 열에 5명씩 앉으면 학생 3명이 남고, 6명씩 앉으면 1개의 열이 남는다고 할 때, 바이킹에는 최소 몇 열이 있어야 하는가?

① 9열 ② 11열 ③ 13열
④ 15열 ⑤ 17열

간단풀이

(열의 수)$=x$라 하면 (학생 수)$=5x+3$
$6(x-2)+1 \leq 5x+3 \leq 6(x-1)$
$\begin{cases} 6(x-2)+1 \leq 5x+3 \\ 5x+3 \leq 6(x-1) \end{cases}$, $\begin{cases} 6x-11 \leq 5x+3 \\ 5x+3 \leq 6x-6 \end{cases}$, $\begin{cases} x \leq 14 \\ x \geq 9 \end{cases}$, $\therefore\ 9 \leq x \leq 14$

따라서 구하는 최소의 열의 수는 9열이다.

정답 ①

상세풀이

① 한 반의 학생수는 변하지 않기 때문에 기준으로 잡기 충분합니다. 열의 개수를 x라 하면 학생은 한 열에 5명씩 앉을 때 3명이 남기 때문에 학생 수는 $(5x+3)$명입니다.

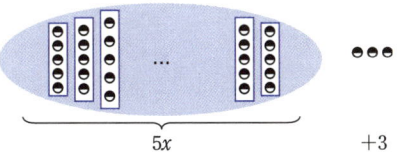

② 6명씩 앉으면 1개의 열이 남는다는 것은 $(x-2)$개 열에 6명씩 앉고, 1개 열에는 1~6명의 학생이 앉은 후 1개의 열이 남는다는 것을 의미합니다. 이를 그림으로 나타내면 다음과 같습니다.

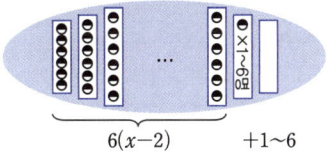

(최소 학생수)$=6(x-2)+1$
(최대 학생수)$=6(x-2)+6=6(x-1)$

③ (최소 학생수)$\leq 5x+3 \leq$ (최대 학생수)
$6(x-2)+1 \leq 5x+3 \leq 6(x-1)$
$\begin{cases} 6(x-2)+1 \leq 5x+3 \\ 5x+3 \leq 6(x-1) \end{cases}$, $\begin{cases} 6x-11 \leq 5x+3 \\ 5x+3 \leq 6x-6 \end{cases}$, $\begin{cases} x \leq 14 \\ x \geq 9 \end{cases}$,
$\therefore\ 9 \leq x \leq 14$

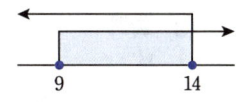

④ 따라서 바이킹에는 최소 9열이 있어야 합니다.

제5장 속력, 거리, 시간

1 정의

(1) 시간 : 어떤 거리를 일정한 속력으로 가는 데 걸리는 시간
(2) 거리 : 일정한 속력으로 일정한 시간 동안 이동한 거리
(3) 속력 : 일정 단위 시간 동안 이동한 거리

2 기본 공식

필수로 꼭 출제되는 유형으로 기본 공식을 꼭 외우고 있어야 합니다.

(1) (거리) = (속력) × (시간)

(2) (속력) = $\dfrac{(거리)}{(시간)}$

(3) (시간) = $\dfrac{(거리)}{(속력)}$

$$\dfrac{거리}{속력 \ * \ 시간} \updownarrow 나눗셈$$
$$\leftrightarrow 곱셈$$

3 단위 변환

(1) 거리

1km = 1,000m

(2) 시간

1시간(h) = 60분(m) = 3,600초(s)

(3) 속력

① $1\text{km/h} = \dfrac{1,000\text{m}}{3,600\text{s}} = \dfrac{5}{18}\text{m/s}$

② $1\text{m/s} = \dfrac{3,600\text{m}}{3,600\text{s}} = \dfrac{3.6\text{km}}{1\text{h}} = 3.6\text{km/h}$

4 거리 또는 시간이 같음을 이용한 유형

(1) 이동한 거리가 같은 경우

두 사람의 (속력)×(시간)이 같음을 이용하여 방정식을 세웁니다.

(2) 걸린 시간이 같은 경우(동시에 출발하여 동시에 도착하는 경우)

$\dfrac{(거리)}{(속력)}$가 같음을 이용하여 방정식을 세웁니다.

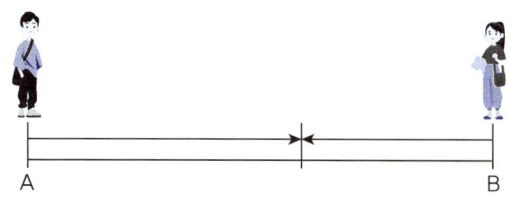

5 거리의 합 또는 차를 이용한 유형

(1) A, B가 마주보고 걷다가 만나는 경우

① (A, B가 이동한 거리의 합)=(두 지점 사이의 길이)
② 동시에 출발한 경우 : (A가 이동한 시간)=(B가 이동한 시간)

(2) A, B가 원형 트랙을 같은 지점에서 동시에 출발하여 만나는 경우

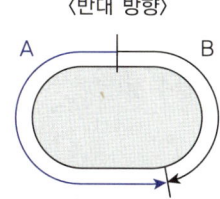
〈반대 방향〉

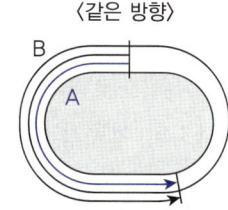
〈같은 방향〉

① 반대 방향 : (A, B가 이동한 거리의 합)=(트랙 둘레의 길이)
② 같은 방향 : (A, B가 이동한 거리의 차)=(트랙 둘레의 길이)

제5장 속력, 거리, 시간

6 평균속력 유형

$$평균속력 = \frac{전체\ 이동거리}{전체\ 걸린\ 시간}$$

도중에 속력이 바뀌는 경우로, 다음과 같이 각 속력과 관계없이 전체 이동거리와 이동하는 데 총 걸린 시간을 구하여 평균속력을 구할 수 있습니다.

```
A      x km/h      C      y km/h      B
|←——— a (km) ———→|←——— b (km) ———→|
```

(A에서 C까지 가는 데 걸린 시간)$=\dfrac{a}{x}$(h), (C에서 B까지 가는 데 걸린 시간)$=\dfrac{b}{y}$(h)

(A에서 B까지 가는 동안의 평균속력)$=\dfrac{(A에서\ B까지의\ 거리)}{(A에서\ B까지\ 가는\ 데\ 걸린\ 시간)}$

$$=\dfrac{a+b}{\dfrac{a}{x}+\dfrac{b}{y}}(km/h)$$

7 열차가 터널(또는 다리)을 통과하는 유형

열차가 터널을 통과하거나 다리를 지나가는 유형의 문제는 열차의 길이를 고려하여 문제를 해결해야 합니다.

(1) 열차가 일정한 속력으로 달려 다리를 지나가려고 한다. 열차가 다리에 진입하여 완전히 지나가는 데까지의 이동거리는 얼마일까?

위의 그림과 같이 열차가 움직인 거리는 다리에 진입하는 시점에서부터 다리를 완전히 벗어나는 시점까지이므로 「**(다리의 길이) + (열차의 길이)**」입니다.

(2) 열차가 일정한 속력으로 달려 터널을 통과하려고 한다. 열차가 터널에 들어가서 전혀 보이지 않는 동안의 이동거리는 얼마일까?

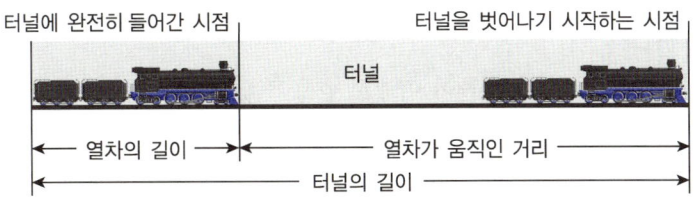

위의 그림과 같이 열차가 움직인 거리는 터널에 완전히 들어간 시점에서부터 터널을 벗어나기 시작하는 시점까지이므로 「**(터널의 길이) − (열차의 길이)**」입니다.

(3) 두 열차가 각각 일정한 속력으로 마주보고 달려 서로를 완전히 지나쳐가는 데까지의 이동거리는 얼마일까?

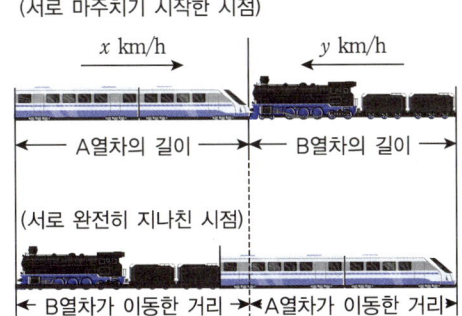

위의 그림과 같이 A열차와 B열차가 마주치기 시작하여 서로를 완전히 지나쳐가는 데까지 A열차의 이동거리는 B열차의 길이이고, B열차의 이동거리는 A열차의 길이입니다. 따라서 서로 마주친 순간부터 완전히 지나칠 때까지 각 열차의 이동거리의 합은 '두 기차의 길이의 합'이 됩니다. **(두 열차의 이동 거리의 합) = (두 열차의 길이의 합)**
이때, (A열차의 속력)$=x(\text{km/h})$, (B열차의 속력)$=y(\text{km/h})$이면 A가 B와 반대 방향으로 움직일 때 느끼는 속력은 $x+y(\text{km/h})$입니다. 따라서 A열차와 B열차가 마주치기 시작하여 서로를 완전히 지나쳐가는 데까지 걸린 시간은
$$\frac{(\text{A열차의 길이})+(\text{B열차의 길이})}{x+y}$$ 입니다.

8 흐르는 강을 왕복하는 배 유형

흐르는 물에서 배를 타는 유형의 문제는 하류로 내려갈 때와 상류로 올라갈 때를 나눠서 생각해줘야 합니다.

하류로 내려갈 때의 속력은 물이 아래로 흐르고 있고 배 역시 아래로 물의 흐름을 따라가면서 배의 속력이 물의 속력만큼 늘어나며 물과 배가 같이 내려가고 있으므로 배의 속력과 물의 속력을 더해주어야 하고, **상류**로 올라갈 때의 속력은 물이 아래로 흐르고 있고 배가 위로 올라가는 반대 방향으로 나아가므로 배의 속력이 물의 속력만큼 줄어들기 때문에 배의 속력에서 유속을 빼주어야 합니다.

(배의 속력)$=x$(km/h) (강의 유속)$=y$(km/h),
(상류와 하류 사이의 거리)$=A$(km)라 할 때, 각 상황에 따른 속력과 걸리는 시간을 구하면 다음과 같습니다.

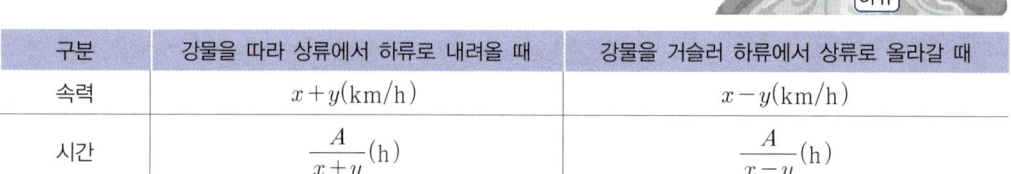

구분	강물을 따라 상류에서 하류로 내려올 때	강물을 거슬러 하류에서 상류로 올라갈 때
속력	$x+y$(km/h)	$x-y$(km/h)
시간	$\dfrac{A}{x+y}$(h)	$\dfrac{A}{x-y}$(h)

거리 또는 시간이 같음을 이용한 유형

CASE 1

현민이 집에서 회사까지 갈 때는 매분 60m씩 이동하고, 같은 길로 돌아올 때는 매분 70m의 속력으로 걸어서 왕복 26분이 걸렸다. 이때 회사에서 집으로 돌아오는 동안에 걸린 시간은 얼마인가?

① 9분   ② 10분   ③ 11분
④ 12분   ⑤ 13분

간단풀이

(퇴근할 때 걸린 시간)$=x$(분), (출근할 때 걸린 시간)$=26-x$(분)
$60(26-x)=70x$
$1{,}560-60x=70x$
$130x=1{,}560$ ∴ $x=12$
따라서 퇴근할 때 걸린 시간은 12분이다.

정답 ④

상세풀이

① 구하는 값인 퇴근할 때 걸린 시간을 x(분)이라 하면 출근할 때 걸린 시간은 $26-x$(분)입니다.

② 집에서 회사까지의 거리를 각각 구하면 출근할 때는 60(m/분)×$(26-x)$(분)=$60(26-x)$(m)
퇴근할 때는 70(m/분)×x(분)=$70x$(m)
두 거리는 같으므로 $60(26-x)=70x$

	출근	퇴근
속력	60(m/분)	70(m/분)
시간	$26-x$	x분
거리	$60(26-x)$(m)	$70x$(m)

③ 위의 방정식을 풀면
$1{,}560-60x=70x$
$130x=1{,}560$ ∴ $x=12$
따라서 퇴근할 때 걸린 시간은 12분입니다.

다른풀이

① 집에서 회사까지의 거리를 x(m)라고 하면

(출근할 때 걸린 시간)$=\dfrac{x(\text{m})}{60\text{m/분}}=\dfrac{x}{60}$분

(퇴근할 때 걸린 시간)$=\dfrac{x(\text{m})}{70\text{m/분}}=\dfrac{x}{70}$분

이 두 시간의 합이 26분이므로 $\dfrac{x}{60}+\dfrac{x}{70}=26$

② 위 방정식을 풀면

$\dfrac{x}{60}\times 420+\dfrac{x}{70}\times 420=26\times 420$

$7x+6x=10{,}920$

$13x=10{,}920$ ∴ $x=840$

따라서 집과 회사 사이의 거리는 840m입니다.

③ 회사에서 집에 돌아올 때 걸린 시간을 구하면

$\dfrac{840(\text{m})}{70\text{m/분}}=12$(분)

따라서 퇴근할 때 걸린 시간은 12분입니다.

거리의 합 또는 차를 이용한 유형

CASE 2 둘레의 길이가 4km인 어떤 호수의 둘레를 A는 전동차를 타고 시속 40km로, B는 자전거를 타고 시속 25km로 동시에 같은 지점에서 같은 방향으로 달렸을 때, 두 사람이 처음으로 다시 만날 때까지 걸린 시간은 얼마인가?

① 12분 ② 13분 ③ 14분
④ 15분 ⑤ 16분

간단풀이

두 사람이 처음으로 만날 때까지 걸린 시간을 x(h)라고 하면
(A가 이동한 거리)$= 40x$(km)
(B가 이동한 거리)$= 25x$(km)
(A, B가 이동한 거리의 차)$= 40x - 25x = 15x$(km)
$15x = 4$ ∴ $x = \dfrac{4}{15}$(h)
1시간은 60분이므로
$\dfrac{4}{15} \times 60 = 16$(분)
따라서 구하는 두 사람이 출발 후 처음으로 다시 만날 때까지 걸린 시간은 16분이다.   (정답 ⑤)

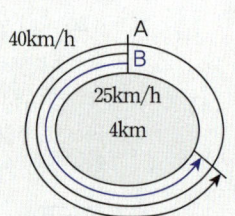

상세풀이

호수의 둘레를 A와 B가 같은 지점에서 동시에 출발하여 달리면 A의 속력이 더 빠르므로 B보다 앞서 달려 나가다가 출발했던 지점을 먼저 통과하여 B를 뒤에서 따라잡는 순간이 나타납니다. 이때 A는 B보다 호수를 한 바퀴 더 많이 달린 것과 같으므로 (A, B가 이동한 거리의 차)$=$(호수 둘레의 길이)가 성립합니다.

① A의 속력이 40(km/h)이고 B의 속력이 25(km/h)이므로 A와 B가 다시 만날 때까지 걸린 시간을 x(h)로 놓고 (거리)$=$(속력)$\times$(시간)을 이용하여 각각 이동한 거리를 구하면
(A가 이동한 거리)$= 40x$(km), (B가 이동한 거리)$= 25x$(km)

② A와 B가 이동한 거리의 차가 호수의 둘레의 길이와 같으므로
(A, B가 이동한 거리의 차)$= 40x - 25x = 15x$(km)
$15x = 4$ ∴ $x = \dfrac{4}{15}$(h)

③ 구하는 시간은 분 단위입니다. 1시간은 60분이므로 위에서 구한 시간을 분 단위로 바꿔주면
$\dfrac{4}{15} \times 60 = 16$(분)
따라서 구하는 두 사람이 출발 후 처음으로 다시 만날 때까지 걸린 시간은 16분입니다.

평균속력 유형

서현이는 서울에서 대전까지 시속 81km인 버스를 타고 2시간 이동한 다음, 대전에서 부산까지 시속 200km인 KTX를 타고 1시간 반 이동하였다. 이때, 서현이가 서울에서 출발하여 부산에 도착할 때까지의 평균속력은 얼마인가? (단, 대전에서 머무르는 시간은 무시한다.)

① 125.5km/h ② 132km/h ③ 148.5km/h
④ 160.5km/h ⑤ 183km/h

간단풀이

(서울에서 대전까지의 이동거리) $= 2(h) \times 81(km/h) = 162(km)$

(대전에서 부산까지의 이동거리) $= \dfrac{3}{2}(h) \times 200(km/h) = 300(km)$

따라서 서울에서 부산까지 이동하는 데의 평균속력은

$$\dfrac{(서울에서 대전까지의 이동거리)+(대전에서 부산까지의 이동거리)}{(서울에서 대전까지 이동하는 데 걸린 시간)+(대전에서 부산까지 이동하는 데 걸린 시간)}$$

$$= \dfrac{162(km)+300(km)}{2(h)+\dfrac{3}{2}(h)} = \dfrac{462(km)}{\dfrac{7}{2}(h)} = 462 \times \dfrac{2}{7} = 132(km/h)$$

정답 ②

상세풀이

① 서현이 서울에서 대전까지 이동하는 데 걸린 시간은 2시간이고 속력은 81km/h이므로 서울에서 대전까지의 이동거리는 $2(h) \times 81(km/h) = 162(km)$입니다.

한편, 대전에서 부산까지 이동하는 데 걸린 시간은 1시간 반이고 속력은 200km/h이므로 대전에서 부산까지의 이동거리는 $\dfrac{3}{2}(h) \times 200(km/h) = 300(km)$입니다.

② 따라서 서울에서 부산까지 이동하는 데의 평균속력은

$$\dfrac{(서울에서 대전까지의 이동거리)+(대전에서 부산까지의 이동거리)}{(서울에서 대전까지 이동하는 데 걸린 시간)+(대전에서 부산까지 이동하는 데 걸린 시간)}$$

$$= \dfrac{162(km)+300(km)}{2(h)+\dfrac{3}{2}(h)} = \dfrac{462(km)}{\dfrac{7}{2}(h)} = 462 \times \dfrac{2}{7} = 132(km/h)$$

열차가 터널(또는 다리)를 통과하는 유형

기차가 40m/s의 속력으로 길이가 720m인 터널을 완전히 통과하는 데 20초가 걸린다고 할 때, 같은 속력으로 길이가 1.2km인 터널을 완전히 통과하는 데 걸리는 시간을 구하여라.

① 31초 ② 32초 ③ 33초
④ 34초 ⑤ 35초

간단풀이

(기차의 길이)=x(m)라 하면 (기차가 움직인 거리)=(터널의 길이)+(기차의 길이)=$720+x$
이때, (기차가 움직인 거리)=(기차의 속력)×(터널을 완전히 통과하는 데 걸리는 시간)이므로
$720+x=40\times 20$
$720+x=800$ ∴ $x=80$(m)
이 기차가 1.2km의 터널을 완전히 통과하는 데 걸리는 시간을 t(s)라 두면
$1,200+80=40\times t$
$1,280=40t$ ∴ $t=32$
따라서 기차가 터널을 완전히 통과하는 데 걸리는 시간은 32초이다.

정답 ②

상세풀이

기차가 움직인 거리는 다음 그림과 같이 기차가 터널에 처음 진입한 후 기차의 나머지 꼬리까지 다 빠져나온 순간까지입니다. 즉 터널을 진입하는 순간부터 터널을 완전히 빠져나온 순간까지의 거리를 의미합니다.

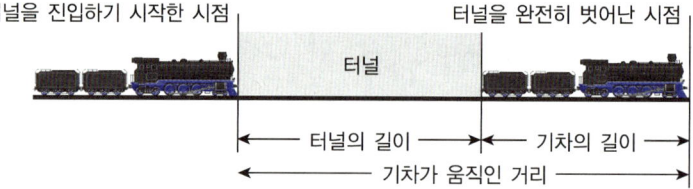

① 기차의 길이를 xm로 두면 기차가 움직인 거리는 (터널의 길이)+(기차의 길이)=$720+x$(m)입니다.
② (거리)=(속력)×(시간)에서
  (기차가 움직인 거리)=40(m/s)×20(s)=800(m)이므로
  $720+x=800$ ∴ $x=80$(m)
  따라서 기차의 길이는 80m입니다.
③ 이 기차가 1.2km의 터널을 완전히 통과하는 데 걸리는 시간을 t(s)라 두면
  (기차가 움직인 거리)=(터널의 길이)+(기차의 길이)
         =(기차의 속력)×(터널을 완전히 통과하는 데 걸리는 시간)
  $1,200+80=40\times t$
  $1,280=40t$ ∴ $t=32$
  따라서 기차가 터널을 완전히 통과하는 데 걸리는 시간은 32초입니다.

흐르는 강 위의 배 유형

CASE 5

분속 25m로 이동하는 배가 있다. 이 배가 유속이 일정한 강의 상류에서 하류까지 700m 길이 구간을 왕복한다. 내려갈 때 20분이 걸린다면, 올라갈 때 속력과 내려갈 때 속력의 비를 구하여라.

① 5:5 ② 6:4 ③ 3:7
④ 8:2 ⑤ 9:1

간단풀이

(유속)=x(m/분)
(상류에서 하류로 내려갈 때의 속력)=(배의 속력)+(유속)=$25+x$(m/분)
(하류에서 상류로 올라갈 때의 속력)=(배의 속력)−(유속)=$25-x$(m/분)
(강의 길이)=(내려갈 때의 속력)×(걸린 시간)에서
$700=(25+x)\times 20$
$25+x=\dfrac{700}{20}=35 \quad \therefore x=10$(m/분)
$(25-10):(25+10)=15:35=3:7$

정답 ③

상세풀이

① 올라갈 때의 속력과 내려갈 때의 속력을 구하려면 물의 속력, 즉 유속을 구해야 하므로 이것을 x(m/분)으로 두고 각각의 속력을 나타내면 다음과 같습니다.
   상류에서 하류로 내려갈 때의 속력은 (배의 속력)+(유속)=$25+x$(m/분)
   하류에서 상류로 올라갈 때의 속력은 (배의 속력)−(유속)=$25-x$(m/분)

② 길이가 700m인 강을 상류에서 하류로 내려갈 때 20분이 걸린다고 하였으므로
   (강의 길이)=(내려갈 때의 속력)×(걸린 시간)에서 $700=(25+x)\times 20$
   $25+x=\dfrac{700}{20}=35 \quad \therefore x=10$(m/분)
   따라서 유속은 10(m/분)입니다.

③ 상류에서 하류로 내려갈 때의 속력은 (배의 속력)+(유속)=$25+10=35$(m/분)
   하류에서 상류로 올라갈 때의 속력은 (배의 속력)−(유속)=$25-10=15$(m/분)
   이므로 구하는 두 속력의 비는
   $15:35=3:7$입니다.

제6장 농도

1. 농도

용액에 존재하는 용질의 상대적인 양을 의미합니다. 예를 들어, 용액이 소금물이라면 용질은 소금을 뜻하며, 농도 15%의 소금물 100g은 100g의 소금물에 녹아있는 소금의 양이 $100 \times 15\% = 100 \times \dfrac{15}{100} = 15\text{g}$임을 의미합니다.

$$(\text{소금물의 농도}) = \dfrac{(\text{소금의 양})}{(\text{물의 양}) + (\text{소금의 양})} \times 100(\%) = \dfrac{(\text{소금의 양})}{(\text{소금물의 양})} \times 100(\%)$$

$$(\text{소금의 양}) = \dfrac{(\text{소금물의 농도})}{100} \times (\text{소금물의 양})$$

2. 풀이 방법: 기준 – 소금의 양

소금물 문제는 보통 농도가 다른 두 용액을 섞어 만든 새로운 용액의 농도와의 관계식을 구하는 것이 출제되며, 구하는 것을 x로 놓고 각 용액에 녹아있는 **소금의 양**을 기준으로 식을 세우는 것이 가장 좋은 풀이 방법입니다.

주로 출제되는 다음 네 가지의 유형을 살펴보며, 소금의 양을 기준으로 하는 방정식을 세우는 방법을 익혀보도록 합니다.

유형 1. $a\%$의 소금물에 물을 첨가하여 $b\%$의 소금물을 만드는 경우

물을 첨가하여도 소금의 양이 변하지 않으므로 각 소금물에 녹아있는 소금의 양을 구하여 다음과 같이 식으로 나타낼 수 있습니다.

$$(a\%\text{인 소금물의 양}) \times \dfrac{a}{100} = \{(a\%\text{인 소금물의 양}) + (\text{첨가하는 물의 양})\} \times \dfrac{b}{100}$$

$$\rightarrow A \times \dfrac{a}{100} = (A+B) \times \dfrac{b}{100}$$

유형 2 $a\%$의 소금물의 물을 증발시켜 $b\%$의 소금물을 만드는 경우

물이 증발하여도 소금의 양이 변하지 않으므로 각 소금물에 녹아있는 소금의 양을 구하여 다음과 같이 식으로 나타낼 수 있습니다.

$$(a\%\text{인 소금물의 양}) \times \frac{a}{100} = \{(a\%\text{인 소금물의 양}) - (\text{증발시킨 물의 양})\} \times \frac{b}{100}$$

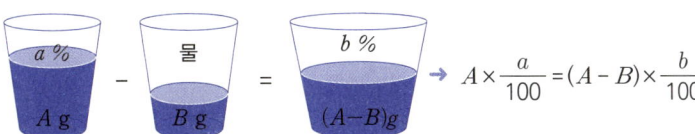

$$\rightarrow A \times \frac{a}{100} = (A - B) \times \frac{b}{100}$$

유형 3 $a\%$의 소금물에 소금을 첨가하여 $b\%$의 소금물을 만드는 경우

$b\%$의 소금물의 양이 기존 소금물의 양에 첨가된 소금의 양을 더한 것과 같으므로 각 소금물에 녹아있는 소금의 양을 구하여 다음과 같이 식으로 나타낼 수 있습니다.

$$(a\%\text{인 소금물의 양}) \times \frac{a}{100} + (\text{첨가하는 소금의 양}) = \{(a\%\text{인 소금물의 양}) + (\text{첨가하는 소금의 양})\} \times \frac{b}{100}$$

$$\rightarrow A \times \frac{a}{100} + B = (A + B) \times \frac{b}{100}$$

유형 4 $a\%$의 소금물과 $b\%$의 소금물을 섞어 $c\%$의 소금물을 만드는 경우

$a\%$의 소금물과 $b\%$의 소금물에 들어있는 소금의 합이 $c\%$의 소금물에 들어있는 소금의 양과 같으므로 각 소금물에 녹아있는 소금의 양을 구하여 다음과 같이 식으로 나타낼 수 있습니다.

$$(a\%\text{인 소금물의 양}) \times \frac{a}{100} + (b\%\text{인 소금물의 양}) \times \frac{b}{100}$$

$$= \{(a\%\text{인 소금물의 양}) + (b\%\text{인 소금물의 양})\} \times \frac{c}{100}$$

$$\rightarrow A \times \frac{a}{100} + B \times \frac{b}{100} = (A + B) \times \frac{c}{100}$$

3 가중평균을 활용한 빠른 풀이

가중평균이란 자료 값의 중요도, 영향, 가치 등에 해당하는 '가중치'를 반영하여 구한 평균 값을 말합니다. 이때, 가중치가 모두 동일한 평균이 우리가 앞서 배웠던 산술평균입니다. 예를 들어 설명해보겠습니다.

국어, 수학 성적이 각각 90, 86이고 각 교과목의 단위수가 각각 4, 6일 때 이를 반영한 두 교과목의 평균은 다음과 같이 구해야 합니다.

(국어, 수학 성적의 평균) $= \dfrac{4 \times 90 + 6 \times 86}{4+6} = 87.6$

이때, 각 과목의 성적(자료 값)의 중요도는 단위수로 반영되며, 이 수치를 **가중치**라 합니다.
즉, 단순히 $\dfrac{90+86}{2} = 88$로 계산한 산술평균과 다름을 확인할 수 있습니다.

가중평균의 공식은 다음과 같습니다.

> 자료 값 $x_1, \cdots, x_n$에 대하여 x_i의 가중치가 $\omega_i (>0)$일 때, 가중평균은 다음과 같이 정의한다.
> $$\bar{x} = \dfrac{\omega_1 x_1 + \cdots + \omega_n x_n}{\omega_1 + \cdots + \omega_n} = \dfrac{\sum_{k=1}^{n} \omega_k x_k}{\sum_{k=1}^{n} \omega_k}$$
> ※ 산술평균은 가중치가 $\omega_i = 1$인 가중평균과 일치한다.

다음 유형별 예제를 통해 확인해보겠습니다.

예제 1

유형 4 농도 10%의 소금물 150g과 농도 20%의 소금물 100g을 섞은 소금물의 농도를 구하여라.

해설

섞기 전 두 소금물에 녹아 있는 소금의 양은 각각 $10\% \times 150\text{g} = 15\text{g}$, $20\% \times 100\text{g} = 20\text{g}$이므로 섞은 후의 소금물 250g에는 $15+20=35\text{g}$의 소금이 녹아 있습니다. 따라서 구하는 소금물의 농도는 $\dfrac{35(\text{g})}{250(\text{g})} = 14\%$ 입니다.

이것을 가중평균을 이용하여 구하여 봅시다.
자료 값을 농도, 가중치를 소금물의 양으로 두고 위의 가중평균 공식을 이용하여 구하면 다음과 같습니다.

$$\dfrac{10\% \times 150 + 20\% \times 100}{150 + 100} = 14\%$$

또한, 가중평균을 이용하되, 거리의 차를 이용하여 다음과 같이 비례식으로 구할 수도 있습니다. 구하는 섞여진 소금물의 농도를 $x\%$로 두면 섞이기 전 두 소금물의 농도와의 차는 소금물의 양의 비와 반비례합니다. 즉, 소금물의 양의 비가 A : B이면 농도의 차의 비는 B : A입니다.

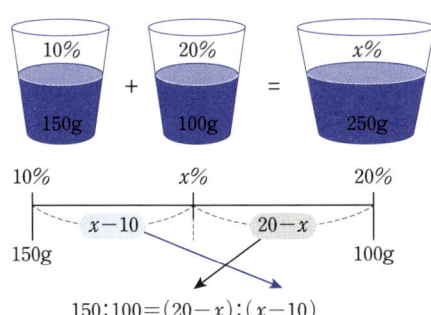

$$3(x-10) = 2(20-x)$$
$$3x - 30 = 40 - 2x$$
$$5x = 70 \quad \therefore \quad x = \boxed{14}\,(\%)$$

Tip 만일 두 농도의 값을 산술평균 한다면 10%와 20%의 평균인 15%가 되겠지만, 실제 농도는 그렇지 않습니다. 농도가 다른 두 소금물의 양이 다르므로 그 양의 차이를 반영해야 하기 때문입니다.

농도 10%의 소금물이 농도 20%의 소금물보다 소금물의 양이 더 많으므로 섞은 후의 소금물의 농도는 10%에 좀 더 가깝습니다. 즉, 가중치가 되는 값(위 예제의 경우 소금물의 양)의 크기가 클수록 가중평균은 해당 자료 값에 더 가까워집니다.

예제 2

유형 1 농도 12%의 소금물 300g에 물을 넣었더니 농도 9%의 소금물이 되었다. 넣은 물의 양을 구하여라.

해설

소금의 양 풀이

구하는 물의 양을 xg이라 두면 $300 \times \dfrac{12}{100} = (300+x) \times \dfrac{9}{100}$

$3,600 = 9(300+x)$
$3,600 = 2,700 + 9x$
$9x = 900 \quad \therefore \quad x = 100\,(\text{g})$

가중평균 풀이

소금물의 양의 비가 A : B이면 농도의 차의 비는 B : A입니다.
물을 농도가 0%라 생각하면 다음과 같이 비례식을 세울 수 있습니다.

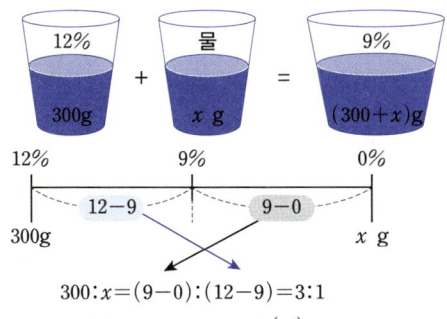

$300 : x = (9-0) : (12-9) = 3 : 1$
$3x = 300 \quad \therefore \quad x = 100\,(\text{g})$

예제 3

유형 3 농도 4%의 소금물 300g에 소금 xg을 넣었더니 농도 20%의 소금물이 되었다. x를 구하여라.

해설

소금의 양 풀이

구하는 소금의 양을 xg이라 두면

$$300 \times \frac{4}{100} + x = (300 + x) \times \frac{20}{100}$$

$$1{,}200 + 100x = 20(300 + x)$$

$$1{,}200 + 100x = 6{,}000 + 20x$$

$$80x = 4{,}800 \quad \therefore \quad x = 60(\text{g})$$

가중평균 풀이

소금을 농도가 100%라 생각하면 다음과 같이 비례식을 세울 수 있습니다.

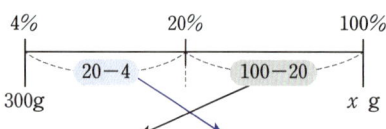

$$300 : x = (100 - 20) : (20 - 4) = 80 : 16 = 5 : 1$$

$$5x = 300 \quad \therefore \quad x = 60(\text{g})$$

Tip 가중평균은 소금물이나 소금, 또는 물을 첨가하는 상황일 때 이용할 수 있습니다. [유형 2]와 같이 물이 증발하는 상황에는 이용할 수 없습니다.

농도 8%의 소금물에 소금 6g과 물 200g을 추가하여 6%의 소금물을 만들었다. 처음 8% 소금물의 양은 몇 g인가?

① 300g　　　　　② 306g　　　　　③ 312g
④ 318g　　　　　⑤ 324g

간단풀이

(8% 소금물의 양)=xg

$$x \times \frac{8}{100} + 6 = (x+206) \times \frac{6}{100}$$

$8x + 600 = 6x + 1,236$

$2x = 636$　∴　$x = 318$

따라서 구하는 8% 소금물의 양은 318g이다.

정답 ④

상세풀이

① 구하는 값인 8% 소금물의 양을 xg으로 두면 소금 6g과 물 200g을 추가한 6% 소금물의 양은 $(x+206)$g 입니다.

② 소금물의 양을 기준으로 방정식을 세우면 다음과 같습니다.
(8% 소금물에 녹아있는 소금의 양)+소금 6g=(6% 소금물에 녹아있는 소금의 양)

$$x \times \frac{8}{100} + 6 = (x+206) \times \frac{6}{100}$$

$8x + 600 = 6x + 1,236$

$2x = 636$　∴　$x = 318$

따라서 구하는 8% 소금물의 양은 318g입니다.

CASE 2

농도 10%의 소금물이 들어있는 X컵과 농도 18%의 소금물이 들어있는 Y컵의 소금물을 섞은 후 가열하여 24% 농도의 소금물 400g을 만들었다. 가열한 후 소금물의 양이 가열하기 전 두 소금물을 섞은 소금물의 양보다 200g 줄었을 때, 처음 Y컵에 들어있던 소금물의 양은?

① 300g　　　　② 350g　　　　③ 400g
④ 450g　　　　⑤ 500g

간단풀이

(Y컵에 들어있는 소금물의 양)$=x$g, (X컵에 들어있는 소금물의 양)$=(600-x)$g

$$(600-x) \times \frac{10}{100} + x \times \frac{18}{100} = 400 \times \frac{24}{100}$$

$10(600-x) + 18x = 9{,}600$
$8x + 6{,}000 = 9{,}600$
$8x = 3{,}600 \quad \therefore \quad x = 450$

따라서 처음 Y컵에 들어있던 소금물의 양은 450g이다.

(정답 ④)

상세풀이

① 가열 후 200g이 증발하여 400g의 소금물이 되었다고 하였으므로 가열 전 소금물의 양은 600g인 것을 알 수 있습니다. 따라서 구하는 값인 Y컵에 들어있는 소금물의 양을 xg으로 두면 X컵에 들어있는 소금물의 양은 $(600-x)$g입니다.

② 가열하여 물이 증발하여도 소금의 양은 변함이 없습니다. 즉, 가열 전과 후의 소금물에 있는 소금의 양이 같으므로 이를 식으로 나타내면 다음과 같습니다.

(X컵 소금의 양)+(Y컵 소금의 양)=(가열한 후의 소금물에 있는 소금의 양)

$$(600-x) \times \frac{10}{100} + x \times \frac{18}{100} = 400 \times \frac{24}{100}$$

$10(600-x) + 18x = 9{,}600$
$8x + 6{,}000 = 9{,}600$
$8x = 3{,}600 \quad \therefore \quad x = 450$

따라서 처음 Y컵에 들어있던 소금물의 양은 450g입니다.

제7장 일률

1. 일률이란

일률은 단위 기간 동안 처리할 수 있는 작업량을 뜻하며, 일의 효율을 의미합니다.

- (일률) = $\dfrac{(\text{한 일의 양})}{(\text{걸린 시간})}$
- (작업량) = (일률) × (걸린 시간)
- (작업 기간) = $\dfrac{(\text{한 일의 양})}{(\text{일률})}$

누가 더 일을 잘하는지 어떻게 알까요?
두 사람의 일의 능력을 비교하려면 같은 시간 동안 한 일의 양을 비교하면 됩니다. 즉, 일률이란 일의 효율성이 누가 좋은지 비교할 수 있는 지표라고 생각하면 됩니다.

2. 풀이 방법

(1) 전체 작업량을 1로 놓습니다.
(2) 분, 시간 등의 단위 기간 동안 한 일의 양, 즉 일률을 각각 구합니다.
(3) 구하는 값을 x로 놓고 (전체 작업량) = (일률) × (전체 걸린 시간)에 대한 방정식을 세웁니다.

다음 예제를 통해 확인해보겠습니다.

예제

A가 작업을 모두 끝내는 데 10시간, B는 15시간이 걸린다고 한다. A, B가 함께 일하면 몇 시간 만에 일을 끝낼 수 있는가?

해설

A가 작업을 모두 끝내는 데 10시간이 걸린다고 하였으므로 전체 작업량을 1로 두면 A의 일률, 즉 A가 1시간 동안 작업하는 작업량은 $\dfrac{1}{10}$입니다. 또한, B가 같은 일을 끝내는 데 15시간이 걸렸다고 하였으므로 B의 일률은 $\dfrac{1}{15}$입니다. 따라서 A와 B가 함께 일했을 때의 일률은 $\dfrac{1}{10} + \dfrac{1}{15}$입니다.

이때, 걸리는 시간을 x로 두면

$\left(\dfrac{1}{10}+\dfrac{1}{15}\right)\times x = 1$, $\left(\dfrac{3+2}{30}\right)\times x = 1$, $\dfrac{1}{6}x = 1$ ∴ $x = 6$

따라서 A와 B가 함께 일했을 때 전체 작업을 완료하는 데 걸리는 시간은 6시간입니다.

CASE 1

효종이와 광수가 함께 일하면 5일만에 끝낼 수 있는 일을 효종이가 10일 먼저 일하고, 나머지 일을 광수가 4일 걸려서 끝냈다고 할 때, 광수가 혼자 일하면 며칠이 걸리는가?

① 5일 ② 6일 ③ 7일
④ 8일 ⑤ 9일

🛰 간단풀이

(효종이의 일률)$= x$, (광수의 일률)$= y$

$\begin{cases} x+y=\dfrac{1}{5} & \cdots\cdots \text{㉠} \\ 10x+4y=1 & \cdots\cdots \text{㉡} \end{cases}$, $\begin{cases} 4x+4y=\dfrac{4}{5} \\ 10x+4y=1 \end{cases}$, $6x=\dfrac{1}{5}$ ∴ $x=\dfrac{1}{30}$

이것을 ㉠에 대입하여 풀면

$\dfrac{1}{30}+y=\dfrac{1}{5}$ ∴ $y=\dfrac{1}{5}-\dfrac{1}{30}=\dfrac{1}{6}$

따라서 광수의 하루 작업량은 $\dfrac{1}{6}$이고, 전체 작업을 혼자 했을 때는 6일이 걸린다. **정답 ②**

🔍 상세풀이

① 전체 작업량을 1로 놓고 단위 기간을 하루로 설정합니다.

효종이의 일률을 x, 광수의 일률을 y라 두면 효종이가 혼자 일할 때 걸리는 기간은 $\dfrac{1}{x}$일, 광수가 혼자 일할 때 걸리는 기간은 $\dfrac{1}{y}$일 입니다.

② 효종이와 광수가 함께 일했을 때에 5일이 걸렸다고 하였으므로 이를 식으로 세워보면 다음과 같습니다.

$(x+y)\times 5 = 1$

$x+y=\dfrac{1}{5}$ $\cdots\cdots$ ㉠

③ 효종이가 먼저 혼자 10일을 일하고 나머지를 광수가 혼자 4일 동안 일하여 작업을 완료했으므로 이를 식으로 나타내면 다음과 같습니다.

$x\times 10 + y\times 4 = 1$

$10x+4y=1$ $\cdots\cdots$ ㉡

④ 위에서 구한 ㉠, ㉡을 연립하여 풀면 다음과 같습니다.

$$\begin{cases} x+y=\dfrac{1}{5} & \cdots\cdots ㉠ \\ 10x+4y=1 & \cdots\cdots ㉡ \end{cases}, \begin{cases} 4x+4y=\dfrac{4}{5} \\ 10x+4y=1 \end{cases}, 6x=\dfrac{1}{5} \quad \therefore \quad x=\dfrac{1}{30}$$

이것을 ㉠에 대입하여 풀면

$$\dfrac{1}{30}+y=\dfrac{1}{5} \quad \therefore \quad y=\dfrac{1}{5}-\dfrac{1}{30}=\dfrac{1}{6}$$

따라서 광수의 하루 작업량은 $\dfrac{1}{6}$이고, 전체 작업을 혼자 했을 때는 6일이 걸립니다.

제8장 원가, 정가, 할인가

원가는 이익을 붙이기 전인 원래 가격을 의미하며, 정가는 원가에 이익을 합산한 가격을 의미합니다. 할인가는 판매가라고도 불리며 정가에서 할인율을 적용하여 실제 판매되는 가격을 의미합니다. 이를 정리하면 다음과 같습니다.

1 정가와 이익

- 정가 = 원가 + 이익 = 원가 $\times \left(1 + \dfrac{\text{이익률}}{100}\right)$
- 이익 = 정가 − 원가 = 원가 $\times \dfrac{\text{이익률}}{100}$

예를 들어, 원가가 A원일 때, $a\%$ 이익을 붙여 정가를 책정했다면 정가와 이익은 다음과 같습니다.

① (정가) $= A \times \left(1 + \dfrac{a}{100}\right)$

② (이익) $= A \times \left(1 + \dfrac{a}{100}\right) - A = A \times \dfrac{a}{100}$

2 할인가와 할인율

- 할인가 = 정가 $\times \left(1 - \dfrac{\text{할인율}}{100}\right)$ = 정가 − 할인액 = 원가 + 순이익
- 할인율(%) = $\dfrac{\text{정가} - \text{할인가(판매가)}}{\text{정가}} \times 100$
- 순이익 = 할인가 − 원가 = 원가 $\times \left(\dfrac{\text{이익률}}{100} - \dfrac{\text{할인율}}{100} - \dfrac{\text{이익률} \times \text{할인율}}{100^2}\right)$

예를 들어, 원가가 A원에 $a\%$ 이익을 붙여 책정한 정가를 $b\%$ 할인하여 판매한다면 할인가(판매가)와 순이익은 다음과 같습니다.

① (할인가(판매가)) $= A \times \left(1 + \dfrac{a}{100}\right) \times \left(1 - \dfrac{b}{100}\right)$

② (순이익)$= A \times \left(1 + \dfrac{a}{100}\right) \times \left(1 - \dfrac{b}{100}\right) - A = A \times \left(1 + \dfrac{a}{100} - \dfrac{b}{100} - \dfrac{ab}{100^2}\right) - A$

$= A \times \left(\dfrac{a}{100} - \dfrac{b}{100} - \dfrac{ab}{100^2}\right)$

Tip 문제에서 출제되는 다음과 같은 표현의 의미를 확인하고 수식으로 바꾸는 연습을 하는 것이 좋습니다.

① 원가에 a원을 붙여 정가를 책정하였다. → (정가) = (원가) + a

② 원가에 $b\%$를 붙여 정가를 책정하였다. → (정가) = (원가) $\times \left(1 + \dfrac{b}{100}\right)$

③ 정가에 c원을 할인하여 판매가를 책정하였다. → (판매가) = (정가) − c

④ 정가에 $d\%$를 할인하여 판매가를 책정하였다. → (판매가) = (정가) $\times \left(1 - \dfrac{d}{100}\right)$

준호는 원가가 5,000원인 물건 10개의 가격을 25% 올려 판매하였으나 2개를 판매한 후 나머지가 팔리지 않아 정가에서 10%를 인하하여 모두 판매하였다. 이때, 준호의 이익은 얼마인가?

① 5,000원 ② 5,750원 ③ 6,250원
④ 7,000원 ⑤ 7,500원

간단풀이

$(정가) = 5{,}000 \times \left(1 + \dfrac{25}{100}\right) = 6{,}250(원)$

$2 \times \{(정가) - (원가)\} = 2 \times (6{,}250 - 5{,}000) = 2 \times 1{,}250 = 2{,}500(원)$

$(판매가) = 6{,}250 \times \left(1 - \dfrac{10}{100}\right) = 6{,}250 \times 0.9 = 5{,}625(원)$

$8 \times \{(판매가) - (원가)\}(원) = 8 \times (5{,}625 - 5{,}000) = 8 \times 625 = 5{,}000(원)$

$2{,}500 + 5{,}000 = 7{,}500(원)$

정답 ⑤

상세풀이

정가는 원가에 이익을 더한 가격이며, 할인가는 정가에서 할인율을 적용해 실제 판매된 가격을 의미합니다. 준호는 10개의 물건 중 2개는 정가로 팔고, 나머지 8개는 할인가로 팔았으므로 각각의 이익을 따로 구해야 합니다.

① 원가가 5,000원인 물건을 25% 이익을 붙여 정가를 책정하였으므로

$(정가) = 5{,}000 \times \left(1 + \dfrac{25}{100}\right) = 6{,}250(원)$

이 가격으로 물건을 2개 판매하였으므로 이익은
$2 \times \{(정가) - (원가)\} = 2 \times (6{,}250 - 5{,}000) = 2 \times 1{,}250 = 2{,}500(원)$

② 정가가 6,250원인 물건을 10% 인하하여 판매가를 책정하였으므로

$(판매가) = 6{,}250 \times \left(1 - \dfrac{10}{100}\right) = 6{,}250 \times 0.9 = 5{,}625(원)$

이 가격으로 물건을 8개 판매하였으므로 이익은
$8 \times \{(판매가) - (원가)\} = 8 \times (5{,}625 - 5{,}000) = 8 \times 625 = 5{,}000(원)$

③ 준호가 물건 10개를 모두 팔아서 얻은 총 이익은 ①, ②에서 얻은 이익을 더해야 하므로
$2{,}500 + 5{,}000 = 7{,}500(원)$입니다.

제9장 나이, 날짜, 요일

1 나이에 관한 문제

여러 명의 나이를 상대적으로 비교했을 때, 특정 사람의 나이를 구하면 됩니다. 구하고자 하는 사람의 나이를 x세 또는 구하고자 하는 기간을 x년으로 놓고, 미지수의 개수를 최소로 하여 방정식을 세웁니다. 이때, 과거, 현재 또는 미래의 나이를 유의합니다.

(1) 나이에 관한 성질

① x년이 흐른 뒤에는 모든 사람이 x살씩 나이를 먹는다.
② 시간이 흘러도 사람 간의 나이 차이는 동일하다.

(2) 나이계산 공식

> A의 나이를 a라 하고 B의 나이를 b라 하고 $a > b$일 때, x년 후 A의 나이가 B의 나이의 n배가 된다고 하면 다음의 공식이 성립합니다.*
>
> $$x = \frac{a-bn}{n-1}$$
>
> 따라서 x년 후 B의 나이는 $b+x = \frac{a-bn+b(n-1)}{n-1} = \frac{a-b}{n-1}$ 입니다.

* $(b+x) \times n = a+x$이므로 이것을 x에 관해 정리하면
$bn+xn = a+x$, $x(n-1) = a-bn$ ∴ $x = \frac{a-bn}{n-1}$

예제

올해 수연이의 나이는 2살이고 수연이 어머니는 30살이다. 어머니의 나이가 수연이의 나이의 3배가 되는 것은 몇 년 후인가? 그 때의 수연이의 나이는?

해설

방정식 풀이

어머니의 나이가 수연이의 나이의 3배가 되기 위해 x년이 흘렀다 가정하면 $3(2+x) = 30+x$
위의 방정식을 풀면
$3x+6 = 30+x$
$2x = 24$ ∴ $x = 12$
따라서 **12년** 후 어머니의 나이가 수연이의 나이의 3배가 된다.
또한, 이때의 수연이의 나이는 $2+12 = 14$살이다.

공식풀이

위의 공식에 $a=30$, $b=2$, $n=3$을 대입해보면 $x = \dfrac{30-2\times 3}{3-1} = \dfrac{24}{2} = 12$

따라서 12년 후, 수연이의 나이는 $2+12=14$살이다.

---

2 날짜, 요일에 대한 문제

방정식 문제 중에서는 일정 시간이 지난 후의 날짜 또는 일정 시간 후에 무슨 요일인지를 구하는 유형이 많습니다. 이런 유형을 해결하기 위해서는 날짜, 요일, 시간에 관한 기본적인 개념을 알아야 합니다.

(1) 하루는 24시간이고 1,440분이며 86,400초입니다.

(2) 일주일은 7일 주기로 반복되며 기준일로부터 일정 일수가 지난 요일을 구할 때에는 지난 일수를 7로 나눈 나머지를 기준 요일에 가산하여 구하면 됩니다.

예를 들어, 오늘은 화요일이고 17일이 지난 후의 요일을 구할 때, 17을 7로 나눈 나머지인 3을 화요일에 더해주면 (수, 목, 금)이므로 구하는 요일은 금요일입니다.

(3) 한 달의 일수는 1, 3, 5, 7, 8, 10, 12월이 31일이며 4, 6, 9, 11월은 30일이고 2월은 28일 또는 윤달인 경우 29일입니다.

(4) 평년은 365일이며 365를 일주일인 7로 나누면 52주하고 1일이 더 있습니다.

(5) 윤년은 윤달(2월 29일)이 든 해로 4년 주기마다 돌아오며 그 해는 366일입니다.

윤년인 366일을 일주일인 7로 나누면 52주하고 2일이 더 있습니다.

예를 들어, 오늘이 6월 13일이고 월요일일 때 내년 6월 13일의 요일은 하루 더한 화요일이고, 내년이 윤년인 경우 2일이 더 있으니 수요일이 됩니다.

암기

1일	24시간	1,440분 (24×60분)	86,400초 (1,440×60초)
1주	7일	기준일로부터 일정 일수가 지난 요일을 구할 때에는 일정 일수를 7로 나눈 나머지를 기준요일에 더함.	
1달	28~31일	1, 3, 5, 7, 8, 10, 12월이 31일이며 4, 6, 9, 11월은 30일이고 2월은 28일 또는 윤달인 경우 29일	
1년	365일	52주+1일 (365=52×7+1)	
윤년	2월 29일이 든 해 (4년 주기)	52주+2일 (366=52×7+2)	

1년은 52주하고 1일이 더 있기 때문에 1년 후의 요일은 하루 더하고, 윤년은 2일을 더함.
예를 들어, 올해 1월 1일이 월요일이라면 내년 1월 1일은 하루 더한 화요일입니다.

CASE 1

고양이와 함께 살고 있는 종구의 현재 나이는 33살이다. 6년 후 종구의 나이는 고양이의 나이의 3배가 된다고 할 때, 현재 고양이의 나이는 몇 살인가?

① 5살 ② 6살 ③ 7살
④ 8살 ⑤ 9살

간단풀이

(현재 고양이의 나이)$=x$
(6년 후의 고양이의 나이)×3=(6년 후의 종구의 나이)
$3(x+6) = 33+6$
$3x+18 = 39$
$3x = 21$ ∴ $x = 7$
따라서 현재 고양이의 나이는 7살이다.

정답 ③

다른풀이 1

6년 후 종구의 나이는 39살이다. 이때의 고양이의 나이의 3배가 종구의 나이라 하였으므로 고양이의 나이는 종구의 나이의 $\frac{1}{3}$ 배이다.

따라서 이때의 고양이의 나이는 $39 \times \frac{1}{3} = 13$살이다. 구하는 것은 현재의 고양이의 나이이므로 $13-6=7$살이다.

다른풀이 2

공식 $x = \frac{a-bn}{n-1}$ 에서 $a=33$, $n=3$, $x=6$을 대입하여 b를 구하면

$6 = \frac{33 - b \times 3}{3-1}$

$33 - 3b = 12$
$3b = 21$ ∴ $b = 7$
따라서 현재 고양이의 나이는 7살이다.

CASE 2

현재 할아버지의 나이는 66세이고, 손녀의 나이는 12세이다. 할아버지의 나이가 손녀의 나이의 4배가 되는 때는 몇 년 후인가?

① 4년 후 ② 6년 후 ③ 8년 후
④ 10년 후 ⑤ 12년 후

간단풀이

할아버지의 나이가 손녀의 나이의 4배가 되기 위해 x년이 흘렀다 가정하면 $4(12+x) = 66+x$
위의 방정식을 풀면
$4x+48 = 66+x$
$3x = 18$ ∴ $x = 6$
따라서 할아버지의 나이가 손녀의 나이의 4배가 되는 때는 6년 후이다.

정답 ②

다른풀이

공식 $x = \dfrac{a-bn}{n-1}$ 에서 $a=66$, $b=12$, $n=4$를 대입하여 x를 구하면
$x = \dfrac{66-12\times 4}{4-1}$
$3x = 66-48 = 18$ ∴ $x = 6$
따라서 구하는 때는 6년 후이다.

CASE 3 3년 전 어머니의 나이는 아들 나이의 8배였고, 지금으로부터 7년 후에는 3배가 된다. 아들의 현재 나이는 몇 살인가?

① 3살 ② 4살 ③ 5살
④ 6살 ⑤ 7살

간단풀이

현재 아들의 나이를 p, 어머니의 나이를 q라 놓으면 3년 전 어머니의 나이가 아들 나이의 8배라 하였으므로 $8(p-3) = q-3$
위의 방정식을 간단히 하면
$8p-24 = q-3$, $8p-q = 21$ …… ㉠
한편, 지금으로부터 7년 후 어머니의 나이가 아들 나이의 3배가 된다고 하였으므로
$3(p+7) = q+7$
위의 방정식을 간단히 하면
$3p+21 = q+7$, $3p-q = -14$ …… ㉡
㉠, ㉡을 연립하여 풀면
$5p = 35$ ∴ $p = 7$
따라서 구하는 아들의 나이는 7살이다.

정답 ⑤

다른풀이

현재 아들의 나이를 p, 어머니의 나이를 q라 놓으면 3년 전 어머니의 나이가 아들 나이의 8배라 하였으므로 공식 $x = \dfrac{a-bn}{n-1}$ 에서 $n=8$, $x=-3$을 대입하면

$$-3 = \frac{q-p\times 8}{8-1}$$
$q-8p=-21$ ……㉠

한편, 지금으로부터 7년 후 어머니의 나이가 아들 나이의 3배가 된다고 하였으므로 공식 $x=\frac{a-bn}{n-1}$에서 $n=3$, $x=7$을 대입하면

$$7 = \frac{q-p\times 3}{3-1}$$
$q-3p=14$ ……㉡
㉠, ㉡을 연립하여 풀면
$5p=35$ ∴ $p=7$
따라서 구하는 아들의 나이는 7살이다.

2020년 7월 29일은 수요일이다. 이날 태어난 아기의 20년 뒤 생일은 무슨 요일인가? (단, 2020년은 윤년이다.)

① 일요일 ② 월요일 ③ 화요일
④ 수요일 ⑤ 목요일

① 기준일인 2020년 7월 29일부터 20년 뒤인 2040년 7월 29일의 요일을 계산하면 됩니다. 이때, 문제에서 2020년이 윤년이라 하였으므로 윤년은 4년 주기로 반복되기 때문에 2024년, 2028년, 2032년, 2036년, 2040년이 윤년입니다.
(단, 여기서 2020년도가 윤년이지만 기준일인 2020년 7월 29일로부터 2040년 7월 29일 사이에 2020년 2월 29일이 포함되지 않기 때문에 윤년으로 고려하지 않습니다.)

② 평년은 52주하고 1일이 지나기 때문에 1년 후의 요일은 하루를 더하고, 윤년은 2일을 더합니다. 문제에 제시된 기간 동안 윤년은 총 5번이며, 평년은 15번입니다.
평년으로 15일을 더하고, 윤년으로는 2일씩 5번으로 10일을 더합니다.
즉, 기준일로부터 총 15+10=25일을 더하는 것입니다.

③ 요일은 7일 주기로 반복되므로 25를 7로 나누고 나머지를 살펴보면 몫은 3이고, 나머지는 4이므로 3주하고 4일이 밀린 것입니다. 따라서 기준일인 수요일에서 4일을 더하면 됩니다. 이를 식으로 나타내면 다음과 같습니다.
(수요일에 더해줄 날짜 수)=(평년 가산일)×15+(윤년 가산일)×5=1×15+2×5=15+10=25일
요일은 7일 주기로 반복되므로
25(일)÷7(일)=3주 ⋯ 4일(나머지)

④ 따라서 이날 태어난 아기의 20년 뒤 생일은 수요일에서 4일을 더한 **일요일**입니다.

정답 ①

2020년 5월 8일은 금요일이다. 2021년 12월 25일은 무슨 요일인가? (단, 2020년은 윤년이다.)

① 수요일　　　　② 목요일　　　　③ 금요일
④ 토요일　　　　⑤ 일요일

상세풀이

① 기준일인 2020년 5월 8일부터 2021년 12월 25일까지의 요일을 구하려면 우선 1년 뒤의 월과 일이 같은 2021년 5월 8일의 요일을 구하고, 7개월 뒤의 일이 같은 2021년 12월 8일의 요일을 구하여야 합니다. 그 다음으로 12월 8일에서 25일까지의 일수를 가산하면 요일을 구할 수 있습니다.

② 먼저 기준일로부터 2021년 5월 8일까지는 윤일을 포함하지 않으니 평년으로 더해 줍니다. 2020년 5월 8일은 금요일이기 때문에 평년 가산일인 1일을 더해주면 토요일이 됩니다.

2020년 5월 8일 금요일
⋮ 52주 +1일
2021년 5월 8일 토요일

일주일은 7일 주기로 반복되기 때문에 기준일로부터 일정 일수가 지난 요일을 구할 때에는 지난 일수를 7로 나눈 나머지를 기준 요일에 가산하여 구하면 됩니다.

③ 2021년 5월 8일부터 2021년 12월 8일까지는 5월, 6월, 7월, 8월, 9월, 10월, 11월, 12월이 있고 월별 일수에 따라 7로 나눈 나머지를 살펴보면 2021년 5월 8일 토요일로부터 4일이 더해져서 2021년 12월 8일이 수요일이라는 것을 알 수 있습니다.
(월별 일수를 전부 더한 후 7로 나눈 나머지를 구하는 것과 월별 일수를 각각 나눈 뒤 나머지를 더하고 다시 7로 나눈 나머지를 구하는 것은 결과가 같습니다. 여기서는 7로 나눈 수의 나머지만 알면 되기 때문에 이렇게 계산하면 좀더 빠르게 나머지를 구할 수 있습니다.)

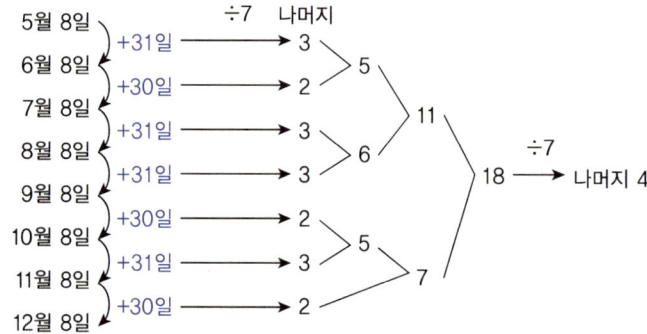

④ 2021년 12월 8일 수요일부터 2021년 12월 25일까지는 17일이 더해지기 때문에 17을 7로 나누고 나머지를 살펴보면 3일이 더해지는 것을 알 수 있습니다.

2021년 12월 8일 수요일 (토요일 +4일)
⋮ +17일 (7로 나눈 나머지=3)
2021년 12월 25일 토요일 (수요일 +3일)

따라서 2021년 12월 25일은 토요일입니다.

정답 ④

제10장 시계

1 시침의 각도

(1) 12시간 동안 회전하는 각도 : $360°$

(2) 1시간 동안 회전하는 각도 : $\dfrac{360°}{12} = 30°$

(3) 1분 동안 회전하는 각도 : $\dfrac{30°}{60} = 0.5°$

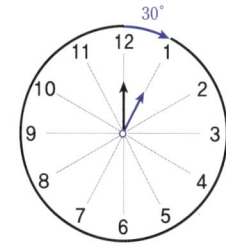

예를 들어, A시 B분일 때 시침의 각도는 12시 정각을 기준으로 $30°A + 0.5°B$ 입니다.

2 분침의 각도

(1) 1시간 동안 회전하는 각도 : $360°$

(2) 1분 동안 회전하는 각도 : $\dfrac{360°}{60} = 6°$

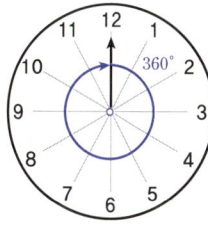

예를 들어, A시 B분일 때 분침의 각도는 12시 정각을 기준으로 $6°B$ 입니다.

3 시침과 분침이 이루는 각도

시침과 분침은 동시에 움직이므로 12시 정각을 기준으로 각각 몇 도 움직였는지를 파악하여 그 각도의 차를 구하면 됩니다.

예를 들어, A시 B분일 때 시침의 각도는 12시 정각을 기준으로 $30°A + 0.5°B$이고, 분침의 각도는 12시 정각을 기준으로 $6°B$ 이므로 시침의 각도와 분침의 각도의 차는
$|(30°A + 0.5°B) - 6°B| = |30°A - 5.5°B|$ 입니다.

(1) 시침과 분침이 직각이 되는 조건

시침과 분침이 이루는 각도가 $90°$여야 하므로 $|30°A - 5.5°B| = 90°$

(2) 시침과 분침이 일직선이 되는 조건

시침과 분침이 이루는 각도가 $180°$여야 하므로 $|30°A - 5.5°B| = 180°$

(3) 시침과 분침이 만나는 조건

시침과 분침이 이루는 각도가 0°여야 하므로 30°A−5.5°B=0, 즉 30°A=5.5°B

	1시간	10분	1분
시침	$\dfrac{360°}{12}=30°$	$\dfrac{30°}{6}=5°$	$\dfrac{30°}{60}=0.5°$
분침	360°	$\dfrac{360°}{6}=60°$	$\dfrac{360°}{60}=6°$

3시에서 4시 사이에 시침과 분침이 정확히 일치하는 시각은 3시 x분이다. 이때 x의 값은?

① $\dfrac{175}{11}$ 분 ② $\dfrac{180}{11}$ 분 ③ $\dfrac{185}{11}$ 분

④ $\dfrac{190}{11}$ 분 ⑤ $\dfrac{195}{11}$ 분

 간단풀이

$0.5°x + 90° = 6°x$

$5.5°x = 90°$ ∴ $x = \dfrac{180}{11}$ 분

정답 ②

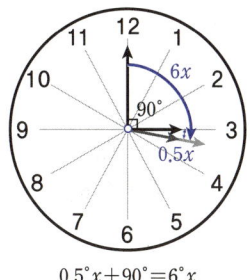

$0.5°x + 90° = 6°x$

🔍 상세풀이

분침과 시침의 각도를 12시 정각을 기준으로 하여 각각 수식으로 나타냅니다. 이때, 시침과 분침이 일치한다고 하였으므로 수식이 서로 같습니다.

① 시침은 1분에 0.5° 움직이고 분침은 1분에 6° 움직이므로 x분 동안 움직인 각도는 각각 $0.5°x$, $6°x$입니다.

따라서 3시 x분일 때, 시침의 각도는 12시 정각을 기준으로 $30° \times 3 + 0.5° \times x = 0.5°x + 90°$입니다. 한편, 분침의 각도는 $6° \times x$입니다.

② 두 각도가 같으므로 $0.5°x + 90° = 6°x$

$5.5°x = 90°$ ∴ $x = \dfrac{180}{11}$ 분

따라서 시침과 분침이 정확히 일치하는 시각은 3시 $\dfrac{180}{11}$ 분이며, 구하는 x의 값은 $\dfrac{180}{11}$ 분입니다.

CASE 2

7시에서 8시 사이에 시침과 분침이 이루는 각도가 90°인 시각은 7시 $\dfrac{600}{11}$ 분과 7시 x분이다. 이때 x의 값은?

① $\dfrac{200}{11}$ 분   ② $\dfrac{220}{11}$ 분   ③ $\dfrac{240}{11}$ 분

④ $\dfrac{260}{11}$ 분   ⑤ $\dfrac{280}{11}$ 분

간단풀이

$|0.5°x + 210° - 6°x| = |210° - 5.5°x| = 90°$

(i) $210° - 5.5°x = 90°$ 에서 $5.5°Gx = 120°$ ∴ $x = \dfrac{240}{11}$

(ii) $210° - 5.5°x = -90°$ 에서 $5.5°x = 300°$ ∴ $x = \dfrac{600}{11}$

따라서 7시에서 8시 사이에 시침과 분침이 이루는 각도가 90°인 시각은 7시 $\dfrac{240}{11}$ 분과 7시 $\dfrac{600}{11}$ 분 이므로 구하는 x의 값은 $\dfrac{240}{11}$ 이다.

(정답 ③)

(i) $210° + 0.5°x = 6°x + 90°$ (ii) $210° + 0.5°x = 6°x - 90°$

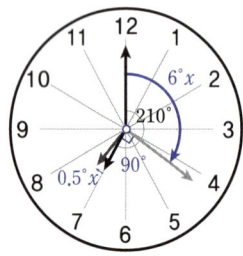 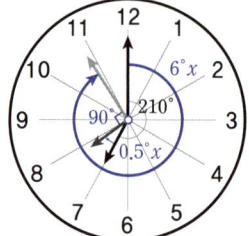

상세풀이

시침과 분침이 이루는 각도가 90°인 것은 시침과 분침의 각도의 차가 90°임을 뜻합니다.

① 시침은 1분에 0.5° 움직이고 분침은 1분에 6° 움직이므로 x분 동안 움직인 각도는 각각 $0.5°x$, $6°x$입니다. 따라서 7시 x분일 때, 시침의 각도는 12시 정각을 기준으로 $30° \times 7 + 0.5° \times x = 0.5°x + 210°$이고, 분침의 각도는 $6° \times x$입니다.

② 시침과 분침의 각도 차가 90°이므로 $|0.5°x + 210° - 6°x| = |210° - 5.5°x| = 90°$

(i) $210° - 5.5°x = 90°$ 에서 $5.5°x = 120°$ ∴ $x = \dfrac{240}{11}$

(ii) $210° - 5.5°x = -90°$ 에서 $5.5°x = 300°$ ∴ $x = \dfrac{600}{11}$

③ 따라서 7시에서 8시 사이에 시침과 분침이 이루는 각도가 90°인 시각은 7시 $\dfrac{240}{11}$ 분과 7시 $\dfrac{600}{11}$ 분이 므로 구하는 x의 값은 $\dfrac{240}{11}$ 입니다.

제11장 약수와 배수, 톱니바퀴, 간격

1 약수

어떤 수를 나누어떨어지게 하는 0이 아닌 정수를 뜻합니다.
예를 들어, 6의 약수는 1, 2, 3, 6입니다.

(1) 공약수

두 정수의 공통 약수가 되는 정수, 즉 두 정수를 모두 나누어떨어지게 하는 정수를 뜻합니다.
예를 들어, 8의 약수는 1, 2, 4, 8이고 12의 약수는 1, 2, 3, 4, 6, 12이므로 8과 12의 공약수를 구하면 1, 2, 4입니다.

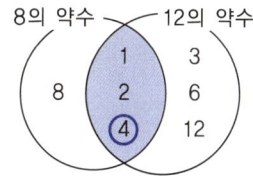

(2) 최대공약수

공약수 중에서 가장 큰 수입니다.
모든 공약수는 최대공약수의 약수입니다.
예를 들어, 8과 12의 공약수는 1, 2, 4이므로 최대공약수는 4입니다.

(3) 서로소

공약수가 1뿐인 두 자연수의 관계를 말합니다.
예를 들어, 4와 9는 공약수가 1뿐이므로 서로소입니다.

(4) 약수의 개수

자연수 n이 $p_1^{e_1} p_2^{e_2} \cdots p_k^{e_k}$로 소인수분해될 때,
(n의 약수의 개수) $= (e_1+1)(e_2+1) \cdots (e_k+1)$

예를 들어, 12의 약수의 개수를 구하기 위해 소인수분해를 하면 $12 = 2^2 \times 3$
따라서 12의 약수의 개수는 $(2+1)(1+1) = 3 \times 2 = 6$개입니다.

2 최대공약수 구하는 방법

(1) 소인수분해를 이용하는 방법

① 각 자연수를 소인수분해한다.
② 공통인 소인수를 모두 곱한다. 이때, 공통인 소인수의 지수는 같으면 그대로, 다르면 작은 것을 택하여 곱한다.

$$24 = 2^3 \times 3$$
$$60 = 2^2 \times 3 \times 5$$
$$\text{(최대공약수)} = 2^2 \times 3 = 12$$

지수가 다르면 작은 것을 택한다. 지수가 같으면 그대로 둔다.

(2) 나눗셈을 이용하는 방법

① 두 수의 몫이 서로소가 될 때까지 1이 아닌 공약수로 각 수를 계속 나눈다.
② 나누어 준 공약수들을 모두 곱한다.

$$\begin{array}{r|rr} 2 & 24 & 60 \\ 2 & 12 & 30 \\ 3 & 6 & 15 \\ \hline & 2 & 5 \end{array}$$

→ 서로소
→ (최대공약수)$=2^2 \times 3 = 12$

3 배수

어떤 수에 정수를 곱한 정수를 말합니다. 0이 아닌 정수 A의 배수는 무수히 많이 존재합니다. 예를 들어, 2의 배수는 …, −6, −4, −2, 0, 2, 4, 6, … 입니다.

(1) 공배수

두 개 이상의 자연수의 공통인 배수를 뜻합니다.
예를 들어, 2의 배수는 …, 2, 4, 6, 8, 10, 12, …, 3의 배수는 …, 3, 6, 9, 12, … 이므로 2와 3의 공배수는 …, 6, 12, 18, …입니다.

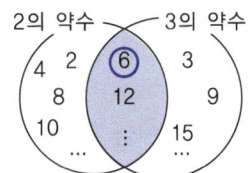

(2) 최소공배수

공배수 중에서 가장 작은 자연수입니다.
모든 공배수는 최소공배수의 배수입니다.
예를 들어, 2와 3의 공배수는 …, 6, 12, 18, … 이므로 최소공배수는 6입니다. 서로소인 두 자연수의 최소공배수는 두 자연수를 곱한 수입니다.

4 최소공배수 구하는 방법

(1) 소인수분해를 이용하는 방법

① 각 자연수를 소인수분해한다.
② 공통인 소인수와 공통이 아닌 소인수까지 모두 곱한다. 이때, 공통인 소인수의 지수는 같으면 그대로, 다르면 큰 것을 택하여 곱한다.

$$18 = 2 \times 3^2$$
$$30 = 2 \times 3 \times 5$$
$$(최소공배수) = 2 \times 3^2 \times 5 = 90$$

↳ 지수가 같으면 그대로 둔다.
↳ 지수가 다르면 큰 것을 택한다.

(2) 나눗셈을 이용하는 방법

① 두 수의 몫이 서로소가 될 때까지 1이 아닌 공약수로 각 수를 계속 나눈다.
② 나누어 준 모든 공약수들과 마지막 몫을 모두 곱한다.

$$\begin{array}{r|rr} 2 & 18 & 30 \\ 3 & 9 & 15 \\ \hline & 3 & 5 \end{array}$$

↳ (최소공배수) $= 2 \times 3^2 \times 5 = 90$

5 최대공약수와 최소공배수의 관계

두 자연수 A, B의 최대공약수를 G, 최소공배수를 L이라 할 때,
$A = a \times G$, $B = b \times G$ (a, b는 서로소)라 하면 다음이 성립합니다.

(1) $L = a \times b \times G$
(2) $A \times B = G \times L$

최대공약수 활용 문제

1. **남는 공간 없이 채우기 유형**
   특정 크기의 공간을 가장 큰 물품으로 남는 공간 없이 채우는 경우 (가장 적은 수의 물품으로 남는 공간 없이 채우는 경우)

   > 세로의 길이가 A, 가로의 길이가 B인 직사각형을 빈틈없이 채울 수 있는 가장 큰 정사각형의 한 변의 길이는 두 수 A, B의 최대공약수입니다.
   > 또한, 이것은 정사각형을 가장 적게 사용하는 경우와 같습니다.

2. **똑같이 나누어 주기 유형**
   특정 양을 최대한 많은 사람에게 똑같이 나누어 주는 경우

   > [공약수 이용] 사탕과 초콜릿을 아이들에게 똑같이 나누어주려면 사탕의 개수와 초콜릿의 개수의 공약수만큼 나누어줄 수 있습니다.
   > [최대공약수 이용] 사탕과 초콜릿을 가능한 한 많은 아이들에게 똑같이 나누어주려면 사탕의 개수와 초콜릿의 개수의 최대공약수만큼의 인원에게 나누어줄 수 있습니다.

3. **간격(나무 심기) 유형**
   일직선 상에 일정한 간격으로 나무를 심는다고 합시다.
   다음 그림과 같이 직선 길이에 일정한 간격으로 나누어야 하므로 간격 길이는 직선 길이의 약수입니다.

   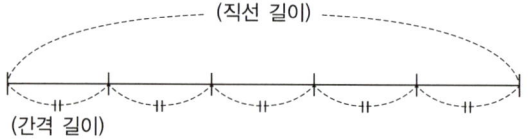

   따라서 $\dfrac{(\text{직선 길이})}{(\text{간격 길이})} = (\text{간격의 수})$입니다.

   이때, 양쪽 끝에도 나무를 심어야 하므로

   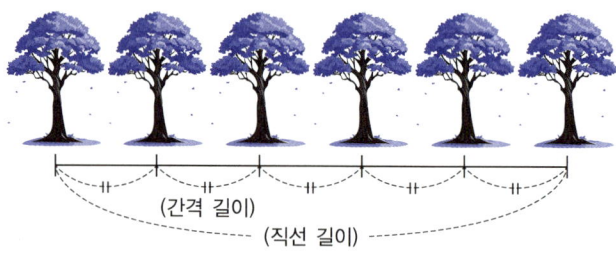

   $(\text{필요한 나무의 수}) = \dfrac{(\text{직선 길이})}{(\text{간격 길이})} + 1 = (\text{간격의 수}) + 1$입니다.

다음 예제를 통해 확인해보겠습니다.

> **예제**
>
> 1,000m의 보도에 50m 간격으로 은행나무를 심을 때, 보도의 양 끝에도 나무를 심는다면 은행나무는 몇 그루가 필요한가?

해설

(필요한 나무의 수)$=\dfrac{(직선\ 길이)}{(간격\ 길이)}+1=$(간격의 수)$+1$ 이므로

필요한 나무의 수는 $\dfrac{1,000}{50}+1=20+1=21$ 그루입니다.

Tip 정수의 개수를 구할 때, 다음과 같은 규칙이 성립합니다.
(예1) 0부터 5까지의 정수의 개수를 구하면 0, 1, 2, 3, 4, 5로 총 6개입니다.
(예2) 0부터 10까지의 정수의 개수를 구하면 0, 1, 2, 3, 4, 5, 6, 7, 8, 9, 10으로 총 11개입니다.
(예3) 5부터 13까지의 정수의 개수를 구하면 5, 6, 7, 8, 9, 10, 11, 12, 13으로 총 9개입니다.
따라서 다음과 같은 식이 성립합니다.

> 정수 a부터 정수 b까지의 정수의 개수는 $b-a+1$ (개)이다.

이와 같은 방법으로 위의 예제문제를 풀어봅시다.
1,000m 거리에 50m 간격으로 은행나무를 심으므로 은행나무는
0m, 50m, 100m, ⋯, 1,000m의 위치에 심게 됩니다.
간격이 50m이므로 $x=50$이라 두면, $50=x$, $100=2x$, ⋯, $1,000=20x$가 되므로
각 위치에 있는 은행나무의 개수를 세는 것은 0, x, $2x$, ⋯, $20x$의 개수를 세는 것과 같고, 이것은 0부터 20까지 정수의 개수를 세는 것과 같습니다. 즉,
(은행나무의 수)$=20-0+1=21$(그루)

※ 이 문제를 통해 다음과 같은 공식을 구할 수 있습니다.

> 정수 a부터 정수 b까지 간격이 c인 정수의 개수는 $\dfrac{b-a}{c}+1$(개)이다.

공식으로 이 문제를 다시 풀이해 보면
1,000m의 거리에 50m 간격으로 심어야 하는 은행나무의 수는
$\dfrac{1,000-0}{50}+1=20+1=21$ 그루가 됩니다.

최소공배수 활용 문제

1. **직사각형으로 정사각형 만들기 유형**

   세로의 길이가 A, 가로의 길이가 B인 직사각형으로 만들 수 있는 가장 작은 정사각형의 한 변의 길이는 두 수 A, B의 최소공배수입니다.
   또한, 이것은 직사각형을 가장 적게 사용하는 경우와 같습니다.

2. **톱니바퀴 유형**

   톱니바퀴 문제는 주로 두 개 이상의 톱니바퀴가 맞물려 돌아갈 때, 회전수 또는 톱니의 수를 묻는 유형입니다. 두 톱니가 다시 맞물린다는 것은 두 톱니가 각각 일정한 회전을 한 후 같은 자리에서 처음 톱니가 맞물리는 것을 의미합니다.

   두 톱니의 공통된 배수 즉 공배수를 찾으면 처음 톱니가 다시 맞물리는 때를 알 수 있고, 최소 회전수를 찾는 것은 그렇게 만나게 되는 배수들 중 가장 작은 공배수, 즉 최소공배수를 찾으면 최소 회전수를 알 수 있습니다.

세 수의 최대공약수와 최소공배수 유형

세 수의 공약수는 세 수를 모두 나눌 수 있는 수여야 합니다. 따라서 세 수의 최대공약수는 세 수를 모두 나눌 수 있는 수 중 가장 큰 수입니다.
한편, 세 수의 공배수는 세 수의 공통된 배수이므로 최소공배수를 구할 때는 세 수 중에서 두 수만 나누어져도 나눌 수 있습니다.

다음 예제를 통해 확인해보겠습니다.

예제

20, 24, 40의 최대공약수와 최소공배수의 차를 구하시오.

해설

세 수의 최대공약수는 세 수가 전부 나누어 질 때만 나눌 수 있습니다. 반면, 최소공배수를 구할 때에는 세 수 중에 두 수만 나누어져도 나눌 수 있습니다. 20, 24, 40의 최대공약수와 최소공배수를 나눗셈을 이용하여 각각 구해보면 다음과 같습니다.

$$
\begin{array}{r|rrr}
2) & 20 & 24 & 40 \\
2) & 10 & 12 & 20 \\
\hline
 & 5 & 6 & 10
\end{array}
$$
→ (최대공약수) $= 2^2 = 4$

$$
\begin{array}{r|rrr}
2) & 20 & 24 & 40 \\
2) & 10 & 12 & 20 \\
2) & 5 & 6 & 10 \\
5) & 5 & 3 & 5 \\
\hline
 & 1 & 3 & 1
\end{array}
$$
서로소
→ (최소공배수) $= 2^3 \times 3 \times 5 = 120$

따라서 20, 24, 40의 최대공약수와 최소공배수의 차는 $120 - 4 = 116$입니다.

한 유치원에서 아이들에게 나누어주기 위하여 사탕 112개와 초콜릿 70개를 구매하였다. 아이들에게 각각 동일한 개수로 배분하였더니 사탕은 4개가 남고, 초콜릿은 2개가 부족하였다. 다음 중 아이들의 수가 될 수 없는 것은?

① 6명 ② 8명 ③ 12명
④ 18명 ⑤ 36명

🔍 **상세풀이**

아이들에게 동일하게 나누어 주었을 때, 사탕은 4개가 남고, 초콜릿은 2개가 부족했다고 하였으므로 각각 실제로 필요한 개수는 사탕이 112−4=108개, 초콜릿이 70+2=72개입니다.
모든 아이들에게 동일한 수량으로 배분한 것이므로 108과 72의 공약수가 아이들의 수가 될 수 있습니다.
모든 공약수는 최대공약수의 약수이므로 108과 72의 최대공약수를 나눗셈을 이용하여 다음과 같이 구할 수 있습니다.

$$\begin{array}{r|rr} 2 & 108 & 72 \\ 2 & 54 & 36 \\ 3 & 27 & 18 \\ 3 & 9 & 6 \\ & 3 & 2 \end{array}$$

→ (최대공약수)=$2^2 \times 3^2$=36

따라서 아이들의 수가 될 수 있는 수는 36의 약수가 됩니다.
36의 약수는 1, 2, 3, 4, 6, 9, 12, 18, 36이므로 선지 중 아이들의 수가 될 수 없는 것은 8입니다.

정답 ②

가로, 세로, 높이의 길이가 630cm, 525cm, 315cm인 컨테이너 박스에 정육면체 모양의 상자를 빈틈없이 채우려고 한다. 가능한 한 가장 큰 박스로 채우려고 할 때, 필요한 박스의 개수는?

① 60개 ② 90개 ③ 105개
④ 108개 ⑤ 125개

🔍 **상세풀이**

정육면체 박스를 빈틈없이 채운다고 하였으므로 정육면체의 한 변의 길이는 가로, 세로, 높이의 길이의 공약수여야 합니다. 이때, 가장 큰 박스라고 하였으므로 최대공약수여야 합니다.
630, 525, 315의 최대공약수를 나눗셈을 이용하여 다음과 같이 구할 수 있습니다.

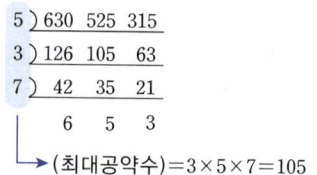

따라서 한 변의 길이가 105cm인 정육면체 박스로 컨테이너 박스를 가득 채울 수 있습니다.
이때, 가로에는 6개, 세로에는 5개, 높이에는 3개의 박스를 쌓을 수 있으므로 총 6×5×3=90개의 박스가 필요합니다.

정답 ②

X, Y 두 톱니바퀴의 톱니 수가 각각 24개, 42개라고 할 때, 두 톱니바퀴가 같은 톱니에서 다시 맞물리기 위해서는 X가 최소 몇 번 회전해야 하는가?

① 3번　　　② 4번　　　③ 5번
④ 6번　　　⑤ 7번

상세풀이

두 톱니바퀴가 같은 톱니에서 맞물리기 위해서는 24와 42의 최소공배수를 찾으면 됩니다.

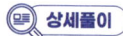

두 수의 최소공배수가 168이므로 X 톱니의 수인 24로 나누어 주면 X 톱니의 최소 회전 수를 알 수 있습니다. $\frac{168}{24}=7$이므로 X 톱니는 최소 7번 회전해야 합니다.

정답 ⑤

자전거를 만드는 OO공장에는 A, B 두 기계가 있다. A기계의 수명은 4년이고, B기계의 수명은 3년이다. OO공장이 설립된 해인 1988년에 두 기계를 모두 구입했다고 할 때, 2020년 이후 처음으로 두 기계를 동시에 구입하는 해는 언제인가? (단, 기계의 수명이 다하면 바로 구입하며, 해를 넘겨 구입하는 경우는 없다.)

① 2021년　　　② 2022년　　　③ 2023년
④ 2024년　　　⑤ 2025년

간단풀이

4와 3의 최소공배수는 12이므로
1988년, 2000년, 2012년, 2024년, …에서 구하는 답은 2024년이다.

정답 ④

상세풀이

이 문제는 두 수의 최소공배수를 이용하여 해결하는 문제입니다.

① A기계는 4년마다 다시 구입해야 하고 B 기계는 3년마다 다시 구입해야 하므로 A, B 기계를 동시에 구입한 이후 다시 동시에 구입하는 시점은 3과 4의 최소공배수인 12년마다 돌아옵니다.

② 1988년에 동시에 구입한 이후 12년마다 다시 동시에 구입해야 하므로
2000년, 2012년, 2024년, … 입니다.

③ 구하는 것은 2020년 이후 처음으로 동시에 구입하는 해이므로 2024년입니다.

CASE 5 철수와 영미는 매일 같이 도서관에 가서 공부를 하고 있으며 시간은 오전 10시부터 시작한다. 철수는 20분 동안 공부 후 10분을 쉬고, 영미는 30분 공부 후 20분의 휴식을 취한다. 철수와 영미가 오전 10시부터 오후 6시까지 공부를 한다면 동시에 공부를 시작하는 건 오전 10시 이후에 총 몇 번인가?

① 2번 ② 3번 ③ 4번
④ 5번 ⑤ 6번

간단풀이

(철수가 다시 공부를 시작하는 데 걸리는 시간) = 20 + 10 = 30분
(영미가 다시 공부를 시작하는 데 걸리는 시간) = 30 + 20 = 50분
(30과 50의 최소공배수) = 150

$\frac{480}{150} = 3.2$

따라서 3번 동시에 공부를 시작한다.

정답 ②

상세풀이

① 철수는 20분 동안 공부를 하고 10분간 휴식시간을 가지므로 철수가 다시 공부를 시작하는 데 걸리는 시간은 20 + 10 = 30분입니다.
한편, 영미는 30분 동안 공부를 하고 20분 동안 휴식시간을 가지므로 영미가 다시 공부를 시작하는 데 걸리는 시간은 30 + 20 = 50분입니다.

② 철수는 매 30분마다, 영미는 매 50분마다 다시 공부를 시작하므로 철수와 영미는 30과 50의 최소공배수인 150분마다 다시 동시에 공부를 시작하게 됩니다.

③ 총 공부시간은 오전 10시부터 오후 6시까지 총 8시간, 즉 480분입니다. 즉, 철수와 영미는 480분 동안 매 150분마다 다시 동시에 공부를 시작하므로 그 횟수는 $\frac{480}{150} = 3.2$, 3번입니다.

CASE 6

○○시에서 녹지환경 조성을 위해 오른쪽 그림과 같은 사거리의 대로변에 느티나무를 새롭게 심으려고 한다. 사거리의 각 모퉁이와 대로변 시작점에는 꼭 느티나무를 심고, 느티나무의 간격은 모두 동일하며 10m를 넘지 않으려고 할 때, 최소한으로 필요한 나무의 수는? (단, 나무의 두께는 무시한다.)

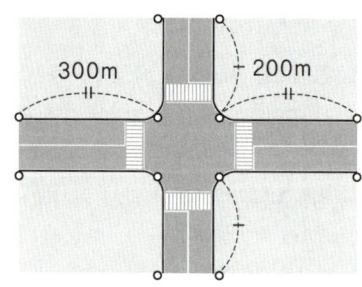

① 164그루 ② 182그루 ③ 204그루
④ 212그루 ⑤ 234그루

 상세풀이

간격 유형 문제의 경우 양 끝에도 심는지의 여부를 확인하고 풀어야 합니다. 이때, 모서리 부분에 겹치는 부분이 없는지 확인을 하여야 합니다. 대로변에 일정한 간격으로 나무를 심는다면 간격의 길이는 직선 길이의 약수입니다.

① 먼저, 길이가 300m인 대로변에 필요한 나무의 수를 구하여 봅시다.

　나무의 간격이 10m를 넘지 않는다고 하였으므로 간격의 길이를 t라 두면 $0 < t \leq 10$이므로

　$$(간격의 수) = \frac{(직선 길이)}{(간격 길이)} = \frac{300}{t} \geq \frac{300}{10} = 30$$

　이때, 대로변의 양 끝에도 나무를 심어야 하므로
　(필요한 나무의 수) = (간격의 수) + 1 ≥ 30 + 1 = 31
　따라서 300m 대로변에 심을 최소한의 나무의 수는 31그루입니다.

② 같은 방법으로 200m 대로변에 필요한 나무의 수를 구하여 봅시다.

　이때의 간격의 길이를 k라 두면 $0 < k \leq 10$이므로

　$$(간격의 수) = \frac{(직선 길이)}{(간격 길이)} = \frac{200}{k} \geq \frac{200}{10} = 20$$

　이때, 대로변의 양 끝에도 나무를 심어야 하므로
　(필요한 나무의 수) = (간격의 수) + 1 ≥ 20 + 1 = 21
　따라서 200m 대로변에 심을 최소한의 나무의 수는 21그루입니다.

③ 길이가 300m와 200m인 대로변은 각각 4개씩입니다. 이때, 오른쪽 그림과 같이 사거리의 모서리 부분에는 나무의 수가 겹치므로 전체 개수에서 4만큼 빼 주어야 합니다. 즉,
4(31 + 21) − 4 = 4×52 − 4 = 204
따라서 구하는 최소한으로 필요한 나무의 수는 204그루입니다.

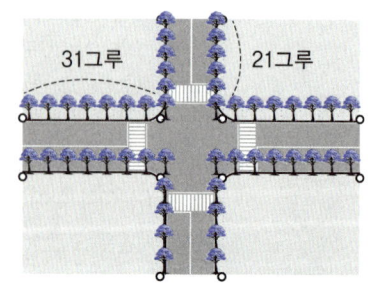

정답 ③

제12장 집합

1 집합과 원소

(1) 집합
주어진 조건에 따라 그 대상을 분명하게 정할 수 있는 것들의 모임

(2) 원소: 집합을 이루는 대상 하나하나
① a가 집합 A의 원소이다. $\Leftrightarrow a \in A$
② a가 집합 A의 원소가 아니다. $\Leftrightarrow a \notin A$

2 부분집합

집합 A에 속하는 모든 원소가 집합 B에 속할 때, 집합 A를 집합 B의 부분집합이라 하고, 기호로 $A \subset B$ 또는 $B \supset A$와 같이 나타낸다.
집합 A가 집합 B의 부분집합이 아닐 때, 기호로 $A \not\subset B$와 같이 나타낸다.

(1) 부분집합의 성질
임의의 세 집합 A, B, C에 대하여
① $\phi \subset A$, $A \subset A$
② $A \subset B$이고, $B \subset C$이면 $A \subset C$이다.

(2) 부분집합의 개수
원소의 개수가 n인 집합 A에 대하여
① 집합 A의 부분집합의 개수: 2^n
② 집합 A의 진부분집합의 개수: $2^n - 1$

> **특정한 원소를 갖는(갖지 않는) 부분집합의 개수**

원소의 개수가 n인 집합 A에 대하여
① 집합 A의 원소 중에서 특정한 k개를 원소로 갖는(갖지 않는) 부분집합의 개수: 2^{n-k}개
② 집합 A의 원소 중에서 특정한 k개를 원소로 갖고, 특정한 l개는 원소로 갖지 않는 부분집합의 개수: 2^{n-k-l}개 (단, $k+l<n$)
③ 집합 A의 원소 중에서 특정한 k개의 원소 중 적어도 한 개를 원소로 갖는 부분집합의 개수: $2^n - 2^{n-k}$개 (단, $k<n$)

3 집합의 연산

(1) 합집합과 교집합

① 합집합: 두 집합 A, B에 대하여 A에 속하거나 B에 속하는 모든 원소로 이루어진 집합을 A와 B의 합집합이라 하고 기호로 $A \cup B$와 같이 나타낸다.

② 교집합: 두 집합 A, B에 대하여 A에도 속하고, B에도 속하는 모든 원소로 이루어진 집합을 A와 B의 교집합이라 하고, 기호로 $A \cap B$와 같이 나타낸다.

③ 서로소: 두 집합 A, B에서 공통된 원소가 하나도 없을 때, 즉
$$A \cap B = \phi \Leftrightarrow n(A \cap B) = 0$$
일 때, A와 B는 서로소라 한다.

(2) 집합의 연산 법칙

세 집합 A, B, C에 대하여 다음이 성립한다.
① 교환법칙: $A \cup B = B \cup A$, $A \cap B = B \cap A$
② 결합법칙: $(A \cup B) \cup C = A \cup (B \cup C)$, $(A \cap B) \cap C = A \cap (B \cap C)$
③ 분배법칙: $A \cap (B \cup C) = (A \cap B) \cup (A \cap C)$, $A \cup (B \cap C) = (A \cup B) \cap (A \cup C)$

(3) 여집합과 차집합

① 여집합: 전체집합 U의 부분집합 A에 대하여 U의 원소 중에서 A에 속하지 않는 모든 원소로 이루어진 집합을 U에 대한 A의 여집합이라 하고, 기호로 A^C와 같이 나타낸다.

② 차집합: 두 집합 A, B에 대하여 A에 속하지만 B에 속하지 않는 모든 원소로 이루어진 집합을 A에 대한 B의 차집합이라 하고, 기호로 $A-B$와 같이 나타낸다.
$A - B = \{x | x \in A \text{ 그리고 } x \notin B\}$

(4) 드모르간의 법칙

전체집합 U의 두 부분집합 A, B에 대하여 다음이 성립하는데, 이것을 드모르간의 법칙이라 한다.

① $(A \cup B)^C = A^C \cap B^C$ ← 합집합의 여집합은 여집합의 교집합과 같다.

② $(A \cap B)^C = A^C \cup B^C$ ← 교집합의 여집합은 여집합의 합집합과 같다.

4 원소의 개수

세 집합 A, B, C가 유한집합일 때,

(1) $n(A \cup B) = n(A) + n(B) - n(A \cap B)$

특히, $A \cap B = \phi$(서로소)이면, $n(A \cup B) = n(A) + n(B)$

(2) $n(A \cup B \cup C) = n(A) + n(B) + n(C) - n(A \cap B) - n(B \cap C) - n(C \cap A) + n(A \cap B \cap C)$

(3) $n(A^C) = n(U) - n(A)$

(4) $n(A - B) = n(A) - n(A \cap B) = n(A \cup B) - n(B)$

특히, $B \subset A$이면, $n(A - B) = n(A) - n(B)$

제13장 경우의 수

1 사건과 경우의 수

어떤 실험이나 관찰에 의하여 나타날 수 있는 결과를 **사건**이라 하고, 어떤 사건이 일어날 수 있는 모든 경우의 가짓수를 **경우의 수**라 합니다.

2 합의 법칙(사건 A 또는 사건 B가 일어나는 경우의 수)

합의 법칙은 서로 연관성이 없는 사건들의 경우의 수를 더하는 것입니다.

두 사건 A, B가 **동시에 일어나지 않을 때**, 사건 A, B가 일어나는 경우의 수가 각각 m, n 이면, 사건 A 또는 사건 B가 일어나는 경우의 수는 $m+n$입니다.

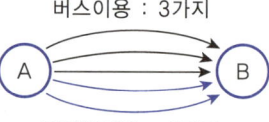

예를 들어, 오른쪽 그림과 같이 두 지점 A, B 사이에 버스로 이동할 수 있는 경로가 3가지, 지하철로 이동할 수 있는 경로가 2가지라고 합시다.

버스와 지하철을 이용하는 사건은 동시에 일어나지 않으므로 버스 또는 지하철을 이용하여 지점 A에서 지점 B로 이동하는 모든 방법의 수는 2+3=5가지입니다. 이렇듯 각 경우가 서로의 사건에 영향을 주지 않으며 서로 다르게 일어나고 있는 사건일 때는 두 사건의 경우의 수를 더하여 총 경우의 수를 구합니다.

예제

수영이는 강아지 3마리, 고양이 2마리, 토끼 4마리 중에서 한 마리를 분양받으려고 할 때 그 방법의 수는?

해설

강아지 중 한 마리를 고르는 방법의 수가 3가지, 고양이 중 한 마리를 고르는 방법의 수가 2가지, 토끼 중 한 마리를 고르는 방법의 수가 4가지이다. 강아지와 고양이, 토끼 중 어느 동물도 동시에 두 마리 이상 고를 수 없으므로 수영이가 분양받을 수 있는 방법의 수는 3+2+4=9가지이다.

Tip 위와 같이 합의 법칙은 동시에 일어나지 않는 셋 이상의 사건에 대해서도 성립합니다.

3 합의 법칙의 응용

(1) 두 사건 A, B가 일어나는 경우의 수가 각각 m, n이고, 사건 A, B가 동시에 일어나는 경우가 l일 때, 사건 A 또는 사건 B가 일어나는 경우의 수는 $m+n-l$입니다.

(2) 일어날 수 있는 모든 경우의 수가 s, 사건 A가 일어날 수 있는 경우의 수가 m이면 사건 A가 일어나지 않는 경우의 수는 $s-m$입니다.

4 곱의 법칙(사건 A와 사건 B가 동시에 일어나는 경우의 수)

곱의 법칙은 **동시에 또는 연이어 발생하는** 사건들의 경우의 수를 곱하는 것입니다.
두 사건 A, B에 대하여 사건 A가 일어나는 경우의 수가 m이고, 그 각각에 대하여 사건 B가 일어나는 경우의 수가 n이면, 두 사건 A, B가 잇달아(동시에, 연이어) 일어나는 경우의 수는 $m \times n$입니다.

예를 들어, A에서 B를 거쳐 C로 이동할 때, A에서 B로 가는 방법이 3가지, B에서 C로 가는 방법이 2가지이면 A에서 C까지 가는 방법의 수는 $3 \times 2 = 6$가지입니다. 지점 A에서 지점 B로, 지점 B에서 지점 C로 이동하는 사건은 항상 잇달아 일어납니다. 이렇듯 두 경우가 동시에 또는 잇달아 발생하는 사건일 때는 두 사건의 경우의 수를 곱하여 총 경우의 수를 구합니다.

> **예제**
>
> 한 햄버거 가게의 세트메뉴는 다섯 가지 종류의 햄버거, 네 가지 종류의 음료, 두 가지 종류의 사이드메뉴 중 하나씩 고를 수 있을 때, 선택할 수 있는 모든 경우의 수는?

> **해설**
>
> 햄버거 중 하나를 고르는 방법의 수는 5가지, 음료 중 하나를 고르는 방법의 수는 4가지, 사이드메뉴 중 하나를 고르는 방법의 수는 2가지이다. 따라서 햄버거 중 하나를 고르고 동시에 음료 중 하나를 고르고, 동시에 사이드메뉴를 고르는 방법의 수는 $5 \times 4 \times 2 = 40$가지이다.

Tip 위와 같이 곱의 법칙은 동시에 일어나는 셋 이상의 사건에 대해서도 성립합니다.

5 순열 ★

서로 다른 n개에서 $r(0 \leq r \leq n)$개를 선택하여 **일렬로 나열**하는 것을 'n개에서 r개를 택하는 순열'이라 하며 *Permutation* 의 약자 P로 표현하고 $_n\mathrm{P}_r$로 나타냅니다.

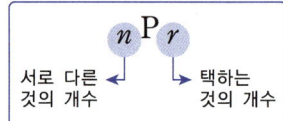

예를 들어, 서로 다른 5명 중 3명을 선택하여 일렬로 나열하는 경우의 수($_5\mathrm{P}_3$)를 구해봅시다.

처음으로 선택할 수 있는 경우의 수는 5명 중 한 명이므로 5가지이고, **두 번째**로 선택할 수 있는 경우의 수는 5명에서 한 명을 제외한 4명 중 한 명을 선택하는 것이므로 4가지이고, **세 번째**로 선택할 수 있는 경우의 수는 5명에서 두 명을 제외한 3명 중 한 명을 선택하는 것이므로 3가지입니다.

이 세 번의 선택은 모두 동시에 일어나므로 곱의 법칙에 의하여

$_5\mathrm{P}_3 = 5 \times 4 \times 3 = 60$가지입니다.

n개에서 r개를 선택하여 나열하는 순열 $_n\mathrm{P}_r$을 식으로 나타내어보면 다음과 같습니다.

$$_n\mathrm{P}_r = n \times (n-1) \times (n-2) \times \cdots \times \{n-(r-1)\} \quad (\text{단, } 0 < r \leq n)$$
$$= n \times (n-1) \times (n-2) \times \cdots \times \{n-r+1\}$$

위의 정의에 따라 순열은 다음의 성질을 갖습니다.

> **순열의 성질**
> ① $_n\mathrm{P}_n = n!$, $0! = 1$, $_n\mathrm{P}_0 = 1$
> ② $_n\mathrm{P}_r = \dfrac{n!}{(n-r)!}$ (단, $0 \leq r \leq n$)
> ③ $_n\mathrm{P}_r = n \times {_{n-1}\mathrm{P}_{r-1}}$

③ 서로 다른 n개에서 한 개를 우선 택하고, 그 각각에 대하여 남은 $(n-1)$개에서 $(r-1)$개를 택하여 일렬로 나열하는 경우의 수와 같으므로 $_n\mathrm{P}_r = n \times {_{n-1}\mathrm{P}_{r-1}}$이 성립합니다. 즉,

$$n \times {_{n-1}\mathrm{P}_{r-1}} = n \times \frac{(n-1)!}{\{(n-1)-(r-1)\}!} = \frac{n!}{(n-r)!} = {_n\mathrm{P}_r}$$

6 n의 계승

1부터 n까지의 자연수를 차례대로 곱한 것을 **n의 계승** 또는 *n factorial*이라 부르며 $n!$로 나타냅니다.

$$n! = n \times (n-1) \times (n-2) \times \cdots \times 3 \times 2 \times 1$$

7 여러 가지 순열

(1) 원순열

서로 다른 n개를 원형으로 배열하는 것을 **원순열**이라 하며, 원순열의 수는 다음과 같습니다.

$$\frac{n!}{n} = (n-1)!$$

예를 들어, 네 문자 A, B, C, D를 원형으로 배열할 때 다음의 경우는 서로 다른 것처럼 보이지만, 돌려보면 그 배열이 같아지므로 위치를 생각하지 않고 순서만을 생각하여 모두 같은 경우로 봅니다.

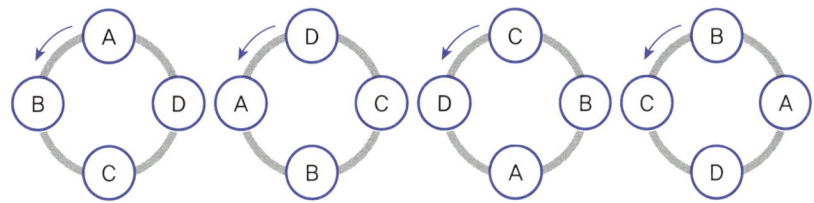

이처럼 가장 위쪽에 있는 문자부터 시계 반대방향으로 배열한 문자를 일렬로 나열하면 ABCD, DABC, CDAB, BCDA이므로 서로 다른 경우이지만 원형으로 배열하면 한 가지 경우가 됩니다.

즉, 서로 다른 네 개의 문자를 일렬로 나열하는 방법의 수는 $_4P_4 = 4!$이지만, 이를 원형으로 배열하면 같은 경우가 4가지씩 있으므로 4로 나누어 주어야 합니다. 따라서 네 개의 문자를 원형으로 배열하는 방법의 수는

$$\frac{4!}{4} = \frac{4 \times 3 \times 2 \times 1}{4} = 3! = 6$$ 입니다.

(2) 중복순열

서로 다른 n개에서 중복을 허용하여 r개를 택하여 만든 순열을 중복순열이라 하며, $_n\Pi_r$로 나타냅니다. 이때, 중복순열의 수는 다음과 같습니다. (중복이 가능하므로 $r > n$인 경우도 있습니다.)

$$_n\Pi_r = n^r$$

서로 다른 n개에서 중복을 허용하여 r개를 택하여 일렬로 나열할 때, 첫 번째, 두 번째, 세 번째, …, r번째에 올 수 있는 경우의 수는 각각 n가지씩입니다.

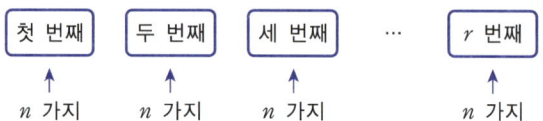

각 사건은 동시에 일어나므로 곱의 법칙에 의하여 다음이 성립합니다.

$$_n\Pi_r = \underbrace{n \times n \times n \times \cdots \times n}_{r개} = n^r$$

이때, $_n P_r$에서는 $0 \leq r \leq n$이어야 하지만, $_n\Pi_r$에서는 중복하여 택할 수 있으므로 $r > n$일 수도 있습니다.

예제

다섯 개의 숫자 0, 1, 2, 3, 4에서 중복을 허용하여 4자리 비밀번호를 만들려고 할 때, 마지막 자리의 숫자가 홀수인 비밀번호의 개수는?

해설

마지막 자리의 숫자가 될 수 있는 것은 1, 3의 2개입니다.
또 각 경우에 대하여 첫 번째 자리, 두 번째 자리, 세 번째 자리의 숫자를 택하는 경우는 0, 1, 2, 3, 4에서 3개를 택하는 중복순열인 $_5\Pi_3$입니다.
따라서 구하는 비밀번호의 개수는 $2 \times {_5\Pi_3} = 2 \times 5^3 = 250$입니다.

(3) 같은 것이 있는 순열

n개 중에서 같은 것이 p개, q개, $\cdots$, r개씩 있을 때, n개를 일렬로 나열하는 순열의 수는 다음과 같습니다.

$$\frac{n!}{p! \times q! \times \cdots \times r!} \quad (단, \ p+q+\cdots+r=n)$$

예를 들어, a, a, b, b, b를 일렬로 나열하는 순열의 수를 구하여 봅시다.
우리가 구하는 순열의 수를 x라 하고 x가지 배열 중 하나인 a, a, b, b, b의 경우에 대하여 생각해 봅니다.
a 두 개를 구별하여 a_1, a_2라 하고 b 세 개를 구별하여 b_1, b_2, b_3라고 하면, a_1, a_2를 나열하는 방법의 수는 2!이고, b_1, b_2, b_3를 나열하는 방법의 수는 3!입니다.
따라서 a 두 개와 b 세 개를 구별하여 a, a, b, b, b와 같이 만드는 방법의 수는 $2! \times 3!$이 됩니다.

문자	$\{a_1, a_2\}$	$\{b_1, b_2, b_3\}$
같은 경우	$(a_1, a_2), (a_2, a_1)$	$(b_1, b_2, b_3), (b_1, b_3, b_2), (b_2, b_1, b_3)$ $(b_2, b_3, b_1), (b_3, b_1, b_2), (b_3, b_2, b_1)$
개수	$2!$	$3!=3\times 2\times 1=6$

마찬가지로 x가지의 배열 각각에 대해서도 $2!\times 3!$가지씩 있으므로 a 두 개와 b 세 개를 구별하여, 즉 a_1, a_2, b_1, b_2, b_3를 일렬로 나열하는 방법의 수는 $x\times 2!\times 3!$이 됩니다.
이것은 서로 다른 5개의 문자를 일렬로 나열하는 방법의 수와 같으므로
$$x\times 2!\times 3! = 5!$$
따라서 구하는 순열의 수는
$$x = \frac{5!}{2!\times 3!} = 10$$
입니다.

8 조합 ★

서로 다른 n개에서 **순서를 생각하지 않고** $r(0\leq r\leq n)$개를 택하는 것을 **n개에서 r개를 택하는 조합**이라 하며 $Combination$의 약자 C로 표현하고 $_nC_r$로 나타냅니다.

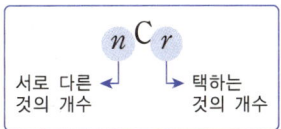

예를 들어, 세 문자 a, b, c 중에서 순서를 생각하지 않고 서로 다른 두 개를 택하는 방법은
$$\{a, b\}, \{b, c\}, \{c, a\}$$
의 3가지입니다.
이와 같이 서로 다른 세 개에서 순서를 생각하지 않고 두 개를 택하는 것을 3개에서 2개를 택하는 조합이라 하고, 이 조합의 수를 기호로 $_3C_2$와 같이 나타냅니다.
순서를 생각하지 않기 때문에 중복되는 경우의 수만큼 나누어야 합니다. 즉, $_nP_r$에서 선택한 r의 계승만큼 나누어 준 것과 같습니다.

$$_nC_r = \frac{_nP_r}{r!} = \frac{n\times(n-1)\times\cdots\times\{n-(r-1)\}}{r!}$$
$$= \frac{n\times(n-1)\times\cdots\times(n-r+1)\times(n-r)\times(n-r-1)\times\cdots\times 3\times 2\times 1}{r!\times(n-r)\times(n-r-1)\times\cdots\times 3\times 2\times 1}$$
$$= \frac{n!}{r!(n-r)!} \text{(단, } 0\leq r\leq n\text{)}$$

일반적으로 서로 다른 n개 중에서 r개를 택하는 조합의 수는 $_n\text{C}_r$이고 그 각각에 대하여 r개를 일렬로 나열하는 방법의 수는 $r!$입니다. 그런데 서로 다른 n개에서 r개를 택하는 순열의 수는 $_n\text{P}_r$이므로 $_n\text{C}_r \times r! = {_n\text{P}_r}$입니다. 위의 정의에 따라 조합은 다음의 성질을 갖습니다.

조합의 성질

① $_n\text{C}_n = 1$, $_n\text{C}_0 = 1$, $_n\text{C}_1 = n$
② $_n\text{C}_r = {_n\text{C}_{n-r}}$ (단, $0 \leq r \leq n$)
③ $_n\text{C}_r = {_{n-1}\text{C}_r} + {_{n-1}\text{C}_{r-1}}$ (단, $0 < r < n$)

② 서로 다른 n개에서 $r(0 \leq r \leq n)$개를 택하면 $(n-r)$개가 남습니다. 또 서로 다른 n개에서 $(n-r)$개를 택하면 r개가 남으므로 r개를 택하는 방법의 수와 $(n-r)$개를 택하는 방법의 수는 같습니다. 즉,

$$_n\text{C}_{n-r} = \frac{n!}{(n-r)!\{n-(n-r)\}!} = \frac{n!}{(n-r)!r!} = {_n\text{C}_r}$$

따라서 $_n\text{C}_r = {_n\text{C}_{n-r}}$이 성립합니다.

③ 서로 다른 n개에서 순서 상관없이 r개를 택하는 방법은 다음 두 가지의 경우로 나눌 수 있습니다.

(ⅰ) 특정한 A가 포함되는 경우

A를 제외한 $(n-1)$개 중에서 $(r-1)$개를 택하는 경우이므로 그 경우의 수는 $_{n-1}\text{C}_{r-1}$입니다.

(ⅱ) 특정한 A가 포함되지 않는 경우

A를 제외한 $(n-1)$개 중에서 r개를 택하는 경우이므로 그 경우의 수는 $_{n-1}\text{C}_r$입니다.

(ⅰ), (ⅱ)는 동시에 일어나지 않으므로 합의 법칙에 의하여
$_n\text{C}_r = {_{n-1}\text{C}_r} + {_{n-1}\text{C}_{r-1}}$이 성립합니다.

이것을 수식으로 증명하면 다음과 같습니다.

$$_{n-1}\text{C}_r + {_{n-1}\text{C}_{r-1}} = \frac{(n-1)!}{r!(n-1-r)!} + \frac{(n-1)!}{(r-1)!(n-r)!}$$

$$= \frac{(n-r)(n-1)!}{r!(n-r)!} + \frac{r(n-1)!}{r!(n-r)!}$$

$$= \frac{n(n-1)!}{r!(n-r)!} = \frac{n!}{r!(n-r)!} = {_n\text{C}_r}$$

* 사실 위의 증명방법은 전혀 중요하지 않습니다. 다만, 위의 성질을 얼마나 잘 활용하여 문제를 해결하는지가 중요합니다.

9 분할과 분배

서로 다른 여러 개의 물건을 몇 개의 묶음으로 나누는 것을 분할이라 하고, 분할된 묶음을 일렬로 나열하는 것을 분배라 합니다.

(1) 분할의 수
   서로 다른 n개를 p, q, r개 ($p+q+r=n$, $pqr \neq 0$)의 세 묶음으로 분할하는 방법의 수는
   ① p, q, r이 모두 다른 수일 때 → $_nC_p \times _{n-p}C_q \times _rC_r$
   ② p, q, r 중 어느 두 수가 같을 때 → $_nC_p \times _{n-p}C_q \times _rC_r \times \dfrac{1}{2!}$
   ③ p, q, r이 모두 같은 수일 때 → $_nC_p \times _{n-p}C_q \times _rC_r \times \dfrac{1}{3!}$

(2) 분배의 수
   k묶음으로 분할하여 k명에게 분배하는 방법의 수는 각각의 분할의 수에 $k!$을 곱한 것이다. 즉, (k묶음으로 분할하는 방법의 수)$\times k!$

서로 다른 네 물건 A, B, C, D를 2묶음으로 분할하여 2명에게 분배하는 방법의 수를 구해 봅시다.

(ⅰ) 1개, 3개로 묶을 때,
   4개 중에서 1개를 뽑고, 나머지 3개를 뽑으면 되므로
   $_4C_1 \times _3C_3 = 4$　　　　← 분할
   이 2묶음을 2명에게 나누어 주는 방법의 수는 2!이므로
   $_4C_1 \times _3C_3 \times 2! = 4 \times 2! = 8$　　← 분배

(ⅱ) 2개, 2개로 묶을 때,
   4개 중에서 2개를 뽑고, 나머지 2개를 뽑으면 되므로
   $_4C_2 \times _2C_2 = 6$
   이때, 중복되는 경우가 2!씩 있으므로
   $_4C_2 \times _2C_2 \times \dfrac{1}{2!} = 6 \times \dfrac{1}{2!} = 3$　　← 분할
   이 2묶음을 2명에게 나누어 주는 방법의 수는 2!이므로
   $_4C_2 \times _2C_2 \times \dfrac{1}{2!} \times 2! = 3 \times 2! = 6$　　← 분배

(ⅰ), (ⅱ)에서 구하는 방법의 수는 8+6=14입니다.

10 중복조합

서로 다른 n개에서 중복을 허용하여 r개를 택하는 것을 중복조합이라 하며, $_n\mathrm{H}_r$로 나타냅니다. 이때, 중복조합의 수는 다음과 같습니다. (중복이 가능하므로 $r>n$인 경우도 있습니다.)

$$_n\mathrm{H}_r = {}_{n+r-1}\mathrm{C}_r$$

예를 들어, 세 개의 문자 a, b, c에서 중복을 허용하여 4개를 택하는 경우는
$aaaa$, $aaab$, $aaac$, $aabb$, $aabc$, $aacc$, $abbb$, $abbc$, $abcc$, $accc$, $bbbb$, $bbbc$, $bbcc$, $bccc$, $cccc$의 15가지입니다.

이 조합의 수를 직접 세지 않고 다음과 같은 방법으로 보다 쉽게 구할 수 있습니다.
각 문자를 구분 짓기 위해 각 문자 사이에 경계를 나타내는 | 를 놓고, 각 문자는 ○로 통일하여 나타내면 다음과 같이 대응됩니다.

(a의 개수) | (b의 개수) | (c의 개수)

문자	$aaaa$	$aaab$	$aaac$	$aabb$	$aabc$
기호	○○○○ | |	○○○ | ○ |	○○○ | | ○	○○ | ○○ |	○○ | ○ | ○
문자	$aacc$	$abbb$	$abbc$	$abcc$	$accc$
기호	○○ | | ○○	○ | ○○○ |	○ | ○○ | ○	○ | ○ | ○○	○ | | ○○○
문자	$bbbb$	$bbbc$	$bbcc$	$bccc$	$cccc$
기호	| ○○○○ |	| ○○○ | ○	| ○○ | ○○	| ○ | ○○○	| | ○○○○

즉, 구하는 중복조합의 수는 4개의 ○ 와 2개의 | 로 이루어진 같은 것이 있는 순열의 수와 같으므로

$$\frac{(4+2)!}{4! \times 2!} = \frac{6!}{4! \times 2!} = \frac{6 \times 5}{2} = 15$$

입니다.

위의 방법을 이용하면 중복조합의 수 $_n\mathrm{H}_r$은 r개의 ○ 와 $(n-1)$개의 | 로 이루어진 같은 것이 있는 순열의 수와 같으므로

$$_n\mathrm{H}_r = \frac{\{r+(n-1)\}!}{r! \times (n-1)!} = {}_{r+(n-1)}\mathrm{C}_r = {}_{n+r-1}\mathrm{C}_r$$

이 성립함을 알 수 있습니다.

조합/순열 예시

순열을 이용하는 경우는 순서를 고려하여 풀어야 하는 문제로 '일렬로 나열하는', '순서를 생각하여 뽑는' 등의 순서를 나타내는 표현을 사용합니다. 예를 들어, 서로 자격이 다른 대표를 한 명씩 뽑는 경우도 순서를 생각하여 뽑는 경우와 같으므로 순열을 사용합니다.

한편, **조합**을 이용하는 경우는 순서를 고려하지 않고 풀어야 하는 문제로 '동시에 꺼내는' 또는 '무작위로 선택하는' 등의 순서를 생각하지 않는 표현을 사용합니다. 따라서 이때는 중복이 되는 경우를 잘 따져 보아야 합니다. 예를 들어, 서로 자격이 같은 대표를 뽑는 경우는 순서를 생각하지 않고 동시에 뽑는 경우와 같으므로 조합을 사용합니다.

다음은 비슷한 문구를 사용하지만 순열과 조합을 구분 지어 풀어야 하는 대표적인 유형입니다.

유형 1	서로 다른 7명 중 3명을 선택하여 금상, 은상, 동상을 주는 경우의 수	순열 $_7P_3$
	서로 다른 7명 중 3명을 선택하여 인기상을 주는 경우의 수	조합 $_7C_3$
유형 2	어느 반에서 후보로 올라온 7명 중에서 반장과 부반장을 1명씩 뽑는 경우의 수	순열 $_7P_2$
	어느 반에서 후보로 올라온 7명 중 당번 2명을 뽑는 경우의 수	조합 $_7C_2$
유형 3	주머니에 들어 있는 서로 다른 10개의 공 중에서 4개의 공을 하나씩 뽑아 순서대로 나열하는 경우의 수	순열 $_{10}P_4$
	주머니에 들어있는 서로 다른 10개의 공 중에서 무작위로 3개의 공을 동시에 꺼내는 경우의 수	조합 $_{10}C_3$
유형 4	1~9까지의 숫자가 하나씩 적힌 9장의 카드 중 4장을 뽑아 만들 수 있는 4자리 자연수의 개수	순열 $_9P_4$
	집합 $A=\{1, 2, \cdots, 9\}$의 부분집합 중 원소의 개수가 4인 부분집합의 개수	조합 $_9C_4$

암기

상황	경우의 수	이유
동전 n개를 던졌을 때	2^n	앞면, 뒷면 두 가지 경우가 n개
주사위 n개를 던졌을 때	6^n	1~6까지 총 6면의 경우가 n개
동전 n개와 주사위 m개를 던졌을 때	$2^n \times 6^m$	동시에 일어나는 위 두 가지 경우
n명을 한 줄로 세울 때	$n!$	n부터 1까지 자연수의 곱
원형 모양의 탁자에 n명이 앉을 때	$(n-1)!$	계승에서 중복되는 경우인 n만큼 나눔
n명 중에 자격이 다른 m명을 뽑을 때	$_nP_m$	순서를 고려해서 나열하는 순열과 동일
n명 중에 자격이 같은 m명을 뽑을 때	$_nC_m$	순서를 생각하지 않는 조합과 동일
0이 아닌 서로 다른 한 자리 숫자가 적힌 n장의 카드에서 m장을 뽑아 만들 수 있는 m자리 정수의 개수	$_nP_m$	0이 포함되지 않으므로 순서를 고려해서 나열하는 순열과 동일
0을 포함한 서로 다른 한 자리 숫자가 적힌 n장의 카드에서 m장을 뽑아 만들 수 있는 m자리 정수의 개수	$(n-1) \times {_{n-1}P_{m-1}}$	0이 포함되므로 최고자리수에 0이 오는 경우를 제외함 (Case 4 참고)

합의 법칙

한 개의 주사위를 던질 때, 나온 눈의 수가 2의 배수 또는 3의 배수가 나오는 경우의 수는?

① 3가지 ② 4가지 ③ 5가지
④ 6가지 ⑤ 7가지

간단풀이

나온 눈의 수가 2의 배수인 경우는 2, 4, 6의 3가지
나온 눈의 수가 3의 배수인 경우는 3, 6의 2가지
이때, 2의 배수이면서 3의 배수인 경우는 6의 1가지이므로 구하는 경우의 수는 합의 법칙에 의하여
$3+2-1=4$가지이다.

정답 ②

곱의 법칙

한 개의 주사위를 두 번 연속으로 던질 때, 나오는 두 눈의 수의 곱이 짝수인 경우의 수를 구하시오.

① 23가지 ② 24가지 ③ 25가지
④ 26가지 ⑤ 27가지

간단풀이

(전체 경우의 수)−(두 눈의 수의 곱이 홀수인 경우의 수)
$=6\times6-3\times3=36-9=27$

정답 ⑤

 상세풀이

두 눈의 수의 곱이 짝수가 되려면 두 수 중 적어도 하나만 짝수이면 되므로 두 눈의 수의 곱이 짝수인 경우의 수는 (전체 경우의 수)−(두 눈의 수의 곱이 홀수인 경우의 수)로 구할 수 있습니다.
이때, 나올 수 있는 모든 경우의 수는 $6\times6=36$
처음 나오는 눈의 수가 홀수인 경우는 1, 3, 5의 3가지
두 번째 나오는 눈의 수가 홀수인 경우는 1, 3, 5의 3가지
즉, 두 눈의 수의 곱이 홀수인 경우의 수는 곱의 법칙에 의하여 $3\times3=9$
따라서 구하는 경우의 수는 $36-9=27$가지입니다.

지불 방법의 수와 금액의 수

1,000원짜리 지폐 4장과 500원짜리 동전 2개, 100원짜리 동전 3개의 일부 또는 전부를 사용하여 거스름돈 없이 지불할 때, 다음을 구하시오. (단, 0원을 지불하는 경우는 제외한다.)

(1) 지불할 수 있는 방법의 수   (2) 지불할 수 있는 금액의 수

① 37가지   ② 43가지   ③ 49가지
④ 53가지   ⑤ 59가지

상세풀이

(1) 1,000원짜리 지폐 4장을 지불하는 방법은 0장, 1장, 2장, 3장, 4장의 5가지
500원짜리 동전 2개로 지불하는 방법은 0개, 1개, 2개의 3가지
100원짜리 동전 3개로 지불하는 방법은 0개, 1개, 2개, 3개의 4가지
이때, 0원을 지불하는 경우는 제외해야 하므로 구하는 방법의 수는
$5 \times 3 \times 4 - 1 = 59$

(2) 500원짜리 동전 2개로 지불하는 금액은 1,000원짜리 지폐 1장으로 지불하는 금액과 같습니다.
따라서 1,000원짜리 지폐 4장을 500원짜리 동전 8개로 바꾸면 지불할 수 있는 금액의 수는
500원짜리 동전 10개, 100원짜리 동전 3개로 지불할 수 있는 방법의 수와 같습니다.
500원짜리 동전 10개로 지불할 수 있는 금액은 0원, 500원, 1,000원, …, 5,000원의 11가지
100원짜리 동전 3개로 지불할 수 있는 금액은 0원, 100원, 200원, 300원의 4가지
이때, 0원을 지불하는 경우는 제외해야 하므로 구하는 금액의 수는 $11 \times 4 - 1 = 43$

정답 (1) ⑤ (2) ②

> ⚠ 주의 이 문제와 같이 작은 단위로 큰 단위를 만들 수 있는 경우가 있다면 큰 단위를 작은 단위로 바꾸어서 곱해야 합니다.
>
> A원짜리 a장, B원짜리 b장, C원짜리 c장으로 지불할 수 있는 방법의 수와 금액의 경우의 수는
> ① 화폐의 금액이 중복되지 않는 경우
> $(a+1) \times (b+1) \times (c+1) - 1$(가지) (단, 0원을 지불하는 경우를 제외하는 경우)
> ② 화폐의 금액이 중복되는 경우
>   • 지불 방법의 수는 위의 방법과 같음: $(a+1) \times (b+1) \times (c+1) - 1$(가지)
>   • 지불할 수 있는 금액의 수는 큰 단위의 화폐로 만든 금액과 작은 단위의 화폐로 만든 금액의 중복이 발생하므로 큰 금액을 작은 금액으로 바꾸어 위의 방법을 적용합니다.

순열

0을 포함한 서로 다른 한 자리 숫자가 적힌 10장의 카드에서 5장을 뽑아 만들 수 있는 5자리 정수의 개수를 구하시오.

① 600개
② 2,160개
③ 5,880개
④ 13,440개
⑤ 27,216개

상세풀이

기준이 되는 자리부터 먼저 배열하고 나머지 자리에 남은 숫자들을 배열합니다. 이때, 맨 앞 자리에는 0이 올 수 없음에 주의하여야 합니다.

① 5자리 수를 만들어야 하므로 맨 앞 자리는 '만의 자리'입니다.

5자리 수

| 만의 자리 | 천의 자리 | 백의 자리 | 십의 자리 | 일의 자리 |

만의 자리에는 0이 올 수 없으므로 만의 자리에 올 수 있는 숫자는 0을 제외한 1, 2, 3, …, 9의 9가지입니다.

② 만의 자리를 제외한 천의 자리부터 일의 자리까지는 만의 자리에 온 숫자를 제외한 9개의 숫자 중에서 4개를 선택하여 일렬로 나열하면 됩니다. 따라서 그 경우의 수는 $_9P_4$입니다.

③ ①과 ②는 동시에 일어나므로 곱의 법칙에 의하여

$$9 \times {}_9P_4 = 9 \times \frac{9!}{5!} = 9 \times 9 \times 8 \times 7 \times 6 = 27,216$$

따라서 구하는 5자리 정수의 개수는 27,216개입니다.

정답 ⑤

참고

[0을 포함한 서로 다른 한 자리 숫자가 적힌 n장의 카드에서 m장을 뽑아 만들 수 있는 m자리 정수의 개수]

(ⅰ) 맨 앞 자리에 0이 오면 m자리 정수가 될 수 없으므로 맨 앞자리에 올 수 있는 수는 0을 제외한 $(n-1)$가지가 됩니다.

(ⅱ) n장 중에 한 장이 선택되었으므로 나머지 자리에 올 수 있는 수의 경우의 수는 선택된 한 장을 제외한 $(n-1)$장 중 $(m-1)$을 뽑아 일렬로 나열하는 경우의 수와 같습니다. 즉, $_{n-1}P_{m-1}$입니다.

(ⅰ)과 (ⅱ)는 동시에 일어나는 사건이므로 곱의 법칙에 의하여 구하는 정수의 개수는

$(n-1) \times {}_{n-1}P_{m-1}$입니다.

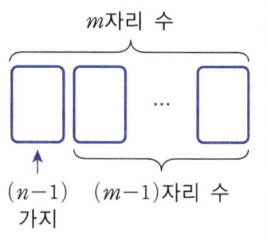

원순열

CASE 5

남자 4명과 여자 4명이 함께 식당에 갔다. 자리가 8개인 원탁에 앉는다고 할 때 앉을 수 있는 경우의 수는? (단, 남자와 여자가 번갈아가며 앉는다.)

① 144가지 ② 72가지 ③ 48가지
④ 36가지 ⑤ 24가지

상세풀이

① 이제 원탁에 남자 4명을 먼저 앉혀서 여자들이 남자 사이에 앉을 수 있도록 합니다.
남자 4명이 원탁에 앉을 수 있는 경우의 수는 $(4-1)! = 3! = 3 \times 2 \times 1 = 6$이므로 6가지입니다.

② 남자 4명을 원탁에 앉히고 나면 원탁은 고정이 된 것과 같습니다. 즉, 남자 1명을 기준으로 잡으면 기준의 오른쪽 옆에 있는 빈자리부터 시계 반대방향으로 앉는 경우의 수를 구하면 되기 때문에 일렬로 나열한 순열의 수와 같습니다.
따라서 여자 4명을 일렬로 나열한 경우의 수는 $4! = 4 \times 3 \times 2 \times 1 = 24$ 입니다.

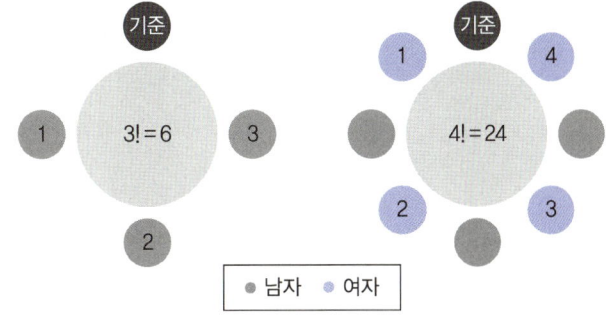

● 남자 ● 여자

③ ①과 ②는 동시에 일어나기 때문에 곱의 법칙에 의하여 구하는 경우의 수는 다음과 같습니다.
$(4-1)! \times 4! = 3! \times 4! = 6 \times 24 = 144$
따라서 원탁에 앉을 수 있는 경우의 수는 144가지입니다.

정답 ①

같은 것이 있는 순열

success에 있는 7개의 문자를 일렬로 나열할 때, 양 끝에 모음이 오도록 나열하는 방법의 수는?

① 10가지 ② 20가지 ③ 30가지
④ 40가지 ⑤ 50가지

상세풀이

① 모음은 u와 e 뿐이고, 이것이 양 끝에 오는 방법의 수는 서로 자리를 바꾸는 경우가 있으므로 2!

② 모음을 제외한 나머지 5개의 문자 c, c, s, s, s를 일렬로 나열하는 방법의 수는 c가 2개, s가 3개 있으므로
$\dfrac{5!}{2! \times 3!}$ 입니다.

③ ①과 ②는 동시에 일어나는 사건이므로 곱의 법칙에 의하여
$2! \times \dfrac{5!}{2! \times 3!} = \dfrac{5!}{3!} = 5 \times 4 = 20$

정답 ②

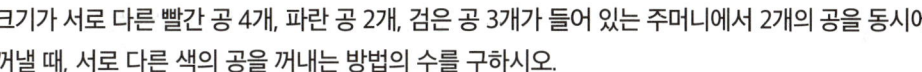

크기가 서로 다른 빨간 공 4개, 파란 공 2개, 검은 공 3개가 들어 있는 주머니에서 2개의 공을 동시에 꺼낼 때, 서로 다른 색의 공을 꺼내는 방법의 수를 구하시오.

① 14가지　　② 18가지　　③ 22가지
④ 26가지　　⑤ 30가지

간단풀이

전체 방법의 수는 $_9C_2 = 36$

같은 색의 공을 꺼내는 방법의 수는 $_4C_2 + _2C_2 + _3C_2 = 10$

따라서 구하는 방법의 수는 $36 - 10 = 26$

정답 ④

상세풀이

주머니에서 서로 다른 색의 공 2개를 동시에 꺼내는 경우의 수는 모든 경우의 수에서 서로 같은 색의 공 2개를 꺼내는 경우의 수를 뺀 것과 같습니다.

① 주머니에 있는 공은 빨간 공 4개, 파란 공 2개, 검은 공 3개 총 9개이고 이 중에서 순서에 상관없이 공 2개를 동시에 꺼내는 방법의 수는

$$_9C_2 = \frac{9 \times 8}{2!} = 36$$

② 이제, 꺼낸 두 공이 서로 같은 색일 때의 경우의 수를 구하여 봅시다.
　(ⅰ) 빨간 공을 2개 꺼내는 경우
　　빨간 공 총 4개 중 2개를 순서 상관없이 꺼내는 경우의 수이므로 $_4C_2 = \frac{4 \times 3}{2!} = 6$
　(ⅱ) 파란 공을 2개 꺼내는 경우
　　파란 공 총 2개 중 2개를 모두 꺼내는 경우의 수이므로 $_2C_2 = 1$
　(ⅲ) 검은 공을 2개를 꺼내는 경우
　　검은 공 총 3개 중 2개를 순서 상관없이 꺼내는 경우의 수이므로 $_3C_2 = _3C_1 = 3$
　　따라서 같은 색의 공을 꺼내는 방법의 수는 $_4C_2 + _2C_2 + _3C_2 = 6 + 1 + 3 = 10$

③ 따라서 구하는 방법의 수는 $36 - 10 = 26$

중복조합

x, y, z가 모두 음이 아닌 정수일 때, 방정식 $x+y+z=8$의 해의 개수는?

① 26개　　　② 32개　　　③ 40개
④ 45개　　　⑤ 56개

간단풀이

구하는 해의 개수는 x, y, z 중에서 중복을 허용하여 8개를 택하는 중복조합의 수와 같으므로

$$_3H_8 = {}_{3+8-1}C_8 = {}_{10}C_8 = {}_{10}C_2 = \frac{10 \times 9}{2!} = 45$$

정답 ④

상세풀이

① 방정식 $x+y+z=8$의 해인 음이 아닌 정수 x, y, z의 순서쌍 (x, y, z)은
$(0, 1, 7), (2, 1, 5), (4, 2, 2), \cdots$
과 같습니다.
이때, 순서쌍의 각 수는 다음과 같이 각 문자의 개수만큼 선택한 것과 같습니다.
$(0, 1, 7) \to x$를 0개, y를 1개, z를 7개 선택한 것과 같습니다.
$(2, 1, 5) \to x$를 2개, y를 1개, z를 5개 선택한 것과 같습니다.
$(4, 2, 2) \to x$를 4개, y를 2개, z를 2개 선택한 것과 같습니다.
즉, (x의 개수)+(y의 개수)+(z의 개수)=8과 같습니다.
따라서 방정식 $x+y+z=8$을 만족하는 음이 아닌 정수해는 각 해의 순서쌍들이 서로 다른 세 종류의 문자 x, y, z 중에서 중복을 허락하여 8개를 뽑는 각각의 경우와 각각 일대일로 대응됩니다.

② 서로 다른 3개의 문자 중에서 중복을 허락하여 8개를 뽑는 중복조합의 수는

$$_3H_8 = {}_{3+8-1}C_8 = {}_{10}C_8 = {}_{10}C_2 = \frac{10 \times 9}{2!} = 45$$

따라서 구하는 해의 개수는 45입니다.

제14장 확률

1 시행과 사건

(1) 시행

같은 조건에서 여러 번 반복할 수 있고, 그 결과가 우연에 의하여 결정되는 실험이나 관찰을 의미합니다.

(2) 표본공간[1] S의 두 사건 A, B에 대하여

① 합사건 : A 또는 B가 일어나는 사건을 사건 A, B의 합사건이라 하고 $A \cup B$로 나타냅니다.

② 곱사건 : A와 B가 동시에 일어나는 사건을 사건 A, B의 곱사건이라 하고 $A \cap B$로 나타냅니다.

③ 배반사건 : 두 사건 A, B가 동시에 일어나지 않을 때, 즉 $A \cap B = \emptyset$일 때, 사건 A와 사건 B는 서로 배반사건이라 합니다.

④ 여사건 : 사건 A가 일어나지 않는 사건을 사건 A의 여사건이라 하고 A^C으로 나타냅니다.

각각의 사건을 벤 다이어그램으로 나타내면 다음과 같습니다.

① 합사건   ② 곱사건   ③ 배반사건   ④ 여사건

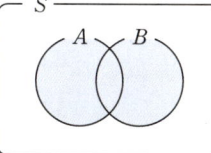 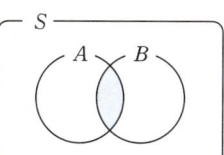 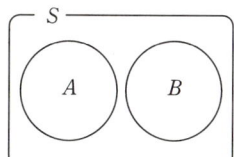 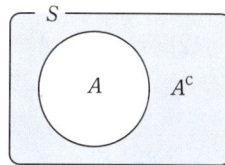

2 확률

어떤 시행에서 사건 A가 **일어날 가능성을 수로** 나타내는 것을 사건 A의 **확률**이라 하고, 확률을 뜻하는 $probability$의 첫 글자를 따서 기호 $P(A)$로 표현합니다.

---

[1] 어떤 시행에서 일어날 수 있는 결과 전체의 집합

- **수학적 확률**: 표본공간이 S인 어떤 시행에서 각 결과가 일어날 가능성이 모두 같은 정도로 기대될 때, 사건 A의 확률 $P(A)$를

$$P(A) = \frac{n(A)}{n(S)} = \frac{(\text{사건 } A\text{가 일어나는 경우의 수})}{(\text{표본공간 } S\text{에서 일어날 수 있는 모든 경우의 수})}$$

로 정의하고, 이것을 표본공간 S에서 사건 A가 일어날 **수학적 확률**이라고 합니다.

> Tip 수학적 확률은 표본공간이 유한집합인 경우에서만 생각합니다.

3 확률의 기본 성질

표본공간이 S인 어떤 시행에서
(1) 임의의 사건 A에 대하여 $0 \le P(A) \le 1$
(2) 반드시 일어나는 사건 S에 대하여 $P(S) = 1$
(3) 절대로 일어나지 않는 사건 ϕ에 대하여 $P(\phi) = 0$

예를 들어 한 개의 주사위를 던질 때, 6 이하의 눈이 나올 확률은 1이고, 7의 눈이 나올 확률은 0입니다.

4 확률의 덧셈정리

표본공간이 S인 두 사건 A, B에 대하여

(1) $P(A \cup B) = P(A) + P(B) - P(A \cap B)$

(2) 두 사건 A, B가 서로 배반사건, 즉 $A \cap B = \phi$이면
$P(A \cup B) = P(A) + P(B)$

> **예제**
> 1부터 50까지의 자연수가 각각 하나씩 적힌 50장의 카드 중에서 1장의 카드를 뽑을 때, 다음을 구하시오.
> ❶ 카드에 적힌 수가 4의 배수이거나 5의 배수일 확률
> ❷ 카드에 적힌 수가 3 이하이거나 45 이상일 확률

해설

❶ 카드에 적힌 수가 4의 배수인 사건을 A, 5의 배수인 사건을 B라 하면
$n(A) = 12$, $n(B) = 10$, $n(A \cap B) = 2$
$P(A) = \dfrac{12}{50} = \dfrac{6}{25}$, $P(B) = \dfrac{10}{50} = \dfrac{1}{5}$, $P(A \cap B) = \dfrac{2}{50} = \dfrac{1}{25}$

따라서 구하는 확률은
$P(A \cup B) = P(A) + P(B) - P(A \cap B) = \dfrac{6}{25} + \dfrac{1}{5} - \dfrac{1}{25} = \dfrac{2}{5}$ 입니다.

❷ 카드에 적힌 수가 3 이하인 사건을 C, 45 이상인 사건을 D라 하면
$n(C) = 3$, $n(D) = 6$, $n(C \cap D) = 0$
$P(C) = \dfrac{3}{50}$, $P(D) = \dfrac{6}{50} = \dfrac{3}{25}$

이때, 사건 C와 D는 서로 배반사건이므로 구하는 확률은
$P(C \cup D) = P(C) + P(D) = \dfrac{3}{50} + \dfrac{3}{25} = \dfrac{9}{50}$ 입니다.

5 여사건의 확률

사건 A가 일어나지 않을 사건, 즉 여사건 A^C의 확률은 '사건 A가 일어나지 않을 확률'이며, '적어도 하나는 A일 확률'과 같습니다.

$$P(A^C) = 1 - (\text{사건 A가 일어날 확률}) = 1 - P(A)$$

사건 A와 그 여사건 A^C는 서로 배반사건이므로 확률의 덧셈정리에 의하여
$P(A \cup A^C) = P(A) + P(A^C)$
입니다. 이때, $P(A \cup A^C) = P(S) = 1$이므로
$P(A) + P(A^C) = 1$, 즉 $P(A^C) = 1 - P(A)$
가 성립합니다.

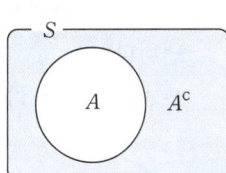

예를 들어, 서로 다른 두 개의 주사위를 동시에 던질 때, 같은 눈이 나오는 사건을 A라고 하면
$P(A) = \dfrac{6}{36} = \dfrac{1}{6}$

따라서 서로 다른 눈이 나올 확률은
$P(A^C) = 1 - P(A) = 1 - \dfrac{1}{6} = \dfrac{5}{6}$ 입니다.

예제

5개의 당첨 제비가 포함된 20개의 제비 중에서 임의로 두 개의 제비를 뽑을 때, 적어도 한 개가 당첨 제비일 확률을 구하시오.

해설

적어도 한 개의 당첨 제비를 뽑는 사건을 A라고 하면, 여사건 A^C는 당첨 제비를 한 개도 뽑지 못하는 사건이므로

$P(A^C) = \dfrac{{}_{15}C_2}{{}_{20}C_2} = \dfrac{15 \times 14}{20 \times 19} = \dfrac{21}{38}$

따라서 구하는 확률은
$P(A^C) = 1 - P(A) = 1 - \dfrac{21}{38} = \dfrac{17}{38}$

6 조건부확률

확률이 0이 아닌 두 사건 A, B에 대하여, 사건 A가 일어났다고 가정할 때 사건 B가 일어날 확률을 사건 A가 일어났을 때 사건 B의 **조건부확률**이라 하고, 이것을 기호로 $P(B|A)$와 같이 나타냅니다.

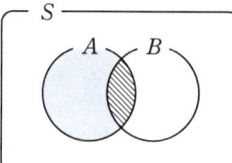

조건부확률은 다음과 같이 구할 수 있습니다.

$$P(B|A) = \dfrac{P(A \cap B)}{P(A)} \text{ (단, } P(A) > 0\text{)}$$

예제

한 개의 주사위를 던져서 홀수의 눈이 나왔을 때, 그 눈이 소수일 확률을 구하시오.

해설

홀수의 눈이 나오는 사건을 A, 소수의 눈이 나오는 사건을 B라 하면
$A = \{1, 3, 5\}$, $B = \{2, 3, 5\}$, $A \cap B = \{3, 5\}$
$P(A) = \dfrac{3}{6} = \dfrac{1}{2}$, $P(A \cap B) = \dfrac{2}{6} = \dfrac{1}{3}$

구하는 확률은 사건 A가 일어났을 때 사건 B의 조건부확률이므로

$$P(B|A) = \frac{P(A \cap B)}{P(A)} = \frac{\frac{1}{3}}{\frac{1}{2}} = \frac{2}{3}$$

7. 확률의 곱셈정리

두 사건 A, B에 대하여 $P(A)>0$, $P(B)>0$일 때,
$$P(A \cap B) = P(A) \times P(B|A)$$
$$= P(B) \times P(A|B)$$

사건 $A \cap B$의 확률은 조건부확률을 이용하여 쉽게 구할 수 있습니다.

$P(B|A) = \dfrac{P(A \cap B)}{P(A)}$의 양변에 $P(A)$를 곱하면 $P(A \cap B) = P(A) \times P(B|A)$가 성립합니다.

마찬가지로 $P(A|B)$에 대해서도 다음이 성립합니다.

$P(A|B) = \dfrac{P(A \cap B)}{P(B)}$의 양변에 $P(B)$를 곱하면 $P(A \cap B) = P(B) \times P(A|B)$가 성립합니다.

예제

빨간 공 9개와 파란 공 3개가 들어 있는 주머니에서 임의로 공을 한 개씩 두 번 꺼낼 때, 두 번 모두 빨간 공이 나올 확률을 구하시오. (단, 꺼낸 공은 다시 넣지 않는다.)

해설

총 12개의 공이 들어있는 주머니에서 첫 번째로 꺼낸 공이 빨간 공인 사건을 A, 두 번째에 꺼낸 공이 빨간 공인 사건을 B라 하면

$$P(A) = \frac{9}{12} = \frac{3}{4}, \ P(B|A) = \frac{8}{11}$$

따라서 구하는 확률은

$$P(A \cap B) = P(A) \times P(B|A) = \frac{3}{4} \times \frac{8}{11} = \frac{6}{11}$$

8 사건의 독립

어떤 사건이 일어날 확률이 다른 사건이 일어날 확률에 영향을 주는 경우가 있고, 영향을 주지 않는 경우가 있습니다. 각 경우에 따른 확률을 예를 들어 설명해보겠습니다.

한 개의 동전을 연속해서 두 번 던질 때, 첫 번째에 앞면이 나오는 사건을 A, 두 번째에 앞면이 나오는 사건을 B라 하면 사건 A의 결과가 사건 B가 일어날 확률에 영향을 주지 않으므로

- 사건 A가 일어났을 때 사건 B가 일어날 확률 $P(B|A) = P(B) = \dfrac{1}{2}$

- 사건 A가 일어나지 않았을 때 사건 B가 일어날 확률 $P(B|A^C) = P(B) = \dfrac{1}{2}$

이 됩니다.

이와 같이 두 사건 A, B에 대하여 사건 A가 일어나거나 일어나지 않는 것이 사건 B가 일어날 확률에 영향을 주지 않을 때, 즉

$$P(B|A) = P(B|A^C) = P(B)$$

일 때, 두 사건 A, B는 서로 **독립**이라고 합니다.

한편, 두 사건 A, B가 서로 독립이 아닐 때, 즉

$$P(B|A) \neq P(B) \text{ 또는 } P(A|B) \neq P(A)$$

일 때, 두 사건 A, B는 서로 **종속**이라고 합니다.

예를 들어, 위의 예제문제와 같이 빨간 공 9개와 파란 공 3개, 총 12개의 공이 들어있는 주머니에서 임의로 공을 한 개씩 두 번 꺼낼 때 꺼낸 공은 다시 넣지 않는다고 하였다면, 두 번째 시행에서는 첫 번째 시행 때 꺼낸 공의 개수만큼 줄어드므로 총 11개의 공 중에서 하나를 꺼내야 합니다. 즉 첫 번째 사건은 두 번째 사건에 영향을 미치게 됩니다. 따라서 꺼낸 공을 다시 넣는지, 넣지 않는지에 따라 다르게 풀이해야 합니다.

> **두 사건이 독립일 조건**
> 두 사건 A, B가 서로 독립일 필요충분조건은
> $P(A \cap B) = P(A) \times P(B)$ (단, $P(A) > 0$, $P(B) > 0$)

두 사건 A, B가 서로 독립이면 $P(B|A) = P(B)$이므로 확률의 곱셈정리에 의하여

$$P(A \cap B) = P(A) \times P(B|A) = P(A) \times P(B)$$

가 성립합니다.

> **예제**
>
> 빨간 공 9개와 파란 공 3개가 들어 있는 주머니에서 임의로 공을 한 개씩 두 번 꺼낼 때, 첫 번째는 빨간 공, 두 번째는 파란 공이 나올 확률을 구하시오. (단, 꺼낸 공은 다시 넣는다.)

> **해설**
>
> 총 12개의 공이 들어있는 주머니에서 첫 번째로 꺼낸 공이 빨간 공인 사건을 A, 두 번째에 꺼낸 공이 빨간 공인 사건을 B라 하면
>
> $P(A) = \dfrac{9}{12} = \dfrac{3}{4}$, $P(B) = \dfrac{3}{12} = \dfrac{1}{4}$
>
> 따라서 구하는 확률은
>
> $P(A \cap B) = P(A) \times P(B) = \dfrac{3}{4} \times \dfrac{1}{4} = \dfrac{3}{16}$

9 독립시행의 확률

사건 A에 대하여 n번의 시행이 모두 독립일 때, A_i가 i번째 시행에서의 사건이라고 하면

$$P(A_1 \cap A_2 \cap \cdots \cap A_n) = P(A_1) \times P(A_2) \times \cdots \times P(A_n)$$

이 성립합니다.

예를 들어, 주사위를 1번 던져 1이 나오는 사건을 A라 하면 $P(A) = \dfrac{1}{6}$ 입니다.

이때, 주사위를 3번 연속으로 던져 모두 1이 나올 확률을 구하면

$P(A_1) = P(A_2) = P(A_3) = \dfrac{1}{6}$ 이므로

$P(A_1 \cap A_2 \cap A_3) = P(A_1) \times P(A_2) \times P(A_3) = \left(\dfrac{1}{6}\right)^3$

* 독립시행이란 동전던지기 또는 주사위 던지기와 같이 각 시행의 결과가 다른 시행의 결과에 영향을 주지 않는 시행을 말합니다.

CASE 1 서로 다른 주사위를 던질 때, 나오는 눈의 수의 합이 9가 되는 확률은?

① $\dfrac{1}{2}$ ② $\dfrac{1}{3}$ ③ $\dfrac{1}{6}$

④ $\dfrac{1}{9}$ ⑤ $\dfrac{1}{12}$

🔍 **상세풀이**

합이 9가 되는 경우는 (3, 6), (4, 5), (5, 4), (6, 3): 4가지
일어날 수 있는 모든 경우의 수는 6^2으로 36가지입니다.

$$\therefore P(A) = \frac{(\text{사건 } A \text{가 일어나는 경우의 수})}{(\text{일어날 수 있는 모든 경우의 수})} = \frac{4}{36} = \frac{1}{9}$$

따라서 눈의 수의 합이 9가 되는 수학적 확률을 구해보면 $\dfrac{1}{9}$ 입니다.

정답 ④

CASE 2 어느 반에서 환경미화부장 3명을 뽑으려고 한다. 후보로 나온 학생은 여학생 2명, 남학생 5명 일 때, 적어도 한 명이 여학생일 확률을 구하시오.

① $\dfrac{2}{7}$ ② $\dfrac{3}{7}$ ③ $\dfrac{4}{7}$

④ $\dfrac{5}{7}$ ⑤ $\dfrac{6}{7}$

🔍 **상세풀이**

① 적어도 한 명이 여학생이라는 것은 대표 중에 1명 또는 2명 또는 3명이 여학생이라는 뜻이며, 대표 3명이 모두 남학생인 확률의 반대되는 여사건 확률입니다.

② 환경미화부장이 모두 남학생인 사건은 $_5C_3$이고, 전체 사건은 7명 중에서 3명의 대표를 뽑는 것이므로 일어날 수 있는 모든 경우의 수는 $_7C_3$입니다.

③ 대표가 모두 남학생인 사건을 A라고 할 때, 이를 식으로 표현하면 다음과 같습니다.

$$P(A) = \frac{_5C_3}{_7C_3} = \frac{2}{7}$$

④ 대표 3명이 모두 남학생인 사건의 여사건은 적어도 한 명이 여학생인 사건이므로 이를 식으로 나타내면 다음과 같습니다.

$$P(A^C) = 1 - P(A) = 1 - \frac{2}{7} = \frac{5}{7}$$

⑤ 따라서 환경미화부장 3명 중 적어도 한 명이 여학생일 확률은 $\dfrac{5}{7}$ 입니다.

정답 ④

1반의 학생 중 30%가 여학생이고, 1반 전체 학생 중 25%가 안경을 쓴 여학생이라면, 여학생 중에서 1명이 수학시간에 발표를 할 때, 그 학생이 안경을 썼을 확률을 구하시오.

① $\dfrac{1}{6}$ ② $\dfrac{2}{6}$ ③ $\dfrac{3}{6}$

④ $\dfrac{4}{6}$ ⑤ $\dfrac{5}{6}$

상세풀이

여학생일 사건을 A, 안경을 쓴 학생일 사건을 B라 하면 안경을 쓴 여학생일 사건은 둘 다 만족하는 교집합인 $A \cap B$ 입니다. 문제에서 바로 확률을 백분율로 표기하였기 때문에 이 사건들을 확률로 나타내면 다음과 같습니다.

$P(A) = 30\% = \dfrac{30}{100} = \dfrac{3}{10}$

$P(A \cap B) = 25\% = \dfrac{25}{100} = \dfrac{1}{4}$

$P(B|A) = \dfrac{\dfrac{1}{4}}{\dfrac{3}{10}} = \dfrac{10}{12} = \dfrac{5}{6}$

따라서 여학생 중에서 안경을 썼을 조건부확률은 $\dfrac{5}{6}$ 입니다.

정답 ⑤

독학으로 끝내는 수리능력·응용수리

사전
Level Test 33제

1 응용수리 학습 가이드
2 LEVEL TEST 33제

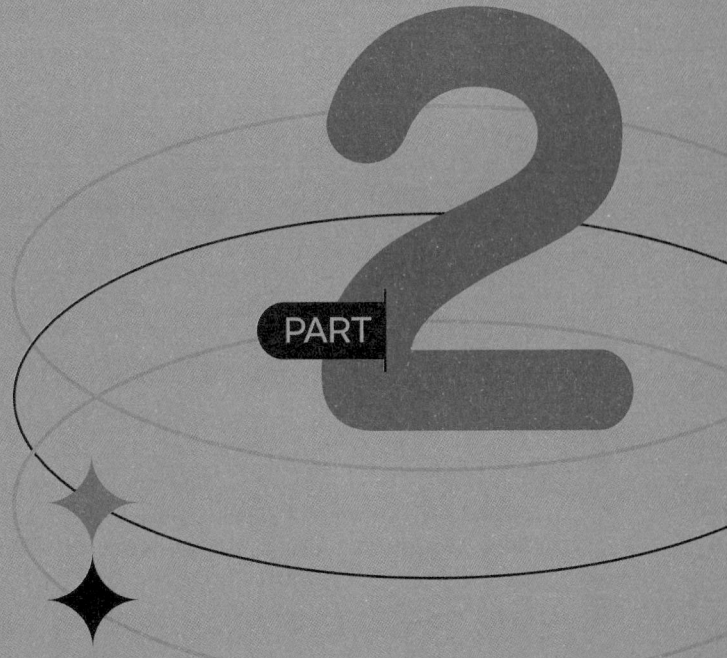

1. 응용수리 학습 가이드

사전 LEVEL TEST 응시 가이드

Step ❶ 응시 준비
풀이시간 체크를 위해 휴대폰 등으로 스탑워치를 준비해 주세요.

Step ❷ Level Test 응시
스탑워치를 사용하여 다음 페이지부터 45분간 문제풀이를 진행하세요.
이때, 모르는 문제는 찍지 말고 그대로 두시기 바랍니다.

Step ❸ 채점 & 체크리스트 작성
[해설편] 4p를 활용하여 빠르게 채점하신 후, 우측 [Self Check List]를 작성하세요.
이때, 시간 내 못 풀거나 모르는 문항 수는 "무응답 수"에 기입해 주시기 바랍니다.
작성 후에는 아래의 [응용수리 학습 가이드]를 참고하여 본 학습을 시작하세요!

Self Check List

오답 수	무응답 수	풀이시간(분)
/ 33	/ 33	/ 45(분)

응용수리 학습 가이드

❶ 수준별 권장 학습법

[Level Test] 응시 후 체크리스트에 작성한 내용을 기반으로 다음과 같은 학습을 권장드립니다.

오답 수 기준	6개 이하	[Part 1. 필수개념요약]에서 '암기'라고 적힌 부분만 빠르게 숙지 후, 본 교재의 [독끝 Daily 400제] 문제풀이에 들어가세요.
	7~13개	[Part 1. 필수개념요약]에서 본인이 취약하다고 느낀 유형의 개념 부분 및 예시문제만 꼼꼼히 학습하세요. 그 후, 본 교재의 [독끝 Daily 400제] 문제풀이에 들어가세요. ※ [Part 1. 필수개념요약]에 수록된 46문항은 본 교재의 문항과 단 한 문제도 겹치지 않습니다.
	13개 초과	[Part 1. 필수개념요약]의 모든 개념과 적용 문제를 꼼꼼히 풀어보시고, 틀린 문제는 2번 이상 풀어봅니다. 그 후, 본 교재의 [독끝 Daily 400제] 문제풀이에 들어가세요.
무응답 수 기준	5개 이하	본 교재의 [독끝 Daily 400제] 학습 시, '2회독 권장 풀이시간'을 기준으로 시작하여 3회독 수준까지 학습하세요.
	6~13개	본 교재의 [독끝 Daily 400제] 학습 시, '1회독 권장 풀이시간'을 기준으로 시작하여 2회독까지는 꼭 학습하세요. 이때, 몰라서 못 푼 문제가 많았다면, 오답노트를 작성하면서 해설을 꼼꼼히 체크하세요.
	13개 초과	→ 몰라서 못 푼 문제가 많은 경우: [Part 1. 필수개념요약]의 모든 개념과 적용 문제를 꼼꼼히 학습하세요. → 시간이 부족해서 못 푼 문제가 많은 경우: 매일 계산연습 + 각 회독별 권장 풀이시간대로 3회독까지 학습하세요.

❷ 계산 감각 유지
[독끝 Daily 400제] 각 일차별 포함된 계산연습서를 먼저 진행 후 본 문제를 풀어주세요.

❸ 추가 학습
[독끝 Daily 400제] 1회독 후에는 빠른 문제풀이 스킬 획득을 위해 각 회독수 별 제시된 '풀이시간'에 맞추어 2회독, 3회독까지 학습하세요.
이 외에 추가 학습 필요시에는 시중의 기업별 모의고사를 통해 실전처럼 시간을 재서 지필로 연습하는 것을 권장합니다.

2. LEVEL TEST 33제

정답 및 해설 10p

01 난이도 ●○○

철수는 청기백기 게임을 하고 있다. 깃발을 총 5번 이하로 들 수 있으며 같은 색의 깃발은 4번까지만 사용할 수 있다. 이때 만들 수 있는 깃발 순서는 총 몇 가지인가?

① 35　　　　② 50　　　　③ 55
④ 60　　　　⑤ 87

02 난이도 ●●○

철수는 혼자서 정육점을 운영하고 있다. 오늘 철수가 해야 하는 업무는 청소, 예산정리를 포함하여 총 4가지가 있다. 이 중에서 청소를 예산정리 업무보다 먼저하려고 한다. 오늘 할 업무의 처리 순서를 정하는 경우의 수는?

① 10　　　　② 12　　　　③ 14
④ 16　　　　⑤ 18

03 난이도 ●●●

어느 동아리에서 남학생 4명, 여학생 4명끼리 MT를 가기로 했다. 출발하기 전에 인원 점검을 위하여 줄을 선다고 할 때, 여학생끼리 이웃하여 서는 경우의 수는?

① 144　　　　② 288　　　　③ 576
④ 1,440　　　⑤ 2,880

04 난이도

○○공단의 사원 A, B, C, D, E, F 여섯 사람이 일렬로 줄을 설 때, 양 끝에 A, F가 서게 될 확률은?

① $\frac{1}{10}$ ② $\frac{1}{15}$ ③ $\frac{1}{30}$
④ $\frac{1}{50}$ ⑤ $\frac{1}{60}$

05 난이도

철수가 만든 16개의 발명품 중 4개는 고장이 났다. 철수의 발명품 중 3개를 선택할 때, 적어도 1개가 고장이 난 발명품일 확률은 얼마인가?

① $\frac{1}{4}$ ② $\frac{2}{5}$ ③ $\frac{13}{24}$
④ $\frac{15}{28}$ ⑤ $\frac{17}{28}$

06 난이도

서로 같은 3개의 주사위를 동시에 던질 때 나온 숫자의 합이 6이 되는 확률을 구하시오.

① $\frac{1}{216}$ ② $\frac{1}{36}$ ③ $\frac{1}{72}$
④ $\frac{1}{12}$ ⑤ $\frac{5}{108}$

07 난이도

철수는 최근 노트북을 구매했다. A충전기로 노트북을 충전할 때, 사용하지 않으면서 충전만 한다면 분당 3%씩 충전이 되고, 충전기에 연결한 상태로 노트북을 사용하면 분당 1%씩 충전이 된다. 배터리가 10% 남아있는 상태에서 노트북을 충전하기 시작했더니 40분 후에 충전이 완료되었다고 한다. 이때, 충전 중 노트북을 사용한 시간은 몇 분인가?

① 15분   ② 16분   ③ 17분
④ 18분   ⑤ 19분

08 하림이와 은경이는 퀴즈 맞히기를 하여 먼저 맞춘 사람은 앞으로 2걸음 나아가고 진 사람은 뒤로 3걸음 물러나는 게임을 하기로 했다. 두 명 다 한 걸음의 거리가 같다고 가정할 때, 총 10번의 게임 결과 하림이는 처음 위치보다 5걸음 앞에 있었다. 은경이는 처음 위치에서 몇 걸음을 물러났는가? (단, 퀴즈에 동점은 없다.)

① 10   ② 12   ③ 15
④ 16   ⑤ 18

09 여름 휴가를 맞아 철수네 동호회는 운전자를 제외하고 최대 44명이 탈 수 있는 45인승 대형 보트와 최대 24명이 탈 수 있는 25인승 보트를 대여했다. 대여한 보트에 최대 인원만큼 가득 태웠더니 남는 좌석 없이 268명의 동호회원이 모두 탑승할 수 있었다. 45인승 보트의 대여료가 40만 원, 25인승 보트의 대여료가 30만 원이며, 철수네 동호회에서 여름 휴가를 위해 지출한 보트 대여료는 총 260만 원일 때, 동호회에서 대여한 45인승 보트는 몇 대인가?
(단, 동호회원은 운전하지 않는다고 한다.)

① 2대   ② 3대   ③ 4대
④ 5대   ⑤ 6대

10 거인이 사는 나라에는 가로, 세로의 길이가 각각 108m, 60m인 직사각형 과자가 있다. 한 변의 길이를 최대한 크게 하여 정사각형 모양으로 과자를 자른 후 아이들에게 나누어 주려고 한다. 한 명의 아이에게 정사각형 모양의 과자를 1개씩 준다고 할 때, 모두 몇 명에게 줄 수 있는가?
(단, 이때 과자는 남지 않는다.)

① 35   ② 38   ③ 40
④ 45   ⑤ 48

11

난이도 ●●○

대전에서 일정한 시간으로 출발하는 두 버스 A, B가 있다. A 버스는 16분마다 출발하고, B 버스는 x분마다 출발한다. 두 버스가 오전 6시에 동시에 출발한 뒤 다시 처음으로 동시에 출발한 시간이 오전 7시 20분이라고 할 때, x가 될 수 있는 자연수는 모두 몇 개인가?

① 5 ② 6 ③ 7
④ 8 ⑤ 9

12

난이도 ●●●

가로의 길이가 48cm, 세로의 길이가 36cm, 높이가 24cm인 직육면체 모양의 떡을 가능한 한 큰 정육면체 모양으로 남는 부분 없이 같은 크기로 잘라 판매하려고 한다. 잘라서 만든 정육면체 모양의 떡을 한 개당 2,000원씩 판매하여 모두 팔았을 때, 총 판매 금액을 구하면?

① 47,300원 ② 48,000원 ③ 48,200원
④ 49,000원 ⑤ 49,600원

13

난이도 ●●○

철수는 영미네 집에 놀러 가기 위해 수원에서 서울까지 총 45km의 거리를 자동차로 이동해야 한다. 오후 12시에 출발하여 14시 30분에 도착하고자 할 때, 철수의 평균속력(m/s)은?

① 5m/s ② 18m/s ③ 19.5m/s
④ 36m/s ⑤ 45m/s

14

난이도 ●●○

철수는 운동을 하기위해 동네 뒷산에 갔다. 산에 올라 갈 때는 시속 4km/h로 올라가고, 내려올 때는 다른 산책로로 시속 6km/h의 속도로 내려왔다. 전체 12km를 등산하는데 총 2시간 15분이 걸렸다. 이때 내려온 거리는 얼마인가?

① 5km ② 6km ③ 7km
④ 8km ⑤ 9km

15 기차가 40m/s의 속력으로 720m의 터널을 완전히 통과하는 데 20초가 걸린다고 할 때, 같은 속도로 1.2km의 터널을 완전히 통과하는 데 걸리는 시간을 구하여라.

① 31초 ② 32초 ③ 33초
④ 34초 ⑤ 35초

16 철수는 집에서 5km 떨어진 버스 정류장에서 오전 9시에 60km/h 속력의 버스를 타고 할머니집에 가던 중 집에서 25km 떨어진 지점에서 집에 선물을 놓고 온 것이 생각났다. 바로 버스에서 내려 택시를 타고 집으로 돌아가서 10분 동안 선물을 챙긴 후, 다시 집까지 타고 온 택시를 타고 할머니집에 도착했더니 오전 10시였다. 집에서 할머니 집까지의 거리가 30km이며, 택시의 속력은 일정하다고 할 때, 택시의 속력(km/h)을 구하시오. (단, 집, 버스정류장, 할머니 집은 모두 일직선 상에 존재하며, 이동수단에 상관없이 집에서 할머니 집까지 이동하는 경로는 같다)

① 70 ② 80 ③ 90
④ 100 ⑤ 110

17 철수네 형제는 총 5명이며, 5명의 나이를 모두 합하면 120살이다. 5명 중 3명의 나이가 5명의 평균 나이와 같고, 가장 큰 누나의 나이는 28살일 때, 막내의 나이는 몇 살인가?

① 24살 ② 23살 ③ 22살
④ 21살 ⑤ 20살

18 20년 후 어머니의 나이는 형의 현재 나이와 동생의 현재 나이의 합의 3배가 된다고 한다. 형과 동생 나이는 2살 차이이고 현재 어머니의 나이를 x라 할 때, 가능한 형의 현재 나이의 최솟값은? (단, 현재 어머니의 나이는 형의 나이보다 최소 20살 많다.)

① 6살 ② 7살 ③ 8살
④ 9살 ⑤ 10살

19 난이도 ●●●

할아버지와 할머니 나이의 합은 엄마와 아빠의 나이의 합의 3배라고 한다. 엄마 아빠의 나이 차이는 2살이고 할아버지는 할머니보다 4살 많다고 할 때, 아빠의 나이가 27세이면 할머니의 나이가 될 수 있는 것을 보기에서 고르면?

① 64세　　　② 70세　　　③ 74세
④ 76세　　　⑤ 84세

20 난이도 ●●○

작년 장난감 공장에서 생산한 A, B 장난감의 개수를 모두 합하면 600개였다. 올해는 작년보다 A의 생산량은 세 배로 늘리고 B의 생산량은 절반으로 줄였다. 올해 A와 B의 개수를 합하여 모두 1,200개를 생산했다면, 이 중에서 올해 생산한 A의 개수는?

① 1,020개　　② 1,050개　　③ 1,080개
④ 1,110개　　⑤ 1,140개

21 난이도 ●●○

○○전자의 작년 총 사원수는 1,500명이었다. 올해는 작년과 비교하면 남성이 1% 증가하고, 여성은 5% 증가하여 전체 사원수는 39명이 증가했다고 한다. 올해 남성 사원 수는 몇 명인가?

① 900명　　　② 903명　　　③ 906명
④ 909명　　　⑤ 912명

22 난이도 ●●●

○○기업의 총 사원수는 800명이고, 남성 사원의 수가 여성 사원의 수보다 300명이 많다. 출근을 할 때 자전거를 이용하는 사원의 수는 걸어서 출근하는 사원의 수보다 200명이 적었다. 자전거를 이용하는 남자 사원의 수가 자전거를 이용하는 여성 사원 수의 3배였다면 자전거를 이용하는 여성 사원 수는 몇 명인가?

① 70명　　　② 75명　　　③ 80명
④ 85명　　　⑤ 90명

23 난이도 ●●○

시장에서 물건을 파는 A는 원가의 4할만큼 이익이 붙은 금액으로 판매하였지만 팔리지 않아 10,000원을 할인하여 팔았더니 원가 대비 1할을 손해 보았다. A가 시장에서 팔려고 했던 물건의 원가는 얼마인가?

① 15,000원　　② 20,000원　　③ 23,000원
④ 25,000원　　⑤ 27,000원

24 난이도 ●●○

철수는 게임기의 원가에 40%의 이익을 붙여서 팔았지만 잘 팔리지 않아 다시 25% 할인해서 팔았다. 그 결과 게임기 1개당 2,000원의 이익이 남았다면 게임기의 원가는 얼마인가?

① 35,000원　　② 40,000원　　③ 42,000원
④ 44,000원　　⑤ 45,000원

25 난이도 ●●●

철수는 개업 100일을 맞아 팔고 있는 운동화의 기존 정가에 15%를 할인해서 판매했다. 그래도 판매량이 저조하자 여기에 다시 20% 추가할인을 했다. 그렇다면 철수가 현재 판매하는 가격은 기존 정가의 몇%인지 구하시오.

① 45%　　② 50%　　③ 58%
④ 60%　　⑤ 68%

26 난이도 ●●○

복잡한 퍼즐을 완성하는데 철수는 10시간, 영미는 5시간이 걸린다. 철수와 영미가 같이 퍼즐을 맞춘다면 완성하는데 걸리는 시간은?

① 3시간　　② 3시간 10분　　③ 3시간 20분
④ 3시간 30분　　⑤ 3시간 40분

27 난이도 ●●○

어떤 일을 남자 한 명이 끝마치는 데 4일이 걸리고 여자 한 명이 일을 끝마치는 데 12일이 걸린다고 한다. 남자와 여자를 합하여 6명이 일을 하루만에 끝마칠 수 있을 때 남자는 몇 명인가?

① 1명   ② 2명   ③ 3명
④ 4명   ⑤ 5명

28 난이도 ●●●

짐 정리를 하는데 수로 혼자 하면 2시간이 걸리고, 성민이 혼자 하면 4시간이 걸린다. 수로가 먼저 정리를 시작해 12분마다 번갈아서 한 명씩 정리를 했더니 마지막으로 수로가 12분 동안 일하고 정리를 끝냈다. 정리를 다 하는데 수로는 12분씩 몇 번을 일해야 하는가?

① 4   ② 5   ③ 6
④ 7   ⑤ 8

29 난이도 ●●○

어느 컵에는 6%의 소금물이 들어있다. 이 컵에 12%의 소금물을 넣었더니 10%의 소금물 900g이 만들어졌다. 처음 컵에 들어있던 6% 소금물의 양은?

① 540g   ② 480g   ③ 420g
④ 360g   ⑤ 300g

30 난이도 ●●○

설탕물 A와 B는 서로 농도가 다르다. 설탕물 A용액 200g과 설탕물 B용액 300g을 섞으면 12%의 설탕물이 된다. 그리고 설탕물 A용액 300g과 설탕물 B용액 200g을 섞으면 15%의 설탕물이 된다. 이 때, 설탕물 A의 농도를 구하시오.

① 16%   ② 21%   ③ 20%
④ 6%   ⑤ 18%

31

난이도 ●●●

농도 8%의 설탕물이 들어있는 컵에 농도 23%의 설탕물을 부었더니 농도 17%의 설탕물 1,000g이 만들어졌다. 처음에 들어있던 8%의 설탕물은 몇 g 인가?

① 400g   ② 500g   ③ 600g
④ 700g   ⑤ 800g

32

난이도 ●●○

어느 장난감 회사는 가로 644cm, 세로 476cm인 직사각형 모양의 공간의 가장자리에 기둥을 설치하려고 한다. 네 모퉁이에는 반드시 기둥을 설치하고, 일정한 간격으로 기둥을 추가 설치하려고 할 때, 기둥의 최소 개수는? (단, 기둥의 크기는 고려하지 않는다.)

① 40개   ② 50개   ③ 80개
④ 100개 ⑤ 120개

33

난이도 ●●●

부산광역시는 정육각형 모양의 산책로를 조성하려고 한다. 정육각형의 각 꼭짓점에는 반드시 나무 기둥을 세워야 하며, 길을 따라 8m 간격으로 나무 기둥을 세울 때 총 750그루의 나무가 필요하다면, 산책로의 길이는? (단, 나무 기둥의 너비는 무시한다.)

① 500m   ② 750m   ③ 1,000m
④ 3,000m ⑤ 6,000m

독학으로 끝내는 수리능력・응용수리

독끝

Daily 400제

PART 3

정답 및 해설 32p

독끝 1일차 001~033

난이도별 구성
●●● 14문항
●●● 19문항
●●● 0문항

1일차 계산연습

Set ❶
아래 빈칸의 숫자를 **적어보세요**.
(소수 첫째 자리에서 반올림)

	설탕물(g)	농도(%)	설탕(g)
(1)	46	42	
(2)	32		16
(3)		20	11
(4)	20	31	
(5)		96	40

Set ❷
아래 빈칸의 숫자를 **적어보세요**.
(소수 첫째 자리에서 반올림)

	거리(km)	시간(h)	속력(km/h)
(1)		13	11
(2)	938		26
(3)	546	67	
(4)		50	16
(5)	422	73	

Set ❸
두 숫자의 최소공배수와 최대공약수를 적어보세요.

			최소공배수	최대공약수
(1)	2	23		
(2)	15	36		
(3)	12	42		
(4)	8	12		
(5)	18	38		

Set ❹
다음 각 질문에 **응답하세요**.

(1) 7시 48분에 시침과 분침이 이루는 180°보다 작은 각은 몇 도인가?
(2) 10시 40분에 시침과 분침이 이루는 180°보다 작은 각은 몇 도인가?
(3) 같이하면 3일, A 혼자하면 15일 걸릴때, B 혼자서는 며칠 걸리는가? (단, 소수점 첫째자리에서 올림)
(4) 서로 다른 8명 중 2명을 선택하여 일렬로 나열하는 경우의 수는?
(5) 서로 다른 12명 중 3명을 선택하여 같은 상품을 주는 경우의 수는?

	Set ❶	Set ❷	Set ❸		Set ❹
			최소공배수	최대공약수	
(1)	19	143	46	1	54°
(2)	50	36	180	3	80°
(3)	55	8	84	6	4일
(4)	6	800	24	4	56가지
(5)	42	6	342	2	220가지

※ Set ❸, ❹ 참고사항

- 농도(%) = 설탕 / 설탕물의 양 ×100
- 시간 = 거리 / 속력
- 시침: 10분에 5° 이동
- 분침: 10분에 60° 이동
- 작업기간 = 작업량/일률
- 순열($_nP_r$) : 순서를 고려하여 n개 중 r개를 선택
- 조합($_nC_r$) : 순서를 고려하지 않고 n개 중 r개를 선택

• 최소공배수, 최대공약수

```
3 | 12  30        3 | 12  30
2 |  4  10        2 |  4  10
       2   5             2   5
```

3×2×2×5=60   3×2=6
최소공배수   최대공약수

	맞은 개수	풀이 시간
Set ❶	/ 5	(초)
Set ❷	/ 5	(초)
Set ❸	/ 5	(초)
Set ❹	/ 5	(초)
합계	/ 20	(초)

* 다음의 회독수 별 권장풀이시간에 맞춰 문제풀이 후,
  Day 1 끝의 [Self Check List]를 기입하여 부족한 부분을 파악하세요!

001 현재 시각은 10시 15분이다. 이때 시침과 분침이 이루는 작은 쪽의 각도는 얼마인가?

① 140°   ② 145°   ③ 142.5°
④ 150°   ⑤ 147.5°

002 두 지점 A, B 사이를 전동킥보드로 왕복하는 데 A 지점에서 B 지점으로 갈 때는 시속 20km로, B 지점에서 A 지점으로 돌아올 때는 40km로 달려 총 1시간 30분이 걸렸다. 이때, 두 지점 간 거리는?

① 2km   ② 5km   ③ 10km
④ 15km   ⑤ 20km

003 유럽에 여행을 간 A는 관광명소를 여행하는데 처음에는 시속 4km로 걸어가다가 중간에 자전거를 빌려 시속 8km로 이동해 총 2시간이 걸렸다. 걸어간 거리를 x km, 자전거를 타고 간 거리를 y km라고 할 때, $2x+y$의 값은?

① 4   ② 8   ③ 12
④ 16   ⑤ 20

004 철수와 영미의 현재 나이 비는 6 : 1이고, 3년 후의 나이 비는 3 : 1이 된다. 철수와 영미의 현재 나이는 몇 세인가?

① 철수 : 6세, 영미 : 1세   ② 철수 : 12세, 영미 : 2세
③ 철수 : 18세, 영미 : 3세   ④ 철수 : 24세, 영미 : 4세
⑤ 철수 : 15세, 영미 : 3세

005 자동차와 오토바이가 서로 마주보며 오고 있다. 속력의 비는 8 : 5이며, 현재 자동차와 오토바이 사이의 거리는 13km이다. 두 기체가 서로 만났을 때 오토바이가 이동한 거리는 얼마인가?

① 4km ② 5km ③ 6km
④ 7km ⑤ 8km

006 철수는 둘레가 30km인 운동장을 뛰어서 운동하고 있다. 운동장의 반은 시속 30km로 달리고, 나머지 반은 시속 $x$km로 달렸더니 운동장 전체를 완주하기까지 평균 36km/h의 속력으로 달린 것으로 나왔다. x의 값은 얼마인가?

① 30 ② 35 ③ 40
④ 45 ⑤ 50

007 서울역에서 부산역으로 가는 중 길이가 900m인 다리에 KTX가 진입하는 순간부터 다리를 완전히 벗어날 때까지 걸린 시간은 18초였다. KTX의 속력은 몇 km/h인가?
(단, KTX의 길이는 180m이다.)

① 150km/h ② 170km/h ③ 190km/h
④ 216km/h ⑤ 235km/h

008 퍼즐을 완성하는데 철수는 15일, 영미는 5일이 걸린다. 철수와 영미가 함께 퍼즐 맞추기 시작했으나 철수가 몸이 아파 중간에 며칠 쉬고 다시 퍼즐 맞추기를 계속해서 4일 만에 퍼즐을 완성했다. 철수는 며칠을 쉬었는지 구하시오.

① 1일 ② 2일 ③ 3일
④ 4일 ⑤ 5일

009 A와 B가 같이 장난감을 만들면 4일만에 완성할 수 있다. A가 혼자서 2일 동안 장난감을 만들다가 나머지를 B에게 넘겨줬는데 B는 5일 동안 장난감 조립을 더 하고 완성할 수 있었다. 이 일을 A 혼자서 8일 동안 하다가 B에게 넘겨주면 B는 며칠을 일해야 하는가?

① 2일　　　　② 3일　　　　③ 4일
④ 5일　　　　⑤ 6일

010 내일 있는 레이싱 시합 연습을 위해 철수는 총 길이가 15km인 원형 트랙을 바이크로 5시간 동안 시계방향으로 돌았다. 처음 2시간 동안엔 8번을 돌았으며, 다음 2시간 동안 6회, 마지막 1시간 동안 4회 돌았다면, 이 5시간 동안의 바이크의 평균 속력을 구하시오.

① 57km/h　　　② 56km/h　　　③ 55km/h
④ 54km/h　　　⑤ 53km/h

011 농도가 8%인 설탕물 200g이 있다. 5%의 설탕물을 만들고자 한다면, 몇 g의 물이 더 필요한가?

① 120g　　　　② 130g　　　　③ 140g
④ 150g　　　　⑤ 160g

012 어느 한 자리 자연수의 3배에서 1을 더하면 17보다 작고, 이 자연수의 2배에서 3을 빼면 6보다 크다고 한다. 이 자연수는 얼마인가?

① 4　　　　② 5　　　　③ 6
④ 7　　　　⑤ 8

013 상반기 ○○전자의 전체 사원수는 1,500명이고, 2년차 사원의 수는 1년차와 3년차 사원 수의 평균이다. ○○전자의 하반기 1년차 사원 수는 상반기와 같고, 2년차 사원 수는 상반기보다 10% 감소하였고, 3년차 사원 수는 상반기보다 30명이 더 많다고 한다. ○○전자의 하반기 전체 사원 수는? (단, ○○전자는 1년차, 2년차, 3년차 사원으로만 구성되어 있다.)

① 1300명 ② 1480명 ③ 1520명
④ 1650명 ⑤ 1780명

014 ○○반도체 공장에서 부품을 생산하여 팔면 개당 600원의 이익이 남고, 불량품이 발생하면 2,400원의 손해를 본다고 한다. 부품을 생산하여 팔 때, 손해를 보지 않으려면 이 부품의 불량률은 최대 몇 %까지 가능한가?

① 20% ② 25% ③ 27%
④ 30% ⑤ 32.5%

015 철수와 영미는 각자의 집에서 각자의 차를 타고 같은 시각에 출발하여 한강까지 가려고 한다. 한강은 영미의 집보다 철수의 집에서 20km 더 가깝고, 철수의 차가 일정하게 시속 60km의 속력으로 달리면 40분만에 한강에 도착한다. 영미도 일정한 속력으로 운전할 때, 철수보다 늦게 도착하지 않으려면 영미가 내야하는 최소 속력은?

① 시속 70km ② 시속 80km ③ 시속 90km
④ 시속 100km ⑤ 시속 110km

016 강물은 A 지점에서 4km 떨어진 B 지점으로 흐르고 있으며 물의 속력은 1m/s이다. 영미가 A 지점에서 B 지점까지 갔다가 다시 돌아오는데 1시간 6분 40초가 걸렸다. 영미의 평균속력은 몇 m/s인가?

① 2m/s ② 3m/s ③ 4m/s
④ 5m/s ⑤ 6m/s

017 광주에서 서울까지의 거리는 400km이고 광주에서 서울까지 가는 기차는 150km/h의 속력으로 달리며, 역마다 10분씩 정차를 한다. 만약 광주에서 오전 9시에 출발하여 서울에 오후 12시 20분에 도착했다면, 기차는 가는 도중 몇 개의 역에 정차했는지 구하시오.

① 3개 ② 4개 ③ 5개
④ 6개 ⑤ 7개

018 ○○기업은 취업박람회에 참여하는 사람들 1명당 1개의 선물세트를 나눠 줄 수 있도록 준비 중이다. 각 선물세트에는 연필 2개, 볼펜 2개, 지우개 3개, 수정사인펜 2개, 물티슈 1개가 들어가야 한다. 각 물품을 다음과 같이 보유하고 있다면 최대 몇 명의 참가자에게 사은품을 줄 수 있는가? (단, 사은품 구성 물품과 수량은 1개라도 부족해서는 안 된다.)

> 연필 400개, 볼펜 250개, 지우개 600개, 수정사인펜 400개, 물티슈 150개

① 125 ② 150 ③ 160
④ 200 ⑤ 250

019 작년 취업박람회 참여자 수는 800명이었다. 올해는 작년에 비해 많은 사람들이 참가하여 남성 참가자는 4%, 여성 참가자는 2% 증가하였다. 전체 참가자 수가 총 26명 증가하였다고 할 때, 올해의 남성 참가자 수는?

① 520명 ② 525명 ③ 530명
④ 535명 ⑤ 540명

020 원가에 20%의 이익을 붙여서 정가를 정하고 1,000원을 할인하여 팔았더니 1,000원의 이익이 생겼다. 원가는 얼마인가?

① 8,000 ② 10,000 ③ 11,000
④ 12,000 ⑤ 13,000

021 원가가 5000원인 물건의 가격을 25% 올려서 판매했지만 팔리지 않아 다시 10%를 인하하여 팔았다. 물건 4개를 팔았다면, 이익은 얼마인가?

① 1,500 ② 2,000 ③ 2,500
④ 4,000 ⑤ 5,000

022 이 일은 철수가 혼자 하면 6시간, 영미가 혼자 하면 8시간 걸린다. 이 일을 영미가 혼자 1시간 동안 한 후 나머지는 철수와 같이 일하여 끝냈을 때, 철수와 영미가 함께 일한 시간은?

① 1시간 ② 2시간 ③ 3시간
④ 4시간 ⑤ 5시간

023 100L짜리 수영장에 물을 받기 위해 큰 호스로 물을 부었더니 30분 만에 수영장이 가득 찼다. 이 수영장에 물을 좀 더 빨리 받기 위해 큰 호스와 1시간에 50L의 물을 내보낼 수 있는 작은 호스로 동시에 물을 채우면 수영장에 물이 가득 차는 데 걸리는 시간은?

① 15분 ② 17분 ③ 20분
④ 22분 ⑤ 24분

024 기계를 조립하는 데 A는 30시간, B는 20시간이 걸린다. 같은 기계를 A가 3시간, B가 5시간 동안 만든 후에, 두 사람이 동시에 작업해서 마무리하려고 한다. 두 사람이 동시에 일하는 시간은?

① 7시간 48분   ② 8시간   ③ 8시간 12분
④ 8시간 24분   ⑤ 9시간

025 A의 톱니바퀴 수는 92개이며 B, C 톱니바퀴와 서로 맞물려 돌아가고 있다. A 톱니바퀴가 7번 도는 동안 B 톱니바퀴가 23번, C 톱니바퀴가 14번 돌았다면, B 톱니바퀴 톱니 수와 C 톱니바퀴 톱니 수의 합은?

① 68   ② 70   ③ 72
④ 74   ⑤ 76

026 11%의 소금물 100g에 5%의 소금물을 넣어 10% 소금물을 만들려고 한다. 이때 넣어야 할 5% 소금물의 양은?

① 5g   ② 10g   ③ 15g
④ 20g   ⑤ 25g

027 4%의 소금물이 들어있던 컵에 10%의 소금물을 넣었더니, 8%의 소금물 600g이 만들어졌다. 처음 컵에 들어있던 4%의 소금물의 양은?

① 150g   ② 200g   ③ 250g
④ 300g   ⑤ 350g

028 농도가 10%인 설탕물 400g의 일부가 증발하고, 증발한 양의 2배만큼 물을 넣었다. 그 결과 설탕물의 농도가 8%가 되었다면, 처음 증발한 물의 양은?

① 50g ② 100g ③ 150g
④ 200g ⑤ 250g

029 철수는 첫째 날 전체 책의 $\frac{1}{3}$을 읽고, 둘째 날은 남은 양의 $\frac{1}{4}$, 마지막 날은 100쪽을 읽었더니 92쪽이 남았다. 책은 전체 몇 페이지인가?

① 365 ② 370 ③ 384
④ 390 ⑤ 396

030 ○○동물원의 입장료는 5,000원이고, 50명 이상의 단체일 경우 전체 요금의 25%가 할인된다. 50명 미만의 단체가 관람하려고 할 때, 50명 이상의 단체관람권을 구입하는 것이 유리해지는 최소 인원은 몇 명인가?

① 35명 ② 36명 ③ 38명
④ 39명 ⑤ 40명

031 ○○공단의 공장에서는 A, B 두 종류의 기계로 같은 통에 물건을 담는다. 1시간에 A기계 3대와 B기계 2대를 작동하면 1,600개의 물건을 담을 수 있고, A기계 2대와 B기계 3대를 작동하면 1500개의 물건을 담을 수 있다. A기계 1대와 B기계 1대로 한시간 동안 담을 수 있는 물건의 전체 개수는? (단, 통에 들어가는 물건의 양은 같다)

① 500 ② 550 ③ 600
④ 620 ⑤ 700

032 철수의 아버지는 영국에 거주 중이고, 형은 프랑스에 거주 중이다. 영국과 프랑스에 국제전화를 걸면 분당 통화요금이 40원, 60원이 나온다. 이번 달에 철수가 아버지와 형에게 전화를 건 시간을 합하면 1시간이며, 아버지와 통화하는 데 들어간 요금이 형과 통화하는 데 들어간 요금의 2배일 경우, 철수가 내야 하는 국제전화 요금 총액은 얼마인가?

① 1,500원　　② 1,800원　　③ 2,100원
④ 2,500원　　⑤ 2,700원

033 철수는 물건을 사기위해 거스름돈 없이 320원을 내려고 한다. 철수의 지갑엔 10원, 50원, 100원짜리 동전이 각각 7개씩 있다. 이 때, 돈을 낼 수 있는 방법의 가짓수는?

① 3가지　　② 4가지　　③ 5가지
④ 6가지　　⑤ 7가지

Day 1	Self Check List		
	오답 수	무응답 수	풀이시간(분)
1회독	/ 33	/ 33	/ 45(분)
2회독	/ 33	/ 33	/ 40(분)
3회독	/ 33	/ 33	/ 33(분)

정답 및 해설 48p

2일차 034~066

난이도별 구성
● ○ ○ 14문항
● ● ○ 13문항
● ● ● 6문항

2일차 계산연습

Set ❶
아래 빈칸의 숫자를 적어보세요.
(소수 첫째 자리에서 반올림)

	설탕물(g)	농도(%)	설탕(g)
(1)		32	31
(2)	49	46	
(3)		46	18
(4)	42	70	
(5)	83		78

Set ❷
아래 빈칸의 숫자를 적어보세요.
(소수 첫째 자리에서 반올림)

	거리(km)	시간(h)	속력(km/h)
(1)	181		6
(2)		46	14
(3)	142		2
(4)	726	63	
(5)		58	5

Set ❸
두 숫자의 최소공배수와 최대공약수를 적어보세요.

			최소공배수	최대공약수
(1)	4	29		
(2)	21	30		
(3)	6	36		
(4)	24	15		
(5)	12	46		

Set ❹
다음 각 질문에 응답하세요.

(1) 8시 43분에 시침과 분침이 이루는 180°보다 작은 각은 몇 도인가?
(2) 5시 13분에 시침과 분침이 이루는 180°보다 작은 각은 몇 도인가?
(3) 같이하면 4일, A 혼자하면 12일 걸릴때, B 혼자서는 며칠 걸리는가? (단, 소수점 첫째자리에서 올림)
(4) 임원 후보 8명 중 4명을 선택하여 뽑는 경우의 수는?
    (단, 뽑는 순서대로 각각 임원직급이 달라진다.)
(5) 내부 직원 9명 중 4명을 선택하여 당번을 뽑는 경우의 수는?

	Set ❶	Set ❷	Set ❸		Set ❹
			최소공배수	최대공약수	
(1)	97	30	116	1	3.5°
(2)	23	644	210	3	78.5°
(3)	39	71	36	6	6일
(4)	29	12	120	3	1,680가지
(5)	94	290	276	2	126가지

※ Set ❸, ❹ 참고사항

- 농도(%) = 설탕 / 설탕물의 양 × 100
- 시간 = 거리 / 속력
- 시침: 10분에 5° 이동
- 분침: 10분에 60° 이동
- 작업기간 = 작업량/일률
- 순열($_nP_r$) : 순서를 고려하여 n개 중 r개를 선택
- 조합($_nC_r$) : 순서를 고려하지 않고 n개 중 r개를 선택

- 최소공배수, 최대공약수

```
3 | 12  30        3 | 12  30
2 |  4  10        2 |  4  10
       2   5             2   5
```

3×2×2×5=60   3×2=6
최소공배수   최대공약수

	맞은 개수	풀이 시간
Set ❶	/ 5	(초)
Set ❷	/ 5	(초)
Set ❸	/ 5	(초)
Set ❹	/ 5	(초)
합계	/ 20	(초)

034 강성전자는 각 사원마다 고유번호를 지정해 인식하고 있다. 고유번호는 '0'과 '1'로 이루어진 6자리의 문자열이다. 문자열의 마지막 3자리가 '001'이면 고유번호를 인식할 수 있도록 지정할 때, 인식이 되도록 만들 수 있는 서로 다른 고유번호의 총 개수는?

① 5　　　　② 6　　　　③ 7
④ 8　　　　⑤ 9

035 동아리 회장인 A가 맡은 직무는 예산업무, 총무업무를 포함해 모두 8가지이다. 이 중에서 예산업무, 총무업무를 포함해서 총 4가지의 업무를 오늘 처리하려고 하는데 학교의 지시로 예산업무를 총무업무보다 먼저 처리해야 한다. 오늘 처리할 업무를 선택하고, 이 업무를 오늘 처리하는 순서의 경우의 수는?

① 100　　　② 120　　　③ 140
④ 160　　　⑤ 180

036 0, 1, 2, 3, 4, 5가 적힌 6장의 카드에서 3장을 뽑아 세 자리 정수를 만든다고 할 때 그 수가 홀수일 확률은?

① $\frac{23}{50}$　　　② $\frac{12}{25}$　　　③ $\frac{1}{2}$
④ $\frac{13}{25}$　　　⑤ $\frac{27}{50}$

037 검은 상자 안에는 흰색 초콜릿 4개, 검은색 초콜릿 6개가 들어있다. 연속해서 5개의 초콜릿을 뽑으려고 한다. 이때 흰 초콜릿 3개, 검은 초콜릿 2개가 나올 확률은? (단, 꺼낸 초콜릿은 다시 집어넣지 않는다.)

① $\dfrac{1}{7}$ ② $\dfrac{4}{21}$ ③ $\dfrac{5}{21}$
④ $\dfrac{2}{7}$ ⑤ $\dfrac{1}{3}$

038 철수가 새로 이사간 집의 마당은 $144m^2$ 면적을 가지고 있으며 정사각형 모양이다. 철수는 자급자족을 하기 위해 상추새싹 169개를 마당에 심으려고 한다. 마당에 남는 새싹이 없이 모든 상추새싹을 일정한 간격으로 심었을 때, 새싹과 새싹 사이의 거리의 최댓값은 얼마인가?

① 1m ② 2m ③ 3m
④ 4m ⑤ 5m

039 ○○기업에서는 반도체를 생산한다. 지난달에 생산한 반도체의 불량률은 5%였고, 반도체 한 개당 18만원에 판매를 하고 있다. 이번 달도 지난달과 동일한 양의 반도체를 생산했는데, 기계의 결함으로 불량률이 10%로 올랐다고 한다. 지난달보다 매출액이 떨어지지 않으려면 반도체 한 개당 가격은 최소 얼마로 책정해야 하는가? (단, 불량품은 매출액에서 제외한다.)

① 15만원 ② 16만원 ③ 17만원
④ 18만원 ⑤ 19만원

040 철수는 건강을 위해서 운동을 꾸준히 하려고 한다. 철수는 평소 아침, 점심, 저녁을 모두 먹으며 한 끼를 먹을 때마다 0.3kg씩 살이 찐다. 하지만 동네 헬스장에서 한 시간 동안 운동을 하면 몸무게가 0.4kg이 줄어든다고 한다. 철수는 월요일부터 운동을 시작하고 10일 동안 지금의 몸무게보다 3kg을 줄이는 것이 목표이다. 일요일에는 운동을 하지 않는다고 할 때, 목표 체중이 되기 위해서는 하루에 몇 시간씩 운동해야 하는가? (단, 소수점 아래 둘째 자리에서 반올림한다.)

① 3.3시간 ② 3.5시간 ③ 4시간
④ 4.3시간 ⑤ 4.5시간

041 오전 6시 30분에 무궁화호와 KTX가 동시에 광주역에서 출발한다. 무궁화호는 20분마다, KTX는 14분마다 출발할 때, 다시 두 열차가 동시에 출발하는 시각은 언제인가?

① 8시 50분 ② 9시 ③ 9시 10분
④ 9시 30분 ⑤ 10시

042 자동차를 만드는 ○○기업의 공장에는 가, 나, 다 세 개의 생산라인이 있다. "가" 라인은 9시간 가동되다가 3시간 동안 멈추고 다시 가동되며, "나" 라인은 12시간 가동되다가 4시간 동안 멈추고 다시 가동되고, "다" 라인은 15시간 동안 가동되다가 6시간 동안 멈춘 후 다시 가동된다. 세 개의 생산라인이 동시에 작동된 후 다시 동시에 작동될 때까지 걸리는 시간은?

① 250시간 ② 270시간 ③ 290시간
④ 300시간 ⑤ 336시간

043 철수는 1시에 독서실에서 공부를 마치고 집에 있는 강아지가 아파서 동물병원에 가려고 한다. 독서실에서 집으로 갈 때는 6km/h의 속력으로 이동하고 집에서 15분동안 나갈 준비를 한 후, 강아지와 동물병원까지 4km/h의 속력으로 이동한다고 한다. 독서실과 집, 집과 동물병원 사이의 거리 비가 3 : 1 이고 병원에 도착한 시각이 3시 30분 일 때, 동물병원에서 집까지의 거리는?

① 1km ② 1.5km ③ 2km
④ 3km ⑤ 4km

044 뉴질랜드로 유럽여행을 간 철수는 하이킹을 가려고 한다. 이번에 올라가는 산은 올라갈 때 이용하는 길보다 내려갈 때 이용하는 길이 3km 길다고 한다. 철수는 산을 올라갈 때는 시속 4km 속력으로 걸었고, 내려갈 때는 시속 5km 속력으로 걸었다. 하이킹을 끝마치는 데 5시간이 걸렸다면, 철수가 걸은 거리는 총 얼마인가? (단, 소수점 아래 둘째 자리에서 반올림한다.)

① 22.6km ② 22.8km ③ 22.9km
④ 23.2km ⑤ 23.4km

045 10시와 11시 사이에 시침과 분침이 처음으로 직각을 이루는 시각으로부터 두 번째로 직각을 이루는 시각까지 걸리는 시간은?

① $\frac{180}{11}$ 분 ② $\frac{240}{11}$ 분 ③ $\frac{300}{11}$ 분
④ $\frac{360}{11}$ 분 ⑤ $\frac{420}{11}$ 분

046 철수는 오토바이를 타고 시속 60km로 약속장소에 가던 중에 15분이 지난 시점에서 핸드폰을 집에 두고 온 사실을 알았다. 철수는 처음 약속장소로 가던 때의 1.5배의 속력으로 다시 돌아가 핸드폰을 챙긴 후 늦지 않기 위해 핸드폰을 가지러 갔을 때의 1.2배의 속력으로 다시 약속장소로 향했다. 철수가 약속장소에 가는 데 소비한 전체 시간이 50분이라고 할 때, 철수의 집에서 약속장소까지의 거리는? (단 핸드폰을 챙기는데 걸린 시간은 고려하지 않는다.)

① 30km ② 35km ③ 40km
④ 45km ⑤ 50km

047 구글에 다니는 김사원은 매일 스쿠터를 이용해 딸을 유치원에 데려다 준 뒤 출근을 한다. 집에서 유치원까지 10km/h의 속력으로 이동하여 딸을 데려다 준 후 그 속력의 1.6배 속력으로 회사에 간다. 김사원의 집에서 회사까지의 거리는 20km이고, 김사원이 오전 7시 20분에 집에서 나와 오전 9시에 회사에 도착했다면, 김사원이 유치원에서 출발한 시각은?
(단, 유치원에 도착해서 딸을 등원시키는 데에 10분이 걸리고, 집, 유치원, 회사는 나열된 순서대로 일직선상에 위치하며, 김사원은 최단거리로만 이동한다.)

① 오전 8시 10분 ② 오전 8시 20분 ③ 오전 8시 30분
④ 오전 8시 40분 ⑤ 오전 8시 50분

048 엄마, 아빠, 형, 동생 나이의 합은 144세이다. 엄마는 가족 평균 나이보다 9세가 더 많고, 형과 동생 나이의 합보다 2세가 더 적다. 아빠는 동생 나이의 2배보다 8세가 더 많고, 형 나이의 두 배보다 2세가 더 많다. 이때 동생의 나이는 몇 살인가?

① 18살 ② 19살 ③ 20살
④ 22살 ⑤ 25살

049 길잡이 전자의 작년 총 사원 수는 800명이었다. 올해는 작년과 비교하면 남성이 4% 증가하고, 여성은 7% 증가하여 전체 사원 수는 41명이 증가했다고 한다. 올해 남성 사원 수는 몇 명인가?

① 500명   ② 520명   ③ 540명
④ 560명   ⑤ 580명

050 고려대학교의 작년 인문계열 학생 수는 1,225명, 자연계열 학생 수는 400명이었다. 올해는 작년에 비해 인문계열의 경우 남성은 8%, 여성은 3%가 증가하면서 인문계열 학생 수가 43명 증가했다. 자연계열 경우엔 남성이 1% 증가하고, 여성이 4% 감소하면서 총 1명이 감소했다. 올해 인문계열과 자연계열의 남학생 수의 합은 얼마인가?

① 438명   ② 451명   ③ 523명
④ 622명   ⑤ 654명

051 KAAVISNC라는 알파벳을 배열하려고 한다. K와 C는 고정되어 있고, 나머지 알파벳을 자유롭게 움직여서 만들 수 있는 알파벳 배열의 종류는 몇가지인가?

① 360가지   ② 372가지   ③ 380가지
④ 390가지   ⑤ 395가지

052 서로 다른 주사위 3개를 차례로 던져서 나오는 눈의 수의 합이 6이 되는 경우의 수는?

① 9가지   ② 10가지   ③ 15가지
④ 25가지   ⑤ 42가지

053 1~9까지의 자연수 중 2개를 임의로 택하여 만들 수 있는 두 자리의 자연수는 몇 가지인가?

① 64가지　　② 70가지　　③ 72가지
④ 86가지　　⑤ 102가지

054 내일은 대학교 축제가 있는 날인데 비가 올 확률은 $\frac{3}{7}$이다. 비가 온다면 초청 가수가 올 확률이 $\frac{2}{5}$이고, 비가 오지 않는다면 초청 가수가 올 확률이 $\frac{3}{4}$일 때, 초청 가수가 올 확률은?

① $\frac{1}{7}$　　② $\frac{4}{21}$　　③ $\frac{5}{21}$
④ $\frac{3}{5}$　　⑤ $\frac{1}{3}$

055 봉사활동에 참가한 400명의 지원자 중 남성 지원자와 여성 지원자의 수는 다음과 같다. 이 봉사활동에 참가한 지원자 중에서 임의로 선택한 1명이 여성 지원자일 때, 이 사람이 해외봉사 지원자일 확률은?

구분	남성	여성
국내 봉사	120	70
해외 봉사	80	130

① $\frac{1}{2}$　　② $\frac{11}{20}$　　③ $\frac{3}{5}$
④ $\frac{13}{20}$　　⑤ $\frac{7}{10}$

056 총 1,000m 거리의 과수원에 50m 간격으로 허수아비를 설치하고, 200m 간격으로는 창고를 설치할 때, 허수아비와 창고 개수의 합은 얼마인가? (단, 시작과 끝 지점에는 모두 설치한다.)

① 22개　　② 25개　　③ 27개
④ 30개　　⑤ 35개

057 연속하는 네 홀수의 합이 448일때, 첫 번째 수는?

① 107　　② 109　　③ 111
④ 113　　⑤ 115

058 철수와 영미는 서로 돈을 합쳐서 로보트를 개발 중이다. 초기 개발 비용엔 철수와 영미가 5 : 2의 비율로 투자하였는데 초기 투자 비용 내에서 철수가 영미에게 1,500만원을 지원해주자 개발비용의 비율이 철수와 영미가 4 : 3이 되었다. 이때, 철수가 로보트 개발에 초기에 투자한 금액은 얼마인가?

① 3,000만원　　② 4,000만원　　③ 5,500만원
④ 6,500만원　　⑤ 7,500만원

059 철수의 나이와 영미의 현재 나이 비는 3 : 1 이고, 10년 후 나이의 비는 2:1 이 된다고 한다. 철수와 영미의 현재 나이는 합은 얼마인가?

① 40　　② 50　　③ 55
④ 60　　⑤ 65

060 A, B, C, D 네 사람은 오락실에서 다트게임을 하고 있으며 4명의 점수는 모두 다르다. B점수의 2배와 A점수를 합한 점수가 10점이고, D점수의 2배와 C점수를 합한 점수는 35점이다. A점수의 2배, B점수의 4배와 C점수의 5배를 더한 총점이 85점이라면 D의 점수는 몇 점인가?

① 8점 ② 9점 ③ 10점
④ 11점 ⑤ 12점

061 설문조사에 참여한 남자 A,B,C,D 4명, 여자 E,F,G,H,I 5명에게 추첨을 통해 커피 기프티콘을 증정한다고 한다. 이 중에서 남자 2명, 여자 3명을 이벤트 당첨자로 뽑을 때, 남자 C, 여자 G가 기프티콘 추첨에 당첨되는 경우의 수는?

① 6 ② 12 ③ 15
④ 18 ⑤ 20

062 보이지 않는 어느 주머니에는 1부터 15까지 적힌 공 15개가 들어있다. 이 중 첫 번째는 3의 배수, 두 번째는 5의 배수가 나오도록 공을 뽑을 확률은 얼마인가? (단, 뽑은 공은 다시 넣는다.)

① $\dfrac{5}{12}$ ② $\dfrac{1}{15}$ ③ $\dfrac{5}{32}$
④ $\dfrac{7}{64}$ ⑤ $\dfrac{4}{15}$

063 A버스정류장에서는 15분마다 한 대씩, B버스정류장에서는 12분마다 한 대씩 버스가 온다. 오후 2시에 두 버스가 동시에 들어왔다면 그 후 오후 7시까지 버스는 몇 번이나 동시에 들어오는지 구하시오.

① 1 ② 2 ③ 3
④ 4 ⑤ 5

064 두 자연수 A, B 에 대해 A의 1할과 B의 2할을 더하면 11이 되고, 비율을 바꿔서 더하면 13이 된다. 두 수 A와 B의 합은?

① 20　　　　　　　② 30　　　　　　　③ 50
④ 80　　　　　　　⑤ 100

065 철수는 동생 영미와 노래방을 가려고 한다. 집에서 노래방까지 가는 데 철수는 0.6m/s로 걸어서 15분이 걸리며, 동생 영미는 18분이 걸린다. 두 사람이 동시에 집에서 출발하여 노래방을 다녀오는 데 철수는 집에 도착했다면 영미는 집에서 몇 m 떨어진 곳에 있는가?
(단, 노래방에서 머문 시간은 무시한다.)

① 120m　　　　　② 180m　　　　　③ 360m
④ 540m　　　　　⑤ 900m

066 철수가 입사한 회사의 직원은 작년에 총 50명이었다. 올해는 작년보다 남성이 10%, 여성이 30% 증가하여 총 61명이 되었다. 퇴사한 직원은 없다고 할 때 올해 입사한 사람 중 남성은 몇 명인가?

① 1명　　　　　　② 2명　　　　　　③ 3명
④ 4명　　　　　　⑤ 5명

Day 2 Self Check List	오답 수	무응답 수	풀이시간(분)
1회독	/ 33	/ 33	/ 45(분)
2회독	/ 33	/ 33	/ 40(분)
3회독	/ 33	/ 33	/ 33(분)

정답 및 해설 66p

독끝 3일차 (067~100)

난이도별 구성: 0문항 / 27문항 / 7문항

3일차 계산연습

Set ❶
아래 빈칸의 숫자를 적어보세요.
(소수 첫째 자리에서 반올림)

	설탕물(g)	농도(%)	설탕(g)
(1)	95	33	
(2)	50		15
(3)		30	12
(4)	69	71	
(5)		56	38

Set ❷
아래 빈칸의 숫자를 적어보세요.
(소수 첫째 자리에서 반올림)

	거리(km)	시간(h)	속력(km/h)
(1)		33	18
(2)	505		9
(3)	532	70	
(4)		69	14
(5)	287	46	

Set ❸
두 숫자의 최소공배수와 최대공약수를 적어보세요.

			최소공배수	최대공약수
(1)	4	32		
(2)	23	21		
(3)	12	48		
(4)	16	12		
(5)	18	52		

Set ❹
다음 각 질문에 응답하세요.

(1) 12시 58분에 시침과 분침이 이루는 180°보다 작은 각은 몇 도인가?
(2) 4시 52분에 시침과 분침이 이루는 180°보다 작은 각은 몇 도인가?
(3) 같이하면 3일, A 혼자하면 15일 걸릴때, B 혼자서는 며칠 걸리는가? (단, 소수점 첫째자리에서 올림)
(4) 서로 다른 7명 중 3명을 선택하여 일렬로 나열하는 경우의 수는?
(5) 서로 다른 11명 중 6명을 선택하여 같은 상품을 주는 경우의 수는?

🔑

	Set ❶	Set ❷	Set ❸ 최소공배수	최대공약수	Set ❹
(1)	31	594	32	4	41°
(2)	30	56	483	1	166°
(3)	40	8	48	12	4일
(4)	49	966	48	4	210가지
(5)	68	6	468	2	462가지

---

* Set ❸, ❹ 참고사항

- 농도(%) = 설탕 / 설탕물의 양 × 100
- 시간 = 거리 / 속력
- 시침: 10분에 5° 이동
- 분침: 10분에 60° 이동
- 작업기간 = 작업량/일률
- 순열($_nP_r$) : 순서를 고려하여 n개 중 r개를 선택
- 조합($_nC_r$) : 순서를 고려하지 않고 n개 중 r개를 선택

- 최소공배수, 최대공약수

```
3 | 12  30        3 | 12  30
2 |  4  10        2 |  4  10
       2   5             2   5
```
3×2×2×5=60   3×2=6
최소공배수   최대공약수

	맞은 개수	풀이 시간
Set ❶	/ 5	(초)
Set ❷	/ 5	(초)
Set ❸	/ 5	(초)
Set ❹	/ 5	(초)
합계	/ 20	(초)

067 어느 반도체 공장의 A 라인과 B 라인의 작년 총 생산량은 2,000개이다. 올해는 작년과 비교하면 A 라인의 생산량은 15% 증가하고, B 라인의 생산량은 5% 감소하여 전체로는 7% 증가하였다. 올해 B 라인에서 생산된 제품의 수는 몇 개인가?

① 760개   ② 800개   ③ 850개
④ 900개   ⑤ 950개

068 ○○기업 사장인 철수는 이번 연말행사의 상품으로 김치냉장고를 50대 구매하기 위해 동일 모델을 기준으로 업체 간 판매조건을 비교 중이다. A업체는 김치냉장고 10대 구매 시 1대를 무료로 제공하고, 추가로 100만원 당 5만 원을 할인해 준다. 반면 B업체는 김치냉장고 9대 구매 시 1대를 무료로 제공하고, 추가로 가격 할인은 제공하지 않는다. 어느 업체에서 구매하는 것이 얼마만큼 더 저렴한가? (단, 김치냉장고 1대당 가격은 10만 원이다.)

① A 업체, 5만 원   ② A 업체, 10만 원   ③ B 업체, 5만 원
④ B 업체, 10만 원   ⑤ B 업체, 15만 원

069 봉사단체인 ○○사랑나눔 단체는 올해 새로운 회원들을 모집했다. 하지만 남성 회원은 전년 대비 5% 감소했고, 여성 회원은 전년 대비 10% 증가했다. ○○사랑나눔 단체의 전체 회원수는 전년 대비 4명 증가하여, 총 284명의 회원이 있다. 올해 새로운 회원을 모집한 이후 남성 회원은 몇 명인가?

① 152명   ② 280명   ③ 52명
④ 284명   ⑤ 12명

070 스피커를 만드는 ○○공장에는 A, B의 생산 라인이 있다. A 생산라인 2개와 B 생산라인 3개를 동시에 가동한다면 1시간에 스피커 4,000개를 만들 수 있으며, A 생산라인 3개와 B 생산라인 2대를 가동했을 때는 1시간에 스피커 3,000개를 만들 수 있다. A와 B 생산라인을 각각 1개씩 가동했을 때는 1시간에 몇 개의 스피커를 만들 수 있는가?

① 1,000개　　② 1,100개　　③ 1,300개
④ 1,400개　　⑤ 1,500개

071 어느 회사의 인사팀 3명, 재무팀 4명이 일렬로 설 때, 같은 팀원끼리는 이웃하지 않을 경우의 수는? (인사팀은 인사팀끼리, 재무팀은 재무팀끼리 이웃해서 설 수 없다.)

① 1　　② 144　　③ 576
④ 2,880　　⑤ 5,040

072 철수는 지갑에 10원짜리 4개, 50원짜리 1개, 100원짜리 3개, 500원짜리 2개를 가지고 있다. 이때 철수가 지불할 수 있는 금액의 경우의 수는? (단, 0원은 지불 금액에 포함하지 않는다.)

① 24　　② 48　　③ 100
④ 119　　⑤ 120

073 똑같이 생긴 주사위 3개를 동시에 던졌을 때, 나오는 눈의 합이 13이 되는 경우는 몇 가지인가?

① 4　　② 5　　③ 8
④ 16　　⑤ 21

074 철수네 반은 운동회 때 이어달리기 순서를 정하려고 한다. 이어달리기 참가자들이 남자 3명과 여자 2명으로 구성되어 있을 때, 여자끼리 이웃하지 않을 확률은?

① $\dfrac{1}{24}$ ② $\dfrac{1}{12}$ ③ $\dfrac{1}{5}$
④ $\dfrac{2}{5}$ ⑤ $\dfrac{3}{5}$

075 철수와 영미는 나란히 컴퓨터활용능력 1급 자격증 시험을 보러 갔다. 철수가 불합격할 확률이 $\dfrac{2}{5}$이고, 영미가 합격할 확률이 70%일 때, 철수와 영미 둘 다 합격할 확률은?

① 39%   ② 41%   ③ 42%
④ 43%   ⑤ 44%

076 어느 수학 문제집에는 A, B, C 세 문제가 있다. 철수가 이 문제를 푸는데 한 개 이상 풀 확률은 얼마인가? (단, A를 풀 확률은 0.4, B를 풀 확률은 0.55, C를 풀 확률은 0.65이다)

① $\dfrac{1,811}{2,000}$ ② $\dfrac{1,813}{2,000}$ ③ $\dfrac{1,911}{2,000}$
④ $\dfrac{1,917}{2,000}$ ⑤ $\dfrac{1,919}{2,000}$

077 게임기를 만드는 ○○기업에는 A, B 두 게임기가 있다. A게임기의 수명은 4년이고, B게임기의 수명은 3년이다. 두 게임기 모두 1994년에 개발했다고 할 때, 2020년 이후 처음으로 두 게임기를 동시에 구매하는 해는? (단, 게임기의 수명이 다하면 바로 구매하고 해를 넘겨 구매하지는 않는다.)

① 2024년   ② 2026년   ③ 2028년
④ 2030년   ⑤ 2032년

078 세 톱니바퀴 A, B, C 톱니의 개수는 각각 28개, 42개, 70개이다. 톱니바퀴가 처음 시작할 때부터 모두 똑같은 위치에 돌아올 때까지 움직인 최소 회전 수를 각각 a, b, c회라고 한다면, a+b-c의 값은 얼마인가?

① 17　　　　　　② 18　　　　　　③ 19
④ 20　　　　　　⑤ 21

079 페리호 보트는 강의 상류지점 A와 90km 떨어진 하류 지점 B를 왕복한다. 강을 내려갈 때에는 3시간이 걸리고, 올라갈 때에는 5시간이 걸린다면 강의 유속은 얼마인가? (단, 물이 흐르지 않는다면 배의 속력은 일정하며, 배는 강물이 흐르는 방향과 평행하게 움직인다.)

① 2　　　　　　② 4　　　　　　③ 6
④ 8　　　　　　⑤ 10

080 철수와 영미는 여행을 가려고 한다. 철수가 차를 타고 75km/h의 속력으로 20분 먼저 출발하고, 뒤이어 영미도 차를 타고 105km/h의 속력으로 철수를 뒤따른다. 영미의 차는 출발하고 얼마 후에 철수의 차를 따라잡을 수 있는가?

① 50분　　　　　　② 1시간 40분　　　　　　③ 2시간 30분
④ 3시간 20분　　　　　⑤ 6시간

081 영미는 보트를 이용해서 강물을 타고 내려온다. 보트의 속력은 8km/h이고 7km 내려왔을 때 보트를 돌려 다시 처음 출발했던 곳으로 돌아갔더니 총 시간이 2시간 20분이 걸렸다. 이 때 강물의 유속을 구하시오. (단, 보트는 직선으로 강물이 흐르는 방향과 평행하게 움직이며, 방향은 즉시 바꿀 수 있다.)

① 2.5km/h　　　　　② 3km/h　　　　　③ 3.5km/h
④ 4km/h　　　　　⑤ 4.5km/h

082 철수와 영미는 같이 PPT를 만들고 있다. 철수 혼자 만들면 5일, 영미 혼자 만들면 7일 만에 만들 수 있다. 철수가 혼자 하루 동안 PPT를 만들고 그 다음 영미와 함께 며칠간 만들었다. 이후 영미 혼자 하루 동안 만들었더니 PPT가 완성되었다. 철수와 영미는 며칠간 함께 PPT를 만들었는가?

① $\dfrac{11}{25}$ ② $\dfrac{3}{8}$ ③ $\dfrac{23}{12}$
④ $\dfrac{3}{29}$ ⑤ $\dfrac{13}{25}$

083 철수와 영미는 오후 1시부터 오후 6시까지 근무를 한다. 철수는 372개의 장난감을 조립하는데 1시간이 걸리고, 영미는 작업속도가 1시간마다 바로 전 시간의 0.5배가 된다. 두사람이 받는 하루 일당이 같다고 가정하면, 영미는 처음 시작하는 2시간 동안에 몇 개의 장난감을 조립할 수 있는가? (단, 일당은 그날 조립한 장난감의 개수에 비례한다.)

① 1,340 ② 1,400 ③ 1,420
④ 1,440 ⑤ 1,500

084 오션월드의 수영장에 물을 가득 채우는 데 A관으로는 40분, B관으로는 60분이 걸리며, 이 수영장에 채운 물을 모두 배수하는 데는 30분이 걸린다. A관과 B관을 동시에 틀고, 동시에 배수를 한다면, 수영장이 가득 채워질 때까지 걸리는 시간은?

① 30분 ② 48분 ③ 1시간
④ 1시간 48분 ⑤ 2시간

085 규선이는 음악을 종종 듣는데 헬스장에 가는 날에는 40분씩, 헬스장에 가지 않는 날에는 2시간 20분씩 음악을 듣는다. 이렇게 하루도 빼먹지 않고 며칠 동안 음악을 들은 시간의 합이 총 30시간이고, 이는 하루 평균 1시간 30분씩 음악을 들은 것과 같다. 이 때 규선이가 헬스장에 간 날의 수는?

① 7일　　　　　　　② 8일　　　　　　　③ 9일
④ 10일　　　　　　 ⑤ 11일

086 어느 팔씨름 대회에서 A와 B가 시합을 한다고 한다. 이 시합에서 이기면 자신의 점수가 2배가 되고, 지면 자신의 점수가 반으로 줄어든다. 경기 5번이 끝났을 때, 중간 점수를 살펴본 결과 A와 B 점수의 합은 250점이었다. 그리고 5번 더 시합했더니 A가 4승 1패였는데, 이때 A와 B 점수의 합은 425점이었다. A의 중간 점수는 얼마인가?

① 0　　　　　　　　② 50　　　　　　　③ 64
④ 100　　　　　　　⑤ 128

087 수족관에서 여러 종류의 물고기를 작은 어항에 넣어 다른 곳으로 분양하려고 한다. 어항 하나에 5마리씩 넣으면 마지막 어항에는 3마리가 들어가고 어항 1개가 남는다. 그리고 어항 하나에 4마리씩 넣으면 1마리가 어항에 들어가지 못한다. 물고기 수와 어항의 수의 합을 구하면?

① 30　　　　　　　　② 35　　　　　　　③ 38
④ 40　　　　　　　　⑤ 41

088 어떤 장난감 회사에서 230개의 장난감을 상자에 포장을 한다고 한다. 한 상자에 19개씩 담으면 장난감이 남고, 한 상자에 20개씩 담으면 장난감이 부족해 모든 상자를 채우지 못한다고 한다. 이때 상자의 개수는?

① 11　　　　　　　　② 12　　　　　　　③ 13
④ 14　　　　　　　　⑤ 15

089 소금물 200g의 농도는 15%이다. 소금물 x(g)을 덜어내고, 덜어낸 양만큼 소금을 첨가하였다. 여기에 23%의 소금물 y(g)을 섞었더니 29%의 소금물 300(g)이 되었다. 이때 $x+y$의 값은?

① 100 ② 120 ③ 140
④ 160 ⑤ 180

090 어느 설탕물 35L의 농도는 4%이다. 순수한 물을 채워서 설탕물의 농도를 0.5%p 줄이려고 한다. 순수한 물은 얼마나 넣어야 할까?

① 1L ② 2L ③ 3L
④ 4L ⑤ 5L

091 8%의 소금물 400g에서 일정량의 소금물을 퍼내고 그 양만큼 물을 부었다. 그 다음 다시 2%의 소금물을 넣었더니 6%의 소금물 520g이 되었다. 퍼낸 소금물의 양은 얼마인가?

① 40g ② 41g ③ 42g
④ 43g ⑤ 44g

092 ○○병원에서 환자들의 재활을 돕기 위해 병원에 재활치료방을 만들고자 한다. 이때, 환자들의 거동을 돕기 위한 지지대가 일정한 간격으로 설치될 예정이다. 방은 정사각형 형태이고, 꼭짓점에는 반드시 지지대를 설치해야 하며 길을 따라 2m의 간격으로 60개의 지지대를 설치할 예정이다. 이때 방의 둘레는 몇 미터인가? (지지대의 넓이는 고려하지 않는다.)

① 100m ② 120m ③ 130m
④ 140m ⑤ 150m

난이도 ●●○

093 철수, 영미, 수영은 집에서 박물관까지 걸어가려고 한다. 철수는 성격이 급해 영미보다 2시간 일찍 출발하고 영미는 수영이 보다 2시간 일찍 출발했다고 한다. 철수의 속력은 영미보다 시속 1km 느리고, 영미의 속력은 수영이보다 시속 2km 느리다고 한다. 세 사람이 박물관에 동시에 도착하였을 때, 집에서 박물관까지의 거리는 얼마인가?

① 15km   ② 17km   ③ 19km
④ 21km   ⑤ 24km

난이도 ●●●

094 베이커리를 운영하는 철수는 계란과 치즈를 이용하여 A 신메뉴, B 신메뉴를 만들려고 한다. A 신메뉴의 계란과 치즈의 함유율은 각각 50%, 20% 이며, B 신메뉴의 계란과 치즈의 함유율은 각각 30%, 40%이다. A 신메뉴와 B 신메뉴를 만드는 데 계란은 총 290g 이상, 치즈는 총 200g 이상으로 사용하려고 할 때, 철수가 만든 'A 신메뉴와 B 신메뉴 중량을 합한 값'의 최소는 얼마인가?

① 600   ② 650   ③ 700
④ 750   ⑤ 800

난이도 ●●●

095 한 식당이 오픈 이벤트를 진행 중이다. 서로 다른 총 7장의 쿠폰을 처음 오는 손님에게는 2장, 두 번째 손님에게는 3장, 세 번째 손님에게는 2장을 주는 경우의 수는?

① 210   ② 250   ③ 290
④ 310   ⑤ 350

난이도 ●●●

096 영미는 35,000원짜리 책을 한권 사려고 한다. 현재 영미 지갑엔 1,000원, 5,000원, 10,000원짜리 지폐가 각각 6장씩 있다고 할 때, 돈을 낼 수 있는 방법의 가짓수는?

① 3   ② 5   ③ 7
④ 9   ⑤ 11

097 A 설탕물 300g, B 설탕물 100g을 섞으면 8%의 설탕물이 만들어지고, A 설탕물 200g, B 설탕물 300g을 섞으면 10%의 설탕물이 만들어진다. A설탕물의 농도는?

① $\frac{1}{2}$% ② $\frac{5}{12}$% ③ $\frac{6}{17}$%
④ $\frac{46}{7}$% ⑤ $\frac{3}{8}$%

098 농도가 6%인 설탕물이 있다. 이 설탕물을 얼마간 증발시킨 후 농도가 4%인 설탕물을 줄어든 양만큼 넣었더니, 농도가 7%가 되었다. 증발한 물의 양이 100g이라면, 설탕물이 증발한 후 4%의 설탕물을 넣기 전 설탕물의 농도는?

① 2% ② 4% ③ 6%
④ 8% ⑤ 10%

099 오랜만에 고향에 내려가는 철수는 오후 4시에 출발하는 고속버스를 타기 위해 오후 3시에 미리 고속버스터미널에 도착했다. 철수는 남은 시간을 이용하여 미리 하나의 음식을 포장해온 다음 버스 안에서 먹을 예정이다. 터미널에서 음식점까지의 거리는 아래와 같으며, 음식을 포장하는 데 12분이 걸린다고 한다. 철수가 시속 2km로 걸어서 갔다 올 때, 살 수 있는 음식의 종류를 모두 나열한 것은?

음식점	만두	피자	라면	오뎅	호떡
거리	0.95km	0.7km	0.85km	1km	0.75km

① 만두, 라면 ② 피자, 호떡 ③ 라면, 호떡
④ 만두, 오뎅 ⑤ 오뎅, 호떡

100 철수와 영미는 데이트를 하기 위해 영미의 집에서 64km 떨어진 카페에 가려고 한다. 각자 집에서 출발하여 카페 주차장에서 만나며 영미는 60km/h의 일정한 속력으로 운전하고, 철수는 50km/h의 속력으로 운전한다. 카페에서 영미의 집이 철수의 집보다 더 멀어 40분 일찍 출발해야 같은 시각에 카페 주차장에 도착할 수 있을 때, 철수와 영미 집 사이의 거리는 몇 km인가? (단, 철수의 집과 영미의 집 사이에 카페가 있으며 세 장소는 일직선 상에 있다.)

① 74km ② 84km ③ 94km
④ 104km ⑤ 114km

독끝 4일차 101~133

정답 및 해설 88p

난이도별 구성
● ○ ○ 13문항
● ● ○ 20문항
● ● ● 0문항

4일차 계산연습

Set ①
아래 빈칸의 숫자를 적어보세요.
(소수 첫째 자리에서 반올림)

	설탕물(g)	농도(%)	설탕(g)
(1)		22	20
(2)	49	31	
(3)		31	28
(4)	55	65	
(5)	85		44

Set ②
아래 빈칸의 숫자를 적어보세요.
(소수 첫째 자리에서 반올림)

	거리(km)	시간(h)	속력(km/h)
(1)	242		7
(2)		67	7
(3)	187		2
(4)	904	53	
(5)		51	8

Set ③
두 숫자의 최소공배수와 최대공약수를 적어보세요.

			최소공배수	최대공약수
(1)	16	28		
(2)	27	15		
(3)	6	44		
(4)	20	14		
(5)	10	44		

Set ④
다음 각 질문에 응답하세요.

(1) 2시 36분에 시침과 분침이 이루는 180°보다 작은 각은 몇 도 인가?
(2) 11시 31분에 시침과 분침이 이루는 180°보다 작은 각은 몇 도 인가?
(3) 같이하면 3일, A 혼자하면 23일 걸릴때, B 혼자서는 며칠 걸리는가? (단, 소수점 첫째자리에서 올림)
(4) 임원 후보 8명 중 2명을 선택하여 뽑는 경우의 수는? (단, 뽑는 순서대로 각각 임원직급이 달라진다.)
(5) 내부 직원 8명 중 3명을 선택하여 당번을 뽑는 경우의 수는?

	Set ①	Set ②	Set ③ 최소공배수	최대공약수	Set ④
(1)	91	35	112	4	138°
(2)	15	469	135	3	159.5°
(3)	90	94	132	2	4일
(4)	36	17	140	2	56가지
(5)	52	408	220	2	56가지

✱ Set ③, ④ 참고사항

- 농도(%) = 설탕 / 설탕물의 양 × 100
- 시간 = 거리 / 속력
- 시침: 10분에 5° 이동
- 분침: 10분에 60° 이동
- 작업기간 = 작업량/일률
- 순열($_nP_r$): 순서를 고려하여 n개 중 r개를 선택
- 조합($_nC_r$): 순서를 고려하지 않고 n개 중 r개를 선택

- 최소공배수, 최대공약수

```
3 ) 12  30        3 ) 12  30
2 )  4  10        2 )  4  10
     2   5             2   5
```
3×2×2×5=60   3×2=6
최소공배수   최대공약수

	맞은 개수	풀이 시간
Set ①	/ 5	(초)
Set ②	/ 5	(초)
Set ③	/ 5	(초)
Set ④	/ 5	(초)
합계	/ 20	(초)

101 철수와 영미는 가위바위보를 해서 승리하면 2점, 무승부면 1점의 승점을 부여한다. 이때 철수가 이긴 횟수와 무승부의 합은 총 18번이고, 철수의 승점의 합이 29점일 때, 무승부의 횟수를 구하시오.

① 4회　　② 5회　　③ 7회
④ 9회　　⑤ 10회

102 100mL의 열량이 각각 30kcal인 흰 우유와 40kcal인 초코우유가 있다. 이 두 우유를 합하여 300mL를 마셨을 때, 섭취한 열량이 106kcal라고 한다. 이 때 마신 흰 우유와 초코우유 각각의 양의 차는?

① 12mL　　② 14mL　　③ 20mL
④ 24mL　　⑤ 28mL

103 개구리는 한번에 2.5m를 이동하고, 귀뚜라미는 한 번에 4m를 이동한다고 한다. 개구리와 귀뚜라미가 한 번 이동하는 데 걸리는 시간이 같을 때, 개구리가 귀뚜라미보다 45m 앞에서 동시에 뛴다고 하면 귀뚜라미는 몇 번을 이동해야 개구리를 만날 수 있는가?
(단, 개구리와 귀뚜라미는 동일한 경로로 움직인다.)

① 15번　　② 20번　　③ 25번
④ 30번　　⑤ 35번

난이도 ●○○

104 철수는 물건을 구매하고 거스름돈 없이 600원을 지불하려고 한다. 현재 50원짜리 동전 10개, 100원짜리 동전 4개를 가지고 있다면 지불하는 방법은 총 몇 가지가 있는가?

① 1 ② 2 ③ 3
④ 4 ⑤ 5

난이도 ●●○

105 어느 기업의 총 사원 수는 100명이며 남성은 60명, 여성은 40명이다. 60명의 남성 중 40명, 40명의 여성 중 30명이 결혼을 한 상태이다. 전체 100명의 사원 중 임의로 선택한 한 명이 미혼일때, 이 사원이 남성일 확률은?

① $\frac{5}{17}$ ② $\frac{1}{15}$ ③ $\frac{2}{3}$
④ $\frac{1}{5}$ ⑤ $\frac{4}{15}$

난이도 ●●○

106 ○○대학교의 체육학과 실기시험 응시자는 총 100명이다. 실기시험 점수의 전체 평균이 64점이고, 합격자 평균과 불합격자 평균은 각각 80점, 60점일 때 합격률은 몇 퍼센트인지 구하시오.

① 10% ② 20% ③ 30%
④ 40% ⑤ 60%

난이도 ●○○

107 9월 21일이 월요일이라면, 50일 후는 무슨 요일인가?

① 월요일 ② 화요일 ③ 수요일
④ 목요일 ⑤ 금요일

108 크기가 가로 15cm, 세로는 9cm인 거울이 있다. 이 거울에 정사각형의 셀로판지를 빈틈없이 붙이려고 하는데 가장 적은 수의 셀로판지를 쓴다고 하면 셀로판지는 총 몇 개가 필요한가?

① 10   ② 12   ③ 15
④ 18   ⑤ 20

109 철수, 영미, 수영 세 사람은 8월 2일에 처음으로 동시에 학교 앞 분식점을 갔다. 철수는 4일, 영미는 6일, 수영은 8일 간격으로 분식점에 간다고 할 때, 다시 세 사람이 동시에 분식점에 가는 날은 언제인가?

① 8월 24일   ② 8월 26일   ③ 8월 27일
④ 9월 1일   ⑤ 9월 3일

110 소금 85g에 몇 g의 물을 넣어야 17%의 소금물이 되는지 구하시오.

① 400g   ② 415g   ③ 430g
④ 445g   ⑤ 460g

111 설탕물 300g의 농도는 8%이다. 이 설탕물을 몇 g 증발시키면 12%의 설탕물이 되는가?

① 100g   ② 120g   ③ 140g
④ 160g   ⑤ 180g

112 연속된 세 자연수의 합이 129일 때, 세 자연수 중 가장 작은 수와 가장 큰 수의 합은?

① 86   ② 87   ③ 88
④ 89   ⑤ 90

113 지수는 영호로부터 9m만큼 앞에 있다. 1초마다 지수는 10cm씩 앞으로 이동하고 영호는 지수가 움직이는 방향으로 25cm씩 이동할 때, 몇 초 이후에 영호가 지수를 앞서게 되는가? (단, 둘이 같은 위치에 있는 경우는 앞선 것이 아니다.)

① 60초 ② 61초 ③ 62초
④ 63초 ⑤ 64초

114 210m 길이인 다리를 완전히 지나가는 데 10초 걸리는 KTX가 있고, 180m 길이인 다리를 완전히 지나가는 데 9초가 걸리는 길이 90m의 무궁화호가 있다. 180m 길이인 다리를 KTX와 무궁화호가 반대 방향으로 달리고 있다. 서로 마주친 순간부터 완전히 지나가는 데까지 6초가 걸린다고 할 때, KTX의 길이는 몇 m 인가?

① 540m ② 600m ③ 620m
④ 630m ⑤ 760m

115 길이가 120m인 기차 A는 일정한 속력으로 길이가 xm인 다리를 완전히 통과하는데 1분 20초가 걸린다. 그리고 기차 A보다 1.5배 빠르고 길이가 80m인 기차 B는 일정한 속력으로 같은 다리를 완전히 통과하는 데 40초가 걸린다. 기차 B의 속력을 ym/초라고 할 때, $x-y$의 값은?

① 35 ② 36 ③ 37
④ 40 ⑤ 56

116 내일 있는 레이싱 시합 연습을 위해 철수는 총 길이가 30km인 원형 트랙을 바이크로 5시간 동안 시계 방향으로 돌았다. 처음 3시간 동안엔 8회를 돌았으며, 다음 1시간 동안 4회, 마지막 1시간 동안 2회 돌았다면, 이 5시간 동안의 바이크의 평균 속력(km/h)을 구하시오.

① 70 ② 72 ③ 78
④ 80 ⑤ 84

117 작년 어느 카페 회원 수는 1,000명이었다. 올해는 작년보다 남성 회원이 4% 감소하고, 여성 회원 수는 5% 증가하여 전체 회원 수가 14명이 증가하였다. 올해 이 카페의 남자 회원의 수는?

① 356명   ② 384명   ③ 400명
④ 600명   ⑤ 630명

118 어느 회사에서 작년에 두 제품 A, B를 합하여 2,000개를 판매하였다. 올해 이 회사의 판매량은 작년에 비해 제품 A는 6% 증가하고, 제품 B는 7% 감소하여 전체적으로 3개가 증가하였다고 한다. 올해의 제품 B의 판매량은?

① 830개   ② 833개   ③ 837개
④ 1,085개   ⑤ 1,123개

119 슈퍼 주인이 원가가 4개에 2,400원 하는 과자를 x개를 샀다. 첫째 날은 전체의 $\frac{1}{3}$을 원가의 200% 이익을 붙여 팔았고, 둘째 날은 남은 과자의 절반을 원가의 150% 이익을 붙여 판매하였다. 셋째 날은 남은 과자 전부를 원가의 120% 이익을 붙여 팔았더니 11,280원의 이익이 남게 되었다. 이 슈퍼 주인이 처음에 산 과자는 몇 개인가?

① 12   ② 13   ③ 14
④ 15   ⑤ 16

120 영미는 아이패드를 구매하려고 한다. 애플 매장에서 20% 할인해서 팔던 아이패드를 할인된 가격의 30%를 추가로 할인하여 28만 원에 구매했다면 총 할인받은 금액은 얼마인가?

① 20만원   ② 22만원   ③ 28만원
④ 30만원   ⑤ 35만원

121 철수는 원가가 5,000원인 물건의 가격을 25% 올려 판매하였으나 팔리지 않아 정가의 10%를 인하하였다. 총 4개의 물건을 판매하였다고 할 때, 철수의 이익은 얼마인가?

① 500원   ② 1,250원   ③ 2,000원
④ 2,500원   ⑤ 5,000원

122 원가가 6,000원인 부품을 정가의 25%를 할인해서 팔아도 원가보다 25%의 이익을 남길 수 있다면 정가는 얼마인가?

① 10,000원   ② 12,000원   ③ 12,500원
④ 13,000원   ⑤ 15,000원

123 ○○기업의 직원들은 보고서를 작성 중이다. 1개의 보고서를 작성하는 데 A직원이 혼자 작성하면 90분이 걸리고, A, B직원이 함께 작성하면 1시간이 걸리며, B, C직원이 함께 작성하면 72분이 걸린다. A, B, C직원이 모두 함께 보고서 1개를 완성하는데 걸리는 시간은?

① 36분   ② 40분   ③ 45분
④ 60분   ⑤ 72분

124 청소를 마무리하는 데 철수 혼자서 하면 총 3시간이 걸린다. 철수와 영미가 함께 청소를 1시간 동안 하다가, 영미가 몸이 아파 쉬러 간 후 철수 혼자 30분을 더 일하여 청소를 마무리했다. 영미 혼자 청소를 한다면 총 걸리는 시간은?

① 1시간   ② 1시간 30분   ③ 2시간
④ 2시간 30분   ⑤ 3시간

125 교수님께서 내주신 코딩 과제를 완성하는 데 철수는 30시간, 영미는 20시간이 걸린다. 철수가 3시간, 영미가 5시간 동안 코딩 과제를 한 후, 둘이 같이 코딩을 진행한다면 두 사람이 같이 코딩을 하는 시간을 얼마인가?

① 7시간 12분　　② 7시간 24분　　③ 7시간 30분
④ 7시간 36분　　⑤ 7시간 48분

126 농도가 30%인 소금물 100g에 농도가 18%인 소금물을 섞어서 식용으로 쓸 수 있는 소금물로 희석시키려고 한다. 농도가 21%보다 진할 경우 식용으로 사용할 수 없다면, 필요한 18%의 소금물의 최소량은 얼마인가?

① 300g　　② 320g　　③ 330g
④ 350g　　⑤ 370g

127 농도 8.2%의 소금물은 농도 9% 소금물과 농도 7% 소금물을 섞어서 만들어 졌다. 농도 7%의 소금물이 60g이라면 농도 9% 소금물의 양은 얼마인가?

① 75g　　② 80g　　③ 85g
④ 90g　　⑤ 95g

128 100g의 소금물 A와 300g의 소금물 B를 섞으면 7%의 소금물이 되고, 300g의 소금물 A와 100g의 소금물 B를 섞으면 9%의 소금물이 될 때, 소금물 A의 농도는 몇 %인가?

① 5%　　② 7%　　③ 10%
④ 12%　　⑤ 15%

129 기차 대합실에 긴 의자 여러 개가 나란히 있다. 대합실에 있는 손님들이 한 의자에 3명씩 앉으면 15명이 남고 5명씩 앉으면 의자 1개가 남는다고 한다. 그래서 몇 개의 의자에는 4명씩, 나머지 의자에는 5명씩 앉았더니 남는 의자도 없고, 남는 손님도 없었다고 한다. 이때, 4명씩 앉은 의자의 개수가 될 수 있는 값 중 가장 큰 값은?

① 9　　　　　　　② 10　　　　　　　③ 11
④ 12　　　　　　　⑤ 13

130 ○○기업은 게임기를 생산한다. 지난달에 생산한 게임기의 불량률은 10%였고, 게임기 1개당 17만 원에 판매하였다. 이번 달도 지난달과 동일한 양의 게임기를 생산했는데, 불량률은 15%로 증가했다. 지난달과 매출액이 같으려면 게임기 한 개당 가격은 최소 얼마로 책정해야 하는지 구하시오. (단, 불량품은 매출액에서 제외한다.)

① 18만 원　　　　② 19만 원　　　　③ 20만 원
④ 21만 원　　　　⑤ 22만 원

131 동아리에서 100명의 회원들이 MT를 떠났다. 일정 중 붕어빵과 호떡을 판매하는 가게에서 붕어빵을 구입한 사람은 44명, 호떡을 구입한 사람은 47명이었다. 둘 다 구매하지 않은 인원이 모두 구매한 사람보다 2배 많았다면, 100명 중 붕어빵만 구입한 회원은 몇 명인가?

① 33　　　　　　　② 34　　　　　　　③ 35
④ 36　　　　　　　⑤ 37

132 영희는 최신 스마트폰을 구매했다. 사전예약 사은품으로 충전 속도가 일반충전기의 두 배로 빠른 고속충전기를 받았다. 일반충전기로 스마트폰을 충전할 때, 분당 1%p씩 충전이 된다. 배터리가 4% 남아있는 상태에서 습관적으로 일반충전기로 스마트폰을 충전하기 시작했다. 그리고 중간에 고속충전기로 바꾸어 충전했다. 충전을 시작한 후 정확히 50분 후에 충전이 완료되었다고 한다. 이 때, 고속충전기를 사용한 시간은 몇 분인가? (단, 충전기를 바꾸는 과정에서 소요된 시간은 무시한다.)

① 46분 ② 44분 ③ 42분
④ 40분 ⑤ 38분

133 크기와 모양이 같은 4개의 축구공을 서로 다른 3개의 골대에 넣는 방법의 가짓수는?

① 3가지 ② 6가지 ③ 15가지
④ 20가지 ⑤ 24가지

Day 4 Self Check List

	오답 수	무응답 수	풀이시간(분)
1회독	/ 33	/ 33	/ 45(분)
2회독	/ 33	/ 33	/ 40(분)
3회독	/ 33	/ 33	/ 33(분)

정답 및 해설 106p

독끝 5일차 134~166

난이도별 구성
● ○ ○ 12문항
● ● ○ 14문항
● ● ● 7문항

5일차 계산연습

Set ❶
아래 빈칸의 숫자를 적어보세요.
(소수 첫째 자리에서 반올림)

	설탕물(g)	농도(%)	설탕(g)
(1)	86	19	
(2)	21		9
(3)		45	25
(4)	43	46	
(5)		37	36

Set ❷
아래 빈칸의 숫자를 적어보세요.
(소수 첫째 자리에서 반올림)

	거리(km)	시간(h)	속력(km/h)
(1)		17	15
(2)	511		15
(3)	158	56	
(4)		71	8
(5)	155	67	

Set ❸
두 숫자의 최소공배수와 최대공약수를 적어보세요.

			최소공배수	최대공약수
(1)	16	30		
(2)	20	30		
(3)	2	40		
(4)	4	12		
(5)	16	47		

Set ❹
다음 각 질문에 응답하세요.

(1) 8시 33분에 시침과 분침이 이루는 180°보다 작은 각은 몇 도인가?
(2) 6시 54분에 시침과 분침이 이루는 180°보다 작은 각은 몇 도인가?
(3) 같이하면 5일, A 혼자하면 17일 걸릴때, B 혼자서는 며칠 걸리는가? (단, 소수점 첫째자리에서 올림)
(4) 서로 다른 6명 중 5명을 선택하여 일렬로 나열하는 경우의 수는?
(5) 서로 다른 9명 중 4명을 선택하여 같은 상품을 주는 경우의 수는?

	Set ❶	Set ❷	Set ❸ 최소공배수	최대공약수	Set ❹
(1)	16	255	240	2	58.5°
(2)	43	34	60	10	117°
(3)	56	3	40	2	8일
(4)	20	568	12	4	720가지
(5)	97	2	752	1	126가지

※ Set ❸, ❹ 참고사항

- 농도(%) = 설탕 / 설탕물의 양 × 100
- 시간 = 거리 / 속력
- 시침: 10분에 5° 이동
- 분침: 10분에 60° 이동
- 작업기간 = 작업량/일률
- 순열($_nP_r$): 순서를 고려하여 n개 중 r개를 선택
- 조합($_nC_r$): 순서를 고려하지 않고 n개 중 r개를 선택

- 최소공배수, 최대공약수

```
3 ) 12  30        3 ) 12  30
2 )  4  10        2 )  4  10
     2   5             2   5
```

3×2×2×5=60   3×2=6
최소공배수   최대공약수

	맞은 개수	풀이 시간
Set ❶	/5	(초)
Set ❷	/5	(초)
Set ❸	/5	(초)
Set ❹	/5	(초)
합계	/20	(초)

134 철수는 서로 다른 10개의 피규어를 포장박스에 넣어 보관하려고 한다. 포장박스는 총 4개가 있으며 각 포장박스에는 3개의 피규어를 넣을 수 있다고 한다. 이때 보관할 수 있는 방법의 수는 총 몇 가지인가? (각 포장박스끼리는 규격이 동일하다.)

① 6,000가지   ② 9,100가지   ③ 9,500가지
④ 9,700가지   ⑤ 9,900가지

135 어느 테니스 대회는 총 12개의 팀이 상대 팀과 각각 한 번씩 경기하는 리그 형식으로 예선을 치른 후, 상위 6개 팀이 토너먼트 형식으로 본선을 치른다. 예선 티켓 값이 2만 원, 본선 티켓 값이 4만 원이라고 할 때, 모든 경기를 한 번씩 보려면 티켓을 사는 데 드는 총 비용은 얼마인가?

① 136만원   ② 140만원   ③ 144만원
④ 148만원   ⑤ 152만원

136 테이블 위에는 1~10까지의 자연수가 적힌 카드 10장이 있다. 이 중 중복을 허락하여 카드 3개를 뽑아 더했을 때, 홀수일 확률은?

① $\dfrac{3}{25}$ ② $\dfrac{5}{12}$ ③ $\dfrac{1}{5}$
④ $\dfrac{7}{25}$ ⑤ $\dfrac{1}{2}$

137 빨간 물병 4개와 파란 물병 4개가 들어 있는 주머니 속에서 철수와 영희가 물병을 꺼내기로 했다. 철수가 먼저 시작해서 번갈아 가며 한 개씩 꺼낼 때, 먼저 빨간 물병을 꺼내는 사람이 이긴다고 한다. 이 때 철수가 이길 확률을 구하면? (단, 꺼낸 물병은 다시 넣지 않는다.)

① $\frac{4}{7}$ ② $\frac{41}{70}$ ③ $\frac{3}{5}$
④ $\frac{22}{35}$ ⑤ $\frac{23}{35}$

138 한 개의 주사위를 4번 던질 때, 적어도 한 번 6의 약수가 나올 확률은?

① $\frac{1}{2}$ ② $\frac{1}{3}$ ③ $\frac{2}{3}$
④ $\frac{16}{81}$ ⑤ $\frac{80}{81}$

139 자연수 0, 2, 4, 6, 8이 적힌 5장의 카드에서 2장을 뽑아 두 자리 정수를 만든다고 할 때 그 수가 3의 배수일 확률은?

① $\frac{3}{7}$ ② $\frac{5}{12}$ ③ $\frac{6}{19}$
④ $\frac{5}{16}$ ⑤ $\frac{3}{8}$

140 철수와 영미는 호수공원에서 운동을 하고 있다. 철수는 자전거를 타고, 영미는 뛰어서 공원을 돌기로 했다. 호수공원 입구에서 같은 방향으로 출발하면 30분 만에 다시 만나고, 다른 방향으로 출발하면 6분 만에 다시 만난다고 한다. 호수공원의 둘레가 1km일 때, 철수의 속력은 얼마인가? (단, 철수의 속력은 영미의 속력보다 빠르다.)

① 4km/h ② 6km/h ③ 8km/h
④ 10km/h ⑤ 12km/h

난이도 ●●○

141 육상 선수 A와 B는 육상 트랙에서 운동을 하고 있다. 선수 A는 달리기를 통해, 선수 B는 경보를 통해 육상 트랙을 돌기로 했다. 출발점에서 같은 방향으로 출발하면 12분 만에 다시 만나고, 다른 방향으로 출발하면 4분 만에 다시 만난다고 한다. 육상 트랙의 둘레가 1.6km일 때, A의 달리기 속력은 얼마인가? (단, A의 달리기 속력은 B의 경보 속력보다 빠르다.)

① 200m/분
② $\frac{700}{3}$m/분
③ $\frac{800}{3}$m/분
④ 300m/분
⑤ $\frac{1,000}{3}$m/분

난이도 ●●○

142 민수는 추석을 맞아 집에서 105km 떨어진 할머니 댁으로 운전을 해서 가려고 한다. 집에서 출발하여 일정한 속력으로 가던 도중 집에서부터 35km 떨어진 곳에서부터 차가 밀려 원래 속력에서 60% 느리게 서행하였다. 할머니 댁에 도착하는 데 걸린 시간이 총 2시간 20분이었다면, 차가 밀리기 전 처음 속력은 얼마인가?

① 84km/h
② 90km/h
③ 96km/h
④ 102km/h
⑤ 108km/h

난이도 ●●○

143 아빠와 엄마의 나이 차이는 6살이고 누나와 동생의 나이 차는 4살이다. 또한, 아빠와 엄마 나이의 합은 누나 나이의 5배이다. 누나와 동생의 나이의 합이 28세라면 아빠의 나이는 몇 세인가? (단, 아빠가 엄마보다 나이가 더 많다.)

① 37세
② 40세
③ 43세
④ 46세
⑤ 49세

144 오디션 프로그램 1차에 합격한 남자와 여자의 비는 4 : 5였다. 이 중 2차 시험까지 합격한 남자와 여자의 비는 3 : 5이었다. 2차 시험에 불합격한 지원자의 남녀 비율은 13 : 15 였으며 2차 시험까지 합격한 지원자는 56명이었다. 이 때, 1차에 합격한 사람은 총 몇 명인가?

① 121명 ② 189명 ③ 252명
④ 270명 ⑤ 288명

145 안이 보이지 않는 검은 박스에 흰 주머니 2개, 검은 주머니 2개가 들어있다. 박스에서 1개의 주머니를 꺼냈을 때, 흰 주머니면 동전을 4번, 검은 주머니면 동전을 3번 던진다고 할 때, 앞면이 2번 나올 확률은?

① $\dfrac{1}{2}$ ② $\dfrac{5}{12}$ ③ $\dfrac{6}{17}$
④ $\dfrac{17}{35}$ ⑤ $\dfrac{3}{8}$

146 길잡이 수학문제집에는 초급, 중급, 고급, 3단계의 문제가 3개씩 있다. A가 모든 난이도의 문제를 한 개 이상 선택하여 4문제를 골라 푸는데 초급 문제를 맞힐 확률은 40%, 중급 문제를 맞힐 확률은 25%, 고급 문제를 맞힐 확률은 10%일 때, 4문제를 모두 맞힐 확률은? (단, 각 단계에서 문제를 맞힐 확률은 모두 일정하고, 문제를 푸는 순서는 고려하지 않는다.)

① $\dfrac{9}{5,600}$ ② $\dfrac{11}{4,200}$ ③ $\dfrac{13}{3,500}$
④ $\dfrac{17}{2,800}$ ⑤ $\dfrac{19}{2,100}$

147 P공단의 전체 직원은 1,000명으로 이 중 80%는 도보로, 20%는 자전거를 이용해 출근을 한다. P공단의 전체 직원들은 샌드위치나 음료수 중에서 반드시 하나만 사서 출근을 한다고 한다. 도보를 이용하는 직원 중 200명이 샌드위치를 사서 출근하고, 자전거를 이용하는 직원 중 150명이 음료수를 사서 출근했다고 한다. P공단의 전체 직원 중 임의로 선택한 한 명이 샌드위치를 사서 출근했을 때, 이 직원이 자전거를 이용하여 출근했을 확률은?

① $\dfrac{3}{25}$ ② $\dfrac{1}{5}$ ③ $\dfrac{7}{25}$
④ $\dfrac{9}{25}$ ⑤ $\dfrac{11}{25}$

148 부산광역시는 정육각형 모양의 산림지대를 조성하려 한다. 정육각형의 각 꼭짓점에는 반드시 나무를 심어야 하며, 인접한 나무끼리 일정한 간격으로 심으려 한다. 산림지대의 한 변에 나무가 6개가 필요하다면, 산림지대 전체를 조성하는 데 필요한 나무는 총 몇 개인가? (단, 나무의 너비는 무시한다.)

① 87개 ② 88개 ③ 89개
④ 90개 ⑤ 91개

149 경찰은 보트를 타고 도망가는 범인을 잡으려고 한다. 경찰은 고속함정을 타고 범인이 탄 보트를 향해 갔다가 체포한 후 같은 길로 1시간 30분 안에 보트와 함께 기지로 되돌아와야 한다. 고속함정은 1시간에 150km, 보트는 1시간에 40km를 이동한다고 하면 경찰이 탄 고속함정은 기지를 떠난 시각으로부터 몇 시간 안에 기지로 돌아와야 하는가? (경찰이 범인을 체포하는 데 소요되는 시간은 무시한다.)

① 1시간 50분 ② 1시간 54분 ③ 1시간 58분
④ 2시간 2분 ⑤ 2시간 6분

150 재석이와 호동이는 강가에서 놀다가 학교로 분당 50m의 속력으로 함께 가고 있었다. 함께 가는 도중 재석이는 강가에 지갑을 놓고 온 걸 알아차리고 왔던 길을 되돌아가 지갑을 찾고 다시 학교로 향하였고, 호동이는 처음 속력으로 계속 학교를 향해 갔다. 두 친구가 헤어지고 36분 후 걷는 도중에 다시 만난다면, 지갑은 헤어진 지점에서 얼마나 떨어진 곳에 있는가? (단, 재석이는 호동이와 떨어져 있는 동안 분당 150m의 속력으로 갔다.)

① 1,750m   ② 1,800m   ③ 1,850m
④ 1,900m   ⑤ 1,950m

151 A와 B의 나이 비율은 1 : 3이다. 이때 A와 B나이의 합이 70보다 작다면 A의 최대 나이는? (단, 나이는 B가 A보다 많다)

① 17   ② 18   ③ 20
④ 22   ⑤ 23

152 철수는 사탕 500개를 개당 10원에 구매했다. 그 중 20%의 사탕을 분실하여 판매하지 못하더라도 40% 이상의 이익을 올리려면 사탕의 개당 정가를 최소 얼마로 해야 하는가?

① 16.5원   ② 17원   ③ 17.5원
④ 18원   ⑤ 20원

153 철수와 영미는 500m 달리기 시합을 하려고 한다. 둘이 동시에 같은 곳에서 출발하면 철수가 먼저 도착하고 영미가 10초 뒤에 도착한다. 철수의 속력이 5m/s일 때, 철수와 영미가 동시에 도착하려면 철수가 몇 미터 뒤에서 출발해야 하는가?

① 45m   ② 50m   ③ 55m
④ 60m   ⑤ 65m

154 아빠와 엄마는 2살 차이고, 누나와 동생은 3살 차이다. 또한 아빠와 엄마 나이의 합은 누나 나이의 7배라고 한다. 누나와 동생 나이의 합이 21세라면 아빠의 나이는? (단, 아빠의 나이가 엄마의 나이보다 많다.)

① 41살　　　② 42살　　　③ 43살
④ 44살　　　⑤ 45살

155 어느 대형 헬스장의 회원 중 남성과 여성의 수는 작년보다 남성은 8% 증가, 여성은 10% 감소했다. 작년 전체 회원 수는 820명이고, 올해는 작년보다 10명이 감소하였다고 할 때, 작년의 여성 회원 수는?

① 400　　　② 420　　　③ 500
④ 520　　　⑤ 600

156 넓이 10,000m²의 마당을 제초기 A와 제초기 B를 각각 4시간씩 사용하여 8시간 만에 제초를 마칠 수 있었다. 제초기 A를 사용할 때의 제초 속도가 제초기 B를 사용하는 경우보다 4배 빠르다면 제초기 A만 사용할 땐 몇 시간이 걸리는가?

① 1시간　　　② 2시간　　　③ 3시간
④ 4시간　　　⑤ 5시간

157 농도가 7%인 소금물과 10%인 소금물을 섞어서 농도가 9%인 소금물 300g을 만들었다. 이때 7% 소금물의 양은 얼마인가?

① 100g　　　② 150g　　　③ 200g
④ 250g　　　⑤ 300g

158 다음 빈칸에 들어갈 수를 찾으시오.

> 6 2 36   5 1 5   ( ) 3 64

① 1   ② 2   ③ 3
④ 4   ⑤ 5

159 철수는 방학을 맞이하여 렌터카를 빌려 300km 거리에 있는 부산으로 여행을 가기로 했다. 렌터카로 부산까지 갈 때의 평균 연비는 30km/L이며, 렌터카를 반납하러 돌아올 때 평균 연비는 15km/L이다. 왕복하는 동안의 평균 연비는 얼마인가?

① 20   ② 30   ③ 35
④ 40   ⑤ 45

160 4명의 학생 중 2명이 서로 다른 2개의 의자에 앉는 방법은 몇 가지인지 구하시오.

① 4가지   ② 6가지   ③ 8가지
④ 10가지   ⑤ 12가지

161 오전 9시 30분에 회전목마와 바이킹이 동시에 운행을 시작한다. 회전목마는 12분마다, 바이킹은 8분마다 운행할 때, 다음에 두 놀이기구가 동시에 운행을 시작하는 가장 빠른 시각은 언제인가?

① 9시 42분   ② 9시 48분   ③ 9시 52분
④ 9시 54분   ⑤ 9시 56분

162 야구 경기에서 이승엽 선수가 안타를 칠 확률은 20%이다. 5번의 타석 중 3번은 안타를 치고, 2번은 삼진을 당할 확률은? (단, 안타를 치지 못하는 타석에서는 삼진을 당한다.)

① 0.00512　　② 0.01024　　③ 0.02048
④ 0.0256　　⑤ 0.0512

163 작년에 동아리에 가입한 회원 수는 총 90명이었다. 올해 가입한 동아리원 수는 작년에 비하여 남성은 5% 감소하고 여성은 10% 증가하여 작년보다 전체 3명이 증가했다. 올해 가입한 여성의 수는?

① 40　　② 45　　③ 50
④ 55　　⑤ 60

164 철수가 입사한 회사의 직원은 작년에 총 45명이었다. 올해는 작년보다 남성이 20%, 여성이 40% 증가하여 총 58명이 되었다. 퇴사한 직원은 없다고 할 때 올해 입사한 남성 직원은 작년에 입사한 남성 직원보다 몇명이 증가하였는가?

① 2명　　② 3명　　③ 4명
④ 5명　　⑤ 6명

165 작년 A고등학교 신입생의 수는 1,050명이고 올해는 작년에 비해 신입생의 수가 13명 감소했다고 한다. 작년에 비해 올해 남자 신입생의 수는 4% 증가했고, 여자 신입생의 수는 6% 감소했다고 할 때, 작년 여자 신입생의 수는?

① 550명　　② 560명　　③ 565명
④ 570명　　⑤ 575명

166 올해 달맞이 행사 참가자의 남성과 여성의 수는 작년에 비해 남성 참가자는 10% 증가했고, 여성 참가자는 5% 감소했다. 작년 전체 참가자 수는 820명이고, 올해는 작년에 비해 20명이 감소했다고 할 때, 작년 여성 참가자 수는?

① 440명 ② 500명 ③ 560명
④ 620명 ⑤ 680명

Day 5 Self Check List	오답 수	무응답 수	풀이시간(분)
1회독	/ 33	/ 33	/ 45(분)
2회독	/ 33	/ 33	/ 40(분)
3회독	/ 33	/ 33	/ 33(분)

독끝 6일차 167~200

정답 및 해설 125p

난이도별 구성
- ●○○ 0문항
- ●●○ 23문항
- ●●● 11문항

6일차 계산연습

Set ❶
아래 빈칸의 숫자를 적어보세요.
(소수 첫째 자리에서 반올림)

	설탕물(g)	농도(%)	설탕(g)
(1)		42	18
(2)	59	67	
(3)		23	19
(4)	35	35	
(5)	47		16

Set ❷
아래 빈칸의 숫자를 적어보세요.
(소수 첫째 자리에서 반올림)

	거리(km)	시간(h)	속력(km/h)
(1)	272		9
(2)		71	9
(3)	510		5
(4)	414	32	
(5)		31	4

Set ❸
두 숫자의 최소공배수와 최대공약수를 적어보세요.

			최소공배수	최대공약수
(1)	4	30		
(2)	22	15		
(3)	16	46		
(4)	20	12		
(5)	4	41		

Set ❹
다음 각 질문에 응답하세요.

(1) 10시 11분에 시침과 분침이 이루는 180°보다 작은 각은 몇 도 인가?
(2) 11시 45분에 시침과 분침이 이루는 180°보다 작은 각은 몇 도 인가?
(3) 같이하면 4일, A 혼자하면 15일 걸릴때, B 혼자서는 며칠 걸리는가? (단, 소수점 첫째자리에서 올림)
(4) 임원 후보 8명 중 5명을 선택하여 뽑는 경우의 수는? (단, 뽑는 순서대로 각각 임원직급이 달라진다.)
(5) 내부 직원 7명 중 6명을 선택하여 당번을 뽑는 경우의 수는?

	Set ❶	Set ❷	Set ❸ 최소공배수	최대공약수	Set ❹
(1)	43	30	60	2	120.5°
(2)	40	639	330	1	82.5°
(3)	83	102	368	2	6일
(4)	12	13	60	4	6,720가지
(5)	34	124	164	1	7가지

＊Set ❸, ❹ 참고사항

- 농도(%) = 설탕 / 설탕물의 양 × 100
- 시간 = 거리 / 속력
- 시침: 10분에 5° 이동
- 분침: 10분에 60° 이동
- 작업기간 = 작업량 / 일률
- 순열($_nP_r$) : 순서를 고려하여 n개 중 r개를 선택
- 조합($_nC_r$) : 순서를 고려하지 않고 n개 중 r개를 선택

• 최소공배수, 최대공약수

```
3 | 12  30        3 | 12  30
2 |  4  10        2 |  4  10
      2   5            2   5

3×2×2×5=60      3×2=6
최소공배수       최대공약수
```

	맞은 개수	풀이 시간
Set ❶	/5	(초)
Set ❷	/5	(초)
Set ❸	/5	(초)
Set ❹	/5	(초)
합계	/20	(초)

독끝 Daily 400제 175

167 철수는 장사를 하기 위해 원가가 1,000원인 볼펜과 원가가 500원인 지우개를 합하여 총 200개를 구입했다. 볼펜은 20%, 지우개는 30%의 이익을 붙여 정가를 정하고 두 제품을 모두 판매하면 37,500원의 이익이 생긴다고 할 때, 구입한 볼펜의 개수는 몇 개인가?

① 50개　　② 100개　　③ 150개
④ 200개　　⑤ 250개

168 영미는 1개에 5,000원인 장난감을 200개 구입했다. 구입가격에 20%의 이익을 붙여 정가를 정하고 이 중에서 75%는 정가대로 팔았다고 한다. 하지만 장사가 잘되지 않아 나머지 25%는 정가에서 할인해서 팔았더니, 전체의 이익금이 110,000원이 되었다고 한다. 이 때, 영미는 정가의 몇 %를 할인해서 팔았는가?

① 20%　　② 25%　　③ 30%
④ 35%　　⑤ 40%

169 수조에 A 호스로 물을 채우면 16분에 80%를 채울 수 있다. 수조의 물을 전부 뺀 후, 12분간 A 호스로 물을 채우다 B 호스로 채울 때, B 호스를 사용한 시간은?
(단, B 호스는 A 호스보다 4배 빠르게 물을 채운다.)

① 1분　　② 2분　　③ 3분
④ 4분　　⑤ 5분

난이도 ●●○

170 ○○기업의 직원들은 업무 자료들을 정리 중이다. A 직원이 혼자 정리하면 1시간 30분이 걸리고, A, B 직원이 함께 정리하면 36분이 걸리며, A, B, C 직원이 모두 함께 정리하면 20분이 걸린다. C 직원이 혼자 업무 자료들을 정리하는 데 걸리는 시간은?

① 30분 ② 36분 ③ 45분
④ 54분 ⑤ 60분

난이도 ●●○

171 창고를 혼자 청소하는 데 철수는 4시간이 걸리고, 영희는 6시간이 걸린다. 오전 10시에 영희가 청소를 시작하고, 철수는 1시간 30분 늦게 시작했다. 둘이 청소를 끝마친 시간은 몇 시인가?

① 오후 1시 ② 오후 1시 18분 ③ 오후 2시
④ 오후 2시 15분 ⑤ 오후 3시

난이도 ●●○

172 철수는 크기가 서로 다른 3개의 사과를 샀다. 사과 3개의 무게의 합은 159g이다. 중간 크기의 사과는 사과 3개의 평균 무게보다 3g 더 무겁고, 크기가 가장 큰 사과는 크기가 가장 작은 사과 무게의 2배보다 2g이 더 가볍다. 이때, 크기가 가장 작은 사과의 무게는?

① 35g ② 40g ③ 42g
④ 55g ⑤ 59g

난이도 ●●○

173 승리와 철수는 가위바위보를 해서 이긴 사람은 2계단을 올라가고, 진 사람은 1계단을 내려가기로 했다. 가위바위보를 총 30번 해서 철수가 처음 위치보다 18계단을 더 올라가 있을 때, 승리가 처음 위치보다 몇 계단을 올라가 있겠는가? (단, 비기는 경우는 발생하지 않는다.)

① 9 ② 10 ③ 11
④ 12 ⑤ 13

174 여행 중 선영이는 팀원들에게 줄 선물로 3개씩 포장된 파인애플 7박스를 샀다. 팀원들에게 파인애플을 4개씩 나눠주면 파인애플이 남고, 5개씩 나눠주면 파인애플이 부족하다고 한다. 이 때 선영이의 팀의 팀원은 몇 명인가?

① 3명 ② 4명 ③ 5명
④ 6명 ⑤ 7명

175 민수와 친구들이 버스를 타고 여행을 가려고 하는데, 버스표의 가격은 개당 15,000원이다. 때마침 추석을 맞아 버스 회사에서는 버스표 값을 5,000원 할인해 주는 이벤트와, 버스표를 3장 이상을 구매할 시 총 결제 비용에서 30,000원을 할인해 주는 이벤트 중 한 가지를 적용할 수 있는 이벤트를 준비하였다. 민수와 친구들이 5,000원을 할인해 주는 이벤트를 적용하는 게 더 유리하다면 최소 몇 명이 가야 하는가?

① 3명 ② 4명 ③ 5명
④ 6명 ⑤ 7명

176 철수는 물건을 구매하고 거스름돈 없이 1,250원을 지불하려고 한다. 현재 100원짜리 동전 A개, 150원짜리 동전 B개를 가지고 있다면 지불하는 방법은 총 몇 가지가 있는가?

① 1가지 ② 2가지 ③ 3가지
④ 4가지 ⑤ 5가지

177 아빠, 엄마, 형, 동생, 나, 총 5명을 한 줄로 세울 때, 아빠와 엄마 사이에 무조건 한 명 이상 있어야 하는 경우의 수는?

① 72 ② 80 ③ 94
④ 124 ⑤ 248

178 어느 기숙사 학생 A의 알람은 10초 동안 울리다 2초 동안 꺼지고, 학생 B의 알람은 12초 동안 울리다가 3초 동안 꺼지며, 학생 C의 알람은 14초 동안 켜져 있다가 4초 동안 꺼진다. 이 3개의 알람을 동시에 켰을 때, 처음 다시 동시에 켜지는 데는 몇 초가 걸리는가?

① 60 ② 90 ③ 120
④ 150 ⑤ 180

179 철수와 영미는 매일 같이 도서관에 가서 공부를 하고 있다. 두 사람은 오전 10시부터 동시에 공부를 시작한다. 철수는 30분 동안 공부를 하고 10분을 쉬고, 영미는 25분 동안 공부를 하고 25분의 휴식을 취한다. 철수와 영미가 오전 10시부터 오후 6시까지 공부를 한다면 동시에 공부를 시작하는 건 처음을 포함하여 모두 몇 번인가?

① 1번 ② 2번 ③ 3번
④ 4번 ⑤ 5번

180 어느 두 자리의 자연수는 일의 자리 수가 십의 자리 수보다 4만큼 크다고 한다. 십의 자리 수와 일의 자리 수를 바꾸었더니, 처음 수의 3배보다 6만큼 더 커졌을 때, 처음 수는 얼마인지 구하시오.

① 15 ② 26 ③ 37
④ 48 ⑤ 59

181 다음 빈칸을 채우시오.

| 2 | 1 | 3 | 4 | 10 | −5 | 1 | 4 | 1.5 | 3.5 | 3 | ( ) |

① 1 ② 2 ③ 3
④ 4 ⑤ 5

182 다음 식을 계산할 때, 〈 〉에 알맞은 기호는?

$$6+6 \langle \ \rangle (59-37+13) = \{(9+9+9+9) \times (25-22)\} \times 2$$

① ÷
② ×
③ +
④ −
⑤ =

183 영희가 새로 이사간 집에는 면적이 169m²인 정사각형 모양의 마당이 있다. 영희는 화원을 만들기 위해 꽃씨 225개를 마당에 심으려고 한다. 마당에 남는 씨앗이 없이 모든 꽃씨를 일정한 간격으로 심었을 때, 씨앗과 씨앗 사이의 거리의 최댓값은 얼마인가? (단, 마당의 테두리에도 씨앗을 심을 수 있고, 씨앗은 한 곳에 한 개씩만 심는다. 소수점 셋째 자리에서 반올림한 값을 구하시오.)

① 0.5m
② 0.67m
③ 0.75m
④ 0.87m
⑤ 0.93m

184 ○○기업의 최종합격자 발표는 7월 9일을 기준으로 67일 전에 발표한다고 한다. 최종합격자 명단이 발표되는 날은 무슨 요일인지 구하시오. (단, 3월 1일은 월요일이다.)

① 일요일
② 화요일
③ 토요일
④ 월요일
⑤ 수요일

185 어느 컵에는 8%의 소금물 600g이 있다. 이 소금물 중 일부를 덜어낸 후, 다시 14%의 소금물과 섞었더니 11%의 소금물 1,000g이 되었다. 이때 처음 덜어낸 소금물은 얼마인가?

① 200g
② 140g
③ 100g
④ 600g
⑤ 120g

186 20%의 소금물 180g은 10%의 소금물에 x(g)의 소금을 넣어야 만들 수 있다. 이때 x를 구하시오.

① 30　　② 15　　③ 20
④ 25　　⑤ 10

187 5% 소금물이 들어있는 비커에 소금을 40g 더 넣었더니 25%의 소금물이 됐다. 이때 처음 5% 소금물의 양은?

① 150g　　② 160g　　③ 170g
④ 180g　　⑤ 190g

188 이번 ○○전자에서 개최한 공모전의 전체 지원자 중 40%가 남성이고, 전체 지원자의 10%가 기혼 남성이며, 전체 지원자의 50%는 기혼이거나 남성이다. ○○전자 공모전의 지원자 중 기혼자 한 명을 임의로 뽑았을 때, 그 기혼자가 남성일 확률은 얼마인가?

① $\frac{1}{2}$　　② $\frac{1}{3}$　　③ $\frac{2}{3}$
④ $\frac{1}{4}$　　⑤ $\frac{1}{6}$

189 중고등학생 체육대회에서 전체 참가자 중 50%가 중학생이고, 전체 참가자의 20%가 여자 중학생이며, 전체 참가자의 70%는 중학생이거나 여학생이다. 체육대회 참가자 중에서 남학생 한 명을 임의로 뽑았을 때, 그 남학생이 고등학생일 확률은 얼마인가?

① $\frac{1}{2}$　　② $\frac{1}{3}$　　③ $\frac{2}{3}$
④ $\frac{1}{4}$　　⑤ $\frac{1}{6}$

190 농도가 4%, 8%인 두 소금물의 양은 같다. 농도가 8%인 소금물에서 50g을 덜어내고 남은 양을 4%의 소금물과 섞었더니 소금물의 농도는 5%가 되었다. 이 때, 덜어내고 남은 8%의 소금물의 양은?

① 65g   ② 75g   ③ 25g
④ 15g   ⑤ 35g

191 아이들에게 어린이날 특정 개수가 들어가는 필통에 펜을 넣어 선물하려고 한다. 필통에 펜을 6개씩 넣으면 펜이 2개가 부족하다고 하고, 펜을 8개씩 넣으면 필통이 2개가 남고, 펜을 담은 마지막 필통은 가득 차지 않을 수도 있다. 다음 중 필통의 개수가 될 수 있는 것은?

① 3   ② 5   ③ 6
④ 9   ⑤ 11

192 공원으로 소풍을 간 철수의 반 학생들은 선생님께서 들고 오신 돗자리에 같은 인원수로 나누어 앉아 점심을 먹기로 하였다. 선생님께서 잠시 자리를 비운 사이, 철수는 친구들에게 돗자리를 나누어 주었다. 처음에는 6명당 한 개씩 나누어 주었더니 2개의 돗자리가 남았고, 4명당 한 개씩 나누어 주었더니 3명의 학생이 남았다고 한다. 총 돗자리의 개수가 홀수일 때, 철수네 반 학생들은 총 몇 명인지 구하시오.

① 36   ② 37   ③ 38
④ 39   ⑤ 40

193 은우는 이번 달 받은 보너스의 60%를 부모님께 용돈으로 드리고, 용돈으로 드린 금액의 25% 만큼은 옷을 사는 데 사용하고 남은 돈 10만 원은 저축하였다. 은우가 이번 달 받은 보너스는 얼마인가?

① 33만 원   ② 35만 원   ③ 38만 원
④ 40만 원   ⑤ 42만 원

194 민수는 퇴근하기 전에 6가지의 업무를 반드시 마쳐야 한다. 민수가 해야 하는 업무는 화상회의, 보고서 작성 외에 4가지가 있다. 이 중에서 화상회의를 보고서 작성보다 먼저 처리하려고 한다. 오늘 마쳐야 할 업무의 처리 순서를 정하는 경우의 수는?

① 320　　　　　② 360　　　　　③ 390
④ 420　　　　　⑤ 450

195 어느 야구선수가 오늘 안타를 쳤을 때 다음날도 안타를 칠 확률은 $\frac{1}{3}$이며, 오늘 안타를 치지 못했을 때 다음날에는 안타를 칠 확률은 $\frac{1}{2}$이다. 화요일에 안타를 쳤다면 금요일에도 안타를 칠 확률은?

① $\frac{23}{54}$　　　② $\frac{4}{9}$　　　③ $\frac{10}{27}$
④ $\frac{11}{27}$　　　⑤ $\frac{2}{3}$

196 ○○기업은 이벤트를 진행중이다. 주사위를 굴려 1, 2가 나오면 당첨, 3, 4, 5가 나오면 꽝이고, 6이 나올 경우 가위바위보를 통해 이길 때 당첨이 되는 이벤트를 진행했다. 가위바위보에 비겼을 때에는 가위바위보를 한 번 더 할 수 있는 재도전의 기회를 주며 재도전은 한 번만 할 수 있다고 한다. 이 때, 당첨될 확률은?

① $\frac{11}{27}$　　　② $\frac{13}{27}$　　　③ $\frac{17}{27}$
④ $\frac{19}{27}$　　　⑤ $\frac{22}{27}$

197 ○○기업에서는 장난감을 만든다. A 모델을 1개 만드는 데 재료비 3,200원, 인건비는 1,200원이 들어간다. B 모델을 1개 만드는 데 재료비는 1,600, 인건비는 2,400원이 들어간다. 이 기업은 한 달 동안 두 모델을 합하여 총 30개를 생산하려고 한다. 재료비는 88,000원 이하, 인건비는 48,000원 이하가 되도록 할 때, A 제품의 최대 생산 가능 개수는 몇 개인가?

① 20 ② 24 ③ 25
④ 22 ⑤ 30

198 총무부에서는 물품구매예산으로 월 30만 원을 받는다. 이번 달 예산 중 80%는 사무용품 구매에 사용하고, 남은 예산 중 40%는 서랍장 구매에 사용했다. 남은 예산으로 정가가 500원인 볼펜을 사려고 한다. 인터넷을 이용하면 정가에서 20% 할인된 가격으로 살 수 있다고 할 때, 몇 개를 살 수 있는가?

① 70개 ② 80개 ③ 90개
④ 95개 ⑤ 100개

199 수정이는 돈을 모아 땅을 샀다. 일 년 뒤 땅값을 확인해보니 30%가 올라 가지고 있는 땅 절반을 팔았다. 그 후로부터 또 일 년 뒤 확인해보니 이번에는 작년에 비해 20%가 떨어져 나머지를 전부 팔았더니 총 136만 원의 이익을 보았다. 수정이가 처음에 산 땅값은 얼마인가?

① 650만 원 ② 700만 원 ③ 750만 원
④ 800만 원 ⑤ 850만 원

200 7시에서 8시 사이에 시침과 분침이 이루는 각도가 90°인 시각은 7시 $\frac{600}{11}$ 분과 7시 x 분이다. 이 때의 x 의 값은?

① $\frac{200}{11}$ ② $\frac{220}{11}$ ③ $\frac{240}{11}$

④ $\frac{260}{11}$ ⑤ $\frac{280}{11}$

정답 및 해설 145p

독끝 7일차 (201~233)

난이도별 구성
●○○ 14문항
●●○ 19문항
●●● 0문항

7일차 계산연습

Set ①
아래 빈칸의 숫자를 적어보세요.
(소수 첫째 자리에서 반올림)

	설탕물(g)	농도(%)	설탕(g)
(1)	77	11	
(2)	28		14
(3)		44	18
(4)	52	35	
(5)		76	43

Set ②
아래 빈칸의 숫자를 적어보세요.
(소수 첫째 자리에서 반올림)

	거리(km)	시간(h)	속력(km/h)
(1)		38	5
(2)	728		17
(3)	206	88	
(4)		47	15
(5)	245	63	

Set ③
두 숫자의 최소공배수와 최대공약수를 적어보세요.

			최소공배수	최대공약수
(1)	8	34		
(2)	29	12		
(3)	12	34		
(4)	12	14		
(5)	4	39		

Set ④
다음 각 질문에 응답하세요.

(1) 10시 20분에 시침과 분침이 이루는 180°보다 작은 각은 몇 도인가?
(2) 4시 52분에 시침과 분침이 이루는 180°보다 작은 각은 몇 도인가?
(3) 같이하면 5일, A 혼자하면 25일 걸릴때, B 혼자서는 며칠 걸리는가? (단, 소수점 첫째자리에서 올림)
(4) 서로 다른 6명 중 2명을 선택하여 일렬로 나열하는 경우의 수는?
(5) 서로 다른 9명 중 6명을 선택하여 같은 상품을 주는 경우의 수는?

	Set ①	Set ②	Set ③		Set ④
			최소공배수	최대공약수	
(1)	8	190	136	2	170°
(2)	50	43	348	1	166°
(3)	41	2	204	2	7일
(4)	18	705	84	2	30가지
(5)	57	4	156	1	84가지

※ Set ③, ④ 참고사항

- 농도(%) = 설탕 / 설탕물의 양 × 100
- 시간 = 거리 / 속력
- 시침: 10분에 5° 이동
- 분침: 10분에 60° 이동
- 작업기간 = 작업량 / 일률
- 순열($_nP_r$) : 순서를 고려하여 n개 중 r개를 선택
- 조합($_nC_r$) : 순서를 고려하지 않고 n개 중 r개를 선택

- 최소공배수, 최대공약수

```
3 | 12  30       3 | 12  30
2 |  4  10       2 |  4  10
      2   5            2   5
3×2×2×5=60      3×2=6
최소공배수        최대공약수
```

	맞은 개수	풀이 시간
Set ①	/ 5	(초)
Set ②	/ 5	(초)
Set ③	/ 5	(초)
Set ④	/ 5	(초)
합계	/ 20	(초)

201 차량 A와 B 간의 거리는 300km이다. 이 두 차량이 서로를 향하여 각각 시속 45km와 30km로 접근한다면, 둘은 얼마 후에 충돌하는지 구하시오.

① 3시간　　② 3시간 30분　　③ 4시간
④ 4시간 30분　　⑤ 5시간

202 A와 B는 둘레가 2.5km인 원형 공원을 서로 반대 방향으로 걸어가서 만나기로 했다. A는 1분에 50m를 걷고 B는 1분에 75m를 걸을 때, 두 사람이 처음 만날 때까지 걸린 시간은?

① 15분　　② 20분　　③ 23분
④ 30분　　⑤ 35분

203 현재 아버지와 아들의 나이의 합은 48살이고, 9년 후에는 아버지의 나이가 아들의 나이의 2배가 된다고 한다. 현재 아버지의 나이와 아들의 나이의 차를 구하시오.

① 22　　② 24　　③ 26
④ 28　　⑤ 30

204 철수는 무료함을 달래기 위해 오락실에 가려고 한다. 집에서 오락실까지의 거리는 1.8km이며 뛰어가거나 자전거를 타고 가려고 한다. 전체 거리의 25%는 3km/h의 속력으로 뛰어가고, 나머지 거리는 30km/h의 속력으로 자전거를 이용해서 오락실에 도착했다. 집에서 오락실까지 가는데 걸린 시간은?

① $\frac{31}{200}$　　② $\frac{33}{200}$　　③ $\frac{7}{40}$
④ $\frac{37}{200}$　　⑤ $\frac{39}{200}$

205 영희는 물건을 사기 위해 집 근처 마트에 걸어갔다. 갈 때는 시속 6km/h로 걸었고, 올 때는 다른 길로 시속 4km/h의 속도로 돌아왔다. 1시간 동안 왕복으로 총 5km를 걸었다면, 돌아올 때 걸린 시간은 얼마인가?

① 30분　　　② 1시간　　　③ 1시간 30분
④ 2시간　　　⑤ 2시간 30분

206 ○○공단의 작년 직원 수는 올해보다 2% 많았고, 내년은 올해보다 6% 늘려 51명을 고용할 예정이라고 한다. 이 회사의 작년 직원수와 내년 직원 수의 차이는?

① 14　　　② 20　　　③ 25
④ 34　　　⑤ 40

207 전동킥보드를 타고 집에서 백화점까지 가는데 시속 12km로 가면 예정시간보다 3분이 더 걸리고, 시속 15km로 가면 예정 시간보다 5분이 단축된다고 한다. 이 때, 예정시간은?

① 27분　　　② 30분　　　③ 35분
④ 37분　　　⑤ 45분

208 두 사람이 같은 작업을 하고 있다. 같은 양의 일을 처리하는 데 A는 2시간이 걸리고, B는 8시간이 걸린다. 둘이 함께 이 일을 하였을 때 걸리는 시간은?

① 1시간　　　② 1시간 10분　　　③ 1시간 36분
④ 1시간 50분　　　⑤ 2시간

난이도

209 철수가 집에서 PC방까지 갈 때는 매분 12m씩 이동하고, 돌아올 때는 매분 15m의 속력으로 걸어서 총 36분이 걸렸다. 이 때, PC방에서 집에 돌아올 때 걸린 시간은 얼마인가? (단, 철수가 집에서 PC방까지 갈 때와 올 때 이용하는 경로는 같다.)

① 14분　　　② 16분　　　③ 18분
④ 20분　　　⑤ 22분

난이도

210 농도가 4%인 설탕물 100g과 농도가 6%인 소금물 300g을 섞은 후에, 30분 동안 계속 가열했다. 5분마다 15g의 물이 증발한다고 할 때, 가열 후에 남은 용액의 양은 얼마인가?

① 270g　　　② 280g　　　③ 290g
④ 300g　　　⑤ 310g

난이도

211 철수는 부모님에게 받은 용돈의 30%는 책을 사고, 책을 산 비용의 50% 만큼은 게임기를 사는 데 사용하여 남은 돈이 33,000원이라면 처음 부모님에게 받은 용돈은 얼마인가?

① 5만원　　　② 6만원　　　③ 7만원
④ 8만원　　　⑤ 9만원

난이도

212 ○○공단은 최종 신입사원을 선발하려고 한다. 시험과목은 총 5과목이고 평균 90점 이상이어야 최종합격을 할 수 있다. 선발시험에 응시한 A는 4과목에서 각각 92점, 85점, 87점, 89점을 받았다. A가 최종합격을 하기 위해서 마지막 과목에서 받아야 할 최소 점수는?

① 70점　　　② 85점　　　③ 87점
④ 95점　　　⑤ 97점

213 A는 회의를 하기 위해 스터디룸을 대여했다. 스터디룸의 요금은 처음 30분까지는 3,000원이고, 30분을 초과하면 1분당 60원의 추가요금이 부과된다. 대여비가 18,000원 이하가 되게 할 때, A가 대여할 수 있는 최대 시간은?

① 4시간 40분   ② 6시간   ③ 6시간 30분
④ 7시간   ⑤ 7시간 20분

214 둘리랜드 놀이공원의 입장료는 5,000원이고, 50명 이상의 단체이용권을 구매할 경우 전체 요금의 25%가 할인된다고 한다. 철수네 동아리는 단체로 놀이공원을 가기로 했는데 50명 미만이 참가하기로 했다. 이 때, 50명 이상의 단체입장권을 구입하는 것이 유리해지는 최소 인원은?

① 36   ② 38   ③ 40
④ 42   ⑤ 44

215 8시와 9시 사이에 시침과 분침이 서로 반대 방향으로 일직선을 이룰 때의 시각은?

① 약 8시 9분   ② 약 8시 10분   ③ 약 8시 11분
④ 약 8시 12분   ⑤ 약 8시 13분

216 A는 집에서 150km 떨어져 있는 할머니집에 차로 운전을 해서 가려고 한다. 집에서 출발하여 일정한 속력으로 가던 중 할머니 집에서 60km 떨어진 곳에서 안전을 위해 원래 속력에서 50% 느리게 운전했다. 목적지에 도착하는 데 총 1시간 30분이 걸렸다면 속도를 줄이기 전 처음 속력은 얼마인가?

① 100km/h   ② 120km/h   ③ 140km/h
④ 160km/h   ⑤ 180km/h

217 부산에서 출발하여 서울에 도착하는 열차가 있다. 부산에서 서울로 가는 길에는 각각 길이가 240m, 840m인 터널 2개가 있다. 열차가 터널 2개를 완전히 통과하는 데 각각 16초, 40초가 걸렸다면, 열차의 길이는 몇 미터인가? (단, 열차의 속력은 일정하다.)

① 150m ② 160m ③ 170m
④ 180m ⑤ 190m

218 철수의 집과 PC방 사이에는 문구점이 있다. 집에서 문구점까지 시속 4km의 속력으로, 문구점에서 PC방까지 시속 7km의 속력으로 갔더니 총 5시간이 걸렸다. 철수의 집에서 PC방까지의 거리가 26km일 때, 철수의 집에서 문구점까지의 거리는 총 몇 km인가?

① 5km ② 7km ③ 12km
④ 20km ⑤ 25km

219 올해 달맞이 행사 참가자의 남성과 여성의 수는 작년에 비해 남성 참가자는 3% 증가했고, 여성 참가자는 5% 감소했다. 작년 전체 참가자 수는 1,000명이고, 올해는 작년에 비해 18명이 감소했다고 할 때, 작년 여성 참가자 수는?

① 500명 ② 550명 ③ 600명
④ 630명 ⑤ 700명

220 유기견 보호소 강아지들은 매년 일정한 숫자만큼 증가하고 있다. 2013년과 2017년의 강아지 수의 합이 30마리이고, 2014년과 2018년의 강아지 수의 합이 36마리일 때, 2020년에 강아지는 모두 몇 마리인지 구하시오.

① 30마리 ② 33마리 ③ 35마리
④ 40마리 ⑤ 45마리

221 길잡이 문구점에서는 볼펜을 1개당 a원에 들여오는데, 30%의 이익을 붙여서 판매한다. 이번 개학 시즌을 맞아 볼펜을 1개당 600원을 할인하여 팔기로 했다. 이 때, 볼펜 1개당 600원의 이익이 생긴다면, 볼펜 1개당 원가는 얼마인가?

① 3,000원　　② 3,500원　　③ 4,000원
④ 4,500원　　⑤ 5,000원

222 철수는 장난감을 팔고 있다. 장난감 원가의 20%를 추가한 금액을 정가로 하는 제품을 15% 할인해서 50개를 판매한 금액이 127,500원이라면, 장난감의 원가는 얼마인가?

① 1,800원　　② 2,300원　　③ 2,500원
④ 3,000원　　⑤ 3,200원

223 철수와 영미는 함께 팀 프로젝트를 하고 있다. 철수가 30장의 PPT를 만드는 데 2시간, 영미가 50장의 PPT를 만드는 데 3시간이 걸린다. 이 둘이 함께 일을 하면 평소보다 10% 느린 속도로 PPT를 만든다. 이들이 함께 맡은 팀 프로젝트를 교수님께 보고하기 위해서 PPT 120장을 만드는 데 걸리는 최소 시간은?

① 3시간　　② 3시간 30분　　③ 4시간
④ 4시간 13분　　⑤ 4시간 30분

224 철수의 방은 4개의 벽면이 있으며 이중 한 벽면만 검은 벽지가 발려져 있다. 네 개의 벽면 중 검은 벽지가 발려져 있는 벽면에는 에어컨만 설치할 수 있고, 나머지 3개의 벽면에는 각각 하나의 시계만 설치할 수 있다. 서로 다른 에어컨이 5개, 서로 다른 시계가 4개 있을 때, 네 개의 벽면에 에어컨과 시계를 설치하는 방법은 모두 몇 가지인가? (단, 한 벽면에 설치할 수 있는 에어컨이나 시계는 1개이며, 방의 구조는 정육면체이다.)

① 60　　② 80　　③ 120
④ 240　　⑤ 720

225 어느 장난감 하나를 만드는데 철수 혼자 하면 5일, 영미 혼자 하면 10일이 걸린다. 2일 동안 철수와 영미가 함께 장난감을 만들다가 영미가 아픈 바람에 철수 혼자 만들어야 한다. 장난감을 완료하는 데에는 며칠 더 걸리는지 구하시오.

① 2일 ② 3일 ③ 4일
④ 5일 ⑤ 6일

226 A 톱니바퀴의 톱니 수는 56개이며 B 톱니바퀴의 톱니 수는 x개이다. A, B 두 톱니 수의 최대공약수는 7이며 두 톱니바퀴가 처음 출발에서 다시 맞물리는 위치로 돌아올 때까지 A 톱니바퀴는 총 3회전을 한다고 한다. 이 때, B 톱니바퀴의 톱니 수는?

① 15 ② 21 ③ 24
④ 32 ⑤ 35

227 4%의 설탕물과 3%의 설탕물을 섞은 후에, 4%의 설탕물의 2배가 되는 양의 물을 부었더니 2%의 설탕물 500g이 되었다. 추가한 물의 양은?

① 100g ② 150g ③ 200g
④ 250g ⑤ 300g

228 농도가 20%인 황산 300g이 있다. 농도가 5%인 황산을 섞어 실험에 쓸 수 있는 황산으로 희석시킨다. 농도가 10%보다 진할 경우, 실험용 황산으로 사용할 수 없다면, 필요한 5%의 황산의 최소량은?

① 500g ② 600g ③ 700g
④ 800g ⑤ 900g

229 5%의 설탕물 480g에 40% 설탕 120g을 섞었다. 이 설탕물에서 약간의 설탕물을 퍼내고, 퍼낸 설탕물만큼 다시 물을 부었더니 9%의 설탕물이 되었다. 이 때, 컵으로 퍼낸 설탕물의 양은 얼마인가?

① 150g ② 125g ③ 175g
④ 200g ⑤ 144g

230 어느 산의 꼭대기 높이는 해발 약 8,800m 다. 해발고도가 500m씩 높아질수록 기온은 3.25℃씩 내려간다고 할 때, 해발 3,000m 지점에서 온도가 5℃라면 정상에서의 온도는? (단, 정상의 위치는 해발 8,800m 지점에 있다고 가정한다.)

① -39.7℃ ② -38.9℃ ③ -30.7℃
④ -29.7℃ ⑤ -32.7℃

231 철수는 현재 통장에 8,000원을 가지고 있고, 영미의 통장에는 2,000원이 있다. 영미는 한 달에 1,500원씩 저금을 하고, 철수는 1,000원씩 저금을 한다. 몇 개월 후에 영미의 통장 잔액이 철수보다 많아지는가? (단, 철수와 영미는 이번달부터 저금을 하고 통장의 돈을 사용하지 않는다.)

① 12개월 ② 13개월 ③ 14개월
④ 15개월 ⑤ 16개월

232 세계 최고의 명소로 꼽히는 루브르 박물관은 회원권 시스템을 도입했다. 비회원은 매표소에서 입장권 1장을 15,000원에 구매할 수 있고 회원은 입장권 1장을 10% 할인된 가격에 구매할 수 있다. 회원 가입비가 40,000원이라고 할 때, 루브르 박물관을 최소 몇 번 이용해야 회원 가입한 것이 더 이익인가? (단, 회원 1인당 1회 방문 시 입장권 1장을 구매할 수 있다.)

① 26번 ② 27번 ③ 28번
④ 29번 ⑤ 30번

233 철수의 고등학교 1학년 총 학생 수는 300명이다. 1학년의 전체 중간고사 평균점수는 40점, 심화반의 평균은 55점, 일반반의 평균은 25점이었다. 이 때, 심화반은 몇 명인가?

① 100명 ② 121명 ③ 135명
④ 140명 ⑤ 150명

독끝 8일차 234~266

정답 및 해설 162p

난이도별 구성
● ● ● 13문항
● ● ● 14문항
● ● ● 6문항

8일차 계산연습

Set ①

아래 빈칸의 숫자를 적어보세요.
(소수 첫째 자리에서 반올림)

	설탕물(g)	농도(%)	설탕(g)
(1)		40	21
(2)	32	37	
(3)		38	34
(4)	24	70	
(5)	85		32

Set ②

아래 빈칸의 숫자를 적어보세요.
(소수 첫째 자리에서 반올림)

	거리(km)	시간(h)	속력(km/h)
(1)	588		22
(2)		30	26
(3)	399		4
(4)	346	74	
(5)		72	5

Set ③

두 숫자의 최소공배수와 최대공약수를 적어보세요.

			최소공배수	최대공약수
(1)	10	30		
(2)	18	21		
(3)	18	52		
(4)	28	20		
(5)	4	42		

Set ④

다음 각 질문에 응답하세요.

(1) 5시 10분에 시침과 분침이 이루는 180°보다 작은 각은 몇 도 인가?
(2) 7시 28분에 시침과 분침이 이루는 180°보다 작은 각은 몇 도 인가?
(3) 같이하면 5일, A 혼자하면 19일 걸릴때, B 혼자서는 며칠 걸리는가? (단, 소수점 첫째자리에서 올림)
(4) 임원 후보 8명 중 5명을 선택하여 뽑는 경우의 수는? (단, 뽑는 순서대로 각각 임원직급이 달라진다.)
(5) 내부 직원 9명 중 5명을 선택하여 당번을 뽑는 경우의 수는?

	Set ①	Set ②	Set ③ 최소공배수	최대공약수	Set ④
(1)	53	27	30	10	95°
(2)	12	780	126	3	56°
(3)	89	100	468	2	7일
(4)	17	5	140	4	6,720가지
(5)	38	360	84	2	126가지

*Set ③, ④ 참고사항

- 농도(%) = 설탕 / 설탕물의 양 × 100
- 시간 = 거리 / 속력
- 시침: 10분에 5° 이동
- 분침: 10분에 60° 이동
- 작업기간 = 작업량/일률
- 순열($_nP_r$) : 순서를 고려하여 n개 중 r개를 선택
- 조합($_nC_r$) : 순서를 고려하지 않고 n개 중 r개를 선택

- 최소공배수, 최대공약수

```
3 | 12  30        3 | 12  30
2 |  4  10        2 |  4  10
       2   5              2   5
3×2×2×5=60       3×2=6
최소공배수        최대공약수
```

	맞은 개수	풀이 시간
Set ①	/ 5	(초)
Set ②	/ 5	(초)
Set ③	/ 5	(초)
Set ④	/ 5	(초)
합계	/ 20	(초)

234 남자 5명과 여자 5명이 함께 식당에 갔다. 자리가 10개인 원탁에 앉는다고 할 때 앉을 수 있는 경우의 수는? (단, 여자들은 남자 사이에 앉는다.)

① 720 ② 480 ③ 1,200
④ 1,440 ⑤ 2,880

235 A, B, C, D, E 서로 다른 다섯명을 일렬로 배치할 때, B와 E 사이에 2명 또는 3명이 있도록 하는 경우의 수는 얼마인가?

① 12 ② 24 ③ 36
④ 44 ⑤ 48

236 철수, 영미, 지수, 그리고 다른 3명의 동아리 회원들까지 총 6명이 여행을 가기 위해 고속버스에 탔다. 고속버스는 총 6열이며, 버스에서는 거리두기를 위해 좌석 한 줄의 가장 왼쪽 자리에 한 명씩만 앉아야 한다. 이 때 철수가 맨 앞줄에, 영미가 맨 뒷줄에 탑승하는 경우의 수는?

① 6 ② 12 ③ 18
④ 24 ⑤ 30

난이도 ●●○

237 J공단은 전 직원을 대상으로 선호하는 패스트푸드로 치킨과 피자 중 하나만을 반드시 선택하도록 하는 설문조사를 실시했다. 전 직원이 참여한 설문조사의 결과는 아래 표와 같다. 이 중에서 임의로 선택한 한 명이 남자 사원일 때, 이 사원이 설문조사에서 치킨을 뽑았을 확률은?

(단위 : 명)

구분	남자 사원	여자 사원
치킨	135	92
피자	27	66

① $\frac{1}{6}$ ② $\frac{1}{3}$ ③ $\frac{1}{2}$
④ $\frac{2}{3}$ ⑤ $\frac{5}{6}$

난이도 ●●○

238 노란 사탕 5개와 파란 사탕 5개가 들어 있는 주머니에서 한 번에 2개의 사탕을 꺼낼 때, 적어도 1개는 파란사탕을 꺼낼 확률은?

① $\frac{5}{9}$ ② $\frac{2}{3}$ ③ $\frac{7}{9}$
④ $\frac{8}{9}$ ⑤ $\frac{7}{10}$

난이도 ●●○

239 ○○건설회사는 아파트를 짓기 위해 가로의 길이가 170m, 세로의 길이가 68m인 직사각형 모양의 땅을 가지고 있다. 이 땅의 둘레를 따라 같은 간격으로 울타리를 설치하려고 하는데, 땅의 네 모퉁이에는 반드시 울타리를 설치하기로 한다. 울타리 사이의 간격은 25m를 넘지 않도록 하며 울타리를 가능한 한 적게 설치하려고 할 때, 필요한 울타리의 수는?
(단, 울타리의 굵기는 무시한다.)

① 18개   ② 20개   ③ 23개
④ 28개   ⑤ 32개

240 철수는 이번 달 용돈으로 받은 30만 원으로 예산 계획을 세우기로 한다. 이번 달 예산 중 80%는 인터넷 강의 구매에 사용하고, 남은 예산 중 40%는 식비에 사용했다. 남은 예산으로 정가가 500원인 과자를 구매하려고 한다. 과자는 대형마트를 이용하면 정가에서 20% 할인된 가격으로 살 수 있다고 할 때, 몇 개를 살 수 있는가?

① 60개 ② 70개 ③ 80개
④ 90개 ⑤ 100개

241 고등학교 선생님인 영미는 평소 버스를 이용하여 학교에 간다. 그러나 시험 기간 동안 맡게 될 일이 많아 시험 기간 동안은 자동차를 이용한다. 이번 달에는 시험 기간이 없지만, 다음 달에는 5일간 시험 기간이 겹친다. 버스를 이용하여 출퇴근하면 총 3,000원이 들고, 자동차를 이용할 경우 기름값이 1일 5,000원, 톨게이트 이용료가 1회 2,000원이 든다. 영미가 이번 달에 사용한 교통비와 다음 달에 사용할 교통비의 차액은 얼마인가?
(단, 한 달에 20일을 출근하며, 톨게이트는 출퇴근 시 각각 1번 지난다.)

① 1만 원 ② 2만 원 ③ 3만 원
④ 4만 원 ⑤ 5만 원

242 ○○기업에서는 '취업박람회'에 참가한 취업준비생들에게 팸플릿과 햄버거를 나누어 주려고 한다. 팸플릿 360개와 햄버거 256개를 똑같이 나누어 주려고 했더니 팸플릿은 10개가 남고, 햄버거는 24개가 부족했다. 참가한 취업준비생은 최대 몇 명인가?
(단, 팸플릿과 햄버거는 참가자들에게 각 1개 이상씩 나누어 주었다.)

① 30명 ② 50명 ③ 55명
④ 60명 ⑤ 70명

243 ○○유치원은 소풍에 참가하는 아이들에게 세 종류의 과일을 종류별로 똑같이 나누어 주려고 한다. 바나나 60개, 키위 132개, 오렌지 156개를 최대한 많은 아이에게 전부 나누어 주려고 할 때, 한 아이가 받는 키위의 개수는? (단, 과일을 받지 못한 아이는 없다.)

① 7개　　　　　② 8개　　　　　③ 9개
④ 10개　　　　　⑤ 11개

244 강물은 서울에서 6km 떨어진 수원 방향으로 흐르고 있으며 물의 속력은 2m/s이다. 영미가 서울에서 수원까지 배를 타고 갔다가 다시 돌아오는 데 1시간 6분 40초가 걸렸다고 한다. 영미가 탄 배의 속력은 몇 m/s인가?

① 1m/s　　　　　② 2m/s　　　　　③ 3m/s
④ 4m/s　　　　　⑤ 5m/s

245 10시와 11시 사이에 시침과 분침이 서로 반대 방향으로 일직선을 이룬다면 그 때의 시각은?

① 10시 $\dfrac{75}{6}$분　　② 10시 $\dfrac{120}{11}$분　　③ 10시 $\dfrac{240}{11}$분
④ 10시 20분　　　⑤ 10시 30분

246 둘레가 12km인 호수공원을 A와 B가 일정한 속력으로 걷고 있다. 같은 지점에서 두 사람이 동시에 출발하여 같은 방향으로 돈다면 2시간 30분이 지나서 처음 만나고, 서로 다른 방향으로 돌면 1시간 만에 만난다. A가 B보다 빠르다고 할 때, A의 속력은?

① 시속 6km　　　② 시속 7.2km　　　③ 시속 8.4km
④ 시속 9.6km　　⑤ 시속 10.8km

난이도 ●●●

247 초속 70m를 달리는 기차가 500m의 다리를 완전히 지나는 데 8초가 걸렸다. 다리를 지난 후 터널을 지나는 데, 기차가 5초 동안 전혀 보이지 않았다고 할 때, 터널의 길이는?

① 400m ② 410m ③ 420m
④ 430m ⑤ 440m

난이도 ●●●

248 아빠와 엄마의 나이 차이는 6살이고 누나와 동생의 나이 차는 1살이다. 또한, 아빠와 엄마 나이의 합은 누나 나이의 6배라고 한다. 누나와 동생의 나이의 합이 21세라면 아빠의 나이는 몇 세인가? (단, 아빠가 엄마보다 나이가 더 많다.)

① 34세 ② 35세 ③ 36세
④ 37세 ⑤ 38세

난이도 ●●●

249 몇 명의 아이들이 사탕을 나누어 가지려고 한다. 맨 처음 수민이가 4개를 가진 후, 나머지의 $\frac{1}{16}$을 가졌다. 두 번째로 정식이가 3개를 가진 후, 나머지 $\frac{1}{6}$을 가졌다. 마지막으로 나머지 아이들이 모두 같은 개수를 나누어 가졌고, 전체 아이들이 가진 사탕의 개수가 모두 같다고 한다. 전체 사탕의 개수를 x, 전체 아이들의 수를 y라고 할 때, $x+y$를 구하면?

① 15 ② 18 ③ 21
④ 24 ⑤ 37

난이도 ●●●

250 ○○회사의 전체 직원 수는 작년에 900명이었는데 올해는 작년보다 남자 직원이 4% 증가하고, 여자 직원은 5% 감소하여 전체적으로 9명이 감소하였다. 올해 남자 직원은 몇 명인가?

① 400명 ② 404명 ③ 408명
④ 412명 ⑤ 416명

251 철수는 문구점에서 볼펜과 공책을 사려고 한다. 볼펜은 하나에 700원, 공책은 400원일 때, 10,000원을 가지고 문구류를 총 20개 사려면 볼펜은 최대 몇 개를 살 수 있는가?

① 6 ② 7 ③ 8
④ 9 ⑤ 10

252 주사위 한 개를 두 번 던졌을 때, 처음 나온 눈의 수와 두 번째 나온 눈의 수의 합이 8이 되는 경우의 수는?

① 3 ② 4 ③ 5
④ 6 ⑤ 7

253 ○○공단에서는 해외출장을 갈 10명을 뽑아 팀을 구성하였다. 새로운 팀 내에서 총무 2명과 선임 1명을 뽑으려고 하는데, 이 인원을 뽑는 경우의 수는 모두 몇 가지인가?

① 360 ② 540 ③ 720
④ 900 ⑤ 1,080

254 동전을 연속으로 6번 던질 때, 적어도 한 번은 앞면이 나올 확률은?

① $\dfrac{11}{12}$ ② $\dfrac{31}{32}$ ③ $\dfrac{63}{64}$
④ $\dfrac{127}{128}$ ⑤ $\dfrac{253}{254}$

255 신입사원 12명이 가장 좋아하는 음식을 조사한 결과 피자, 라면, 치킨이 차지하는 비율이 1 : 7 : 4였다. 신입사원 3명을 임의로 선택할 때, 좋아하는 음식이 모두 다를 확률은?

① $\dfrac{1}{11}$ ② $\dfrac{6}{55}$ ③ $\dfrac{7}{55}$
④ $\dfrac{8}{55}$ ⑤ $\dfrac{9}{55}$

256 오전 7시에 무궁화호와 iTX가 동시에 부산역에서 출발한다. 무궁화호는 18분마다, iTX는 15분마다 출발한다고 할 때, 다음 정각에 두 열차가 동시에 출발하는 시각은 언제인가?

① 12시   ② 11시   ③ 10시
④ 9시   ⑤ 8시

257 십의 자리 수가 7인 두 자리의 자연수가 있다. 이 자연수의 십의 자리 숫자와 일의 자리 숫자를 바꾼 수는 처음 수보다 36만큼 더 작다고 할 때, 처음 수는 몇인가?

① 71   ② 73   ③ 75
④ 77   ⑤ 79

258 철수는 수능시험을 위해 공부를 하고 있는데 언어와 과학이 약해서 이 두 과목에만 시간을 투자하려고 한다. 이번 주에는 저번 주에 비해서 언어는 13%, 과학은 29% 시간을 늘려서 공부했더니 전체 공부시간이 21% 늘어났다. 이번 주 언어와 과학 공부시간을 합한 게 8시간이었다면 이번 주에 언어능력 공부에 들인 시간은 얼마인가? (단, 소수점 셋째 자리에서 반올림한다.)

① 3.74시간   ② 3.50시간   ③ 4시간
④ 3.94시간   ⑤ 3시간

259 영미네 집에서 할머니 집까지는 거리가 120km이다. 자동차로 할머니 집에 갈 때는 평균 연비가 30km/L이며, 집으로 돌아올 때 평균 연비는 20km/L이다. 왕복하는 동안의 평균 연비는 얼마인가?

① 12km/L ② 24km/L ③ 34km/L
④ 42km/L ⑤ 50km/L

260 6명의 학생들 중 3명의 청소 당번을 뽑고, 남은 학생들 중 3명의 배식 당번을 뽑는다고 한다. 청소 당번 3명과 배식 당번 3명은 각각 월요일, 수요일, 금요일 중 하루씩 선택하여 청소와 배식을 담당해야 한다. 이때, 청소 당번과 배식 당번을 배정하는 경우의 수는?

① 180 ② 360 ③ 540
④ 720 ⑤ 1,440

261 100원짜리 동전을 연속해서 세 번 던질 경우 두 번째와 세 번째에 모두 뒷면이 나올 확률은?

① $\frac{5}{12}$ ② $\frac{1}{15}$ ③ $\frac{1}{4}$
④ $\frac{7}{64}$ ⑤ $\frac{4}{15}$

262 가로의 길이가 100cm, 세로의 길이가 140cm인 직사각형 모양의 벽에 가능한 한 큰 정사각형 모양의 타일을 빈틈없이 겹치지 않게 붙이려고 한다. 이때 필요한 타일의 개수는?

① 24 ② 27 ③ 31
④ 35 ⑤ 39

263 철수는 다음 달에 개최될 스피드 스케이팅 대회 연습을 위해 길이가 10km인 원형 트랙을 스케이트를 타고 4시간 동안 반시계방향으로 돌았다. 처음 1시간 30분 동안 트랙을 6바퀴, 다음 1시간 30분 동안에는 8바퀴, 마지막 1시간 동안에는 4바퀴 돌았을 때, 4시간 동안의 철수의 평균 속력을 구하시오.

① 40km/h ② 42km/h ③ 45km/h
④ 48km/h ⑤ 50km/h

264 A는 여름 휴가를 맞아 집에서 130km 떨어진 펜션으로 운전을 해서 가려고 한다. 집에서 출발하여 일정한 속력으로 가던 도중 집에서부터 50km 떨어진 곳에서 안전을 위해 원래 속력에서 40% 느리게 운전을 했다. 펜션에 도착하는 데 총 1시간 40분이 걸렸다면 속도를 줄이기 전 처음 속력은 얼마인가?

① 90km/h ② 100km/h ③ 110km/h
④ 120km/h ⑤ 130km/h

265 무궁화호는 길이가 500m인 다리를 완전히 지나는 데 25초가 걸린다고 한다. 무궁화가 12m/s의 속력으로 달리는 80m 길이의 KTX와 서로 마주 보고 달려서 완전히 지나치는 데 5초가 걸린다면 무궁화호의 길이는 얼마인가?

① 80m   ② 90m   ③ 100m
④ 110m ⑤ 120m

266 총 사원수가 1,000명인 ○○기업은 남성 사원이 여성 사원보다 200명이 더 많다. 총 사원 중 취미가 운동인 사원은 취미가 운동이 아닌 사원보다 300명이 적었다. 취미가 운동인 남성 사원 수가 취미가 운동인 여성 사원 수의 1.5배일 때, 취미가 운동인 여성 사원 수는 몇 명인가?

① 100명 ② 120명 ③ 140명
④ 160명 ⑤ 180명

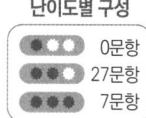

독끝 9일차 (267~300)

정답 및 해설 180p

난이도별 구성
- 0문항
- 27문항
- 7문항

9일차 계산연습

Set ❶
아래 빈칸의 숫자를 적어보세요.
(소수 첫째 자리에서 반올림)

	설탕물(g)	농도(%)	설탕(g)
(1)	74	22	
(2)	53		37
(3)		40	39
(4)	51	75	
(5)		84	45

Set ❷
아래 빈칸의 숫자를 적어보세요.
(소수 첫째 자리에서 반올림)

	거리(km)	시간(h)	속력(km/h)
(1)		10	26
(2)	776		11
(3)	475	52	
(4)		44	9
(5)	182	58	

Set ❸
두 숫자의 최소공배수와 최대공약수를 적어보세요.

			최소공배수	최대공약수
(1)	4	30		
(2)	14	30		
(3)	8	32		
(4)	16	13		
(5)	14	50		

Set ❹
다음 각 질문에 응답하세요.

(1) 10시 55분에 시침과 분침이 이루는 180°보다 작은 각은 몇 도인가?
(2) 8시 46분에 시침과 분침이 이루는 180°보다 작은 각은 몇 도인가?
(3) 같이하면 5일, A 혼자하면 24일 걸릴때, B 혼자서는 며칠 걸리는가? (단, 소수점 첫째자리에서 올림)
(4) 서로 다른 8명 중 5명을 선택하여 일렬로 나열하는 경우의 수는?
(5) 서로 다른 14명 중 4명을 선택하여 같은 상품을 주는 경우의 수는?

	Set ❶	Set ❷	Set ❸ 최소공배수 최대공약수	Set ❹
(1)	16	260	60 2	2.5°
(2)	70	71	210 2	13°
(3)	98	9	32 8	7일
(4)	38	396	208 1	6,720가지
(5)	54	3	350 2	1,001가지

*Set ❸, ❹ 참고사항

- 농도(%) = 설탕 / 설탕물의 양 × 100
- 시간 = 거리 / 속력
- 시침: 10분에 5° 이동
- 분침: 10분에 60° 이동
- 작업기간 = 작업량 / 일률
- 순열($_nP_r$): 순서를 고려하여 n개 중 r개를 선택
- 조합($_nC_r$): 순서를 고려하지 않고 n개 중 r개를 선택

- 최소공배수, 최대공약수

```
3 ) 12  30          3 ) 12  30
2 )  4  10          2 )  4  10
     2   5               2   5
3×2×2×5=60          3×2=6
최소공배수           최대공약수
```

	맞은 개수	풀이 시간
Set ❶	/ 5	(초)
Set ❷	/ 5	(초)
Set ❸	/ 5	(초)
Set ❹	/ 5	(초)
합계	/ 20	(초)

* 다음의 회독수 별 권장풀이시간에 맞춰 문제풀이 후,
  Day 9 끝의 [Self Check List]를 기입하여 부족한 부분을 파악하세요!

권장 풀이 시간
1회독 45min 2회독 40min 3회독 34min

267 난이도 ●●○

어느 음식점의 작년 총 직원 수는 500명이었다. 올해는 작년에 비해 여자 직원이 10% 늘고, 남자 직원은 15% 줄어서 전체적으로는 2% 줄어들었다고 한다. 올해의 남자 직원 수는?

① 200명 ② 202명 ③ 204명
④ 206명 ⑤ 208명

268 난이도 ●●○

철수는 추석 선물로 받은 스팸을 개수가 동일하게 들어가는 상자에 나누어 담아 정리하려고 한다. 스팸을 7개의 상자에 나누어 담았을 때 7개의 상자 중 1개의 상자는 가득 차지 않았으며, 스팸을 4개의 상자에 나누어 담았을 때는 14개의 스팸이 남았다. 한 상자에 담을 수 있는 스팸의 개수는 최대 몇 개인가? (단, 가득 차지 않았다는 건 최소한 1개 이상이 담겨있다는 뜻이다.)

① 3 ② 4 ③ 5
④ 6 ⑤ 7

269 난이도 ●●○

광주 무등산의 높이는 해발 약 8,800m이다. 해발고도가 500m씩 높아질수록 기온은 3.25°C씩 내려간다고 할 때, 무등산의 해발 3,000m지점에서의 온도가 -5°C 라면 정상에서의 온도는? (단, 정상의 위치는 해발 8,800m 지점에 있다고 가정한다.)

① -40.7°C ② -42.7°C ③ -44.7°C
④ -40.25°C ⑤ -42.25°C

270 민철이는 같은 난이도의 수학 문제를 진욱이보다 5분 동안 8개의 문제를 더 푼다고 한다. 민철이가 50분, 진욱이가 45분을 풀었더니 진욱이는 민철이의 반 밖에 풀지 못했다. 민철이와 진욱이가 푼 문제는 모두 몇 개인가? (단, 민철과 진욱의 문제를 푸는 속도는 각각 일정하다)

① 240문제 ② 270문제 ③ 300문제
④ 330문제 ⑤ 360문제

271 철수가 회장으로 있는 동아리에는 철수를 제외하고 8명의 부원이 있다. 철수를 제외한 8명 중 2명의 임원과 3명의 총무를 뽑는다고 할 때, 나올 수 있는 경우의 수는?

① 140 ② 280 ③ 420
④ 560 ⑤ 700

272 같은 종류의 볼펜 5개, 같은 종류의 공책 3권, 지우개 1개가 있다. 이것들을 한 줄로 배열하는 경우의 수는 총 몇 가지 인가?

① 63 ② 126 ③ 252
④ 504 ⑤ 1,008

273 A 수영장과 B 수영장의 수심 차이는 2.5m이며 A 수영장의 수심이 더 깊다고 한다. 두 수영장 모두 물을 빼기 위해 배수구를 열자 2시간 후에 A, B 수영장의 수심이 같아졌고, 다시 3시간 더 지나자 A 수영장의 물이 모두 빠졌다. 이 때, A 수영장의 처음 수심이 될 수 있는 최솟값은 얼마인가?

① 4.5m ② 5m ③ 5.5m
④ 6m ⑤ 6.5m

274 반도체 공장에 두 개의 라인이 있다. 하루에 A 라인에서는 30,000개를 만들고, B 라인에서는 60,000개를 만들 수 있다. A 라인의 불량률은 6%이고, B 라인의 불량률은 2%일 때, 방금 나온 불량 반도체가 A 라인에서 나왔을 확률은?

① 약 1.3% ② 2% ③ 약 33%
④ 40%   ⑤ 60%

275 보이지 않는 어느 검은 상자에는 3부터 11까지의 숫자가 적힌 카드 9장이 들어있다. 상자에서 카드 2개를 차례로 뽑는다고 할 때, 3의 배수가 적힌 카드를 하나 이상을 뽑을 확률은? (단, 한번 꺼낸 카드는 다시 넣지 않는다)

① $\frac{9}{25}$ ② $\frac{3}{25}$ ③ $\frac{7}{12}$
④ $\frac{1}{5}$ ⑤ $\frac{5}{12}$

276 철수와 영미는 0, 1, 2, 3, 4 가 적힌 5장의 카드를 한 장씩 가지고 있다. 각자 5장의 카드 중 3장의 카드를 뽑아 큰 숫자부터 나열하여 가장 큰 세 자리 숫자를 만든 사람이 이기는 게임을 하려고 한다. 철수가 0, 2, 3을 뽑았을 때, 영미가 이길 확률은 얼마인가?

① $\frac{9}{10}$ ② $\frac{7}{10}$ ③ $\frac{4}{5}$
④ $\frac{7}{60}$ ⑤ $\frac{7}{30}$

277 최대공약수가 6이고, 최소공배수가 90인 두 수의 곱은 얼마인가?

① 500 ② 520 ③ 540
④ 560 ⑤ 580

278 가로의 길이와 세로의 길이가 각각 20cm, 30cm이고 높이가 12cm인 직육면체 모양의 벽돌을 일정한 방향으로 빈틈없이 쌓아서 되도록 작은 정육면체 모양을 만들고자 한다. 이 때, 정육면체 한 면의 넓이는?

① 1,600　　　② 900　　　③ 2,500
④ 3,600　　　⑤ 4,900

279 철수네 집에서 슈퍼까지의 거리는 2km이고, 그 사이에 약국이 있다. 철수는 집에서 약국까지 시속 3km로, 약국에서 슈퍼까지는 시속 5km로 걸어서 집에서 출발한 지 36분 후에 슈퍼에 도착하였다. 철수네 집에서 약국까지의 거리는?

① 1km　　　② 1.5km　　　③ 2km
④ 3km　　　⑤ 3.5km

280 철수의 집에서 학교까지의 거리는 9km이다. 아침에 집에서 나와 처음에는 시속 2km로 걷다가 지각할 것 같은 느낌에 남은 거리를 시속 4km로 걸어 총 3시간이 걸렸다. 시속 2km로 걸은 거리를 a라 하고, 시속 4km로 걸은 거리를 b라 할 때, a^2+b^2의 값은?

① 15　　　② 20　　　③ 35
④ 40　　　⑤ 45

281 A와 B는 둘레가 3.2km인 운동장에서 운동을 하고 있다. A와 B가 같은 지점에서 출발하여 같은 방향으로 걸으면 120분 후에 A가 B보다 한 바퀴를 더 돌아 B와 만나며, 반대 방향으로 걸으면 20분 후에 만난다고 한다. 이 때, B의 속력은?

① 3km/h　　　② 4km/h　　　③ 5km/h
④ 6km/h　　　⑤ 7km/h

282 수영장에 A호스로 물을 채울 경우 21분 동안 70%를 채울 수 있다. 수영장의 물을 전부 뺀 후, 15분간 A호스로 물을 채우다 B호스로 물을 채울 경우 B호스로만 물을 채우는 데 걸리는 시간은? (단, B호스는 A호스보다 1.5배 빠르게 채운다)

① 10분　　② 12분　　③ 14분
④ 15분　　⑤ 16분

283 영상을 제작하는데 철수 혼자 하면 6일, 영미 혼자 하면 4일이 걸린다고 한다. 3일 동안 영상을 다 제작하기 위해 철수와 영미가 같이 일을 하다가, 영미가 사정이 생겨 철수 혼자 나머지 일을 했더니 3일 만에 영상을 다 만들었다. 둘이 같이 일한 날은 며칠인가?
(단, 조금이라도 일을 한 경우엔 그 날은 일을 한 것으로 간주한다.)

① 2.5일　　② 2일　　③ 1.5일
④ 1일　　⑤ 0.5일

284 복잡한 퍼즐을 완성하는데 철수는 2시간, 영미는 3시간이 걸린다. 철수와 영미가 같이 퍼즐을 맞춘다면 완성하는 데 걸리는 시간은?

① 1시간 12분　　② 1시간 24분　　③ 1시간 36분
④ 1시간 48분　　⑤ 2시간

285 초등학교 선생님인 철수는 어린이 날을 맞아 같은 반 아이들에게 가지고 있는 초코파이를 남김없이 나눠주려고 한다. 초코파이를 5개씩 나눠주면 3명이 못 받고, 마지막으로 초코파이를 받은 학생은 4개밖에 받지 못한다. 그래서 7개씩 나눠줬더니 6명이 초코파이를 못 받고, 마지막으로 초코파이를 받은 학생은 1개밖에 받지 못했다. 그렇다면 몇 개씩 나눠줘야 초코파이가 남지 않으면서 모든 학생이 공평하게 받을 수 있는지 구하시오.

① 3개　　② 4개　　③ 6개
④ 8개　　⑤ 9개

286 민들레 유치원에서 아이들에게 사탕을 나누어 주려고 한다. 사탕이 12개씩 들어있는 상자 19개를 준비해서 1인당 9개씩 나누어 주었더니 사탕이 남았고, 남은 사탕을 1인당 2개씩 더 나누어 주려고 하니 부족했다고 한다. 만일 지금보다 6명의 아이가 더 있다면 사탕 4 상자를 추가해야 모든 아이들에게 1인당 적어도 9개씩 나누어 줄 수 있다. 처음 민들레 유치원의 아이들의 수가 될 수 있는 값은?

① 19　　　② 22　　　③ 25
④ 28　　　⑤ 31

287 철수는 친구들과 함께 과제를 하기 위해 박물관에 가려고 한다. 이 박물관의 입장료는 1인당 15,000원이며, 정가에서 30% 할인된 금액에 10인 단체 티켓을 구매할 수 있다. 그렇다면 친구들이 몇 명 이상일 때부터 단체 티켓 1장을 구매하는 것보다 단체 티켓 2장을 구매하는 것이 더 유리한가? (단, 친구들은 10명 이상, 20명 이하이다.)

① 13　　　② 14　　　③ 15
④ 16　　　⑤ 17

288 어떤 장난감 회사에서 170개의 장난감을 상자에 포장을 한다고 한다. 한 상자에 15개씩 담으면 장난감이 남고, 한 상자에 16개씩 담으면 장난감이 부족해 모든 상자를 채우지 못한다고 한다. 이 때, 상자의 개수는?

① 9　　　② 10　　　③ 11
④ 12　　　⑤ 13

289 10%의 소금물에 소금 50g을 넣었더니 20%의 소금물이 됐다. 이 때, 처음 10% 소금물의 양은 얼마인가?

① 400　　　② 450　　　③ 500
④ 550　　　⑤ 600

290 8%의 농도인 소금물 400g이 있다. 이 소금물을 조금 퍼내고, 퍼낸 소금물만큼의 순수한 물을 부은 후 2%의 소금물을 섞어 6%의 소금물 520g을 만들었다. 처음 퍼낸 소금물의 양은 몇 g인가?

① 30g ② 33g ③ 35g
④ 38g ⑤ 40g

291 어느 컵에는 4%의 소금물이 들어있다. 이 컵에 12%의 소금물을 넣었더니 6%의 소금물 800g이 만들어졌다. 처음 어느 컵에 들어있던 4% 소금물의 양은?

① 300g ② 400g ③ 500g
④ 600g ⑤ 700g

292 가로, 세로의 길이가 각각 720m, 432m인 직사각형 모양의 옥상정원에 울타리를 설치하려고 한다. 네 귀퉁이에는 반드시 울타리를 설치하고 서로 간격이 일정하게 떨어지도록 설치하려고 할 때, 최소한 몇 개의 울타리를 설치해야 하는가?

① 12 ② 14 ③ 16
④ 18 ⑤ 20

293 무궁화 호가 일정한 속력으로 달리고 있다. 길이가 360m인 터널을 통과하는 데 40초 동안 보이지 않았고, 길이가 600m인 다리를 완전히 건너는 데 80초가 걸렸다. 이 무궁화 호의 길이는 얼마인가?

① 15m ② 40m ③ 50m
④ 65m ⑤ 70m

294 사격장에서는 30발의 총탄을 가지고 있는 총을 쏠 수 있고, 과녁에는 점수가 각각 2, 3, 4점이 있다고 한다. 효진이는 5발이 빗나가 71점을 받았고, 과녁을 맞춘 3점의 개수가 4점의 개수보다 3개 더 많았다. 이 때, 효진이가 맞힌 3점의 개수는?

① 4개　　② 5개　　③ 6개
④ 8개　　⑤ 9개

295 철수네 학교는 운동회를 진행하려고 한다. 배드민턴 경기를 진행하는데 1팀은 6명, 2팀은 7명으로 구성되었고, 팀 별 예선을 진행한다. 예선전은 팀에 속한 선수들이 모두 서로 한 번씩 경기를 진행한 후 각 팀의 1, 2등이 준결승전에 진출하는 방식이다. 그리고 본선에 진출한 선수 4명을 임의로 2명씩 나눠 준결승전을 진행한 후 이긴 두 선수는 결승전, 진 두 선수는 3, 4위전을 진행한다. 예선 경기의 진행비용이 20,000원이고, 본선 경기의 진행 비용이 30,000원이라면 전체경기를 진행하는 데 총 얼마가 필요한가?

① 800,000원　　② 820,000원　　③ 840,000원
④ 860,000원　　⑤ 880,000원

296 의자가 5개 있는 면접장에서 면접관 5명이 임의로 앉을 때, 2명이 자기 이름이 적힌 자리에 앉고 나머지 3명은 다른 이름이 적힌 자리에 앉게 되는 경우의 수를 구하면?

① 10　　② 20　　③ 30
④ 40　　⑤ 60

297 10%의 소금물 50g에 농도를 알 수 없는 소금물 5g을 1분마다 반복해서 떨어뜨린다. 5분 후에, 이 소금물의 농도가 8%가 되었다면, 12분이 더 흐른 후 소금물의 농도는?
(단, 소수점 셋째자리에서 반올림한다.)

① 6.00%　　② 6.22%　　③ 6.55%
④ 6.70%　　⑤ 6.85%

298 어느 컵에 들어있는 소금물 100g의 농도는 20%다. 소금물을 xg 퍼내고, 퍼낸 만큼 소금을 첨가했다. 여기에 추가로 11%의 소금물 yg을 부었더니 26%의 소금물 300g이 되었다. 이때, $x+y$의 값은?

① 215　　　② 226　　　③ 230
④ 245　　　⑤ 250

299 철수는 제주도를 가기 위해 일정한 속력으로 비행 중인 비행기를 타고 있다. 비행기 안내 화면에 어느 순간 제주도까지 남은 거리를 보니 세 자리수의 km가 남았으며 가운데 숫자는 0이었다. 3시간이 지난 후 다시 확인해 보니 처음 본 제주도까지 남은 거리의 양 끝 숫자가 바뀐 두 자리의 수였다. 또 1시간이 지나서 확인해 보니 처음 본 제주도까지 남은 거리의 세 자리 수에서 가운데 0이 빠진 두 자리의 수였다. 철수가 확인한 3번의 남은 거리 수의 합은?

① 300　　　② 302　　　③ 304
④ 306　　　⑤ 308

300 철수는 친구들과 함께 여름을 맞아 집에서 출발하여 오션월드를 가는 중이다. 시속 75km로 이동하던 중 배가 고파 전체 거리의 40% 지점에 있는 휴게소에서 30분 동안 점심을 먹었다. 이후 다시 출발할 때는 시속 100km의 속력으로 이동하였더니, 집에서 오션월드까지 총 3시간 20분이 걸렸을 때, 집에서 오션월드까지의 거리는?

① 150km　　　② 200km　　　③ 250km
④ 300km　　　⑤ 350km

Day 9 Self Check List

	오답 수	무응답 수	풀이시간(분)
1회독	/ 33	/ 33	/ 45(분)
2회독	/ 33	/ 33	/ 40(분)
3회독	/ 33	/ 33	/ 34(분)

독끝 10일차 (301~333)

정답 및 해설 200p

난이도별 구성
- ●●● 13문항
- ●●● 20문항
- ●●● 0문항

10일차 계산연습

Set ①

아래 빈칸의 숫자를 적어보세요.
(소수 첫째 자리에서 반올림)

	설탕물(g)	농도(%)	설탕(g)
(1)		48	41
(2)	30	39	
(3)		33	23
(4)	27	36	
(5)	81		71

Set ②

아래 빈칸의 숫자를 적어보세요.
(소수 첫째 자리에서 반올림)

	거리(km)	시간(h)	속력(km/h)
(1)	517		22
(2)		41	9
(3)	151		2
(4)	679	58	
(5)		50	9

Set ③

두 숫자의 최소공배수와 최대공약수를 적어보세요.

			최소공배수	최대공약수
(1)	2	23		
(2)	15	30		
(3)	18	42		
(4)	28	12		
(5)	4	45		

Set ④

다음 각 질문에 응답하세요.

(1) 5시 57분에 시침과 분침이 이루는 180°보다 작은 각은 몇 도 인가?
(2) 4시 25분에 시침과 분침이 이루는 180°보다 작은 각은 몇 도 인가?
(3) 같이하면 5일, A 혼자하면 24일 걸릴때, B 혼자서는 며칠 걸리는가? (단, 소수점 첫째자리에서 올림)
(4) 임원 후보 9 명 중 3 명을 선택하여 뽑는 경우의 수는? (단, 뽑는 순서대로 각각 임원직급이 달라진다.)
(5) 내부 직원 8 명 중 5 명을 선택하여 당번을 뽑는 경우의 수는?

	Set ①	Set ②	Set ③ 최소공배수	최대공약수	Set ④
(1)	85	24	46	1	163.5°
(2)	12	369	30	15	17.5°
(3)	70	76	126	6	7일
(4)	10	12	84	4	504가지
(5)	88	450	180	1	56가지

---

* Set ③, ④ 참고사항

- 농도(%) = 설탕 / 설탕물의 양 × 100
- 시간 = 거리 / 속력
- 시침: 10분에 5° 이동
- 분침: 10분에 60° 이동
- 작업기간 = 작업량/일률
- 순열 ($_nP_r$): 순서를 고려하여 n개 중 r개를 선택
- 조합 ($_nC_r$): 순서를 고려하지 않고 n개 중 r개를 선택

- 최소공배수, 최대공약수

```
3 | 12  30        3 | 12  30
2 |  4  10        2 |  4  10
  |  2   5          |  2   5
```

3×2×2×5 = 60   3×2 = 6
최소공배수   최대공약수

	맞은 개수	풀이 시간
Set ①	/ 5	(초)
Set ②	/ 5	(초)
Set ③	/ 5	(초)
Set ④	/ 5	(초)
합계	/ 20	(초)

독끝 Daily 400제 217

301 명절을 맞이해 민주는 사과가 10개 들어있는 사과 5박스를 샀다. 친척들에게 사과를 5개씩 나눠주면 사과가 남고, 6개씩 나눠주면 사과가 부족하다고 한다. 이 때, 민주네 친척은 몇 명인가?

① 6명 ② 7명 ③ 8명
④ 9명 ⑤ 10명

302 철수네 동아리는 놀이공원을 가려고 하는데 해당 놀이공원의 입장료는 3,000원이다. 이 놀이공원에서는 1인당 300원을 할인해주는 이벤트와, 총 입장료에서 1,500원을 할인해주는 이벤트 중 한 가지를 적용할 수 있다. 철수네 동아리가 1인당 300원을 할인해주는 이벤트를 적용하는 게 더 유리하다면 최소 몇 명이 가야 하는가?

① 5명 ② 6명 ③ 7명
④ 8명 ⑤ 9명

303 A, B 두 학교의 전체 학생 수의 비는 1 : 3이고, 여학생 수의 비가 3 : 4일 때, A학교의 전체 학생 수 대비 여학생의 수와 B학교의 전체학생 수 대비 여학생의 수의 비를 가장 간단한 자연수의 비로 나타낸 것은?

① 9 : 4 ② 9 : 10 ③ 2 : 3
④ 3 : 2 ⑤ 6 : 7

304 서로 모양이 다른 공 5개 중에서 3개만 뽑아서 원형으로 놓는 방법의 수는?

① 10 ② 20 ③ 40
④ 60 ⑤ 80

305 영미에게는 딸기, 당근, 수박, 참외, 메론, 귤이 하나씩 있는데, 이 중 4개만 뽑아서 동그란 테이블 위에 원형으로 장식하려고 한다. 장식하는 방법의 수는?

① 15 ② 30 ③ 60
④ 90 ⑤ 120

306 A, B 두 학교 학생의 수가 각각 370명, 630명이다. 각 학교에서 국어 모의고사 점수가 3등급 이상인 학생의 비율이 각각 0.3, 0.2이라고 할 때, A 학교와 B 학교 전체에서 국어 모의고사 점수가 3등급 이상인 학생의 비율을 구하면?

① 0.111 ② 0.126 ③ 0.237
④ 0.263 ⑤ 0.3

307 야구경기에서 이승엽 선수가 안타를 칠 확률은 0.4이며 안타를 못 치면 삼진을 당한다고 한다. 6번의 타석 중 3번은 안타를 치고, 3번은 삼진을 당할 확률은?

① $_6C_3 \times (0.4)^3 \times (0.6)^3$
② $_6P_3 \times (0.4)^3 \times (0.6)^3$
③ $_6C_3 \times (0.4)^3 \times (0.6)^3 \times 100$
④ $_6P_3 \times (0.4)^3 \times (0.6)^3 \times 100$
⑤ $_6C_3 \times (0.5)^6 \times 100$

308 20XX년의 11월 2일이 화요일이었다면, 그 달의 네 번째 일요일은 언제인가?

① 11월 25일 ② 11월 26일 ③ 11월 27일
④ 11월 28일 ⑤ 11월 29일

309 민철이는 집에 벽난로를 만들기 위해 가로의 길이가 10cm, 세로의 길이가 9cm, 높이가 6cm인 직육면체 모양의 벽돌을 빈틈없이 쌓아 정육면체 모양의 벽난로를 만들려고 한다. 민철이는 가장 작은 정육면체의 벽난로를 만든다고 할 때, 필요한 벽돌은 모두 몇 개인가? (단, 벽난로 내부를 빈틈없이 채운다.)

① 1,200개　　② 1,350개　　③ 1,500개
④ 2,150개　　⑤ 2,400개

310 소금물 150g의 농도는 20%이다. 여기에 한 스푼의 소금을 더 넣었더니, 40%의 소금물이 되었다. 더 넣은 소금의 양은 몇 g인가?

① 50g　　② 60g　　③ 70g
④ 80g　　⑤ 90g

311 농도가 10%인 400g 소금물에 몇 g의 16%의 소금물을 첨가해야 14%의 소금물을 만들 수 있는가?

① 700g　　② 750g　　③ 800g
④ 850g　　⑤ 900g

312 연속하는 세 홀수가 있다. 가장 작은 수는 나머지 두 수의 합보다 21만큼 작을 때, 가장 큰 수는 얼마인가?

① 18　　② 19　　③ 20
④ 21　　⑤ 22

313 A 학교와 B 학교의 전체 학생 수의 비는 4 : 5이고, A학교 밴드부와 B학교 밴드부의 학생의 수의 비는 3 : 5이다. A 학교와 B학교에서 밴드부 활동을 하지 않는 학생의 수의 비가 11 : 13일 때, A 학교의 전체 학생 수와 B 학교의 밴드부 학생 수의 비는?

① 15 : 8 ② 27 : 10 ③ 81 : 28
④ 64 : 15 ⑤ 51 : 9

314 종수는 헬스장에서 런닝머신을 뛰었다. 처음엔 시속 4km로 뛰다가 힘이 들어 시속 3km로 걸었더니 총 4시간이 걸렸다. 종수가 운동한 거리가 총 15km라고 할 때, 시속 4km로 뛴 거리는?

① 8km ② 12km ③ 14km
④ 16km ⑤ 20km

315 철수는 학교에서 전동킥보드를 타고 시속 15km의 속력으로 내리막길을 달린 후 시속 10km의 속력으로 오르막길을 달려 집까지 가는 데 총 48분이 걸렸다. 학교로 돌아올 때도 같은 경로와 방법으로 시속 12km의 속력으로 내리막길을 달린 후 시속 5km로 오르막길을 달려 학교까지 왔더니 1시간 6분이 걸렸다. 이 때, 학교에서 집까지의 거리는 얼마인가?

① 3km ② 6km ③ 9km
④ 12km ⑤ 15km

316 철수와 영미의 현재 나이 비는 3 : 2이고, 6년 후의 나이 비는 5 : 4가 된다고 한다. 철수와 영미의 현재 나이는 몇 살인가?

	철수	영미		철수	영미
①	3살	2살	②	6살	4살
③	9살	6살	④	12살	8살
⑤	15살	10살			

317 작년 A 학교의 전체 학생 수는 600명이고, 모든 학생은 방과 후 활동으로 수학, 과학, 영어 중 한 과목을 선택하였다. 작년에 수학을 선택한 학생의 수는 과학, 영어를 선택한 학생 수의 평균이었다. 올해 수학을 선택한 학생의 수는 작년보다 20% 감소하였고, 과학을 선택한 학생 수는 작년보다 10명 더 많았고 영어를 선택한 학생 수는 작년보다 15명 더 적다고 한다. 올해 A 학교의 학생 수는?

① 450명 ② 455명 ③ 500명
④ 555명 ⑤ 580명

318 오늘 놀이공원의 어린이 방문자 수는 어제보다 15% 감소하였고, 성인 방문자 수는 20% 증가하였다. 어제 전체 방문자 수는 75명이었으며, 오늘은 어제보다 1명이 증가하였다고 한다. 어제 이 놀이공원의 어린이 방문자 수와 성인 방문자 수의 비를 구하면?

① 1 : 2 ② 3 : 4 ③ 8 : 7
④ 8 : 9 ⑤ 4 : 3

319 작년 락 페스티벌에 참가한 여성 비율은 전체 관람객의 65%였다. 올해 락 페스티벌에 참가한 여성 관람객은 3,000명 감소하고, 남성 관람객은 1,000명 증가하여 여성 관람객 비율은 전체 관람객의 45%가 되었다. 올해 락 페스티벌을 관람한 여성 관람객의 수는?

① 3,525명 ② 3,650명 ③ 3,825명
④ 3,965명 ⑤ 4,250명

320 ○○문구점에서는 샤프 한 개의 원가에 x%의 이익을 붙여 1,200원으로 판매하고 있었다. 올해 20주년 기념행사 기간 동안 기존의 샤프 판매 가격에서 x%를 인하하여 600원으로 판매하기로 하였다. 샤프 한 개의 원가는 얼마인가?

① 500원 ② 550원 ③ 600원
④ 700원 ⑤ 800원

321 철수는 길을 가다 트럭에서 수박을 판매하는 것을 보고 구매하려고 한다. 수박은 한 개에 7,600원이며, 3개를 한번에 구매 시 한 개당 5%씩 할인해주고, 6개를 한번에 구매 시 두 개만 30% 할인을 해준다. 철수가 수박 6개를 한번에 구매한다면, 3개를 구매할 때와의 금액 차이는 얼마인가?

① 19,270원 ② 19,380원 ③ 19,490원
④ 20,350원 ⑤ 20,490원

322 한 가지 옷을 팔고 있는 철수는 옷 원가에 30%의 이익을 붙여서 정가를 정하였다. 이 옷을 정가에서 10% 할인하여 팔았더니 이익이 5,100원 이상이었다. 이 옷의 원가의 최솟값을 구하여라.

① 25,000원 ② 30,000원 ③ 33,000원
④ 40,000원 ⑤ 45,000원

323 민수와 영진이가 같이 페인트칠을 한다면 8일 만에 끝낼 수 있다. 민수가 4일 동안 혼자서 페인트칠을 하다가 나머지를 영진이에게 넘겨줬는데 영진이가 14일 동안 일을 더 하고 마무리를 지었다. 이 일을 민수 혼자서 6일 동안 하다가 영진이에게 넘겨준다면 영진이는 며칠을 일해야 페인트칠을 끝낼 수 있는가?

① 10일 ② 11일 ③ 12일
④ 13일 ⑤ 14일

324 철수와 영희, 민수가 과제를 하려고 한다. 이 과제를 철수는 12일이 걸리고, 영희는 24일이 걸린다. 이 과제를 철수가 4일을 하고, 철수와 영희가 함께 3일을 하고, 남은 과제를 영희와 민수가 함께 하루 동안 해서 완전히 끝냈다. 민수가 혼자서 과제를 하면 며칠이 걸리는가?

① 1일 ② 2일 ③ 3일
④ 4일 ⑤ 5일

325 인테리어 공사를 철수 혼자 하면 12일이 걸리고, 영미 혼자 하면 18일이 걸린다. 처음 3일 동안엔 두 사람이 함께 일을 하다가, 중간에는 영미 혼자서 일을 하고, 마지막 3일 동안에는 다시 철수와 영미가 함께 일을 했더니 일을 끝낼 수 있었다. 영미가 혼자 일한 기간은 며칠인가?

① 3일　　　　　② 4일　　　　　③ 5일
④ 6일　　　　　⑤ 7일

326 농도 4%의 설탕물이 들어있는 컵에 농도 10%의 설탕물을 부었더니 농도 8%의 설탕물 600g이 만들어졌다. 처음에 들어있던 4%의 설탕물은 얼마인가?

① 100g　　　　② 200g　　　　③ 300g
④ 400g　　　　⑤ 500g

327 영미는 농도가 각각 8%, 4%인 소금물을 섞어서 200g의 소금물을 만들었다. 여기에 소금 16g을 더 넣었더니 농도가 12%인 소금물이 되었다면 농도가 8%인 소금물의 양은 얼마인가?

① 40g　　　　　② 42g　　　　　③ 44g
④ 46g　　　　　⑤ 48g

328 12%의 소금물 175g이 있다. 이 소금물에 물을 첨가하여 7%의 소금물을 만들려고 한다. 몇 g의 물을 첨가해야 하는가?

① 125g　　　　② 135g　　　　③ 120g
④ 115g　　　　⑤ 130g

329 350명의 A 회사 전체 직원을 대상으로 대중교통 이용 유무를 조사한 결과, 여직원의 $\frac{1}{6}$과 남직원의 $\frac{1}{4}$이 이용한다고 대답하였다. A 회사 직원 중 대중교통을 이용하지 않는 사람의 비율이 $\frac{11}{14}$이라고 할 때, 대중교통을 이용하는 여직원의 수는 몇 명인가?
(단, 설문조사에는 모든 직원이 응답하였다.)

① 25명 ② 27명 ③ 30명
④ 33명 ⑤ 38명

330 수정이는 돈을 모아 주식을 샀다. 한 달 뒤 주가를 확인해보니 20%가 올라서 가지고 있는 주식의 절반을 팔았다. 그 후로부터 또 한 달 뒤 확인해보니 이번에는 전 달에 비해 25%가 떨어져 나머지를 전부 팔았더니 총 6만 원의 이익을 보았다. 수정이가 처음에 산 주식은 얼마인가?

① 100만 원 ② 120만 원 ③ 140만 원
④ 160만 원 ⑤ 180만 원

331 공장을 운영하는 A, B 두 회사의 재고창고에서 전자제품이 차지하는 비율은 각각 6%, 10%이다. 두 회사의 전체 재고 물량의 합은 180,000개이며 이 중 전자제품은 13,860개일 때, B 회사의 전자제품 물량은?

① 7,650개 ② 7,700개 ③ 7,750개
④ 7,800개 ⑤ 7,850개

332 롯데 자이언츠의 이번 시즌 전적은 25승 12패이다. 승률이 70% 이상이 되기 위해서는 최소한 몇 경기를 추가로 치러야 하는가?

① 2경기 ② 3경기 ③ 4경기
④ 5경기 ⑤ 6경기

333 영미는 지갑에 10원짜리 4개, 50원짜리 2개, 100원짜리 1개, 500원짜리 1개가 있다. 이 때, 지불할 수 있는 금액은 총 몇가지인가? (단, 0원은 지불한 것으로 보지 않는다.)

① 49가지 ② 60가지 ③ 45가지
④ 30가지 ⑤ 50가지

정답 및 해설 218p

독끝 11일차 334~366

난이도별 구성
● ○ ○ 13문항
● ● ○ 12문항
● ● ● 8문항

11일차 계산연습

Set ❶

아래 빈칸의 숫자를 적어보세요.
(소수 첫째 자리에서 반올림)

	설탕물(g)	농도(%)	설탕(g)
(1)	77	48	
(2)	56		22
(3)		40	36
(4)	48	76	
(5)		65	60

Set ❷

아래 빈칸의 숫자를 적어보세요.
(소수 첫째 자리에서 반올림)

	거리(km)	시간(h)	속력(km/h)
(1)		17	16
(2)	541		15
(3)	518	71	
(4)		67	5
(5)	445	55	

Set ❸

두 숫자의 최소공배수와 최대공약수를 적어보세요.

			최소공배수	최대공약수
(1)	12	32		
(2)	24	36		
(3)	4	48		
(4)	36	13		
(5)	6	52		

Set ❹

다음 각 질문에 응답하세요.

(1) 8시 50분에 시침과 분침이 이루는 180°보다 작은 각은 몇 도인가?
(2) 5시 43분에 시침과 분침이 이루는 180°보다 작은 각은 몇 도인가?
(3) 같이하면 9일, A 혼자하면 25일 걸릴때, B 혼자서는 며칠 걸리는가? (단, 소수점 첫째자리에서 올림)
(4) 서로 다른 8명 중 3명을 선택하여 일렬로 나열하는 경우의 수는?
(5) 서로 다른 12명 중 3명을 선택하여 같은 상품을 주는 경우의 수는?

	Set ❶	Set ❷	Set ❸		Set ❹
			최소공배수	최대공약수	
(1)	37	272	96	4	35°
(2)	39	36	72	12	86.5°
(3)	90	7	48	4	15일
(4)	36	335	468	1	336가지
(5)	92	8	156	2	220가지

* Set ❸, ❹ 참고사항

- 농도(%) = 설탕 / 설탕물의 양 × 100
- 시간 = 거리 / 속력
- 시침: 10분에 5° 이동
- 분침: 10분에 60° 이동
- 작업기간 = 작업량 / 일률
- 순열($_nP_r$) : 순서를 고려하여 n개 중 r개를 선택
- 조합($_nC_r$) : 순서를 고려하지 않고 n개 중 r개를 선택

- 최소공배수, 최대공약수

```
3 | 12  30
2 |  4  10
       2   5
```
$3 \times 2 \times 2 \times 5 = 60$
최소공배수

```
3 | 12  30
2 |  4  10
       2   5
```
$3 \times 2 = 6$
최대공약수

	맞은 개수	풀이 시간
Set ❶	/ 5	(초)
Set ❷	/ 5	(초)
Set ❸	/ 5	(초)
Set ❹	/ 5	(초)
합계	/ 20	(초)

독끝 Daily 400제 227

334 엄마, 아빠, 형, 동생, 나 이렇게 5명이 가족사진을 찍으려고 한다. 의자는 앞줄에 3개, 뒷줄에 2개가 있으며 부모님 두 분과 한 명의 자식은 반드시 같은 줄에 앉아야 한다고 할 때, 5명이 의자에 앉는 경우의 수는?

① 24가지 ② 28가지 ③ 30가지
④ 36가지 ⑤ 64가지

335 ○○공단의 인사팀, 회계팀, 총무팀에서 3명씩 차출하여 회의에 참석하기로 했다. 원탁 테이블에 같은 부서 구성원끼리는 연속하여 앉는다고 할 때, 9명이 앉을 수 있는 경우의 수는 총 몇 가지인가?

① 108 ② 216 ③ 324
④ 432 ⑤ 540

336 ○○대학교는 반값등록금에 대해 설문조사를 실시했다. 재학생 100명 중 70명이 설문에 응했고, 졸업생 400명 중 340명이 조사에 참여했다고 한다. 조사에 참여한 대상자 중에서 임의로 1명을 선택했을 때, 이 사람이 졸업생일 확률은 얼마인가?

① $\dfrac{2}{3}$ ② $\dfrac{4}{7}$ ③ $\dfrac{23}{31}$
④ $\dfrac{34}{41}$ ⑤ $\dfrac{37}{50}$

337 주사위 한 개를 차례로 두 번 던져서 나오는 눈의 합이 4의 배수가 될 확률은?

① $\dfrac{1}{4}$ ② $\dfrac{4}{15}$ ③ $\dfrac{1}{3}$
④ $\dfrac{1}{2}$ ⑤ $\dfrac{2}{3}$

338 어느 주머니 안에는 흰 구슬 4개, 노란 구슬 2개, 빨간 구슬 2개, 파란 구슬 2개가 들어있다. 이 주머니에서 임의로 4개의 구슬을 꺼낼 때, 구슬의 색깔이 모두 다를 확률은?

① $\dfrac{3}{100}$ ② $\dfrac{2}{35}$ ③ $\dfrac{12}{105}$
④ $\dfrac{4}{35}$ ⑤ $\dfrac{16}{105}$

339 철수의 방에는 플라스틱 상자와 고무상자가 있다. 플라스틱 상자에는 빨간 사탕 4개와 흰 사탕 5개, 고무상자에는 빨간 사탕 6개와 흰 사탕 3개가 들어있다. 플라스틱 상자에서 임의로 하나의 사탕을 꺼내 고무 상자에 넣은 후, 다시 고무 상자에서 꺼낸 사탕이 빨간 사탕일 때, 플라스틱 상자에서 꺼낸 사탕이 흰 사탕이었을 확률은 얼마인가?

① $\dfrac{3}{5}$ ② $\dfrac{14}{29}$ ③ $\dfrac{15}{29}$
④ $\dfrac{14}{45}$ ⑤ $\dfrac{7}{15}$

난이도

340 ○○중학교 학생인 영미는 남산으로 소풍을 가려고 한다. 남산은 올라갈 때 이용하는 길보다 내려갈 때 이용하는 길이 1km 길다고 한다. 영미는 산에 올라갈 때는 시속 2km 속력으로 걸었고, 내려갈 때는 시속 3km 속력으로 걸었다. 하이킹을 끝마치는 데 총 3시간이 걸렸다면, 영미가 걸은 거리는 총 얼마인가?

① 10.6km ② 10.4km ③ 6.7km
④ 7.4km   ⑤ 7.6km

난이도

341 민혁이는 집으로부터 6km 떨어진 도서관에 자전거를 타고 시속 16km로 이동하던 중 도서관 출입증을 집에 두고 온 것이 생각나 집에서 4km 떨어진 지점에서 같은 속력으로 다시 집으로 돌아갔다. 자전거를 타고 집에 돌아와 다시 도서관까지 시속 12km로 이동했다고 할 때 민혁이의 평균 속력은 얼마인가?

① 10km/h ② 12km/h ③ 14km/h
④ 16km/h ⑤ 18km/h

난이도

342 따릉이와 아릉이가 학교에서 만나기로 했다. 따릉이의 집은 아릉이의 집보다 학교에 200m 더 가깝고, 따릉이가 집에서 분속 25m의 일정한 속도로 자전거를 타고 가면 25분 후에 학교에 도착한다. 따릉이와 아릉이가 동시에 출발했을 때, 아릉이가 따릉이보다 늦지 않게 도착하려면 최소한 시속 몇 km로 자전거를 타야 하는가?

① 시속 1.94km ② 시속 1.96km ③ 시속 1.98km
④ 시속 2.0km   ⑤ 시속 2.2km

난이도

343 한 공장에서 어떤 물건을 완성하는 데에는 A는 24일, B는 32일, C는 36일이 걸린다고 한다. 이 일을 A가 며칠 한 후 B가 이어서 며칠 하고, 그 후 C가 이어서 일을 해 물건을 완성하였다. A, B, C가 일한 날의 비가 1 : 4 : 6일 때, 세 사람이 총 일한 기간은?

① 25 ② 27 ③ 30
④ 33 ⑤ 35

344 세 가지 톱니바퀴 A, B, C 톱니의 개수는 각각 15개, 20개, 24개이다. 이들이 처음 회전하기 시작하여 3개 모두 똑같은 위치에 돌아올 때까지 움직인 최소 회전수를 a, b, c회라고 할 때, $a-b+c$는?

① 3 ② 7 ③ 9
④ 19 ⑤ 59

345 ○○기업은 이벤트를 진행 중이다. 주사위를 굴려 1, 6이 나오면 당첨, 2, 4, 5가 나오면 꽝이고, 3이 나올 경우 가위바위보를 통해 이길 때 당첨이 되는 이벤트를 진행했다. 가위바위보에 비겼을 때에는 가위바위보를 한 번 더 할 수 있는 재도전의 기회를 주며, 재도전은 한 번만 할 수 있다고 한다. 이 때, 당첨될 확률은?

① $\dfrac{8}{27}$ ② $\dfrac{17}{54}$ ③ $\dfrac{11}{27}$
④ $\dfrac{23}{54}$ ⑤ $\dfrac{13}{27}$

346 철수네 동아리에는 회장 1명, 부장 1명, 임원 2명, 동아리원 2명 총 6명이 있다. 새로운 축제 행사를 기획하기 위해 동아리를 2개의 팀으로 나누려고 한다. 팀을 나눈 후의 인원 수는 서로 같으며, 임원 2명의 성별은 다르다고 한다. 회장과 부장이 같은 팀이 될 확률은 30%라고 할 때, 회장과 남자 임원이 같은 팀이 될 확률은?

① 35%   ② 37.5%   ③ 39%
④ 40%   ⑤ 42.5%

347 애플의 생산 공장인 샌프란시스코 공장과 중국 공장은 각각 애플사의 전체 생산량의 20%, 80%에 해당하는 양의 아이폰을 생산한다. 샌프란시스코 공장의 불량률은 1%이며, 전체 불량품 중 96%가 중국 공장에서 생산한 제품이라고 할 때, 중국 공장의 불량률은 얼마인가?

① 0.8%　　② 6%　　③ 6.28%
④ 7.68%　　⑤ 9.6%

348 서울시는 시민들을 위해 정원을 꾸밀 예정이다. 가로 528cm, 세로 312cm인 직사각형 모양의 정원의 가장자리에 조명을 설치하려고 한다. 네 모퉁이에는 반드시 조명을 설치하고, 일정한 간격으로 조명을 설치하려고 할 때, 필요한 조명의 최소 개수는 몇 개인가? (조명의 크기는 고려하지 않는다.)

① 60　　② 62　　③ 68
④ 70　　⑤ 74

349 A와 B가 서로 마주보며 일정한 속력으로 달려오고 있다. 현재 A와 B 사이의 거리는 3.2km이다. 40분 후 A와 B가 서로 만났을 때 서로 이동한 거리의 비는 9 : 7이었다. A의 속력은 얼마인가?

① 2.3km/h　　② 2.5km/h　　③ 2.7km/h
④ 2.9km/h　　⑤ 3.1km/h

350 3, 3, 3, 6, 6, 9을 가지고 여섯 자리 수를 만들 때 만들 수 있는 개수는 몇 개인가?

① 30　　② 60　　③ 90
④ 120　　⑤ 150

351 철수는 올해 공기업에 최종합격을 했다. 10년 뒤 집을 사는 것을 목표로 저축 계획을 세우려고 한다. 철수의 첫 월급은 280만원이고 첫 몇 달 동안은 월급의 40%를 저축하고, 그 후에는 월급의 70%를 저축해서 1년 동안 2,000만원 이상을 저축하려고 한다. 이 때, 월급의 70%를 저축해야 하는 최소 기간은 몇 달인가?

① 6 ② 7 ③ 8
④ 9 ⑤ 10

352 장수생씨는 자격증 취득을 위해 컴퓨터활용능력 4급 시험을 보았다. 시험 과목은 총 5과목이고, 5과목의 평균이 60점 이상이 되어야 합격할 수 있다고 한다. 장수생씨는 4과목에서 각각 50점, 65점, 65점, 60점을 득점했고, 평균 점수 65점으로 합격했다고 한다. 마지막 과목에서 받은 점수는 몇 점인가?

① 65점 ② 75점 ③ 85점
④ 95점 ⑤ 100점

353 A와 B는 600m 달리기 시합을 하려고 한다. 둘이 동시에 같은 곳에서 출발하면 A가 도착점에 먼저 도착하고 B가 20초 뒤에 도착한다. A의 속력이 6m/s일 때, A와 B가 동시에 도착하려면 B가 몇 미터 앞에서 출발해야 하는가?

① 50m ② 60m ③ 70m
④ 80m ⑤ 100m

354 A와 B의 나이 비율은 1 : 2이다. 이때, A와 B 나이의 합이 60보다 작다면 A의 최대 나이는? (단, 나이는 B가 A보다 많다.)

① 17살 ② 18살 ③ 19살
④ 20살 ⑤ 21살

355 철수네 동아리는 남자가 여자보다 4명이 더 많다. 이 중 인문계열은 전원 남자이고 8명이며 이는 전체 동아리 인원의 40%에 해당하는 수치이다. 남자 인원수를 기준으로 할 때 자연계열 남자의 비율은? (단, 철수네 동아리에는 인문계열과 자연계열밖에 없다.)

① $\frac{3}{25}$ ② $\frac{1}{5}$ ③ $\frac{6}{17}$
④ $\frac{1}{3}$ ⑤ $\frac{3}{8}$

356 50명의 학급을 대상으로 한 어떤 설문 조사에서 여자 학생의 $\frac{1}{4}$과 남자 학생의 $\frac{1}{3}$이 애니메이션을 즐겨 본다고 답했다. 이들의 합이 설문에 응한 학생의 $\frac{3}{10}$이라고 할 때, 이 학급의 여자 학생의 수는?

① 15명   ② 17명   ③ 18명
④ 19명   ⑤ 20명

357 철수가 혼자서 하면 24일이 걸리는 일이 있다. 반면, 영미 혼자서 진행한다면 120일이 걸린다고 한다. 두 사람이 함께 일을 진행하면 소요되는 기간은 얼마인가?

① 20일   ② 21일   ③ 24일
④ 25일   ⑤ 27일

358 6%의 소금물 500g을 햇빛 아래 1분 동안 두면 12g의 물이 증발한다. 이 소금물을 5분 동안 햇빛 아래 둔 후, 다시 소금물 220g을 넣었더니 10%의 소금물 660g이 되었다. 이 때, 더 넣은 소금물 220g의 농도는 얼마인가? (단, 햇빛 아래 있는 시간과 증발하는 물의 양은 비례한다.)

① $\dfrac{160}{11}\%$ ② $\dfrac{170}{11}\%$ ③ $\dfrac{180}{11}\%$
④ $\dfrac{190}{11}\%$ ⑤ $\dfrac{200}{11}\%$

359 연속된 세 자연수의 합이 252일 때, 세 자연수 중 가장 작은 수와 가장 큰 수의 합은?

① 162 ② 164 ③ 166
④ 168 ⑤ 170

360 원가가 5,000원인 물건의 가격을 10% 올려서 판매했지만 팔리지 않아 다시 8%를 인하하여 팔았다. 물건 1개를 팔았을 때 얻는 이익은 얼마인가?

① 50원 ② 60원 ③ 70원
④ 80원 ⑤ 90원

361 영미가 회장으로 있는 동아리에는 8명의 회원이 있다. 8명의 회원 중 회장 1명, 부회장 1명, 총무 2명을 뽑는 경우의 수는?

① 140 ② 280 ③ 420
④ 840 ⑤ 1,680

362 철수, 영희, 민수, 소영, 희수, 수민 6명이 6인용 놀이기구를 타려고 한다. 놀이기구에 6명이 일렬로 나란히 앉을 때 철수, 소영, 수민 3명이 서로 이웃하여 앉을 경우의 수를 구하시오.

① 140　　② 141　　③ 142
④ 143　　⑤ 144

363 철수는 4일 간격, 영미는 5일 간격으로 모임에 참석한다. 일요일인 오늘 철수와 영미 둘 다 모임에 참석을 했다면, 앞으로 5번째로 같은 날 모임에 참석하는 요일은 언제인가?

① 월요일　　② 화요일　　③ 수요일
④ 목요일　　⑤ 금요일

364 철수와 영희가 각자의 집에서 출발해 정확히 중간의 커피숍에서 만나기로 하였다. 철수는 자전거를 타고 영희는 걸어오기로 하였고, 철수의 속력은 영희의 속력의 5배이다. 또한 철수와 영희의 집의 거리는 2,000m이다. 영희가 철수가 도착하고 20분 후에 커피숍에 도착했을 때, 철수의 속력은?

① 10km/h　　② 11km/h　　③ 12km/h
④ 13km/h　　⑤ 14km/h

365 현재 아버지와 아들의 나이의 합은 60살이고, 10년 후에는 아버지의 나이가 아들의 나이의 2배보다 5살이 많다고 한다. 현재 아들의 나이는?

① 13살　　② 15살　　③ 17살
④ 20살　　⑤ 25살

366 FC수원의 이번 시즌 전적은 8승 4패이다. 승률이 80% 이상이 되기 위해서는 최소한 몇 경기를 치러야 하는가?

① 5경기　　　　② 6경기　　　　③ 7경기
④ 8경기　　　　⑤ 9경기

독끝 12일차 (367~400)

정답 및 해설 236p

난이도별 구성
● ○ ○ 0문항
● ● ○ 26문항
● ● ● 8문항

12일차 계산연습

Set ❶
아래 빈칸의 숫자를 **적어보세요.**
(소수 첫째 자리에서 반올림)

	설탕물(g)	농도(%)	설탕(g)
(1)		44	32
(2)	30	73	
(3)		10	5
(4)	36	39	
(5)	54		34

Set ❷
아래 빈칸의 숫자를 **적어보세요.**
(소수 첫째 자리에서 반올림)

	거리(km)	시간(h)	속력(km/h)
(1)	540		13
(2)		75	11
(3)	153		2
(4)	838	51	
(5)		32	12

Set ❸
두 숫자의 최소공배수와 최대공약수를 적어보세요.

			최소공배수	최대공약수
(1)	2	30		
(2)	29	15		
(3)	8	39		
(4)	20	16		
(5)	4	34		

Set ❹
다음 각 질문에 응답**하세요.**

(1) 3시 42분에 시침과 분침이 이루는 180°보다 작은 각은 몇 도 인가?
(2) 1시 31분에 시침과 분침이 이루는 180°보다 작은 각은 몇 도 인가?
(3) 같이하면 8일, A 혼자하면 22일 걸릴때, B 혼자서는 며칠 걸리는가? (단, 소수점 첫째자리에서 올림)
(4) 임원 후보 8명 중 5명을 선택하여 뽑는 경우의 수는? (단, 뽑는 순서대로 각각 임원직급이 달라진다.)
(5) 내부 직원 8명 중 5명을 선택하여 당번을 뽑는 경우의 수는?

	Set ❶	Set ❷	Set ❸		Set ❹
			최소공배수	최대공약수	
(1)	73	42	30	2	141°
(2)	22	825	435	1	1405°
(3)	50	77	312	1	13일
(4)	14	16	80	4	6,720가지
(5)	63	384	68	2	56가지

*Set ❸, ❹ 참고사항

- 농도(%) = 설탕 / 설탕물의 양 × 100
- 시간 = 거리 / 속력
- 시침: 10분에 5° 이동
- 분침: 10분에 60° 이동
- 작업기간 = 작업량/일률
- 순열($_nP_r$) : 순서를 고려하여 n개 중 r개를 선택
- 조합($_nC_r$) : 순서를 고려하지 않고 n개 중 r개를 선택

최소공배수, 최대공약수

```
3 | 12  30      3 | 12  30
2 |  4  10      2 |  4  10
  |  2   5          2   5
```
3×2×2×5=60   3×2=6
최소공배수   최대공약수

	맞은 개수	풀이 시간
Set ❶	/ 5	(초)
Set ❷	/ 5	(초)
Set ❸	/ 5	(초)
Set ❹	/ 5	(초)
합계	/ 20	(초)

367 어느 지역의 올해 버스와 지하철의 이용자의 수가 작년에 비해 버스 이용자 수는 10% 감소하고, 지하철 이용자 수는 40% 증가했다. 작년 버스와 지하철의 총 이용자 수는 2,000명이고, 올해는 작년보다 500명이 증가했다고 할 때, 작년의 지하철 이용자 수는?

① 1,000명   ② 1,400명   ③ 1,500명
④ 1,600명   ⑤ 1,650명

368 어느 고등학교의 작년 신입생은 총 400명이었다. 이번 연도는 지난 연도보다 남자 신입생이 5% 증가하고, 여자 신입생은 12.5% 증가하여 전체 학생 수가 8% 증가하였다. 이번 연도 이 학교의 여자 신입생은 몇 명인가?

① 132   ② 150   ③ 164
④ 170   ⑤ 180

369 ○○식품에서 1주년을 맞이하여 A식품을 원가에 40% 이익을 붙인 정가에 400원을 할인하여 판매하려고 한다. 이익이 1,600원 이상이 된다면 정가를 최소한 얼마로 하여야 하는가?

① 7,000원   ② 8,000원   ③ 9,000원
④ 9,500원   ⑤ 10,000원

370 길잡이 서점에서는 문제집을 1권당 b원에 들여오는데, 30%의 이익을 붙여서 판매를 한다. 2021년도 수능을 앞두고 길잡이 서점은 문제집을 10%를 할인하여 팔기로 했다. 이 때, 문제집 1권당 3,400원의 이익이 생긴다면, 문제집 1권당 원가는 얼마인가?

① 10,000원   ② 15,000원   ③ 20,000원
④ 25,000원   ⑤ 30,000원

371 상민이네 집 욕조에는 수도꼭지가 2개 달려있다. A 수도꼭지만 틀어서 욕조 전체에 물을 받으면 4시간이 걸리고 B 수도꼭지만 틀어서 욕조 전체에 물을 받으면 6시간이 걸린다고 할 때, A와 B 수도꼭지를 동시에 틀어 전체 욕조의 절반만큼 물을 받으려고 한다면 걸리는 시간은 얼마인가?

① 1시간 ② 1시간 12분 ③ 1시간 24분
④ 1시간 36분 ⑤ 1시간 48분

372 욕조에 물을 가득 채우는 데 차가운 물은 20분, 뜨거운 물은 30분이 걸리며, 이 욕조에 채운 물을 배수하는 데는 15분이 걸린다. 차가운 물과 뜨거운 물을 동시에 틀고, 동시에 배수를 한다면, 욕조가 가득 채워질 때까지 걸리는 시간은?

① 1시간 ② 1시간 30분 ③ 1시간 40분
④ 2시간 ⑤ 2시간 20분

373 어떤 일을 마무리하는 데 갑이 혼자서 하면 4시간이 걸리고, 을이 혼자서 하면 7시간이 걸린다고 한다. 이 일을 두 사람이 함께하여 마무리하는 데 걸리는 시간은?
(단, 일의 능률은 변함이 없다고 가정한다.)

① 2시간 ② 2시간 $\frac{6}{11}$분 ③ 2시간 20분
④ 2시간 $\frac{360}{11}$분 ⑤ 2시간 40분

374 ○○빵 공장에서는 두 종류의 빵을 생산한다. 빵 A에는 밀가루가 100g, 콩가루가 75g 들어간다. 빵 B에는 밀가루가 50g, 콩가루가 125g 들어간다. 공장에서는 하루에 빵 A와 빵 B를 합하여 총 35개의 빵을 만든다. 공장에 밀가루가 3,000g, 콩가루가 4,000g 있을 때, 만들 수 있는 빵 A의 최대 개수는 몇 개인가?

① 20 ② 30 ③ 25
④ 15 ⑤ 10

375 민들레 유치원에서 아이들에게 사탕을 1인당 7개씩 나누어 주려고 한다. 사탕이 10개씩 들어 있는 상자 20개를 준비했더니 사탕이 남았고, 남은 사탕을 1인당 1개씩 더 나누어 주려고 하니 부족했다고 한다. 만일 지금보다 11명의 아이가 더 있다면 사탕 6상자를 추가해야 모든 아이들에게 1인당 7개 이상씩 나누어 줄 수 있다. 처음 민들레 유치원의 아이들의 수는 몇 명인가?

① 25 ② 26 ③ 27
④ 28 ⑤ 29

376 흥민이는 친구들과 함께 과제를 하기 위해 박물관에 가려고 한다. 이 박물관의 입장료는 1인당 18,000원이며, 10인 단체티켓은 10인 정가에서 20% 할인된 금액에 구매할 수 있다. 그렇다면 친구들이 몇 명 이상일 때부터 단체 티켓 3장을 구매하는 것이 더 유리한가? (단, 친구들은 20명 이상, 30명 이하이고, 10인 단체티켓은 1장에 10인이 입장 가능하다고 한다.)

① 25 ② 26 ③ 27
④ 28 ⑤ 29

377 철수와 영미의 현재 나이의 비는 4 : 3이고, 6년 후에는 나이의 비가 7 : 6이 된다고 한다. 철수와 영미의 현재 나이는 몇 살인가?

① 4살, 3살 ② 8살, 6살 ③ 12살, 9살
④ 16살, 12살 ⑤ 20살, 15살

378 A 중학교 남학생 6명과 B 중학교 여학생 5명이 원탁에 둘러앉아 회의를 진행하려고 한다. 아이스 브레이킹을 위해 여학생끼리는 이웃하지 않게 앉기로 하였다. 이 때, 11명의 학생을 배치하는 경우의 수는 모두 몇 가지인가?

① 864 ② 5,184 ③ 14,400
④ 86,400 ⑤ 518,400

379 친구 A, B, C, D, E, F가 함께 밥을 먹으러 가서 원형 식탁에 앉으려고 한다. 이 때, A와 B가 이웃하지 않고 앉을 수 있는 경우의 수는 얼마인가?

① 36 ② 72 ③ 144
④ 288 ⑤ 576

380 건우와 지우는 매일 같이 한 바퀴에 400m인 운동장에 가서 달리기를 하는데 건우는 시속 9km, 지우는 시속 6km로 달린다. 오후 6시에 동시에 같은 방향으로 달리기 시작했다면 시작점에서 다시 만나는 건 언제인가?

① 7시 10분 ② 6시 40분 ③ 6시 25분
④ 6시 12분 ⑤ 6시 8분

381 서울역에서는 지하철 1호선과 4호선 열차가 오전 6시에 역을 떠나면서 운행을 시작한다. 1호선은 배차 간격이 10분이고, 서울역에서 2분간 정차했다가 출발한다. 4호선은 배차 간격이 12분이고, 3분간 정차했다가 출발한다. 지하철 운행을 오전 6시부터 오후 9시 30분까지 한다면 1호선과 4호선 열차가 서울역을 동시에 떠나는 것은 몇 번인가?

① 13회 ② 14회 ③ 15회
④ 16회 ⑤ 17회

382 철수와 영희가 트랙 길이 400m인 원형 경기장에서 자전거 경주를 한다. 철수는 출발점으로부터 왼쪽으로 30m/s, 영희는 오른쪽으로 40m/s의 속력으로 자전거를 타기 시작했을 때, 두 사람이 세 번째로 출발점에서 다시 만나는 시간은 몇 초 후인가?

① 80초 ② 120초 ③ 160초
④ 200초 ⑤ 240초

383 다음 빈칸에 들어갈 수를 찾으시오.

9 4 1   25 7 4   53 5 3   11 3 (   )

① 1   ② 2   ③ 3
④ 4   ⑤ 5

384 테이블 위에 연속된 짝수가 적힌 3개의 카드가 있다. 이 카드에 적힌 짝수들의 제곱의 합이 596일때, 이 세 수의 합은 얼마인가?

① 45   ② 49   ③ 42
④ 57   ⑤ 67

385 어느 해의 4월 7일이 금요일이라면, 그 해의 9월 27일은 무슨 요일인가?

① 수요일   ② 목요일   ③ 금요일
④ 일요일   ⑤ 월요일

386 ○○대학교 강의는 학생들을 대상으로 4개월 동안 진행되며 의무적으로 들어야 한다. 강의는 월요일과 수요일에 각각 1회씩 열리고 금요일에는 격주로 1회씩 열린다고 할 때, 8월 1일 월요일에 처음 강의를 들은 학생이 21번째 강의를 듣는 날은 언제인가?
(단, 금요일 강의는 8월 둘째 주 금요일부터 시작되며, 학생은 강의가 열리면 바로 수강한다.)

① 9월 19일   ② 9월 21일   ③ 9월 23일
④ 9월 26일   ⑤ 9월 28일

387 농도가 5%인 소금물 200g을 가열하여 일부가 증발하고, 증발한 양의 2배만큼 농도가 10%인 소금물을 넣었다. 그 결과 소금물의 농도가 8%가 되었다면, 처음 증발한 물의 양은?

① 10g ② 20g ③ 30g
④ 40g ⑤ 50g

388 A 설탕물 200g과 B 설탕물 100g을 섞어 농도가 11%인 설탕물을 만들었다. 그리고 A 설탕물 100g과 B 설탕물 200g을 섞어 농도가 9%인 설탕물을 만들었다. 이 때, B 설탕물의 농도는 몇 %인가?

① 3% ② 5% ③ 6%
④ 7% ⑤ 10%

389 영미는 농도 25%의 소금물이 담겨있는 컵을 가지고 있다. 영미는 이 컵에 농도 15%의 소금물을 부어서 농도 22%의 소금물 1kg을 만들어 냈다. 처음 영미의 컵에 담겨있었던 농도 25%의 소금물의 양은?

① 600g ② 700g ③ 800g
④ 900g ⑤ 1,000g

390 10% 소금물에서 물 50g을 증발시켰더니 15%의 소금물이 됐다. 이 때, 처음 10% 소금물에서의 소금의 양은?

① 11g ② 12g ③ 13g
④ 14g ⑤ 15g

391 ○○대학교의 체육학과 실기시험 응시자는 총 1,000명이다. 실기시험 점수의 전체 평균이 78점이고, 합격자 평균과 불합격자 평균은 각각 90점, 60점일 때 합격률은 몇 퍼센트인지 구하시오.

① 30% ② 40% ③ 50%
④ 60% ⑤ 70%

392 a부터 g까지 순서대로 알파벳 카드가 총 7장 들어있는 노란 상자에서 영희가 카드 2장을 뽑는다. 이때, 모음이 적힌 카드를 적어도 하나 이상을 뽑을 확률은? (단, 한 번 꺼낸 카드는 다시 넣지 않는다.)

① $\dfrac{6}{17}$ ② $\dfrac{6}{31}$ ③ $\dfrac{1}{26}$
④ $\dfrac{5}{12}$ ⑤ $\dfrac{11}{21}$

393 A, B, C 세사람이 집에서 노래방을 가는데 A와 B는 동시에 출발하고 C는 3분 후에 집에서 출발했다. B와 C가 노래방에 동시에 도착했을 때, A는 노래방으로부터 450m 떨어진 곳에 있었고, A, B, C 세사람의 속력의 비는 3 : 4 : 5 였다. 세 명 모두 일정한 속력으로 움직일 때, B의 속력은?

① 6.8km/h ② 7.0km/h ③ 7.2km/h
④ 7.4km/h ⑤ 7.6km/h

394 5%의 소금물 100g을 잠깐 창가에 두었더니 햇빛에 물이 증발되었다. 그래서 남아있는 소금물에 2% 소금물 50g을 넣었더니 6%의 소금물이 되었을 때, 햇빛에서 증발된 물의 양을 구하시오.

① 10g ② 30g ③ 40g
④ 50g ⑤ 20g

395 오랜만에 고향에 내려가는 철수는 오후 3시에 출발하는 고속버스를 타기 위해 오후 1시에 미리 고속버스터미널에 도착했다. 철수는 남은 시간을 이용하여 미리 음식을 포장해 온 다음 버스 안에서 먹을 예정이다. 터미널에서 음식점까지의 거리는 아래와 같으며, 음식을 포장하는 데 30분이 걸린다고 한다. 철수가 시속 4km로 걸어서 갔다 올 때, 구입할 수 있는 음식의 종류를 모두 나열한 것은? (단, 구입할 수 있는 음식은 한 가지만 가능하다)

음식점	만두	피자	라면	오뎅	호떡
거리	2.3km	1.4km	2.9km	3.5km	2.7km

① 피자
② 피자, 만두
③ 피자, 만두, 호떡
④ 피자, 만두, 호떡, 라면
⑤ 피자, 만두, 호떡, 라면, 오뎅

396 어느 섬나라에서는 교역품을 먼 곳에 팔수록 높은 이득을 얻는다. 교역품을 가득 채운 배는 하루에 100km를 가고, 빈 배는 하루에 150km를 간다고 한다. 출발할 때 교역품을 가득 채운 배가 출발 후 30일 안에 복귀하여 국가에 신고해야 한다면, 가장 높은 이득을 얻기 위해 몇 km 밖의 교역소까지 나갈 수 있는가?

① 1,500km ② 1,600km ③ 1,700km
④ 1,800km ⑤ 1,900km

397 A회사 직원 2명, B회사 직원 4명, C회사 직원 3명이 함께 원탁에 앉아 회의를 하려고 한다. A회사 직원 사이에는 C회사 직원들만 앉을 수 있고, B회사 직원은 A회사 직원 사이에 앉지 못할 때, 전체 앉을 수 있는 경우의 수는 몇 가지인가? (단, 원탁을 회전했을 때 같아지면 같은 경우로 생각하고, 사이에 앉는다는 것은 일반적인 의미로 가정한다. 또한 각 회사의 직원들을 A1, A2 등으로 구별한다.)

① 14,400 ② 15,840 ③ 16,128
④ 18,000 ⑤ 16,256

398 전구 공장에 두 개의 라인이 있다. 하루 A 라인에서는 60,000개를 만들고, B 라인에서는 70,000개를 만들 수 있다. A 라인의 불량률은 3%이고, B 라인의 불량률은 6%일 때, 방금 나온 불량 전구가 A 라인에서 나왔을 확률은?

① 50% ② 45% ③ 40%
④ 35% ⑤ 30%

399 부산 지하철 2호선의 배차간격은 6분이고, 5호선의 배차간격은 8분이다. 오전 6시에 2호선과 5호선이 부산역에 동시에 정차했다면, 오전 7시부터 오전 9시까지 부산역에서 동시에 정차하는 횟수는 몇 번인가?

① 3번 ② 4번 ③ 5번
④ 6번 ⑤ 7번

400 한 음식점이 오픈한 이후 처음 x명의 손님들이 들어왔고, 오전 10시 이후 1분 간격으로 손님이 계속 들어오고 있다. 그런데 오전 10시부터 5분마다 평균 4명의 손님이 나간다면 오전 11시 40분에는 음식점에 손님이 1명도 없게 된다. 만약, 오전 10시부터 10분마다 평균 7명의 손님이 나간다면 오후 12시 20분에는 손님이 1명도 없게 된다. 이 때, 처음 방문한 손님의 수 x를 구하면?

① 31 ② 32 ③ 33
④ 34 ⑤ 35

Day 12 Self Check List	오답 수	무응답 수	풀이시간(분)
1회독	/ 33	/ 33	/ 45(분)
2회독	/ 33	/ 33	/ 40(분)
3회독	/ 33	/ 33	/ 34(분)

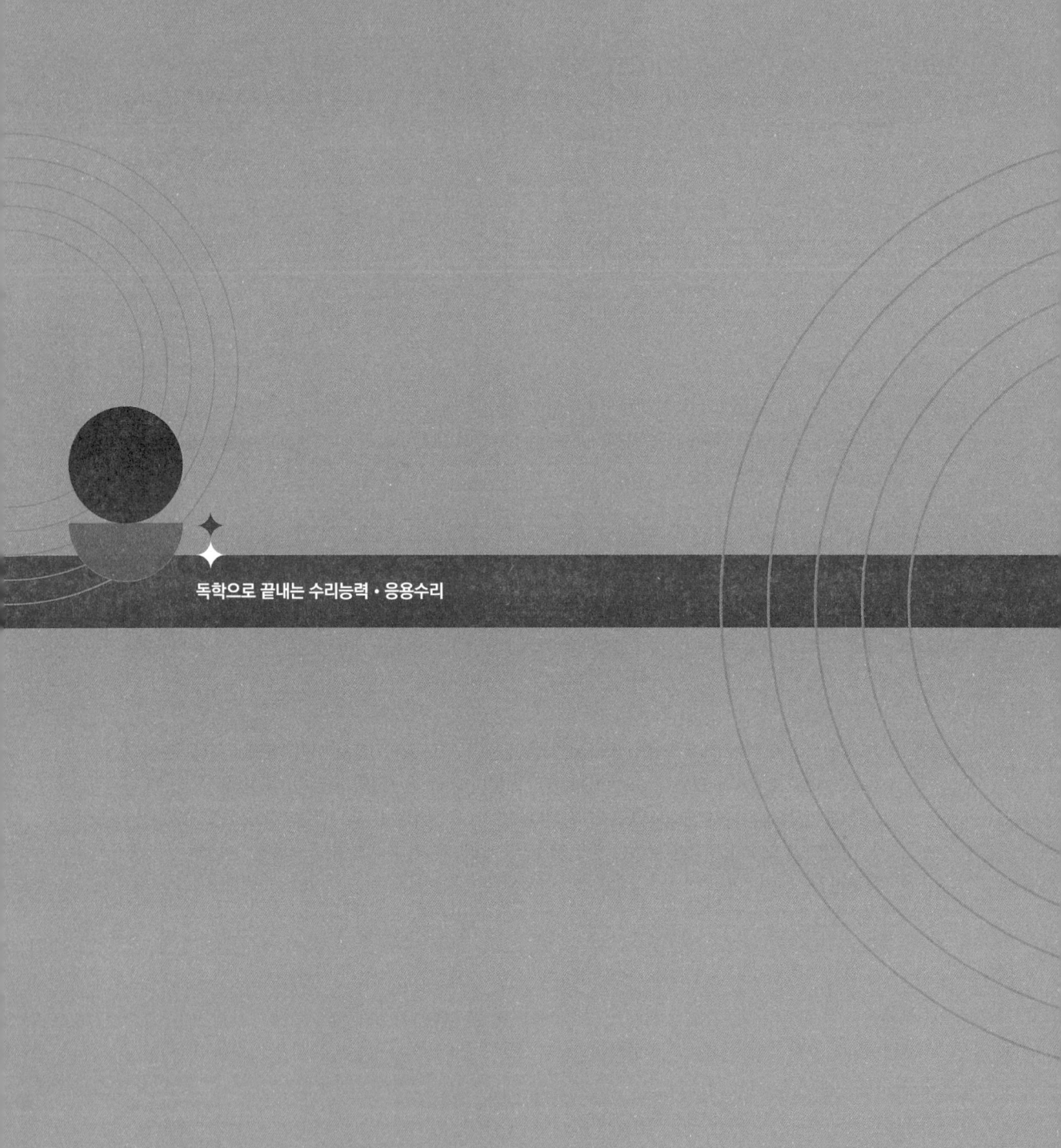

독학으로 끝내는 수리능력·응용수리

유형별
고난도 70제

PART 4

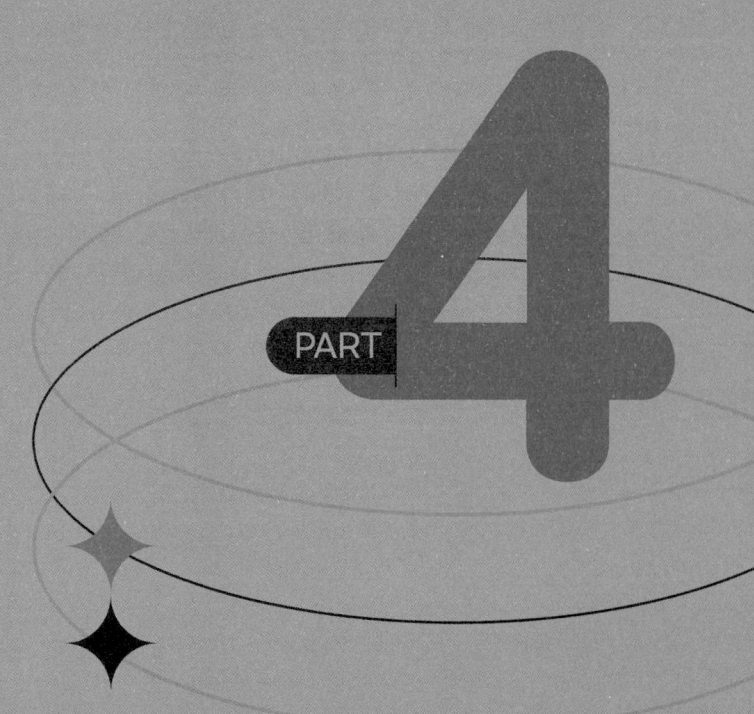

독끝 고난도 13일차 01~35

정답 및 해설 256p

유형 ① 방정식

01 K사의 2018년~2020년의 직원수와 연봉에 대한 정보가 다음과 같다. 2020년의 총 인건비는 2018년의 총 인건비에 비해 8% 증가하였을 때, 2018년의 직원 수는?

> 가. K사의 신입연봉은 3,000만 원이다.
> 나. 2018년의 K사 직원들의 전체 평균연봉은 4,500만 원이다.
> 다. 2019년 1월에 신규채용한 신입사원은 21명이며, 신입사원을 제외한 전 직원은 급여를 5% 인상하였다.
> 라. 2020년에 신규채용한 직원은 없으며, 코로나로 인한 실적부진으로 급여를 동결하였다.
> 마. 2019년에 퇴사한 직원은 없으며, 2020년 1월에 퇴사한 직원은 6명이다.
> 바. 2020년의 평균연봉은 2018년의 평균연봉보다 180만 원 낮다.

① 90명　　② 100명　　③ 110명
④ 120명　　⑤ 130명

02 ○○기업 신입사원 필기시험의 응시인원은 100명이고 합격인원은 20명이다. 이 시험의 최저 합격 점수는 응시생 100명의 평균성적보다 14점 높고, 합격한 응시생의 평균성적보다 6점이 낮았다. 또한, 불합격한 응시생의 평균성적의 4배는 합격한 응시생의 평균성적의 3배보다 8점이 낮았다. 이때, 최저 합격 점수는 얼마인가?

① 78점　　② 80점　　③ 82점
④ 84점　　⑤ 86점

03 자동차 A, B가 연료를 가득 채웠을 때의 연료량의 비는 6 : 5이고, 120km를 주행한 후 남은 연료량의 비는 5 : 4였다. 100km를 더 주행하고 나서 남은 연료량의 비를 측정해보니 4 : 3 일 때, 자동차 A, B의 연비의 비는 얼마인가?

① 9 : 8 ② 10 : 9 ③ 12 : 11
④ 15 : 14 ⑤ 16 : 15

04 오른쪽 그림은 어느 공장의 생산 비용과 수익의 변화를 시간에 따라 그래프로 나타낸 것이다. 이 공장이 운영을 시작할 때에 50억 원의 초기 생산 비용이 들었고 이 생산 비용은 매월 2억 원씩 증가하며, 이때, 수익은 매월 4억 원씩 증가한다고 한다. A부분의 넓이를 손실 구간, B 부분의 넓이를 이익 구간이라 할 때, 손실 구간과 이익 구간이 같아지는 때는 공장 운영을 시작한 지 몇 개월 후인가?

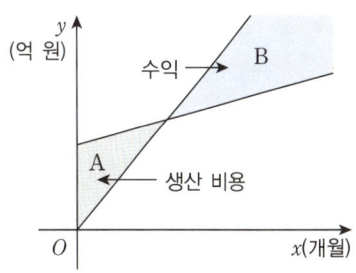

① 25 ② 35 ③ 50
④ 60 ⑤ 75

유형❷ 부등식

05 네 명의 친구 A, B, C, D가 시소를 타며 몸무게를 비교하였더니 다음 그림과 같았을 때, 몸무게가 무거운 친구부터 차례대로 나열한 것은?

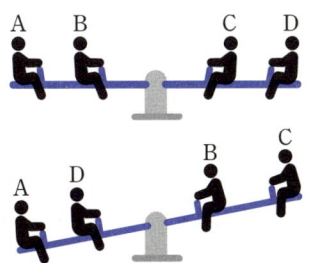
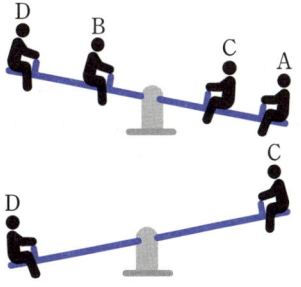

① D, A, B, C ② A, C, D, B ③ B, C, D, A
④ D, A, C, B ⑤ A, D, C, B

06 A회사는 올해 해외 워크샵을 가기로 했다. 워크샵에 참여하는 직원을 대상으로 내년 평가점수에서 과장 이상 직급은 4점, 대리 이하의 직급은 3점의 가산점을 부여한다고 하였다. 이때, 다음 〈조건〉에서 워크샵을 통해 받을 수 있는 총 가산점은 최대 몇 점인가?

> • 조건 •
> • 최대 100명의 직원이 참여할 수 있다.
> • 직원 한 명당 필요한 지원금은 과장 이상 직급이 200만 원, 대리 이하 직급은 120만 원이다.
> • 지원금은 최대 1억 4,560만 원까지 사용할 수 있다.

① 324점 ② 332점 ③ 341점
④ 356점 ⑤ 364점

07 현재 영업본부의 A팀과 B팀의 영업용 샘플 재고를 살펴보니 각각 420개와 120개였다. B팀 재고가 부족하여 A팀이 가지고 있던 샘플을 얻기로 했다. A팀이 샘플을 주고 난 후, A팀의 재고가 B팀 재고의 2배 이상 3배 이하가 되도록 하려면 A팀이 B팀에게 줄 수 있는 샘플 개수의 경우의 수는?

① 46개 ② 47개 ③ 48개
④ 49개 ⑤ 50개

08 다음은 어떤 학생이 자전거를 탄 전체 시간과 줄넘기를 한 전체 시간에 대한 설명이다.

> (가) 자전거를 탄 전체 시간과 줄넘기를 한 전체 시간의 차는 10분 이하이다.
> (나) 자전거를 탄 전체 시간과 줄넘기를 한 전체 시간의 합은 1시간 이하이다.

이 학생이 자전거를 1분 동안 탔을 때 칼로리 소모량은 4kcal이고, 줄넘기를 1분 동안 했을 때 칼로리 소모량은 8kcal이다. 이 학생이 자전거 타기와 줄넘기를 했을 때, 칼로리 소모량의 합의 최댓값은 얼마인가?

① 250 ② 280 ③ 320
④ 350 ⑤ 380

유형 ❸ 수, 과부족 유형

09 세 자리 자연수가 있다. 각 자릿수의 합은 17이고, 십의 자릿수에서 일의 자릿수를 뺀 수는 3이다. 또한, 백의 자릿수와 일의 자릿수를 바꾼 수는 처음 수보다 396 크다고 한다. 이때, 처음 수는 얼마인가?

① 296　　　② 485　　　③ 674
④ 863　　　⑤ 952

10 어떤 회사에서 창업 10주년 기념으로 전직원들에게 100,000원짜리 상품권과 50,000원짜리 상품권을 더하여 총 300장을 나누어 주려고 한다. 100,000원짜리 상품권은 1명에게 3장씩 나누어 주면 6장이 부족하고, 50,000원짜리 상품권은 1명에게 6장씩 나누어 주면 부족하여 1명에게 5장씩 나누어 주면 적어도 직원의 반에게는 50,000원짜리 상품권을 1장씩 더 나누어 줄 수 있다. 회사가 준비한 300장의 상품권은 총 얼마인가?

① 1,890만 원　　　② 1,985만 원　　　③ 2,010만 원
④ 2,105만 원　　　⑤ 2,230만 원

11 한 기숙학원은 올해 신축된 기숙사에 방 배정을 하려고 한다. 학생을 한 방에 6명씩 배정하면 3명이 남고, 8명씩 배정하면 12개의 방이 비어 있고, 한 방은 4명보다 적게 배정된다. 방은 적어도 몇 개여야 하는가?

① 50개　　　② 51개　　　③ 52개
④ 53개　　　⑤ 54개

유형 ❹ 속력, 시간, 거리

12 주호와 수연은 1,500m 떨어져 있는 서로를 향해 마주보고 이동하고 있다. 주호는 시속 3km로 걸어가고 있으며, 수연은 자전거를 타고 시속 9km로 달려오고 있다. 주호와 함께 오고 있던 강아지가 반가운 마음에 시속 5.6km로 달려가 수연과 만난 다음, 다시 주호에게 되돌아 같은 속력으로 뛰어오고, 주호를 만나면 다시 수연에게 달려가는 식으로 주호와 수연 사이를 왔다 갔다 하고 있다. 주호와 수연이 만나면 강아지가 멈춘다고 할 때, 강아지의 총 이동거리는 얼마인가?

① 560m   ② 700m   ③ 810m
④ 1,080m ⑤ 1,200m

13 형식이가 주말마다 달리는 호수의 둘레를 평상시보다 1.5km/h 더 빠르게 걸으면 평상시에 걸리는 시간의 반보다 15분이 더 걸리고, 2km/h 더 느리게 걸으면 평상시보다 30분이 더 걸린다. 이 호수의 둘레의 길이는?

① $\frac{65}{16}$ km   ② $\frac{69}{16}$ km   ③ $\frac{73}{16}$ km
④ $\frac{77}{16}$ km   ⑤ $\frac{81}{16}$ km

14 스피드스케이팅 10,000m 경기는 400m 트랙을 25바퀴 돌아야 하는 종목이다. 두 선수 A, B의 속력의 비는 5 : 3일 때, 경기 시작 후 경기가 끝날 때까지 두 사람이 마주친 횟수는 몇 번인가? (단, 처음 출발점에 함께 있는 경우는 횟수에서 제외한다.)

① 5번   ② 8번   ③ 10번
④ 12번   ⑤ 15번

15 철수와 영미는 하교 후 5km 떨어진 도서관으로 출발하였다. 철수는 영미보다 20분 먼저 자전거를 타고 출발하였으나 영미가 택시를 타고 출발하여 철수보다 10분 먼저 도착하였다. 자전거와 택시의 속력의 비가 2 : 5일 때, 철수가 학교에서 출발한 후, 영미가 철수를 추월한 지점은 학교에서 몇 km 떨어진 곳인가? (단, 두 사람은 같은 경로를 일정한 속력으로 달렸다고 가정한다.)

① $\frac{8}{3}$ km ② $\frac{10}{3}$ km ③ 4 km

④ $\frac{14}{3}$ km ⑤ $\frac{16}{3}$ km

유형 ❺ 농도

16 A컵에는 12%의 설탕물이, B컵에는 18%의 설탕물이 각각 300g씩 들어 있다. A, B 각각에서 x g씩 덜어내어 A의 것을 B에, B의 것을 A에 넣고 섞은 결과 A와 B의 농도의 비는 4 : 3이 되었다. x의 값은?

① $\frac{1,500}{7}$ g ② $\frac{1,600}{7}$ g ③ $\frac{1,700}{7}$ g

④ $\frac{1,800}{7}$ g ⑤ $\frac{1,900}{7}$ g

17 6%의 소금물 Ag과 8%의 소금물 Bg, 12%의 소금물 Cg을 다 섞으면 7%의 소금물 2,000g을 만들 수 있고, 6%의 소금물 Bg, 12%의 소금물 Cg을 섞으면 9%의 소금물이 된다고 한다. 이때, A : B : C는?

① 5 : 3 : 2 ② 6 : 1 : 1 ③ 6 : 3 : 2
④ 8 : 4 : 1 ⑤ 8 : 3 : 2

18 4%의 소금물 1,500g이 담겨 있는 수족관은 1시간에 20g씩 증발한다. 이 수족관의 물고기는 농도가 5% 이상으로 올라가면 살 수가 없다고 하여 이 수족관에 센서를 달아 농도가 5%가 되면 알람이 울린다. 이때, 처음으로 알람이 울리는 때는 몇 시간 후인가?

① 13시간　　　② 14시간　　　③ 15시간
④ 16시간　　　⑤ 17시간

유형 ❻ 일률

19 풀장에 물을 채우는 데 A관과 B관을 동시에 틀어 놓으면 4시간, B관과 C관을 동시에 틀어 놓으면 3시간, A관과 C관을 동시에 틀어 놓으면 5시간이 걸린다. 이때, A, B, C관을 동시에 사용하면 풀장의 물을 가득 채우는 데 약 몇 시간 정도 걸릴까?

① 1시간　　　② 1시간 33분　　　③ 2시간
④ 2시간 33분　　　⑤ 3시간

20 A기계로 먼저 36시간을 가동하여 제품을 생산한 후, B기계를 추가로 가동하여 두 기계로 10,000개의 정상제품을 생산하려고 한다. 두 기계의 생산율과 불량률이 다음과 같을 때, 10,000개의 제품을 생산하기 위해 걸리는 총 시간은?

- 불량품을 포함하여 제품 100개를 만드는데 A기계는 4시간이 걸리고, B기계는 3시간이 걸린다.
- 두 기계를 동시에 가동하면 시간당 정상제품 생산량이 각각 16%씩 상승한다.
- A기계의 불량률은 20%이고 B기계의 불량률은 10%이다.

① 121 시간　　　② 144 시간　　　③ 169 시간
④ 196 시간　　　⑤ 216 시간

21 어느 공예품을 만드는 아버지와 아들이 있다. 아들이 1시간 동안 만드는 공예품의 수는 아버지가 1시간 동안 만드는 공예품의 개수보다 4개가 적다. 아들이 혼자 180개의 공예품을 만드는 데 걸리는 시간은 아버지와 아들이 함께 360개의 공예품을 만드는 데 걸리는 시간보다 3시간이 더 걸린다고 할 때, 아들이 혼자 180개의 공예품을 만드는 데 걸리는 시간 동안 아버지가 만들 수 있는 공예품의 개수는 얼마인가?
(단, 아버지와 아들이 공예품을 만드는 속도는 일정하다.)

① 152
② 196
③ 234
④ 252
⑤ 284

22 L놀이동산의 매표소 앞에는 티켓을 사기 위한 줄이 서있다. 1분마다 20명이 줄에 추가되는 상황에서, 매표소의 창구가 1개일 때 1시간만에 모든 줄이 사라지고, 창구가 5개일 때는 8분만에 모든 줄이 사라진다고 한다. 매표소에서 티켓을 판매하기 시작했을 때, 이미 줄을 서 있던 사람들은 모두 몇 명인가? (단, 모든 창구에서는 1분간 같은 장수의 티켓을 판매하며, 창구가 여러 개라 하더라도 줄은 하나로 선다.)

① 1,880명
② 1,900명
③ 1,920명
④ 1,940명
⑤ 1,960명

유형 ❼ 원가, 정가, 할인가

23 수현은 2마의 원단으로 3벌의 옷을 만들어 팔려고 한다. 원단은 1마에 6,000원이며, 옷 30벌을 만들어 1벌당 정가 18,000원에 팔았다. 전체의 $\frac{3}{5}$이 팔리고 남은 것이 팔리지 않아 할인해서 판매하려고 할 때, 이익을 최소 35만 원 이상 가져가려면 해줄 수 있는 최대 할인율은 얼마인가? (단, 소수점 첫째자리까지 구한다.)

① 31%
② 31.7%
③ 32.4%
④ 33.1%
⑤ 33.8%

24 어떤 뷔페의 1일 평균 이용객 수는 주중은 80명, 주말은 120명이다. 인당 이용금액은 주중과 주말이 각각 27,000원, 32,000원일 때, 가격을 x% 인상하면 1일 평균 이용객 수가 가격 인상 전보다 $\frac{x}{3}$% 감소한다. 1주 평균 매출액을 462만 원 이상 올리려면 인당 이용금액을 최소 몇 % 이상 인상하면 되는가?

① 5%   ② 20%   ③ 35%
④ 50%   ⑤ 65%

25 어떤 상품의 판매가격을 x% 내리면 판매량은 $2x$% 늘어난다고 한다. 가격을 내린 후의 총 판매액이 원래 총 판매액의 $\frac{10}{9}$배 이상이 되도록 하는 x의 값의 범위가 $a \leq x \leq b$일 때, $a+b$의 값은?

① 35   ② 42   ③ 50
④ 56   ⑤ 65

26 어느 과일 가게에서 사과 600개와 배 600개를 48만 원에 구입하여 사과에는 20%, 배에는 40%의 이익을 붙여 정가를 정했다. 사과 전체의 $\frac{2}{3}$, 배 전체의 $\frac{1}{2}$을 정가로 팔고, 남은 사과와 배는 각각 정가에서 10%, 20%를 할인하여 모두 팔아 106,800원의 이익을 얻었을 때, 사과 한 개의 정가는?

① 320원   ② 340원   ③ 360원
④ 380원   ⑤ 400원

유형 ❽ 나이, 날짜, 요일

27 A연구팀은 그 동안의 연구성과를 인정받아 보너스 4,000만 원을 받았다. 팀장은 이 보너스를 연차에 비례해서 팀원 3명에게 나눠 주었더니 가장 연차가 오래 된 팀원이 1,800만 원을 받게 되었다. 그로부터 4년 후인 현재, A연구팀에서 개발한 제품이 큰 성과를 얻어 보너스 1억 2천만 원을 받게 되었다. 이번에도 팀장은 연차에 비례하여 상금을 나누었을 때, 가장 낮은 연차의 팀원이 3,000만 원을 받게 되었다면, 현재 연차가 두 번째인 팀원의 연차는 몇 년인가? (단, 처음 보너스를 받았던 4년 전 A연구팀원들의 연차는 모두 1년 이상, 10년 이하이며, 정수로 계산한다.)

① 5년　　　　　　② 7년　　　　　　③ 9년
④ 11년　　　　　　⑤ 13년

28 현재 3명의 남매 중 첫째의 나이는 셋째의 나이의 2배이다. 둘째가 20살이 되면 셋째의 나이는 첫째의 나이의 $\frac{3}{4}$이 된다고 할 때, 현재 둘째의 나이는 몇 세인가?
(단, 삼남매 중 어느 누구도 같은 나이는 없다.)

① 6세　　　　　　② 8세　　　　　　③ 10세
④ 12세　　　　　　⑤ 14세

29 2021년 5월 1일은 토요일이다. 이 해에는 13일의 금요일인 날이 모두 몇 번 있겠는가?
(단, 2021년은 윤년이 아니다.)

① 1번　　　　　　② 2번　　　　　　③ 3번
④ 4번　　　　　　⑤ 5번

유형 ⑨ 시계

30 정오 12시 정각부터 자정 전까지 분침이 시침을 지나치는 경우는 몇 번인가?

① 8번　　② 9번　　③ 10번
④ 11번　　⑤ 12번

31 현재 1시 정각일 때, 시침과 분침이 처음으로 직각이 되는 시각부터 두 번째로 직각이 되는 시각까지 몇 분이 흐르는가?

① $\frac{240}{11}$ 분　　② $\frac{280}{11}$ 분　　③ $\frac{320}{11}$ 분
④ $\frac{360}{11}$ 분　　⑤ $\frac{400}{11}$ 분

32 어느 은행의 벽에 각 주요 도시별 현지 시각을 나타내는 시계가 걸려있다. 한국시간으로 정오 12시 이후 런던 시계가 처음으로 시침과 분침이 직각을 이뤘을 때부터 서울 시계가 처음으로 시침과 분침이 직각을 이루고 있을 때까지 걸린 시간은 얼마인가?
(단, 런던은 서울보다 8시간 느리다.)

① $\frac{30}{11}$ 분　　② $\frac{120}{11}$ 분　　③ $\frac{240}{11}$ 분
④ $\frac{360}{11}$ 분　　⑤ $\frac{480}{11}$ 분

유형 ⑩ 약수와 배수, 톱니바퀴, 간격

33 가로와 세로, 높이의 길이가 각각 5.88m, 4.2m, 3.36m인 컨테이너 박스에 정육면체 모양의 박스를 빈틈없이 채우려고 한다. 가능한 한 부피가 가장 큰 박스로 채우려고 할 때, 필요한 박스의 개수는?

① 120개 ② 140개 ③ 160개
④ 180개 ⑤ 200개

34 다음은 가맹점 A~E의 월매출액에 대한 정보이다. 가맹점 D의 월매출액은 얼마인가?

> ㄱ. 가맹점 A 월매출액은 가맹점 E 월매출액의 $\frac{1}{5}$이다.
> ㄴ. 가맹점 B 월매출액은 가맹점 E 월매출액의 $\frac{1}{7}$이다.
> ㄷ. 가맹점 C 월매출액은 가맹점 A와 B의 월매출액 합계의 $\frac{1}{3}$이다.
> ㄹ. 가맹점 D 월매출액은 가맹점 A와 B의 월매출액의 평균이다.
> ㅁ. 가맹점 A~E의 월매출액은 모두 1,000만 원 이상 1억 미만이다.
> ㅂ. 가맹점 A~E의 월매출액은 모두 10만 원 단위이며, 100만 원 단위는 없다.

① 1,460만 원 ② 1,620만 원 ③ 1,840만 원
④ 1,960만 원 ⑤ 2,160만 원

35 남북 정상회담이 열리고 있는 한 직사각형 건물의 둘레에 보안경찰을 일정한 간격을 두고 배치하려고 한다. 건물의 가로와 세로는 각각 252m, 216m이고, 보안경찰의 간격은 최소 10m를 넘어서는 안 될 때, 건물 둘레에 배치할 수 있는 최소한의 보안경찰은 몇 명인가? (단, 건물의 네 모퉁이에는 보안경찰을 반드시 배치해야 한다.)

① 104 ② 96 ③ 88
④ 80   ⑤ 72

독끝 고난도 14일차 36~70

정답 및 해설 289p

유형 ⑪ 집합

36 K대학의 약학대학 내 A, B, C동아리에서 이번에 입학한 1학년 신입생 200명을 대상으로 신규 동아리원을 모집하였다. 각 동아리의 모집인원은 각각 100명, 80명, 60명이고, 세 개의 동아리를 모두 신청한 신입생의 수와 동아리를 하나도 신청하지 않는 신입생의 수가 같다. 동아리를 두 개만 신청한 신입생 수는 동아리를 하나도 신청하지 않은 신입생 수의 7배일 때, 동아리를 하나만 신청한 신입생의 수를 구하시오.

① 106   ② 128   ③ 136
④ 142   ⑤ 155

37 22명의 학생을 대상으로 세 문제 A, B, C를 맞힌 학생 수를 조사하였더니 각각 11명, 9명, 15명이고, 세 문제를 모두 맞힌 학생은 4명이었다. 한 문제도 맞히지 못한 학생은 없다고 할 때, 세 문제 중 두 문제만 맞힌 학생의 수는?

① 4명   ② 5명   ③ 6명
④ 7명   ⑤ 8명

38 어느 지역 주민 100명을 대상으로 세 마트 A, B, C의 이용 경험을 조사하였더니 각 마트를 이용한 경험이 있다고 대답한 사람은 각각 42명, 35명, 50명이었고, A, B를 모두 이용한 경험이 있는 사람은 15명, A, C를 모두 이용한 경험이 있는 사람은 10명, 어느 곳도 이용한 경험이 없는 사람은 5명이었다. 세 군데 중 두 군데 이상 이용한 경험이 있는 지역 주민 수의 최댓값과 최솟값의 합은?

① 48   ② 54   ③ 64
④ 72   ⑤ 81

유형⑫ 경우의 수

39 오른쪽 그림과 같은 5개의 영역을 각각 서로 다른 4가지 색을 사용하여 칠하려고 한다. 같은 색을 여러 번 사용해도 되지만 변끼리 인접한 영역은 서로 다른 색을 칠할 때, 칠하는 방법의 수는?

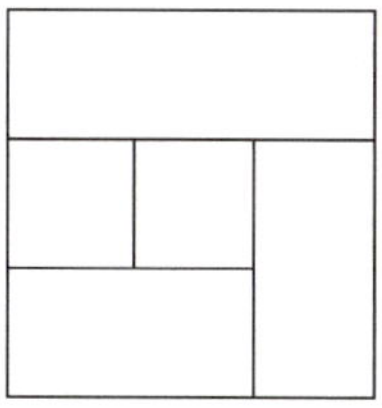

① 24 ② 48 ③ 60
④ 72 ⑤ 84

40 A반 학생 3명, B반 학생 8명이 5인석 벤치 3개에 나누어 앉으려고 한다. 한 벤치에 A반 학생과 B반 학생이 각각 적어도 1명씩은 앉는다고 할 때, 이들 11명이 벤치에 앉는 방법의 수는?

① 770 ② 1,320 ③ 2,310
④ 3,150 ⑤ 4,620

41 정육면체의 6면을 최대 서로 다른 4가지의 색 A, B, C, D로 칠하려고 한다. 한 면에는 한 가지 색만 칠하고 같은 색을 여러 번 사용해도 되지만 이웃하는 면은 같은 색으로 칠하지 않는다고 할 때, 칠하는 방법의 수는? (단, 회전하여 일치하는 것은 같은 것으로 본다.)

① 6 ② 10 ③ 12
④ 18 ⑤ 24

42 1부터 999까지의 수가 각각 하나씩 적힌 카드 중에서 숫자 0을 포함하지 않는 수가 적힌 카드는 모두 몇 장인가?

① 729 ② 752 ③ 793
④ 819 ⑤ 851

유형 ⓓ 확률

43 상자 A에는 흰 공 2개, 검은 공 5개가 들어 있고, 상자 B에선 흰 공 3개, 검은 공 2개가 들어 있다. 두 상자 A, B 중에서 한 상자를 임의로 선택하여 2개의 공을 동시에 꺼냈더니 흰 공 1개, 검은 공 1개가 나왔을 때, 두 공 모두 상자 A의 공일 확률은?

① $\dfrac{8}{113}$ ② $\dfrac{7}{210}$ ③ $\dfrac{50}{113}$
④ $\dfrac{113}{210}$ ⑤ $\dfrac{81}{113}$

44 희수가 서로 다른 두 개의 동전을 동시에 던질 때, 나오는 앞면의 개수만큼 효원이가 동전을 던진다. 효원이가 동전을 던져서 나온 앞면의 개수가 1일 때, 희수가 동전을 던져서 나온 앞면의 개수가 1일 확률은?

① $\dfrac{1}{4}$ ② $\dfrac{1}{3}$ ③ $\dfrac{1}{2}$
④ $\dfrac{2}{3}$ ⑤ $\dfrac{3}{4}$

45 갑과 을이 이기면 1점을 얻는 게임을 반복하여 먼저 5점을 얻는 사람이 상금 8만 원을 모두 갖기로 하였다. 이때, 갑이 3점을 얻고 을이 2점을 얻은 상황에서 급한 일이 생겨 게임을 중단하고 우승할 확률에 따라 상금을 나누기로 하였다. 갑이 가져가야 할 상금은? (단, 갑과 을이 각 게임에서 이길 확률은 서로 같으며, 비기는 경우는 없다.)

① 45,000원 ② 50,000원 ③ 55,000원
④ 60,000원 ⑤ 65,000원

46 두 상자 A, B에는 흰 구슬과 검은 구슬이 섞여서 각각 100개씩 들어 있고, 상자 B에 들어 있는 검은 구슬의 개수는 상자 A에 들어 있는 흰 구슬의 개수의 2배이다. 두 상자 A, B에서 각각 1개씩 임의로 꺼낸 구슬이 서로 같은 색일 때 그 색이 흰 색일 확률이 $\frac{2}{9}$일 때, 상자 A에 들어 있는 흰 구슬의 개수는?

① 24　　　② 27　　　③ 30
④ 33　　　⑤ 36

유형⑭ 응용계산

47 다음 그림과 같이 정사각형의 박스를 점선 모양으로 접어서 △ABC를 밑면으로 하는 삼각뿔을 만들어서 밑면에서 10cm인 곳까지 물을 부었다. 이 삼각뿔을 △ABD가 밑면이 되도록 돌리면 물의 높이는 밑면에 몇 cm까지 올라오는가?

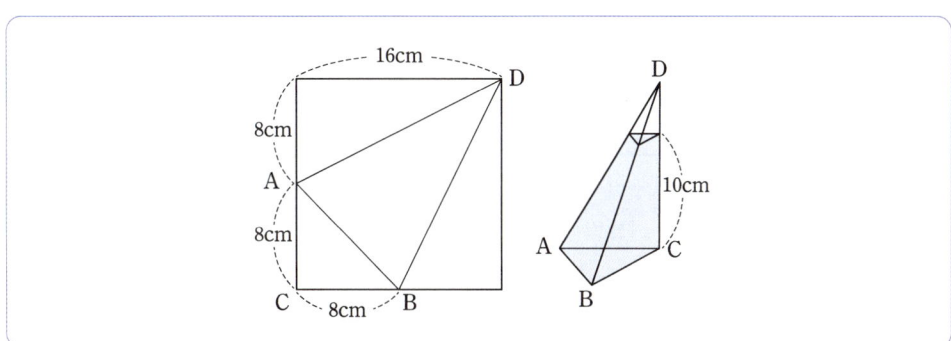

① $\frac{10}{3}$　　　② 4　　　③ $\frac{13}{3}$
④ 5　　　⑤ $\frac{16}{3}$

48 다음 그림과 같이 이웃한 두 교차로 사이의 거리가 모두 같은 도로망이 있다.

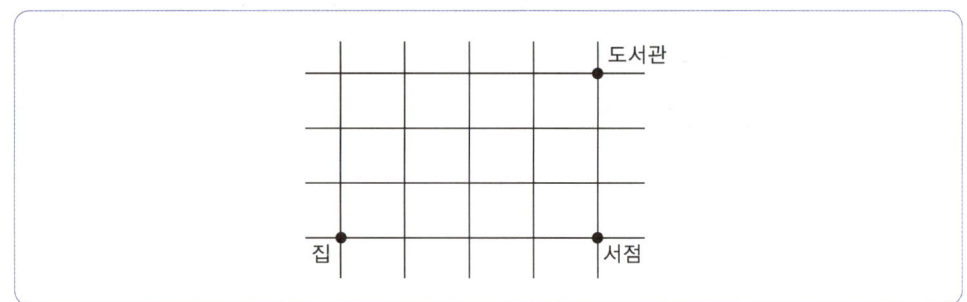

철수가 집에서 도로를 따라 최단거리로 약속 장소인 도서관으로 가다가 어떤 교차로에서 약속 장소가 서점으로 바뀌었다는 연락을 받고 곧바로 도로를 따라 최단 거리로 서점으로 갔다. 철수가 집에서 서점까지 갈 수 있는 모든 경로의 수는 얼마인가? (단, 집에서 서점까지 지나 온 길이 같은 경우 하나의 경로로 본다. 예를 들어, [그림 1]과 [그림 2]는 연락 받은 위치는 다르나, 같은 경로이다. 또한, 철수가 도서관에 도착한 후에 서점으로 가는 경우도 포함한다.)

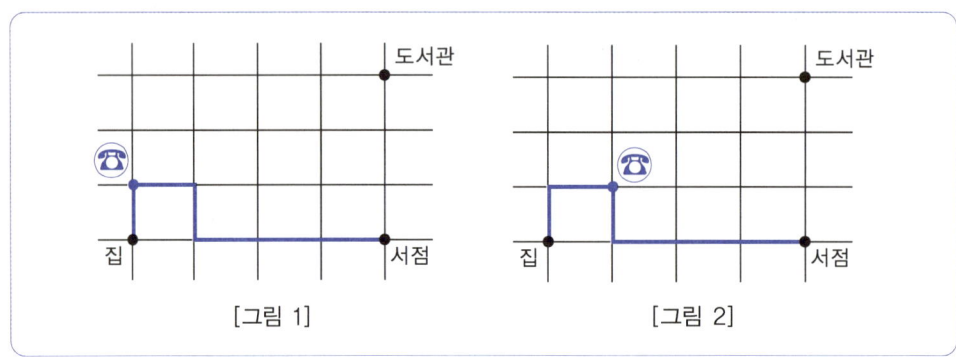

① 210 ② 234 ③ 258
④ 271 ⑤ 296

49 어떤 살아있는 쥐에 있는 세균 S의 개체 수는 4이고, 세균 T의 개체 수는 256이다. 그 쥐가 살아 있는 동안에는 두 세균의 개체 수에 변함이 없고, 죽는 순간부터 세균 S의 개체 수는 4시간마다 두 배로 증가하며, 세균 T의 개체 수는 6시간마다 두 배로 증가한다. 쥐가 죽은 후 두 세균 S와 T의 개체 수가 같아졌을 때, 세균 S의 개체 수는?

① 2^{12} ② 2^{16} ③ 2^{20}
④ 2^{24} ⑤ 2^{28}

50 자연수 n에 대하여 구슬과 막대를 이용하여 다음 그림과 같은 모양의 도형을 만들 때, [도형 n]에 사용된 구슬의 개수를 a_n, 막대의 개수를 b_n이라 하자. [도형 1]부터 [도형 10]까지 만들었을 때 사용된 모든 구슬의 개수와 막대의 개수의 차는?

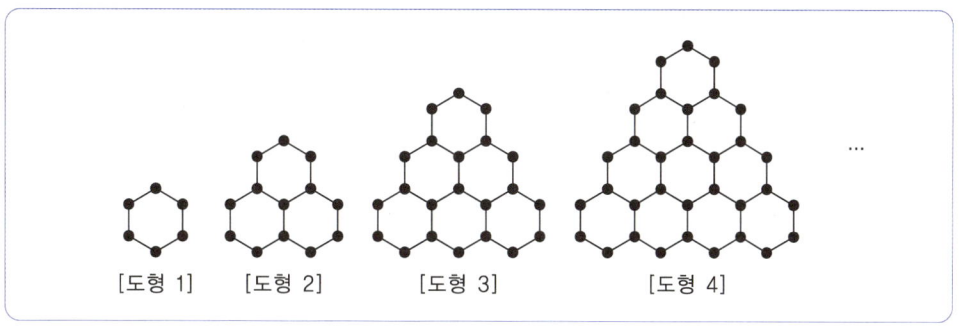

① 120   ② 150   ③ 180
④ 210   ⑤ 240

유형⑮ 원리합계, 환율(은행권+금융공기업 대비유형)

51 S 은행에는 연이율 3.3%의 단리와 복리로 운영되는 3년 만기 상품이 있다. 2,000만 원으로 이 예금 상품에 가입한다면, 만기 시점에 받게 될 원리금은 각각 얼마인가? (단, 단리와 복리 각각의 원리금을 구하며, 원리금은 반올림하여 원 단위까지 표시한다. $(1.033)^3 = 1.102$로 계산한다.)

① 단리: 2,178,000원, 복리: 2,204,000원
② 단리: 2,198,000원, 복리: 2,204,000원
③ 단리: 2,218,000원, 복리: 2,315,606원
④ 단리: 2,298,000원, 복리: 2,315,606원
⑤ 단리: 2,298,000원, 복리: 2,357,853원

52 철수는 은행에 방문하여 예금상품에 대해 알아보고 있다. 다음 대화의 빈칸에 들어갈 금액은?
(단, 이자소득세는 15.4%이며, $(1.06)^5=1.3$으로 계산한다.)

> 철수: 예금 상품 좀 추천 부탁드립니다.
> 직원: 네, 고객님. 현재 연복리로 운영되는 연이율 6% 예금 상품이 있습니다.
> 철수: 그럼 제가 1,000만 원을 5년 동안 예치하면 받게 되는 금액은 얼마인가요?
> 직원: 네, 5년 만기 때 받게 되는 금액은 이자소득세를 제외하면 ☐ 입니다.

① 1,099만 8천 원　② 1,153만 6천 원　③ 1,206만 원
④ 1,253만 8천 원　⑤ 1,300만 원

53 K은행에는 연이율 4%, 10년 만기인 단리 예금 상품이 있고, W은행에는 연이율 4%, 10년 만기인 복리 예금 상품이 있다. 재석과 지효가 각자 가지고 있는 500만 원으로 각각 K은행과 W은행에 있는 예금상품에 가입한다면, 두 사람이 만기 시점에 받게 될 금액의 차는 얼마인가?
(단, $(1.04)^{10}=1.48$로 계산한다.)

① 36만 원　② 40만 원　③ 44만 원
④ 48만 원　⑤ 52만 원

54 혜진은 1월부터 매월 초에 일정 금액을 적립하는 1년 만기 정기적금을 가입하여 1,000만 원을 마련하려고 한다. 월이율 2%, 월복리로 계산될 때, 혜진이 매월 은행에 적립해야 하는 금액은?
(단, $(1.02)^{12}=1.27$로 계산하고, 백 원 미만은 버린다.)

① 694,300원　② 713,000원　③ 726,200원
④ 732,000원　⑤ 741,500원

55 2년 후 유학을 준비하는 어떤 학생이 유학준비자금 2,000만 원을 마련하기 위하여 월이율 1.5%, 매월마다 복리로 계산하는 적금에 가입하려고 한다. 매월 말일에 받은 월급의 일부를 적립하기 시작하여 2년 동안 적립할 때 내년 말까지 준비자금을 마련하려면 매월 적립해야 할 금액은 얼마인가? (단, $(1.015)^{24}=1.42$으로 계산하며, 백 원 미만은 버린다.)

① 678,400원 ② 687,000원 ③ 696,300원
④ 705,000원 ⑤ 714,200원

56 영희는 매월 초에 10만 원씩 월이율 0.3%의 복리로 2년 동안 적립하고, 민호는 매월 말에 20만 원씩 월이율 0.3%의 복리로 1년 동안 적립한다. 영희가 만기 후 받는 금액은 민호가 만기 후 받는 금액의 몇 배인가? (단, $(1.003)^{12}=1.04$로 계산하며, 소수점 넷째자리에서 반올림한다.)

① 1.023배 ② 1.026배 ③ 1.029배
④ 1.032배 ⑤ 1.035배

57 명호는 노후를 위해 연봉의 일부를 매년 초에 연이율 5%, 복리로 운영되는 적금에 적립하는데, 임금 인상률을 감안하여 매년 전년도보다 5%씩 증액하려고 한다. 2021년에 첫 적립금액이 500만 원일 때, 2040년 말에 쌓인 총적립금은 얼마인가? (단, $1.05^{19}=2.52$로 계산한다.)

① 1억 2,630만 원 ② 1억 3,250만 원 ③ 1억 6,460만 원
④ 2억 1,230만 원 ⑤ 2억 6,460만 원

58 K기업은 은행에서 사업투자자금으로 10억원을 연이율 4%로 대출받았다. 2023년 초에 받은 대출은 10년 뒤인 2032년 말까지 매년 말마다 같은 금액을 지불하여 10회에 걸쳐 모두 갚아야 할 때, 매년 갚아야 할 금액은 얼마인가? (단, $1.04^{10}=1.48$로 계산하며, 백 원 미만은 버린다.)

① 108,666,600원 ② 112,333,300원 ③ 119,666,600원
④ 123,333,300원 ⑤ 128,666,600원

59 수영은 현재 가지고 있는 자금 2,000만 원으로 5년간 어떤 예금 상품에 예치할지 고민하고 있다. 다음 두 상품의 조건을 보고 더 유리한 예금 상품을 가입하려고 할 때, 상품의 이름과 이자의 차액은 얼마인가? (단, 수영은 N은행에서 우대이율을 최대 한도로 받을 수 있으며, $(1.03)^5=1.16$으로 계산한다.)

[N은행 예금 상품]
- 기본이율: 3.5%
- 단리로 운영
- 우대이율 +0.5%p까지 가능
- 일반과세 15.4% 적용

[S은행 예금 상품]
- 기본이율: 3%
- 복리로 운영
- 비과세 적용

① S은행 상품, 94,000원
② N은행 상품, 124,000원
③ S은행 상품, 144,000원
④ N은행 상품, 184,000원
⑤ S은행 상품, 324,000원

60 철수는 가격이 2,000만 원인 자동차를 60개월 할부로 구입하였다. 이 카드는 할부 이율이 월복리 4%이고 이달 말부터 매월 같은 금액이 빠져나갈 때, 월 할부금은 얼마인가? (단, $1.04^{60}=10.52$으로 계산하고, 천 원 미만은 버린다.)

① 584,000원
② 684,000원
③ 784,000원
④ 884,000원
⑤ 984,000원

61 미나는 유럽 여행을 앞두고 원화 100만 원을 찾아 1월 7일에 500달러와 200유로로 환전하였고, 여행 중 450달러와 180유로를 사용하였다. 여행에서 돌아온 후 1월 15일에 잔액을 모두 원화로 환전하였다면 미나가 가지고 있는 원화의 총액은 얼마인가? (단, 수수료는 고려하지 않는다.)

환전일	구분	현금 살 때	현금 팔 때
1월 7일	유로화	1,250원	1,200원
	달러화	1,080원	1,040원
1월 15일	유로화	1,340원	1,290원
	달러화	1,130원	1,090원

① 76,500원
② 154,600원
③ 210,400원
④ 290,300원
⑤ 314,200원

62 서진이는 여행을 앞두고 6월 15일에 미리 여행경비 100만 원을 환전하려고 했으나, 까먹고 미처 하지 못했다. 그런데 환율이 계속 오르자 7월 1일 급하게 가진 돈의 절반을 달러로 환전했고, 남은 돈은 7월 6일에 모두 환전했다. 이때, 서진이가 6월 15일에 모두 환전했을 때와 비교하면 몇 % 손해를 보았는가? (단, 소수점 두 번째 자리에서 반올림하며, 수수료는 고려하지 않는다.)

환전일	현금 살 때	현금 팔 때
6월 15일	1,000원	960원
7월 1일	1,750원	1,680원
7월 6일	1,350원	1,310원

① 28.8%   ② 34.4%   ③ 43.1%
④ 54.7%   ⑤ 65.6%

63 이 과장은 9월 30일에 출국하여 원화 90만 원을 위안화로 환전하였다. 그 중 80%를 경비로 사용하고 돌아와 남은 금액을 전부 10월 3일에 환전하려고 하였으나 하루 늦은 4일에 원화로 전부 환전하였다. 환전 수수료가 1%일 때, 하루 늦게 환전하여 이 과장이 손해 본 금액은? (단, 환전 수수료는 살 때와 팔 때 모두 동일하며, 환전 시 소수점 첫째 자리에서 반올림한다.)

구분	통화	현금 살 때	현금 팔 때
9월 30일		160원	157원
10월 1일		162원	159원
10월 2일	위안(CNY)	165원	162원
10월 3일		170원	167원
10월 4일		168원	165원

① 2,178원   ② 2,206원   ③ 2,417원
④ 2,536원   ⑤ 2,603원

64 A씨는 이탈리아 여행을 가기 위해 원화 150만 원을 12월 23일에 100달러짜리 지폐 5장과 100유로짜리 지폐 5장으로 환전해 두었다. 여행 중 달러화의 40%, 유로화의 80%를 사용하고 남은 금액을 1월 2일에 모두 다시 원화로 바꾸었을 경우 A씨의 원화의 총 잔액은? (단, 수수료는 고려하지 않는다.)

환전일	구분	현금 살 때	현금 팔 때
12월 23일	달러화	1,070원	1,040원
	유로화	1,230원	1,150원
1월 2일	달러화	1,080원	1,050원
	유로화	1,250원	1,210원

① 695,000원 ② 754,000원 ③ 786,000원
④ 812,000원 ⑤ 843,000원

65 세호는 하와이로 휴가를 가기 위해 아래와 같이 여행 준비를 하고 있다. 이때, 여행 경비는 원화로 총 얼마인가? (단, 제시된 환율을 기준으로 하고 수수료는 고려하지 않는다.)

- 여행 경비는 숙박비, 왕복 항공권, 기타 경비이다.
- 숙박은 두 곳에 예약하여 모두 5박이다.
- 숙박 한 곳은 2월 1일 기준 환율로 2박 예약에 총 258 USD를 지불했다.
- 다른 한 곳은 2월 2일 기준 환율로 3박 예약에 총 402 USD를 지불했다.
- 왕복 항공권은 원화로 1,723,000원을 결제하였다.
- 기타 경비: 2월 3일 은행에서 2,000 USD를 환전하였다.

구분	2월 1일	2월 2일	2월 3일
환율 (원/USD)	1,130	1,175	1,260

① 5,006,890원 ② 5,217,000원 ③ 5,427,000원
④ 5,637,000원 ⑤ 5,847,000원

66 동은과 연진은 환율의 변동을 이용하여 차익을 노리는 재테크 방식인 '환테크'로 수익을 내려고 한다. 두 사람이 다음 표는 주요 통화의 원화 환율을 나타낸 것일 때, 동은과 연진이가 환전으로 얻은 이익의 합계를 구하면? (단, 제시된 내용 외에 다른 내용은 고려하지 않는다.)

[주요 통화의 원화 환율]

구분	환전수수료	2월 1일		10월 1일		12월 31일	
1달러	1.2%	살 때	1,150	살 때	1,320	살 때	1,230
		팔 때	1,120	팔 때	1,280	팔 때	1,200
1엔	1.0%	살 때	10.8	살 때	12.3	살 때	10.6
		팔 때	10.5	팔 때	12.0	팔 때	10.3

- 동은은 2월 1일에 원화를 3,000달러로 환전하였고, 이 중 1,000달러를 10월 1일에, 나머지 2,000달러를 12월 31일에 다시 원화로 환전하였다.
- 연진은 2월 1일에 원화를 300,000엔으로 환전하였고, 이 중 160,000엔을 10월 1일에, 나머지 140,000엔을 12월 31일에 다시 원화로 환전하였다.

① 310,460원 ② 331,960원 ③ 348,020원
④ 362,040원 ⑤ 412,460원

67 선호는 2020년 7월 1일, 원금 2,000만 원을 계좌에 입금 후, 미국 국채 3년물 상품에 투자하였다. 다음은 미국채권의 투자 조건과 환율변동상황일 때, 채권만기일인 2023년 7월 1일, 계좌에 남아 있는 원리금은 모두 얼마인가? (단, 투자금액은 달러단위까지 가능하며, $(1.04)^3$ =1.12로 계산한다. 또한, 매수수수료 및 환전수수료는 무시한다.)

[선호의 투자 조건]
- 미국 채권은 원화를 달러로 환전하여 투자할 수 있다.
- 미국 국채는 확정이자로 연 3%이며, 이자에 대하여 이자소득세 15.4%를 과세한다.
- 이자는 연 2회 지급되며, 3년간 6회 수령 후, 채권 만기일에 원금을 받는다.
- 이자와 원금 모두 원화로 수령하기로 하였다.
- 위의 조건 외에 다른 것은 고려하지 않는다. (영업일 등은 무시한다.)

[환율변동사항]

달러화 (원/달러)	2020년 7월 1일	2021년 1월 1일	2021년 7월 1일	2022년 1월 1일	2022년 7월 1일	2023년 1월 1일	2023년 7월 1일
살 때	1,200	1,080	1,150	1,193	1,348	1,230	1,170
팔 때	1,160	1,040	1,110	1,150	1,320	1,190	1,130

① 20,301,190원
② 20,526,720원
③ 20,748,460원
④ 20,941,250원
⑤ 21,131,060원

68 진우는 기사에서 "브라질국채 이율 10%!"라는 글을 보고 2013년 1월 1일, 브라질국채 10년 상품에 원금 1,000만 원을 투자하였다. 다음은 브라질국채의 투자 조건과 환율변동상황일 때, 채권만기일인 2023년 1월 1일에 받을 수 있는 원리금은 원화로 얼마인가? (단, $(1.1)^{10}=2.6$ 으로 계산하고 모든 계산은 소수점 첫째 자리에서 내림한다. 또한, 매수수수료 및 환전수수료는 무시한다.)

[진우의 투자 조건]
- 브라질 국채는 원화를 달러로, 달러를 헤알화로 환전하여 투자할 수 있다.
- 브라질 국채는 확정이자로 연 10%이며, 이자소득과 매매차익에 대하여 비과세 혜택이 있다.
- 이자는 매년 1월 1일에 지급되지만, 원금과 함께 재투자하여 만기에 일시에 받기로 하였다.
- 원리금지급방법은 원화로 수령하였다.
- 위의 조건 외에 다른 것은 고려하지 않는다.

[환율변동사항]

	달러화(원/달러)		헤알화(헤알/달러)	
2013년 1월 1일	살 때	1,180	살 때	3.75
	팔 때	1,150	팔 때	3.56
2023년 1월 1일	살 때	1,340	살 때	5.31
	팔 때	1,310	팔 때	5.17

① 19,824,640원　　② 20,375,660원　　③ 20,729,440원
④ 20,933,800원　　⑤ 21,324,120원

69 몽골로 배낭여행을 떠난 주연은 6월 1일 여행경비로 100만 원을 달러로 환전하였다. 이후, 현지에 도착해서 6월 2일 투그릭으로 모두 환전하였다. 7월 1일 현지에서 사용하고 남은 투그릭을 달러로 환전한 후, 한국으로 돌아와 7월 3일 원화로 환전하여 받은 금액이 21만 원일 때, 현지에서 사용한 투그릭은 얼마인가? (단, 소수점 첫째자리에서 내림하며, 수수료는 고려하지 않는다.)

		6월 1일	6월 2일	7월 1일	7월 3일
달러 (원/달러)	살 때	1,149	1,180	1,220	1,240
	팔 때	1,108	1,140	1,180	1,200
투그릭 (투그릭/달러)	살 때	3,634.2	3,532.4	3,493.5	3,412.6
	팔 때	3,587.8	3,480.1	3,420	3,368.3

① 2,474,688 투그릭　② 2,752,523 투그릭　③ 3,013,812 투그릭
④ 3,398,532 투그릭　⑤ 3,701,012 투그릭

70 2020년 5월 3일, 재민은 원화 500만 원을 환전하여 미국 나스닥에 상장되어 있는 A주식을 65달러일 때 가능한 만큼 최대로 매수하였다. 2023년 3월 5일 A주식이 200%로 올라 모두 매도하고, 3일 뒤인 3월 8일 원화로 환전하였을 때, 재민의 이익은 얼마인가? (단, 소수점 첫째자리에서 내림하며, 수수료는 고려하지 않는다.)

(원/달러)	2020년 5월 3일	2023년 3월 8일
살 때	1,260	1,080
팔 때	1,230	1,050

① 1,980,210원　② 2,120,600원　③ 3,330,600원
④ 3,721,040원　⑤ 4,124,460원

MEMO

MEMO

초판 발행 : 2022년 6월 1일
4판 2쇄 발행 : 2025년 12월 1일
발행인 : 박경식
저자 : 길잡이연구소, 애드투북스 공저
편집자 : 조재필, 심재훈, 한단비
발행처 : (주)애드투
등록번호 : 제 2022-000008호
이메일 : books@addto.co.kr
교재정오표 : addto.co.kr

저자와
협의하에
인지를 생략함

* 잘못된 책은 구입한 곳에서 문의해주세요.
* 이 책은 저작권법에 의해 보호를 받는 저작물로 저작권자나 (주)애드투의 사전 동의없이 본문의 일부 또는 전부를 무단으로 복제하거나 다른 매체에 기록할 수 없습니다.

ISBN 979-11-93369-07-4
정가 29,000원

독학으로 끝내는 시리즈

독끝 NCS

공기업 NCS

수리능력 · 응용수리
500제 + 필수개념요약

해설편 ②

구성 및 활용

CONSTRUCTION & FEATURES

1. 학습 전 Level Test 33제!

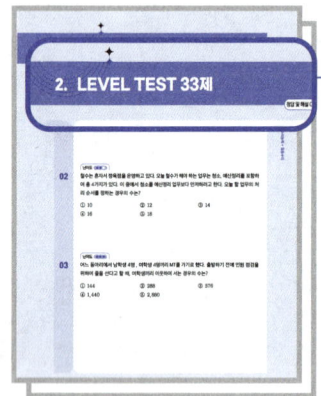

- 본격적인 학습 전에 나의 응용수리 수준을 먼저 점검 합니다.
- 테스트 결과에 따라 제시하는 커리큘럼을 참고하여 나에게 맞는 학습방향을 설정하세요.

2. 12일간! 매일 푸는 계산연습

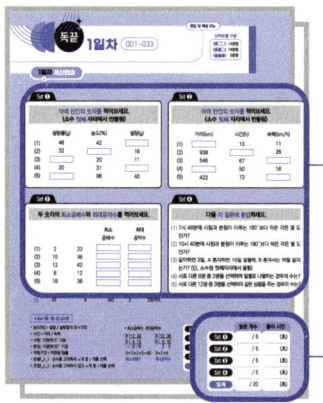

- 농도, 속력, 경우의 수 등 총 6개 유형에 대한 매일 푸는 계산연습으로 실전에서 풀이속도를 높이세요.
- 연습종료 후 각 Set별로 맞은 개수 및 풀이시간을 적어 매일 계산 실력 향상을 목표로 하세요!

독학으로 끝내는
수리능력 · 응용수리

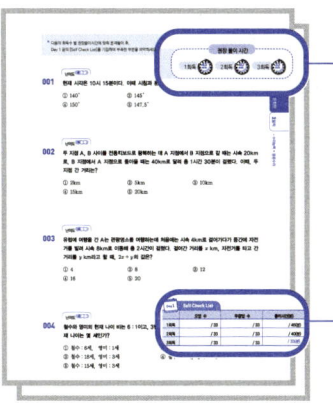

3 독끝 1일차 시작!

- 각 회독수 별 권장 풀이시간에 맞추어서 일차 별로 문제풀이를 시작하세요.(시작 전, Part 2의 01. 응용수리 학습 가이드 참고)
- 일차 별 문제풀이 종료 후, 말미의 체크리스트를 기입하여, 내가 약한 부분이 무엇인지 꼭 확인하세요
- 회독수 별 체크리스트 기재사항을 기반으로 Part 2의 1. 응용수리 학습 가이드 내용을 참고하여 지속적으로 나의 취약점을 보완해 가세요.

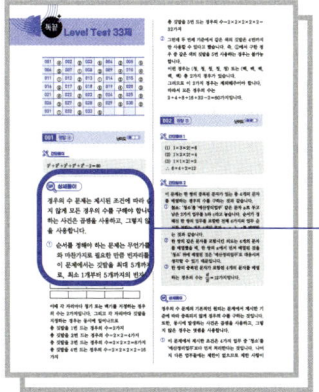

4 상세해설 확인하기

- 간단풀이법이 이해가지 않아도 걱정 마세요!
- 수포자도 이해할 수 있도록 모든 문항에 걸쳐서 상세 해설을 확인할 수 있어요.

독끝 GUIDE
공기업 길잡이 의 이야기

" 합격을 결정짓는 응용수리의 유형 "

응용수리 문제는 코레일, 가스공사 등 많은 공기업의 필기시험에 출제되는 문제 유형 중 하나이며 확실히 공부해두지 않으면 시험 전체의 흐름에 악영향을 끼치는 문제이기도 합니다.

처음에는 중, 고등학교때 배웠던 수학개념들을 수년이 지난 지금에서야 다시 공부한다는 것이 두렵기도 할 것입니다. 하지만 막상 공부를 해보면 생각보다 공부해야 하는 개념이 많지는 않으며 조금만 시간을 투자해서

모든 유형을 확실하게 공부해두면 시험장에서 단 30초 만에 풀 수 있는 문제이기도 합니다.

즉 여기서 시간을 아끼고 다른 문제에 시간 투자를 할 수 있습니다.

따라서 NCS 시험의 합격과 불합격을 결정하는 아주 중요한 유형 중 하나이며 꼭 완벽하게 공부를 해야 하는 유형입니다.

응용수리는 내가 아는 유형이 아닌 몰랐던 유형들을 모두 접해보고 풀어보며 익숙해지는 과정을 거쳐야 필기시험장에서 그 어떤 문제를 만나도 당황하지 않습니다.

여러분들이 필기 시험장에서 응용 수리 문제를 마주치면 당황하고 풀이법이 바로 생각이 나지 않았던 이유가 바로 여기에 있습니다.

나올 수 있는 모든 유형을 미리 공부하지 않아서이기도 하며, 그런 문제집이 없어서이기도 합니다.

출제될 수 있는 거의 모든 유형이 수록 되어 있는
"독학으로 끝내는 응용수리" 교재를 통해 응용수리 문제가
약점이 아닌 강점이 되는 계기가 되길 바랍니다.

- 공기업 길잡이

문제를 하루에 몰아서 다 풀기보다는
매일매일 꾸준히 풀어주는 것이 좋습니다.

우선은 본 문제집에서 제시하는 각 일차별로 (약 33문항씩) 풀어보고, 채점, 오답검토까지 시간이 많이 걸려서 부담된다면, 1일차 학습을 2일에 걸쳐 진행하면서 조금씩 분량을 늘려가면 됩니다.

이 때, 중요한 것은 문제를 맞히고 틀리는 것에 집중하는 것이 아닌, **다양한 유형의 응용수리 문제들을 꾸준하게 반복해서 푸는 것에 중점을 둔다면** 필기 시험장에서 그 어떤 유형의 응용수리 문제를 만나더라도 자신 있게 풀 수 있을 것입니다.

또한, 평소 익숙한 풀이 방법으로만 풀기보다는 해설집에 있는 다양한 풀이 방법들을 적용해 보는 연습을 하셔야 합니다.
당장은 이러한 방법이 시간이 오래 걸리고 귀찮을지라도 이 사소한 노력이 합/불을 결정지을 만큼 중요하기 때문입니다.

한가지 유형에 대해 다양한 풀이 방법을 알고 있다는 것은 그만큼 내가 시험장에서 꺼내 쓸 수가 있는 무기가 많다는 것입니다.

즉 문제를 보자마자 풀이가 떠오르지 않으면 평소 숙달해왔던 다른 풀이 방법을 꺼내 쓰면 되는 것입니다.

어떤 공부를 하시더라도 합격과 불합격은 정말 사소한 노력이 모여 결정짓는다는 것을 항상 유념하시길 바랍니다.

더불어 문제집을 다 풀고 나서도 감각을 잃지 않도록 일주일에
한 번 ~ 두 번 정도는 복습을 해주시고 최소한 2회독까지는
전 문항을 푸시는 걸 추천해 드립니다.

학습 플랜 & NCS 학습 커리큘럼

→ 수리능력·응용수리 500제 **14일 완성** 학습 플랜

1일차
- 학습범위 : 001~033번
- 난이도 구성
  - ●○○ 14문항
  - ●●○ 19문항
  - ●●● 0문항

2일차
- 학습범위 : 034~066번
- 난이도 구성
  - ●○○ 14문항
  - ●●○ 13문항
  - ●●● 6문항

3일차
- 학습범위 : 067~100번
- 난이도 구성
  - ●○○ 0문항
  - ●●○ 27문항
  - ●●● 7문항

4일차
- 학습범위 : 101~133번
- 난이도 구성
  - ●○○ 13문항
  - ●●○ 20문항
  - ●●● 0문항

5일차
- 학습범위 : 134~166번
- 난이도 구성
  - ●○○ 12문항
  - ●●○ 14문항
  - ●●● 7문항

6일차
- 학습범위 : 167~200번
- 난이도 구성
  - ●○○ 0문항
  - ●●○ 23문항
  - ●●● 11문항

7일차
- 학습범위 : 201~233번
- 난이도 구성
  - ●○○ 14문항
  - ●●○ 19문항
  - ●●● 0문항

8일차
- 학습범위 : 234~266번
- 난이도 구성
  - ●○○ 13문항
  - ●●○ 14문항
  - ●●● 6문항

9일차
- 학습범위 : 267~300번
- 난이도 구성
  - ●○○ 0문항
  - ●●○ 27문항
  - ●●● 7문항

10일차
- 학습범위 : 301~333번
- 난이도 구성
  - ●○○ 13문항
  - ●●○ 20문항
  - ●●● 0문항

11일차
- 학습범위 : 334~366번
- 난이도 구성
  - ●○○ 13문항
  - ●●○ 12문항
  - ●●● 8문항

12일차
- 학습범위 : 367~400번
- 난이도 구성
  - ●○○ 0문항
  - ●●○ 26문항
  - ●●● 8문항

고난도 13일차
- 학습범위 : 01~35번
- 유형 구성
  1. 방정식 2. 부등식 3. 수, 과부족 유형
  4. 속력, 시간, 거리 5. 농도 6. 일률
  7. 원가, 정가, 할인가 8. 나이, 날짜, 요일
  9. 시계 10. 약수와 배수, 톱니바퀴, 간격

고난도 14일차
- 학습범위 : 36~70번
- 유형 구성
  11. 집합 12. 경우의 수
  13. 확률 14. 응용계산
  15. 원리합계, 환율

※ 수리 초보자의 경우 정확한 학습이 중요하므로, 1일치를 2일에 걸쳐 학습하셔도 좋습니다.
※ 정량적인 학습으로 문제풀이 감각을 유지하고 싶은 학습자의 경우, 하루 10문항씩 50일에 걸쳐 학습하셔도 좋으며, 권장 풀이시간은 10문항 당 10~11분 입니다.

→ 독끝 NCS 학습 커리큘럼

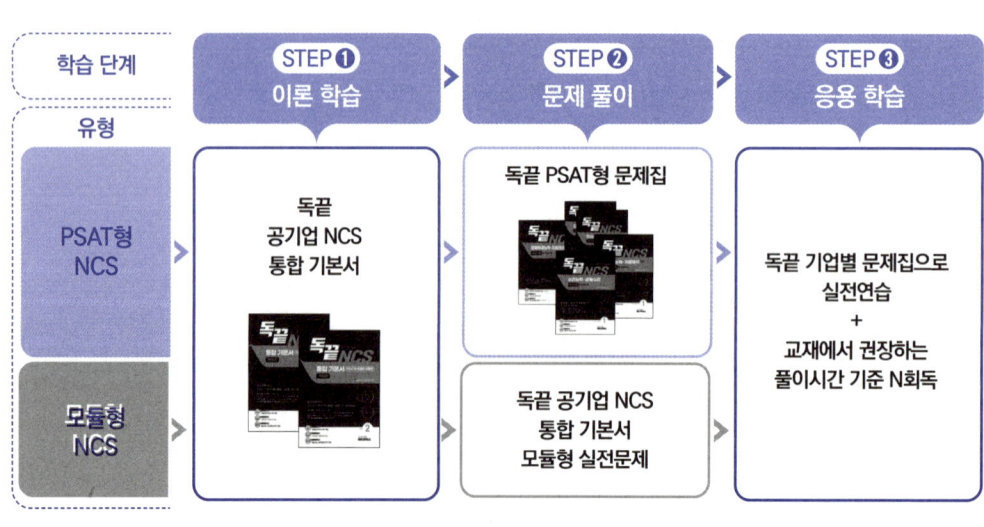

CONTENTS

차례

PART 2 사전 Level Test 33제

PART 3 독끝 Daily 400제

Day 1	032	Day 7	145
Day 2	048	Day 8	162
Day 3	066	Day 9	180
Day 4	088	Day 10	200
Day 5	106	Day 11	218
Day 6	125	Day 12	236

PART 4 유형별 고난도 70제

Day 13	256	Day 14	289

독학으로 끝내는 수리능력·응용수리

Level Test 33제

정답 및 해설

PART 2

Level Test 33제

001	④	002	②	003	⑤	004	②	005	⑤
006	⑤	007	①	008	③	009	④	010	④
011	①	012	②	013	①	014	⑤	015	②
016	②	017	⑤	018	⑤	019	④	020	③
021	④	022	②	023	④	024	②	025	⑤
026	③	027	③	028	④	029	⑤	030	②
031	①	032	③	033	⑤						

001 정답 ④

간단풀이

$2^1 + 2^2 + 2^3 + 2^4 + 2^5 - 2 = 60$

상세풀이

경우의 수 문제는 제시된 조건에 따라 순서대로 중복되지 않게 모든 경우의 수를 구해야 합니다. 동시에 발생하는 사건은 곱셈을 사용하고, 그렇지 않은 경우는 덧셈을 사용합니다.

① 순서를 정해야 하는 문제는 무언가를 나열하는 문제와 마찬가지로 필요한 만큼 빈자리를 만들어 줍니다. 이 문제에서는 깃발을 최대 5개까지 들 수 있으므로, 최소 1개부터 5개까지의 빈자리가 가능합니다.

이때 각 자리마다 청기 또는 백기를 지정하는 경우의 수는 2가지입니다. 그리고 각 자리마다 깃발을 지정하는 경우는 동시에 일어나므로
총 깃발을 1번 드는 경우의 수=2가지
총 깃발을 2번 드는 경우의 수=2×2=4가지
총 깃발을 3번 드는 경우의 수=2×2×2=8가지
총 깃발을 4번 드는 경우의 수=2×2×2×2=16가지
총 깃발을 5번 드는 경우의 수=2×2×2×2×2=32가지

② 그런데 두 번째 기준에서 같은 색의 깃발은 4번까지만 사용할 수 있다고 했습니다. 즉, ①에서 구한 경우 중 같은 색의 깃발을 5번 사용하는 경우는 불가능합니다.
이런 경우는 (청, 청, 청, 청, 청) 또는 (백, 백, 백, 백, 백) 총 2가지 경우가 있습니다.
그러므로 이 2가지 경우는 제외해주어야 합니다.
따라서 모든 경우의 수는
2+4+8+16+32-2=60가지입니다.

002 정답 ②

간단풀이 1

(1) $1 \times 3 \times 2! = 6$
(2) $1 \times 2 \times 2! = 4$
(3) $1 \times 1 \times 2! = 2$
∴ $6 + 4 + 2 = 12$

간단풀이 2

이 문제는 한 쌍의 중복된 문자가 있는 총 4개의 문자를 배열하는 경우의 수를 구하는 것과 같습니다.
① 청소: '청소'를 '예산정리업무' 같은 문자 a로 두고 남은 2가지 업무를 b와 c라고 놓습니다. 순서가 정해진 한 쌍의 업무를 포함한 전체 4가지의 업무 순서를 정하는 것은 4개의 문자 a, a, b, c를 배열하는 것과 같습니다.
② 한 쌍의 같은 문자를 포함시킨 의도는 4개의 문자를 배열했을 때, 한 쌍의 a에서 먼저 배열된 것을 '청소' 뒤에 배열된 것은 '예산정리업무'로 대응시켜 생각할 수 있기 때문입니다.
③ 한 쌍의 중복된 문자가 포함된 4개의 문자를 배열하는 경우의 수는 $\dfrac{4!}{2!} = 12$가지입니다.

상세풀이

경우의 수 문제의 기본적인 원리는 문제에서 제시한 기준에 따라 중복되지 않게 경우의 수를 구하는 것입니다. 또한, 동시에 발생하는 사건은 곱셈을 사용하고, 그렇지 않은 경우는 덧셈을 사용합니다.

① 이 문제에서 제시한 조건은 4가지 업무 중 '청소'를 '예산정리업무'보다 먼저 처리한다는 것입니다. 나머지 다른 업무들에는 제한이 없으므로 제한 사항이

있는 '청소'와 '예산정리업무'를 먼저 배치해야 합니다. 먼저 '청소'를 배치하고 이에 따라 '예산정리업무'가 배치되는 경우의 수를 구해야 합니다.

② 첫 번째로 생각해보아야 하는 것은 '청소'에 대한 배치의 경우의 수입니다.
'청소'의 경우를 먼저 살펴보면,
(1) '청소'가 첫 번째로 배치되는 경우를 생각해 봅니다. 이때, '예산정리업무'가 배치될 수 있는 경우는 두 번째, 세 번째, 네 번째로 3가지의 경우가 나옵니다.
그러므로 '청소'를 '예산정리업무'보다 앞에 배치되도록 하는 첫 번째 경우의 수는 $1 \times 3 = 3$입니다.
(2) '청소'가 두 번째로 배치되는 경우를 생각해봅니다. 이때, '예산정리업무'가 배치될 수 있는 경우는 세 번째, 네 번째로 2가지의 경우가 나옵니다.
그러므로 '청소'를 '예산정리업무'보다 앞에 배치되도록 하는 두 번째 경우의 수는 $1 \times 2 = 2$입니다.
(3) '청소'가 세 번째로 배치되는 경우를 생각해봅니다. 이때, '예산정리업무'가 배치될 수 있는 경우는 네 번째로 1가지의 경우가 나옵니다.
그러므로 '청소'를 '예산정리업무'보다 앞에 배치되도록 하는 세 번째 경우의 수는 $1 \times 1 = 1$입니다.
(4) '청소'가 네 번째로 배치되는 경우를 생각해봅니다. 이 경우에는 '예산정리업무'가 배치될 선택지가 없으므로 경우의 수는 0입니다.

③ 이렇게 '청소'와 '예산정리업무'를 조건에 따라 배치한 후 나머지 업무 2개 역시 고려해야 합니다.
나머지 업무의 배치에 따라서도 경우의 수가 달라지기 때문입니다.

④ ②-1 경우의 수가 총 3가지가 나옵니다.
이에 따라 나머지 업무를 배치하는 경우의 수는 2!로 총 $3 \times 2! = 3 \times 2 = 6$가지가 나옵니다.
②-2 경우의 수는 총 2가지가 나옵니다.
이에 따라 나머지 업무를 배치하는 경우의 수는 2!로 총 $2 \times 2! = 2 \times 2 = 4$가지가 나옵니다.
②-3 경우의 수는 총 1가지가 나옵니다.
이에 따라 나머지 업무를 배치하는 경우의 수는 2!로 총 $1 \times 2! = 1 \times 2 = 2$가지가 나옵니다.

⑤ 각각의 경우가 동시에 일어나는 사건이 아니므로 모든 경우의 수를 더해주면 '청소'를 '예산정리업무'보다 먼저 처리하는 경우의 수를 구할 수 있습니다. 즉, $6 + 4 + 2 = 12$, 총 12가지의 경우의 수가 나옵니다.

003 정답 ⑤

난이도 ●●●

간단풀이

여학생 4명을 하나의 그룹으로 묶습니다.
남학생들 사이에 그룹이 설 수 있는 경우의 수는 5개입니다.
여학생이 서 있는 순서의 경우의 수는 4!이고, 이는 남학생도 마찬가지입니다.
$4! = 4 \times 3 \times 2 \times 1 = 24$
따라서 여학생끼리 이웃하여 서는 경우의 수는 $5 \times 24 \times 24 = 2,880$입니다.

상세풀이

해당 문제는 경우의 수 문제 유형 중 하나인 자리배치 문제입니다. 자리배치 문제는 조합 공식으로 문제를 해결할 수도 있으며 주어진 조건으로 그림을 그려보면 조금 더 직관적으로 문제 파악이 가능합니다.
또한, 해당 문제에서는 "이웃하여 서는"의 표현을 사용하였으며 해당 표현을 묶음으로 생각하면 수월한 문제 해결이 가능합니다.

① 먼저 남학생 4명과 여학생 4명을 각각 간단하게 그림으로 그려봅니다.

제약이 존재하지 않는다면 남학생과 여학생은 아래의 그림과 같이 자유롭게 설 수 있습니다.

② 문제에서 여학생들이 이웃하여 서기 위해서는 4명의 여학생이 모두 한 그룹처럼 움직여야 합니다.
이때 여학생 그룹이 남학생 사이에 설 수 있는 수는 자리는 아래 그림에서 남학생들 사이에 존재하는 동그라미 원으로 표현됩니다.

즉, 현재 여학생 그룹이 남학생들과 설 수 있는 경우의 수는 5개입니다.

③ 여학생 그룹 사이에서도 여학생들이 어떤 위치에 서는가에 따라 경우의 수가 발생합니다.
여학생은 총 4명이며 한 명씩 순서대로 위치를 정합니다.
해당 여학생들의 위치를 정하는 문제는 4명의 여학생에서 차례로 4명의 당첨자를 선정하는 문제와 같으며 4!로 표현할 수 있습니다. (4명 중에서 첫 번째 당첨자를 뽑는 경우의 수는 4이며, 당첨자를 제외하고 세 명의 학생 중에서 두 번째 당첨자를 추가로 뽑는 경우는 3입니다. 따라서 4명 중에서 4명의 당첨자를 차례로 뽑는 경우의 수는
$4! = 4 \times 3 \times 2 \times 1$입니다.)
또 남학생들이 서 있는 경우의 수도 생각해야 하므로 4!입니다.

④ 여학생 그룹이 남학생 사이에 있는 경우의 수, 여학생 그룹 안에서 여학생들이 설 수 있는 경우의 수, 남학생들이 서 있는 경우의 수는 서로 영향을 미치지 않는 <u>독립</u> 변수이기 때문에 전체 남학생과 여학생의 서 있는 경우의 수는
(여학생 그룹이 남학생 사이에 있는 경우의 수)×(여학생 그룹 안에서 여학생들이 설 수 있는 경우의 수)×(남학생들이 서 있는 경우의 수)로
$5 \times 24 \times 24 = 2{,}880$입니다.

004 정답 ② 난이도 ●●○

간단풀이

$$\frac{2 \times 4!}{6!} = \frac{2}{6 \times 5} = \frac{1}{15}$$

상세풀이

양 끝에 A, F가 서게 될 확률은 다음과 같이 구합니다.

① 전체 사건의 경우의 수를 파악하고 이를 분모에, 구하고자 하는 사건의 경우의 수를 분자에 둡니다.
따라서 양 끝에 A, F가 서게 될 확률은
$$\frac{(A, F가\ 양\ 끝에\ 서는\ 경우의\ 수)}{(여섯\ 사람이\ 일렬로\ 줄을\ 서는\ 경우의\ 수)}$$가 됩니다.

② 여섯 사람이 일렬로 줄을 서는 경우의 수는
$6! = 6 \times 5 \times 4 \times 3 \times 2 \times 1$입니다.
A와 F가 양 끝에 서면, B, C, D, E는 A와 F 사이에 일렬로 서게 됩니다.
A와 F가 양 끝에 서는 방법으로는 왼쪽 끝에 A가 서고 오른쪽 끝에 F가 서는 방법과 왼쪽 끝에 F가 서고 오른쪽 끝에 A가 서는 방법이 있습니다. 즉 A와 F를 배치하는 경우의 수는 2입니다. 이를 그림으로 나타내면 다음과 같습니다.
A ▢▢▢▢ F
F ▢▢▢▢ A

③ 4개의 빈 칸에는 B, C, D, E가 일렬로 서게 되는데, B, C, D, E를 일렬로 서게 하는 경우의 수는 $4! = 4 \times 3 \times 2 \times 1$입니다. 따라서 A, F가 양 끝에 서도록 6명을 배열하는 경우의 수는
(A, F를 서게 하는 방법의 수)×(B, C, D, E를 일렬로 나열하는 경우의 수)$= 2 \times 4!$입니다.
A ▢▢▢▢ F ⇨ 총 $4!(=24)$개의 경우의 수
F ▢▢▢▢ A ⇨ 총 $4!(=24)$개의 경우의 수

④ 그러므로 구하고자 하는 확률은
$$\frac{(A, F가\ 양\ 끝에\ 서는\ 경우의\ 수)}{(여섯\ 사람이\ 일렬로\ 줄을\ 서는\ 경우의\ 수)} = \frac{2 \times 4!}{6!}$$
$$= \frac{2}{6 \times 5} = \frac{1}{15}$$ 입니다.

005 정답 ⑤ 난이도 ●●●

간단풀이

(16개의 발명품 중에서 3개를 선택하는 사건의 수)
$$= {}_{16}C_3 = \frac{16 \times 15 \times 14}{3 \times 2} = 8 \times 5 \times 14 = 560$$

(정상인 발명품만 3개를 선택하는 사건의 수)
$$= {}_{12}C_3 = \frac{12 \times 11 \times 10}{3 \times 2} = 2 \times 11 \times 10 = 220$$

(철수의 발명품 세 개중 최소한 한 개가 고장이 난 발명품일 사건의 수) $= 560 - 220 = 340$
따라서 철수의 발명품 중 3개를 선택할 때, 적어도 1개가 고장이 난 발명품일 확률은 $\frac{340}{560} = \frac{17}{28}$

상세풀이 1

해당 문제는 확률과 경우의 수 문제입니다. 문제에서 발명품 3개를 선택할 때, 적어도 1개가 고장이 난 발명품일 확률을 물었습니다. 해당 문제는 두 가지의 방법으로 해결할 수 있습니다.
<u>첫</u> 번째는 고장이 난 발명품이 1개, 2개, 3개일 때를 각각 나누어 사건을 구한 뒤 모두 더하여 사건의 수를 구하는 방법입니다.
<u>두</u> 번째는 (전체 사건의 수) − (선택한 발명품 중 한 개도 고장이 나지 않았을 경우의 수)의 식을 이용하여 선택한 발명품 중 적어도 하나가 고장이 났을 사건의 수를 구할 수 있습니다.
우선 첫 번째 방법을 사용하여 문제를 해결하겠습니다.

① 16개의 발명품 중에서 3개를 선택하는 사건의 수를 구합니다. 해당 사건의 수는 조합식을 이용하면 $_{16}C_3$로 표현됩니다.

$$_{16}C_3 = \frac{16 \times 15 \times 14}{3 \times 2} = 8 \times 5 \times 14 = 560$$

② 철수의 발명품 중 3개를 고를 때 최소 1개가 고장이 난 발명품일 확률을 구합니다.
발명품은 1개, 2개 또는 3개까지 고장이 날 수 있으며 해당 사건의 수를 나누어 구합니다.
(1) 철수의 발명품 중 3개를 선택할 때 1개가 고장이 난 사건의 수:

$$_{12}C_2 \times {}_4C_1 = \frac{12 \times 11}{2} \times 4 = 264$$

(2) 철수의 발명품 중 3개를 선택할 때 2개가 고장이 난 사건의 수:

$$_{12}C_1 \times {}_4C_2 = 12 \times \frac{4 \times 3}{2} = 72$$

(3) 철수의 발명품 중 3개를 선택할 때 3개가 고장이 난 사건의 수:

$$_4C_3 = \frac{4 \times 3 \times 2}{3 \times 2} = 4$$

(1), (2), (3)에서 얻은 사건의 수를 더하면 발명품 중 3개를 선택할 때, 적어도 1개가 고장이 난 발명품일 사건의 수를 구할 수 있습니다. 즉, $264 + 72 + 4 = 340$

③ 16개의 발명품 중에서 3개를 선택하는 사건의 수는 560이므로 16개의 발명품 중 4개는 고장이 났을 때, 철수의 발명품 3개 중 적어도 1개가 고장이 난 발명품일 확률은 $\frac{340}{560} = \frac{17}{28}$ 입니다.

상세풀이 2

현재 적어도 1개 이상의 발명품이 고장이 난 사건의 수는 (전체 사건의 수)−(발명품이 모두 정상인 사건의 수)와 같습니다.
발명품이 모두 정상인 사건의 수는 16개의 발명품 중 고장이 난 4개의 발명품을 제외하고 3개의 발명품을 택하는 사건의 수와 같으므로 아래의 식이 됩니다.

$$_{12}C_3 = \frac{12 \times 11 \times 10}{3 \times 2} = 2 \times 11 \times 10 = 220$$

이때 고장이 난 사건의 수는
(전체 사건의 수)−(발명품이 모두 정상인 사건의 수)= $560 - 220 = 340$이 됩니다. 따라서 철수의 발명품 3개 중 적어도 1개가 고장이 난 발명품일 확률은 $\frac{340}{560} = \frac{17}{28}$ 입니다.

006 정답 ⑤   난이도 ●●●

간단풀이

세 자연수의 합이 6이 되는 경우의 수를 구합니다. 자연수의 합이 6이 되는 경우는 $(4,1,1)$ $(2,2,2)$, $(3,2,1)$입니다.
3개의 주사위를 던졌을 때 나올 수 있는 모든 사건의 수는 $6 \times 6 \times 6 = 216$입니다.
3개의 주사위를 던져 $(4,1,1)$이 나올 수 있는 확률은 $\frac{3}{216}$
3개의 주사위를 던져 $(2,2,2)$가 나올 수 있는 확률은 $\frac{1}{216}$
3개의 주사위를 던져 $(3,2,1)$이 나올 수 있는 확률은 $\frac{6}{216}$ 입니다.
따라서 3개의 주사위를 동시에 던질 때 나온 숫자의 합이 6이 되는 확률은 $\frac{10}{216} = \frac{5}{108}$ 입니다.

상세풀이

해당 문제는 확률과 경우의 수 문제입니다. 확률 문제를 풀기 위해서는 특히 "사건의 발생 수"와 "경우의 수"를 정확하게 파악할 줄 알아야 합니다.
예시로 동전 두 개를 동시에 던져서 하나만 앞면이 나오는 경우의 수를 구하면 (앞, 뒤) 하나의 경우의 수만 존재하므로 1개라고 할 수 있지만, 경우의 수가 아닌 사건의 발생 수로 보게 된다면 (앞, 뒤) 경우의 수가 몇 번 발생할 수 있는지를 보아야 하며 해당 경우는 총 2번 사건이 발생할 수 있습니다.
해당 문제는 사건의 발생 수를 이용하여 문제를 해결합니다. 서로 같은 3개의 주사위를 동시에 던졌을 때 해당 사건이 총 몇 번 발생할 수 있는지에 대해서 생각하며 문제를 풀어나가야 합니다.

① 세 개의 주사위의 합이 6이 되는 경우를 구합니다. 자연수의 합이 6이 되는 경우는 아래와 같이 총 세 개의 경우가 있습니다.
(1) 세 개의 주사위를 던져 $(4,1,1)$이 나올 때

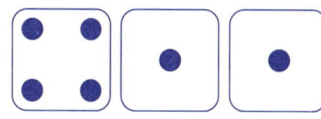

(2) 세 개의 주사위를 던져 $(2,2,2)$가 나올 때

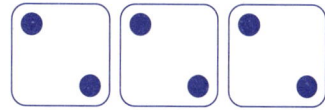

(3) 세 개의 주사위를 던져 (3,2,1)이 나올 때

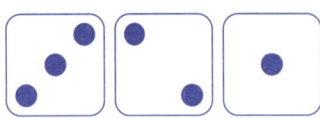

② 현재 같은 주사위를 동시에 던지기 때문에 (4,1,1)과 (1,4,1), (1,1,4)의 경우는 모두 같은 경우이며 구분할 수 없습니다.
하지만 경우의 수가 몇 번 발생했는가? 사건의 개념으로 본다면 (4,1,1)의 경우의 수는 총 세 번 발생할 수 있음을 알 수 있습니다. 마찬가지로 (2,2,2)의 경우는 한 번 발생했으며, (3,2,1)의 경우에는 (3,2,1), (3,1,2), (2,1,3), (2,3,1), (1,2,3), (1,3,2)로 총 여섯 번 발생할 수 있습니다.

③ 주사위를 던져 발생 가능한 모든 사건의 수는 $6\times6\times6=216$입니다. 현재 주사위의 합이 6이 되는 사건의 수는 총 3+1+6=10이므로 서로 같은 3개의 주사위를 동시에 던질 때 나온 숫자의 합이 6이 되는 확률은 $\dfrac{10}{216}=\dfrac{5}{108}$ 입니다.

> **Tip** 해당 문제의 경우 "서로 같은 3개의 주사위를 동시에 던질 때" 라는 조건 때문에 다소 혼란이 발생할 수 있는 문제입니다. 하지만 문제가 경우의 수가 아닌 확률을 묻고 있으므로 "서로 다른 3개의 주사위" 혹은 "주사위를 순서대로 던질 때"의 조건과 같은 결과를 얻게 됩니다.

007 정답 ① 난이도 ●●○

간단풀이

$\begin{cases} 3x+y=90 \\ x+y=40 \end{cases}$
$2x=50 \quad \therefore \ x=25$
$y=15 \quad \therefore \ y=15(분)$

상세풀이

① '충전만 한 시간'을 x분, '충전기에 연결한 상태로 노트북을 사용한 시간'을 y분이라고 가정합니다.
그럼 x분 동안 분당 3%씩 충전이 되므로 $3x\%$가 충전이 됩니다.
y분 동안 분당 1%씩 충전이 되므로 $y\%$가 충전이 됩니다.

② 10%에서 100%까지 충전이 완료되려면 90%가 충전되어야 하므로 $3x\%$와 $y\%$의 합이 90%라고 생각할 수 있습니다. 즉,
$3x+y=90$

③ 충전에 걸린 시간은 40분이므로 x분과 y분의 합이 40분이라고 할 수 있습니다. 즉,
$x+y=40$

④ 위 두 식을 연립하여 계산하여야 합니다. 위의 식에서 아래 식을 빼면 좌변에는 $2x$가 남고 우변에는 50이 남게 되어 $2x$의 값이 50이라는 것을 알 수 있고, x의 값이 25임을 알 수 있습니다.
이것을 $x+y=40$에 대입하면 $25+y=40$이므로 y의 값은 15임을 알 수 있습니다.

⑤ 따라서 찾고자 하는 '충전 중 노트북을 사용한 시간'은 15분입니다.

008 정답 ③ 난이도 ●●○

간단풀이

(하림이가 퀴즈를 맞힌 횟수)=(은경이가 퀴즈를 틀린 횟수)=x
(은경이가 퀴즈를 맞힌 횟수)=(하림이가 퀴즈를 틀린 횟수)=y
$\begin{cases} x+y=10 \\ 2x-3y=5 \end{cases}$
$\therefore \ x=7, \ y=3$
따라서 은경이가 움직인 걸음은 $2y-3x=6-21=-15$로 15걸음만큼 뒤로 물러났습니다.

상세풀이

해당 문제는 미지수를 적절하게 정의하고 방정식을 세워 연립하여 푸는 문제입니다.
문제에서 주목해야 할 점은 두 가지가 있습니다.
첫 번째는 하림이와 은경이의 처음 위치를 구할 필요가 없다는 것입니다. 문제에서는 처음 위치에서 현재 얼마만큼 움직였는지 상대적인 위치만을 물었으므로 하림이와 은경이의 처음 위치는 크게 신경 쓰지 않아도 됩니다.
두 번째는 하림이와 은경이 중 한 명이 퀴즈를 맞히거나 틀릴 시 다른 한 명은 그 반대로 퀴즈를 틀리거나 맞힌다는 것입니다. 즉 하림이로 퀴즈를 몇 개만큼 맞히고 틀렸는지를 알게 되면 은경이가 퀴즈를 얼마나 맞히고 틀렸는지도 알 수 있게 됩니다.

① 하림이가 퀴즈를 맞힌 횟수를 x 하림이가 퀴즈를 틀린 횟수를 y로 정의합니다.
이때 하림이가 퀴즈를 맞힌 횟수는 은경이가 퀴즈를 틀린 횟수와 같으며, 하림이가 퀴즈를 틀린 횟수는 은경이가 퀴즈를 맞힌 횟수와 같습니다.

② 퀴즈 게임을 총 10번 했다고 하였으므로 $x+y=10$임을 알 수 있습니다.

③ 퀴즈를 맞히면 2걸음 앞으로 움직이며 틀리면 3걸음 뒤로 갈 때 하림이는 처음 위치보다 5걸음 앞에 있다고 하였습니다. 이를 식으로 세우면 $2x-3y=5$가 됩니다.

④ 현재 문제를 통해 세운 식을 보면 x와 y로 총 2개의 미지수를 이용하여 두 개의 식을 얻은 것을 확인할 수 있습니다. 연립방정식은 식의 개수가 미지수의 개수보다 크거나 같을 때 해를 구할 수 있으므로 x와 y를 구할 수 있습니다.

⑤ 즉 연립방정식 $\begin{cases} x+y=10 \\ 2x-3y=5 \end{cases}$ 을 풀면
$\begin{cases} 2x+2y=20 \\ 2x-3y=5 \end{cases}$
$5y=15$ ∴ $y=3$
이것을 첫 번째 식에 대입하여 x를 구하면
$x+3=10$ ∴ $x=7$

⑥ 문제에서는 은경이가 움직이는 걸음을 묻고 있으므로 하림이가 움직인 걸음의 식인 $2x-3y$와 반대인 $2y-3x$식을 구하면 됩니다.
$2y-3x=2\times3-3\times7=-15$이므로 은경이는 처음 위치에서 15걸음만큼 뒤로 물러난 것을 확인할 수 있습니다.

009 정답 ④   난이도 ●●●

간단풀이

탑승 인원에 대한 식 : $44x+24y=268$, 즉 $11x+6y=67$
대여료에 대한 식(단위 : 만 원) :
$40x+30y=260$, 즉 $4x+3y=26$
$\begin{cases} 11x+6y=67 \\ 4x+3y=26 \end{cases}$
∴ $x=5$, $y=2$
45인승(최대 44명 탑승) 보트의 대수를 x로 두었으므로 원하는 답은 5대입니다.

상세풀이 1

이 문제의 경우 표를 만들어서 생각하면 식을 쉽게 세울 수 있습니다.

보트 종류	보트 대수 (대)	탑승인원 (명)	대여료 (만 원)
대형(45인승)	x	44	40
일반(25인승)	y	24	30
전체	$x+y$	$44x+24y$ $=268$	$40x+30y$ $=260$

① 총 탑승인원이 268명, 총 대여료가 260만 원이므로 아래와 같이 식을 세울 수 있습니다.
탑승 인원에 대한 식(단위:만 원) :
$44x+24y=268$ ⇨ $11x+6y=67$
대여료에 대한 식(단위:만 원) :
$40x+30y=260$ ⇨ $4x+3y=26$

② 연립방정식 $\begin{cases} 11x+6y=67 \\ 4x+3y=26 \end{cases}$ 을 풀면
$\begin{cases} 11x+6y=67 \\ 8x+6y=52 \end{cases}$
$3x=15$ ∴ $x=5$

③ 문제에서 요구하는 것은 대형(45인승) 보트의 대수 x입니다.
따라서 45인승 보트는 5대 빌렸음을 알 수 있습니다.

상세풀이 2

연립 방정식을 세우고, 완벽히 다 풀지 않아도 간단하게 답을 찾을 수 있습니다.
$\begin{cases} 11x+6y=67 \\ 4x+3y=26 \end{cases}$

① 보트의 대수가 반드시 음이 아닌 정수임을 알고 있고, 두 자릿수인 11의 배수는 11, 22, 33, 44와 같이 십의 자리와 일의 자리가 같음을 알고 있습니다. 이를 이용하면 문제를 간단하게 풀 수 있습니다.

② 연립 방정식의 첫 번째 식에서 y에 1을 대입하면 $11x=61$이 되어 x가 정수가 되지 않습니다. 하지만 y에 2를 대입하면 $11x=55$가 되어 x가 5임을 확정할 수 있습니다.
이 문제의 경우 대여료에 대한 정보가 없어도 풀 수 있습니다.
$11x+6y=67$을 만족하는 음이 아닌 정수 쌍(x, y)는 하나뿐이기 때문입니다.
객관식 연립방정식에 인원수, 보트 대수 등과 같이 정수임을 암시하는 정보가 있다면, 연립방정식을 풀기보다 보기에 있는 수를 대입해 보는 것이 좋은 방법이 될 수도 있습니다.

 상세풀이

$$\begin{cases} 11x+6y=67 \\ 4x+3y=26 \end{cases}$$

① 이번에는 두 번째 식에 초점을 두고 생각해봅니다. 26 근처의 4의 배수 아무거나 적당히 생각해봅니다. 28을 예시로 들겠습니다.
28은 4×7입니다. 4를 하나 줄이고 3을 하나 늘리면 총 1만큼 줄어들어 27이 됩니다.
4를 또 하나 줄이고, 3을 또 하나 늘리면 총 1만큼 또 줄어들어 26이 되고, 두 번째 식을 만족합니다.
$4\times 5+3\times 2=26$이므로, 답을 하나 찾았습니다.

② 그러나 이번엔 두 번째 식의 해가 유일하지 않습니다. 4를 세 번 줄이고, 3을 네 번 늘려서 결과가 변함이 없음을 이용하면 $4\times 2+3\times 6=26$도 답이 됩니다. 음이 아닌 정수 범위에서는 더는 답이 없으므로 이 둘 중 하나가 답이 됩니다.
마지막으로 첫 번째 식을 만족하는지 확인하여 답을 찾을 수 있습니다.

010 정답 ④   난이도 ●●○

 간단풀이

108을 소인수분해하면 $2^2\times 3^3$
60을 소인수분해하면 $2^2\times 3\times 5$
따라서 108과 60의 최대 공약수는 $2^2\times 3=12$
이때 정사각형 한 변의 길이가 12m이므로 가로는 $108\div 12=9$ 세로는 $60\div 12=5$개만큼 과자를 자를 수 있습니다.
따라서 총 과자는 $9\times 5=45$로 45개이므로 45명의 아이에게 줄 수 있습니다.

 상세풀이

가로와 세로 도형이 나오는 문제는 먼저 그림을 그려 문제를 표현해 봅니다. 해당 문제는 직사각형을 일정한 크기의 정사각형으로 자르는 문제이며, 빈틈없이 도형이 분리되므로 정사각형의 변의 길이가 직사각형의 가로와 세로의 길이의 약수가 됩니다.
이때, 정사각형의 변의 길이를 최대로 한다고 하였으므로 문제는 가로와 세로 길이의 최대공약수를 찾는 문제가 됩니다.

① 문제에서 주어진 조건을 이용하여 그림을 그려봅니다.

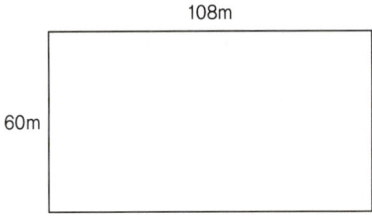

② 직사각형 모양의 과자에서 아래 그림과 같이 정사각형 모양으로 과자를 자르면 남는 과자가 없어야 합니다. 남는 과자가 없기 위해서는 직사각형의 가로와 세로가 정사각형 한 변의 길이의 배수가 되어야 합니다. 즉 정사각형 한 변의 길이는 가로와 세로 길이의 공약수입니다.

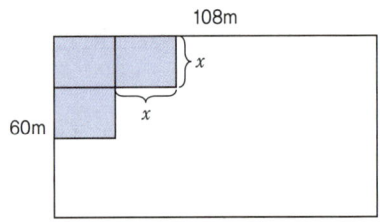

③ 현재 문제에서는 과자의 정사각형의 변의 길이를 최대로 하면서 한 명의 아이에게 하나의 과자를 지급할 때 총 과자가 몇 개인지를 묻고 있습니다. 총 과자의 수는 결국 직사각형 안에 정사각형을 최대 몇 개를 만들 수 있는지를 묻는 것이며, 정사각형의 수는 정사각형의 길이를 통해 구할 수가 있습니다.

④ 정사각형 한 변의 길이는 직사각형의 가로와 세로의 공약수입니다. 이때 정사각형의 변의 길이를 최대로 한다고 하였으므로 직사각형 가로와 세로의 최대공약수를 계산하면 됩니다.
즉, 가로와 세로의 길이인 108과 60의 최대공약수를 구하면 정사각형 한 변의 길이를 구할 수 있습니다.

⑤ 108과 60의 최대공약수를 구합니다.
최대공약수는 소인수분해를 통해 쉽게 구할 수가 있으므로 108과 60을 소인수분해합니다.
$108=2^2\times 3^3$
$60=2^2\times 3\times 5$
최대공약수는 소인수분해에서 지수가 가장 작은 소인수들의 곱으로 표현됩니다.
즉 2, 3, 5 소인수 중에서 지수가 가장 작은 2^2와 3 그리고 $5^0(5^0=1$. 즉, $108=2^2\times 3^3=2^2\times 3^3\times 5^0)$이 곱해져 12가 최대공약수가 됩니다.

⑥ 정사각형 한 변의 길이가 12이므로 가로는
 $108 \div 12 = 9$로 9개를 자를 수 있으며, 세로는
 $60 \div 12 = 5$로 5개를 자를 수 있습니다.
 따라서 과자는 $9 \times 5 = 45$로 45개만큼 잘라 45명의 아이에게 나누어 줄 수 있습니다.

011 정답 ① 난이도 ●●○

간단풀이

16을 소인수분해하면 2^4
80 (1시간 20분=80분)을 소인수분해하면 $2^4 \times 5$
이때, 16과 x의 최소공배수가 80이어야 하므로 x는
5, $2^1 \times 5$, $2^2 \times 5$, $2^3 \times 5$, $2^4 \times 5$입니다.
즉 x가 될 수 있는 자연수는 총 5개입니다.

상세풀이

해당 문제는 최소공배수를 이용하여 풀 수 있는 문제입니다. 최소공배수는 두 수 혹은 그 이상의 수들의 공통된 배수 중 최소의 수를 말합니다.
해당 문제에서 버스 A, B가 처음으로 동시에 출발한 시간에 관해 묻고 있으므로 버스 A, B의 출발 시간 간격의 배수 중 최솟값, 즉 최소공배수를 이용하는 문제임을 알 수 있습니다.
또한, 해당 문제는 단순하게 최소공배수를 구하는 문제 유형이 아닌 한 수와 최소공배수를 이용하여 다른 수를 구하는 문제임을 파악하여야 합니다.

① 일정한 시간으로 출발하는 두 버스 A, B가 있다고 하였으며 A 버스는 16분, B 버스는 x분마다 출발한다고 분 단위로 정의하였습니다.
 두 버스는 오전 6시에 출발한 이후 1시간 20분 뒤에 출발하며, 시간 단위를 맞추기 위해 1시간 20분을 80분으로 바꿔줍니다.

② 두 버스 A, B가 출발하는 시간은 아래의 그림을 통해 이해할 수 있습니다.

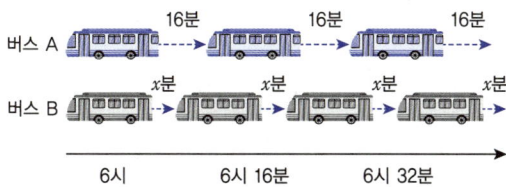

버스 A는 16분 마다 출발하기 때문에 16의 배수가 되는 시간마다 버스가 출발하며 버스 B는 x의 배수가 되는 시간마다 버스가 출발합니다.
동시에 두 버스가 출발하기 위해서는 출발시간이 A 버스와 B 버스의 공배수여야 하며 문제에서 처음으로 동시에 출발하는 시간이 80분 후라고 하였기 때문에 80이 최소공배수가 되는 것을 알 수 있습니다.

③ 16과 x의 최소공배수가 80이며 가능한 x의 수를 구해야 합니다.
 대부분의 최소공배수 문제 유형은 두 수의 최소공배수를 직접 구하는 형태로 출제되지만, 해당 문제는 한 수와 최소공배수를 주면서 다른 수를 구하는 문제입니다.
 하지만 해당 문제 역시 최소공배수와 관련된 문제이기 때문에 주어진 수들을 소인수분해하는 것으로 문제를 쉽게 풀 수 있습니다.

④ 16과 80의 소인수를 구합니다.
 $16 = 2^4$
 $80 = 2^4 \times 5$
 이때, x와 16의 최소공배수가 80입니다.
 최소공배수는 소인수분해에서 지수가 가장 큰 소인수들의 곱으로 표현되어야 하므로 x는 5를 인수로 꼭 가져야 한다. 즉, x가 $2^0 \times 5$, $2^1 \times 5$, $2^2 \times 5$, $2^3 \times 5$, $2^4 \times 5$일 때 최소공배수가 80이 됩니다.
 따라서, x가 될 수 있는 자연수의 수는 5개입니다.

012 정답 ② 난이도 ●●●

간단풀이

정육면체의 한 모서리의 길이는 48, 36, 24의 최대공약수인 12(cm)가 됩니다.
이때 떡의 개수는 $(48 \div 12) \times (36 \div 12) \times (24 \div 12)$
$= 4 \times 3 \times 2 = 24$(개)가 됩니다.
즉, 모두 팔았을 때 총 판매금액은
$24 \times 2,000 = 48,000$(원)입니다.

상세풀이

먼저 문제를 보면 최대공약수를 사용해야 하는지, 최소공배수를 사용해야 하는지를 구분해야 합니다. 문제에서 "가능한 한 큰 정육면체 모양으로 남는 부분 없이 같은 크기로 잘라 판매하려고 한다"라 했으므로 "가능한 한 큰"은 "최대"라는 뜻으로 해석하고 "정육면체 모양으로 남는 부분 없이 같은 크기로 잘라"는 "공약수"라는 뜻으로 해석이 됩니다.
따라서 이 문제는 "최대공약수"를 활용하여 문제를 풀어나가면 됩니다.

① 가능한 한 큰 정육면체의 한 모서리의 길이는 가로, 세로, 높이의 최대공약수로 구하면 됩니다.

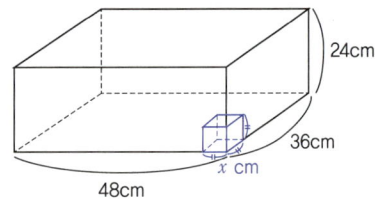

```
2 ) 48  36  24
2 ) 24  18  12
3 ) 12   9   6
     4   3   2
```

따라서 정육면체의 한 모서리의 길이는
$2 \times 2 \times 3 = 12$(cm)가 됩니다.

② 이때 떡의 개수를 구하기 위해서는 가로, 세로, 높이에 한 모서리 12cm가 각각 몇 개씩 들어갈 수 있는지 구해야 합니다.
가로 48cm에 한 모서리가 12cm인 정사각형이
$48 \div 12 = 4$(개)가 들어가고
세로 36cm에 한 모서리가 12cm인 정사각형이
$36 \div 12 = 3$(개)가 들어가고
높이 24cm에 한 모서리가 12cm인 정사각형이
$24 \div 12 = 2$(개)가 들어갑니다.
따라서 떡의 개수는 $4 \times 3 \times 2 = 24$(개)입니다.

③ 이 떡을 모두 팔았을 때, 한 개당 2,000원이므로 총 판매금액은 $2,000 \times 24 = 48,000$(원)입니다.

이용하여 해결할 수 있습니다.

① 1km는 1,000m입니다. 따라서 45km를 m로 바꿔주면 다음과 같습니다.
$45(\text{km}) = 45 \times 1(\text{km})$
$= 45 \times 1000(\text{m}) = 45000(\text{m})$

② 오후 12시에 출발하여 14시 30분에 도착하였으므로 총 2시간 30분이 걸렸습니다.
30분은 60분 중에서 30분을 차지하고 있으므로 $\frac{30}{60}$시간, 즉 0.5시간으로 바꿔주어야 하므로
총 걸린 시간은 $14.5 - 12 = 2.5$시간입니다.

③ 2.5h을 초(s)로 단위를 바꿔줘야 합니다.
1h=60min이고 1min=60s이므로 이를 이용하여 바꿔주면 다음과 같습니다.
$2.5\text{h} = 2.5 \times (1\text{h})$
$= 2.5 \times (60\text{min}) = 2.5 \times 60 \times (1\text{min})$
$= 2.5 \times 60 \times (60\text{s}) = 9{,}000(\text{s})$

④ 마지막으로 (평균속력) $= \frac{(\text{이동 거리})}{(\text{걸린 시간})}$을 이용하여 계산하면 됩니다.
$\left(\text{평균속력}\left(\frac{\text{m}}{\text{s}}\right)\right) = \frac{(\text{이동 거리})}{(\text{걸린 시간})} = \frac{45{,}000(\text{m})}{9{,}000(\text{s})}$
$= 5\left(\frac{\text{m}}{\text{s}}\right)$

⑤ 따라서 평균속력 = 5(m/s)입니다.

013 정답 ① 난이도 ●●○

간단풀이

$45(\text{km}) = 45 \times 1{,}000(\text{m}) = 45{,}000(\text{m})$
$2.5(\text{h}) = 2.5 \times 3{,}600(\text{s}) = 9{,}000(\text{s})$
$\left(\text{평균속력}\left(\frac{\text{m}}{\text{s}}\right)\right) = \frac{(\text{이동 거리})}{(\text{걸린 시간})} = \frac{45{,}000(\text{m})}{9{,}000(\text{s})}$
$= 5\left(\frac{\text{m}}{\text{s}}\right)$

상세풀이

주어진 문제를 풀기 위해서는 두 가지에 유의해야 합니다. 첫 번째는 입니다.
문제에서 주어진 단위와 정답에서 요구하는 단위가 다르므로 단위를 변환해주어야 합니다.
두 번째는 평균속력입니다. 평균속력은 $\frac{(\text{이동 거리})}{(\text{걸린 시간})}$를

014 정답 ⑤ 난이도 ●●●

간단풀이

$\frac{12-x}{4} + \frac{x}{6} = \frac{9}{4}$
$3(12-x) + 2x = 27$
$36 - 3x + 2x = 27 \quad \therefore x = 9$

상세풀이

(시간) $= \frac{(\text{거리})}{(\text{속력})}$를 이용해 문제를 풀면 됩니다.
이때 가장 중요한 점은 시간의 단위를 일치시켜야 한다는 것입니다.

① 이 문제에서 구해야 하는 것은 내려온 거리이기 때문에 내려온 거리를 미지수인 x로 두고 방정식을 작성해야 합니다. 이때, 총 거리가 12km라 주어졌으

므로 올라간 거리는 전체에서 내려간 거리만큼을 뺀 $12-x(\text{km})$입니다.

② 올라갈 때와 내려올 때 모두 속력이 시속으로 표현되어 있으므로 시간 또한 분 단위가 아닌 시간 단위로 표현해 주어야 합니다.

이때 1시간은 60분임을 생각해 보면 15분은 $\dfrac{15}{60}$시간으로 표현할 수 있고 약분하면 $\dfrac{1}{4}$시간입니다.

따라서 2시간 15분은 $\dfrac{9}{4}$시간입니다.

③ (시간)$=\dfrac{(거리)}{(속력)}$임을 이용해 식을 세우면,

(올라간 시간)$=\dfrac{12-x}{4}$ (시간)

(내려온 시간)$=\dfrac{x}{6}$ (시간)

둘을 합한 시간이 총 걸린 시간인 $\dfrac{9}{4}$시간이므로

$$\dfrac{12-x}{4}+\dfrac{x}{6}=\dfrac{9}{4}$$

④ 양변에 4와 6의 최소공배수인 12를 곱하면
$3(12-x)+2x=27$
$36-3x+2x=27$
$-x=-9$ $\therefore$ $x=9$
따라서 내려온 거리는 9km입니다.

015 정답 ②

간단풀이

$720+x=40\times 20$
$x=800-720=80$
$(1200+80)\div 40=32$

상세풀이

① 기차의 길이를 $x\,\text{m}$라고 가정합니다. 이때 기차가 터널을 완전히 통과하는 데 이동하는 거리는 기차의 머리가 터널에 진입하여 꼬리까지 완전히 빠져나왔을 때 이동한 거리를 의미합니다.
다음 그림을 통해 알아보겠습니다.

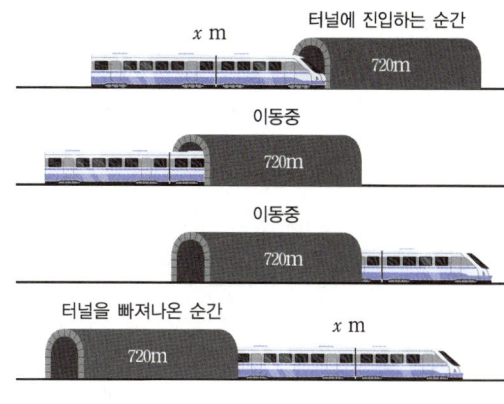

위 그림을 통해 알 수 있듯이 총 이동 거리는 $(720+x)\,\text{m}$입니다.

② 거리를 기준으로 잡고 거리는 속력 곱하기 시간이므로 식을 세워보면

$720+x\,(\text{m})=40\left(\dfrac{\text{m}}{\text{s}}\right)\times 20\,(\text{초})$

$720+x=40\times 20$ $\therefore$ $x=800-720=80$

③ 기차의 길이를 구하였으니 이제 1.2km의 터널을 통과하는 데 걸리는 시간을 구해봅니다.
시간을 기준으로 잡고 시간은 거리 나누기 속력 이므로 식을 세워보면 다음과 같습니다.
(완전히 통과한 시간)
$=\dfrac{(\text{터널의 길이})+(\text{기차의 길이})}{(\text{기차의 속력})}$
$=\dfrac{1200(\text{m})+80(\text{m})}{40\left(\dfrac{\text{m}}{\text{s}}\right)}=\dfrac{1280}{40}$
$=32$

④ 따라서 기차가 터널을 완전히 통과하는 데 걸리는 시간은 32초입니다.

016 정답 ⑤

간단풀이

$20\div 60=\dfrac{1}{3}(\text{h})=20\min$

$60-20-10=30=\dfrac{1}{2}\text{h}$

$(25+30)\div\dfrac{1}{2}=110\left(\dfrac{\text{km}}{\text{h}}\right)$

📖 **상세풀이**

이러한 문제는 (거리)=(속력)×(시간) 이라는 공식을 사용해서 계산하는 문제입니다.
이동 경로를 이해하고 정리한 다음, 각 경로에서의 거리와 시간 정보를 정리합니다.

① 간단한 그림을 그려서 문제를 정리할 수 있습니다.

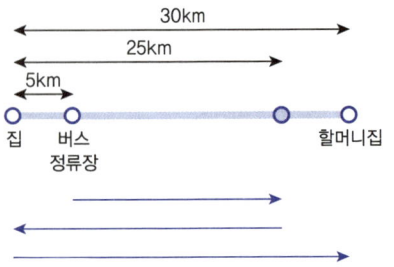

이동한 경로를 총 세 개의 경로로 나눌 수 있습니다.
(1) 버스 정류장에서 버스를 타고 가다가 멈춘 경로
(2) 택시를 타고 집까지 돌아온 경로
(3) 집에서 택시를 타고 출발한 경로

② 집에서 버스 정류장까지 거리가 5km이고, 집에서 25km 떨어진 지점에서 버스에서 내렸기 때문에, 첫 번째 경로에서 이동한 거리는 $25-5=20(km)$ 입니다.
버스의 속력은 $60\left(\dfrac{km}{h}\right)$이기 때문에, 이동하는데 걸린 시간은 (시간)=(거리)÷(속력) 공식에 의해 $20\div 60=\dfrac{1}{3}(시간)=20(분)$ 입니다.

③ 다음으로 두 번째 경로와 세 번째 경로에서 소요된 시간을 구합니다.
9시에 출발해서 10시에 도착했으므로, 전체 소요된 시간은 1시간입니다.
그런데 첫 번째 경로에서 소요된 시간은 20분이고 선물을 챙기는 데 걸린 시간은 10분이므로, 두 번째와 세 번째 경로를 이동하는데 걸린 시간은 $60-20-10=30(분)=\dfrac{1}{2}(시간)$ 입니다.

④ 두 번째 경로와 세 번째 경로에서 이동한 거리를 계산합니다.
택시를 돌린 지점부터 집까지의 거리는 25(km)이므로, 집으로 돌아가는 두 번째 경로에서 이동한 거리는 25(km)입니다. 마지막으로 집에서 할머니집까지 거리는 30(km)입니다.
이 값들을 모두 합하면, $25+30=55(km)$입니다.

⑤ 정리하자면, 택시는 55km 거리를 $\dfrac{1}{2}(시간)$ 동안 이동했습니다.
따라서 공식에 의해 속력을 구하면 아래와 같습니다. (속력)=(거리)÷(시간) 이므로
(속력)$= 55 \div \dfrac{1}{2}=110\left(\dfrac{km}{h}\right)$입니다.

---

017 정답 ⑤ 난이도 ●●○

🛰 **간단풀이**

$\dfrac{120}{5}=24$

$28-24=4$

$24-4=20$

📖 **상세풀이**

이러한 문제는 평균에 대한 기본적인 이해가 중요하며 주어진 조건에 따라 해결해야합니다.

① 먼저 철수의 형제가 5명이고 모두의 나이를 합했을 경우 120살입니다.
이때 철수 형제의 평균 나이는 $\dfrac{120}{5}$로 24살입니다.
5명 중 3명의 나이가 평균 나이와 같으므로 3명의 나이는 24살이며, 나머지 두 명에 의해 평균 나이가 정해집니다.

② 2명 중 1명인 가장 큰 누나의 나이가 28살 이므로 나머지 1명의 나이는 저절로 정해집니다.

③ 철수네 형제의 나이는 x(막내의 나이), 24, 24, 24, 28 이므로 막내는 20살이 됩니다.

---

018 정답 ⑤ 난이도 ●●○

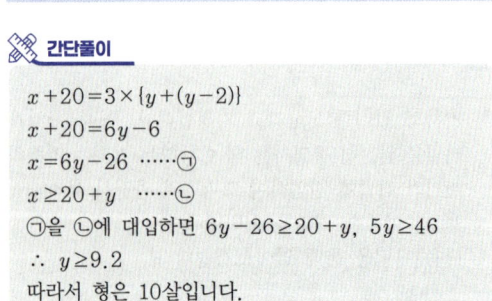

상세풀이

이런 문제는 미지수의 개수를 최소로 만드는 것이 중요합니다. 하지만 이런 유형이 익숙하지 않거나 헷갈린다면 등장인물의 수만큼 미지수를 두고, 문제에 나타난 모든 관계를 식으로 표현하여 풀 수도 있습니다. 문제에서 현재 어머니의 나이를 x라고 제시하였으므로, 구하고자 하는 현재 형의 나이를 y로, 동생의 나이를 z로 둡니다. (동생의 나이는 형보다 두 살 어리다고 했으므로 $y-2$로 놓고 식을 세워도 됩니다)

① 첫 번째 문장에서 제시된 조건을 식으로 표현하면 $x+20=(y+z)\times 3$입니다.

② 두 번째 문장에서 형과 동생의 나이는 2살 차이가 난다고 하였으므로 $y=z+2$이 됩니다.
   문제에서 요구하는 것은 형의 나이기 때문에 y를 남겨두기 위해 ②의 식을 $z=y-2$로 만들어 ①의 z에 대입하면 식이 다음과 같이 바뀝니다.
   $x+20=3\times\{y+(y-2)\}$

③ 미지수를 구하기 위해서는 최소한 미지수의 수만큼 식이 필요합니다.
   어머니와 형의 나이차는 최소 스무 살이기에 또 다른 식인 $x-y\geq 20$을 세울 수 있습니다.
   $x+20=3\times\{y+(y-2)\}=6y-6$ ······ ㉠
   $x\geq 20+y$ ······ ㉡
   ㉠을 ㉡에 대입하면
   $6y-26\geq 20+y$
   $5y\geq 46$ ∴ $y\geq 9.2$
   따라서 형은 10살입니다.

019 정답 ④ 난이도 ●●●

간단풀이

(할아버지의 나이)$=x$, (할머니의 나이)$=y$, (엄마의 나이)$=z$
$\begin{cases} x=y+4 \\ x+y=3(z+27) \end{cases}$
엄마와 아빠의 나이 차이가 2살이므로 엄마의 나이는 25세 또는 29세이다.

(1) 엄마의 나이가 25세라면 ($z=25$)
   $x+y=3(25+27)$
   $2y+4=156$
   $2y=152$ ∴ $y=76$

(2) 엄마의 나이가 29세라면 ($z=29$)
   $x+y=3(29+27)$
   $2y+4=168$
   $2y=164$ ∴ $y=82$

상세풀이

해당 문제는 미지수를 적절하게 정의하고 일어날 수 있는 경우에 대해 경우를 나누어 접근해야 하는 문제입니다. 문제에서 엄마와 아빠의 나이 차이가 2살이라고 했으므로 엄마가 아빠보다 2살이 많은 경우와 2살이 적은 경우를 모두 고려해야 합니다.

① 우선 할아버지의 나이와 할머니의 나이, 엄마의 나이를 각각 x, y, z로 정의합니다.
   이때 할아버지의 나이가 할머니의 나이보다 4살 많으므로 $x=y+4$의 식을 세울 수가 있습니다.
   또한, 할아버지와 할머니 나이의 합은 엄마와 아빠의 나이의 합보다 3배 많다고 하였으므로
   $x+y=3(z+27)$의 식을 세울 수 있습니다.
   $\begin{cases} x=y+4 & \cdots\cdots ㉠ \\ x+y=3(z+27) & \cdots\cdots ㉡ \end{cases}$

② 엄마와 아빠의 나이 차이가 2살인 경우는 엄마가 아빠보다 나이가 2살 많거나 적어야 합니다. 즉, 엄마의 나이는 25세 또는 29세입니다.

   (1) 엄마의 나이가 25세인 경우
       즉, $z=25$를 ㉡에 대입하면
       $x+y=3(25+27)$
       여기에 ㉠을 대입하면
       $2y+4=156$
       $2y=152$ ∴ $y=76$

   (2) 엄마의 나이가 29세인 경우
       즉, $x=29$를 ㉡에 대입하면
       $x+y=3(29+27)$
       여기에 ㉠을 대입하면
       $2y+4=168$
       $2y=164$ ∴ $y=82$

따라서 할머니의 나이는 76세 혹은 82세이며 보기의 ④ 76세가 정답입니다.

020 정답 ③   난이도

🛰 간단풀이

$\begin{cases} x+y=600 \\ 3x+0.5y=1,200 \end{cases}$, $\begin{cases} x+y=600 \\ 6x+y=2,400 \end{cases}$,

$5x=1,800$ ∴ $x=360$

여기서 구한 x값은 작년의 생산량으로, 올해는 작년보다 생산량을 세 배 늘렸다고 했으므로
올해의 생산량은 $360 \times 3 = 1,080$개입니다.

🔍 상세풀이 1

① 작년에 생산한 A 장난감의 개수를 x로, B 장난감의 개수를 y로 두고 문제를 푸는 방법입니다. 작년에 생산한 두 장난감의 개수는 모두 600개라고 하였으므로 $x+y=600$이라는 식을 세울 수 있습니다.

② 올해 A 장난감 생산량은 작년의 세 배이므로 $3x$, B 장난감 생산량은 작년의 절반이므로 $0.5y$로 나타낼 수 있습니다. 따라서 올해 장난감 생산량을 식으로 표현하면 $3x+0.5y=1,200$이 됩니다.

$\begin{cases} x+y=600 \\ 3x+0.5y=1,200 \end{cases}$, $\begin{cases} x+y=600 \\ 6x+y=2,400 \end{cases}$,

③ 이 두 연립방정식의 해를 구하기 위해 가감법을 사용하여 y를 소거합니다.
$5x=1,800$ ∴ $x=360$
여기서 중요한 것은 x값은 작년의 A 장난감 생산량이므로, 올해의 생산량을 구하기 위해서는 다시 계산해주어야 한다는 것입니다.
즉, A 장난감은 작년보다 생산량을 세 배 늘렸다고 했으므로 올해의 생산량은 $360 \times 3 = 1,080$개입니다.

🔍 상세풀이 2

① 올해에 생산한 A 장난감의 개수를 x로, B 장난감의 개수를 y로 두고 문제를 푸는 방법입니다. 올해 생산한 장난감의 개수는 1,200개이므로 $x+y=1,200$이라는 식을 세울 수 있습니다.

② 작년에 생산한 장난감의 개수는 올해 생산량을 역으로 생각하면 구할 수 있습니다. A 장난감의 경우, 올해 생산량은 작년의 세 배라고 하였으므로, 작년은 올해 생산량의 $\dfrac{1}{3}$이라고 생각할 수 있습니다.

③ B 장난감의 경우, 올해 생산량은 작년의 절반이라고 하였으므로, 작년은 올해 생산량의 두 배라고 생각할 수 있습니다. 이 같은 정보를 바탕으로 작년 생산량과 관련된 식을 세우면 $\dfrac{1}{3}x+2y=600$으로 나타낼 수 있습니다.

$\begin{cases} \dfrac{1}{3}x+2y=600 \\ x+y=1,200 \end{cases}$

위의 연립방정식을 풀면

$\begin{cases} x+6y=1,800 \\ x+y=1,200 \end{cases}$

$5y=600$

∴ $y=120$, $x=1,080$

따라서 문제에서 요구하는 A 장난감의 개수는 1,080개입니다.

021 정답 ④   난이도

🛰 간단풀이

$\dfrac{x}{100} + \dfrac{5 \times (1500-x)}{100} = 39$

$x=900$

$\dfrac{101}{100} \times 900 = 909$

🔍 상세풀이

① 작년 총 사원 수가 1,500명 이므로 작년 남성 사원 수를 x라고 놓습니다.
(작년 남성 사원 수)$=x$
(작년 여성 사원 수)$=1,500-x$

② 작년과 비교하면 남성 사원은 1% 증가했으므로 증가한 남성 사원 수는

(작년 남성 사원 수)$\times \dfrac{1}{100}$

$= \dfrac{x}{100}$ 입니다.

③ 작년과 비교하면 여성 사원은 5% 증가했으므로 증가한 여성 사원 수는

(작년 여성 사원 수)$\times \dfrac{5}{100}$

$= \dfrac{5 \times (1,500-x)}{100}$ 입니다.

④ 작년과 비교하면 올해 사원 수가 39명이 늘었으므로
(증가한 남성 사원 수)+(증가한 여성 사원 수)$=39$

$$\frac{x}{100}+\frac{5\times(1,500-x)}{100}=39$$가 됩니다.

양변에 100을 곱하면,
$x+5(1,500-x)=3,900$
$-4x+7,500=3,900$
$3,600=4x$ ∴ $x=900$

즉, 작년 남성 사원 수는 900명입니다.

⑤ 문제에서는 올해의 남성 사원 수를 구하라고 했으므로 900명에서 900명의 1%인 9명만큼 늘어난 909명이 답이 됩니다.

022 정답 ② 난이도 ●●●

간단풀이

$\begin{cases} x+y=800 \\ x=y+300 \end{cases}$
∴ $x=550, y=250$
$\begin{cases} a+b=800 \\ a=b-200 \end{cases}$
∴ $a=300, b=500$
$\begin{cases} p+q=300 \\ p=3q \end{cases}$
∴ $p=225, q=75$

q의 값이 자전거를 이용하는 여성 사원 수이므로 원하는 답은 75명입니다.

상세풀이

기업의 총 사원 수가 800명이기에 남성의 사원 수와 여성의 사원 수의 합은 800명이며, 자전거를 이용하는 사원의 수와 걸어서 출근하는 사원의 수의 합도 800명인 것을 가지고 표를 그려서 해결하는 것이 가장 정리가 잘 되고 쉬운 방법이 될 것입니다.

① 일단 남성의 사원 수를 x라고 하고 여성의 사원 수를 y라고 하겠습니다.
문제에서 총 사원수는 800명이므로 $x+y=800$
또한, 남성의 사원 수가 여성의 사원 수보다 300명이 많다고 했으므로 $x=y+300$
$\begin{cases} x+y=800 \\ x=y+300 \end{cases}$

② 주어진 두 식을 대입법을 사용하여 해를 구하면
$2y+300=800$
$2y=500$ ∴ $y=250, x=550$

③ 자전거를 이용하여 출근하는 사원의 수를 a, 걸어서 출근하는 사원의 수를 b라고 하겠습니다.
자전거를 이용하여 출근하는 사원의 수와 걸어서 출근하는 사원의 수의 합은 기업의 총 사원 수 800명이므로 $a+b=800$
또한, 자전거를 이용하여 출근하는 사원의 수는 걸어서 출근하는 사원의 수보다 200명이 적다고 했으므로
$a=b-200$
∴ $\begin{cases} a+b=800 \\ a=b-200 \end{cases}$

④ 이 두 식을 대입법을 사용하여 해를 구하면
$2b-200=800$
$2b=1,000$ ∴ $b=500, a=300$

⑤ 지금까지 구한 값을 표를 그려서 정리해보도록 하겠습니다.

	남성사원	여성사원	총 인원 수
자전거를 이용하여 출근하는 사원	p	q	300
걸어서 출근하는 사원			500
총 인원 수	550	250	

문제에서 자전거를 이용하여 출근하는 남성의 사원 수와 여성의 사원 수의 관계를 물었으므로
$p+q=300$
이때, 자전거를 이용하는 남성의 사원 수가 여성의 사원 수보다 3배 많다고 하였으므로 $p=3q$
$\begin{cases} p+q=300 \\ p=3q \end{cases}$

⑥ 주어진 두 식을 대입법을 사용하여 해를 구하면
$4q=300$ ∴ $p=225, q=75$
문제에서는 자전거를 이용하여 출근하는 여성 사원의 수를 구하므로 정답은 75명이 됩니다.

023 정답 ②

간단풀이

$1.4x-10,000=0.9x$
$0.5x=10,000$ ∴ $x=20,000$

📖 상세풀이

① 정가 구하기

1할 $= \dfrac{1}{10}$ 이며, 원가를 기준으로 분모를 1로 만들면 0.1로 나타낼 수 있습니다.
원가를 x 라 하면 원가의 4할만큼 이익이 붙은 금액은 $x+0.4x=1.4x$ 가 됩니다.
이 금액에서 10,000원을 할인한 정가는 다음과 같습니다.
(할인된 정가) $=1.4x-10,000$

② 원가 구하기

①에서 구한 할인된 정가는 원가 대비 1할을 손해 본 금액과 같습니다.
$1.4x-10,000=(1-0.1)x$
$1.4x-0.9x=10,000$
$0.5x=10,000$ ∴ $x=20,000$

---

024 정답 ② 난이도 ●●○

🛰 간단풀이

(판매가) $-$ (원가) $=(x\times 1.4 \times 0.75)-x=2000$
$x=40,000$(원)

📖 상세풀이

이 문제는 순서를 나누어 푸는 것이 좋습니다.
(1) 원가에 40%의 이익을 붙은 값을 구한다.
(2) 1번의 값에 25% 할인된 값을 구한다.
(3) 2번의 값에 원가를 뺀 값을 이익으로 2,000(원)이다.

① 원가를 x 라 두면 원가에 40%의 이익을 붙인 값으로 팔았으므로 판매가격은
$(1+0.4)x=1.4x$ ……㉠

② 철수는 ㉠ 가격으로 팔리지 않자 25% 할인된 가격으로 판매하였습니다.
25% 할인된 판매가격을 구하면
$1.4x\times(1-0.25)=x\times 1.4 \times 0.75=1.05x$

③ (이익) $=$ (최종거래가) $-$ (원가)이므로
(이익) $=1.05x-x=0.05x$
이때 개당 이익이 2,000원이라고 하였으므로
$0.05x=2,000$
∴ $x=\dfrac{2,000}{0.05}=40,000$(원)

---

025 정답 ⑤ 난이도 ●●●

🛰 간단풀이

$\left\{x\times\left(1-\dfrac{15}{100}\right)\times\left(1-\dfrac{20}{100}\right)\right\}=0.85x\times 0.8$
$=0.68x$
기존 정가의 68%로 판매하고 있습니다.

📖 상세풀이 1

(할인가) $=$ (정가) $\times\left(1-\dfrac{\text{할인율}}{100}\right)$ 임을 이용하여 문제를 풀어봅니다.

① 정가를 x 라 두면 먼저 100일 기념으로 15% 할인된 가격을 구합니다.
$x\times\left(1-\dfrac{15}{100}\right)=0.85x$

② 위 가격에서 추가 20% 할인한 가격을 구하면
$0.85x\times\left(1-\dfrac{20}{100}\right)=0.85x\times 0.8=0.68x$

③ $0.68x=\dfrac{68}{100}\times x$ 와 같으므로, 정가의 68% 가격임을 알 수 있습니다.

📖 상세풀이 2

① 운동화 가격을 10,000원으로 가정합니다.
100일 기념 15% 할인 가격을 계산합니다.
$10,000\times\left(1-\dfrac{15}{100}\right)=10,000\times 0.85=8,500$

② 8,500원에서 추가 20% 할인한 가격을 계산합니다.
$8,500\times\left(1-\dfrac{20}{100}\right)=8,500\times 0.8=6,800$

③ 최종 할인 판매가격은 6,800원입니다.
이제, 6,800원은 정가의 몇%인지 계산합니다.
$\dfrac{6,800}{10,000}\times 100=68\%$ → 최종 할인 판매가격은 정가의 68%입니다.

026 정답 ③   난이도 ●●○

간단풀이

$$\frac{1}{\frac{1}{10}+\frac{1}{5}}=\frac{1}{\frac{3}{10}}=\frac{10}{3}\text{시간}=3\text{시간 }20\text{분}$$

상세풀이 1

두 사람이 같은 시간 동안 각각 어느 정도의 일을 할 수 있는지 구합니다.

① 철수는 10시간 걸려 퍼즐을 다 맞출 수 있으므로 1시간 동안 전체 퍼즐의 $\frac{1}{10}$ 만큼을 맞출 수 있습니다. 영희는 5시간 걸려 퍼즐을 다 맞출 수 있으므로 1시간 동안 전체 퍼즐의 $\frac{1}{5}$ 만큼을 맞출 수 있습니다.

② 철수와 영희는 각각 1시간 동안 전체 퍼즐의 $\frac{1}{10}$ 만큼과 $\frac{1}{5}$ 만큼을 맞출 수 있으므로 둘이 함께 퍼즐을 맞춘다면 1시간 동안 전체 퍼즐의 $\frac{1}{10}+\frac{1}{5}=\frac{3}{10}$ 만큼을 맞출 수 있습니다.

③ 둘이 함께 1시간에 전체 퍼즐의 $\frac{3}{10}$ 만큼 맞출 수 있으므로 x 시간 동안은 전체 퍼즐의 $\frac{3}{10}\times x$ 만큼 맞출 수 있습니다.

④ 그리고 퍼즐을 다 맞춘다는 것은 전체 퍼즐의 1만큼을 맞춘다는 말과 같으므로 $\frac{3}{10}\times x=1$ 에서 $x=\frac{10}{3}$ (시간) 이 됩니다.

단위를 환산하면 $\frac{10}{3}$ 시간$=\frac{10}{3}\times 60$ 분$=200$ 분 $=3$ 시간 20분이 됩니다.

상세풀이 2

여기서는 10과 5의 최소공배수인 10시간을 기준으로 생각하겠습니다.

① 철수는 퍼즐을 완성하는데 10시간이 걸리고 영미는 5시간이 걸리므로 10시간 동안 철수가 완성할 수 있는 퍼즐은 1개 10시간 동안 영미가 완성할 수 있는 퍼즐은 2개입니다.

② 즉, 10시간 동안 철수와 영미가 같이 퍼즐을 맞춘다면 둘은 합쳐서 3개의 퍼즐을 맞추게 됩니다. 10시간 동안 3개를 맞출 수 있으므로 1개를 맞추는 데는 $\frac{10}{3}$ 시간이 걸립니다.

단위를 환산하면 3시간 20분이 됩니다.

027 정답 ③   난이도 ●●●

간단풀이

$$\frac{1}{4}x+\frac{1}{12}(6-x)=1$$
$$\therefore x=3$$

상세풀이 1

전체 일의 양을 1로 정하는 것과 남자와 여자의 수를 한 가지 미지수를 이용하여 놓는 것이 중요한 문제입니다. 남자와 여자의 수를 한 가지 미지수로 정하면 방정식을 하나만 만들어도 해를 구할 수 있기 때문입니다.

① 전체 일의 양을 1로 둔다면 남자 한 명은 일을 끝내는 데 4일이 걸리므로 하루 동안 $\frac{1}{4}$ 만큼의 일을 한다는 것을 알 수 있습니다.
마찬가지로 여자 한 명은 일을 끝내는 데 12일 걸리므로 하루 동안에는 $\frac{1}{12}$ 만큼의 일을 한다고 말할 수 있습니다.

② 구하고자 하는 남자의 숫자를 x 명이라고 둔다면 남자와 여자를 합해서 6명이기 때문에 여자는 $(6-x)$ 명이라고 표현할 수 있습니다.

③ 남자와 여자를 합하여 6명에서 하루 만에 일을 끝내야 하므로
$$\frac{1}{4}x+\frac{1}{12}(6-x)=1$$
$$\frac{x}{4}+\frac{1}{2}-\frac{x}{12}=1$$
$$\frac{x}{6}=\frac{1}{2} \quad \therefore x=3$$

따라서 남자와 여자를 합하여 6명에서 하루만에 일을 끝내려면 남자 3명, 여자 3명이 필요합니다.

상세풀이 2

전체 일의 양을 1로 놓는 것이 가장 보편적인 방법이지만 이는 계산을 편하게 하려는 방법일 뿐 반드시 1로 놓을 필요는 없습니다.

① 그 예로 전체 일의 양을 4와 12의 최소공배수인 12로 놓고 풀어보도록 하겠습니다.
(물론 꼭 12로 놓을 필요는 없으며, 4와 12의 배수를 전체 일의 양으로 놓으면 분수를 사용하지 않아도 되기 때문에 식이 간편해지므로 사용하는 것입니다.)

② 전체 일의 양이 12라면 일을 하는데 4일이 걸리는 남자 1명은 하루에 3만큼의 일을 한다고 말할 수 있고 일을 다 하는데 12일이 걸리는 여자 1명은 하루에 1만큼의 일을 한다고 표현할 수 있습니다.

③ 남자와 여자를 합해 6명이 되는 경우를 구하고자 하므로 구하고자 하는 남자의 수를 x명이라고 둔다면 여자의 수는 $(6-x)$명이라고 표현할 수 있습니다.

④ 남자와 여자를 합하여 6명이 하루 안에 일을 끝마칠 수 있다고 하였으므로 $3x+(6-x)=12$라고 표현할 수 있습니다. 방정식을 풀면
$2x=6$ ∴ $x=3$
따라서 남자와 여자를 합하여 6명이 하루 만에 일을 끝내려면 남자 3명, 여자 3명이 필요합니다.

상세풀이 3

남자와 여자의 수를 각각 다른 미지수로 놓고 표현해내는 방법도 있습니다.
이 방법의 핵심은 앞의 두 풀이 방법에서 쓰지 않았던 방정식을 하나 더 찾아내는 것입니다.
미지수가 2개이므로 방정식이 하나뿐이라면 절대로 답을 얻어낼 수 없습니다.
반드시 2개의 방정식을 구해내야만 합니다.

① 전체 일의 양을 1로 둔다면 남자 한 명은 일을 끝내는데 4일이 걸리므로 하루 동안 $\frac{1}{4}$만큼의 일을 한다는 것을 알 수 있습니다. 마찬가지로 여자 한 명은 12일이 걸리므로 하루 동안에는 $\frac{1}{12}$만큼의 일을 한다고 말할 수 있습니다.

② 남자와 여자를 합하여 6명이 하루 만에 일을 끝마칠 때에 남자의 수를 a명, 여자의 수를 b명이라고 한다면 남자와 여자의 수의 합은 6명이므로 $a+b=6$이라는 방정식을 얻어낼 수 있습니다.
또한, 남자와 여자를 합하여 6명이 하루 만에 일을 마칠 수 있으므로 $\frac{1}{4}a+\frac{1}{12}b=1$입니다.
$$\begin{cases} a+b=6 \\ \frac{1}{4}a+\frac{1}{12}b=1 \end{cases}$$

③ 연립방정식을 풀면
$$\begin{cases} a+b=6 \\ 3a+b=12 \end{cases}$$
$2a=6$ ∴ $a=3$
$3+b=6$ ∴ $b=3$
따라서 남자와 여자를 합하여 6명이 하루 만에 일을 끝내려면 남자 3명, 여자 3명이 필요합니다.

028 정답 ④ 난이도 ●●●

간단풀이

수로가 12분 일한 횟수: x,
성민이가 12분 일한 횟수: y
$$\begin{cases} \frac{1}{2}\times\frac{1}{5}x+\frac{1}{4}\times\frac{1}{5}y=1 \\ x=y+1 \end{cases}$$
∴ $x=7$, $y=6$
따라서 수로는 일곱 번 일했습니다.

상세풀이

해당 문제는 작업량에 대한 문제입니다.
작업량 공식은 (총 작업량) = (작업 시간) × (작업 속도)로 표현되며 해당 문제와 같이 하나의 일을 수행할 때는 총 작업량을 1로 둘 수 있습니다. 이때, 총 작업량을 1로 두면 (작업 속도)는 $\dfrac{1}{(작업\ 시간)}$이 됩니다.

한편, 속도 문제를 풀 때와 같이 작업량 문제는 시간 단위에 주의해서 문제를 풀어야 합니다.
해당 문제에서는 시간과 분 단위가 혼용되어 사용되고 있으므로 단위를 맞춰 줘야 합니다.
이후 작업량 문제는 연립방정식 혹은 문제에서 주어진 정보들을 이용하여 문제를 풀어나갈 수 있습니다.

① 집 정리를 하는데 수로 혼자 하면 2시간이 걸리고, 성민이 혼자 하면 4시간이 걸린다고 하였습니다.
(작업 속도) = $\dfrac{1}{(작업\ 시간)}$이므로 수로의 작업 속도는 $\frac{1}{2}$(일/시간)이며, 성민의 작업 속도는 $\frac{1}{4}$(일/시간)입니다.

② 수로와 성민은 12분씩 번갈아 일한다고 하였습니다. 이때 수로와 성민이 12분 일을 한 횟수를 각각 미지수 x와 y로 정의합니다.

12분을 $\frac{1}{5}$시간으로 단위를 맞춘 이후 x와 y에 곱하면 각각 수로와 성민이가 총 일을 한 시간이 됩니다.
수로가 12분 일한 횟수 : x,
성민이가 12분 일한 횟수 : y
수로가 총 일한 시간 $= \frac{1}{5}x$,
성민이가 총 일한 시간 $= \frac{1}{5}y$

③ 수로와 성민이가 번갈아 일하고 최종적으로 짐 정리를 완료하였기 때문에 다음 식을 세울 수가 있습니다.
$$\frac{1}{2} \times \frac{1}{5}x + \frac{1}{4} \times \frac{1}{5}y = 1$$

④ 또한, 수로와 성민이가 번갈아 일하면서 마지막 작업을 수로가 하였다고 했습니다. 따라서 수로는 성민이보다 일한 횟수가 한 번 더 많으므로 $x = y + 1$을 세울 수가 있습니다.

⑤ 현재 문제를 통해 세운 식을 보면 x와 y로 총 2개의 미지수를 이용하여 두 개의 식을 얻은 것을 확인할 수 있습니다. 연립방정식은 식의 개수가 미지수의 개수보다 크거나 같을 때 해를 구할 수 있으므로 x와 y를 구할 수 있습니다.
$$\begin{cases} \frac{1}{2} \times \frac{1}{5}x + \frac{1}{4} \times \frac{1}{5}y = 1 & \cdots\cdots \text{㉠} \\ x = y + 1 & \cdots\cdots \text{㉡} \end{cases}$$

⑥ ㉠의 양변에 20을 곱하여 ㉡과 연립하여 풀면
$$\begin{cases} 2x + y = 20 \\ x - y = 1 \end{cases}$$
$3x = 21$ ∴ $x = 7$
따라서 수로는 일을 7번 하였습니다.

029 정답 ⑤   난이도 ●●○

간단풀이

$\frac{6x}{100} + \frac{12(900-x)}{100} = 900 \times \frac{10}{100}$
$x = 300$

상세풀이 1

① 6% 소금물의 양을 xg 이라고 하면, 12% 소금물의 양은 $(900-x)$g 입니다.
각 소금물에 녹아 있는 소금의 양은 다음과 같습니다.
(6% 소금물 xg속 소금의 양)$= x \times \frac{6}{100} = \frac{6x}{100}$
(12% 소금물$(900-x)$g속 소금의 양)
$= (900-x) \times \frac{12}{100} = \frac{12(900-x)}{100}$
(10% 소금물 900g속 소금의 양)
$= 900 \times \frac{10}{100} = 90$

② 6% 소금물과 12% 소금물을 합쳐서 10% 소금물이 되었으므로

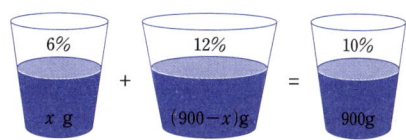

(6% 소금물 속 소금의 양)+(12% 소금물 속 소금의 양)
=(10% 소금물 속 소금의 양)입니다. 즉,
$\frac{6x}{100} + \frac{12(900-x)}{100} = 90$
$6x + 12(900-x) = 9{,}000$
$-6x + 10{,}800 = 9{,}000$
$6x = 1800$ ∴ $x = 300$

③ 따라서 6% 소금물의 양은 300g 입니다.

상세풀이 2

시간 단축을 위해 가중평균 개념을 활용한 풀이입니다. 가중평균이란 각 주어진 값에 대한 가중치를 각각 곱하여 구한 평균값입니다.

가중평균 개념을 고려하여 생각해보면 6%인 xg 소금물과 12%인 $(900-x)$g 소금물의 가중평균이 10%인 900g 소금물임을 알 수 있습니다.

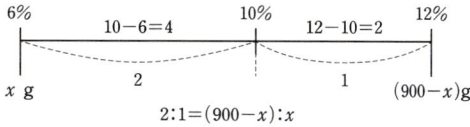

섞인 소금물의 농도(10%)가 6% 보다는 12%에 더 가까우므로 6% 소금물보다는 12% 소금물을 더 많이 넣었으며, 그 비율은 (12% 소금물 양) : (6% 소금물 양) = 2 : 1입니다. 즉,

$(900-x) : x = 2 : 1$
$2x = 900 - x$
$3x = 900$ ∴ $x = 300(g)$
따라서 6% 소금물은 300g, 12% 소금물은 600g 이 됩니다.

030. 정답 ② 난이도 ●●○

간단풀이

(설탕물 A농도)$=a$, (설탕물 B농도)$=b$
$\dfrac{2a+3b}{500} \times 100 = 12$
$\dfrac{3a+2b}{500} \times 100 = 15$
∴ $a=21$, $b=6$
따라서 구하는 설탕물 A 농도는 21%입니다.

상세풀이

문제에서의 2가지 상황을 보기 쉽게 다음의 식으로 나타내면
(설탕물 A용액 200g)+(설탕물 B용액 300g)=
(농도 12% 설탕물 500g) ⋯ (1)
(설탕물 A용액 300g)+(설탕물 B용액 200g)=
(농도 15% 설탕물 500g) ⋯ (2)

① 문제에서 용액의 양의 값은 주어졌으나 설탕물 A, B의 농도를 모르기 때문에
(설탕물 A농도)$=a(\%)$, (설탕물 B농도)$=b(\%)$로 두고 문자가 2개인 연립일차방정식을 풀어야 합니다.

② 농도에 대한 식으로도 세울 수 있으나 이 경우 설탕의 양에 대한 식을 세우는 것이 더 편리합니다.
(1)의 경우
(설탕물 A용액 200g의 설탕의 양)
$= \dfrac{a}{100} \times 200 = 2a$
(설탕물 B용액 300g의 설탕의 양)
$= \dfrac{b}{100} \times 300 = 3b$
(농도 12% 설탕물 500g의 설탕의 양)
$= \dfrac{12}{100} \times 500 = 60$
따라서 식을 세우면 $2a + 3b = 60$ ⋯⋯ ㉠

(2)의 경우
(설탕물 A용액 300g의 설탕의 양)
$= \dfrac{a}{100} \times 300 = 3a$
(설탕물 B용액 200g의 설탕의 양)
$= \dfrac{b}{100} \times 200 = 2b$
(농도 15% 설탕물 500g의 설탕의 양)
$= \dfrac{15}{100} \times 500 = 75$
따라서 식을 세우면 $3a + 2b = 75$ ⋯⋯ ㉡

③ (1)과 (2)의 경우를 모두 만족해야 하므로 ㉠, ㉡ 식을 연립합니다.
$\begin{cases} 2a + 3b = 60 & \cdots\cdots ㉠ \\ 3a + 2b = 75 & \cdots\cdots ㉡ \end{cases}$
$\begin{cases} 6a + 9b = 180 \\ 6a + 4b = 150 \end{cases}$
$5b = 30$ ∴ $b = 6$
이것을 ㉠에 대입하면
$2a + 18 = 60$
$2a = 42$ ∴ $a = 21$
따라서 설탕물 A 용액의 농도는 21%입니다.

031. 정답 ① 난이도 ●●●

간단풀이

$\begin{cases} x + y = 1{,}000 \\ \dfrac{8}{100}x + \dfrac{23}{100}y = \dfrac{17}{100} \times 1{,}000 \end{cases}$
∴ $x = 400g$

상세풀이

이러한 농도와 관련된 문제는 용매와 용질을 정확하게 구분하는 것이 중요합니다.
농도는 $\dfrac{용질}{(용매+용질)} \times 100$으로 계산됩니다.

① 8% 설탕물의 질량을 x, 23% 설탕물의 질량을 y라 할 때 두 설탕물의 질량의 합이 1000g 이므로 다음과 같은 식으로 나타낼 수 있습니다.
$x + y = 1{,}000$ ⋯⋯ ㉠

② 다음으로 각각의 설탕물 속에 녹아있는 설탕의 질량은 '농도×용액의 질량'으로 계산할 수 있습니다.

(8% 설탕물 속에 녹아있는 설탕의 질량) $= \dfrac{8}{100}x$

(23% 설탕물 속에 녹아있는 설탕의 질량) $= \dfrac{23}{100}y$

(혼합된 17% 설탕물 속에 녹아있는 설탕의 질량)
$= \dfrac{17}{100} \times 1,000$

③ 혼합 전후 설탕물 속에 녹아있는 설탕의 총 질량은 변하지 않으므로 다음과 같은 식으로 나타낼 수 있습니다.
$$\dfrac{8}{100}x + \dfrac{23}{100}y = \dfrac{17}{100} \times 1,000 \cdots\cdots ㉡$$

④ ㉠, ㉡ 식을 연립하여 풀면
$$\begin{cases} x+y = 1,000 \\ \dfrac{8}{100}x + \dfrac{23}{100}y = \dfrac{17}{100} \times 1,000 \end{cases}$$

$$\begin{cases} 8x+8y = 8,000 \\ 8x+23y = 17,000 \end{cases}$$

$15y = 9,000$ ∴ $y = 600$

따라서 8% 설탕물의 질량이 400g이라는 것을 구할 수 있습니다.

032 정답 ③ 난이도 ●●○

간단풀이

$644 = 2^2 \times 7 \times 23$
$476 = 2^2 \times 7 \times 17$
$(2 \times 23) + (2 \times 17) = 80$
따라서 구하는 기둥의 최소 개수는 80개이다.

상세풀이

해당 유형처럼 도형이 주어지는 문제의 경우 먼저 그림을 그려 접근하는 것이 좋은 방법입니다. 또한, 문제에서 제시하는 조건을 확실히 파악하여야 합니다.

① 문제가 제시하고 있는 두 가지의 조건을 파악합니다.
  (1) 공간의 모양은 가로 644cm, 세로 476cm인 직사각형입니다.
  (2) 직사각형의 네 모퉁이에는 반드시 기둥을 설치합니다.

② 파악한 조건을 이용하여 문제에서 제시한 도형을 직접 그려봅니다. 기둥을 원으로 표현한다고 하였을 때 조건 (1)과 조건 (2)를 이용하여 아래의 그림을 그릴 수 있습니다.

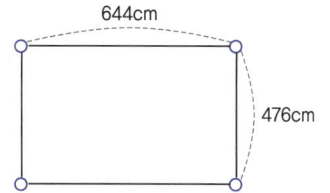

③ 문제에서는 기둥을 일정한 간격으로 최소한으로 설치를 하고 싶어한다고 하였습니다.
이때 설치 간격을 최대로 하였을 때가 설치되는 기둥의 수가 최소가 됨을 알 수 있습니다.

④ 그림과 같이 네 모퉁이에는 기둥이 이미 설치가 되었습니다. 따라서 가로와 세로에 걸쳐서 기둥을 설치할 수 없으며 모든 기둥은 같은 간격을 가져야 한다는 점을 유념해야 합니다.
현재 가로가 세로보다 더 길어서 적어도 하나 이상의 기둥은 추가로 설치를 해야 기둥들이 같은 간격을 가짐을 알 수 있습니다.
또한, 가로와 세로에 기둥을 설치할 때 가로와 세로 길이를 정확하게 약분할 수 있는 간격으로 기둥을 설치해야만 모든 기둥이 같은 간격을 가질 수가 있습니다.
따라서 해당 문제는 이때 가로와 세로를 동시에 약분할 수 있는 가장 큰 수를 찾는 문제가 됩니다.
즉 해당 문제는 최대공약수를 찾는 문제가 됩니다.

⑤ 최대공약수는 소인수분해를 통해서 구할 수가 있습니다. 먼저 소인수분해를 진행합니다.
$644 = 2^2 \times 7 \times 23$
$476 = 2^2 \times 7 \times 17$
최대공약수는 공통으로 가지는 소인수들의 곱으로 구할 수 있으며 644와 476의 최대공약수는 $28 = 2^2 \times 7$임을 확인할 수 있습니다. 따라서 28이 기둥의 설치를 최소화하는 최대 간격입니다.

⑥ 한 변의 길이가 28인 정사각형의 공간에 기둥을 설치한다고 가정할 경우, 총 네 개의 기둥이 귀퉁이에 설치되며 추가로 기둥이 설치되지는 않습니다. 하지만 아래 그림과 같이 가로와 세로가 28씩 증가할 때마다 각각 2개의 기둥이 추가로 설치되게 됩니다.

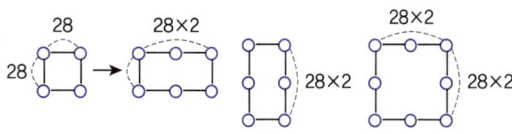

⑦ 현재 기둥이 설치되는 공간은 가로 세로가 각각 $644 = 28 \times 23$, $476 = 28 \times 17$인 직사각형입니다. 따라서 ⑥번 그림을 참고하면 가로, 세로가 총 22,

16만큼 증가하였으므로 기둥의 수는
$4+(2\times22)+(2\times16)=80$이 됩니다.
그러므로 정답은 80개입니다.

033 정답 ⑤

간단풀이

$750=6\times125$
$125\times8=1,000$
$\therefore 1,000\times6=6,000m$

상세풀이 1

해당 유형의 문제처럼 도형이 주어지는 문제에 대해서는 먼저 그림을 그려 접근하는 것이 좋은 방법입니다. 또한, 문제에서 제시하고 있는 조건에 대해서 확실히 파악하여 함정에 빠지지 않도록 해야 합니다.

① 문제가 제시하고 있는 세 가지의 조건을 파악합니다.
  (1) 산책로의 모양은 정육각형입니다.
  (2) 정육각형의 각 꼭짓점에는 나무 기둥을 반드시 세워야 합니다.
  (3) 길을 따라 8m 간격으로 나무 기둥을 세울 때 총 750그루의 나무가 필요합니다.

② 조건을 이용하여 문제에서 제시한 도형을 직접 그려 봅니다. 나무 기둥을 원으로 표현한다고 하였을 때 조건 (1)과 조건 (2)를 이용하여 오른쪽 그림을 그릴 수 있습니다.

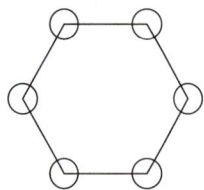

③ 그림과 더불어 마지막 남은 조건 3을 이용합니다.

④ 문제에서는 산책로의 길이를 알려주지는 않지만 길을 따라 8m 간격으로 나무 기둥을 세울 때 750그루의 나무가 필요하다 하였습니다. 그런데 그림을 보면 알 수 있듯이 만약 정육각형의 한 변의 길이가 8m라면 이미 꼭짓점에 설치된 나무 기둥 이외에 추가로 나무 기둥을 설치할 수는 없는 것을 알 수 있습니다.
하지만 한 변의 길이가 16m라면 꼭짓점에 설치된 나무 기둥 이외에 하나의 나무 기둥을 추가로 설치할 수 있어 총 6개의 나무 기둥이 산책로에 추가로 설치됨을 알 수 있습니다.
산책로의 한 변의 길이가 8m씩 늘어날 때마다 설치되는 나무 기둥 수가 6개씩 증가하며 이를 아래의 표와 같이 작성하여 확인할 수 있습니다.

총 나무 기둥 수	변의 길이
$6=6\times1$	$8=8\times1$
$12=6\times2$	$16=8\times2$
$18=6\times3$	$24=8\times3$
...	...
$750=6\times125$	

⑤ 산책로에 설치된 총 나무 기둥의 수는 $750=6\times125$으로 표를 참고하면 한 변의 길이는 $1000=8\times125$이 됨을 알 수 있습니다.
또한, 산책로의 길이는 모든 변의 길이의 합으로 $6000=1000\times6$이 됨을 확인할 수 있습니다.
그러므로 정답은 6,000m 입니다.

> **주의** 해당 문제는 전체 산책로의 길이를 요구하고 있으므로, 한 변의 길이인 1,000m를 고르는 실수가 발생하지 않도록 해야 합니다.

상세풀이 2

정육각형 모양의 나무 기둥 배치를 일렬로 바꾸어 접근합니다.

① 문제에서는 정육각형 모양의 산책로에 나무기둥을 배치합니다. 하지만, 나무 기둥을 일정한 간격으로 배치하므로 정육각형을 펼쳐 정육각형 길이의 직선 산책로에 나무기둥을 배치하는 것으로 바꾸어 생각할 수 있습니다.

② 나무 기둥 750개를 배치할 때, 각 나무 기둥 사이의 간격이 749개 나오지만 원래는 정육각형 구조이므로 직선 배치에서의 처음과 끝 나무 기둥 사이의 간격 1개를 더 생각해주어야 합니다.

③ 그러므로 전체 산책로의 길이는
$8\times(749+1)=6,000m$입니다.

독끝
Daily 400제

정답 및 해설

PART 3

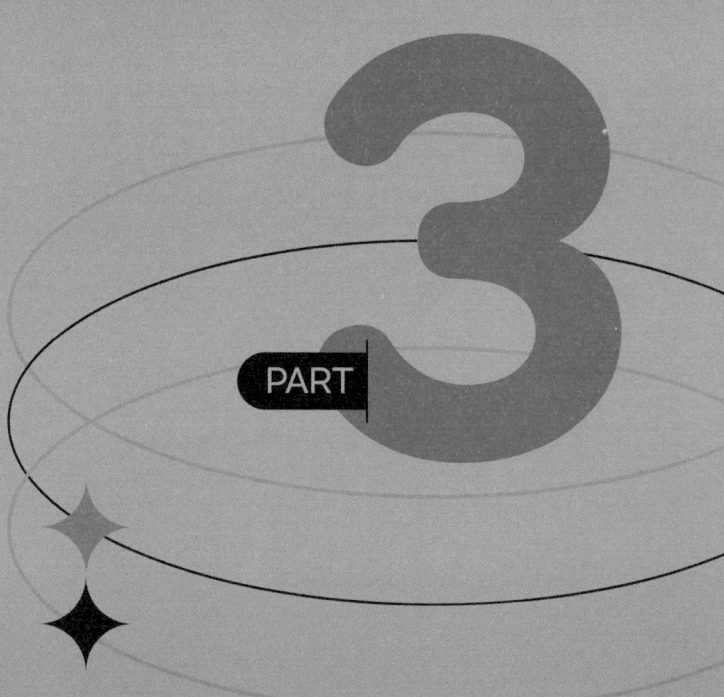

001	③	002	⑤	003	④	004	②	005	②
006	④	007	④	008	①	009	①	010	④
011	①	012	②	013	①	014	⑤	015	③
016	④	017	②	018	①	019	①	020	②
021	③	022	③	023	⑤	024	①	025	④
026	④	027	②	028	②	029	③	030	③
031	④	032	⑤	033	⑤				

001 정답 ③

간단풀이

$60°+90°-7.5°=142.5°$

상세풀이

이런 문제의 경우 시침과 분침이 각각 1분 동안 이동하는 각도를 계산해주어야 합니다. 또 시침과 분침이 움직인 각도를 빼야 할지 더해야 할지 판단해야 합니다.
시침은 12시간 동안 360°를 움직이므로
시침이 1시간 동안 이동하는 각도는 $360°÷12=30°$
시침이 1분 동안 이동하는 각도는 $30°÷60=0.5°$
분침은 1시간 동안 360°를 움직이므로
분침이 1분 동안 이동하는 각도는 $360°÷60=6°$

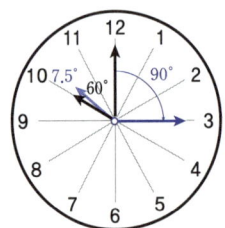

① 10시 정각에는 시침과 분침이 각각 10과 12를 정확히 가리키므로 각도를 쉽게 구할 수 있습니다. 10시 정각을 기준으로 시침과 분침이 이루는 작은 쪽의 각도는 60°입니다.
이 각도는 분침이 이동하는 만큼 증가하고, 시침이 이동하는 만큼 감소하게 됩니다.

15분 동안 분침은 $6°×15=90°$만큼 이동하고, 시침은 $0.5°×15=7.5°$만큼 이동합니다.

② 따라서 10시 15분에 시침과 분침이 이루는 작은 쪽의 각도는
$60°+90°-7.5°=142.5°$입니다.

002 정답 ⑤

간단풀이

$$1\text{시간 } 30\text{분}=1+\frac{30}{60}\left(=\frac{3}{2}\right)\text{시간}$$

$$\frac{x}{20}+\frac{x}{40}=\frac{3}{2}$$

$$\therefore x=20(\text{km})$$

상세풀이

주어진 문제처럼 거리 속력 시간 유형의 문제가 나왔을 때는 단위를 조심해야 합니다.
문제에서 주어진 속력은 시속이고 시간은 시간과 분으로 이루어져 있습니다.
따라서 (거리)=(속력)×(시간)을 사용하기 위해서는 단위를 통일시키는 것이 중요합니다.

① 먼저 구하는 두 지점 A, B 사이의 거리를 x (km)라 놓습니다.
갈 때와 돌아올 때의 거리는 같고 속력이 다르므로 각각 걸린 시간을 (시간) = $\frac{(거리)}{(속력)}$ 을 이용하여 구합니다.

② 이때, 속력의 단위가 시속(km/h)이므로 시간(h)으로 단위를 통일시켜줘야 합니다.
1시간 30분 = (1시간)+(30분) 입니다. 이때 30분을 시간으로 환산하면 전체 60분 중에서 30분에 해당하므로 $\frac{30}{60}$ 시간으로 나타낼 수 있습니다. 따라서 1시간 30분 = $1+\frac{30}{60}=\frac{3}{2}$ 시간입니다.

③ 마지막으로 (시간) = $\frac{(거리)}{(속력)}$ 임을 이용하여 거리 x를 구합니다.

$$\frac{x}{20}+\frac{x}{40}=\frac{3}{2}$$

양변에 40을 곱하여 정리하면
$2x + x = 60$
$3x = 60$ ∴ $x = 20$(km)
따라서 구하는 A, B 두 지점 간 거리는 20km입니다.

003 정답 ④ 난이도 ●●●

간단풀이

시간=거리÷속력 공식을 이용하여 A가 여행한 시간에 관한 방정식으로 나타내면
$\frac{x}{4} + \frac{y}{8} = 2$ ∴ $2x + y = 16$

상세풀이

구해야 할 것은 $2x + y$의 값입니다.
문제에서 주어진 조건인 A가 이동한 총 시간을 활용하기 위해 거리=속력×시간 공식을 응용한
(시간) = $\frac{(거리)}{(속력)}$ 공식을 이용하면 $2x + y$꼴을 유도할 수 있습니다.

① A가 여행하면서 걸어간 시간을 위의 공식을 이용하여 나타내면 $\frac{x}{4}$이고, A가 여행하면서 자전거를 빌려 이동한 시간을 위의 공식을 이용하여 나타내면 $\frac{y}{8}$입니다.

② 이때 x계수와 y계수의 비가 $\frac{1}{4} : \frac{1}{8}$로 구해야 하는 꼴과 같은 2 : 1임을 확인할 수 있습니다.

③ 문제에서 A가 총 2시간 이동했다고 하였으므로
(시간) = $\frac{(거리)}{(속력)}$ 공식을 이용하여 A가 여행한 시간에 관한 방정식으로 나타내면 $\frac{x}{4} + \frac{y}{8} = 2$가 됩니다.
양변에 8을 곱해 주면, $2x + y = 16$이 되어 정답은 ④번입니다.

004 정답 ② 난이도 ●●●

간단풀이

철수의 현재 나이를 x, 영미의 현재 나이를 y라 할 때, 철수와 영미의 현재 나이 비는 6 : 1이고 3년 후의 나이 비가 3 : 1이 된다고 했으므로
$\begin{cases} x = 6y & \cdots\cdots \text{㉠} \\ x - 3y = 6 & \cdots\cdots \text{㉡} \end{cases}$
∴ $x = 12$, $y = 2$
따라서 철수는 12세이고, 영미는 2세입니다.

상세풀이

① 먼저, 구하고자 하는 게 철수와 영미의 현재 나이이므로 철수의 현재 나이를 x, 영미의 현재 나이를 y라고 둡니다. 현재 나이 비가 6:1이 된다고 했으므로, $x : y = 6 : 1$의 식이 나옵니다.
$x = 6y$ ……㉠

② 두 번째로 3년 후의 나이 비는 3:1이 된다고 했으므로, 각각의 나이에 +3씩을 해주고 식을 세워보면 $(x+3) : (y+3) = 3 : 1$이 나옵니다.
$x + 3 = 3(y+3)$
$x - 3y = 6$ ……㉡

③ ㉠과 ㉡을 연립하여 풀면
$\begin{cases} x = 6y & \cdots\cdots \text{㉠} \\ x - 3y = 6 & \cdots\cdots \text{㉡} \end{cases}$
$3y = 6$ ∴ $y = 2$
이것을 ㉠에 대입하면 $x = 12$
따라서 철수는 12세이고, 영미는 2세입니다.

005 정답 ② 난이도 ●●●

간단풀이

두 기체는 같은 시간동안 이동한 후 만나게 된 것이므로 두 기체가 이동한 거리의 비는 두 기체의 속력의 비와 같습니다.
따라서 (오토바이가 이동한 거리) =
$13\text{km} \times \frac{5}{8+5} = 5\text{km}$
오토바이가 이동한 거리는 5km입니다.

상세풀이

① 그림을 그려본다면 쉽게 이해할 수 있습니다.

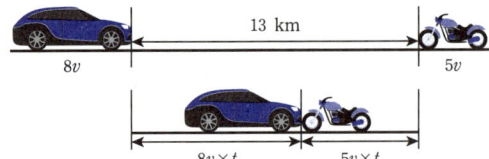

문제의 상황에서 자동차와 오토바이는 서로 13km 떨어진 지점에서 서로를 향해 달려오고 있습니다. 일정 시간(t) 후에 두 기체는 한 점에서 만나게 됩니다.

② (거리)=(속력)×(시간)에서, 두 기체는 같은 시간 동안 이동했으므로 두 기체가 이동한 거리의 비는 두 기체의 속력의 비와 같습니다.
두 기체는 같은 시간동안 13km를 8 : 5의 비로 이동하였으므로, 오토바이가 이동한 거리는

(오토바이가 이동한 거리)$=13\text{km} \times \dfrac{5}{8+5}$
$=5\text{km}$

006 정답 ④   난이도 ●●●

간단풀이

$\dfrac{30}{\dfrac{15}{30}+\dfrac{15}{x}}=36$

$\dfrac{30}{36}=\dfrac{15}{30}+\dfrac{15}{x}, \dfrac{5}{6}=\dfrac{1}{2}+\dfrac{15}{x}$

$\dfrac{2}{6}=\dfrac{15}{x}, 2x=90$

∴ $x=45$

상세풀이

① 운동장의 반은 15km이므로 시속 30km로 달린 시간은 $\dfrac{15}{30}=\dfrac{1}{2}$(h)입니다.

나머지 반을 시속 $x$km으로 달렸으므로 걸린 시간은 $\dfrac{15}{x}$(h)입니다.

② 평균 속력을 구하는 공식은 다음과 같습니다.

(평균속력)$=\dfrac{(\text{전체거리})}{(\text{전체 걸린 시간})}$

평균 속력이 36km/h이므로 다음과 같은 식을 세울 수 있습니다.

$\dfrac{30}{\dfrac{1}{2}+\dfrac{15}{x}}=36$

③ 등식의 성질을 이용해 $\dfrac{1}{2}+\dfrac{15}{x}$를 양변에 곱해주고 양변을 36으로 나누어 주면

$\dfrac{30}{36}=\dfrac{1}{2}+\dfrac{15}{x}, \dfrac{5}{6}=\dfrac{1}{2}+\dfrac{15}{x}$

$\dfrac{1}{3}=\dfrac{15}{x}$ ∴ $x=45$

④ 따라서 나머지 반을 시속 45km/h로 달려주어야 평균 속력이 36(km/h)가 될 수 있습니다.

007 정답 ④   난이도 ●●●

간단풀이

$\dfrac{900\text{m}+180\text{m}}{18\text{s}}=60\text{m/s}$

$60 \times 3{,}600 = 216{,}000\text{m} = 216\text{km}$ ∴ 216km/h

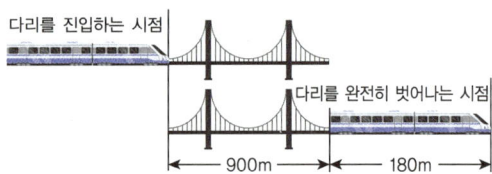

상세풀이

① KTX가 다리에 진입하는 순간은 다음 그림과 같이 KTX의 맨 앞부분이 다리에 들어가기 시작하는 순간입니다. 그리고 KTX가 다리를 완전히 벗어나는 순간은 위의 그림과 같이 KTX의 맨 뒷부분이 다리를 벗어나는 순간입니다. 따라서 KTX가 이동한 총 거리는 다리의 길이와 KTX 자체의 길이를 더한 것이 됩니다.
따라서 KTX가 이동한 총 거리는
900m+180m=1,080m입니다.

② KTX의 속력을 구하는 문제이므로
(거리)=(속력)×(시간)이라는 식을 이용하여 문제를 풀어야 합니다.

(속력)$=\dfrac{(\text{거리})}{(\text{시간})}$ 이므로 현재 KTX가 이동한 총 거리는 1080m, KTX가 이동하는 데 걸린 총 시간인 18초를 대입합니다. 즉,

(속력) = $\dfrac{900\text{m}+180\text{m}}{18s}$ = 60m/s

③ 문제에서 구하고자 하는 것은 KTX의 속력은 몇 km/h인가입니다.
 현재 구한 속력은 1초에 몇 m만큼 이동했는가이므로 1시간 동안 몇 m를 이동했는지를 먼저 구합니다.
 현재 KTX는 1초에 60m 이동하므로 1시간(3,600초)동안 이동한 거리는 $60 \times 3600 = 216{,}000$m입니다.
 216,000m = 216km이므로 KTX는 1시간에 216km 이동한 것이 됩니다.
 따라서 KTX의 속력은 216km/h입니다.

008 정답 ① 난이도 ●●○

간단풀이

$\dfrac{1}{15} \times (4-x) + \dfrac{1}{5} \times 4 = 1$

$x = 1$

상세풀이

이 문제는 일률을 먼저 주고 일을 며칠 동안 하였는지를 구하라고 하는 문제입니다.
여기서 핵심은 철수와 영미가 일한 일수를 어떻게 표현하느냐입니다.
철수가 일한 일수와 영미가 일한 일수 중 하나라도 잘못 표현한다면 이 문제는 풀 수 없습니다.
그리고 철수가 쉬는 동안 영미는 계속 일을 했다는 사실을 기억해야 합니다.

① 전체 작업량을 1이라고 한다면 퍼즐을 완성하는 데 15일 걸리는 철수는 하루 동안 $\dfrac{1}{15}$ 만큼의 일을, 5일이 걸리는 영미는 $\dfrac{1}{5}$ 만큼의 일을 한다고 말할 수 있습니다.

② 철수가 아파서 쉰 일수를 x라고 놓게 되면 철수는 총 $(4-x)$일만큼 퍼즐을 맞췄고 영미는 철수가 아파서 쉬고 있는 동안 계속 퍼즐을 맞추었으므로 4일 동안 일을 하였습니다.

③ 그리고 4일 후 퍼즐을 완성하였으므로 철수가 $(4-x)$일만큼 일한 양과 영미가 4일 동안 일한 양의 합이 1이라는 사실을 알 수 있습니다.

④ 이를 식으로 표현하게 되면
$\dfrac{1}{15} \times (4-x) + \dfrac{1}{5} \times 4 = 1$
양변에 15를 곱하여 식을 풀면
$4 - x + 12 = 15$ ∴ $x = 1$
따라서 철수가 아파서 쉰 날은 1일입니다.

009 정답 ①  난이도 ●●●

간단풀이

$\begin{cases} 4a + 4b = 1 \\ 2a + 5b = 1 \end{cases}$

$a = \dfrac{1}{12},\ b = \dfrac{1}{6}$

$\dfrac{1}{12} \times 8 + \dfrac{1}{6} \times 2 = 1$

상세풀이

위의 문제에서는 정해진 일에 대하여 두 사람이 각각 하루 만에 할 수 있는 일의 양을 물어보고 있습니다. 따라서 이러한 문제를 보자마자 각각의 사람마다 일률을 구해야 한다는 생각을 가져야만 합니다.
이때 일률은 단위 기간 동안 처리할 수 있는 작업량을 의미하며 이 문제에서는 하루에 처리할 수 있는 일의 양을 의미합니다.
(작업량) = (일률) × (작업 기간)
이 문제 안에서 A와 B의 일률을 구하고자 한다면 문제에서 주어지지 않는 전체 작업량을 임의로 정해야만 합니다. 임의로 전체 작업량을 정하는 것은 문제에 전체 작업량에 대해 전혀 단서를 주지 않을 때 사용하는 방식이라는 것을 기억해야 합니다.
이때 전체 작업량은 1로 두고 계산하는 것이 가장 간편합니다. 일을 모두 끝내면 일을 1만큼 했다고 가정하는 것입니다.
또한, 철수와 영미 각각 하루에 할 수 있는 일의 양 또한 알지 못하기 때문에 둘 다 미지수로 두어야 합니다.
만약 A가 하루에 할 수 있는 일의 양이 a이고 B가 하루에 할 수 있는 일의 양을 b라고 둔다면 A가 4일 동안 할 수 있는 일의 양은 $4a$, B가 4일 동안 할 수 있는 일의 양은 $4b$라는 것을 알 수 있습니다.
즉, 두 사람이 힘을 합쳐 4일 안에 장난감 만들기를 끝낼 수 있으므로 $4a + 4b = 1$이라는 식을 구할 수 있습니다.
또한, A가 2일 동안 한 일의 양은 $2a$이고 B가 5일 동안 한 일의 양은 $5b$인데 A가 2일, B가 5일 동안 일을 하면 장난감을 다 만들 수 있으므로 $2a + 5b = 1$이라는 식이 성립합니다.
미지수가 2개, 방정식이 2개 있으므로 a와 b는 반드시 구할 수 있으며, 이렇게 두 가지 방법이 있습니다.

> ① 가감법: 미지수가 2개인 연립방정식에서 두 일차방정식을 변끼리 더하거나 빼서 한 미지수를 소거하여 연립방정식의 해를 구하는 방법
> ② 대입법: 미지수가 2개인 연립방정식에서 한 방정식을 한 미지수에 대하여 정리한 후 그것을 다른 방정식에 대입하여 연립방정식의 해를 구하는 방법

① 가감법을 사용하여 해를 구하면
$$\begin{cases} 4a+4b=1 & \cdots\cdots \text{㉠} \\ 2a+5b=1 & \cdots\cdots \text{㉡} \end{cases}$$

2㉡−㉠을 하면 $6b=1$ $6b=1$, 즉 $b=\dfrac{1}{6}$을 구할 수 있습니다.

그리고 나온 b의 값을 ㉠이나 ㉡의 식에 대입하면 $a=\dfrac{1}{12}$가 나오게 됩니다.

② 대입법을 사용하여 해를 구한다면
$4a+4b=1\cdots$㉠이라는 식에서 $a=\dfrac{1}{4}-b$라는 식을 얻어낼 수 있게 됩니다.
이것을 ㉡에 대입하면
$2\left(\dfrac{1}{4}-b\right)+5b=1$
$\dfrac{1}{2}+3b=1$
$3b=\dfrac{1}{2}$ ∴ $b=\dfrac{1}{6}$

이것을 $a=\dfrac{1}{4}-b$에 대입하면
$a=\dfrac{1}{4}-b=\dfrac{1}{4}-\dfrac{1}{6}=\dfrac{1}{12}$

A가 혼자 8일 동안 장난감 만들기를 하였다는 것은 A가 $8\times\dfrac{1}{12}$만큼의 일을 하였다는 것을 의미합니다. 따라서 남은 일의 양은 $1-8\times\dfrac{1}{12}=\dfrac{1}{3}$이 됩니다.

$\dfrac{1}{3}$만큼의 장난감 만들기를 하루에 $\dfrac{1}{6}$만큼의 일을 하는 B가 혼자 하게 되면 $\dfrac{1}{3}\div\dfrac{1}{6}=2$
따라서 2일에 걸쳐 장난감 만들기를 끝낼 수 있습니다.

010 정답 ④

간단풀이

$$\dfrac{15\times8+15\times6+15\times4}{5}=\dfrac{270}{5}=54(\text{km/h})$$

상세풀이

(평균 속력) $=\dfrac{(\text{전체 이동 거리})}{(\text{걸린 시간})}$의 식을 이용해 값을 도출합니다.

평균 속력의 개념에서 중요한 것은 물체가 운동하는 도중의 속력변화를 고려하지 않는다는 것입니다.

① 전체 이동 거리 구하기
원형 트랙 한 바퀴가 15km라 했으므로
(처음 2시간 동안 이동한 거리)$=15\times8=120$km
(다음 2시간 동안 이동한 거리)$=15\times6=90$km
(마지막 1시간 동안 이동한 거리)$=15\times4=60$km
(전체 이동 거리)$=120+90+60=270$km

② 멈출 때까지 총 걸린 시간 파악하기
$=5$시간

③ 평균 속력의 정의를 이용해 값을 구하기
(평균 속력) $=\dfrac{(\text{전체 이동 거리})}{(\text{걸린 시간})}$이므로
$\dfrac{270}{5}=54(\text{km/h})$

> 평균속력은 항상 (평균속력)=(전체 이동거리)/(전체 걸린 시간)으로 구해야 합니다. 평균이라는 표현 때문에 '각각의 속력을 구해 더한 다음 개수만큼 나누어 평균을 내는 산술평균'을 구하는 실수를 하지 않아야 합니다.

011 정답 ① 난이도

간단풀이 1

$\dfrac{x}{200} \times 100 = 8 \quad \therefore x = 16$

$5 = \dfrac{16}{(200+y)} \times 100 \quad \therefore y = 120$

간단풀이 2

8%의 설탕물 200g에 있는 설탕의 양과 5%의 설탕물 $(200+x)$g에 있는 설탕의 양은 같으므로

$200 \times \dfrac{8}{100} = (200+x) \times \dfrac{5}{100}$

$1600 = 1000 + 5x$

$5x = 600 \quad \therefore x = 120$

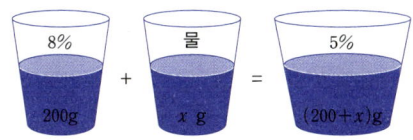

상세풀이

농도(%) = $\dfrac{[설탕의\ 양]}{[물의\ 양 + 설탕]의\ 양} \times 100$

위와 같이 주어진 농도의 식을 이용합니다. 이 식을 활용할 때 주의해야 할 점은 분모에서
[물의 양+설탕의 양]이 [설탕물의 양]이라는 것입니다. 설탕물의 농도는 전체적으로 고르기 때문에 설탕물을 퍼냈을 때 농도가 변하지 않습니다. 하지만, 설탕을 추가하면 분자와 분모의 값이 변하고, 물을 추가하면 분모의 값이 변하기 때문에 농도가 변할 수 있습니다.

① 문제에 주어진 설탕물 200g의 농도는 8%이므로 위에 주어진 농도 식을 이용해서 설탕의 양을 구하면

$8 = \dfrac{x}{200} \times 100$이므로 구하고자 하는 설탕의 양은

$x = 16$이 됩니다.

② 추가하는 물의 양을 y라고 한다면 아래와 같은 식을 구할 수 있습니다.

$5 = \dfrac{16}{(200+y)} \times 100$

③ 위에 구한 식을 정리하면 $\dfrac{5}{100} \times (200+y) = 16$

이고 y의 값을 구하면 $y = 120$이 됩니다.

012 정답 ② 난이도

간단풀이

한 자리 자연수: a

(1) $(3 \times a) + 1 < 17$

(2) $(2 \times a) - 3 > 6$

$\therefore \dfrac{9}{2} < a < \dfrac{16}{3}$

이를 만족하는 자연수는 $a = 5$입니다.

상세풀이

주어진 조건들을 부등식으로 나타내고, 이를 만족하는 범위에서 자연수라는 조건을 활용하여 답을 구합니다.

① 구하고자 하는 한 자리 자연수를 a라는 미지수로 설정합니다.

② 이 자연수의 3배에서 1을 더하면 17보다 작다고 하였으므로 이를 부등식으로 나타내면

$3 \times a + 1 < 17$

$3a < 16 \quad \therefore a < \dfrac{16}{3}$

③ 문제의 두 번째 조건에서 이 자연수의 2배에서 3을 빼면 6보다 크다고 하였으므로 이를 부등식으로 나타내면 $2 \times a - 3 > 6$

$2a > 9 \quad \therefore a > \dfrac{9}{2}$

④ ②와 ③에서 구한 두 개의 부등식을 연립하여 구한 a의 범위는 $\dfrac{9}{2} < a < \dfrac{16}{3}$ 입니다.

이때, $4 < \dfrac{9}{2} < 5$이고, $5 < \dfrac{16}{3} < 6$이므로 위의 부등식을 만족하는 자연수 a는 5입니다.

013 정답 ② 난이도

간단풀이

(상반기 1년 차 사원 수) = a(명)
(상반기 2년 차 사원 수) = 500(명)
(상반기 3년 차 사원 수) = b(명)
$a + b = 1,000$
(하반기 사원 수) = $a + 500 \times (1-0.1) + b + 30$
$= a + b + 480 = 1,480$(명)

상세풀이

① 상반기 2년 차 사원 수는 1년 차 사원 수와 3년 차 사원 수의 평균이므로 1년 차 사원 수와 3년 차 사원 수의 합은 상반기 2년 차 사원 수에 2배 한 것과 같습니다.
따라서 상반기 2년 차 사원 수를 x명이라 두면 1년 차 사원 수와 3년 차 사원 수의 합은 $2x$명이 됩니다.
상반기 ○○전자의 전체 사원 수는 1,500명이므로 모든 사원의 수를 더하면 $x+2x=3x=1,500$이므로
$x=500$명입니다.

② 이제 하반기 1년 차, 2년 차, 3년 차 사원의 수를 구해봅니다.
상반기 1년 차 사원 수를 a명, 상반기 3년 차 사원 수를 b명으로 두었을 때 1년 차 사원 수와 3년 차 사원 수의 합은 $2x=1,000$명이므로 $a+b=1,000$입니다.

③ 하반기 1년 차 사원 수는 작년과 같으므로 a명이고, 하반기 2년 차 사원 수는 상반기보다 10% 감소하였으므로 $500\times(1-0.1)=450$명이고, 하반기 3년 차 사원 수는 상반기보다 30명 더 많으므로 $b+30$명입니다.
따라서 하반기 총 사원 수는
$a+450+b+30=a+b+480$명입니다.
이때, $a+b=1,000$이므로 $a+b+480=1,480$명입니다.

(명)

	상반기	하반기
1년 차	a	a
2년 차	$x=500$	$500\times\dfrac{90}{100}=450$
3년 차	b	$b+30$
총 합	1,500	$a+b+480=1,480$

014 정답 ① 　 난이도 ●●○

간단풀이

$600\times\left(1-\dfrac{x}{100}\right)-2,400\times\dfrac{x}{100}\geq 0$
$600-30x\geq 0$
$x\leq 20$
따라서 불량률은 최대 20%까지 가능합니다.

상세풀이

불량률을 $x\%$라고 가정하면, 불량이 아닐 확률은 $\left(1-\dfrac{x}{100}\right)$, 불량일 확률은 $\dfrac{x}{100}$입니다.

① 이익은 제대로 생산된, 즉 불량품이 아닌 부품에서 얻으므로 이익 600원에 불량이 아닐 확률을 곱하여 계산합니다.
따라서 이익액은 $600\times\left(1-\dfrac{x}{100}\right)$(원)입니다.

② 손해는 불량인 부품에서 발생합니다. 따라서 손해액 2,400원에 불량일 확률을 곱하여 계산합니다.
따라서 손해액은 $2,400\times\dfrac{x}{100}$(원)입니다.

③ 이에 따라 이익과 손해의 차익을 계산하면 다음과 같습니다.
$600\times\left(1-\dfrac{x}{100}\right)-2,400\times\dfrac{x}{100}$
$=600-6x-24x$
$=600-30x$(원)

④ 그 차익이 마이너스, 즉 차익의 값이 0보다 작아지면 손해를 보는 것이 됩니다.
따라서 차익이 0보다 크거나 같아야 손해를 보지 않을 수 있습니다.
$600-30x\geq 0$
$30x\leq 600$ 　 $\therefore x\leq 20$

⑤ 따라서 x의 최댓값은 20, 즉 불량률은 최대 20%까지 가능합니다.

015 정답 ③ 　 난이도 ●●●

간단풀이

철수의 집에서 한강까지의 거리를
'(거리)=(시간)×(속력)' 공식을 이용하여 구하면
$60(\text{km/h})\times\dfrac{2}{3}(\text{h})=40(\text{km})$
즉, 영미의 집에서 한강까지의 거리는 $20+40=60\text{km}$입니다.
철수보다 늦게 도착하지 않으려면 40분 이내에 도착해야 하므로 영미의 속력을 시속 $x\text{km}$라 하면
$\dfrac{60}{x}\leq\dfrac{2}{3}$, $\dfrac{x}{60}\geq\dfrac{3}{2}$ 　 $\therefore x\geq 90$
따라서 영미가 철수와 동시에 도착하려면 최소 시속 90km로 운전해야 합니다.

상세풀이

구해야 할 것은 철수보다 늦게 도착하지 않기 위해 영미가 내야 하는 속력입니다. 영미의 걸린 시간은 철수보다 길지 않다는 조건이 있으므로, 영미의 집에서 한강까지의 거리만 알면 (거리)=(속력)×(시간) 공식을 통해 영미가 내야하는 속력의 최솟값을 구할 수 있습니다.

① 철수는 시속 60km로 40분 동안 운전하면 한강까지 갈 수 있으므로, (거리)=(속력)×(시간) 공식을 통해 철수의 집에서 한강까지의 거리를 구하면 $60 \times \frac{2}{3} = 40$, 즉 40km입니다.

② 영미의 집에서 한강까지의 거리는 철수의 집에서 한강까지의 거리보다 20km 멀기 때문에 60km입니다.

③ 영미가 철수보다 늦게 도착하지 않으려면 40분 이내에 도착해야 하므로 영미의 속력을 시속 x km라 할 때,

(시간)=$\frac{(거리)}{(속력)}$ 공식을 이용해 일차부등식을 풀면

$\frac{60}{x} \leq \frac{2}{3}$, $\frac{x}{60} \geq \frac{3}{2}$ ∴ ≥ 90

영미가 철수보다 늦게 도착하지 않기 위해 내야 하는 최소 속력은 시속 90km로, 정답은 ③번입니다.

016 정답 ① 난이도 ●●○

간단풀이

(총 이동거리)=8(km)=8,000(m)
(총 이동시간)=1시간 6분 40초=4,000초

∴ $\frac{8,000}{4,000} = 2$m/s

상세풀이

(평균속력)=$\frac{(총 이동거리)}{(총 이동시간)}$의 식을 활용합니다.

① A와 B지점을 왕복하며 이동한 거리는
(4km)×2=8km=8,000m가 됩니다.
문제에서의 보기가 초속이므로 총 이동시간 1시간 6분 40초를 초 단위로 환산하면, 1시간=60×60=3,600초, 6분=6×60=360초이므로 모두 더하면 1시간 6분 40초=3,600+360+40=4000(초)가 됩니다.

② 위에서 구한 값으로 평균속력을 구하면 (평균속력)=8,000÷4,000=2(m/s)가 나옵니다.

⚠ **주의** 문제에서 영미가 갈 때와 올 때 일정한 속력으로 이동한다는 말이 없으므로 영미는 이동하는 동안 속력이 바뀔 수 있음을 염두에 두어야 합니다.
따라서 항상 '평균속력'을 구할 때는
(평균속력)=$\frac{(전체\ 이동거리)}{(전체\ 이동시간)}$으로 구해야 합니다.
즉, 문제에서 물의 속력은 전혀 고려하지 않아도 됩니다.

017 정답 ② 난이도 ●●○

간단풀이

만약, 기차가 역에서 한 번도 정차를 하지 않았다면 광주에서 서울까지 가는 데 걸리는 시간은

(시간)=$\frac{(거리)}{(속력)}$이므로 $\frac{400(km)}{150(km/h)} = \frac{8}{3}$(시간),

즉 2시간 40분입니다.
하지만 광주에서 서울까지 3시간 20분이 걸렸으므로 2시간 40분에서 초과된 40분이 역에 정차한 시간이고, 각 역에서 10분씩 정차하므로 기차가 정차한 역의 개수는 4개입니다.

상세풀이

① 시간, 거리, 속력과 관련된 문제에서는 먼저 (거리)=(시간)×(속력)이라는 점을 이용해서 문제를 풀어나가야 합니다.

② 기존의 시간 계산 문제에서 정차해 있는 시간이 추가된 문제로, 기차가 이동한 시간에 정차한 시간을 추가하여 계산합니다.

③ 정차한 역의 개수를 미지수 x로 설정합니다.

(기차가 이동한 시간)=$\frac{(거리)}{(속력)}$이므로

(총 걸린 시간)=$\frac{(기차가\ 이동한\ 거리)}{(기차의\ 속력)}$+(정차한 시간)

그러므로 $\frac{10}{3}$(h)$= \frac{400(km)}{150(km/h)} + \frac{1}{6} \times x$(h)

∴ $x = 4$

따라서 기차가 정차한 역의 개수는 4개입니다.

018 정답 ①

난이도 ●●●

간단풀이

(1) $400 \div 2 = 200$
(2) $250 \div 2 = 125$
(3) $600 \div 3 = 200$
(4) $400 \div 2 = 200$
(5) $150 \div 1 = 150$

각각 200, 125, 150개의 선물세트를 만들 수 있는 양입니다.
사은품 구성 물품의 수량이 부족하면 안 되므로 최대 125명의 참가자에게 사은품을 줄 수 있습니다.

상세풀이

주어진 문제에서는 보유하고 있는 각 물품을 나눠주어야 하는 수량의 묶음으로 환산해주고 계산을 시작하는 것이 핵심입니다.

① (물품의 수량)÷(물품이 선물세트에 들어가는 수) = (충족할 수 있는 선물세트의 수량)이 됩니다.

② 이 원리를 이용하여 각 물품의 수량을 묶음으로 환산하면 다음과 같습니다.
  (1) $400 \div 2 = 200$
  (2) $250 \div 2 = 125$
  (3) $600 \div 3 = 200$
  (4) $400 \div 2 = 200$
  (5) $150 \div 1 = 150$

③ 각 물품이 충족할 수 있는 선물세트의 수량은 200, 125, 150의 숫자로 이루어져 있습니다.
각 물품의 부족함 없이 만들 수 있는 선물세트의 최대 개수는 125개가 됩니다.
그러므로 최대 125명의 참가자에게 선물세트를 줄 수 있습니다.

019 정답 ①

난이도 ●●●

간단풀이

$\begin{cases} x + y = 800 \\ \left(1 + \dfrac{4}{100}\right)x + \left(1 + \dfrac{2}{100}\right)y = 826 \end{cases}$

$\begin{cases} x + y = 800 \\ 4x + 2y = 2,600 \end{cases}$

∴ $x = 500, y = 300,$

따라서 올해의 남성 참가자 수는
$\left(1 + \dfrac{4}{100}\right)x = 520$(명)

상세풀이

이 문제는 인원 증가 및 감소에 관한 문제이며 x명의 사람이 a%만큼 증가했다면 $\left(1 + \dfrac{a}{100}\right)x$명, a%만큼 감소했다면 $\left(1 - \dfrac{a}{100}\right)x$명이 되었다고 식을 세우는 것이 핵심입니다.
그 후에는 문제에 주어진 조건에 따라 연립방정식을 세워서 계산해주면 됩니다.

① 작년 취업박람회에 참가했던 남성과 여성의 수를 각각 x명, y명이라고 가정하겠습니다.
이때 문제 조건에서 작년 취업박람회 참여자 수가 800명이라고 하였으므로 $x + y = 800$의 식을 세울 수 있습니다.

② 문제 조건에서 올해는 작년에 비해 남성 참가자는 4%, 여성 참가자는 2% 증가하여 전체 참가자 수가 26명 증가하였다고 하였으므로

(올해의 남성참가자) = $\left(1 + \dfrac{4}{100}\right)x$(명)

(올해의 여성참가자) = $\left(1 + \dfrac{2}{100}\right)y$(명)

총 참가자 수는 826명이라고 할 수 있습니다. 따라서 다음과 같은 식을 세울 수 있습니다.

$\left(1 + \dfrac{4}{100}\right)x + \left(1 + \dfrac{2}{100}\right)y = 826$

③ 위의 두 식을 이용해 다음과 같은 연립방정식을 세울 수 있습니다.

$\begin{cases} x + y = 800 \\ \left(1 + \dfrac{4}{100}\right)x + \left(1 + \dfrac{2}{100}\right)y = 826 \end{cases}$

가감법을 진행한 뒤(두 번째 식에서 첫 번째 식을 뺍니다.) 두 번째 식에 100을 곱하여 식을 간단하게 정리할 수 있습니다.

$\begin{cases} x + y = 800 \\ 4x + 2y = 2,600 \end{cases}$

$\begin{cases} x + y = 800 \\ 2x + y = 1,300 \end{cases}$

∴ $x = 500$

$500 + y = 800$ ∴ $y = 300$

④ 올해의 남성 참가자 수를 구해야 하므로 작년 남성 참가자 수인 x의 4% 증가된 값을 구해주어야 합니다. 따라서 답은 520명입니다.

Tip 문제 조건에서 올해는 작년에 비해 남성 참가자는 4%, 여성 참가자는 2% 증가하여 전체 참가자 수가 26명 증가하였다고 하였으므로 처음 연립방정식의 두 번째 식을 다음과 같이 세우고 풀어도 같은 결과를 도출해낼 수 있습니다.

$$\begin{cases} x+y=800 \\ \dfrac{4}{100}x+\dfrac{2}{100}y=26 \end{cases}$$

020 정답 ②   난이도 ●●○

간단풀이

(원가)$=x$
$1.2x-1,000=x+1,000$
$0.2x=2,000$ ∴ $x=10,000$

상세풀이

① x를 원가라고 하면 원가의 20% 이익을 붙인 것이 정가이므로 $1.2x$입니다.
1,000원의 수익을 얻었다는 것은 원가보다 1,000원을 더 받은 것이므로 (정가)−(할인액)=(원가)+(순이익)으로 식을 세워줄 수 있습니다.

② 수를 대입해 방정식을 풀면
$1.2x-1,000=x+1,000$
$0.2x=2,000$ ∴ $x=10,000$

021 정답 ③   난이도 ●●○

간단풀이

(판매가)$=5,000\times1.25\times0.9=5,625$
(물건 한 개당 이익)$=5,625-5,000=625$
$625\times4=2,500$

상세풀이

① 처음 판매가는 원가보다 25%를 올려서 판매했으므로 $5,000(1+0.25)$
팔리지 않아 $5,000(1+0.25)$의 10%를 할인했으므로 $5,000(1+0.25)(1-0.1)$입니다.

② 결국 물건 한 개당 5,625원에 판매했으므로 한 개당 625원의 이익을 얻습니다.
물건을 총 4개 판매했으므로 $625\times4=2,500$(원)의 이익을 얻었습니다.

022 정답 ③   난이도 ●●●

간단풀이

$6x=8y=24$ ∴ $x=4, y=3$
$4t+3(1+t)=24$ ∴ $t=3$(시간)

상세풀이

일률 문제에서 (일을 한 시간)×(일률)=(일의 양)이며, 이때 일의 양은 일반적으로 1로 지정하지만 임의의 숫자를 지정할 수도 있습니다. 자연수 형태의 답을 얻고 싶다면 전체 일의 양을 1이 아닌 방정식 계수들의 최소공배수로 설정하면 됩니다.

① 철수의 일률을 x, 영미의 일률을 y라고 두고 식을 세운 후, 구해야 하는 미지수인 x와 y가 자연수가 되도록 6과 8의 최소공배수인 24를 전체 일의 양이라고 두고 식을 세워줍니다.
$6x=8y=24$ ∴ $x=4, y=3$
따라서 철수의 일률은 4, 영미의 일률은 3이 됩니다.

② 다음으로 철수와 영미가 같이 일한 시간을 미지수 t로 두면, 철수는 t시간 동안 일을 했고 영미는 $(1+t)$시간 동안 일을 한 것이 됩니다.

③ (철수가 한 일)+(영미가 한 일)=(전체 일)
$4t+3(1+t)=24$ ∴ $t=3$
따라서 두 사람이 같이 일한 시간은 3시간입니다

023 정답 ⑤   난이도 ●●●

간단풀이

0.5(시간) : 100(L)$=1$(시간) : x(L)
∴ $x=200$(L)
1(시간) : $(200+50)$(L)$=t$(시간) : 100(L),
$250t=100$
∴ $t=0.4$(시간) 또는 0.4×60(분)$=24$(분)

상세풀이

① 큰 호스로는 30분 만에 100L를 채울 수 있으므로, 1시간 만에 채울 수 있는 물의 양을 비례식으로 표현하면 다음과 같습니다.
0.5(시간) : 100(L)$=1$(시간) : x(L)
∴ $x=200$(L)

② 따라서 큰 호스와 작은 호스를 동시에 사용하면 1시간 동안 250L를 채울 수 있습니다.
두 호스를 함께 사용해서 100L짜리 수영장을 가득 채우는 데 걸리는 시간을 t라고 두고 다시 한 번 더 비례식을 세워 보겠습니다.
1(시간) : 250(L) = t(시간) : 100(L)
$250t = 100$ ∴ $t = 0.4$(시간)

③ 수영장에 물을 가득 채우는 데에는 0.4시간, 또는 0.4×60(분) $= 24$분이 걸립니다.

024 정답 ① 난이도 ●●○

간단풀이

$\left(\dfrac{1}{30} + \dfrac{1}{20}\right)x = 0.65,\ \dfrac{5}{60}x = 0.65$

$x = \dfrac{39}{5}$ (시간)

답: 7시간 48분

상세풀이 1

① 동시에 해야 하는 일의 양 정하기

전체 일의 양을 1이라 하면, A는 30시간 걸릴 일을 3시간 했으니 $\dfrac{3}{30} = \dfrac{10}{100}$의 일을 했습니다.

그리고 B는 20시간 걸릴 일을 5시간 했으니 $\dfrac{5}{20} = \dfrac{25}{100}$의 일을 했습니다.

전체 일에서 두 사람이 각각 혼자 한 일을 빼고 남은 작업량을 동시에 해야 합니다.

$1 - \left(\dfrac{10}{100} + \dfrac{25}{100}\right) = \dfrac{65}{100} = 0.65$

② 동시에 일하는 시간 구하기

(일률) × (시간) = (일의 양)

두 사람이 함께 일할 때의 일률은 두 사람의 일률을 각각 더한 $\left(\dfrac{1}{30} + \dfrac{1}{20}\right)$입니다.

전체 일의 양이 0.65이므로, 다음과 같은 식을 얻습니다.

$\left(\dfrac{1}{30} + \dfrac{1}{20}\right)x = 0.65,\ \dfrac{5}{60}x = 0.65$

$x = \dfrac{39}{5}$ (시간)

1시간은 60분이므로, 시간 단위를 분 단위로 고치기 위해 60을 곱합니다.

$\dfrac{39}{5} \times 60 = 468$(분) = 7시간 48분

상세풀이 2

전체 일의 양을 1이 아닌, 두 사람이 일하는 시간의 최소공배수로 정할 수 있습니다.

A는 30시간, B는 20시간이므로 30과 20의 최소공배수인 60을 이용하면 다음과 같습니다.

① 동시에 해야 하는 일의 양 정하기

전체 일의 양을 60이라 하면, A는 30시간 걸릴 일을 3시간 했으니 $\dfrac{3}{30} = \dfrac{6}{60}$의 일을 했습니다.

그리고 B는 20시간 걸릴 일을 5시간 했으니 $\dfrac{5}{20} = \dfrac{15}{60}$의 일을 했습니다.

전체 일에서 두 사람이 각각 혼자 한 일을 빼고 남은 작업량을 동시에 해야 합니다.

$1 - \left(\dfrac{6}{60} + \dfrac{15}{60}\right) = \dfrac{39}{60}$

전체 60중에서 남은 작업량은 39입니다.

② 동시에 일하는 시간 구하기

(일률) × (시간) = (일의 양)

두 사람이 함께 일할 때의 일률은 두 사람의 일률을 각각 더한 $\left(\dfrac{60}{30} + \dfrac{60}{20}\right)$입니다.

전체 일의 양이 39이므로, 다음과 같은 식을 얻습니다.

$\left(\dfrac{60}{30} + \dfrac{60}{20}\right)x = 39$

$(2 + 3)x = 39$

$5x = 39$ ∴ $x = \dfrac{39}{5}$

식을 보면 $\left(\dfrac{1}{30} + \dfrac{1}{20}\right)x = 0.65$의 양변에 최소공배수인 60을 곱한 것과 같다는 것을 알 수 있습니다.
이처럼 최소공배수를 이용하면 까다로운 소수 계산을 하지 않아도 된다는 장점이 있습니다.

025 정답 ④ 난이도 ●●○

간단풀이

$92 \times 7 = 644$
$644 \div 23 + 644 \div 14 = 28 + 46 = 74$

상세풀이

톱니바퀴 문제는 서로 맞물려 돌아가는 톱니바퀴끼리 돌아간 총 톱니의 수가 같다는 원리를 이용해야 합니다.

① 먼저, 돌아간 총 톱니의 수를 구합니다. A의 톱니바퀴 수는 92개이고 7번 회전하였으므로 돌아간 총 톱니의 수는 $92 \times 7 = 644$개입니다.

② 다음으로 B 톱니바퀴의 톱니 수를 구합니다. B 톱니바퀴가 23번 회전했기 때문에 B 톱니바퀴의 톱니 수를 b라 하면, $23 \times b = 644$이므로, $b = 644 \div 23 = 28$이 됩니다.
따라서 B 톱니바퀴의 톱니 수는 28개입니다.

③ 마찬가지로, C 톱니바퀴의 톱니 수를 구합니다. C 톱니바퀴는 14번 회전했기 때문에 C 톱니바퀴의 톱니 수를 c라 하면, $14 \times c = 644$이므로, $c = 644 \div 14 = 46$이 됩니다.
따라서, C 톱니바퀴의 톱니 수는 46개입니다.

④ 문제에서 요구하는 것은 B 톱니바퀴 톱니 수와 C 톱니바퀴 톱니 수의 합이므로 $b + c = 28 + 46 = 74$입니다. 답은 74개입니다.

026 정답 ④ 난이도 ●●○

간단풀이

$$100 \times \frac{11}{100} + x \times \frac{5}{100} = (100 + x) \times \frac{10}{100}$$

위 식의 양변에 100을 곱합니다.
$1100 + 5x = 1000 + 10x$
$5x = 100$ ∴ $x = 20$
따라서 구하는 5%의 소금물의 양은 20g입니다.

상세풀이 1

이 문제는 각 소금물에 녹아있는 소금의 양을 기준으로 푸는 것이 좋습니다.

① 구하는 5%의 소금물의 양을 x g이라 하면 10%의 소금물의 양은 $(100 + x)$ g이 됩니다.

$$100 \times \frac{11}{100} + x \times \frac{5}{100} = (100 + x) \times \frac{10}{100}$$

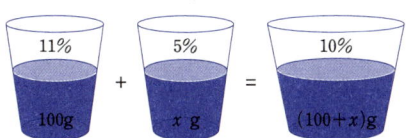

② 위 식의 양변에 100을 곱하고 식을 정리하면
$1100 + 5x = 1000 + 10x$
$5x = 100$ ∴ $x = 20$
따라서 구하는 5%의 소금물의 양은 20g입니다.

상세풀이 2

가중평균 방법으로도 풀이가 가능합니다.
$(11 - 10) : (10 - 5) = x : 100$
∴ $x = 20$

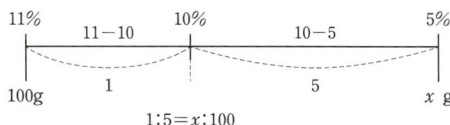

$1 : 5 = x : 100$

027 정답 ② 난이도 ●●○

간단풀이

$$x \times \frac{4}{100} + (600 - x) \times \frac{10}{100} = 600 \times \frac{8}{100}$$

$4x + 10(600 - x) = 4{,}800$
$6000 - 6x = 4{,}800$
$6x = 1{,}200$ ∴ $x = 200$
따라서 구하는 4% 소금물의 양은 200g입니다.

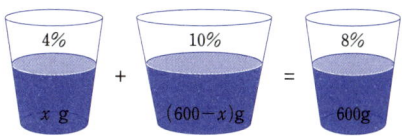

상세풀이 1

이 문제는 각 소금물에 녹아있는 소금의 양을 비교하면서 푸는 것이 좋습니다.

① 4% 소금물의 양을 구해야 하므로 4%의 소금물의 양을 x g이라 정하고, 두 소금물의 합이 600g이므로 10%의 소금물의 양은 $(600 - x)$ g입니다. 따라서 각 소금물에 들어있는 소금의 양을 구하여 식을 만들면

$$x \times \frac{4}{100} + (600 - x) \times \frac{10}{100} = 600 \times \frac{8}{100}$$

② 위 식의 양변에 100을 곱하여 식을 정리하면
$4x + 10(600 - x) = 4{,}800$
$6{,}000 - 6x = 4{,}800$
$6x = 1{,}200$ ∴ $x = 200$

따라서 구하는 4%의 소금물의 양은 200g이 되는 것을 알 수 있습니다.

상세풀이 2

가중평균 방법으로도 풀이가 가능합니다.
$(8-4):(10-8) = (600-x):x$
$2x = 600-x,\ 3x = 600$
$\therefore x = 200$

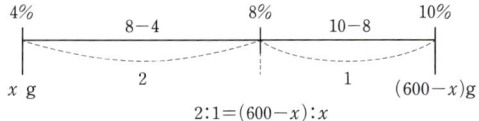

028 정답 ② 난이도 ●●○

간단풀이 1

설탕의 양 : $\dfrac{10}{100} \times 400 = 40(g)$

설탕물의 양 : $(400-x) + 2x = 400+x(g)$

$\dfrac{40}{(400+x)} \times 100 = 8$

$4{,}000 = 3{,}200 + 8x,\ 800 = 8x \quad \therefore x = 100(g)$

따라서 증발한 물의 양은 100g입니다.

간단풀이 2

설탕의 양은 변하지 않으므로
$400 \times \dfrac{10}{100} = (400+x) \times \dfrac{8}{100}$

$4000 = 3200 + 8x$

$8x = 800 \quad \therefore x = 100$

따라서 증발한 물의 양은 100g입니다.

상세풀이 1

세 가지 단계의 순서로 나누어서 살펴봅시다.
(1) 10% 설탕물 400g에서 일부가 증발한다.
(2) 증발한 양의 2배만큼의 물을 넣는다.
(3) 설탕물의 농도가 8%이다.

① 설탕물에서 증발이 일어날 때, 설탕의 양은 변하지 않고, '물'만 증발하여 물의 양이 줄어들게 됩니다.

이때, 설탕의 양은 $\dfrac{10}{100} \times 400 = 40(g)$입니다. 증발하는 물의 양을 xg이라 하면 증발한 이후 설탕물의 양은
$400 - x(g)$이 됩니다.

② ①에서 증발한 물의 양을 xg이라고 하였고, 증발한 양의 2배만큼의 물을 넣어야 하므로, 넣는 물의 양은 $2x(g)$이 됩니다. 이때 설탕의 양은 변하지 않으며 설탕물의 양은 $(400-x) + 2x = 400+x(g)$이 됩니다.

③ ①, ②를 통해 설탕의 양은 40g, 설탕물의 양은 $400+x(g)$이고 설탕물의 농도가 8%라고 했으므로 이 설탕물의 농도를 구하는 식을 작성하면

$\dfrac{40}{(400+x)} \times 100 = 8$

$4000 = 3200 + 8x,\ 800 = 8x \quad \therefore x = 100(g)$

따라서 증발한 물의 양은 100g입니다.

상세풀이 2

이 문제는 처음 설탕물에서 일부 증발하고 다시 물을 추가해서 새로운 설탕물이 될 때까지 설탕의 양은 변하지 않는다는 것을 이용하여 풀면 쉽습니다.

먼저 처음 10%의 설탕물 400g에 녹아있는 설탕의 양을 구하면 $400 \times \dfrac{10}{100}$

증발하는 물의 양을 x라 하면 증발 이후 설탕물의 양은 $400-x$이고 다시 증발한 양의 2배만큼 물을 넣었으므로 새로운 설탕물의 양은 $400+x$입니다. 이 설탕물의 농도가 8%이므로 이 설탕물에 녹아있는 설탕의 양을 구하면

$(400+x) \times \dfrac{8}{100}$

설탕의 양은 변하지 않으므로

$400 \times \dfrac{10}{100} = (400+x) \times \dfrac{8}{100}$

양변에 100을 곱하여 식을 정리하면

$4000 = 3200 + 8x$

$8x = 800 \quad \therefore x = 100$

따라서 증발한 물의 양은 100g입니다.

상세풀이 3

서로 다른 농도의 설탕물을 섞어서 다른 농도의 설탕물을 만들어줄 때에는 가중평균 개념을 활용하여 비례식을 이용하면 쉽게 구할 수 있습니다.

가중평균이란 각 주어진 값에 대한 가중치를 각각 곱하여 구한 평균값입니다. 가중평균이란 개념을 고려하여 생각해보면, 10%의 설탕물 400g과 0%인 물 xg의 가중평균이 8%의 설탕물 $400+x(g)$임을 알 수 있습니다. (10%의 설탕물 400g에서 물 xg이 증발하고 다시 물 $2xg$만큼 추가하였으므로 10%의 설탕물 400g에 물 xg을 추가하였다고 볼 수 있습니다.)

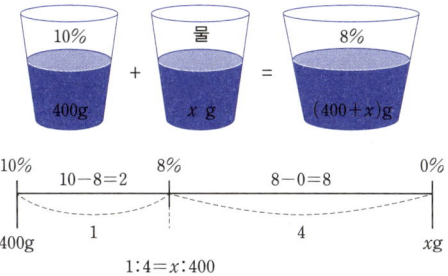

$$10\% \quad \underset{1}{\overset{10-8=2}{\longleftrightarrow}} \quad 8\% \quad \underset{4}{\overset{8-0=8}{\longleftrightarrow}} \quad 0\%$$

400g $\qquad\qquad\qquad\qquad$ xg

$$1:4=x:400$$

농도가 높은 설탕물의 양이 많을수록 섞은 후의 농도가 되는 데에 그만큼 많이 기여한다는 것을 의미합니다. (8은 0보다는 10에 가까운 것을 알 수 있습니다.) 따라서 10%의 설탕물의 양이 물의 양보다 많아서 농도 변화에 많이 기여했다는 것을 의미하고 즉, 농도 차와 설탕물의 양은 반비례한다는 것을 알 수 있습니다.

★ 참조

즉 농도 차이의 비가 $(10-8):(8-0)=2:8=1:4$ 이므로 설탕물의 양의 비는 $4:1$이 된다고 예상할 수 있습니다.

$400:x=4:1$

$4x=400 \quad \therefore x=100$

★ 소금물의 농도비와 농도 차이의 비가 반대인 이유

소금물 X와 소금물 Y를 섞어 소금물 Z가 되었을 때 각 소금물의 농도와 소금물의 양에 관한 식을 가중평균을 이용하여 식을 세워봅시다.

$(a<c<b)$	소금물X	소금물Y	섞은 후 소금물 Z
농도	a	b	c
소금물의 양	A	B	C

섞기 전 소금의 양을 합한 것과 섞은 후의 소금의 양은 같아야 한다는 사실을 바탕으로 식을 세워줍니다.

(소금물의 농도)(%) = (시간) = $\dfrac{(소금의 양)}{(소금물의 양)} \times 100$

(소금물의 양)×(소금물의 농도)(%) = (소금의 양)×100

$a \times A + b \times B = c \times C$

섞은 후의 소금물의 양과 섞기 전 두 소금물의 합한 양이 같아야 하므로 (A+B=C) 다음과 같이 바꿔줄 수 있습니다.

$a \times A + b \times B = c \times (A+B)$

$aA - cA = cB - bB$

$(a-c)A = (c-b)B$

위의 식을 비례식으로 바꿔주면,

$(c-b):(a-c) = A:B$ (가중평균을 이용한 비례식)

따라서 농도 차이의 비가 소금물의 양의 비와 반대라는 것을 알 수 있습니다.

---

029 정답 ③ 난이도 ●●○

간단풀이

$x \times \dfrac{2}{3} \times \dfrac{3}{4} - 100 = 92$

$x \times \dfrac{1}{2} = 192 \quad \therefore x = 384$

x가 책의 전체 페이지 수 이므로, 원하는 답은 384 페이지입니다.

상세풀이

이 문제는 매일 책을 읽고 나서 남은 페이지 수를 계산하는 방법을 적용하는 것이 좋습니다.

책의 전체 페이지 수를 구해야 하므로, 전체 페이지 수를 x로 정합니다.

① 첫째 날 전체의 $\dfrac{1}{3}$을 읽었으므로 남은 책의 페이지 수는 전체 책의 $x \times \dfrac{2}{3}$ 페이지이고,

② 둘째 날 남은 양의 $\dfrac{1}{4}$을 읽었으므로 남은 책의 페이지 수는 전체 책의 $x \times \dfrac{2}{3} \times \dfrac{3}{4}$가 됩니다.

③ 마지막날 100페이지를 읽었을 때, 92페이지가 남으므로 아래와 같이 식을 정리할 수 있습니다.

$x \times \dfrac{2}{3} \times \dfrac{3}{4} - 100 = 92$

$x \times \dfrac{1}{2} = 192 \quad \therefore x = 384$

따라서 구하는 전체 책의 페이지 수는 384페이지가 됩니다.

---

030 정답 ③ 난이도 ●●○

간단풀이

$5{,}000 \times x > 50 \times 5{,}000 \times \left(1 - \dfrac{25}{100}\right) \quad \therefore x > 37.5$

위 부등식을 만족하는 최소 인원은 38명입니다.

상세풀이

① 50명일 때부터 할인이 적용되므로, 50명 미만이 내야 하는 금액보다 50명이 내야 하는 금액이 더 적을 경우 단체관람권을 구입하는 것이 유리합니다.

② 50명의 단체는 25%가 할인되므로, 이때 내야 하는 금액은 $50 \times 5,000 \times \left(1 - \dfrac{25}{100}\right) = 187,500$(원)

③ 50명 미만 단체의 인원수를 x라 하면 이때 내야 하는 금액은 $5,000 \times x$원입니다.
따라서 부등식 $5,000x > 187,500$을 만족하는 x를 구하면 $x > 37.5$를 만족하는 최소 인원은 38명입니다.

031 정답 ④ 난이도 ●●○

간단풀이

x, y를 각각 A기계와 B기계가 한 시간 동안 담을 수 있는 물건의 양이라고 가정합니다.
$$\begin{cases} 3x + 2y = 1,600 \\ 2x + 3y = 1,500 \end{cases}$$
$\therefore x = 360,\ y = 260$
$\therefore x + y = 620$

상세풀이 1

① x, y를 각각 A기계와 B기계가 한 시간 동안 담을 수 있는 물건의 양이라고 가정합니다.

② 1시간에 A기계 3대와 B기계 2대를 작동하면 1,600개의 물건을 담을 수 있다는 지문을 읽고 식을 세운다면 $3x + 2y = 1,600$의 식을 세울 수 있습니다.

③ A기계 2대와 B기계 3대를 작동하면 1,500개의 물건을 담을 수 있다는 지문을 읽고 식을 세운다면 $2x + 3y = 1,500$의 식을 세울 수 있습니다.

④ ②, ③에서 각각 구한 식을 이용하여 연립방정식을 세워줍니다.
$$\begin{cases} 3x + 2y = 1,600 \\ 2x + 3y = 1,500 \end{cases}$$
$$\begin{cases} 6x + 4y = 3,200 \\ 6x + 9y = 4,500 \end{cases}$$
$5y = 1,300 \quad \therefore y = 260$
$3x + 2 \times 260 = 1,600$
$3x = 1,080 \quad \therefore x = 360$

⑤ 문제에서 A기계 1대와 B기계 1대로 한 시간 동안 담을 수 있는 물건의 전체 개수를 구하라고 하였으므로 구하는 답은
$x + y = 360 + 260 = 620$

상세풀이 2

'상세풀이 1'의 ②번, ③번에서 각각 구한 식 두 개를 이용하여 연립방정식을 세워줍니다.
$$\begin{cases} 3x + 2y = 1,600 \\ 2x + 3y = 1,500 \end{cases}$$
이 두 식의 좌변과 우변을 각각 더하면
$5x + 5y = 3,100$이 되고, 5로 나누면 $x + y = 620$이 됩니다.

032 정답 ⑤ 난이도 ●●○

간단풀이

아버지와 통화한 시간을 x(분), 형과 통화한 시간을 $60 - x$(분)이라 하면
$40x = 2 \times 60(60 - x)$
$x = 3(60 - x)$
$4x = 180 \quad \therefore x = 45$(분)
형과 통화한 요금은 $60 \times 15 = 900$(원),
아버지와 통화한 요금은 이의 2배인 1,800(원)으로 총 통화요금은 $900 + 1,800 = 2,700$(원)입니다.

상세풀이

① 두 사람에게 전화를 건 시간의 합이 1시간($=60$분) 이므로 아버지와 통화한 시간을 x(분), 형과 통화한 시간을 $60 - x$(분)이라 할 수 있습니다.

② (통화 요금) $=$ (분당 요금) $\times$ (통화한 시간)이므로 아버지가 통화한 요금은 $40x$, 형이 통화한 요금은 $60(60 - x)$입니다. 이때, 아버지와 통화하는 데 들어간 요금이 형과 통화하는 데 들어간 요금의 2배이므로 $40x = 2 \times 60(60 - x)$, $x = 3(60 - x)$
$4x = 180 \quad \therefore x = 45$(분)

③ 즉, 아버지와 통화한 시간이 45(분)이므로 형과 통화한 시간은 $60 - 45 = 15$(분)입니다.
형과 통화한 요금은 $60 \times 15 = 900$(원), 아버지와 통화한 요금은 형과 통화한 요금의 2배인 $1,800$(원)이 됩니다.
따라서 총 통화 요금은 $900 + 1,800 = 2,700$(원)입니다.

033 정답 ⑤   난이도 ●●○

간단풀이

경우의 수를 표로 나타내면 아래와 같습니다.

100원	50원	10원
0	6	2
	5	7
1	4	2
	3	7
2	2	2
	1	7
3	0	2

따라서 돈을 내는 방법은 총 7가지입니다.

상세풀이

보통 이런 유형의 문제는 화폐단위가 큰 순서대로 경우를 나누며 접근하는 것이 좋습니다. 이 문제의 경우 100원이 가장 큰 단위이므로 100원이 사용되는 개수가 0개일 때부터 가장 클 때인 3개까지 경우로 분류하고 각각의 경우마다 50원과 10원이 다르게 사용되는 경우의 수를 구합니다.

① **100원이 0개 사용될 경우**: 50원 7개와 10원 7개로 320원을 만드는 경우의 수를 생각합니다. 50원을 최대 6개 사용할 수 있고, 이때 10원은 2개를 사용합니다. 그 다음으로 50원이 5개 사용될 때, 10원은 7개 사용됩니다. 50원이 4개 사용될 때에는 10원짜리가 7개보다 많이 필요하므로 이는 경우가 될 수 없습니다. ⇨ 경우의 수는 2입니다.

② **100원이 1개 사용될 경우**: 50원 7개와 10원 7개로 220원을 만드는 경우의 수를 생각합니다. 50원을 최대 4개 사용할 수 있고, 이때 10원은 2개 사용합니다. 그 다음으로 50원을 3개 사용할 때, 10원은 7개 사용됩니다. 50원이 2개 사용되면 10원은 12개나 필요하므로 이는 경우가 될 수 없습니다. ⇨ 경우의 수는 2입니다.

③ **100원이 2개 사용될 경우**: 마찬가지로 50원짜리 7개와 10원짜리 7개로 120원을 만드는 경우의 수를 생각합니다. 50원은 최대 2개 사용이 가능하고, 그 때 10원은 2개가 필요합니다. 50원을 1개 사용할 때 10원은 7개가 필요합니다. 50원을 사용하지 않을 때 10원짜리는 12개나 필요하므로, 이는 경우가 될 수 없습니다. ⇨ 경우의 수는 2입니다.

④ **100원이 3개 사용될 경우**: 50원짜리 7개와 10원짜리 7개로 20원을 만드는 경우, 50원은 사용될 수 없으므로 결국 10원짜리를 2개 사용하는 경우 하나만 존재합니다. ⇨ 경우의 수는 1입니다.

⑤ ①~④에 의해 돈을 지불하는 경우의 수는 2+2+2+1=7입니다.

034	④	035	⑤	036	②	037	③	038	①
039	⑤	040	①	041	①	042	⑤	043	④
044	①	045	④	046	②	047	①	048	④
049	②	050	④	051	①	052	②	053	③
054	④	055	④	056	②	057	②	058	①
059	①	060	④	061	②	062	①	063	⑤
064	④	065	②	066	②				

034 정답 ④ 난이도 ●●●

간단풀이

정해지지 않은 문자열=문자열의 첫번째, 두번째, 세번째 자리
(1) 문자열의 첫번째 자리에 올 수 있는 번호의 경우의 수 : 2 ('0'과 '1')
(2) 문자열의 두번째 자리에 올 수 있는 번호의 경우의 수 : 2 ('0'과 '1')
(3) 문자열의 세번째 자리에 올 수 있는 번호의 경우의 수 : 2 ('0'과 '1')
$2 \times 2 \times 2 = 8$

상세풀이

이 문제에서 알아야할 핵심 개념은 '중복순열'입니다.
서로 다른 n개에서 중복을 허락하여 n개를 택해 일렬로 나열하는 것을 n개에서 n개를 택하는 중복순열이라 하고, 이러한 중복 순열의 수를 기호로 $_n\Pi_r$과 같이 나타냅니다. 이때 중복순열의 수 $_n\Pi_r$에서는 중복을 허락하므로 $0 < n < r$이어도 됩니다.
서로 다른 n개에서 r개를 택하는 중복순열의 수는 아래의 식과 같습니다.

$$_n\Pi_r = n^r$$

서로 다른 n개에서 중복을 허락하여 r개를 택해 일렬로 나열할 때, 첫번째, 두번째, 세번째, …, r번째 자리에 올 수 있는 경우의 수가 각각 n개씩으로 곱의 법칙에 의해 아래의 식과 같이 표현할 수 있기 때문에 위의 식이 성립함을 알 수 있습니다.

$$_n\Pi_r = n \times n \times \cdots \times n = n^r$$

① 고유번호 문자열의 6자리 중 마지막 3자리가 인식이 되는 고유번호가 되기 위해 이미 '001'로 지정이 되어 있기 때문에 나머지 3자리를 구성하는 문자열이 달라지면 서로 다른 고유번호가 부여됨을 알 수 있습니다. 그렇기 때문에 나머지 3자리의 가능한 문자열의 개수를 구하면 인식이 되도록 만들 수 있는 서로 다른 고유번호의 총 개수를 구할 수 있습니다.

② 서로 다른 숫자인 '0'과 '1'을 중복을 허락하여 순서가 정해져 있는 남은 3자리에 넣을 수 있으므로 서로 다른 2개에서 중복을 허락하여 3개를 택해 일렬로 나열하는 중복순열임을 알 수 있습니다.
각각의 값을 주어진 식에 대입하면 고유번호의 총 개수를 구할 수 있습니다.

$$_n\Pi_r = {}_2\Pi_3 = 2^3 = 8$$

035 정답 ⑤ 난이도 ●●●

간단풀이

(i) 업무를 처리하는 순서의 경우의 수를 구할 때 '같은 것이 있는 순열'을 사용하여 풀이
(오늘 처리할 업무를 선택하는 경우의 수)=${}_6C_2$
(오늘 처리하기로 선택한 업무를 처리하는 순서의 경우의 수)=$\dfrac{4!}{2!}$
(오늘 처리할 업무를 선택하고, 이 업무를 오늘 처리하는 순서의 경우의 수)=${}_6C_2 \times \dfrac{4!}{2!} = 180$

(ii) 업무를 처리하는 순서의 경우의 수를 구할 때 '조합'과 '순열'을 사용하여 풀이
(오늘 처리할 업무를 선택하는 경우의 수)=${}_6C_2$
(오늘 처리하기로 선택한 업무를 처리하는 순서의 경우의 수)=${}_4C_2 \times {}_2P_2$
(오늘 처리할 업무를 선택하고, 이 업무를 오늘 처리하는 순서의 경우의 수)=${}_6C_2 \times {}_4C_2 \times {}_2P_2 = 180$

상세풀이

이 문제에서 알아야 할 핵심 개념은 '순열'과 '조합'과 '같은 것이 있는 순열'입니다.
(1) **서로 다른 n개에서 r개를 택하여 일렬로 나열하는 것을 n개에서 r개를 택하는 순열**이라고 하며, 이 순열의 수를 기호로 $_nP_r$과 같이 나타냅니다. 이때 주의할 점은 r이 부등식 '$0 < r \leq n$'을 성립해야

한다는 점입니다. 서로 다른 n개에서 r개를 택하여 일렬로 나열하는 순열의 수는 아래의 식과 같습니다.

$$_n\mathrm{P}_r = \frac{n!}{(n-r)!} = n(n-1)(n-2)(n-3)\cdots(n-r+1) \text{ (단, } 0 < r \leq n)$$

(2) 서로 다른 n개에서 순서를 생각하지 않고 r개를 택하는 것을 n개에서 r개를 택하는 조합이라 하며, 이 조합의 수를 기호로 $_n\mathrm{C}_r$과 같이 나타냅니다. 이때 주의할 점은 r이 부등식 '$0 < r \leq n$'을 성립해야 한다는 점입니다. 서로 다른 n개에서 r개를 택하는 조합의 수는 아래의 식과 같습니다.

$$_n\mathrm{C}_r = \frac{_n\mathrm{P}_r}{r!} = \frac{n(n-1)(n-2)\cdots(n-r+1)}{r!}$$

$$\frac{n!}{r!(n-r)!} \text{ (단, } 0 < r \leq n)$$

(3) 같은 것이 포함되어 있는 n개를 일렬로 나열하는 것을 같은 것이 있는 순열이라고 합니다. n개 중에 같은 것이 각각 p개, q개, $\cdots$, r개가 있을 때, 이들을 모두 일렬로 나열하는 순열의 수는 아래의 식과 같습니다.

$$\frac{n!}{p!q!\cdots r!} \text{ (단, } p+q+\ldots+r=n)$$

> 이 문제는 총 3개의 단계를 거쳐 값을 구할 수 있습니다.
> (ㄱ) 오늘 처리할 업무를 선택하는 경우의 수를 구합니다.
> (ㄴ) 오늘 처리하기로 선택한 업무를 처리하는 순서의 경우의 수를 구합니다.
> (ㄷ) 오늘 처리할 업무를 선택하고, 이 업무를 오늘 처리하는 순서의 경우의 수를 구합니다.

① 오늘 처리할 업무를 선택하는 경우의 수를 구할 때는 이미 오늘 처리할 업무 4개 중 예산업무와 총무업무 2개가 정해져 있으므로 나머지 6개의 업무 중 다른 2개의 업무를 선택하면 됩니다. 이는 서로 다른 6개에서 순서를 생각하지 않고 2개를 택하는 조합을 이용해서 구할 수 있습니다.

(오늘 처리할 업무를 선택하는 경우의 수) $= {_6\mathrm{C}_2}$

② ①단계에서 조합을 이용해 오늘 처리할 업무를 선택했다면 ②단계에서 오늘 처리하기로 선택한 4개의 업무를 처리하는 순서의 경우의 수를 구하면 됩니다. 이는 두 가지 방법을 이용해 구할 수 있는데 '같은 것이 있는 순열'을 이용하여 구하는 방법과 '조합'과 '순열'을 이용하여 구하는 방법입니다.

②-1 〈'같은 것이 있는 순열'을 이용하여 구하는 방법〉
예산업무와 총무업무의 순서가 이미 정해져 있으므로 같은 것으로 보고 업무를 처리하는 순서를 정해준 후 예산업무를 총무업무보다 먼저 처리하도록 지정해주면 됩니다. 그러므로 4개 중에서 같은 것이 2개 있을 때, 이들을 모두 일렬로 나열하는 순열의 수는 '같은 것이 있는 순열'을 이용해서 구할 수 있습니다.

(오늘 처리하기로 선택한 업무를 처리하는 순서의 경우의 수) $= \dfrac{4!}{2!} = 12$

②-2 〈'조합'과 '순열'을 이용하여 구하는 방법〉
예산업무와 총무업무 중 어느 업무의 처리가 더 먼저 일어나는지가 이미 정해져 있으므로 먼저 이 두 업무 사이의 처리 순서를 생각하지 않고 처리할 전체 업무순서 중 두 자리를 골라줍니다. 그 후 예산업무를 총무업무보다 먼저 처리하도록 지정해주고 나머지 업무의 순서를 정해주면 됩니다.

서로 다른 4개에서 순서를 생각하지 않고 2개를 택하는 '조합'을 이용해 예산업무와 총무업무를 처리할 순서의 자리를 골라주고 남은 두 자리에 대해 서로 다른 2개에서 2개를 택하여 일렬로 나열하는 '순열'을 이용해 남은 업무를 처리할 순서를 정해줍니다.

구한 두 값을 곱셈법칙에 의해 곱해주면 '조합'과 '순열'을 이용해서 값을 구할 수 있습니다.

(오늘 처리하기로 선택한 업무를 처리하는 순서의 경우의 수) $= {_4\mathrm{C}_2} \times {_2\mathrm{P}_2}$

③ 마지막으로 곱셈법칙을 이용해 구한 값을 곱해주면 오늘 처리할 업무를 선택하고, 이 업무를 오늘 처리하는 순서의 경우의 수를 구할 수 있습니다.

(오늘 처리할 업무를 선택하고, 이 업무를 오늘 처리하는 순서의 경우의 수) $= {_6\mathrm{C}_2} \times {_4\mathrm{C}_2} \times {_2\mathrm{P}_2} = 180$

036 정답 ②   난이도 ●●○

간단풀이

$$\frac{3 \times 4 \times 4}{5 \times 5 \times 4} = \frac{48}{100} = \frac{12}{25}$$

상세풀이

이 문제와 같이 카드를 배열해서 홀수/짝수를 만드는 유형의 문제를 풀기 전에 알아 두어야 할 것들이 있습니다. **첫 번째**로 홀수/짝수의 조건입니다. 홀수/짝수는 오직 그 수의 일의 자리 수에 의해서 결정됩니다.

일의 자리 수가 홀수인 수는 홀수, 짝수인 수는 짝수가 됩니다.
두 번째로, 당연한 이야기이지만, 가장 큰 자리 수에는 0이 올 수 없다는 것입니다.
065 이런 숫자는 존재하지 않습니다.

① (어떤 사건이 일어날 확률) =
$\dfrac{(\text{어떤 사건이 일어나는 경우의 수})}{(\text{가능한 모든 경우의 수})}$ 이므로,

우선 분모에 들어갈 '가능한 모든 경우의 수'를 먼저 구합니다. 여기서 생각해야 하는 것은 '세 자리 정수'를 만든다는 조건에서 이미 백의 자리에는 0이 들어갈 수 없다는 점입니다.
따라서 백의 자리에 0을 제외한 5개, 십의 자리에 백의 자리에 들어간 수를 제외한 5개, 일의 자리에 백의 자리와 십의 자리에 들어간 수를 제외한 4개를 넣을 수 있습니다. 따라서 만들 수 있는 세 자리 정수의 개수는
$5 \times 5 \times 4 = 100$

② 이제는 홀수인 세 자리 정수의 개수를 구합니다. 먼저, '제한이 걸린' 자릿수를 먼저 해결해야 합니다. 이 문제에서는 백의 자리 수에는 0이 올 수 없다는 조건과 일의 자리 수에는 1, 3, 5만 와야 한다는 제한이 있습니다.
십의 자리 수에는 남는 카드를 사용해도 무방하므로, 가장 마지막에 생각해 보는 것이 좋습니다.

③ 우선 일의 자리 수에 올 카드를 정해보도록 합니다. 백의 자리 수보다 일의 자리 수를 먼저 정하는 이유는 백의 자리에 1, 3, 5 중 어느 카드를 쓰면 일의 자리 수에 쓸 수 있는 카드에 영향이 생기지만, 일의 자리 수에 1, 3, 5 중 어느 카드를 사용하더라도 백의 자리에 0이 들어가면 안 된다는 조건에는 변함이 없기 때문입니다.
설명했듯이 일의 자리에 1, 3, 5 세 장의 카드 중 한 장이 올 수 있으므로 경우의 수는 3입니다.

④ 두 번째로 백의 자리에 올 카드를 정해보도록 하겠습니다. 일의 자리 수를 정하면서 1, 3, 5 중 한 장은 없어진 상태입니다. 그 중 남은 두 장과 나머지 0, 2, 4 이렇게 모두 다섯 장이 남아있습니다.
이 다섯 장 중 0은 사용할 수 없다고 했기 때문에, 백의 자리에 카드를 놓는 경우의 수는 4입니다.

⑤ 마지막으로 십의 자리에 올 카드를 정합니다. 십의 자리에는 남은 카드 4장 중 아무거나 놓아도 됩니다. 그러므로 경우의 수는 4 입니다.

⑥ 위의 세 가지 일이 동시에 일어나야 하므로, 경우의 수를 모두 곱해주어야 합니다. 즉,

$3 \times 4 \times 4 = 48$
따라서 구하는 확률은 $\dfrac{48}{100} = \dfrac{12}{25}$

주의 0, 1, 2, 3, 4, 5가 적힌 6장의 카드에서 3장을 뽑아 세 자리 정수를 만드는 것이므로 분모를 $_6C_3$으로 두고 푸는 학생도 있을 것입니다.
카드를 뽑아 숫자를 만드는 문제에서 주어진 카드 중 0이 있는지를 항상 먼저 파악해야 합니다.
만들 수 있는 세 자리 정수에는 첫째자리에 '0'이 들어가면 안됩니다.
따라서 가장 첫 번째 자리에 들어갈 수 있는 수의 가짓수는 1, 2, 3, 4, 5 의 5가지이고,
두 번째 자리에 들어갈 수 있는 수의 가짓수는 0, 1, 2, 3, 4, 5 의 6가지에서 첫째자리에 들어간 수를 제외한 총 5가지입니다.
마지막 자리에 들어갈 수 있는 가짓수는 0~5까지 6가지에서 첫 번째, 두 번째 자리에 들어간 수를 제외한 4가지 경우의 수가 있습니다.
따라서 만들 수 있는 세 자리 정수의 경우의 수는 $5 \times 5 \times 4 = 100$(가지)입니다.

037 정답 ③   난이도 ●●○

간단풀이 1

조합을 이용하면 더 간단하게 식을 세울 수 있습니다. n개의 물건에서 r개를 순서 상관없이 추출하는 경우의 수는 $_nC_r$로 표현하고, $\dfrac{n!}{r!(n-r)!}$로 계산할 수 있습니다. 총 5개의 초콜릿을 비복원추출 할 때, 흰 초콜릿 4개중에서 3개와 검은 초콜릿 6개 중에서 2개를 동시에 추출할 확률은 다음과 같습니다.

$$\dfrac{_4C_3 \times {}_6C_2}{_{10}C_5} = \dfrac{5}{21}$$

간단풀이 2

$$\dfrac{4}{10} \times \dfrac{3}{9} \times \dfrac{2}{8} \times \dfrac{6}{7} \times \dfrac{5}{6} \times \dfrac{5!}{3! \times 2!} = \dfrac{5}{21}$$

상세풀이 1

확률을 다룰 때 사용하는 용어들이 몇 가지 있습니다.
'**시행**'은 같은 조건에서 반복할 수 있으며, 매번 결과가 달라질 수 있는 관찰이나 실험을 말합니다. 이 문제에서는 '연속해서 5개의 초콜릿을 뽑는' 경우를 시행이라 할 수 있습니다.

한편, '**사건**'은 시행으로 나타나는 결과를 말합니다. 이 문제에서는 '흰 초콜릿 3개, 검은 초콜릿 2개가 나올' 경우와 같은 일입니다.
확률 문제는 두 가지 방법으로 풀 수 있습니다.
(1) (어떤 사건이 일어날 확률)=
$\dfrac{(어떤 사건이 일어나는 경우의 수)}{(가능한 모든 경우의 수)}$
임을 이용하여 푸는 방법
(2) 문제가 제시하는 경우들을 각기 다른 확률로 계산한 뒤 확률의 덧셈 정리(사건 중 적어도 하나가 일어날 확률을 구할 때)나 곱셈 정리(사건들이 동시에 일어날 확률을 구할 때)로 해결하는 방법

먼저, 첫 번째 방법으로 문제를 풀어보겠습니다.

① 우선 '가능한 모든 경우의 수'를 따져봅니다. 검은 상자 안의 10개의 초콜릿 중 연속해서 5개를 뽑을 때, 순서는 상관이 없으므로 조합으로 풀어야 합니다. (흰 초콜릿4개는 서로 구분할 수 없고, 검은 초콜릿도 마찬가지다.)
10개의 초콜릿 중 순서 상관없이 5개를 뽑는 경우의 수는 $_{10}C_5 = \dfrac{10 \times 9 \times 8 \times 7 \times 6}{5!} = 252$

② 이번에는 '어떤 사건이 일어나는 경우의 수', 즉 5개를 뽑았더니 흰 초콜릿이 3개, 검은 초콜릿이 2개가 나오는 경우의 수를 구해봅니다.
먼저 4개의 흰 초콜릿 중 순서 상관없이 3개를 뽑는 경우의 수는 4개 중 하나만 빼고 뽑는 경우의 수와 같으므로 $_4C_3 = {_4C_1} = 4$
그리고 6개의 검은 초콜릿 중 순서 상관없이 2개를 뽑는 경우의 수는 $_6C_2 = \dfrac{6 \times 5}{2!} = 15$

③ 따라서 구하는 확률은
$\dfrac{(흰 초콜릿이 3개, 검은 초콜릿이 2개가 나오는 경우의 수)}{(10개의 초콜릿 중 순서 상관없이 5개를 뽑는 경우의 수)}$
$= \dfrac{_4C_3 \times {_6C_2}}{_{10}C_5} = \dfrac{4 \times 15}{252} = \dfrac{5}{21}$

(**Tip**) 비복원추출(다시 집어넣지 않고 뽑는다.)은 한 번에 뽑는 것과 같기 때문에 조합 적용이 가능합니다.

상세풀이 2

① 먼저 5개가 차례로 (흰, 흰, 흰, 검, 검) 색의 초콜릿이 나온다고 가정하고 확률을 구하면 다음과 같습니다.
$\dfrac{4}{10} \times \dfrac{3}{9} \times \dfrac{2}{8} \times \dfrac{6}{7} \times \dfrac{5}{6} = \dfrac{1}{42}$

② 하지만 실제로는 5개를 뽑았을 때 나오는 색깔의 순서가 꼭 이럴 것이라고 말할 수 없습니다.
그래서 흰색 3개와 검은색 2개를 배열하는 경우의 수를 곱해주어야 합니다. 이때 흰색 3개와 검은색 2개는 서로 구분할 수가 없으므로 '같은 것이 있는 순열'로 풀어야 합니다.
('같은 것이 있는 순열' 35번 상세풀이 중 (3) 참조)
즉, 흰색을 W, 검은색을 B라고 두고 W, W, W, B, B를 나열하는 방법의 수를 구하면
$\dfrac{5!}{3! \times 2!} = 10$

③ 따라서 구하는 확률은
$\dfrac{4}{10} \times \dfrac{3}{9} \times \dfrac{2}{8} \times \dfrac{6}{7} \times \dfrac{5}{6} \times \dfrac{5!}{3! \times 2!} = \dfrac{1}{42} \times 10$
$= \dfrac{5}{21}$

038 정답 ①

간단풀이

$\sqrt{144} = 12(m)$
$169 = 13^2$
즉, 새싹 사이의 간격은 12개이므로
$12x = 12$ ∴ $x = 1(m)$

상세풀이

① 철수의 마당은 정사각형 모양이고 넓이가 $144(m^2)$이므로 마당의 한 변의 길이는 $\sqrt{144} = 12(m)$입니다. 또한, 상추 새싹은 $169 = 13^2$(개)입니다. 따라서 정사각형의 한 변에 13개씩 13줄의 새싹을 심어야 합니다.

② 이때 한 변에 13개의 새싹을 심게 되면 새싹과 새싹 사이에 12개의 간격이 생기고 이 12개 간격의 총 길이가 12m가 되어야 합니다.
간격은 모두 같아야 하므로(일정해야 하므로)
$12x = 12$ ∴ $x = 1(m)$

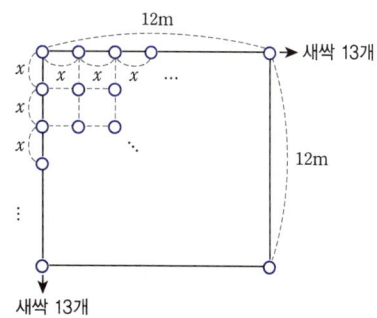

039 정답 ⑤ 난이도 ●●○

간단풀이

$$\frac{95}{100} \times 180{,}000 = \frac{90}{100} \times x$$

$$95 \times 180{,}000 = 90 \times x$$

$$\frac{95 \times 180{,}000}{90} = x$$

$$190{,}000 = x \quad \therefore x = 190{,}000$$

상세풀이

① 우선, 불량률이 오르면 제외되는 매출액이 커지므로 개당 가격이 올라야 매출액이 유지된다는 점을 파악해야 합니다. 불량률이 오르면 불량품이 많아지고, 그에 따라 매출액에서 제외되는 불량품이 많아지기 때문입니다.

② 불량률이 5%일 때 물건 가격 18만 원에서 우리가 기대할 수 있는 개당 매출액은 95%인
$$\frac{95}{100} \times 180{,}000 \text{ 입니다.}$$

③ 불량률이 10%일 때의 가격을 x라 하면, 이때의 개당 매출액은 $\frac{90}{100} \times x$ 입니다.

이 두 가격이 같을 때 매출액이 유지됩니다.

④ 문제에서 '매출액이 떨어지지 않으려면'은 변한 매출액이 기존 매출액보다 크거나 같다는 말과 같으므로

$$\frac{95}{100} \times 180{,}000 \leq \frac{90}{100} \times x$$

양변에 100을 곱하면

$$95 \times 180{,}000 \leq 90 \times x$$

양변에 90을 나누면

$$\frac{95 \times 180{,}000}{90} \leq x \quad \therefore x \geq 190{,}000$$

따라서, 불량률이 10%일 때 판매가격은 최소 19만 원이 되어야 매출액이 유지됩니다.

040 정답 ① 난이도 ●●○

간단풀이

하루에 운동하는 시간 : x시간
$$(10 \times 3 \times 0.3)\text{kg} - (0.4 \times 9 \times x)\text{kg} = -3\text{kg}$$
$$9 - 3.6x = -3$$
$$3.6x = 12 \quad \therefore x = \frac{10}{3} = 3.3333\ldots$$

소수점 아래 둘째 자리에서 반올림하면 3.3시간입니다.

상세풀이

① 철수가 하루에 운동하는 시간을 미지수 x시간으로 설정하겠습니다.

이 문제는 10일 동안 철수의 증가한 몸무게와 감소한 몸무게를 따로 구하여 비교하는 것이 좋습니다. 철수는 매일 3끼씩 10일 동안 총 30번 식사를 하게 됩니다. 한번 먹을 때마다 0.3kg이 증가하므로 총 증가한 몸무게는 $(30 \times 0.3)\text{kg} = 9\text{kg}$이 됩니다.

② 그 다음 10일 동안 감소한 몸무게를 구해봅니다. 철수는 월요일부터 운동을 시작하고 일요일에는 운동을 하지 않기 때문에 10일 동안 일요일이 몇번 포함되는지 고려하여 총 몇 일 운동 하는지 구합니다.
⇨ (월,화,수,목,금,토, 일, 월,화,수)
10일 동안 일요일이 한 번 있으므로 총 9일 동안 운동을 합니다.
한 시간 동안 운동을 하면 몸무게가 0.4kg이 줄어들고 하루에 총 x시간만큼 운동을 하므로 총 감소한 몸무게는 $(0.4 \times 9 \times x)\text{kg} = 3.6x\text{kg}$가 됩니다.

③ 10일 동안 몸무게를 3kg 감량해야 하므로 10일 동안 증가한 몸무게에서 감소한 몸무게를 빼면 -3kg이 되어야 합니다. 식으로 나타내면 다음과 같습니다.
$$9 - 3.6x = -3 \text{(kg)}$$
$$3.6x = 12 \quad \therefore x = \frac{10}{3}$$

x를 소수로 나타내면 $3.3333\ldots$시간이 되고 소수점 아래 둘째 자리에서 반올림하면 3.3시간이 됩니다.

041 정답 ① 난이도 ●●○

간단풀이

$20 = 2^2 \times 5$, $14 = 2 \times 7$
(20과 14의 최소공배수) $= 2^2 \times 5 \times 7 = 140$
따라서 6시 30분 이후 140분이 지나야 하므로 구하는 시각은 8시 50분입니다.

상세풀이 1

문제에서 '되도록 작은', '동시에', '최소' 등의 표현을 사용하였다면 이는 대부분 최소공배수를 이용한 문제입니다. 이와 반대로 '되도록 많은', '최대' 등의 표현이라면 이는 대부분 최대공약수를 이용하는 문제입니다.

① 두 열차의 배차간격이 각각 20분과 14분으로 다르므로 처음 동시에 출발한 후 다시 두 열차가 동시에 출발하는 시각을 구하려면 20과 14의 최소공배수를 구해야 합니다.
이때, 최소공배수는 각 수를 소인수분해한 후 공통된 소인수 중 지수가 가장 큰 수와 공통되지 않은 소인수를 모두 곱하면 구할 수 있습니다. 즉, $20 = 2^2 \times 5$이고, $14 = 2 \times 7$입니다.
따라서 20과 14의 최소공배수는 공통된 소인수 중 지수가 가장 큰 수인 2^2와 공통되지 않은 소인수인 5와 7를 모두 곱한 140입니다. 이를 식으로 나타내면 다음과 같습니다.
$2^2 \times 5 \times 7 = 140$

② 따라서 두 열차가 다시 동시에 출발하기 위해서는 처음 출발 이후 140분이 지나야 한다는 것을 알 수 있습니다. 즉, 오전 6시 30분 이후 두 열차가 동시에 출발하는 시각은 8시 50분입니다.

상세풀이 2

① 최소공배수를 구하는 방법에는 상세풀이 1처럼 소인수분해를 이용하는 방법 외에 공약수로 나누어 구하는 방법이 있습니다. 이때는 어느 두 수의 몫에도 1 이외의 공약수가 없을 때까지 공약수로 나누고, 모든 공약수와 마지막 몫을 모두 곱하면 됩니다. 만약 셋 이상의 수의 최소공배수를 구할 때 공약수가 없는 수는 그대로 내려쓰면 됩니다.
20과 14 두 수의 최소공배수를 구하는 방법은 아래 그림과 같습니다.

$\begin{array}{r|rr} 2) & 20 & 14 \\ \hline & 10 & 7 \end{array}$

따라서 20과 14의 최소공배수는 $2 \times 10 \times 7 = 140$ 입니다.

② 두 열차가 다시 동시에 출발하는 시각은 처음 출발한 후로부터 140분 후인 8시 50분입니다.

042 정답 ⑤ 난이도 ●●○

간단풀이

$12 = 2^2 \times 3$, $16 = 2^4$, $21 = 3 \times 7$
(12와 16과 21의 최소공배수) $= 2^4 \times 3 \times 7 = 336$
∴ 336 시간

상세풀이 1

문제에서 '되도록 작은', '동시에', '최소' 등의 표현을 사용하였다면 이는 대부분 최소공배수를 이용한 문제입니다. 이와 반대로 '되도록 많은', '최대' 등의 표현이라면 이는 대부분 최대공약수를 이용하는 문제입니다.
모든 라인은 작동과 멈춤을 반복합니다. 따라서 한 라인이 작동한 후 다시 작동하기까지 걸린 시간은 가동시간과 멈춘 시간을 합한 것입니다.

① 이에 따르면 라인이 다시 작동하기 위해서 "가" 라인은 $9+3=12$시간, "나" 라인은 $12+4=16$시간, "다" 라인은 $15+6=21$시간이 필요합니다. 즉, 각 라인이 다시 작동하기까지 걸리는 시간은 각각 12시간, 16시간, 21시간으로 모두 다르므로 세 개의 생산라인이 동시에 작동된 후 다시 동시에 작동될 때까지 걸리는 시간을 구하려면 12, 16, 21의 최소공배수를 구해야 합니다.

② 먼저 12와 16, 21을 소인수분해하면
$12 = 2^2 \times 3$, $16 = 2^4$, $21 = 3 \times 7$

③ 최소공배수는 공통된 소인수 중 지수가 가장 큰 수와 공통되지 않은 소인수를 모두 곱하면 구할 수 있습니다. 즉, 12와 16, 21의 최소공배수는 공통된 소인수 중 지수가 가장 큰 수인 2^4와 공통되지 않은 소인수인 3과 7를 모두 곱한 $2^4 \times 3 \times 7 = 336$입니다.
따라서 세 라인이 다시 동시에 작동될 때까지 걸리는 시간은 336시간임을 알 수 있습니다.

상세풀이 2

최소공배수를 구하는 방법에는 상세풀이 1처럼 소인수분해를 이용하는 방법 외에 공약수로 나누어 구하는 방법이 있습니다. 이때는 어느 두 수의 몫에도 1 이외의 공약수가 없을 때까지 공약수로 나누고, 모든 공약수와 마지막 몫을 모두 곱하면 됩니다.
만약 셋 이상의 수의 최소공배수를 구할 때 공약수가 없는 수는 그대로 내려쓰면 됩니다.
12와 16, 21 세 수의 최소공배수를 구하는 방법은 다음과 같습니다.

$$\begin{array}{r|rrr} 2) & 12 & 16 & 21 \\ 2) & 6 & 8 & 21 \\ 3) & 3 & 4 & 21 \\ \hline & 1 & 4 & 7 \end{array}$$

따라서 12, 16, 21의 최소공배수는 $2 \times 2 \times 3 \times 4 \times 7 = 336$입니다.
따라서 세 개의 생산라인이 동시에 작동된 후 다시 동시에 작동될 때까지 걸리는 시간은 336시간입니다.

043 정답 ④   난이도 ●●○

간단풀이

(집과 동물병원 사이의 거리)$=x(\text{km})$,
(독서실과 집 사이의 거리)$=3x(\text{km})$
(독서실에서 집까지 걸리는 시간)
$= \dfrac{3x(\text{km})}{6(\text{km/h})} = \dfrac{x}{2}(\text{h})$
(집에서 동물병원까지 걸리는 시간)
$= \dfrac{x(\text{km})}{4(\text{km/h})} = \dfrac{x}{4}(\text{h})$
$\dfrac{x}{2} + \dfrac{x}{4} + \dfrac{1}{4} = \dfrac{5}{2}$
$\therefore x=3$

상세풀이

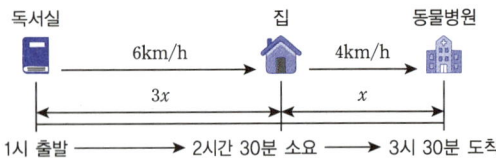

1시 출발 ── 2시간 30분 소요 ── 3시 30분 도착

① 철수는 1시에 출발하였고 3시 30분에 도착하였으므로 총 걸린 시간은 2시간 30분 $\left(\dfrac{5}{2}h\right)$입니다.

② 구하고자 하는 동물병원에서 집까지의 거리를 x라 하면 독서실에서 집까지의 거리는 $3x$입니다.
먼저 독서실에서 집까지 이동한 시간부터 구하면 독서실에서 집까지 갈 때의 속력은 6km/h이므로

$= \dfrac{3x(\text{km})}{6(\text{km/h})} = \dfrac{x}{2}(\text{h})$입니다. ($h$=시간)

④ 집에서 동물병원까지 이동한 시간을 구하면 집에서 동물병원까지 갈 때의 속력은 4(km/h)이므로
$= \dfrac{x(\text{km})}{4(\text{km/h})} = \dfrac{x}{4}(\text{h})$입니다.

⑤ 이때, 집에서 15분 $\left(\dfrac{1}{4}h\right)$동안 준비시간이 걸렸으므로 전체 걸린 시간은 $\dfrac{x}{2} + \dfrac{x}{4} + \dfrac{1}{4} = \dfrac{5}{2}$

$\dfrac{3x}{4} = \dfrac{9}{4}$

$3x = 9 \quad \therefore x = 3$

따라서 동물병원에서 집까지의 거리는 3km입니다.

044 정답 ①   난이도 ●●○

간단풀이

(올라갈 때 이용한 거리)$=x$
$\dfrac{x}{4} + \dfrac{x+3}{5} = 5(시간)$
$5x + 4x + 12 = 100, \ 9x = 88 \quad \therefore x = \dfrac{88}{9}$
따라서 구하는 총 거리는
$x + (x+3) = \dfrac{203}{9} \approx 22.6$

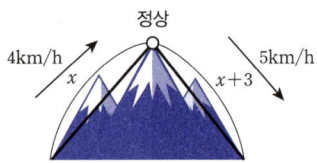

상세풀이

문제에서 제시한 것은 시속이므로 1시간당 1km를 간다는 것을 알아야 합니다.
또한 문제에서 구하고 싶은 것은 총 거리라는 것을 명심해야 합니다.

① 우선 문제에서 올라갈 때 이용하는 길보다 내려갈 때 이용하는 길이 3km 길다고 하였으니, 올라갈 때 이용한 길의 길이를 x라 하면 내려갈 때 이용한 길의 길이는 $x+3$입니다.

② 시간, 속력, 거리의 관계에서 시간은 속력 분의 거리입니다. 올라갈 때 길의 길이는 x이며 올라갈 때의 속력은 시속 4km이므로 올라갈 때 걸린 시간은 $\frac{x}{4}$ (시간)입니다.

내려갈 때 길의 길이는 $x+3$이며 속력은 5km이므로 내려갈 때 걸린 시간은 $\frac{x+3}{5}$ 시간입니다.

③ 총 걸린 시간은 5시간이므로 올라갈 때 걸린 $\frac{x}{4}$(시간)과 내려갈 때 걸린 $\frac{x+3}{5}$(시간)의 합이 5시간이 돼야 합니다. ⇨ $\frac{x}{4}+\frac{x+3}{5}=5$

④ x의 값을 구하기 위해 위의 식에 4와 5의 최소 공배수인 20을 각 양변에 곱하면

$5x+4x+12=100,\ 9x=88$ ∴ $x=\frac{88}{9}$

⑤ 문제에서 구하고 싶은 거리는 철수가 걸은 총 거리입니다. x의 값을 올라가는 거리라 하였으므로 총 거리는

$x+(x+3)=\frac{203}{9}≈22.55555...$ km입니다.

소수점 아래 둘째 자리에서 반올림하면, 22.6이므로, 정답은 22.6km입니다.

045 정답 ④   난이도 ●●●

간단풀이

처음으로 직각을 이루는 시간을 x라 하면
$6x+60=0.5x+90$
$5.5x=30$ ∴ $x=\frac{60}{11}$(분)

두 번째로 직각을 이루는 시간을 t라 하면
$6t+60-0.5t=270$
$5.5x=210$ ∴ $t=\frac{420}{11}$(분)

∴ $\frac{420}{11}-\frac{60}{11}=\frac{360}{11}$(분)

상세풀이

시계 문제는 항상 정각에서 출발합니다. 10시에 출발을 해서 처음으로 직각을 이루는 시간을 먼저 구합니다.

① 분침은 1분 동안 6°, 시침은 1분 동안 0.5°를 움직입니다.

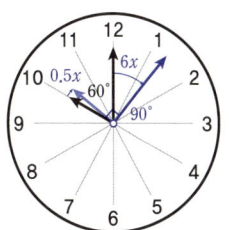

시침과 분침이 이루는 각도는 60°입니다. 처음으로 직각을 이루는 시간을 x로 놓으면, x분이 지난 후 각도 차이가 90°가 되어야 하므로
$6x+60°-0.5x=90°$
$5.5x=30°$ ∴ $x=\frac{60}{11}$(분)

따라서 처음으로 직각을 이루는 시각은 10시 $\frac{60}{11}$ 분이 됩니다.

② 두 번째로 직각을 이루는 시간도 10시 정각에서 출발하므로 그것을 t로 놓으면, t분이 지난 후 각도 차이가 270°가 되어야 하므로
$6t+60°-0.5t=270°$
$5.5t=210°$ ∴ $t=\frac{420}{11}$(분)

따라서 두 번째로 직각을 이루는 시각은 10시 $\frac{420}{11}$ 분 이 됩니다.

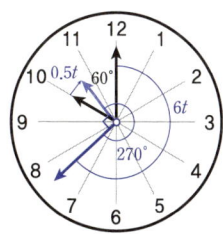

③ 그러므로 처음으로 직각이 된 후 두 번째로 직각이 되는 시각까지의 걸리는 시간은 $\frac{420}{11}-\frac{60}{11}=\frac{360}{11}$ (분) 이 됩니다.

046 정답 ④   난이도 ●●●

간단풀이

$60(\text{km/h}) \times 15(\text{분}) = 1(\text{km/분}) \times 15(\text{분}) = 15(\text{km})$
$60(\text{km/h}) \times 1.5 = 90(\text{km/h})$
$\dfrac{15(\text{km})}{90(\text{km/h})} \times 60(\text{분}) = 10(\text{분})$
$50(\text{분}) - \{15(\text{분}) + 10(\text{분})\} = 25(\text{분})$
$25(\text{분}) \times \{60(\text{km/h}) \times 1.5 \times 1.2\}$
$= 25(\text{분}) \times \{1(\text{km/분}) \times 1.5 \times 1.2\}$
$= 25(\text{분}) \times 1.8(\text{km/분}) = 45\text{km}$

상세풀이

이 문제는 전체 시간에서 소모된 시간을 계산하여 빼준 뒤 마지막에 집에서 약속장소로 한 번에 이동한 시간을 구한 뒤 계산하는 것이 좋습니다.

① 처음 약속장소로 가던 중 15분이 지난 시점까지 간 거리는 15km입니다.
 $60(\text{km/h}) \times 15(\text{분})$
 $= 1(\text{km/분}) \times 15(\text{분}) = 15(\text{km})$

② 15km를 처음 속력의 1.5배로 돌아갔으므로 90km/h로 돌아갔습니다. 이때 걸린 시간은 10분입니다.
 $60(\text{km/h}) \times 1.5 = 90(\text{km/h})$
 $\dfrac{15(\text{km})}{90(\text{km/h})} \times 60(\text{분}) = 10(\text{분})$

③ 따라서 핸드폰을 챙긴 후 다시 집에서 출발하여 약속장소까지 한 번에 이동한 시간은 25분입니다.
 $50(\text{분}) - \{15(\text{분}) + 10(\text{분})\} = 25(\text{분})$

④ 25분 동안 이동한 속력은 처음 속력의 1.5배에 1.2배를 해줘야 하므로
 $60(\text{km/h}) \times 1.5 \times 1.2 = 108(\text{km/h})$
 $= 1.8(\text{km/분})$
 [거리=시간×속력]이므로 집에서 약속장소까지의 거리는 $25(\text{분}) \times 1.8(\text{km/분}) = 45\text{km}$

047 정답 ①   난이도 ●●●

간단풀이

김사원이 7시 20분에 출발하여 9시에 도착하였으므로 전체 걸린 시간은 1시간 40분입니다.
이때, 김사원이 유치원에서 출발하여 회사까지 이동한 시간을 t라 하면 유치원에서 소요된 시간이 10분 $(=\dfrac{1}{6}\text{h})$이므로 집에서 유치원까지 이동한 시간은 $\dfrac{3}{2} - t(\text{h})$입니다.
집에서 회사까지의 거리가 20km라 하였으므로 이것을 [거리=시간×속력] 공식을 이용하여 일차방정식을 만들어 보면,
$10 \times \left(\dfrac{3}{2} - t\right) + 10 \times 1.6 \times t = 20$
$15 + 6t = 20$ ∴ $t = \dfrac{5}{6}$
즉 김사원이 유치원에서 출발하여 회사까지 이동하는 데 걸린 시간은 50분이므로 김사원이 유치원에서 출발한 시각은 오전 8시 10분입니다.

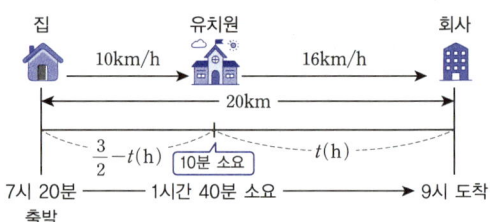

상세풀이

① 첫 번째로 문제에서 주어진 시각을 이용하여 각각 이동한 시간을 구합니다.
 김사원이 집에서 7시 20분에 출발하여 회사에 9시에 도착하였으므로 전체 걸린 시간은 1시간 40분입니다. 이때, 유치원에 도착하여 딸을 등원시키는 데에 10분$(=\dfrac{1}{6}\text{h})$이 소요되므로 김사원이 유치원에서 출발하여 회사까지 이동한 시간을 t라 하면 집에서 유치원까지 이동한 시간은 $\dfrac{3}{2} - t(\text{h})$입니다.

② [거리=시간×속력] 공식을 이용하여 집에서 유치원까지 이동한 거리를 구하면 $10 \times \left(\dfrac{3}{2} - t\right)$이고, 유치원에서 회사까지 이동한 거리는 $10 \times 1.6 \times t$입니다.

③ 김사원의 집에서 회사까지의 총 거리는 20km이므로 일차방정식을 만들면

$$10 \times \left(\frac{3}{2} - t\right) + 10 \times 1.6 \times t = 20$$
$$15 - 10t + 16t = 20$$
$$6t = 5 \quad \therefore t = \frac{5}{6}$$

④ 김사원이 회사에 도착한 시각은 9시이고 유치원에서 출발하여 회사까지 이동하는데 걸린 시간은 50분이므로 김사원이 유치원에서 출발한 시각은 8시 10분입니다.

048 정답 ④   난이도 ●●●

간단풀이

(형의 나이)$=x$, (동생의 나이)$=y$

(엄마의 나이)$= \frac{144}{4} + 9 = 45 = x + y - 2$,

(아빠의 나이)$= 2y + 8 = 2x + 2$

$\begin{cases} x+y-2=45 \\ 2y+8=2x+2 \end{cases}$ $\begin{cases} x+y=47 \\ x-y=3 \end{cases}$

$2y = 44 \quad \therefore y = 22$

상세풀이

이 문제는 먼저 주어진 정보들을 정리하는 것이 좋습니다.
(1) 엄마, 아빠, 형, 동생 나이의 합은 144세이다.
(2) 엄마는 가족 평균 나이보다 9세 더 많다.
(3) 엄마는 형과 동생 나이의 합보다 2세가 더 적다.
(4) 아빠는 동생 나이의 2배보다 8세가 더 많다.
(5) 아빠는 형 나이의 두 배보다 2세가 더 많다.

① 엄마와 아빠의 나이는 형과 동생의 나이로 표현할 수 있으므로, 형의 나이를 x, 동생의 나이를 y로 놓고 이를 이용해 엄마와 아빠의 나이를 나타낼 수 있습니다.

② (2)를 통해 엄마의 나이를 구할 수 있습니다. 가족이 총 4명이므로 가족 평균 나이는 $\frac{144}{4}$ 이므로 엄마의 나이는 $\frac{144}{4} + 9 = 45$ 입니다.

③ x와 y를 이용해 (3), (4), (5)를 표현하면 다음과 같습니다.
(엄마의 나이)$= x + y - 2$,
(아빠의 나이)$= 2y + 8 = 2x + 2$

④ (2)를 통해 엄마의 나이가 45라는 것을 구했으므로 아래와 같이 연립방정식을 나타낼 수 있습니다.

$$\begin{cases} x+y-2=45 \\ 2y+8=2x+2 \end{cases}$$

⑤ 위의 연립방정식을 풀면 다음과 같습니다.

$\begin{cases} x+y=47 \\ 2x-2y=6 \end{cases}$

$\begin{cases} x+y=47 & \cdots\cdots \text{㉠} \\ x-y=3 & \cdots\cdots \text{㉡} \end{cases}$

㉠$-$㉡을 하면
$2y = 44 \quad \therefore y = 22$
그러므로 동생의 나이는 22살입니다.

049 정답 ②   난이도 ●●●

간단풀이

작년 남성 사원 수를 x라 하면 작년 여성 사원 수는 $800 - x$입니다.
$x \times 0.04 + (800 - x) \times 0.07 = 41$
$0.04x + 56 - 0.07x = 41$
$0.03x = 15 \quad \therefore x = 500$
$\therefore 1.04x = 520$(명)

상세풀이

① 먼저 주어진 정보들을 정리합니다.
(1) 작년 남성 사원 수를 x라 하면 작년 여성 사원 수는 $800 - x$ 입니다.
(2) 올해 남성 사원 수는 $0.04x$만큼 증가했습니다.
(3) 올해 여성 사원 수는 $0.07(800-x)$만큼 증가했습니다.
(4) 올해 사원 수는 작년 대비 41명만큼 증가했습니다.

② 올해 증가한 남, 여성 사원 수를 이용해서 일차 방정식을 세워 작년 남성 사원 수를 구합니다.
$x \times 0.04 + (800 - x) \times 0.07 = 41$
$0.04x + 56 - 0.07x = 41$
$0.03x = 15 \quad \therefore x = 500$

③ 최종적으로 올해의 남성 사원 수를 구합니다.
$1.04x = 1.04 \times 500 = 520$(명)

Tip 작년 남성 사원 수를 x, 작년 여성 사원 수를 y라 놓고 $x+y=800$라는 식을 세워 $0.04x+0.07y=41$과 연립하여 풀어도 됩니다. 하지만, 본 풀이처럼 미지수를 1개만 잡아 일차방정식 하나만 푸는 것이 더 빨리 문제를 풀어낼 수 있습니다.

050 정답 ① 난이도 ●●●

간단풀이

(작년 인문계열 남학생 수)$=x$,
(작년 자연계열 남학생 수)$=y$
$0.08x+(1225-x)\times 0.03 = 43$ ∴ $x=125$
(올해 인문계열 남학생수)$=125\times 1.08 = 135$(명)
$0.01y-(400-y)\times 0.04 = -1$ ∴ $y=300$
(올해 자연계열 남학생 수)$=300\times 1.01 = 303$(명)
∴ $135+303 = 438$(명)

상세풀이

작년보다 일정 비율로 증가한 값을 구하라는 문제는 증가한 값을 바로 구하려 하기보다는 원래 값을 먼저 구하는 것이 계산상 편합니다.
이 문제는 인문계열과 자연계열의 올해 남학생 수를 각각 구하라는 문제입니다. 문제에서 여학생도 증가하거나 감소하기 때문에 여학생 수도 미지수로 놓고 푸는 학생이 있습니다. 미지수가 많으면 식도 많이 필요하고 복잡해지므로 여학생 수는 그 해의 정원에서 그 해의 남학생 수를 빼 주어 나타내면 보다 쉽게 구할 수 있습니다.

① 작년 인문계열 학생 수는 1,225명, 자연계열 학생 수는 400명이라 하였으므로 작년 인문계열 남학생 수를 x, 작년 자연계열 남학생 수를 y라 하면 작년 인문계열 여학생 수는 $1,225-x$이고, 자연계열 여학생 수는 $400-y$입니다.

② 올해 인문계열 남학생 수는 8%, 여학생 수는 3% 증가하여 총 인문계열 학생 수가 43명 증가하였다고 했으므로
$0.08x+0.03\times(1,225-x) = 43$
$0.05x = 6.25$ ∴ $x=125$
따라서 작년 인문계열 남학생 수는 125명임을 알 수 있습니다.
이때, 올해의 인문계열 남학생은 작년보다 8% 증가하였으므로 $125\times 1.08 = 135$(명)입니다.

③ 올해 자연계열 남학생 수는 1% 증가하고 여학생 수는 4% 감소하여 총 자연계열 학생 수가 1명 감소하였으므로
$0.01y-0.04\times(400-y) = -1$
$0.05y = 15$ ∴ $y=300$
따라서 작년 자연계열 남학생 수는 300명임을 알 수 있습니다.
이때, 올해의 자연계열 남학생 수는 작년보다 1% 증가하였으므로 $300\times 1.01 = 303$(명)입니다.

④ 구하는 것은 올해 인문계열과 자연계열의 남학생 수의 합이므로
$135+303 = 438$(명)

051 정답 ① 난이도 ●○○

간단풀이

K와 C는 고정되어 있어 나머지 알파벳 6개의 배열만 생각하면 됩니다.
다만, 나머지 6개의 알파벳 중 2개의 중복된 문자를 포함한다는 점을 고려하여 식을 세워야 합니다.
∴ $\dfrac{6!}{2!} = \dfrac{6\times 5\times 4\times 3\times 2\times 1}{2\times 1} = 360$

상세풀이

알파벳을 배열하는 문제에 접근할 때는 중복된 문자가 있는지 확인하는 것이 중요합니다. 이런 유형의 문제는 '같은 것이 있는 순열'을 이용하여 풀어야 합니다.
중복된 알파벳들은 서로의 순서가 무의미합니다. 예를 들어, 알파벳 A, B, C를 배열하는 경우의 수는
(A B C), (A C B), (B A C), (B C A), (C A B), (C B A)로 $3!=6$가지입니다.
하지만, 알파벳 A, A, B를 배열하는 경우의 수는 (A A B), (A B A), (B A A) 이 세 가지 경우가 전부입니다. 순서를 바꾸어도 똑같은 경우이니 서로의 순서가 무의미하므로 세 문자를 배열하는 $3!$가지 경우의 수 중에 중복된 경우의 수를 제외시켜 주면 $\dfrac{3!}{2!}$이 됩니다.

① 위 문제에서는 K와 C를 제외한 6개의 전체 알파벳 (A, A, V, I, S, N)중 2개의 A가 중복됩니다.

② 중복된 두 문자를 포함하는 6개의 문자를 순서대로 나열하는 방법의 수는 $\dfrac{6!}{2!} = 360$가지입니다.

052 정답 ② 난이도 ●●○

간단풀이

(1번 주사위에서 나온 수, 2번 주사위에서 나온 수, 3번 주사위에서 나온 수) 라고 하면
주사위들의 합이 6이 되는 경우는 아래와 같이 총 10가지 경우입니다.
(4,1,1) (3,2,1) (3,1,2) (2,3,1) (2,2,2) (2,1,3)
(1,4,1) (1,3,2) (1,2,3) (1,1,4)

상세풀이

서로 다른 주사위가 주어졌으므로 각 주사위에서 나온 수들을 나열하는 경우의 수를 생각합니다.

① 문제의 조건에 부합한 경우를 다음 세 수의 순서쌍으로 표현합니다.
  (1) 첫 번째로 던진 주사위에서 나온 수
  (2) 두 번째로 던진 주사위에서 나온 수
  (3) 세 번째로 던진 주사위에서 나온 수

② 각각의 주사위에 나온 수를 더해서 6이 나오는 모든 경우는 다음과 같습니다.
(4,1,1) (3,2,1) (3,1,2) (2,3,1) (2,2,2) (2,1,3)
(1,4,1) (1,3,2) (1,2,3) (1,1,4)
총 10가지로 답은 10가지임을 알 수 있습니다.

Tip 먼저 던진 주사위부터 큰 수로 설정해서 내림차순으로 구하는 것이 좋습니다.

053 정답 ③ 난이도 ●●○

간단풀이

(십의 자리에 올 수 있는 경우의 수)=9
(일의 자리에 올 수 있는 경우의 수)=8
∴ 9×8=72

상세풀이

두 자리의 자연수를 만들어야 하니 십의 자리와 일의 자리에 올 수 있는 경우를 나누어 구합니다.

 ×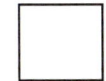
(십의 자리)   (일의 자리)

① 십의 자리에 올 수 있는 수는 1, 2, 3, 4, 5, 6, 7, 8, 9로 총 9가지입니다.

② 일의 자리에 올 수 있는 수는 남은 8개의 숫자 중에서 선택하면 되므로 8가지입니다.

③ 따라서 구하는 경우의 수는
(십의 자리에 올 수 있는 경우의 수)×(일의 자리에 올 수 있는 경우의 수)=9×8=72

054 정답 ④ 난이도 ●●○

간단풀이

$$\frac{3}{7}\times\frac{2}{5}+\frac{4}{7}\times\frac{3}{4}=\frac{6}{35}+\frac{3}{7}=\frac{6}{35}+\frac{15}{35}=\frac{3}{5}$$

상세풀이

문제의 조건에 따라 네 가지 상황이 만들어집니다.
(1) 비가 오고 초청 가수가 오거나
(2) 비가 오지 않고 초청 가수가 오거나
(3) 비가 오고 초청 가수가 오지 않거나
(4) 비가 오지 않고 초청 가수도 오지 않거나

① 비가 오고 초청 가수가 올 확률
비가 오는 사건과 초청 가수가 오는 사건이 동시에 발생해야 하는 것이므로, 두 확률을 곱해줍니다.
비가 올 확률은 $\frac{3}{7}$ 이고, 비가 올 때 초청 가수가 올 확률은 $\frac{2}{5}$ 입니다.
$$\frac{3}{7}\times\frac{2}{5}=\frac{6}{35}$$

② 비가 오지 않고 초청 가수가 올 확률
이번에도 역시 비가 오지 않는 사건과 초청 가수가 오는 사건이 동시에 발생하는 것이므로, 두 확률을 곱해줍니다.
비가 오지 않을 확률을 구하면 $1-\frac{3}{7}=\frac{4}{7}$ 이고, 비가 오지 않을 때 초청 가수가 올 확률은 $\frac{3}{4}$ 입니다.
$$\frac{4}{7}\times\frac{3}{4}=\frac{3}{7}$$

③ 마지막으로, 비가 오고 초청 가수가 오거나, 비가 오지 않고 초청 가수가 오면 되는 것이므로
①, ②에서 구한 두 사건이 일어날 확률을 더해줍니다.
$$\therefore \frac{6}{35}+\frac{3}{7}=\frac{6}{35}+\frac{15}{35}=\frac{21}{35}=\frac{3}{5}$$

055 정답 ④   난이도 ●●○

간단풀이 1

$$\frac{\frac{130}{400}}{\frac{200}{400}} = \frac{130}{200} = \frac{13}{20}$$

간단풀이 2

이 문제는 경우의 수를 이용하여 간단하게 풀 수도 있습니다.
'임의로 선택한 1명이 여성지원자일 때'라는 말은 여성지원자임을 확정 지어줍니다.
그러므로 '임의로 선택한 1명이 여성지원자일 때, 해외봉사 지원자일 확률'을 구한다는 것은 이 사람이 여성인 경우이고 그 중 해외 봉사 지원자일 경우의 확률을 구하는 것과 같습니다.

$$\therefore \frac{(여성\ 해외봉사\ 지원자\ 수)}{(여성지원자\ 수)} = \frac{130}{200} = \frac{13}{20}$$

상세풀이

이 문제를 풀기 전에는 '조건부확률'이라는 개념을 알아두어야 합니다.
'조건부확률'은 특정 조건에서 사건이 일어날 확률을 말합니다.
다른 확률 문제에서는

$$\left[(어떤\ 사건이\ 일어날\ 확률) = \frac{(어떤\ 사건이\ 일어나는\ 경우의\ 수)}{(가능한\ 모든\ 경우의\ 수)}\right]$$

로 계산했다면 조건부 확률에서는 분모의 '가능한 모든 경우의 수'에 새로운 조건이 붙었다고 생각하면 됩니다.
조건부 확률로 이 문제를 풀어보자면,

$$\frac{(임의로\ 선택한\ 1명이\ 여성\ 지원자이면서\ 해외봉사\ 지원자일\ 확률)}{(임의로\ 선택한\ 1명이\ 여성\ 지원자일\ 확률)}$$

을 계산해주면 됩니다.

① 먼저 임의로 선택한 1명이 여성 지원자일 확률을 구합니다. 표에서 알 수 있듯이, 전체 지원자는 총 400명입니다. 그 중 국내 봉사에 지원한 여성 70명과 해외 봉사에 지원한 여성 130명을 합한 200명이 전체 여성의 수가 됩니다.

$$\therefore \frac{200}{400} = \frac{1}{2}$$

② 임의로 선택한 1명이 여성 지원자이면서 해외봉사 지원자일 확률을 구합니다. 전체 지원자는 400명입니다. 여성이면서 해외 봉사에 지원한 봉사자는 130명입니다.

$$\therefore \frac{130}{400} = \frac{13}{40}$$

③ 따라서
$$\frac{(임의로\ 선택한\ 1명이\ 여성\ 지원자이면서\ 해외봉사\ 지원자일\ 확률)}{(임의로\ 선택한\ 1명이\ 여성\ 지원자일\ 확률)}$$

식에 대입하면,

$$\frac{\frac{13}{40}}{\frac{1}{2}} = \frac{13}{20}$$

056 정답 ③   난이도 ●●●

간단풀이 1

허수아비 개수 : 0, 50, 100, 150, 200, 250, 300, 350, 400, 450, 500, 550, 600, 650, 700, 750, 800, 850, 900, 950, 1,000(m)
⇨ 21개
창고 개수: 0, 200, 400, 600, 800, 1,000(m)
⇨ 6개
21+6=27(개)

간단풀이 2

$$(허수아비\ 개수) = \frac{1,000-0}{50} + 1 = 21(개)$$

$$(창고\ 개수) = \frac{1,000-0}{200} + 1 = 6(개)$$

21+6=27(개)

상세풀이

정수의 개수를 구할 때, 다음과 같은 규칙이 성립합니다.
예1) 0부터 5까지의 정수의 개수를 구하면 0, 1, 2, 3, 4, 5로 총 6개입니다.
예2) 0부터 10까지의 정수의 개수를 구하면 0, 1, 2, 3, 4, 5, 6, 7, 8, 9, 10으로 총 11개입니다.
예3) 5부터 13까지의 정수의 개수를 구하면 5, 6, 7, 8, 9, 10, 11, 12, 13으로 총 9개입니다.
따라서 다음과 같은 식이 성립합니다.

> 정수 a부터 정수 b까지의 정수의 개수는
> $b-a+1$(개)이다.

① 위와 같은 방법으로 문제를 풀어봅시다.

1,000m 거리의 과수원에 50m 간격으로 허수아비를 설치하므로 허수아비는 0m, 50m, 100m, …, 1,000m의 위치에 설치됩니다.

간격이 50m이므로 $x=50$ 이라 두면, $50=x$, $100=2x$, …, $1,000=20x$ 가 되므로 각 위치에 있는 허수아비의 개수를 세는 것은 $0, x, 2x, …, 20x$의 개수를 세는 것과 같고, 이것은 0부터 20까지 정수의 개수를 세는 것과 같습니다. 즉,
(허수아비 개수)$=20-0+1=21$(개)

② 창고의 개수는 1,000m 거리의 과수원에 200m 간격으로 허수아비를 설치하므로 창고는 0m, 200m, 400m, …, 1,000m의 위치에 설치됩니다.

간격이 200m 이므로 $y=200$이라 두면, 각 위치에 있는 창고의 개수를 세는 것은 $0, y, 2y, …, 5y$의 개수를 세는 것과 같고, 이것은 0부터 5까지 정수의 개수를 세는 것과 같으므로 (창고의 개수)$=5-0+1=6$(개)

③ 따라서 구하는 답은 $21+6=27$(개)입니다.

▶ 이 문제를 통해 다음과 같은 공식을 구할 수 있습니다.

> 정수 a부터 정수 b까지 간격이 c인 정수의 개수는 $\dfrac{b-a}{c}+1$ (개)이다.

공식으로 이 문제를 다시 풀이해 보면 1,000m의 거리에 50m 간격으로 설치하는 허수아비의 개수는 $\dfrac{1,000-0}{50}+1=21$개가 되고, 1,000m의 거리에 200m 간격으로 설치하는 창고의 개수는

(창고 개수) $=\dfrac{1,000-0}{200}+1=6$(개)

따라서 허수아비와 창고 개수의 합은 $21+6=27$(개)입니다.

057 정답 ②   난이도 ●●●

간단풀이

$x+(x+2)+(x+4)+(x+6)=448$
$\therefore x=109$

상세풀이

① 문제에서 연속하는 네 홀수라고 하였으니 이 네 수끼리의 차이는 각각 2로 같습니다.

이 네 수 중 구해야 하는 수인 첫 번째 수를 미지수 x라고 가정한다면, 연속하는 네 홀수는 각각 x, $x+2$, $x+4$, $x+6$이 됩니다.

② 네 홀수의 합이 448이라고 하였으니 연속하는 네 홀수를 모두 더하면
$x+(x+2)+(x+4)+(x+6)=448$
$4x=448-12=436$
$\therefore x=109$

③ 따라서 연속하는 네 홀수 중 첫 번째 수는 109입니다.

058 정답 ⑤   난이도 ●●●

간단풀이

$5k-1,500:2k+1,500=4:3$
$3(5k-1,500)=4(2k+1,500)$
$15k-4,500=8k+6,000$
$7k=10,500 \quad \therefore k=1,500$
따라서 철수가 초기에 투자한 금액은 $5k$이므로 7,500(만 원)입니다.

상세풀이 1

비례식을 활용한 문제입니다.

① 초기 개발비용이 5:2이므로 비례상수 k를 이용하여 철수와 영미의 초기 개발 비용을 $5k$, $2k$(만 원)로 놓습니다.

② 철수가 투자 비용 내에서 1,500만 원을 지원해줬으므로 $5k-1500$이 되고, 영미는 $2k+1,500$이 됩니다. 이때 비율이 4:3이므로
$5k-1,500:2k+1,500=4:3$ 으로 식을 세울 수 있습니다.

③ 내항의 곱과 외항의 곱이 같음을 이용해서 방정식을 풀어줍니다.
$3(5k-1,500)=4(2k+1,500)$
$15k-4,500=8k+6,000$
$7k=10,500 \quad \therefore k=1,500$
따라서 철수가 초기에 투자한 금액은 $5k$이므로 7,500(만 원)입니다.

상세풀이 2

전체 초기 투자 비용 내에서 각 금액이 증감하므로 비례상수를 이용하지 않고 전체 초기 투자 비용을 x로 놓고 다음과 같이 풀이할 수도 있습니다.

① 철수와 영미의 초기 투자 비용의 비율이 5 : 2이므로 각각의 초기 투자 비용은 다음과 같습니다.

(철수의 초기 투자 비용)$=\dfrac{5}{7}x$,

(영미의 초기 투자 비용)$=\dfrac{2}{7}x$

② 철수가 영미에게 1,500만 원을 지원해 준 후 철수와 영미의 투자 비용의 비율이 4 : 3으로 변하였으므로 변화된 각각의 투자 비용은 다음과 같습니다.

(철수의 투자 비용)$=\dfrac{4}{7}x$,

(영미의 투자 비용)$=\dfrac{3}{7}x$

③ 이때, 철수의 초기 개발 비용에서 변화된 투자 비용을 빼면 1,500만 원이므로

$\dfrac{5}{7}x - \dfrac{4}{7}x = 1,500$

$\dfrac{1}{7}x = 1,500$ ∴ $x = 10,500$(만 원)

④ 구하는 것은 철수의 초기 개발 비용이므로

$\dfrac{5}{7}x = \dfrac{5}{7} \times 10,500 = 7,500$(만 원)

---

059 정답 ① 난이도 ●●○

간단풀이

$3x + 10 : x + 10 = 2 : 1$
$3x + 10 = 2(x + 10)$
$x = 10$
따라서 철수와 영미의 현재 나이는 30살, 10살입니다. 따라서 합은 40살입니다.

상세풀이

비례식을 활용한 문제입니다.

① 철수와 영미의 현재 나이의 비는 3:1이므로 비례상수 x를 이용하여 철수와 영미의 현재 나이를 각각 $3x$, x로 놓을 수 있습니다.
그리고 10년 후에는 각각 $3x+10$, $x+10$살이 됩니다.

② 이때 나이의 비가 2:1이므로 $3x+10 : x+10 = 2:1$로 비례식을 만들 수 있습니다.
내항의 곱과 외항의 곱이 같음을 이용해서 방정식을 풀어주면 됩니다.
$3x + 10 = 2(x + 10)$
$x = 10$

③ 따라서 철수와 영미의 현재 나이는 30살, 10살입니다. 따라서 합은 40살입니다.

---

060 정답 ④ 난이도 ●●○

간단풀이

$\begin{cases} 2B + A = 10 \\ 2D + C = 35 \end{cases}$ $\begin{cases} A = 10 - 2B \\ C = 35 - 2D \end{cases}$

$2A + 4B + 5C = 85$
$2(10 - 2B) + 4B + 5(35 - 2D) = 85$
$D = 11$

상세풀이

① A, B, C, D 네 사람의 점수를 각각 A, B, C, D라 두고 주어진 조건을 이용하여 식을 세워 D를 구합니다.

② B 점수의 2배와 A 점수를 합한 점수가 10점이므로 $2B + A = 10$입니다. 따라서 $A = 10 - 2B$이고 D 점수의 2배와 C 점수를 합한 점수는 35점이므로 $2D + C = 35$에서 $C = 35 - 2D$ 입니다.

③ 이때 A 점수의 2배, B 점수의 4배와 C 점수의 5배를 더한 총점이 85점이므로 $2A + 4B + 5C = 85$이다. 이때, ②에서 나온 A와 B의 식을 대입하면
$2(10 - 2B) + 4B + 5(35 - 2D) = 85$
식을 정리하면
$20 - 4B + 4B + 175 - 10D = 85$
$10D = 110$ ∴ $D = 11$
따라서 D의 점수는 11(점)입니다.

---

061 정답 ④ 난이도 ●●●

간단풀이

(남자 C가 기프티콘 추첨에 당첨되는 경우의 수)
$= {}_3C_1 = 3$

(여자 G가 기프티콘 추첨에 당첨되는 경우의 수)
$= {}_4C_2 = \dfrac{4 \times 3}{2} = 6$

남자 C와 여자 G가 기프티콘에 당첨되는 경우의 수는 두 경우의 수를 곱하면 되므로 구하는 답은 3×6=18 입니다.

상세풀이

이 문제는 경우의 수 문제입니다.
경우의 수 문제는 주어진 조건에 따라 모든 경우의 수를 구하는 것이 목표가 됩니다.
특히 해당 문제와 같이 "포함" 혹은 "제외"라는 단어가 문제의 조건에 포함될 경우, 해당 조건을 전체 경우의 수에서 제외하는 것으로 문제를 풀 수 있습니다.

① 먼저 문제에서는 남자 A, B, C, D와 여자 E, F, G, H, I 중에서 남자 2명과 여자 3명을 이벤트 당첨자로 뽑는다고 하였습니다. 이 문장을 통해 남자와 여자는 각각 서로 분리되어 당첨자가 뽑힘을 알 수 있습니다.
따라서 남자 C와 여자 G가 당첨되는 경우의 수는 (남자 C의 당첨 경우의 수)×(여자 G의 당첨 경우의 수)로 계산이 됩니다.

② 남자 C의 당첨 경우를 생각해봅니다.
현재 남자는 A, B, C, D 4명이며 남자 C가 당첨된다고 가정하면 남은 A, B, D 중 한 명이 추가로 당첨될 수 있습니다. 따라서 남자 C가 기프티콘에 당첨되는 경우는 (A, C), (B, C), (C, D) 세 가지가 있음을 알 수 있습니다.
∴ $_3C_1 = 3$

③ 여자 G의 당첨 경우를 생각해봅니다.
현재 여자는 E, F, G, H, I 5명이며 여자 G가 당첨된다고 가정하면 남은 E, F, H, I 4명 중 2명이 추가로 당첨될 수 있습니다. 네 사람 중 순서 상관없이 두 사람이 선택되는 모든 경우의 수는
∴ $_4C_2 = \dfrac{4\times 3}{2} = 6$

④ 남자 C의 당첨 확률과 여자 G의 당첨확률을 곱하면 구하는 답은 3×6=18이 됩니다.

▶▶ 경우의 수 문제는 순열과 조합 공식을 이용하면 더욱 쉽게 푸실 수 있습니다.

(1) **순열** : 서로 다른 n개에서 r개를 택하여 일렬로 나열하는 것을 n개에서 r개를 택하는 순열이라고 하며, 이 순열의 수를 기호로 nPr과 같이 나타냅니다. 이때 주의할 점은 r이 부등식 '$0 < r \leq n$'을 성립해야 한다는 점입니다. 서로 다른 n개에서 r개를 택하여 일렬로 나열하는 순열의 수는 아래의 식과 같습니다.

$$nPr = \dfrac{n!}{(n-r)!} = n(n-1)(n-2)(n-3)\cdots(n-r+1) \text{ (단, } 0 < r \leq n)$$

(2) **조합** : 서로 다른 n개에서 순서를 생각하지 않고 r개를 택하는 것을 n개에서 r개를 택하는 조합이라 하며, 이 조합의 수를 기호로 nCr과 같이 나타냅니다. 이때 주의할 점은 r이 부등식 '$0 < r \leq n$'을 성립해야 한다는 점입니다. 서로 다른 n개에서 r개를 택하는 조합의 수는 아래의 식과 같습니다.

$$nCr = \dfrac{nPr}{r!}$$
$$= \dfrac{n(n-1)(n-2)\cdots(n-r+1)}{r!}$$
$$= \dfrac{n!}{r!(n-r)!} \text{ (단, } 0 < r \leq n)$$

062 정답 ② 난이도

간단풀이

첫 번째 3의 배수인 공을 뽑을 확률 : $\dfrac{5}{15} = \dfrac{1}{3}$

두 번째 5의 배수인 공을 뽑을 확률 : $\dfrac{3}{15} = \dfrac{1}{5}$

∴ $\dfrac{1}{3} \times \dfrac{1}{5} = \dfrac{1}{15}$

상세풀이

일어날 수 있는 모든 경우의 수를 n, 사건 A가 일어나는 경우의 수를 a라고 하면, 사건 A가 일어날 확률 p는
$$p = \dfrac{\text{사건 A가 일어나는 경우의 수}}{\text{모든 경우의 수}} = \dfrac{a}{n}$$

① 공이 15개이므로 모든 경우의 수는 15입니다.

② 첫 번째 1~15까지의 공에서 3의 배수는 3, 6, 9, 12, 15이므로 3의 배수의 공을 뽑을 확률은 $\dfrac{5}{15} = \dfrac{1}{3}$ 입니다.

③ 두 번째 1~15까지 공에서 5의 배수는 5, 10, 15이므로 5의 배수의 공을 뽑을 확률은 $\dfrac{3}{15} = \dfrac{1}{5}$ 이 됩니다.

④ 이 두 가지 경우가 연달아서 일어나야 하므로 $\dfrac{1}{3} \times \dfrac{1}{5} = \dfrac{1}{15}$ 이 됩니다.

063 정답 ⑤   난이도 ●●○

간단풀이

(15와 12의 최소공배수)=60
즉, 60분에 한 번씩 두 버스가 동시에 들어옵니다. 오후 2시에 두 버스가 동시에 들어왔으므로, 오후 7시까지 버스는 5번 동시에 들어옵니다.

상세풀이

최소공배수의 정의를 숙지하고 문제에서 최소공배수를 구해야 함을 인지하는 게 중요합니다.

① A 버스정류장에선 15분마다 한 대씩, B 버스정류장에서는 12분마다 한 대씩 버스가 옵니다.
두 버스정류장에 동시에 버스가 들어오는 주기를 구하려면 A 버스정류장에 버스가 들어오는 주기와 B 버스정류장에 버스가 들어오는 주기의 최소공배수를 구해야 합니다.

② $15=3\times5$, $12=2\times2\times3$
12와 15의 최소공배수는 $2^2\times3=5=60$입니다.
즉, 두 버스정류장에 동시에 버스가 들어오는 주기는 60분(1시간)입니다.

③ 오후 2시에 두 버스가 동시에 들어온 후 오후 7시까지 총 5시간 동안 5대의 버스가 동시에 들어옵니다.

064 정답 ④   난이도 ●●○

간단풀이

$\begin{cases} 0.1A+0.2B=11 \\ 0.2A+0.1B=13 \end{cases}$
$A=50, B=30$
$\therefore A+B=80$

상세풀이

① A의 1할은 A의 $\frac{1}{10}$이므로 0.1A, B의 2할은 B의 $\frac{2}{10}$이므로 0.2B입니다. 문제에서 A의 1할과 B의 2할을 더하면 11이 된다고 하였으므로, $0.1A+0.2B=11$이라는 방정식이 나옵니다.

② 비율을 바꾸어서 더했을 때 13이 나온다는 뜻은 A의 2할과 B의 1할을 더했더니 13이 나온다는 뜻입니다.

A의 2할은 A의 $\frac{2}{10}$이므로 0.2A이고, B의 1할은 B의 $\frac{1}{10}$인 0.1B이므로 $0.2A+0.1B=13$이라는 방정식이 나옵니다.

③ 이 두 개의 방정식을 연립 방정식으로 놓으면 다음과 같습니다.
$\begin{cases} 0.1A+0.2B=11 \\ 0.2A+0.1B=13 \end{cases}$
$\begin{cases} A+2B=110 \\ 2A+B=130 \end{cases}$
$\begin{cases} 2A+4B=220 \\ 2A+B=130 \end{cases}$
$3B=90 \quad \therefore B=30$
$2A+30=130$
$2A=100 \quad \therefore A=50$

④ 문제에서 A와 B의 합을 구하라고 하였으므로
$A+B=50+30=80$
따라서 구하는 답은 80입니다.

065 정답 ②   난이도 ●●●

간단풀이

$0.6(m/s)\times\{15(분)\times60(s)\}=540(m)$
$V_{영미}\times\{18(분)\times60(s)\}=540(m)$
$V_{영미}=0.5(m/s)$
$0.5(m/s)\times\{30(분)\times60(s)\}=900(m)$
$540\times2-900=180(m)$

상세풀이

이 문제에서 유의할 점은 철수의 속력과 이동 시간의 단위, 그리고 철수와 영미의 이동이 왕복으로 이루어 진다는 것입니다. 또한 일상에서 주로 쓰이는 속력의 단위는 m/s, km/h이며 문제에서 주어지는 단위에 맞춰 $1h=60min=3,600s$임을 이용해 단위 통일에 유의하며 문제를 풀어야 합니다.

① 집에서부터 노래방까지의 거리를 철수의 속력과 이동 시간으로 구할 수 있습니다.
이때 철수의 속력의 단위는 m/s이고, 이동 시간은 분 단위이므로 이동 시간에 60을 곱해 초 단위로 바꾼 후 계산하면
$0.6(m/s)\times\{15(분)\times60(s)\}=540(m)$
따라서 집에서부터 노래방까지의 거리는 540m입니다.

② 집에서부터 노래방까지의 거리와 영미의 이동 시간으로 영미의 속력을 구할 수 있습니다.

$V_{영미} \times 18(분) = 540(m)$

$V_{영미} = 30(m/분)$

③ "두 사람이 동시에 집에서 출발하여 노래방을 다녀오는 데 철수는 집에 도착했다면"의 문장에서 철수와 영미의 이동 시간을 알 수 있습니다.
철수가 집에서 노래방까지 이동하는 데 걸리는 시간 15분에 다시 노래방에서 집까지 15분 이동하여 총 30분을 이동하게 됩니다. 30분 동안 영미의 이동 거리는 다음과 같이 계산합니다.

$V_{영미} \times 30(분) = 30(m/분) \times 30(분) = 900(m)$

④ 구해야 하는 값은 영미의 총 이동 거리가 아닌 집으로부터 영미가 떨어져 있는 거리임에 유의합니다.
영미의 총 이동 거리는 900m로 이를 집-노래방 왕복 거리에서 빼면 $540 \times 2 - 900 = 180(m)$
따라서 영미는 집에서부터 180(m) 떨어진 곳에 있습니다.

⚠️ 주의

1) 360(m) : 영미의 총 이동 거리에서 집-노래방 간 거리를 빼면 360(m)로 노래방에서 집 방향으로 영미가 이동한 거리입니다. 즉, 집에서 영미가 떨어져 있는 거리가 아닌 노래방에서 영미가 떨어져 있는 거리임을 주의해야 합니다.

2) 900(m) : 영미의 총 이동 거리까지 계산 후 문제에서 영미의 이동이 왕복으로 이루어진다는 것을 빠뜨린 경우입니다.

066 정답 ② 난이도 ●●●

간단풀이 1

(작년에 있던 남자 직원의 수) $= x$,
(작년에 있던 여자 직원의 수) $= 50 - x$

$1.1x + 1.3(50-x) = 61$
$1.1x + 65 - 1.3x = 61$
$0.2x = 4 \quad \therefore x = 20$
$20 \times 0.1 = 2$

간단풀이 2

$0.1x + 0.3(50-x) = 11$
$-0.2x = -4 \quad \therefore x = 20$
$\therefore 0.1 \times 20 = 2$

상세풀이 1

① 작년에 있던 남자 직원의 수를 x라 하면, 작년에 있던 여자 직원의 수는 $(50-x)$입니다.

② 올해는 작년보다 남자 직원의 수가 10% 증가했으므로 올해 남자 직원의 수는 $1.1x$이고, 여자 직원의 수는 30% 증가했으므로 올해 여자 직원의 수는 $1.3(50-x)$입니다.

③ 올해 직원의 수는 총 61명이므로 이것을 방정식으로 나타내면
$1.1x + 1.3(50-3)x = 61$
$1.1x + 65 - 1.3x = 61$
$65 - 0.2x = 61$
$0.2x = 4 \quad \therefore x = 20$
따라서 작년 남자 직원의 수 x는 20이라는 것을 알 수 있습니다.

④ 구하는 것은 올해 입사한 남자 직원 수이므로 $20 \times 0.1 = 2$(명)입니다.

상세풀이 2

올해는 작년보다 전체 직원이 $60 - 50 = 11$(명)이 증가하였으므로 각 변화량을 기준으로 식을 세워 풀 수도 있습니다.

① 올해는 작년보다 남자 직원의 수가 10% 증가했으므로 올해 증가한 남자 직원의 수는 $0.1x$이고, 여자 직원의 수는 30% 증가했으므로 올해 증가한 여자 직원의 수는 $0.3(50-x)$입니다.

② 올해 직원의 수는 총 11명 증가하였으므로 이것을 방정식으로 나타내면
$0.1x + 0.3(50-x) = 11$
$0.1x + 15 - 0.3x = 11$
$-0.2x = -4 \quad \therefore x = 20$

③ 구하는 것은 올해 입사한 남자 직원 수이므로 $20 \times 0.1 = 2$(명)입니다.

067	①	068	②	069	①	070	④	071	②
072	④	073	②	074	⑤	075	③	076	①
077	④	078	②	079	③	080	①	081	④
082	③	083	①	084	⑤	085	④	086	②
087	⑤	088	②	089	①	090	⑤	091	①
092	②	093	⑤	094	①	095	①	096	③
097	④	098	④	099	②	100	②		

067 정답 ①

간단풀이

$\begin{cases} a+b=2{,}000 \\ 0.15a-0.05b=140 \end{cases}$

$\therefore a=1{,}200,\ b=800$

(A 라인 생산제품 개수) $=1{,}200\times 1.15=1{,}380$
(B 라인 생산제품 개수) $=800\times 0.95=760$

상세풀이 1

① 작년 A라인의 생산제품 개수를 a, B라인의 생산제품 개수를 b로 설정합니다. 작년 A 라인과 B 라인의 총 생산량이 2,000이라는 것을 방정식으로 나타내면 다음과 같습니다.
$a+b=2{,}000$ …… ㉠

② 올해 A 라인의 생산량은 작년보다 15% 증가하였으므로 $0.15a$만큼 증가하였고, 올해 B 라인의 생산량은 작년보다 5%만큼 감소하였으므로 $0.05b$만큼 감소하였습니다. 이때, 총 생산량은 7% 증가하였으므로 다음과 같은 식을 구할 수 있습니다.
(A라인의 변화량) + (B라인의 변화량) = (전체 생산량의 변화량)
$0.15a+(-0.05b)=2{,}000\times 0.07$
$0.15a-0.05b=140,\ 15a-5b=14{,}000$
$3a-b=2{,}800$ …… ㉡
▶▶ B라인의 생산량은 감소하였으므로 '$-0.05b$'로 계산해 주어야 합니다.

③ ㉠, ㉡의 연립방정식을 풀어줍니다.
$\begin{cases} a+b=2{,}000 \\ 3a-b=2{,}800 \end{cases}$
$4a=4{,}800\quad \therefore\ a=1{,}200$
이것을 ㉠에 대입하면
$1{,}200+b=2{,}000\quad \therefore\ b=800$

④ 문제에서 요구한 올해 B 라인의 생산 개수를 구해줍니다.
올해는 작년보다 5%만큼 감소하였으므로 올해의 B 라인 생산 개수는 $800\times 95\%=800\times 0.95=760$(개)입니다.

상세풀이 2

① 작년 A라인의 생산제품 개수를 a, B라인의 생산제품 개수를 b로 두면, 작년 A 라인과 B 라인의 총 생산량이 2,000이므로 $a+b=2{,}000$ …… ㉠

② 올해 A 라인의 생산량은 작년보다 15% 증가하였으므로 $1.15a$, 올해 B 라인의 생산량은 작년보다 5%만큼 감소하였으므로 $0.95b$라 할 수 있고, 총 생산량은 작년보다 7% 증가하였으므로 $2{,}000\times 1.07$이라 할 수 있습니다. 따라서 다음과 같은 식을 구할 수 있습니다.
(올해 A라인의 생산량) + (올해 B라인의 생산량) = (올해 전체 생산량)
$1.15a+0.95b=2{,}000\times 1.07=2{,}140$ …… ㉡

③ ㉠, ㉡의 연립방정식을 풀어줍니다.
$\begin{cases} a+b=2{,}000 \quad\cdots\cdots ㉠ \\ 1.15a+0.95b=2{,}140 \quad\cdots\cdots ㉡ \end{cases}$
㉡에서 ㉠을 빼면
$0.15a-0.05b=140$
$15a-5b=14{,}000,\ 3a-b=2{,}800$ …… ㉢

④ ㉠, ㉢의 연립방정식을 풀어줍니다.
$\begin{cases} a+b=2{,}000 \\ 3a-b=2{,}800 \end{cases}$
$4a=4{,}800\quad \therefore\ a=1{,}200,\ b=800$

⑤ 올해는 작년보다 5%만큼 감소하였으므로 올해의 B 라인 생산 개수는 $0.95b=0.95\times 800=760$(개)입니다.

▶▶ 이런 유형의 문제는 변화량만 놓고 식을 세우느냐, 전체 생산량을 놓고 식을 세우느냐에 따라 상세풀이 1, 2로 나뉩니다. 문제에서 주어진 조건에 따라 더 간단히 풀 수 있는 방법을 선택하셔야 합니다. 이 문항의 경우 변화량만 놓고 식을 세우는 상세풀이1의 풀이가 더 간단히 풀 수 있는 방법입니다.

Tip 66번처럼 미지수를 1개만 놓고 일차방정식을 하나만 만들면 더 빨리 풀이할 수 있습니다.
작년 A 라인과 B 라인의 총 생산량이 2,000이라 하였으므로 작년 A라인의 생산제품 개수를 a라 놓으면, B라인의 생산제품 개수는 $2000-a$라 할 수 있습니다.
다음, A 라인의 생산량은 작년보다 15% 증가하였고 B 라인의 생산량은 작년보다 5%만큼 감소하여 총 생산량은 7% 증가하였으므로
$0.15a - 0.05(2,000-a) = 2,000 \times 0.07$
$0.15a - 100 + 0.05a = 140$
$0.2a = 240 \quad \therefore \quad a = 1,200$
이것을 ㉠에 대입하면
$1200 + b = 2,000 \quad \therefore \quad b = 800$

068 정답 ② 난이도 ●●○

간단풀이

(1) A 업체에서 김치냉장고를 구매할 경우, 총 구매해야 하는 김치냉장고의 개수는 46대입니다.
또한, 100만 원당 5만 원을 할인, 즉 냉장고 10대당 5만 원의 할인을 해주므로, 총 구매 가격은 440만 원입니다.

(2) B 업체에서 김치냉장고를 구매할 경우, 총 구매해야 하는 김치냉장고의 개수는 45대입니다.
B 업체는 할인하지 않으므로, 총 구매 가격은 450만 원입니다.
따라서 A 업체에서 구매하는 것이 10만 원만큼 더 저렴합니다.

상세풀이

우선 각각의 업체에서 얼마만큼의 김치냉장고를 구매해야 하는지 알아야 합니다. 특히 김치냉장고의 구매 개수는 정해져 있으므로, 무료로 주는 김치냉장고의 수를 포함하여 김치냉장고를 구매하는 개수가 총 개수가 되어야 합니다. 또한, 구매가에 따라 할인이 어느정도 되는지를 파악해야 합니다.

① A 업체에서 김치냉장고를 구매할 경우, 10대당 1대씩 무료로 주기 때문에, 40대를 구매하면 4대를 무료로 줍니다. 이때, 총 구매해야 하는 김치냉장고의 개수는 50대이므로 추가로 6대를 더 구매해야 총 구매해야 하는 개수인 50대가 됩니다.
따라서 A 업체에서 구매 시 46대를 구매해야 합니다. (50대를 구매하게 되면 총 개수는 55대가 되기 때문에 주의하여야 합니다.)

② A 업체에서 김치냉장고를 구매할 경우 100만 원당 5만 원씩 할인을 받을 수 있습니다. 김치냉장고의 가격은 10만 원이므로 10대를 구매할 시 5만 원의 할인을 받을 수 있습니다.
A 업체에서 구매해야 하는 김치냉장고의 개수는 46대이므로, 총 할인 받을 수 있는 금액은 $5 \times 4 = 20$ (만 원) 입니다.

③ A 업체에서 구매할 때의 총 비용은
46×10(만 원) $- 20$(만 원) $= 440$(만 원)입니다.

④ B 업체에서 구매할 경우에는 9대당 1대씩 무료로 주기 때문에 45대를 구매하게 되면 5대를 무료로 받습니다. 그러므로 45대를 구매하면 50대를 충족시킵니다.

⑤ B 업체에서는 김치냉장고를 구매할 시 할인을 해주지 않으므로 총 비용은 45×10(만 원) $= 450$(만 원)입니다.

⑥ A 업체에서 구매할 시 총비용은 440만 원이고, B 업체에서 구매할 시 총비용은 450만 원이므로, A 업체에서 구매하는 것이 10만 원만큼 저렴하다는 것을 알 수 있습니다.

069 정답 ① 난이도 ●●●

간단풀이

작년 남성 회원 수를 x라 하면, 작년 여성 회원 수는 $280-x$ 입니다.
$0.95x + 1.1(280-x) = 284$
$\therefore \quad x = 160$
따라서 올해 남성 회원 수는
$0.95 \times 160 = 152$

상세풀이

① x를 작년 남성 회원 수라고 놓았을 경우, 작년의 여성 회원 수는 (작년 총 회원 수)$-x$입니다.
올해 총 회원 수가 전년 대비 4명이 증가하여 284명이므로, 작년 총 회원 수는 280명입니다.
따라서 작년의 여성 회원 수는 $280-x$입니다.

② 올해 총 회원 수는 284명으로 작년 대비 남성 회원은 5% 감소하였고, 여성 회원은 10% 증가하였으므로
$0.95x + 1.1(280-x) = 284$

③ 위의 방정식을 풀면
$0.95x + 308 - 1.1x = 284$
$-0.15x = -24$
$15x = 2,400 \quad \therefore \quad x = 160$ (명)

④ 여기서 미지수 x는 작년 남성 회원 수입니다. 구해야 하는 값은 올해의 남성 회원 수 이므로 작년 남성 회원 수에서 작년 남성 회원 수의 5%를 빼야 올해의 남성 회원 수를 구할 수 있습니다.
$160 - 0.05 \times 160 = 152$
따라서 올해의 남성 회원 수는 152명입니다.

070 정답 ④   난이도 ●●○

간단풀이

$\begin{cases} 2x + 3y = 4,000 \\ 3x + 2y = 3,000 \end{cases}$
$\therefore x = 200, \ y = 1,200$
따라서 1,400개를 생산할 수 있습니다.

상세풀이

A 생산라인에서 1시간당 생산할 수 있는 스피커 개수를 x, B 생산라인에서 1시간당 생산할 수 있는 스피커 개수를 y라고 놓겠습니다.

① A 생산라인 2개, B 생산라인 3개를 가동했을 때, 스피커 4,000개를 만들 수 있으므로
$2x + 3y = 4,000$
A 생산라인 3개 B 생산라인 2개를 가동했을 때, 스피커 3,000개를 만들 수 있으므로
$3x + 2y = 3,000$
따라서 아래와 같이 연립방정식을 만들 수 있습니다.
$\begin{cases} 2x + 3y = 4,000 \\ 3x + 2y = 3,000 \end{cases}$

② 위의 연립방정식을 풀면
$\begin{cases} 6x + 9y = 12,000 \\ 6x + 4y = 6,000 \end{cases}$
$5y = 6,000 \quad \therefore y = 1,200$
이것을 첫 번째 식에 대입하면
$2x + 3,600 = 4,000$
$2x = 400 \quad \therefore x = 200$

③ 문제에서 요구하는 경우는 A와 B 생산라인을 각각 1개씩 가동했을 때입니다.
A 생산라인에서 한 시간에 생산하는 스피커는 200개, B 생산라인에서 한 시간에 생산하는 스피커는 1,200개이므로
$x + y = 200 + 1,200 = 1,400$
총 1,400개를 생산할 수 있음을 알 수 있습니다.

071 정답 ②   난이도 ●●●

간단풀이

인사팀은 인사팀끼리, 재무팀은 재무팀끼리 이웃해서 설 수 없으므로 아래 그림처럼 인사팀과 재무팀 인원이 번갈아 서야 합니다. 즉, 인사팀 3명이 먼저 서고 그 사이사이에 재무팀 4명이 서는 경우의 수를 구하면 됩니다.
해당 위치에 팀원들을 배치하는 경우의 수는
$4! \times 3! = 144$가지입니다.

상세풀이 1

인사팀의 팀원 3명이 일렬로 서는 경우의 수는 $3! = 6$(가지)입니다. 재무팀이 붙어 서지 않으려면 위와 같이 인사팀 사이사이에 배치해야 하므로 그 네 자리에 재무팀 팀원 4명을 세우는 경우의 수는 $4! = 24$(가지)입니다. 이 두 가지 경우의 수를 곱하면 $3! \times 4! = 144$(가지)입니다.

상세풀이 2

아래 그림처럼 재무팀의 팀원 4명이 먼저 서고 그 사이사이에 인사팀 3명이 서는 경우로 구할 수도 있습니다.

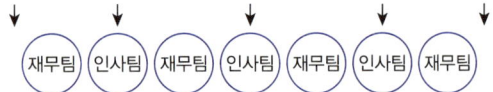

재무팀 4명이 일렬로 서는 경우의 수는 $4! = 24$(가지)입니다.
재무팀 사이사이의 자리는 양 맨 끝의 두 자리를 포함하여 다섯 자리이지만, 3명 중 1명이라도 양 끝에 들어가게 된다면 재무팀이 붙어 서게 됩니다. 따라서 양 끝을 제외한 나머지 세자리에 인사팀 3명을 세우는 경우의 수는 $3! = 6$(가지)입니다.
이 두 가지 경우의 수를 곱하면 $4! \times 3! = 144$(가지)입니다.

072 정답 ④   난이도 ●●●

간단풀이

각각의 동전을 내는 전체 경우의 수는
$5 \times 2 \times 4 \times 3 = 120$ 입니다.
그 중 0원을 내는 1가지의 경우의 수를 빼면
$120 - 1 = 119$가지입니다.

상세풀이

① 낼 수 있는 경우의 수는 0, 1, 2, 3, 4개로 총 5가지,
50원을 낼 수 있는 경우의 수는 0, 1개로 총 2가지,
100원을 낼 수 있는 경우의 수는 0, 1, 2, 3개로 총 4가지,
500원을 낼 수 있는 경우의 수는 0, 1, 2개로 총 3가지입니다.

② 곱을 이용하여 지불할 수 있는 전체 경우의 수를 구하면 $5 \times 2 \times 4 \times 3 = 120$ 입니다.
하지만 문제에서 0원은 포함되지 않는다고 했으므로 모두 0개를 내서 지불금액이 0원이 되는 경우 1가지를 제외하면 답은 $120 - 1 = 119$가지입니다.

⚠ **주의** 이 문제에서는 단위당 중복되는 경우가 없으므로 각 단위별로 지불할 수 있는 경우만 구해서 곱하면 됩니다. 하지만, 작은 단위로 큰 단위를 만들 수 있는 경우가 있다면 큰 단위를 작은 단위로 바꾸어서 곱해야 합니다.
예) 50원짜리 2개, 100원짜리 3개로 지불할 수 있는 금액의 수의 경우의 수는?
100원을 지불할 수 있는 방법의 수는 2가지입니다. (50원짜리 2개, 또는 100원짜리 1개)
100원짜리 3개를 모두 50원짜리 6개로 바꾸면 50원짜리 동전은 총 8개입니다.
따라서 50원짜리 동전 8개로 지불할 수 있는 금액의 수는 8가지입니다.
(50원, 100원, 150원, 200원, 250원, 300원, 350원, 400원)

A원짜리 a장, B원짜리 b장, C원짜리 c장으로 지불할 수 있는 방법의 수와 금액의 경우의 수는
① 화폐의 금액이 중복되지 않는 경우 :
$(a+1) \times (b+1) \times (c+1) - 1$(가지)
(단, 0원을 지불하는 경우를 제외하는 경우)
② 화폐의 금액이 중복되는 경우
– 지불 방법의 수는 위의 방법과 같음 :
$(a+1) \times (b+1) \times (c+1) - 1$ (가지)

– 지불할 수 있는 금액의 수는 큰 단위의 화폐로 만든 금액과 작은 단위의 화폐로 만든 금액의 중복이 발생하므로 큰 금액을 작은 금액으로 바꾸어 위의 방법을 적용합니다.

073 정답 ②   난이도 ●●●

간단풀이

동시에 일어나는 사건으로, 순서가 중요하지 않으므로 (1,6,6), (2,5,6), (3,4,6), (3,5,5), (4,4,5)로 총 5가지입니다.

상세풀이

동시에 주사위 3개를 던지는 사건이므로 총 경우의 수는
(1,6,6) (2,5,6) (3,4,6) (4,3,6) (5,2,6) (6,1,6)
(2,6,5) (3,5,5) (4,4,5) (5,3,5) (6,2,5)
(3,6,4) (4,5,4) (5,4,4) (6,3,4)
(4,6,3) (5,5,3) (6,4,3)
(5,6,2) (6,5,2)
(6,6,1)

으로 총 21가지입니다.
동시에 일어나는 사건이므로 순서가 중요하지 않기 때문에 총 사건 중 조합이 겹치는 경우의 수는 1가지의 사건이 됩니다.
예를 들어, (2,5,6)과 (6,2,5)는 순서는 다르지만 포함되어 있는 숫자가 같기 때문에 1가지의 사건이 되는 것입니다.
따라는 겹치는 사건의 수를 제외하면 총 5가지입니다.

074 정답 ⑤   난이도 ●●●

간단풀이

남자 3명, 여자 2명 총 5명이 일렬로 설 수 있는 전체 경우의 수는 $5 \times 4 \times 3 \times 2 \times 1 = 120$
여자끼리 이웃하지 않으려면 아래 그림과 같이 남자를 먼저 일렬로 세워놓고 그 사이사이의 자리 중 하나씩 골라 여자 두 명이 서는 경우의 수를 구하면 됩니다.
남자 3명을 일렬로 세우는 경우의 수는 $3! = 6$
여자가 설 수 있는 자리는 양 맨 끝의 두 자리를 포함하여 네 자리이며, 이 중 하나씩 골라 여자 두 명이 서는 경우의 수는 $_4P_2 = 4 \times 3 = 12$

이 두 가지 경우의 수를 곱하면
$3! \times {}_4P_2 = 6 \times 12 = 72$
$\dfrac{72}{120} = \dfrac{3}{5}$

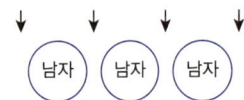

상세풀이

① 남자 3명, 여자 2명 총 5명이 일렬로 설 수 있는 전체 경우의 수는 $5 \times 4 \times 3 \times 2 \times 1 = 120$

② 여자끼리 이웃하지 않으려면 남자를 먼저 일렬로 세워놓고 양 끝을 포함한 그 사이사이의 네 자리 중 하나씩 골라 여자 두 명이 서는 경우의 수를 구하면 됩니다.

① 남자 ② 남자 ③ 남자 ④

먼저, 남자 3명을 일렬로 세우는 경우의 수는
$3! = 3 \times 2 \times 1 = 6$
그 사이 네 자리 중 여자 1명이 설 수 있는 자리는
①~④, 즉, 경우의 수는 4입니다.
나머지 한 명이 설 수 있는 자리는 먼저 여자가 선택한 자리를 제외한 나머지 자리이므로 경우의 수는 3입니다.
따라서 여자가 설 수 있는 경우의 수는
${}_4P_2 = 4 \times 3 = 12$

③ 따라서 여자가 이웃하지 않도록 설 수 있는 전체의 경우의 수는 $3! \times {}_4P_2 = 6 \times 12 = 72$가 됩니다.
∴ $\dfrac{(여자가\ 이웃하지\ 않도록\ 설\ 수\ 있는\ 경우의\ 수)}{(5명이\ 일렬로\ 서는\ 경우의\ 수)}$
$= \dfrac{72}{120} = \dfrac{3}{5}$
$\left(p(A) = \dfrac{(사건\ A가\ 일어나는\ 경우의\ 수)}{(모든\ 경우의\ 수)} \right)$

075 정답 ③ 난이도

간단풀이

$\left(1 - \dfrac{2}{5}\right) \times \dfrac{7}{10} = \dfrac{21}{50} = \dfrac{42}{100}$
∴ 42%

상세풀이

경우의 수와 확률의 계산 문제에서는 '합의 법칙'과 '곱의 법칙'을 언제 사용할지 빠르게 판단하는 것이 매우 중요합니다.
문제에서 '~이거나'/ '또는' 으로 상황이 묘사되면 사건들이 제각각 일어나는 경우이므로 '합의 법칙'을 이용해 경우의 수끼리 덧셈을 하고, '그리고' / '동시에' 등으로 상황이 묘사되면 사건들이 연속적이고 함께 일어나기 때문에 '곱의 법칙'을 이용해 곱을 해주어야 합니다.

① 이 문제에서는 철수와 영미가 '둘 다' 합격할 확률을 묻는 것에 유의합니다.
특히 '나란히' 시험을 보러 갔으므로 '둘 다' 합격하려면 반드시 '동시에' 합격해야 합니다.
따라서 (철수가 합격할 확률)과 (영미가 합격할 확률)을 서로 곱해야 하는 것을 알 수 있습니다.

② 철수가 합격할 확률을 알아야 하는데, 먼저 어떤 사건에서 발생하는 가능성인 확률들의 총합은 무조건 1이 되는 것을 기억해야 합니다.
예를 들어 O, X 문제에서 답을 맞힐 확률은 $\dfrac{1}{2}$(50%), 틀릴 확률은 $\dfrac{1}{2}$(50%)로서 그 합이 1(100%)이 되는 것과 같습니다.

③ 철수 역시 합격이 아니면 무조건 불합격이 결정되므로 (합격할 확률)+(불합격할 확률)=1입니다.
따라서 철수가 합격할 확률은
$1 - (불합격할\ 확률) = 1 - \dfrac{2}{5} = \dfrac{3}{5}$
∴ (철수가 합격할 확률)×(영미가 합격할 확률)
$= \dfrac{3}{5} \times \dfrac{7}{10} = \dfrac{21}{50} = \dfrac{42}{100} = 42\%$

076 정답 ① 난이도 ●●○

🛰️ 간단풀이

$$1-\left\{\left(1-\frac{4}{10}\right)\times\left(1-\frac{55}{100}\right)\times\left(1-\frac{65}{100}\right)\right\}=\frac{1811}{2000}$$

🔍 상세풀이

총 3문제 중 '한 개 이상' 풀 확률이라는 부분이 중요합니다.
먼저 '~이상'에는 한 가지보다 많은 상황이 포함되는 것을 기억하고, 반복하거나 빠뜨리지 않도록 유의하여 차근차근 가능한 상황들로 나누어 봅니다.

① 철수가 세 문제를 풀 때 가능한 오답의 개수를 생각해 보면
  (1) 모두 틀림
  (2) 한 문제만 해결
  (3) 두 문제를 해결
  (4) 모두 해결
  4가지로 나눕니다.

A	B	C
O	O	O
O	O	X
O	X	O
O	O	X
O	X	X
X	O	X
X	X	O
X	X	X

②-1 이 중 문제에서 요구하는 '한 개 이상'에는 (2), (3), (4)가 모두 포함됨을 알 수 있습니다.
  이때 (2), (3), (4)는 절대 동시에 일어날 수 없는 일들이므로 각각의 값들 사이에 '합의 법칙'을 사용하여 '확률(2)+확률(3)+확률(4)=?'의 방법으로 답을 도출할 수 있습니다.

②-2 하지만 여기서 더 중요한 점은, '세 문제를 모두 틀리지만 않으면 적어도 한 문제 이상은 정답'을 맞힐 수 있다는 점입니다. 또한 오답의 개수에 따른 (1), (2), (3), (4)의 모든 확률의 총합이 1이 됩니다. 따라서 이 점을 역이용하여 1−확률(1)=확률(2)+확률(3)+확률(4)로 접근하는 것이 좋습니다.

③ 구해야 하는 확률(1)은 세 문제 모두 틀릴 때의 확률입니다.

세 문제를 '모두 동시에' 틀려야 하므로 각각의 값들 사이에 '곱의 법칙'을 사용합니다.
(A문제 틀릴 확률)=1−(A문제 풀(맞힐) 확률)
$$=1-\frac{4}{10}=\frac{6}{10}$$

(B문제 틀릴 확률)$=1-\frac{55}{100}=\frac{45}{100}$

(C문제 틀릴 확률)$=1-\frac{65}{100}=\frac{35}{100}$

(확률(1))$=\frac{6}{10}\times\frac{45}{100}\times\frac{35}{100}=\frac{189}{2,000}$

따라서 한 문제 이상 풀 확률은
$$1-(확률(1))=1-\frac{189}{2,000}=\frac{1,811}{2,000}$$

077 정답 ④ 난이도 ●●○

🛰️ 간단풀이

A 게임기의 수명은 4년이고 B 게임기의 수명은 3년이므로 A, B 게임기를 동시에 구매하는 시기는 12년마다 반복됩니다.
1994+12=2006
2006+12=2018
2018+12=2030
∴ 2030년

🔍 상세풀이

이런 문제에서 유의할 점은 제시된 조건을 상세하게 살피는 것이 중요합니다. 이 문제에서 중요한 조건은 <u>2020년 이후 두 게임기를 동시에 구매하는 해</u>라는 것입니다. 이 조건을 빠뜨렸다면 전혀 다른 결과가 나올 수 있으니 주의해야 합니다.

① 이 문제에서 주어진 정보를 살펴보면 A 게임기의 수명은 4년이고 B 게임기의 수명은 3년입니다.

② 각 게임기의 구매 시기를 살펴보면 다음과 같습니다.

종류	A 게임기	B 게임기
	1994	1994
	1998	1997
	2002	2000
	2006	2003
년도	2010	2006
	2014	2009
	2018	2012
	2022	2015

Daily 400제

종류	A 게임기	B 게임기
년도	2026	2018
	2030	2021
	2034	2024
	2038	2027
	2042	2030

③ 표를 살펴보면 A, B 게임기를 동시에 구매하는 해는 12년마다 반복되고 있음을 알 수 있습니다. 이는 각 게임기의 교체 주기인 4와 3의 최소공배수가 12이기 때문입니다.

④ 1994년 이후로 12씩을 더해 나가면 다음과 같습니다.
1994, 2006, 2018, 2030

⑤ 이때 문제의 조건에서 2020년 이후 두 게임기를 동시에 구매하는 해를 구하라고 했으므로 2020년 이후인 2030년이 정답이 됩니다.

078 정답 ③   난이도

간단풀이

28, 42, 70의 최소공배수는 420이므로, 답은 19입니다.

상세풀이

이 문제는 세 수의 최소공배수를 이용하여 해결하는 문제입니다.
28, 42, 70을 2로 나누면 몫은 14, 21, 35가 나옵니다.
14, 21, 35를 7로 나누면 몫은 2, 3, 5가 나옵니다.
2, 3, 5 중 두 수를 동시에 나눌 수 있는 2 이상의 수가 없기 때문에 28, 42, 70의 최대공약수는 14이고, 최소공배수는 $14 \times 2 \times 3 \times 5 = 420$입니다.

$a = \dfrac{420}{28} = 15$

$b = \dfrac{420}{42} = 10$

$c = \dfrac{420}{70} = 6$

$\therefore a + b - c = 15 + 10 - 6 = 19$

079 정답 ③   난이도

간단풀이

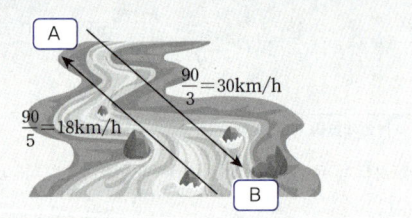

$$\begin{cases} V_{배} + V_{강} = \dfrac{90}{3} = 30 (\text{km/h}) \\ V_{배} - V_{강} = \dfrac{90}{5} = 18 (\text{km/h}) \end{cases}$$

$2V_{배} = 48$ $\therefore V_{배} = 24 (\text{km/h})$

$24 + V_{강} = 30$ $\therefore V_{강} = 6 (\text{km/h})$

상세풀이

(속력) $= \dfrac{(거리)}{(시간)}$ 의 관계식을 이용해 문제를 풉니다. 이 문제를 접근할 때는 강을 거슬러 올라갈 때와 내려갈 때 강의 유속과 배의 속력의 관계를 생각 해주어야 한다는 것이 핵심입니다.

① **속력을 미지수로 표현하기**

이 문제에서 중요한 것은 속력을 구할 때 배의 속력뿐 아니라 흐르는 물의 속력 또한 고려해야 한다는 것입니다.
강을 따라 내려갈 때는 배의 이동 방향과 물이 흐르는 방향이 같아 배의 속력에 물의 유속만큼이 더해져 기존의 배의 속력보다 빠른 속력으로 내려오게 됩니다. 따라서 강을 내려올 때 속력은 둘의 속력의 합으로 표현됩니다.
한편, 반대로 강을 거슬러 올라갈 때는 배의 이동 방향과 반대로 물이 흘러 배의 움직임을 방해하기 때문에 강의 유속만큼 배의 속력이 느려지게 됩니다. 따라서 강을 거슬러 올라갈 때 속력은 둘의 속력의 차로 표현됩니다.
따라서 배의 속력을 $V_{배}$ (km/h), 강의 유속을 $V_{강}$ (km/h)라 하면
(내려갈 때의 속력) $= V_{배} + V_{강}$ (km/h)
(올라갈 때의 속력) $= V_{배} - V_{강}$ (km/h)

② (속력) $= \dfrac{(거리)}{(시간)}$ **공식을 이용해 방정식 세우기**

내려갈 때 걸리는 시간을 나타내는 방정식은 총 거리가 90km, 걸리는 시간이 3시간이므로

$V_\text{배} + V_\text{강} = \dfrac{90}{3} = 30\,(\mathrm{km/h})$ …… ㉠

올라갈 때 걸리는 시간을 나타내는 방정식은, 총거리가 90km, 걸리는 시간이 5시간이므로

$V_\text{배} - V_\text{강} = \dfrac{90}{5} = 18\,(\mathrm{km/h})$ …… ㉡

③ **연립방정식 풀기**

㉠과 ㉡을 연립하여 풀면

$\begin{cases} V_\text{배} + V_\text{강} = 30 \\ V_\text{배} - V_\text{강} = 18 \end{cases}$

$2V_\text{배} = 48 \quad \therefore\ V_\text{배} = 24\,(\mathrm{km/h})$

이것을 ㉠에 대입하면

$24 + V_\text{강} = 30 \quad \therefore\ V_\text{강} = 6\,(\mathrm{km/h})$

---

080 정답 ① 난이도 ●●○

간단풀이

$75\left(\dfrac{1}{3} + x\right) = 105x$

$25 + 75x = 105x, \ 25 = 30x$

$\therefore\ x = \dfrac{5}{6}(\text{시간}) = 50(\text{분})$

상세풀이

늦게 출발한 영미가 철수를 따라잡기 위해서는 둘의 총 이동 거리가 서로 같아야 합니다.

시간, 속력, 거리 간의 관계를 나타내는 공식을 이용해 접근합니다. (거리)=(속력)×(시간)의 관계식을 활용할 때, 속력의 시간 단위와 시간의 단위를 일치시킨 후 계산해야 한다는 것에 주의합니다.

① **단위 통일하기**

속력이 시속 형태로 표현되어 있으므로 시간도 시간 형태로 표현합니다. 1시간은 60분이므로

$20(\text{분}) = \dfrac{20}{60}(\text{시간}) = \dfrac{1}{3}(\text{시간})$

② **미지수를 이용해 이동 거리에 대한 방정식 세우기**

구하는 값이 영미의 이동 시간이므로 영미가 이동한 시간을 x로 표현합니다.

이때, 철수는 영미보다 20분 먼저 출발했으므로 철수가 이동한 시간은 $x + \dfrac{1}{3}$ 입니다.

(거리)=(속력)×(시간)을 이용하여 풀면

(철수의 이동 거리) $= 75\left(\dfrac{1}{3} + x\right)(\mathrm{km})$

(영미의 이동 거리) $= 105x\,(\mathrm{km})$

이때, 둘의 이동 거리가 같아야 하므로

$75\left(\dfrac{1}{3} + x\right) = 105x$

$25 + 75x = 105x, \ 30x = 25$

$\therefore\ x = \dfrac{5}{6}(\text{시간}) = 50(\text{분})$

---

081 정답 ④ 난이도 ●●●

간단풀이

강물의 유속 : $x\,(\mathrm{km/h})$

(총 걸린 시간) $= \dfrac{7}{8-x} + \dfrac{7}{8+x} = \dfrac{7}{3}$

$3(8+x) + 3(8-x) = (8-x)(8+x)$

$\therefore\ x = 4$

상세풀이

(시간) $= \dfrac{(\text{거리})}{(\text{속력})}$ 의 관계식을 이용해 문제를 풀면 됩니다. 이 문제를 접근할 때는 강을 거슬러 올라갈 때와 내려갈 때 강의 유속과 배의 속력의 관계를 생각 해주어야 한다는 것이 핵심입니다.

① **속력을 미지수로 표현하기**

강을 거슬러 올라갈 때는 배의 이동방향과 반대로 물이 흘러 배의 움직임을 방해하기 때문에 강의 유속만큼 배의 속력이 느려지게 됩니다.

따라서 강을 거슬러 올라갈 때의 속력은 둘의 속력의 차로 표현됩니다. 이때, 보트의 속력이 더 빨라야 흐르는 강물의 저항을 이기고 거슬러 올라갈 수 있으므로 속력은 보트의 속력에서 강물의 유속을 뺀 형태로 표현됩니다. 이때 강물의 유속을 $x\,\mathrm{km/h}$라 하면

$\therefore\ (\text{거슬러 올라갈 때의 속력}) = (8-x)(\mathrm{km/h})$

반대로 강을 따라 내려갈 때는 배의 이동방향과 물이 흐르는 방향이 같아 배의 속력에 물의 유속만큼 더해져 기존의 배의 속력보다 빠른 속도로 내려오게 됩니다.

따라서 강을 내려올 때는 둘의 속력의 합으로 속력이 표현됩니다.

$\therefore\ (\text{내려올 때의 속력}) = (8+x)(\mathrm{km/h})$

② **(시간) $= \dfrac{(\text{거리})}{(\text{시간})}$ 를 이용해 시간에 대한 방정식 세우기**

속력은 시속으로 표현되어 있으며, 시간은 분 단위로

표현되어 있으므로 단위를 시간 단위로 환산합니다.
2시간 20분 = 2시간 + $\frac{20}{60}$ 시간 = 2시간 + $\frac{1}{3}$ 시간
= $\frac{7}{3}$ 시간

(올라갈 때 걸린 시간) = $\frac{7}{8-x}$ (시간)

(내려올 때 걸린 시간) = $\frac{7}{8+x}$ (시간)

(총 걸린 시간) = $\frac{7}{8-x} + \frac{7}{8+x} = \frac{7}{3}$

③ 양변에 $3(8-x)(8+x)$를 곱하고 7로 나누면
$3(8+x) + 3(8-x) = (8-x)(8+x)$
$24 + 3x + 24 - 3x = 64 - x^2$
$48 = 64 - x^2$
$x^2 = 16$ ∴ $x = 4$(km/h)

Tip 속력은 항상 양수로만 표현되기 때문에 $x = -4$ 일 수는 없습니다.

082 정답 ③   난이도 ●●○

간단풀이

$\frac{1}{5} + \left(\frac{1}{5} + \frac{1}{7}\right)x + \frac{1}{7} = 1$

$\left(\frac{1}{5} + \frac{1}{7}\right)(x+1) = 1$

$\frac{12}{35}(x+1) = 1, \quad x+1 = \frac{35}{12}$

∴ $x = \frac{23}{12}$ (일)

상세풀이

PPT를 다 만들었을 때 일의 양을 1이라고 가정합니다. 그랬을 때 철수의 일률은 $\frac{1}{5}$이 되고, 영미의 일률은 $\frac{1}{7}$이 됩니다. (여기서 일률은 하루에 할 수 있는 일의 양을 이야기하는 것입니다.)

철수와 영미는 각각 하루씩 혼자 PPT를 만들었고, 함께 PPT를 만든 기간을 x라고 가정하였을 때 아래와 같은 식을 세울 수 있습니다.

$\frac{1}{5} + \left(\frac{1}{5} + \frac{1}{7}\right)x + \frac{1}{7} = 1$

$\left(\frac{1}{5} + \frac{1}{7}\right)(x+1) = 1$

$\frac{12}{35}(x+1) = 1, \quad x+1 = \frac{35}{12}$

∴ $x = \frac{23}{12}$ (일)

083 정답 ④   난이도 ●●●

간단풀이

$372 \times 5 = 1,860$
$n + 2n + 4n + 8n + 16n = 31n$
$31n = 1,860$ ∴ $n = 60$
∴ $24n = 24 \times 60 = 1,440$

상세풀이 1

① 철수와 영미의 일당과 근무시간은 같습니다. 일당은 그날 조립한 장난감의 개수와 비례하므로 철수가 만든 장난감의 개수와 영미가 만든 장난감의 개수는 같습니다.
먼저 철수가 만든 장난감의 개수를 구합니다. 철수는 1시간에 372개의 장난감을 만들고 5시간 일했으므로 총 1,860개의 장난감을 조립하였습니다.
$372 \times 5 = 1,860$(개)

② 영미는 작업속도는 1시간 간격으로 바로 전 시간의 0.5배가 됩니다. 시간이 갈수록 영미가 만드는 장난감의 개수는 적어지므로 가장 마지막 시간에 만든 장난감의 개수를 n이라고 가정합니다.
이때 전 시간에 만든 장난감의 개수는 $2n$개이고 또 이전 시간에 만든 장난감의 개수는 $4n$개입니다. 이렇게 5시간 동안 만든 장난감의 개수를 구하는 식은 아래와 같습니다.
$n + 2n + 4n + 8n + 16n = 31n$

③ 그리고 철수와 영미의 장난감 개수는 같으므로 다음과 같은 등식이 성립합니다.
$31n = 1860$ ∴ $n = 60$

④ 이때 n은 마지막 시간에 만든 장난감의 개수이고 처음부터 2시간 동안 만든 장난감의 개수는 $24n$이므로 답은 아래와 같이 1,440개입니다.
∴ $24n = 24 \times 60 = 1,440$

상세풀이 2

① 영미가 처음 1시간동안 만든 장난감의 개수를 n개라 하고 다음과 같이 풀이할 수도 있습니다.

(영미가 두 시간 때 만든 장난감의 개수)$=\dfrac{n}{2}$

(영미가 세 시간 때 만든 장난감의 개수)$=\dfrac{n}{4}$

(영미가 네 시간 때 만든 장난감의 개수)$=\dfrac{n}{8}$

(영미가 다섯 시간 때 만든 장난감의 개수)$=\dfrac{n}{16}$

따라서 5시간 동안 만든 장난감의 개수는
$n+\dfrac{n}{2}+\dfrac{n}{4}+\dfrac{n}{8}+\dfrac{n}{16}=\dfrac{31n}{16}$

② 철수와 영미의 만든 장난감의 개수가 같으므로
$\dfrac{31n}{16}=1{,}860$ ∴ $n=960$

③ 영미가 처음 두시간동안 만든 장난감의 개수는
$n+\dfrac{n}{2}=\dfrac{3n}{2}$ 이므로 $\dfrac{3\times960}{2}=1{,}440$(개)

---

084 정답 ⑤   난이도 ●●○

간단풀이

$\left(\dfrac{1}{40}+\dfrac{1}{60}-\dfrac{1}{30}\right)x=1$

$\dfrac{1}{120}x=1$ ∴ $x=120$

∴ 120(분)=2(시간)

상세풀이

① 수영장이 가득 채워졌을 때의 상태를 1이라고 한다면 다음과 같은 식이 성립합니다.
 (수영장을 채우는 속도)×(수영장을 채우는 시간)=1

② 이때 A관이 수영장을 가득 채우는 데 걸리는 시간은 40분으로 A관이 수영장을 채우는 속도를 아래와 같이 구할 수 있습니다.
 40×(A관이 수영장을 채우는 속도)=1
 ∴ (A관이 수영장을 채우는 속도)$=\dfrac{1}{40}$

③ B관이 수영장을 가득 채우는 데 걸리는 시간은 60분으로 B관이 수영장을 채우는 속도를 아래와 같이 구할 수 있습니다.
 60×(B관이 수영장을 채우는 속도)=1
 ∴ (B관이 수영장을 채우는 속도)$=\dfrac{1}{60}$

④ 배수하는 데 시간은 30분으로 배수하는 속도를 아래와 같이 구할 수 있습니다.
 30×(수영장을 비우는 속도)=1
 ∴ (수영장을 비우는 속도)$=\dfrac{1}{30}$

⑤ 문제에서 이 세 개를 모두 동시에 한다고 했으므로, 세 가지의 속도가 모두 필요합니다. 이 중 배수는 수영장을 물로 채우는 것을 더 느리게 만듭니다. 따라서 배수의 속도에만 $-$부호를 붙여 계산합니다.

$\left(\dfrac{1}{40}+\dfrac{1}{60}-\dfrac{1}{30}\right)x=1$,

$\left(\dfrac{3}{120}+\dfrac{2}{120}-\dfrac{4}{120}\right)x=1$

$\dfrac{1}{120}x=1$ ∴ $x=120$

∴ 120(분)=2(시간)

▶▶ 이 문제는 일률의 개념을 알고 있어야 합니다.
일률이란 '단위 기간 동안 처리할 수 있는 작업량'을 의미하여 전체 작업량을 1로 놓고 계산합니다.
분, 시간 등의 단위 기간 동안 한 일의 양을 기준으로 식을 세웁니다.
예를 들어, A가 이 작업을 끝내는데 10시간이 걸렸으면 단위기간은 1시간이고 전체 작업량이 1이므로 A가 1시간동안 작업한 작업량은 $\dfrac{1}{10}$ 입니다.

(일률)$=\dfrac{(작업량)}{(작업기간)}$

따라서 '(일률)×(작업기간)=(작업량)' 이 성립합니다.

이 문제에서 수영장에 물을 가득 채우는 전체 작업량을 1로 놓고 각 A관과 B관의 작업 속도를 알려주었습니다. A관은 이 작업을 끝내는데 40분, B관은 이 작업을 끝내는데 60분, 배수작업은 30분이 걸린다고 하였으므로 단위기간은 1분이고 1분동안 작업한 작업량은 각각 A관이 $\dfrac{1}{40}$, B관이 $\dfrac{1}{60}$, 배수작업은 $\dfrac{1}{30}$ 입니다. 이것이 '분당 작업량'이므로 속도라 표현할 수 있습니다.
이때, '(전체 일률)×(전체 작업시간)=(전체 작업량)' 이고 A관, B관, 배수작업이 동시에 작업하므로
$\left(\dfrac{1}{40}+\dfrac{1}{60}-\dfrac{1}{30}\right)\times(구하는\ 전체\ 작업시간)=1$
이 성립합니다.

085 정답 ④ 난이도 ●●○

간단풀이

$$\begin{cases} \dfrac{2}{3}x + \dfrac{7}{3}y = 30 \\ \dfrac{30}{x+y} = \dfrac{30}{20} \end{cases}, \begin{cases} 2x + 7y = 90 \\ x + y = 20 \end{cases}$$

$\therefore x = 10,\ y = 10$

즉, 규선이가 헬스장에 간 날의 수는 10일입니다.

상세풀이

① 평균이란 자료 전체의 합을 자료의 개수로 나눈 것을 의미합니다. 이 문제의 경우 우선 규선이가 헬스장의 간 날과 가지 않은 날의 수를 미지수로 두고 전체 시간의 합을 구하고, 평균을 구하는 식을 세워 연립하는 것이 좋습니다.

② 헬스장에 간 날의 수를 x로 두고, 가지 않은 날의 수를 y로 둘 경우 시간의 합은

$$\dfrac{2}{3}x + \dfrac{7}{3}y = 30$$

양변에 분모의 최소공배수인 3을 곱하면

$2x + 7y = 90$

③ 시간의 합은 30시간이고 헬스장의 간 날과 가지 않은 날의 합은 $x+y$ 이므로 평균을 구하는 식을 이용하여 30을 $x+y$로 나누어 줍니다.

$$\dfrac{30}{x+y} = \dfrac{90}{60},\ \dfrac{30}{x+y} = \dfrac{30}{20},\ x+y=20$$

④ 연립일차방정식의 해를 구하기 위하여 한 미지수의 절댓값을 똑같이 만드는 가감법을 사용합니다. 두번째 식의 양변에 2를 곱하여 빼면

$$\begin{cases} 2x + 7y = 90 \\ x + y = 20 \end{cases}, \begin{cases} 2x + 7y = 90 \\ 2x + 2y = 40 \end{cases}$$

$5y = 50$ $\therefore y = 10$
$x + 10 = 20$ $\therefore x = 10$

따라서 규선이가 헬스장에 간 날의 수는 10일입니다.

Tip 이 문제의 경우 40분과 2시간 20분의 합은 3시간 인데, 3시간을 반으로 나누면 몫이 정확히 1시간 30분인 것을 알 수 있습니다. 따라서 규선이가 헬스장의 간 날의 수와 가지 않은 날의 수가 같은 것을 확인하고 문제를 풀어도 좋습니다.

086 정답 ② 난이도 ●●○

간단풀이

(A의 중간 점수) $= x$, (B의 중간 점수) $= y$
$x + y = 250$ …… ㉠
(A의 현재 점수) $= 8x$, (B의 현재 점수) $= \dfrac{1}{8}y$

$8x + \dfrac{1}{8}y = 425$ …… ㉡

㉠과 ㉡을 연립하여 풀면

$$\begin{cases} x + y = 250 \\ 64x + y = 3,400 \end{cases}$$

$63x = 3,150$ $\therefore x = 50,\ y = 200$

따라서 A의 중간점수는 50점입니다.

상세풀이

해당 문제는 미지수를 적절하게 정의하고 방정식을 세워 연립하여 푸는 문제입니다.
또한, 문제에서 주어진 조건인 승리와 패배 시의 점수 결과를 올바르게 표현해야 합니다.

① 먼저 A와 B 선수의 중간 점수를 미지수 x와 y로 정의합니다. 이때 A와 B의 중간 점수의 합이 250점이기 때문에 $x + y = 250$입니다.

② 중간 점수 이후로 5번의 경기가 진행되었으며, 경기에 이길 때마다 점수가 2배가 되며 경기에 지면 점수가 반이 된다고 하였습니다.
5번의 시합 결과 A는 4번 승리하였으며 1번 패배하였으므로 A의 점수는 중간 점수 x에서 다음과 같아집니다.

$$x \times 2 \times 2 \times 2 \times \dfrac{1}{2} = 8x$$

또한, B는 A의 시합 결과와 반대이기 때문에 다음과 같이 나타낼 수 있습니다.

$$y \times 2 \times \dfrac{1}{2} \times \dfrac{1}{2} \times \dfrac{1}{2} \times \dfrac{1}{2} = \dfrac{1}{8}y$$

이때 A와 B의 점수의 합이 425점이라 하였으므로

$8x + \dfrac{1}{8}y = 425$ 입니다.

③ 현재 문제를 통해 세운 식을 보면 총 x와 y 2개의 미지수를 이용하여 두 개의 식을 얻은 것을 확인할 수 있습니다. 연립방정식은 식의 개수가 미지수의 개수보다 크거나 같을 때 해를 구할 수 있으므로 x와 y를 구할 수 있습니다.

④ 두 개의 식을 연립하여 풀기 위해 두번째 식의 양변에 8을 곱해줍니다.

$$\begin{cases} x+y=250 \\ 8x+\dfrac{y}{8}=425 \end{cases}, \begin{cases} x+y=250 \\ 64x+y=3400 \end{cases}$$

y를 소거하여 풀면
$63x=3,150$ ∴ $x=50$
따라서 A의 중간 점수는 50점입니다.

087 정답 ⑤   난이도 ●●○

간단풀이

(어항의 수) $=x$, (물고기 수) $=y$
$$\begin{cases} 5(x-2)+3=y & \cdots\cdots \ ㉠ \\ 4x+1=y & \cdots\cdots \ ㉡ \end{cases}$$
㉠과 ㉡을 연립하여 풀면
$5(x-2)+3=4x+1$
∴ $x=8$, $y=33$
따라서 구하는 물고기의 수와 어항의 수의 합은
$x+y=8+33=41$

상세풀이

해당 문제는 미지수를 적절하게 정의하고 방정식을 세워 연립하여 푸는 문제입니다.
해당 유형의 문제는 직접 미지수들의 증가와 감소를 언급하고 있지 않기에 기존 연립방정식 유형의 문제와 다르게 보일 수 있습니다. 하지만 주어진 조건을 이용하여 식을 세워 정리하면 같은 유형의 문제임을 파악할 수 있습니다.

① 어항의 수를 x, 물고기의 수를 y로 놓습니다. 이때 어항에 물고기를 5마리씩 넣으면 마지막 어항에는 3마리가 들어가고 어항 하나가 남는다고 하였으므로 두 개의 어항에는 물고기를 5마리씩 담지 못하고, 그 중 하나에는 남은 물고기 3마리가 들어간다고 하였습니다. 이를 관계식으로 표현하면
$5(x-2)+3=y$ ······ ㉠

② 마찬가지로 어항 하나에 물고기를 4마리씩 넣었을 때 1마리가 남은 관계식을 구하면
$4x+1=y$ ······ ㉡

③ ①, ②에서 구한 ㉠, ㉡을 연립하여 x, y를 구해보자.
$5(x-2)+3=y$와 $4x+1=y$의 우변이 모두 y로 같으므로 y를 소거하여 풀면
$5(x-2)+3=4x+1$

$5x-7=4x+1$ ∴ $x=8$
이것을 ㉡에 대입하여 풀면
$32+1=x$ ∴ $x=33$
따라서 물고기의 수와 어항의 수 합은
$x+y=8+33=41$ 입니다.

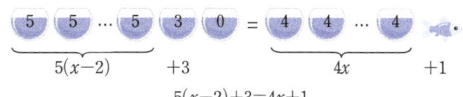
$5(x-2)+3=4x+1$

088 정답 ②   난이도 ●●○

간단풀이

(상자 개수) $=x$
$19x<230$, $x<\dfrac{230}{19}≒12.11$ ······ ㉠

$20x>230$, $x>\dfrac{230}{20}=11.5$ ······ ㉡

x는 0 또는 자연수이므로 $x=12$ 만 ㉠과 ㉡의 조건에 해당이 됩니다.
따라서 상자의 개수는 12개입니다.

상세풀이

해당 문제는 부등식 문제로 주어진 조건을 이용하여 미지수에 대한 부등식을 잘 세우는 것이 관건인 문제입니다. 문제의 조건으로 주어지는 "남는다"와 "부족하다, 채우지 못한다"와 같은 표현에 대해 부등식을 올바르게 세워야 하며 특히, 상자의 수가 0 또는 자연수임을 활용하는 것이 중요합니다.

① 먼저 상자의 개수를 미지수 x로 정의합니다. 문제에서 230개의 장난감이 존재할 때 한 상자에 19개씩 장난감을 담으면 장난감이 남는다고 하였습니다. 상자에 담긴 장난감의 총 수는 (상자의 수)×(상자에 담긴 장난감의 수)이므로 장난감이 남는 경우의 조건을 부등식으로 세우면 $19x<230$이 됩니다.

$19x<230$, 즉 $x<\dfrac{230}{19}≒12.11$

② 230개의 장난감을 20개씩 상자에 담으면 모든 상자를 채우지 못한다고 하였습니다. 위와 마찬가지로 조건을 부등식으로 표현하게 되면 $20x>230$의 식을 얻게 됩니다.

$20x>230$, 즉 $x>\dfrac{230}{20}=11.5$

③ 현재 문제에서 구해야 하는 x는 상자의 수는 0 또는 자연수이어야 하므로 다음 부등식을 만족하는 x는
$$11.5 = \frac{230}{20} < x < \frac{230}{19} ≒ 12.11 \quad ∴ \quad x = 12$$
따라서 상자의 수는 12개입니다.

089 정답 ③   난이도 ●●○

간단풀이

$y = 300 - 200 = 100$
$0.15 \times 200 - 0.15x + x + 0.23 \times 100 = 0.29 \times 300$
$0.85x + 53 = 87$
$x = 34 \div 0.85 = 40$
$x + y = 40 + 100 = 140$

상세풀이

소금물 문제를 해결할 때에는 변하지 않는 **소금의 양**을 기준으로 정하는 것이 좋으며 소금물의 양은
(물의 양+소금의 양)이라는 것을 유의합니다.
또한, 기본적으로 소금물 문제에서는 소금이 물에 충분히 골고루 녹아 있다는 전제로 풀기 때문에 15%의 소금물에서 일정량을 덜어낸 후의 소금물의 농도도 15%임을 생각하여야 합니다.

① 소금물을 xg 덜어내고 덜어낸 양만큼 소금을 첨가한다고 하였으므로 전체 소금물의 양은 그대로 200g입니다.
여기에 소금물 yg을 섞었더니 최종 소금물의 양이 300g이 되었기 때문에 $y = 300 - 200 = 100$g이라는 것을 알 수 있습니다. 따라서 추가된 23%의 소금물은 100g입니다.

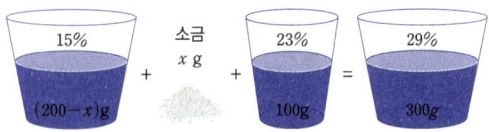

② 소금물 문제는 소금의 양을 기준으로 풀면 대부분 쉽게 풀립니다.
15%의 소금물에서 xg의 소금물을 덜어낸다면 $(200-x)$g에 녹아있는 소금의 양은
$$(200-x) \times \frac{15}{100}$$
이때, 다시 xg만큼의 소금을 넣기 때문에 소금을 넣은 후의 소금의 양은

$$(200-x) \times \frac{15}{100} + x$$

③ 23%의 소금물 100g에 녹아있는 소금의 양은
$$100 \times \frac{23}{100}$$
결과적으로 이 모든 소금물을 다 섞은 29%의 소금물 300g에 녹아있는 소금의 양은 $300 \times \frac{29}{100}$이므로 이것을 식으로 나타내면 다음과 같습니다.
$$(200-x) \times \frac{15}{100} + x + 100 \times \frac{23}{100} = 300 \times \frac{29}{100}$$

④ 위의 식을 풀기 위해 양변에 100을 곱하면
$15(200-x) + 100x + 2,300 = 8,700$
$3,000 - 15x + 100x = 6,400$
$85x = 3,400 \quad ∴ \quad x = 40$
따라서 덜어낸 소금물의 양은 40g입니다.

⑤ 문제에서 요구한 값은 $x+y$이므로
$x + y = 40 + 100 = 140$ 입니다.

▶▶ 소금의 양을 기준으로 식을 풀이하는 이유
두 개 또는 세 개 이상의 용액을 섞으면 소금물의 양과 농도는 변하지만 물에 녹아있는 소금의 양은 변하지 않기 때문입니다. 즉
(A용액에 녹아있는 소금의 양)+(B용액에 녹아있는 소금의 양)=(A+B용액에 녹아있는 소금의 양)

090 정답 ⑤   난이도 ●●○

간단풀이

늘어난 물의 양을 x(kg)라 두면
$$\frac{1.4}{35+x} \times 100 = 3.5(\%)$$
$140 = 3.5(35+x)$
$140 = 122.5 + 3.5x$
$3.5x = 17.5 \quad ∴ \quad x = 5$
따라서 추가해야 할 물의 양은 5L입니다.

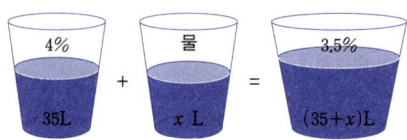

상세풀이 1

이 문제에서 유의해야 할 점은 농도를 0.5%가 아닌 0.5%p 줄여야 한다는 것입니다. 즉, 설탕물의 농도를 3.5%로 만들기 위해서 물을 얼마나 넣어야 하는지 묻고 있습니다.

(설탕물의 농도)(%) = $\dfrac{(\text{설탕의 양})}{(\text{설탕물의 양})}$ 공식을 이용하면 쉽게 구할 수 있습니다.

① 먼저, 처음 4%인 설탕물 35L에 녹아있는 설탕의 양을 구하면 $35 \times \dfrac{4}{100} = 1.4(\text{kg})$입니다.

순수한 물이 채워졌기 때문에 설탕의 양에는 변화가 없습니다.
여기서 늘어난 물의 양을 $x(\text{kg})$이라고 두면 물을 넣은 후의 설탕물의 양은 $35+x$ 이므로 그 농도는

$\dfrac{1.4}{35+x} \times 100 = 3.5(\%)$

② 위의 식을 풀면
$140 = 3.5(35+x)$
$140 = 122.5 + 3.5x$
$3.5x = 17.5 \quad \therefore x = 5$
따라서 추가해야 할 물의 양은 5L입니다.

상세풀이 2

① 각 설탕물에 녹아있는 설탕의 양을 기준으로 문제를 풀어도 됩니다.
(설탕의 양) = (설탕물의 양) × (설탕물의 농도)(%)
공식을 이용하여 풀이해 봅시다.
먼저 처음 4%의 설탕물 35L에 녹아있는 설탕의 양을 구하면 $35 \times \dfrac{4}{100}$

추가한 물을 $x(\text{kg})$이라 하면 물을 추가한 후의 3.5%의 설탕물 $35+x(\text{kg})$에 녹아있는 설탕의 양은 $(35+x) \times \dfrac{3.5}{100}$

② 이때, 물을 추가해도 설탕의 양은 변함없으므로 다음과 같은 식이 성립합니다.
$35 \times \dfrac{4}{100} = (35+x) \times \dfrac{3.5}{100}$
위의 식을 풀기 위해 양변에 100을 곱하면
$35 \times 4 = 3.5(35+x)$
$140 = 122.5 + 3.5x$
$3.5x = 17.5 \quad \therefore x = 5$
따라서 추가해야 할 물의 양은 5L입니다.

091 정답 ①

간단풀이

(2% 소금물의 양) = $520 - 400 = 120\text{g}$
퍼낸 소금물의 양을 $x\text{g}$이라 하면
$(400-x) \times \dfrac{8}{100} + 120 \times \dfrac{2}{100} = 520 \times \dfrac{6}{100}$
$8(400-x) + 240 = 3{,}120$
$3{,}200 - 8x = 2{,}880$
$8x = 320 \quad \therefore x = 40$
따라서 퍼낸 소금물의 양은 40g입니다.

상세풀이

위 문제처럼 소금물을 일정량 덜어내고 다시 물 또는 소금물을 붓는 복잡한 소금물 농도 문제는 소금물에 녹아있는 소금의 양을 기준으로 식을 세워 푸는 것이 가장 간편합니다.
이때, 일반적으로 소금물은 물과 소금이 골고루 녹아 있다고 생각해야 합니다. 따라서 소금물을 일정량 덜어낼 때는 덜어내고 남은 소금물과 덜어낸 소금물의 농도가 같습니다.

① 퍼낸 소금물의 양을 $x\text{g}$이라 하면 소금물을 $x\text{g}$ 퍼내고 퍼낸 양만큼 물을 추가하면 전체 소금물의 양은 그대로 400g입니다.
하지만 여기에 2%의 소금물을 섞었더니 520g이 되었기 때문에 추가된 소금물의 양은 $520-400 = 120\text{g}$이라는 것을 알 수 있습니다.
따라서, 추가된 2%의 소금물은 120g입니다.

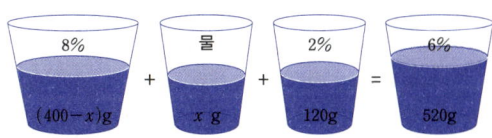

② 각 소금물에 녹아있는 소금의 양을 기준으로 식을 세웁니다.
(소금의 양) = (소금물의 양) × (소금물의 농도)(%)
공식을 이용하여 풀이해 봅시다.
먼저 8%의 소금물 400g에서 $x\text{g}$의 소금물을 덜어낸다면 $(400-x)\text{g}$에 녹아있는 소금의 양은
$(400-x) \times \dfrac{8}{100}$
이때, $x\text{g}$의 물을 넣어도 소금의 양은 변함이 없습니다.

③ 2%의 소금물 120g에 녹아있는 소금의 양은
$120 \times \dfrac{2}{100}$
결과적으로 이 모든 소금물을 다 섞은 6%의 소금물 520g에 녹아있는 소금의 양은 $520 \times \dfrac{6}{100}$이므로 이것을 식으로 나타내면 다음과 같습니다.
$(400-x) \times \dfrac{8}{100} + 120 \times \dfrac{2}{100} = 520 \times \dfrac{6}{100}$

④ 위의 식을 풀기 위해 양변에 100을 곱하면
$8(400-x) + 240 = 3{,}120$
$3{,}200 - 8x = 2{,}880$
$8x = 320 \quad \therefore x = 40$
따라서 퍼낸 소금물의 양은 40g입니다.

092 정답 ② 난이도 ●●○

간단풀이

$16 + 15 + 15 + 14 = 60$
$60 \times 2 = 120\,(\text{m})$

상세풀이

① 간격 유형 문제의 경우 사각형은 육각형과 다르게 일정한 숫자로 변마다 일정한 간격의 점의 수가 늘어나는 것이 아니기 때문에 계산 실수에 조심해야합니다. 또한 사각형에서 변마다 일정한 간격의 점이 어떻게 늘어나는지 그 반복 원리를 찾아야 계산하기 편리합니다.
예를 들어, 아래의 그림에서 볼 수 있듯 정사각형의 변에 4개의 점이 일정한 간격으로 배치되었을 때는 정사각형의 한 변 위에 일정한 간격의 점이 4개씩 있을 때, 점의 총 개수는 12개입니다. 한 변에 점 4개씩 네 변에 있는 점 4×4에서 가장자리의 점 4개를 빼야 합니다.
즉 $12 = (4 \times 4) - 4$

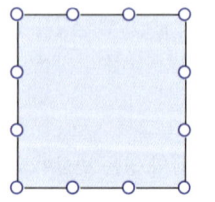 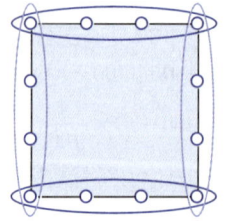

여기서 (정사각형에 위치한 모든 점의 개수)=(한변에 위치한 점의 개수)$\times 4 - 4$임을 도출할 수 있습니다.

② 문제에 주어진 조건을 위에서 얻은 식에 대입해보자. 한 변에 위치한 점의 개수를 x라 두면
$60 = x \times 4 - 4$
$4x = 64 \quad \therefore x = 16$
따라서 한 변에 위치한 점의 개수는 16개입니다. 즉, 한 벽면에는 16개의 지지대가 놓여 있고 그 사이에는 15개의 간격이 있습니다.
따라서 방의 둘레는 $4 \times 15 \times 2\text{m} = 120\text{m}$입니다.

093 정답 ⑤ 난이도 ●●○

간단풀이

(수영이가 박물관에 도착하기까지 걸린 시간)=x(h),
(철수의 속력) = y(km/h)
$(x+4)y = (x+2)(y+1) = x(y+3)$
$\therefore x = 4,\ y = 3$
따라서 집에서 박물관까지의 거리는 $(4+4) \times 3 = 24$km입니다.

상세풀이

철수와 영미, 수영 세 사람이 모두 집에서 출발하여 박물관에 동시에 도착한 상황이므로 세 사람 모두 이동한 거리가 같습니다. 하지만 각자마다 출발한 시간이 달라 박물관에 도착하기까지 걸린 시간이 모두 다르고, 각자의 속력이 모두 다른 상황입니다. 따라서 시간과 속력이라는 변수를 하나씩 나누어서 파악해야만 합니다.
(거리)=(시간)×(속력) 공식을 이용하여 풀어봅시다.

① 먼저 각자 박물관에 도착하기까지 걸린 시간을 구해봅시다. 수영이 가장 늦게 출발하고, 영미는 수영이보다 2시간 더 빨리 출발했으며, 철수는 영미보다 2시간 더 빨리, 즉 수영이보다 총 4시간 더 빨리 출발했으므로 수영이 박물관에 도착하기까지 걸린 시간을 x(h)라 두면, 영미는 $x+2$(h), 철수는 $x+4$(h)라는 시간이 걸립니다.

② 다음 각자의 속력을 구해보면 철수의 속력이 가장 느리고, 영미는 철수보다 시속 1km 더 빠르며, 수영이는 영미보다 시속 2km 더 빠르게, 즉 철수보다 시속 3km 더 빠르므로 철수의 속력을 y(km/h)라 두면, 영미는 $y+1$(km/h), 수영이는 $y+3$(km/h)의 속력으로 이동한 것입니다.

③ 이 세 사람이 이동한 거리는 모두 동일하므로 (거리)=(시간)×(속력)에 의해 다음과 같이 나타낼 수 있습니다.
$(x+4)y = (x+2)(y+1) = x(y+3)$

	시간(h)	속력(km/h)	거리(km)
철수	$x+4$	y	$(x+4)y$
영미	$x+2$	$y+1$	$=(x+2)(y+1)$
수영	x	$y+3$	$=x(y+3)$

④ 방정식을 풀기 위해 먼저 식을 간단히 합니다.
$xy+4y=xy+x+2y+2=xy+3x$
모든 변에 $-xy$을 더하면
$4y=x+2y+2=3x$
두 개씩 묶어 연립합니다.
$\begin{cases} 4y=x+2y+2 \\ x+2y+2=3x \end{cases}$
$\begin{cases} x-2y+2=0 & \cdots\cdots ㉠ \\ x-y-1=0 & \cdots\cdots ㉡ \end{cases}$
㉠-㉡을 하면
$-y+3=0$ ∴ $y=3$
이것을 ㉡에 대입하면
$x-3-1=0$ ∴ $x=4$
따라서 수영이가 걸린 시간은 4시간, 철수의 속력은 3(km/h)입니다.

⑤ 구하는 것은 집에서 박물관까지의 거리이므로 철수의 시간과 속력은 각각 (4+4)시간, 3(km/h)에서 (4+4)×3=24km입니다. (수영 또는 영미의 시간과 속력으로 구해도 답은 같습니다.)

> **Tip ❶** 세 사람의 속력과 시간을 미지수로 놓을 때 누구를 x 또는 y로 놓아도 답은 같습니다.
> 예를 들어, 수영이의 속력을 y(km/h)라 두면, 영미의 속력은 $y-2$(km/h), 철수의 속력은 $y-3$(km/h)이며 다음과 같이 식을 세울 수 있습니다.
> $(x+4)(y-3)=(x+2)(y-2)=xy$
> $xy-3x+4y-12=xy-2x+2y-4=xy$
> $-3x+4y-12=-2x+2y-4=0$
> $\begin{cases} -3x+4y-12=0 \\ -2x+2y-4=0 \end{cases}$
> $\begin{cases} 3x-4y+12=0 \\ -4x+4y-8=0 \end{cases}$
> $-x+4=0$ ∴ $x=4$
> $12-4y+12=0$
> $4y=24$ ∴ $y=6$
> 따라서 수영의 속력은 6(km/h)이고, 영미의 속력은 4(km/h), 철수의 속력은 3(km/h)입니다.
>
> **Tip ❷** A=B=C 연립방정식은 A=B, B=C와 같이 두 개씩 묶어 연립하여 풀면 됩니다.

094 정답 ③   난이도 ●●●

간단풀이 1

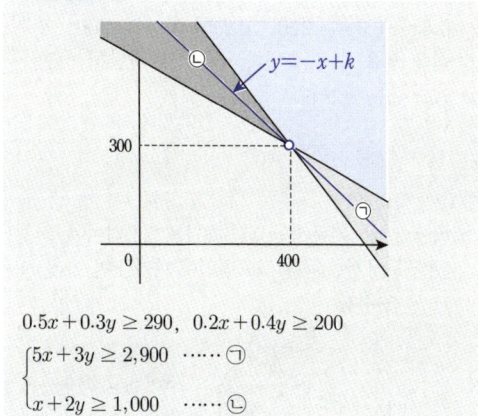

$0.5x+0.3y \geq 290$, $0.2x+0.4y \geq 200$
$\begin{cases} 5x+3y \geq 2,900 & \cdots\cdots ㉠ \\ x+2y \geq 1,000 & \cdots\cdots ㉡ \end{cases}$

간단풀이 2

$x+y=k$에서 $y=-x+k$
k의 최솟값은 700
$5x+3y \geq 2,900$, $2x+4y \geq 2,000$
$7x+7y \geq 4,900$, ∴ $x+y \geq 700$

상세풀이 1

① 문제에서 철수가 만든 'A 신메뉴와 B 신메뉴 중량의 합'에 대해 묻고 있기 때문에 철수가 만든 A 신메뉴의 중량을 x, B 신메뉴의 중량을 y로 두면 각 신메뉴의 재료의 양은 비율을 곱한 값이므로 오른쪽 그림과 같이 표로 나타낼 수 있습니다.

		계란	치즈
A 신메뉴(x)	비율	50%	20%
	재료의 양	$0.5x$	$0.2x$
B 신메뉴(y)	비율	30%	40%
	재료의 양	$0.3y$	$0.4y$
	전체	$0.5x+0.3y$	$0.2x+0.4y$

▶▶ **신메뉴에서 계란과 치즈의 실제 양을 구하기 위해, (비율)×(식품의 양)을 사용합니다.**
예를 들어, 탄수화물의 비율이 15%인 식품 100g에는 실제 탄수화물이 $\frac{15}{100}$(비율)×100(식품의 양)=15g 있습니다.

② A 신메뉴와 B 신메뉴를 만드는 데 계란은 총 290g 이상, 치즈는 총 200g 이상으로 사용합니다.
A 신메뉴와 B 신메뉴를 만드는 데 쓰이는 총 계란의 양은 $(0.5x+0.3y)$이고,

A 신메뉴와 B 신메뉴를 만드는 데 쓰이는 총 치즈의 양은 $(0.2x+0.4y)$입니다.

계란은 총 290g 이상, 치즈는 총 200g 이상으로 사용하여야 하므로

$0.5x+0.3y \geq 290$, $0.2x+0.4y \geq 200$ 이라는 식을 얻을 수 있습니다. 각 식을 간단히 하면

$$\begin{cases} 5x+3y \geq 2,900 & \cdots\cdots \text{㉠} \\ x+2y \geq 1,000 & \cdots\cdots \text{㉡} \end{cases}$$

③ 부등식의 영역

해당 문제는 부등식의 영역 개념을 활용하여야 합니다. 두 부등식 ㉠, ㉡을 좌표평면에 나타내면 아래 그림과 같습니다.

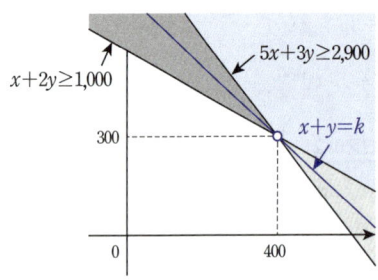

각각의 부등식 영역은 오른쪽 그림과 같이 표현되는데, 두 부등식을 모두 만족해야 하므로 보라색 영역이 문제의 조건을 만족하는 점 (x, y)의 집합들입니다.

④ $x+y$의 최소 구하기

$x+y=k$로 표현하면, $y=-x+k$에서 k는 기울기가 -1인 직선의 y절편과 같습니다. 기울기가 -1인 직선이 보라색 영역을 지나면서 y절편이 가장 작아지는 경우는 그래프의 교점인 $(x, y)=(400, 300)$일 때이고, 이때 $x+y=k=700$입니다.

$\therefore \min(x+y)=700$

Tip 그래프의 교점은 $5x+3y=2,900$, $2x+4y=2,000$의 연립을 통해 구할 수 있습니다.

상세풀이 2

다음은 함수와 그래프를 활용하지 않고 문제에 접근하는 방법입니다.

① 문제에서 구하고자 하는 값인 $x+y$는 계수가 1로 같습니다. 0이 아닌 실수 a에 대해 $a(x+y)$의 최솟값을 구하면, $x+y$의 최솟값을 알 수 있습니다.

② 두 부등식 $5x+3y \geq 2,900$, $2x+4y \geq 2,000$에서, 두 식의 x계수 합과 y계수 합이 7으로 같다는 점에 착안하여 이 두 부등식의 좌변과 우변을 각각 더합니다.

③ $7x+7y \geq 4,900 \quad \therefore x+y \geq 700$

095 정답 ① 난이도 ●●●

간단풀이

$$\frac{7!}{2! \times 3! \times 2!} = \frac{7 \times 6 \times 5 \times 4}{2 \times 2} = 7 \times 6 \times 5 = 210$$

(상세풀이 1)

또는

$_7C_2 \times _5C_3 \times _2C_2 = 21 \times 10 \times 1 = 210$ (상세풀이 2)

이므로 구하는 경우의 수는 210입니다.

상세풀이 1

① 이 문제는 '7명을 일렬로 나열하는 경우의 수'의 응용입니다. 7개의 쿠폰을 다음과 같이 일렬로 나열했다고 할 때,

□ □ □ □ □ □ □

왼쪽에서부터 첫 번째와 두 번째 쿠폰은 첫 번째 손님에게, 세 번째부터 다섯 번째 쿠폰은 두 번째 손님에게, 여섯 번째와 일곱 번째 쿠폰은 세 번째 손님에게 주는 것으로 봅니다.

□ □ / □ □ □ / □ □

② 그런데 각 손님에게 쿠폰의 배열 순서는 중요하지 않습니다. 즉 7개의 쿠폰을 각각 x1, x2, x3, x4, x5, x6, x7로 가정하고 첫 번째 손님에게 쿠폰 x1, x2가 주어졌다고 했을 때, 아래 두 경우는 같은 경우입니다. 즉 x1과 x2의 배열 순서가 달라도 같은 경우로 취급됩니다.

x1 x2 / □ □ □ / □ □
x2 x1 / □ □ □ / □ □

마찬가지로, 두 번째 손님에게 쿠폰 x5, x6, x7이 주어졌다고 했을 때, 아래의 여섯 경우는 모두 같은 경우입니다.

□ □ / x5 x6 x7 / □ □
□ □ / x5 x7 x6 / □ □
□ □ / x6 x5 x7 / □ □
□ □ / x6 x7 x5 / □ □
□ □ / x7 x5 x6 / □ □
□ □ / x7 x6 x5 / □ □

③ 따라서 각 손님에게 주어진 쿠폰들을 일렬로 나열하는 경우의 수만큼 중복되어 카운트되므로, 각 손님에게 주어진 쿠폰이 일렬로 나열되는 경우의 수만큼 나눠줘야 전체 경우를 중복되지 않도록 구할 수 있습니다. 따라서 각 손님별로 중복되는 경우의 수를 구하면 $2! \times 3! \times 2!$입니다.

④ 따라서 구하고자 하는 경우의 수는

$$\frac{7!}{2! \cdot 3! \cdot 2!} = \frac{7 \times 6 \times 5 \times 4}{2 \times 2} = 7 \times 6 \times 5 = 210$$

📖 상세풀이 2

다음은 조합을 이용한 풀이입니다.
첫 번째 손님에게 쿠폰을 주는 경우의 수는 7개 중 2개를 고르는 경우의 수이므로 $_7C_2$입니다.
두 번째 손님에게 주는 쿠폰의 경우의 수는 남은 5개 중 3개를 고르는 경우의 수이므로 $_5C_3$입니다.
두 번째 손님에게 3개의 쿠폰을 주면 남은 쿠폰은 총 2개이며, 이를 세 번째 손님에게 경우의 수는 $_2C_2 = 1$입니다.
따라서 구하고자 하는 경우의 수는
$_7C_2 \times _5C_3 \times _2C_2 = 21 \times 10 \times 1 = 210$ 입니다.

096 정답 ③ 난이도 ●●●

🛰 간단풀이

금액	10,000원	5,000원	1,000원	총계
합	0	6	5	
	1	4	5	
	1	5	0	
	2	2	5	35,000원
	2	3	0	
	3	0	5	
	3	1	0	

따라서 구하는 경우의 수는 총 7가지입니다.

📖 상세풀이

10,000원권의 장 수를 a, 5,000원권의 장 수를 b, 1,000원권의 장 수를 c라고 했을 때, 문제를 식으로 나타내면 $10,000a + 5,000b + 1,000c = 35,000$
($0 \leq a, b, c \leq 6$) 입니다.

(1) $a = 0$일 때, $b = 6$, $c = 5$ 밖에 되지 않으므로 1가지 입니다.
(2) $a = 1$일 때, $b = 4$, $c = 5$ 혹은 $b = 5$, $c = 0$으로 2가지 입니다.
(3) $a = 2$일 때, $b = 2$, $c = 5$ 혹은 $b = 3$, $c = 0$으로 2가지 입니다.
(4) $a = 3$일 때, $b = 0$, $c = 5$ 혹은 $b = 1$, $c = 0$으로 2가지 입니다.

(5) a가 4 이상일 때는, 지불하려는 금액을 초과하므로 불가능합니다.
따라서 구하고자 하는 총 경우의 수는 총 $1 + 2 + 2 + 2 = 7$(가지) 입니다.

097 정답 ④ 난이도 ●●●

🛰 간단풀이

$$300 \times \frac{x}{100} + 100 \times \frac{y}{100} = 400 \times \frac{8}{100}$$
$$200 \times \frac{x}{100} + 300 \times \frac{y}{100} = 500 \times \frac{10}{100}$$
$$\begin{cases} 3x + y = 32 \\ 2x + 3y = 50 \end{cases}$$
$$\begin{cases} 9x + 3y = 96 \\ 2x + 3y = 50 \end{cases}$$
$$7x = 46 \quad \therefore \quad x = \frac{46}{7}$$

$x\%$가 A설탕물의 농도이므로, 구하는 답은 $\frac{46}{7}\%$입니다.

📖 상세풀이 1

이 문제는 농도와 설탕물의 양을 곱하면 나오는 설탕의 양을 비교하는 식을 작성하고, 그에 따라 두개의 식이 나오면 연립방정식을 계산하면서 푸는 방식을 사용하는 것이 좋습니다.

① A설탕물과 B설탕물의 양을 둘 다 모르므로 각각 x g, y g으로 정해주고, 두개의 식을 작성합니다.
$$300 \times \frac{x}{100} + 100 \times \frac{y}{100} = 400 \times \frac{8}{100}$$
$$200 \times \frac{x}{100} + 300 \times \frac{y}{100} = 500 \times \frac{10}{100}$$

② 두 식을 정리를 해주면 일차 연립방정식의 형태가 나옵니다. 그 중 위의 식의 양변에 3을 곱하여서 y를 소거합니다. 왜냐하면 문제에서 A설탕물의 농도만 필요하기 때문입니다.
$$\begin{cases} 3x + y = 32 \\ 2x + 3y = 50 \end{cases}$$
$$\begin{cases} 9x + 3y = 96 \\ 2x + 3y = 50 \end{cases}$$
$$7x = 46 \quad \therefore \quad x = \frac{46}{7}$$

따라서 구하는 답은 $\frac{46}{7}\%$ 입니다.

상세풀이 2

28번 상세풀이 3에서의 '가중평균'을 이용하여 풀이하는 방법을 소개하겠습니다.

① A설탕물과 B설탕물을 섞어 8%의 설탕물이 되었을 때와 10%의 설탕물이 되었을 때의 각 설탕물의 농도와 설탕물의 양에 관하여 가중평균을 이용하여 비례식을 세워봅시다.

〈첫 번째 식〉

	A설탕물	B설탕물	섞은 후 설탕물
농도	x	y	8
설탕물의 양	300	100	400

$(8-y):(x-8) = 300:100 = 3:1$
$8-y = 3(x-8)$
$3x+y = 32$ ...... ㉠

〈두 번째 식〉

	A설탕물	B설탕물	섞은 후 설탕물
농도	x	y	10
설탕물의 양	200	300	500

$(10-y):(x-10) = 200:300 = 2:3$
$2(x-10) = 3(10-y)$
$2x-20 = 30-3y$, $2x+3y = 50$ ...... ㉡

② ㉠, ㉡을 연립하면
$\begin{cases} 3x+y = 32 \\ 2x+3y = 50 \end{cases}$
$\therefore x = \dfrac{46}{7},\ y = \dfrac{86}{7}$

(비례식을 작성하는 방법은 28번 상세풀이 3을 확인 바랍니다.)

---

098 정답 ④ 난이도 ●●○

간단풀이 1

$A \times \dfrac{6}{100} + 100 \times \dfrac{4}{100} = A \times \dfrac{7}{100}$
$6A + 400 = 7A \quad \therefore A = 400$
처음 6%의 설탕물의 양은 400g이므로 설탕의 양은
$400 \times \dfrac{6}{100} = 24(g)$
따라서 설탕물이 100g 증발한 후 설탕물의 농도는
$\dfrac{24}{400-100} \times 100 = 8(\%)$

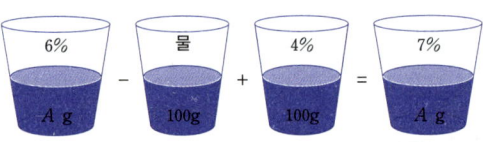

간단풀이 2

증발시킨 후 (설탕의 양) $= \dfrac{6}{100}x(g)$,
(설탕물의 양) $= x - 100(g)$
혼합 후 (설탕의 양) $= \dfrac{6}{100}x + 4(g)$,
(설탕물의 양) $= (x-100) + 100 = x(g)$
$\dfrac{\dfrac{6}{100}x + 4}{x} \times 100 = 7,\ \dfrac{6x+400}{x} = 7$
$6x + 400 = 7x \quad \therefore x = 400(g)$
따라서 처음 6%의 설탕물의 양은 400g입니다.
(증발시킨 후 설탕의 양) $= \dfrac{6}{100} \times 400 = 24(g)$,
(설탕물의 양) $= 300(g)$
$\therefore$ (증발시킨 후 설탕물의 농도)
$= \dfrac{24}{300} \times 100 = 8(\%)$

상세풀이 1

각 설탕물에 녹아있는 설탕의 양을 기준으로 식을 세워 풀이합니다. 이때, 설탕물이 증발하는 것은 설탕의 양에는 변함이 없이 물만 증발한다는 것을 알고 있어야 합니다.
(설탕의 양) = (설탕물의 양) × (설탕물의 농도)(%) 공식을 이용하여 풀이해 봅시다.

① 먼저 처음 6%의 설탕물의 양을 A라 하면 여기에 녹아있는 설탕의 양은 $A \times \dfrac{6}{100}(g)$, 증발하여도 설탕의 양에는 변함이 없으므로 $A \times 6/100(g)$ 농도가 4%인 설탕물의 양은 증발한 물의 양과 같으므로 100g이고 여기에 녹아있는 설탕의 양은
$100 \times \dfrac{4}{100}(g)$
섞은 후 7%의 설탕물의 양은
$A - 100 + 100 = A$ (g)

② 따라서 위에서 구한 설탕의 양을 식으로 세우면 다음과 같습니다.
$A \times \dfrac{6}{100} + 100 \times \dfrac{4}{100} = A \times \dfrac{7}{100}$
식을 간단히 하기 위해 양변에 100을 곱하면
$6A + 400 = 7A \quad \therefore A = 400$
따라서 처음 6%의 설탕물의 양은 400g이므로 여기에 녹아있는 설탕의 양은

$$400 \times \frac{6}{100} = 24(g)$$

③ 이때, 문제에서 구하는 것은 설탕물이 100g 증발한 후의 설탕물의 농도이므로

$$\frac{24}{400-100} \times 100 = 8(\%)$$

상세풀이 2

이 문제를 세 가지 단계의 순서로 나누어 생각해 보겠습니다.

(1) 농도가 6%인 설탕물에서 100g을 증발시킨다.
(2) 증발시킨 100g만큼 농도가 4%인 설탕물을 넣었더니, 농도가 7%가 되었다.
(3) 설탕물이 증발한 후, 4%의 설탕물을 넣기 전 농도는?

① 설탕물에서 증발이 일어날 때, 설탕의 양은 변하지 않고, '물'만 증발하여 물의 양이 줄어들게 됩니다.
농도가 6%인 설탕물의 양을 $x(g)$이라 두면 설탕의 양은 $\frac{6}{100} \times x = \frac{6}{100}x(g)$이 됩니다.
증발한 물의 양은 100g 이므로, 증발 후 설탕물의 양은 $x-100(g)$ 입니다.

② 농도가 4%인 설탕물 100g에서 설탕의 양은
$\frac{4}{100} \times 100 = 4(g)$ 입니다.
이 설탕물을 ①에서 구한 설탕물에 넣어주면 설탕물의 양은 $x-100+100 = x(g)$ 이며, 농도가 7%가 된다고 하였으므로 이것을 식으로 세워주면

$$= \frac{(6\%\text{인 설탕물 }xg\text{에 녹아있는 설탕}) + (4\%\text{의 설탕물 }100g\text{에 녹아있는 설탕})}{(\text{설탕물의 양})} \times 100$$

$$= \frac{\frac{6}{100}x+4}{x} \times 100 = 7$$

이것을 풀면
$\left(\frac{6}{100}x + 4\right) \times 100 = 7x$
$6x + 400 = 7x$ ∴ $x = 400$
따라서 처음 설탕물의 양은 400(g) 입니다.

③ 처음 6% 설탕물 400(g)에 녹아있는 설탕의 양은
$\frac{6}{100} \times 400 = 24(g)$ 입니다.
설탕물이 100g 증발할 때, 설탕의 양은 변하지 않고 물의 양만 줄어들기에, 설탕물의 양은 300g, 설탕의 양은 24g이 됩니다.
따라서 설탕의 농도는 $\frac{24}{300} \times 100 = 8(\%)$가 됩니다.

⚠ **주의** 간혹 모든 설탕물 문제를 가중평균을 이용하여 풀어내려고 하는 학생이 있습니다.
하지만, 98번과 같이 설탕물을 증발시키거나 또는 설탕을 첨가하는 등의 문제는 가중평균을 활용하기 어렵습니다. 설탕물 문제에서 가중평균으로 구할 수 있는 문제는 두 용액을 섞어서 새로운 용액이 되었을 때 농도 차이의 비가 전체 용액의 양의 비와 반비례한다는 것을 활용하여 풀이하는 문제입니다. (**97번 상세풀이2** 참조)
만약 가중평균으로 풀이하기 위해서는 처음 설탕물이 증발한 후 4%의 설탕물을 넣기 전 설탕물의 양과 그 농도 둘 중 하나를 알아야 합니다.

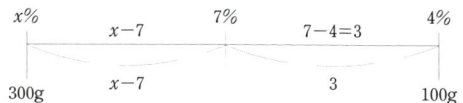

따라서 정석의 풀이를 통해 처음 6%의 설탕물의 양 (= 400g)을 구해서 (처음 설탕물이 증발한 후 4%의 설탕물을 넣기 전 설탕물의 양) = 300g 임을 구한 다음, 4%의 설탕물을 넣기 전 농도를 $x(\%)$라 하면
$(x-7):(7-4) = 100:300$
$(x-7):3 = 1:3$
∴ $x = 8(\%)$
와 같이 구할 수도 있습니다.

099 정답 ② 난이도 ●●○

간단풀이

(버스가 출발할 때 까지 남은 시간) = 1(h) =
(이동할 수 있는 시간) + (음식 포장 시간)
$x + \frac{12}{60} = 1$ ∴ $x = 0.8(h)$
(철수가 이동할 수 있는 최대 거리)
= 2(km/h) × 0.8(h) = 1.6(km)

이때, 철수가 각 음식을 사기 위해 이동해야 하는 거리는 왕복으로 이동하므로

음식점	만두	피자	라면	오뎅	호떡
거리(km)	1.9	1.4	1.7	2	1.5

따라서 철수가 살 수 있는 음식은 피자와 호떡입니다.

상세풀이

이 문제는 다음과 같은 과정으로 생각할 수 있습니다.
(1) 철수는 고속버스 타기 전까지 1시간 정도의 시간이 남아있다.
(2) 철수가 음식을 포장할 때 12분이 걸린다.

Daily 400제 **085**

(3) 철수는 2(km/h)의 속도로 이동한다.
(4) 철수는 음식점에 방문한 뒤 고속버스터미널로 돌아와야 하므로 음식점과 고속버스 터미널의 두배의 거리를 걸어야만 한다.

① 철수는 버스가 출발하기 전 남은 1시간에서 음식 포장시간 12분을 뺀 나머지 48분 동안 이동할 수 있습니다. 즉, 48(min)=0.8(h)

② 철수는 2(km/h)의 속도로 이동할 수 있으므로 철수가 이동할 수 있는 최대 거리는
2(km/h)×0.8(h)=1.6(km)
따라서 철수는 1.6(km) 안에 있는 가게의 음식만 살 수 있습니다.

③ 철수가 해당 음식점에 방문하기 위해서 걸어야 하는 거리는 왕복으로 이동해야 하므로 다음과 같습니다.

음식점	만두	피자	라면	오뎅	호떡
거리 (km)	1.9	1.4	1.7	2	1.5

철수가 살 수 있는 음식은 1.6(km)이내에 있어야 하므로 피자와 호떡입니다.

100 정답 ② 난이도 ●●●

간단풀이 1

(철수가 이동한 시간)=t
$t+\dfrac{2}{3}=\dfrac{64}{60}$ ∴ $t=\dfrac{2}{5}$
(철수와 영미 집 사이의 거리)
$=50\times\dfrac{2}{5}+64=84$

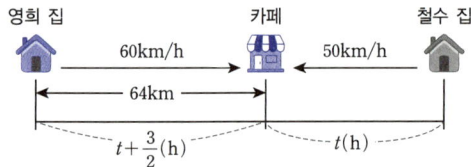

간단풀이 2

(철수의 집과 카페 사이의 거리)=x
$\dfrac{x}{50}+\dfrac{2}{3}=\dfrac{64}{60}$
$\dfrac{x}{50}=\dfrac{2}{5}$ ∴ $x=20$
∴ (철수와 영미 집 사이의 거리)
$=64+20=84(km)$

 상세풀이 1

이 문제는 속력이 주어졌을 때 특정 시간 동안 이동하는 거리를 구하는 문제로 철수가 t라는 시간 동안 이동한다고 가정하면, 영미는 40분 일찍 출발했으므로 영미의 이동시간은 $t+\dfrac{2}{3}$ (40분 = $\dfrac{2}{3}$시간)을 이동하게 됩니다.

(이동 시간) = $\dfrac{(이동\ 거리)}{(속력)}$ 공식을 이용하여 t를 구한 후, 철수가 이동한 거리를 구하면 됩니다.
이때, 영미에게 추가된 시간의 단위가 '시간'이 아닌 '분'이므로 시간단위를 통일하는 것에 유의하여 문제를 풀어야 합니다.

① 철수가 이동한 시간을 t라고 가정할 때, 영미의 이동 시간은 $t+\dfrac{2}{3}$ 입니다. (40분 = $\dfrac{2}{3}$시간)

② 영미가 이동한 거리는 64km이고 속력은 60km/h 이므로 (영미의 이동 시간) = $\dfrac{(이동\ 거리)}{(속력)}$ 에서
$t+\dfrac{2}{3}=\dfrac{64}{60}=\dfrac{16}{15}$ ∴ $t=\dfrac{16}{15}-\dfrac{2}{3}=\dfrac{2}{5}$

③ (철수의 집에서 카페까지의 거리) = (철수의 이동 속력)×(철수의 이동 시간) 이므로
$50\times t=50\times\dfrac{2}{5}=20$
따라서 철수의 집에서 카페까지의 거리는 20km입니다.

④ 문제에서 요구하는 답은 철수의 집으로부터 영미의 집까지의 거리이므로 철수의 집으로부터 카페까지의 거리와 영미의 집으로부터 카페까지의 거리를 합한 것과 같습니다.
따라서 철수의 집에서 영미의 집까지 거리는 20+64=84(km) 입니다.

상세풀이 2

우리가 구해야 할 철수의 집과 카페 사이의 거리를 x로 놓고 이동한 시간을 구하는 공식을 이용하여 다음과 같이 식을 세워 풀 수도 있습니다.

(이동 시간) = $\dfrac{(이동\ 거리)}{(속력)}$

① 철수가 집에서 카페까지 50km/h로 이동하므로 이때 걸리는 시간은 (철수의 이동 시간) = $\dfrac{x}{50}$(h)
또한, 영미가 이동한 거리는 64km이고 속력은 60km/h이므로 (영미의 이동 시간) = $\dfrac{64}{60}$(h)

② 이때, (철수가 이동하는 데 걸린 시간) $+\frac{2}{3}$(h) = (영미가 이동하는 데 걸린 시간) 이므로

$$\frac{x}{50} + \frac{2}{3} = \frac{64}{60} = \frac{16}{15}$$

$$\frac{x}{50} = \frac{16}{15} - \frac{2}{3} = \frac{2}{5} \quad \therefore x = 20$$

따라서 철수의 집에서 카페까지의 거리는 20km입니다.

∴ (철수와 영미 집 사이의 거리)
   $= 64 + 20 = 84$(km)

4일차 (101~133)

101	③	102	③	103	④	104	④	105	③
106	②	107	②	108	③	109	②	110	②
111	①	112	①	113	②	114	①	115	①
116	⑤	117	②	118	②	119	①	120	②
121	④	122	①	123	②	124	③	125	⑤
126	①	127	④	128	②	129	①	130	①
131	③	132	①	133	③				

101 정답 ③ 난이도 ●○○

간단풀이

$x+2(18-x)=29$ ∴ $x=7$
따라서 무승부의 횟수는 7회입니다.

상세풀이

구하고자 하는 것이 철수와 영미가 무승부가 된 횟수이므로 무승부 횟수를 미지수 x로 설정하여 방정식을 세워줍니다.

① 철수가 이긴 횟수와 무승부의 합이 총 18번이라고 하였으므로 철수가 이긴 횟수는 $18-x$ 입니다.

② 이때 철수의 승점의 합이 29점이므로
$x+2(18-x)=29$ ∴ $x=7$
따라서 무승부의 횟수는 7회입니다.

102 정답 ③ 난이도 ●●○

간단풀이

$\dfrac{30}{100} \times x + \dfrac{40}{100} \times (300-x) = 106$
$30x+40(300-x)=106\times 100$
$30x+12{,}000-40x=10{,}600$
$10x=1{,}400$ ∴ $x=140$
따라서 마신 흰 우유의 양은 140mL이고 초코우유의 양은 160mL입니다. 즉 차는 20mL입니다.

상세풀이

① 구해야 하는 것은 마신 흰 우유와 초코우유 각각의 양이므로, 마신 흰 우유의 양을 x로 놓으면 마신 초코우유의 양은 $300-x$입니다. 이것을 이용하여 일차방정식을 세워줍니다.

② 현재 문제에서 주어진 것은 각 우유의 100mL 당 칼로리의 양입니다. 구하고자 하는 것은 각 우유의 섭취량에 따른 칼로리의 양이기 때문에 변형해서 방정식을 세워주어야 합니다.
흰 우유가 100mL당 30kcal일 때 x(mL)에 포함된 칼로리의 양은 $\dfrac{30}{100}\times x$입니다. 마찬가지로 초코우유가 100mL당 40kcal일 때 $300-x$(mL)에 포함된 칼로리의 양은 $\dfrac{40}{100}\times(300-x)$입니다.
이때, 총 섭취한 열량이 106kcal라 하였으므로
$\dfrac{30}{100}\times x + \dfrac{40}{100}\times(300-x) = 106$

③ 식을 간단히 하기 위해 양변에 모두 100을 곱해줍니다.
$30x+40(300-x)=106\times 100$
$30x+12{,}000-40x=10{,}600$
$10x=1{,}400$ ∴ $x=140$
따라서 마신 흰 우유의 양은 140mL이고 초코우유의 양은 160mL입니다. 즉, 구하는 차는 20mL입니다.

103 정답 ④ 난이도 ●●○

간단풀이

개구리와 귀뚜라미가 뛴 횟수를 x로 두면
$2.5x+45=4x$
$1.5x=45$ ∴ $x=30$
∴ 30번

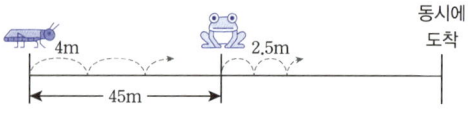

상세풀이

문제 상황에서 개구리는 한 번에 2.5m를 이동하고 귀뚜라미는 한 번에 4m를 이동한다고 합니다.

① 개구리와 귀뚜라미가 한 번 이동하는 동안 걸린 시간이 서로 같으므로 개구리가 1번 뛰어 2.5m를 가

는 동안 귀뚜라미도 1번 뛰어 4m를 갑니다. 즉, 개구리가 x번 뛰어 $2.5x$(m)를 가는 동안 귀뚜라미도 x번 뛰어 $4x$(m)를 갑니다.

② 개구리가 귀뚜라미보다 45m 앞에서 동시에 출발했는데 귀뚜라미가 개구리를 만났다고 하였으므로 개구리의 이동거리보다 귀뚜라미의 이동거리가 45m 많습니다. 이것을 식으로 나타내면
$2.5x + 45 = 4x$
$1.5x = 45$ ∴ $x = 30$
따라서 귀뚜라미는 총 30번을 이동해야 개구리를 만날 수 있습니다.

104 정답 ④   난이도 ●●○

간단풀이

100원	50원	경우의 수
0개	–	0가지
1개	10개	1가지
2개	8개	1가지
3개	6개	1가지
4개	4개	1가지

$1 + 1 + 1 + 1 = 4$

상세풀이

① 이 문제는 50원짜리와 100원짜리 두 가지만 이용하여 거스름 돈 없이 지불하는 방법의 수를 구하는 것이므로 둘 중 단위가 큰 쪽을 먼저 생각해서 경우의 수를 구합니다.
  (1) 100원짜리를 0개 쓰는 경우, 50원짜리 10개로는 600원을 채울 수 없으므로 이 경우는 불가능합니다.
  (2) 100원짜리를 1개 쓰는 경우, 50원짜리 10개 모두를 쓰면 600원을 채울 수 있습니다.
  (3) 100원짜리를 2개 쓰는 경우, 50원짜리 8개를 쓰면 600원을 채울 수 있습니다.
  (4) 100원짜리를 3개 쓰는 경우, 50원짜리 6개를 쓰면 600원을 채울 수 있습니다.
  (5) 100원짜리 4개를 모두 쓰는 경우, 50원짜리 4개를 쓰면 600원을 채울 수 있습니다.

② 100원짜리 개수가 총 4개이므로 위에서 나열한 경우가 전부이며, 동시에 일어나는 경우들이 아닌 모두 다른 경우이므로 (2), (3), (4), (5)의 경우를 모두 더해줍니다.
∴ $1 + 1 + 1 + 1 = 4$

105 정답 ③   난이도 ●●○

간단풀이

$P(A) = \dfrac{(\text{남성 중 미혼자의 수})}{(\text{전체 미혼자의 수})} = \dfrac{20}{30} = \dfrac{2}{3}$

상세풀이

이 문제는 조건부 확률을 이용하여 문제를 풀어줍니다.

① 먼저 문제에서 제시한 조건에서는 전체 100명의 사원 중 임의로 선택한 한 명이 미혼자라면 이 사원이 남성일 확률에 대해 구하는 것으로 나와있습니다. 이는 조건부 확률을 이용해서 풀어야 합니다.

② 조건부 확률
$P(A) = (\text{시간}) = \dfrac{(\text{남성 중 미혼자의 수})}{(\text{전체 미혼자의 수})}$ 구합니다.

③ 제시한 조건을 아래에 표로 만들면 아래와 같습니다.

	남자 사원의 수	여자 사원의 수	합계
기혼자	40	30	70
미혼자	20	10	30
합계	60	40	100

④ 최종적으로 구해야 하는 확률은
$P(A) = \dfrac{(\text{남성 중 미혼자의 수})}{(\text{전체 미혼자의 수})} = \dfrac{20}{30} = \dfrac{2}{3}$

106 정답 ②   난이도 ●●○

간단풀이

$(\text{전체평균}) = \dfrac{(\text{응시자 총 점수})}{(\text{총 응시자수})} = \dfrac{80x + 60(100-x)}{100}$
$= 64$
$80x + 6{,}000 - 60x = 6{,}400$
$20x = 400$ ∴ $x = 20$(명)
∴ $(\text{합격률}) = \dfrac{20}{100} \times 100(\%) = 20(\%)$

상세풀이

주어진 조건을 이용하여 합격자의 수를 구하고, 그 수를 이용하여 합격률을 구합니다.

① 먼저 합격자의 수가 x(명)일 때 총 응시자 수는 100명이므로 불합격자의 수는 $100 - x$(명)이 됩니다. 이때 합격자 평균이 80점이면 합격자 총 점수는

$80x$입니다.

② 불합격자 평균이 60점이면 불합격자 총 점수는 $60(100-x)$이므로
(응시자 총 점수)
=(합격자 총 점수)+(불합격자 총 점수)
=$80x+60(100-x)=20x+6000$
(전체평균)
=$\dfrac{(응시자\ 총\ 점수)}{(총\ 응시자수)}=\dfrac{20x+6{,}000}{100}=64$
$20x+6{,}000=6{,}400$
$20x=400$ ∴ $x=20$

③ 합격자 수 x는 20명이 나옵니다.
(합격률)
=$\dfrac{(합격자\ 수)}{(총\ 응시자수)}\times 100(\%)=\dfrac{20}{100}\times 100(\%)$
=$20(\%)$
따라서 합격률은 20%입니다.

107 정답 ②   난이도

간단풀이

50을 7로 나눈 나머지는 1이므로 50일 후는 월요일과 하루 차이 나는 화요일입니다.

상세풀이

7일 주기로 요일이 반복되는 점을 이용하여 접근합니다.

① 우선, 9월 21일이 월요일이라고 주어졌기 때문에 기준일을 월요일로 잡을 수 있습니다.
주기를 가지는 문제에서는 항상 기준을 명확하게 잡는 것이 중요합니다.

② 일정한 주기를 가지는 수들은 주기로 나눈 나머지를 관찰하면 쉽게 예측을 할 수 있습니다.
예를 들어, 9월 21일 월요일로부터 8일 후면 7일 후인 9월 28일 월요일보다 하루 지난 날이므로 화요일임을 쉽게 알 수 있습니다. 즉, 8을 7로 나눈 나머지가 1이므로 월요일에서 하루 더한 화요일임을 도출할 수 있는 것입니다.

③ 문제에서 50일 후를 물어보았기 때문에 50을 7로 나눈 나머지를 구해보면 $50=7\times 7+1$이므로 나머지가 1임을 알 수 있습니다. 이를 통해 50일 후와 1일 후의 요일이 같다는 것을 알 수 있습니다.
따라서, 9월 21일 월요일의 50일 후는 월요일에서 하루 지난 화요일임을 알 수 있습니다.

108 정답 ③   난이도

간단풀이

$15=3\times 5,\ 9=3\times 3$
15와 9의 최대공약수는 3
한 변이 3cm인 정사각형 셀로판지를 가로에 5개, 세로에 3개 사용할 때 가장 적은 수의 셀로판지가 이용됩니다. 즉, $5\times 3=15$

상세풀이

이 문제는 최대공약수를 이용하여 푸는 문제입니다.

① 가로가 15cm, 세로가 9cm인 거울이 있는데, 여기 정사각형(가로, 세로 길이가 동일)의 셀로판지를 붙여 가장 적은 수의 셀로판지를 쓴다고 합니다.
가장 적은 수의 셀로판지를 쓰기 위해선 정사각형 셀로판지의 한 변이 최대가 되어야합니다.
이때의 정사각형 셀로판지의 한 변의 길이는 거울 가로, 세로의 길이의 최대공약수가 됩니다.

② $15=3\times 5,\ 9=3\times 3$에서 15와 9의 최대공약수는 3입니다.

③ 거울의 가로 길이는 15cm이므로 가로에는 한 변이 3cm인 셀로판지가 5개 들어갑니다.
거울의 세로길이는 9cm이므로 세로에는 한 변이 3cm인 셀로판지가 3개 들어갑니다.
거울 전체에 셀로판지를 붙이려 하므로 $5\times 3=15$개가 사용됩니다.

109 정답 ②   난이도

간단풀이

4, 6, 8의 최소공배수는 24
따라서 세 사람은 24일을 주기로 만나게 됩니다.
8월 2일에 함께 갔다면 24일 후인 8월 26일에 다시 만날 수 있습니다.

상세풀이

① 세 사람이 8월 2일에 동시에 분식점을 갔고, 서로 간격을 두고 다시 간다고 봤을 때 이 세 사람이 동시에 가는 날을 찾으려면 이들의 방문 주기가 갖는 공통적인 배수 중 가장 작은 수를 찾아야 합니다.

② 이는 최소공배수를 뜻하는 것이며, 4, 6, 8의 최소공배수를 찾으면 됩니다.

4, 6, 8의 최소공배수는 24이므로, 이 세 사람은 24일을 주기로 함께 만나게 되는 것입니다.

③ 따라서 세 사람이 8월 2일에 함께 분식점에 갔다면 24일을 주기로 함께 만나기 때문에 8월 26일에 다시 세 사람이 만날 수 있습니다.

110 정답 ②   난이도 ●●○

간단풀이

$17 = \dfrac{85}{85+x} \times 100$

$85 + x = 85 \times 100 \times \dfrac{1}{17} = 500$

$x = 500 - 85 = 415$

상세풀이

(소금물의 양)=(물의 양)+(소금의 양) 이라는 것을 유의합니다.

① 먼저, 추가해야 할 물의 양을 $x\,\text{g}$이라 하면, 전체 소금물의 양은 $(85+x)\,\text{g}$이 됩니다.

② 다음으로 소금물 농도 공식에 따라 식을 세웁니다.

(농도)$= \dfrac{(\text{소금의 양})}{(\text{소금물의 양})} \times 100$

$17 = \dfrac{85}{85+x} \times 100$

③ 위의 식을 정리하여 물의 양을 구합니다. 먼저 양변을 역수로 취하면

$\dfrac{85+x}{8,500} = \dfrac{1}{17}$

$85 + x = 8,500 \times \dfrac{1}{17} = 500$

$\therefore\ x = 500 - 85 = 415$

따라서 답은 415g입니다.

111 정답 ①   난이도 ●●○

간단풀이 1

증발된 물의 양을 $x(\text{g})$이라 하면

$300 \times \dfrac{8}{100} = (300-x) \times \dfrac{12}{100}$

$2,400 = 12(300-x)$

$2,400 = 3,600 - 12x$

$12x = 1,200 \quad \therefore\ x = 100(\text{g})$

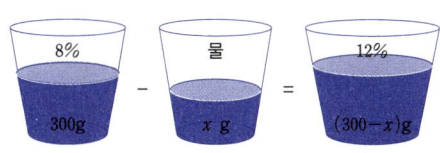

간단풀이 2

$\dfrac{8}{100} \times 300 = 24$

증발된 물의 양을 $x(\text{g})$이라 하면

$\dfrac{24}{300-x} = \dfrac{12}{100} \quad \therefore\ x = 100(\text{g})$

상세풀이 1

물을 증발시켜도 설탕물에 녹아있는 설탕의 양은 변함없음을 이용하여 설탕의 양을 기준으로 식을 세워 풀 수 있습니다. 이때, 다음의 공식을 이용합니다.

(설탕물에 들어있는 설탕의 양)

$= (\text{설탕물의 양}) \times \dfrac{(\text{농도}\%)}{100}$

① 농도가 8%인 설탕물 300g에 포함된 설탕의 양은

$300 \times \dfrac{8}{100} = 24\,(\text{g})$

② 설탕물을 증발시키면 설탕의 양은 변하지 않고 물의 양만 감소한다는 점을 유의합니다.
이때, 증발된 물의 양을 $x(\text{g})$이라 하면 증발 후 12%의 설탕물의 양은 $300-x(\text{g})$입니다.

③ 증발 후 12%인 설탕물 $300-x(\text{g})$에 녹아있는 설탕의 양은

$(300-x) \times \dfrac{12}{100}$

④ 물을 증발시키기 전의 설탕물에 녹아있는 설탕의 양과 증발 후의 설탕물에 녹아있는 설탕의 양이 같으므로

$300 \times \dfrac{8}{100} = (300-x) \times \dfrac{12}{100}$

$2,400 = 12(300-x)$

$2,400 = 3,600 - 12x$

$12x = 1,200 \quad \therefore\ x = 100(\text{g})$

상세풀이 2

① 농도가 8%인 설탕물 300g에 포함된 설탕의 양은 $\frac{8}{100} \times 300 = 24(g)$ 입니다. 이때, 설탕물을 증발시켰으므로 감소한 물의 양을 x로 두면 남은 설탕물의 양은 $300-x$ (g)이고, 설탕의 양은 24g으로 일정합니다.

② 설탕물을 증발시킨 후의 농도가 12%라고 하였으므로 이 식은 아래와 같습니다.
$$\frac{24}{300-x} = \frac{12}{100}$$
$300-x = 200$ ∴ $x = 100$
따라서 이 설탕물에서 100g의 설탕물을 증발시키면 12%의 설탕물이 됨을 알 수 있습니다.

상세풀이 3

'28번 상세풀이3'에서의 '가중평균'을 이용하여 풀 수도 있습니다.
8%의 소금물 300g에서 물 xg을 증발시켜 12%의 소금물 $300-x$(g)이 된다는 것은 결국 12%의 소금물 $300-x$(g)에 물 xg을 추가하여 8%의 소금물 300g이 되었다고 볼 수도 있습니다.

① 12%의 소금물 $300-x$(g)에 0%의 물 xg을 추가하여 8%의 소금물 300g이 되었을 때의 각 소금물의 농도와 소금물의 양에 관한 식을 가중평균을 이용하여 식을 세워봅시다.

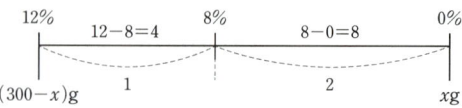

$1:2 = x:(300-x)$
$2x = 300-x$
$3x = 300$ ∴ $x = 100$
따라서 증발시킨 물의 양은 100g입니다.

112 정답 ① 난이도 ●●○

간단풀이

$(x-1)+x+(x+1) = 129$
$3x = 129$ ∴ $x = 43$
∴ $42+44 = 86$

상세풀이

이 문제에서 주의할 점은 세 자연수가 서로 연속된 자연수라는 것입니다.

① 연속된 자연수는 1씩 차이가 나므로 세 자연수를 $x-1$, x, $x+1$이라 놓습니다.

② 문제에서 연속된 세 자연수의 합이 129라고 하였으므로 아래의 식이 성립합니다.
$(x-1)+x+(x+1) = 129$
$3x = 129$ ∴ $x = 43$
따라서 연속된 세 자연수는 42, 43, 44입니다.

③ 문제에서 구하고자 하는 값은 연속되는 세 자연수 중 가장 작은 수와 가장 큰 수의 합이므로 $42+44 = 86$입니다.

113 정답 ① 난이도 ●●●

간단풀이

영호가 이동한 시간을 x초로 두면
$900 + 10x \le 25x$, $900 \le 15x$
$x \ge 60$ ∴ $x = 60$

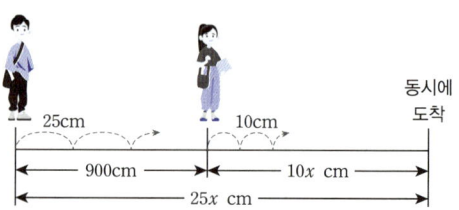

상세풀이

이 문제에서 중요한 것은 m와 cm의 단위를 통일하는 것입니다. 1m=100cm이므로 지수는 영호로부터 900cm 떨어져 있다는 것을 알 수 있습니다.

① 문제에서 지수는 1초에 10cm씩, 영호는 25cm씩 이동한다고 합니다. 영호가 이동하는 시간을 x초로 두면 영호가 x초 후 $25x$cm를 이동하는 동안 지수는 $10x$cm를 이동합니다.

② 지수가 영호보다 900cm 앞에서 동시에 출발했는데 영호가 지수를 앞서게 되려면 우선 두 사람이 만나야 하므로 영호의 이동거리가 지수의 이동거리보다 900cm 많습니다. 이것을 식으로 나타내면
$900 + 10x \le 25x$
$15x \ge 900$
$x \ge 60$ ∴ $x = 60$

따라서 60초가 지난 이후에는 영호가 지수를 앞서게 된다는 것을 알 수 있습니다.

114 정답 ① 난이도 ●●○

간단풀이

KTX의 길이를 x로 두고 계산하면

$\dfrac{210+x}{10}=$(KTX의 속력)

$\dfrac{180+90}{9}=30$(m/s)$=$(무궁화호의 속력)

$\therefore 6\times\dfrac{210+x}{10}+6\times 30=x+90$

$6(210+x)+1,800=10x+900$

$4x=2,160 \quad \therefore x=540$

따라서 구하려는 KTX의 길이는 540m입니다.

상세풀이

① 기차가 다리를 완전히 통과하기 위해서는
(전체 거리)=(다리(또는 터널))+(열차의 길이) 임을 이용합니다. 구해야 하는 KTX의 길이를 x로 두면, 전체 거리는 $210+x$(m)가 됩니다.

이때, KTX의 속력은 $\dfrac{(거리)}{(시간)}$ 이므로

$\dfrac{210+x}{10}$ (m/s)입니다.

② 무궁화호의 경우 전체 거리가
$180+90$(무궁화호의 길이)$=270$(m)이며,
속력은 $\dfrac{270}{9}=30$(m/s)라는 것을 알 수 있습니다.

③ 기차끼리 마주 보며 달릴 때 두 열차가 마주친 순간부터 서로 완전히 지나칠 때까지의 각 열차의 이동 거리의 합은 '두 기차의 길이의 합'이 됩니다. (두 열차의 속력이 다르므로 서로 완전히 지나쳐갈 때까지 각각 얼마나 이동하는지 알 수가 없습니다.) 따라서 두 열차의 이동 거리의 합은 $x+90$(m)입니다.

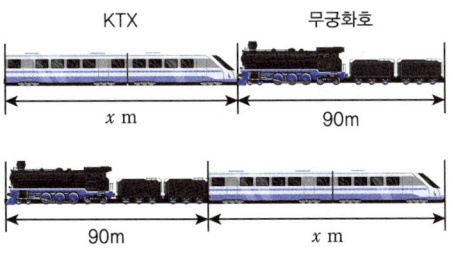

④ 속력은 반대방향으로 움직이므로 두 속력을 더하고 (상대속도) 완전히 지나가는 데 걸린 시간이 6초이므로 (시간)×(속력)=(거리)으로 계산하면

$6\times\left(\dfrac{210+x}{10}+30\right)=x+90$

⑤ 위의 식을 풀어 x를 구해봅니다.

$6\times\dfrac{210+x}{10}+180=x+90$

$\dfrac{630+3x}{5}=x-90$

$630+3x=5x-450$

$2x=1,080 \quad \therefore x=540$

따라서 구하려는 KTX의 길이는 540m입니다.

(Tip) 이 문제에서의 핵심은 두 기차가 마주 보며 달릴 때 서로 마주친 순간부터 완전히 지나칠 때까지는 '두 열차의 이동 거리의 합 = 두 열차의 길이의 합' 임을 구해야 한다는 점을 명심해야 합니다.

115 정답 ③ 난이도 ●●○

간단풀이

$\dfrac{120+x}{80}\times\dfrac{15}{10}=\dfrac{80+x}{40}$

$\dfrac{3(120+x)}{160}=\dfrac{80+x}{40}$

$360+3x=320+4x \quad \therefore x=40$

$y=\dfrac{80+40}{40}=3 \quad \therefore y=3$

$\therefore x-y=40-3=37$

상세풀이

① 기차가 다리를 완전히 통과하기 위해서는
'(전체 거리)=(다리 또는 터널)+(열차의 길이)'임을 이용합니다.

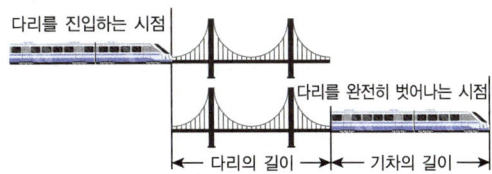

② 기차 A가 길이가 xm인 다리를 완전히 통과하는 데까지의 총 이동거리는 $x+120$(m)이고, 걸린 시간은 80초(=1분 20초)입니다. (속력)=$\frac{(거리)}{(시간)}$를 이용하여 기차 A의 속력을 구하면

(기차 A의 속력) = $\frac{x+120}{80}$(m/s)

③ 기차 B의 경우 총 거리는 $x+80$(m)이고 걸린 시간이 40초이므로 기차 B의 속력을 구하면

(기차 B의 속력)=$y=\frac{x+80}{40}$(m/s)

④ 기차 B의 속력은 A의 속력의 1.5배 이므로

(기차 A의 속력)$\times\frac{3}{2}$=(기차 B의 속력)

$\frac{x+120}{80}\times\frac{3}{2}=\frac{x+80}{40}$

양변에 분모의 최소공배수인 160을 곱하면
$3(x+120)=4(x+80)$
$3x+360=4x+320$ ∴ $x=40$
따라서 다리의 길이는 40(m)입니다.

⑤ y는 기차 B의 속력이므로

(기차 B의 속력) = $\frac{x+80}{40}=\frac{120}{40}=3$(m/s)

∴ $y=3$
∴ $x-y=40-3=37$

116 정답 ⑤   난이도 ●●○

간단풀이

$\frac{30\times(8+4+2)}{5}=84$

상세풀이

평균 속력을 구할 때, (이동한 총 거리)=(이동하는 데 걸린 총 시간)×(평균 속력)의 관계를 이용합니다.

① 처음 3시간 동안에는 트랙을 8회를 돌았으므로 이동한 거리는 $8\times30=240$(km)입니다.
다음 1시간 동안에는 트랙을 4회를 돌았으므로 이동한 거리는 $4\times30=120$(km)입니다.
마지막 1시간 동안에는 트랙을 2회를 돌았으므로 이동한 거리는 $2\times30=60$(km)입니다.
그러므로 5시간 동안 총 이동한 거리는 $240+120+60=420$(km)입니다.

② (평균 속력)=$\frac{(이동한 총 거리)}{(이동하는 데 걸린 총 시간)}$이므로

∴ (평균속력)=$\frac{420}{5}=84$(km/h)

117 정답 ②   난이도 ●●○

간단풀이 1

(작년 남성회원의 수)=A, (작년 여성회원의 수)=B
(올해 남성회원의 수)=0.96A,
(올해 여성회원의 수)=1.05B

$\begin{cases}A+B=1{,}000\\0.96A+1.05B=1{,}014\end{cases}$

∴ A=400, B=600
∴ 0.96A=0.96×400=384(명)

간단풀이 2

(작년 남성회원의 수)=A, (작년 여성회원의 수)=B
(올해 감소한 남성회원의 수)=0.04A,
(올해 증가한 여성회원의 수)=0.05B

$\begin{cases}A+B=1{,}000\\-0.04A+0.05B=14\end{cases}$

∴ A=400, B=600
∴ 0.96A=0.96×400=384(명)

상세풀이 1

해당 유형은 방정식을 세워 연립하여 문제를 해결해야 합니다. 문제에서 주어지는 정보를 미지수로 정의하고 적절하게 식을 세우는 것으로 해결할 수 있습니다. 해당 문제는 직관적인 추론을 요구하기보단 계산 능력을 요구하며 빠르게 문제를 풀어가는 것이 핵심입니다.

① 문제가 제시하고 있는 정보를 적절하게 정의합니다.
문제에서는 작년 기준으로 올해 남성 회원이 4% 감소하였고 여성 회원이 5% 증가하였다고 하였으므로 다음과 같이 나타낼 수 있습니다.
(작년 남성회원의 수)=A, (작년 여성회원의 수)=B
(올해 남성회원의 수)=0.96A, (올해 여성회원의 수)=1.05B

② 제공된 정보를 바탕으로 세울 수 있는 방정식을 최대한으로 작성합니다. 문제에서는 작년 전체 회원의 수가 1,000이라고 하였으므로 A+B=1,000의 식을 얻을 수 있습니다. 또한, 올해 여성과 올해 남성의 수가 전체적으로 14명 증가하였다고 하였으므로 0.96A+1.05B=1,014의 식을 얻을 수 있습니다.

$$\begin{cases} A+B=1,000 \\ 0.96A+1.05B=1,014 \end{cases}$$

③ 첫 번째 식의 양변에 0.96을 곱하여 A를 소거하여 연립방정식을 풀도록 합니다.

$$\begin{cases} 0.96A+0.96B=960 \\ 0.96A+1.05B=1,014 \end{cases}$$

$0.09B=54$ ∴ $B=600$

이것을 다시 첫번째 식에 대입하면

$A+600=1,000$ ∴ $A=400$

④ 구하는 것은 올해의 남자 회원 수이므로
$0.96A=0.96\times400=384$(명)

상세풀이 2

이 유형은 상세풀이 1과 같이 전체 값으로 식을 세워도 되지만 변화량만으로 식을 세워도 됩니다.

① 작년 기준으로 올해 남성 회원이 4% 감소하였고 여성 회원이 5% 증가하였다고 하였으므로 다음과 같이 나타낼 수 있습니다.
(작년 남성회원의 수)=A, (작년 여성회원의 수)=B
(올해 감소한 남성회원의 수)=0.04A,
(올해 증가한 여성회원의 수)=0.05B

② 작년 전체 회원의 수가 1,000이라고 하였으므로 A+B=1,000의 식을 얻을 수 있고, 올해 감소한 남성회원의 수와 증가한 여성회원의 수가 전체적으로 14명 증가하였다고 하였으므로 $-0.04A+0.05B=14$의 식을 얻을 수 있습니다.

$$\begin{cases} A+B=1,000 \\ -0.04A+0.05B=14 \end{cases}$$

③ 두 번째 식의 양변에 100을 곱하고 첫 번째 식의 양변에는 4를 곱하여 연립방정식을 풀도록 합니다.

$$\begin{cases} 4A+4B=4,000 \\ -4A+5B=1,400 \end{cases}$$

$9B=5,400$ ∴ $B=600$

이것을 다시 첫번째 식에 대입하면

$A+600=1,000$ ∴ $A=400$

④ 구하는 것은 올해의 남자 회원 수이므로
$0.96A=0.96\times400=384$(명)

118 정답 ③   난이도 ●●●

간단풀이 1

(작년 제품 A 판매량)=X, (작년 제품 B 판매량)=Y
(올해 제품 A 판매량)=1.06X,
(올해 제품 B 판매량)=0.93Y

$$\begin{cases} X+Y=2,000 \\ 1.06X+0.93Y=2,003 \end{cases}$$

∴ $X=1,100$, $Y=900$

∴ $0.93Y=0.93\times900=837$(개)

간단풀이 2

(작년 제품 A 판매량)=X, (작년 제품 B 판매량)=Y
(올해 증가한 제품 A 판매량)=0.06X
(올해 감소한 제품 B 판매량)=0.07Y

$$\begin{cases} X+Y=2000 \\ 0.06X-0.07Y=3 \end{cases}$$

∴ $X=1100$, $Y=900$

∴ $0.93Y=0.93\times900=837$(개)

상세풀이 1

① 문제가 제시하고 있는 정보를 적절하게 정의합니다. 문제에서는 작년 기준으로 올해 제품 A 판매량이 작년과 비교하면 6% 증가하였고 올해 제품 B는 7% 감소하였다고 하였으므로 다음과 같이 나타낼 수 있습니다.
(작년 제품 A 판매량)=X, (작년 제품 B 판매량)=Y
(올해 제품 A 판매량)=1.06X, (올해 제품 B 판매량)=0.93Y

② 제공된 정보를 바탕으로 세울 수 있는 방정식을 최대한으로 작성합니다. 문제에서는 작년 제품 A와 작년 제품 B의 전체 판매량이 2,000이라고 하였으므로 X+Y=2,000의 식을 얻을 수 있습니다. 또한, 올해 제품 A와 올해 제품 B의 판매량이 전체적으로 3개 늘었다고 하였으므로 $1.06X+0.93Y=2,003$의 식을 얻을 수 있습니다.

$$\begin{cases} X+Y=2,000 \\ 1.06X+0.93Y=2,003 \end{cases}$$

③ 첫번째 식의 양변에 1.06을 곱하여 X를 소거하여 연립방정식을 풀도록 합니다.

$$\begin{cases} 1.06X+1.06Y=2,120 \\ 1.06X+0.93Y=2,003 \end{cases}$$

$0.13Y=117$ ∴ $Y=900$

$X+900=2,000$ ∴ $X=1,100$

④ 구하는 것은 올해의 제품 B 판매량이므로
$0.93Y=0.93\times900=837$(개)

🔍 상세풀이 2

이 유형은 상세풀이1과 같이 전체 값으로 식을 세워도 되지만 변화량만으로 식을 세워도 됩니다.

① 작년 기준으로 올해 제품 A 판매량이 6% 증가하였고 올해 제품 B는 7% 감소하였다고 하였으므로 다음과 같이 나타낼 수 있습니다.
(작년 제품 A 판매량)=X, (작년 제품 B 판매량)=Y
(올해 증가한 제품 A 판매량)=0.06X,
(올해 감소한 제품 B 판매량)=0.07Y

② 작년 제품 A와 작년 제품 B의 전체 판매량이 2,000이라고 하였으므로 X+Y=2,000의 식을 얻을 수 있습니다. 또한, 올해 제품 A와 올해 제품 B의 판매량이 전체적으로 3개 늘었다고 하였으므로 0.06X−0.07Y=3의 식을 얻을 수 있습니다.
$$\begin{cases} X+Y=2,000 \\ 0.06X-0.07Y=3 \end{cases}$$

③ 두 번째 식의 양변에 100을 곱하고 첫 번째 식의 양변에는 6를 곱하여 연립방정식을 풀도록 합니다.
$$\begin{cases} 6X+6Y=12,000 \\ 6X-7Y=300 \end{cases}$$
13Y=11,700 ∴ Y=900
이것을 다시 첫번째 식에 대입하면
X+900=2,000 ∴ X=1,100

④ 구하는 것은 올해의 제품 B 판매량이므로
0.93Y=0.93×900=837(개)

---

119 정답 ①   난이도 ●●○

✎ 간단풀이

(과자 1개당 구매 원가)=600(원)
(첫째 날 이익)=$\frac{1}{3}x \times 600 \times 2 = 400x$(원)
(둘째 날 이익)=$\frac{1}{3}x \times 600 \times 1.5 = 300x$(원)
(셋째 날 이익)=$\frac{1}{3}x \times 600 \times 1.2 = 240x$(원)
$400x+300x+240x=11,280$
$940x=11,280$ ∴ $x=12$
따라서 슈퍼 주인이 처음에 산 과자는 12개입니다.

🔍 상세풀이

해당 문제를 풀기 위해서는 우선 이익이 무엇인지를 정의해야 합니다.

이익이란 '일정 기간의 총 매출에서 그것을 위하여 들인 비용을 뺀 차액'을 의미합니다.
즉, (이익)=(총 매출, 판매가격)−(구매 비용, 혹은 원가) 정도로 정리할 수 있습니다.
이해를 돕기 위해 간단한 예시를 들어보겠습니다. 가령 구매 비용이 1,000원인 물건에 300%의 이익을 붙여 팔았다고 가정해봅니다. 1,000원의 300%는 3,000원입니다. 구매 비용이 1,000원이므로, 3,000원의 이익이 생기기 위해서는 물건을 '판' 가격이 4,000원이 되어야 할 것입니다.
즉 이익을 붙여 팔았다는 것은 구매 비용, 즉 원가에 이익을 더한 값으로 물건을 판매했다는 말이 됩니다.

① 문제에서 과자의 원가가 4개에 2,400원이라고 하였습니다. 즉 과자의 한 개당 원가는 600원임을 쉽게 확인할 수 있습니다.

② 첫째 날에는 전체의 $\frac{1}{3}$개를 200%의 이익을 붙여 팔았습니다. 즉, 원가 600원에 200%의 이익을 붙이면 이익은 개당 600×2 = 1,200(원)입니다. 따라서 첫째 날의 이익은
(첫째 날 이익) = $\frac{1}{3}x \times 600 \times 2 = 400x$(원)

③ 둘째 날에는 남은 과자의 절반을 150%의 이익을 붙여 팔았습니다. 첫날 전체의 $\frac{1}{3}$을 팔았으므로 남은 과자는 전체의 $\frac{2}{3}$이고, 이것의 절반을 둘째 날 팔았으므로, 둘째 날에도 $\frac{1}{3}x$개를 팔았습니다.
원가 600원인 과자에 150%의 이익을 붙이면 이익은 개당 600×1.5 = 900(원)입니다. 따라서 둘째 날의 이익은
(둘째 날 이익) = $\frac{1}{3}x \times 600 \times 1.5 = 300x$(원)

④ 셋째 날에는 나머지 $\frac{1}{3}x$개의 과자에 120%의 이익을 붙여 팔았습니다. 원가 600원인 과자에 120%의 이익을 붙이면 이익은 개당 600×1.2=720(원)입니다. 따라서 둘째 날의 이익은
(셋째 날 이익) = $\frac{1}{3}x \times 600 \times 1.2 = 240x$(원)

⑤ 종합하면 슈퍼 주인이 3일간 벌어들인 총 이익은 $400x+300x+240x=940x$(원)입니다.
즉, $940x=11,280$ ∴ $x=12$
따라서 슈퍼 주인이 처음에 산 과자는 12개입니다.

Tip 이 문제는 (판매가)=(원가)+(이익) 임을 알고 풀어야 합니다.
(원가)로 사들여 (이익)을 붙여 판매하는 가격이 (판매가)이기 때문입니다.
문제의 표현에서 '원가의 A% 이익을 붙여 팔았다.' 는 말은
'(이익)=(원가)×A%' 라는 말입니다.
즉, (판매가)=(원가)+(원가)×A%가 됩니다.
이 부분은 문제의 표현이 다양하게 나타날 수 있습니다. 따라서 다양한 문제 표현을 접해보는 것이 가장 좋습니다.

120 정답 ② 난이도

간단풀이

(아이패드 정가)=x
(20% 할인한 가격)=$0.8x$,
(추가 30% 할인한 가격)=$0.7 \times 0.8x = 0.56x$
$0.56x=28$ ∴ $x=50$(만 원)
∴ (총 할인받은 금액)=$50-28=22$(만 원)

상세풀이

정가는 원가에 이익을 더한 가격이며, 할인가는 정가에서 할인율을 적용해 실제 판매하는 가격을 의미합니다. 할인율을 통해 할인 가격(판매 가격)을 구하는 경우, 실제 판매 가격은 (1−할인율)을 곱한 금액임을 주의해야 합니다.

① 처음 아이패드를 팔던 가격(정가)을 x로 놓습니다. 우리가 구해야 하는 값은 '총 할인을 받은 금액'이므로 정가인 x와 최종 판매가인 28만 원의 차이가 우리가 구하는 답이 될 것입니다.

② 총 2번의 할인이 적용되기 때문에 각각의 할인율을 정가인 미지수 x에 곱해줍니다.
 (1) 할인율 20% 적용: $0.8x$
 (2) 할인율 30% 추가 적용: $0.7 \times 0.8x = 0.56x$

③ ②에서 구한 최종 판매가와 28만 원이 같으므로
$0.56x=28$
$56x=2800$ ∴ $x=\dfrac{2800}{56}=50$(만 원)

④ 따라서 구하는 총 할인을 받은 금액은 $50-28=22$(만 원)입니다.

121 정답 ④ 난이도

간단풀이

(4개 물건의 총 판매금액)
$=0.9 \times 1.25 \times (5,000 \times 4)=22,500$(원)
∴ (4개의 물건을 판매할 때 철수의 이익)=$22,500-20,000=2,500$(원)

상세풀이

정가는 원가에 이익을 더한 가격이며, 할인가는 정가에서 할인율을 적용해 실제 판매된 가격을 의미합니다. 이번 문제의 경우, 철수의 이익을 묻고 있으므로 (최종적인 판매 가격)−(원가)가 '철수의 총이익'이 됩니다.

① 결론적으로 총 4개의 물건을 팔고, 4개의 물건을 팔 때 생기는 총이익을 구해야 하므로, 1개씩 구하기보다는 4개 원가의 총합 및 총이익을 구하는 것이 좋습니다. 철수는 총 4개의 물건을 팔았기 때문에 원가는 총 20,000원이 됩니다.

② 우선 원가에 25%를 올린 정가를 구합니다.
 (정가)=$20,000 \times (1+0.25)=20,000 \times 1.25$
 $=25,000$(원)

③ 그런데 물건이 팔리지 않아 정가의 10%를 인하하였다고 했으므로, ②에서 구한 25,000원에서 할인율 10%를 적용하면 4개의 물건을 판매한 최종 판매가격을 구할 수 있습니다.
 (최종 판매가격)=$25,000 \times (1-0.1)$
  $=25,000 \times 0.9=22,500$(원)
▶▶ 10%는 $\dfrac{10}{100}$, 즉 0.1과 같습니다.

④ 구하는 철수의 이익은 (최종적인 판매가격)−(원가)이므로, (이익)=$22,550-20,000=2,500$(원)

122 정답 ① 난이도

간단풀이

$x \times (1-0.25)=6000 \times (1+0.25)$
$x \times 0.75 = 6000 \times 1.25$
$x = 6000 \times 1.25 \times \dfrac{1}{0.75}$
∴ $x=10,000$(원)

상세풀이

이 문제를 풀기 위해서는 (정가), (원가), (이익), (판매가)의 의미를 정확히 알아야 합니다.

먼저 (정가)=(원가)+(이익)입니다.

또한, 정가를 할인한 가격이 실제 (판매가)이므로
(판매가)=(원가)+(순이익) 입니다.
(문제의 '이익'이란 이 순이익을 말합니다.)

정가를 25%를 할인해서 팔면 그 판매가격은
(정가)×0.75=(판매가) 입니다.

또한, 원가보다 25%의 이익을 남길 수 있다는 말은 위의 판매가격으로 팔아도 그 순이익이 원가의 25%라는 말이므로 (이익)=(원가)×0.25 임을 알 수 있습니다.

즉, 정가를 25% 할인하여 판매한 값과 원가에 원가의 25% 더한 값은 같습니다.

(정가를 25% 할인하여 판매한 값)
=(원가)+(원가)×0.25

① 정가를 x(원)으로 두고 정가를 25% 할인하여 판매한 값을 식으로 나타내면 아래와 같습니다.
$$x \times (1-0.25) = 0.75x = \frac{3}{4}x$$

② 그리고 원가에 원가의 25%를 더한 값을 식으로 나타내면 아래와 같습니다.
$$6{,}000 \times (1+0.25) = 6{,}000 \times 1.25 = 7{,}500$$

③ 위의 두 식의 값은 서로 같으므로
$$\frac{3}{4}x = 7{,}500 \quad \therefore \quad x = 7{,}500 \times \frac{4}{3} = 10{,}000$$
따라서 구하는 정가는 10,000원입니다.

123 정답 ② 난이도 ●●○

간단풀이

$$\left(\frac{1}{90}+x\right) \times 60 = 1 \quad \therefore \quad x = \frac{1}{180}$$
$$\left(\frac{1}{180}+y\right) \times 72 = 1 \quad \therefore \quad y = \frac{1}{120}$$
$$\left(\frac{1}{90}+\frac{1}{180}+\frac{1}{120}\right) \times t = 1$$
$$\frac{1}{40} \times t = 1 \quad \therefore \quad t = 40$$

상세풀이 1

일률 문제를 풀 때는 전체 일의 양을 1로 가정하고 문제를 해결하는 것이 좋습니다.

① A 직원이 혼자 보고서를 작성하면 90분이 걸리므로 A 직원의 일률은 $\frac{1}{90}$ 입니다. B 직원과 C 직원의 일률은 모르기 때문에 B 직원의 일률을 x, C 직원의 일률을 y로 두고 문제의 조건에 맞게 방정식을 세웁니다.

② A, B 직원이 함께 보고서를 작성하면 60분이 걸리므로 다음과 같은 방정식을 세울 수 있습니다.
$$\left(\frac{1}{90}+x\right) \times 60 = 1$$
$$\frac{1}{90}+x = \frac{1}{60} \quad \therefore \quad x = \frac{1}{60}-\frac{1}{90} = \frac{1}{180}$$

③ B, C 직원이 함께 보고서를 작성하면 72분이 걸리므로 다음과 같은 방정식을 세울 수 있습니다.
$$\left(\frac{1}{180}+y\right) \times 72 = 1$$
$$\frac{1}{180}+y = \frac{1}{72} \quad \therefore \quad y = \frac{1}{72}-\frac{1}{180} = \frac{1}{120}$$

④ 따라서 A 직원의 일률은 $\frac{1}{90}$, B 직원의 일률은 $\frac{1}{180}$, C 직원의 일률은 $\frac{1}{120}$ 입니다.

이때, A, B, C 직원이 모두 함께 보고서를 작성한다면 완성하는데 걸리는 시간을 t라고 놓고 방정식을 세우면 다음과 같습니다.
$$\left(\frac{1}{90}+\frac{1}{180}+\frac{1}{120}\right) \times t = 1$$
$$\frac{1}{40} \times t = 1 \quad \therefore \quad t = 40$$

상세풀이 2

계산의 편의를 위해 조금 더 영리하게 접근해 봅니다. 위와 같이 전체 일의 양을 1로 놓으면, A는 혼자 보고서를 작성하는데 90분이 걸리므로 $\frac{1}{90}$의 일률을 가집니다. B는 x, C는 y의 일률을 가진다고 합니다.

① A의 일률을 알고 있으므로 B와 C가 함께 작업할 때의 일률만 주목합니다. B와 C가 함께 보고서를 작성하면 72분이 걸리므로 $x+y = \frac{1}{72}$ 입니다.

② A, B, C 가 모두 함께 보고서를 작성한다면 일률의 합은
$$\frac{1}{90}+x+y = \frac{1}{90}+\frac{1}{72} = \frac{1}{40}$$

③ 세 직원의 일률이 $\frac{1}{40}$이므로 보고서를 함께 완성하는데 걸리는 시간은 40분입니다.

124 정답 ③   난이도 ●●○

간단풀이

영미가 혼자 청소를 마무리하는 데 걸린 시간을 x라 하면
(철수가 청소를 하는 속도)$=\frac{1}{3}$,
(영희가 청소를 하는 속도)$=\frac{1}{x}$

$\left(\frac{1}{3}+\frac{1}{x}\right)\times 1+\frac{1}{3}\times\frac{1}{2}=1$

$\frac{1}{3}+\frac{1}{x}+\frac{1}{6}=1$

$\frac{1}{x}=\frac{1}{2}$ ∴ $x=2$

따라서 구하는 영미 혼자 청소를 마무리하는 데 걸린 시간은 2(시간)입니다.

상세풀이

이 문제는 '일률' 개념을 이해하여야 합니다. 일률이란 '단위 기간 동안 처리할 수 있는 작업량'을 의미하여 전체 작업량을 1로 놓고 계산합니다. 분, 시간 등의 단위 기간 동안 한 일의 양을 기준으로 식을 세우며 (일률(또는 작업 속도))×(작업 시간)=1 입니다. 즉, 이 문제에서 청소를 마무리하는 전체 작업량을 1로 놓고 식을 세우면 (사람이 청소를 하는 속도)×(청소를 마무리하는 데 걸린 시간)=1이라고 표현할 수 있습니다.

① 철수가 혼자 청소를 마무리하는 데 걸린 시간은 3시간이므로 (철수가 청소를 하는 속도)×3=1

 ∴ (철수가 청소를 하는 속도)$=\frac{1}{3}$

또한, 영미가 혼자 청소를 마무리하는 데 걸린 시간을 x라 하면 (영희가 청소를 하는 속도)×x=1 이므로

 ∴ (영희가 청소를 하는 속도)$=\frac{1}{x}$

② 철수와 영미가 함께 1시간 동안 일을 했으므로 각각의 일률을 고려하여 시간과 곱해줍니다.
먼저 둘이 동시에 1시간을 일했을 때 작업량은
$\left(\frac{1}{3}+\frac{1}{x}\right)\times 1$

이때, 영희가 쉬고 철수가 혼자 30분, 즉 $\frac{1}{2}$시간을 일을 하였으므로 철수가 혼자 일한 작업량은
$\frac{1}{3}\times\frac{1}{2}$

③ 둘이 동시에 1시간 청소하다가 이후 철수 혼자 30분 더 청소하여 청소가 마무리되었다고 하였으므로 ②에서 구한 각 작업량을 더하면 전체 작업량인 1이 됨을 이용하여 식을 세워줍니다.

$\left(\frac{1}{3}+\frac{1}{x}\right)\times 1+\frac{1}{3}\times\frac{1}{2}=1$

④ 위의 식을 풀면

$\frac{1}{3}+\frac{1}{x}+\frac{1}{6}=1$

$\frac{1}{x}=\frac{1}{2}$ ∴ $x=2$

따라서 구하는 영미 혼자 청소를 마무리하는 데 걸린 시간은 2(시간)입니다.

125 정답 ⑤   난이도 ●●●

간단풀이 1

전체 일의 양을 1로 놓고 풀었을 때,
$\frac{1}{30}\times 3+\frac{1}{20}\times 5+\left(\frac{1}{30}+\frac{1}{20}\right)x=1$
$6+15+5x=60$
$5x=39$ ∴ $x=\frac{39}{5}$(시간) = 7시간 48분

간단풀이 2

주어진 시간의 최소공배수를 이용하여 풀었을 때,
철수의 일률: $30a=60$ $a=2$
영희의 일률: $2b=60$ $b=3$
$3\times 2+5\times 3+(2+3)x=60$
$5x=39$
$x=\frac{39}{5}$(시간)=7시간 48분

상세풀이 1

일률문제에서는 전체 일의 양은 1로 놓고 문제를 해결합니다.

① 두 사람이 같이 코딩을 하는 시간을 구해야 하므로 x로 놓습니다.

전체 일의 양을 1로 놓았기 때문에 철수가 1시간 동안 일하는 일의 양은 $\frac{1}{30}$이 되고, 영미가 1시간 동안 일하는 일의 양은 $\frac{1}{20}$이 됩니다.

② 이를 토대로 식을 세우면 철수는 $\frac{1}{30}$씩 3시간 일했기 때문에 철수가 3시간 동안 일한 양은 $\frac{1}{30} \times 3$이고, 영미는 $\frac{1}{20}$씩 5시간 일했기 때문에 영미가 5시간 동안 일한 양은 $\frac{1}{20} \times 5$입니다.

③ 여기에 둘이 함께 일했기 때문에 둘의 일의 양을 더해주고 두 사람이 같이 코딩하는 시간 x를 곱하여 식을 세워주면 둘이 함께 일한 양은 $\left(\frac{1}{30} + \frac{1}{20}\right)x$가 됩니다.

④ 코딩 과제를 완성하였기 때문에 위의 식을 정리하면
$\frac{1}{30} \times 3 + \frac{1}{20} \times 5 + \left(\frac{1}{30} + \frac{1}{20}\right)x = 1$
$\frac{1}{10} + \frac{1}{4} + \frac{5}{60}x = 1$
$6 + 15 + 5x = 60$
$5x = 39$ ∴ $x = \frac{39}{5}$ (시간) = 7시간 48분

상세풀이 2

일률문제에서 주로 전체 일의 양은 1로 놓고 문제를 해결하는데, 주어진 각 시간의 최소공배수를 이용하여 문제를 해결할 수 있습니다.

① 30, 20, 3, 5의 최소공배수를 구하면 60이 나옵니다. 따라서 전체 일의 양은 60입니다.

② 여기서 철수의 일률을 구하면 $30a = 60$, $a = 2$이고, 영희의 일률을 구하면 $20b = 60$, $b = 3$입니다.

③ 두 사람이 같이 코딩을 하는 시간을 x로 놓고 식을 세우면
$3 \times 2 + 5 \times 3 + (2+3)x = 60$
$5x = 39$ ∴ $x = \frac{39}{5}$

따라서 두 사람이 같이 코딩한 시간은 $\frac{39}{5}$시간 즉, 7시간 48분입니다.

126 정답 ① 난이도

간단풀이

(필요한 18%의 소금물의 양) = x
$\frac{30 + 0.18x}{100 + x} \times 100 \leq 21$
$3{,}000 + 18x \leq 2{,}100 + 21x$
$3x \geq 900$ ∴ $x \geq 300$
구하는 답은 필요한 18%의 소금물의 최소량이므로 300(g)입니다.

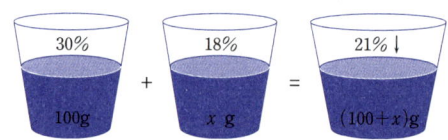

상세풀이 1

농도가 30%인 소금물에 18%의 소금물을 섞으면 전체 농도가 낮아집니다.
18%의 소금물을 많이 넣을수록 농도가 더 낮아집니다. 이렇게 희석된 소금물의 농도가 낮아지다가 21%가 되는 순간부터 식용으로 사용할 수 있습니다.
이때 필요한 18%의 소금물의 양이 최소량입니다.

① 서로 다른 농도의 소금물을 섞으면 소금물의 양과 소금의 양이 둘 다 달라집니다.
따라서, 희석하였을 경우 변화된 전체 소금물의 양과 전체 소금의 양을 구하는 것이 좋습니다.
필요한 18%의 소금물의 양을 모르기 때문에 미지수 x g이라고 설정하겠습니다.

② 그리고 농도가 30%인 소금물 100g과 희석하였을 때 전체 소금물의 양과 전체 소금의 양을 구하여야 합니다. 전체 소금물의 양을 식으로 나타내면 아래와 같습니다.
(전체 소금물의 양) = $100 + x$(g)

③ 전체 소금의 양을 구해봅니다.
(소금의 양) = $\frac{(\text{소금물의 농도})}{100} \times (\text{소금물의 양})$이므로 농도가 30%인 소금물 100g 내 들어있는 소금의 양은 $\frac{30}{100} \times 100 = 30$(g)입니다.

④ 같은 방법으로 농도가 18%인 소금물 x g에 들어있는 소금의 양은 $\frac{18}{100} \times x = 0.18x$(g)입니다.
따라서 전체 소금의 양은 $30 + 0.18x$(g)입니다.

⑤ 위에서 구한 전체 소금물의 양과 전체 소금의 양을 나타낸 식을 이용하여 희석된 소금물의 농도를 구하면 아래와 같습니다.

(희석된 소금물의 농도) $= \dfrac{(30+0.18x)}{(100+x)} \times 100$

⑥ 문제에서 소금물의 농도가 21%보다 진하면 식용으로 사용할 수 없다고 하였기 때문에 희석한 소금물의 농도는 21% 이하여야 합니다. 이를 식으로 나타내어 풀면

$\dfrac{30+0.18x}{100+x} \times 100 \leq 21$

$3{,}000 + 18x \leq 2{,}100 + 21x$

$3x \geq 900 \quad \therefore \quad x \geq 300$

따라서 구하는 답은 300g입니다.

상세풀이 2

위와 같은 방법으로 풀 수도 있지만 이 문제는 가중평균을 이용하여 푸는 것이 더 간편합니다. 서로 다른 농도의 소금물을 섞는 경우 가중평균을 구하는 비율을 이용하여 문제를 풀 수 있습니다. (28번 상세풀이 3 참조) 상세풀이 1에서와 같이 희석된 소금물의 농도가 21%일 때 필요한 18%의 소금물이 최소량으로 사용됩니다. 18%, 21%, 30%를 그려 비율을 그림으로 나타내면 아래와 같습니다.

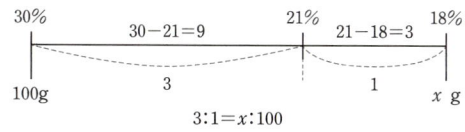

21%까지의 각각의 농도 비율은
$(30-21):(21-18)=3:1$입니다.
농도 차이의 비율과 필요한 소금물의 양의 비율은 반비례합니다.
따라서 21%가 되기 위한 소금물의 양의 비율은
(18% 소금물의 양) : (30% 소금물의 양) = 3 : 1
문제에서 농도 30%의 양이 100g이라고 하였으므로 (18% 소금물의 양) : 100 = 3 : 1에서 필요한 18% 소금물의 양은 300g이고 이때가 최소량입니다.

127 정답 ④   난이도 ●●○

간단풀이 1

$x \times \dfrac{9}{100} + 60 \times \dfrac{7}{100} = (x+60) \times \dfrac{8.2}{100}$

$9x + 420 = 8.2x + 492$

$0.8x = 72 \quad \therefore \quad x = 90$

간단풀이 2

$(9-8.2):(8.2-7) = 2:3 = 60:x$

$2x = 180 \quad \therefore \quad x = 90$

상세풀이 1

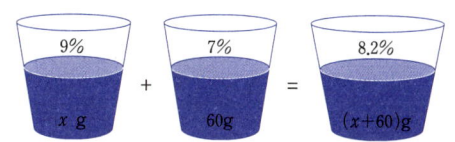

(소금의 양) = (소금물의 양) × $\dfrac{(소금물의 농도)}{100}$ 이므로

농도 9%인 소금물의 양을 x라 하면 7%의 소금물이 60g이므로 다음과 같은 식을 구할 수 있습니다.

$x \times \dfrac{9}{100} + 60 \times \dfrac{7}{100} = (x+60) \times \dfrac{8.2}{100}$

$9x + 420 = 8.2x + 492$

$0.8x = 72 \quad \therefore \quad x = 90$

상세풀이 2

서로 다른 농도의 소금물을 섞어서 다른 농도의 소금물을 만들어줄 때에는 가중평균 개념을 활용하여 비례식을 이용하면 쉽게 구할 수 있습니다.

9% 소금물 xg과 7%의 소금물 60g의 가중평균이 8.2% 소금물임을 이용하여 비례식을 세워보면 다음과 같습니다.

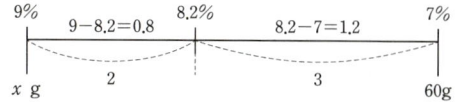

농도 차이의 비가 $(9-8.2):(8.2-7) = 0.8:1.2 = 2:3$ 이므로 소금물의 양의 비는 3 : 2이 된다고 예상할 수 있습니다.

$60 : x = 2 : 3$

$2x = 180 \quad \therefore \quad x = 90$

128 정답 ③ 난이도 ●●○

간단풀이

$400 \times \dfrac{7}{100} = 28(g)$, $100 \times \dfrac{x}{100} + 300 \times \dfrac{y}{100} = 28$

$\dfrac{9}{100} \times 400 = 36(g)$, $\dfrac{x}{100} \times 300 + \dfrac{y}{100} \times 100 = 36$

$\begin{cases} x+3y=28 \\ 3x+y=36 \end{cases}$ $\begin{cases} 3x+9y=84 \\ 3x+y=36 \end{cases}$

∴ $y=6$, $x=10$

상세풀이

문제를 풀기 위해 A의 농도를 미지수 x, B의 농도를 미지수 y로 설정합니다.
소금물의 농도 문제에서 쓰이는 원리 (소금의 양) = $\dfrac{(소금물의\ 양) \times (농도)}{100}$ 를 이용합니다.

① 7%의 소금물에서 소금물의 양은 혼합한 두 소금물의 양인 $100+300=400(g)$입니다. 주어진 농도와 소금물의 양을 이용해 7%의 소금의 양을 구하면 아래의 식이 나옵니다.
$400 \times \dfrac{7}{100} = 28(g)$

② 100g의 A 소금물과 300g의 B 소금물을 혼합하였을 때 소금의 양이 28(g)임을 이용해 미지수 x, y가 들어간 하나의 식을 만듭니다.
(A 소금물의 소금의 양) + (B 소금물의 소금의 양) = 28g
$100 \times \dfrac{x}{100} + 300 \times \dfrac{y}{100} = 28$,
$x+3y=28$ …… ㉠

③ 마찬가지로 9% 소금물에서 소금의 양을 구합니다. 9%의 소금물에서 소금물의 양은 $100+300=400(g)$으로 소금의 양을 구하는 식에 대입해보면 다음과 같은 식이 나옵니다.
$\dfrac{9}{100} \times 400 = 36(g)$

④ 위의 36g의 소금은 A 소금물 100g과 B 소금물 300g을 혼합했을 때의 소금의 양이므로 아래의 식이 나옵니다.
(A 소금물의 소금의 양) + (B 소금물의 소금의 양) = 36g
$300 \times \dfrac{x}{100} + 100 \times \dfrac{y}{100} = 36$,
$3x+y=36$ …… ㉡

⑤ ㉠, ㉡을 연립하여 x와 y의 값을 구합니다.
$\begin{cases} x+3y=28 \\ 3x+y=36 \end{cases}$
$\begin{cases} 3x+9y=84 \\ 3x+y=36 \end{cases}$
$8y=48$ ∴ $y=6$
이것을 ㉠에 대입하면
$x+18=28$, ∴ $x=10$
문제에서 구하고자 하는 답은 A 소금물의 농도이므로 $x=10\%$입니다.

129 정답 ① 난이도 ●●○

간단풀이

(손님의 수) $= 3x+15$
$5(x-2)+1 \leq 3x+15 \leq 5(x-2)+5$
$10 \leq x \leq 12$ 이므로 x는 10, 11, 12가 될 수 있습니다.
x가 12일 때 전체 손님의 수는 51명입니다.
전체 손님의 수가 51명일 때 4명씩 9개 또는 5명씩 3개 앉을 수 있습니다.
∴ 9개

상세풀이

문제를 크게 두 부분으로 나누어서 먼저 전체 의자의 개수를 구하고, 그 다음으로 4명씩 앉은 의자의 개수를 구해야 합니다.

① 전체 의자의 개수를 x라고 놓습니다. 한 의자에 3명씩 앉았을 때 15명이 남기 때문에, 손님의 수는 $3x+15$ 입니다. 그리고 한 의자에 5명씩 앉으면 의자가 1개 남기 때문에, 의자수를 x라 가정했을 때, 의자가 1개 남으면 $(x-2)$번째 의자에 몇 명이 앉아있는지를 정확히 알 수 없으므로 1명에서 5명까지 앉아있다고 가정할 수 있습니다.
따라서 $5(x-2)+1 \leq 3x+15 \leq 5(x-2)+5$ 라는 식을 세울 수 있습니다.

② 이 식을 계산하면 $10 \leq x \leq 12$이므로 x는 10, 11, 12가 될 수 있습니다.
$3x+15$에 10, 11, 12를 각각 대입하면
(1) x가 10 일 때 : 전체 손님의 수는 45명
(2) x가 11 일 때 : 전체 손님의 수는 48명
(3) x가 12 일 때 : 전체 손님의 수는 51명입니다.

③ 문제에서 몇 개의 의자에는 4명씩, 나머지 의자에는 5명씩 앉았더니 남는 의자가 없었다고 했기 때문에

(1) 전체 손님의 수가 45명일 때
: 4명씩 5개 / 5명씩 5개
(2) 전체 손님의 수가 48명일 때
: 4명씩 7개 / 5명씩 4개
(3) 전체 손님의 수가 51명일 때
: 4명씩 9개 / 5명씩 3개 입니다.

④ 4명씩 앉은 의자의 개수가 될 수 있는 값 중 가장 큰 값을 물어보고 있으므로 정답은 9개입니다.

130 정답 ①   난이도 ●●●

간단풀이

(생산량)$=a$, (이번 달 게임기 한 개당 가격)$=b$
(지난달의 매출액) $= 17 \times a - 1.7 \times a = 15.3 \times a$
(이번 달의 매출액) $= a \times b - 0.15 \times a \times b = 0.85 \times a \times b$
(지난달의 매출액)$=$(이번 달의 매출액)
$15.3 \times a = 0.85 \times a \times b$
$b = \dfrac{15.3}{0.85} = 18$

상세풀이

(매출액)$=$(생산량)$\times$(판매가)$-$(불량품의 개수)$\times$(판매가)입니다.

① 먼저, 생산량을 a라 두고, 지난달 불량품의 개수를 구합니다.
지난달의 불량률은 10%이므로 이를 생산량에 대한 불량품의 비율로 나타내면 0.1입니다.
따라서, 지난달 불량품의 개수는 $0.1a$입니다.

② 이번 달의 불량품의 개수를 a를 이용하여 표현합니다.
이번 달의 불량률은 15%이므로 이를 생산량에 대한 불량품의 비율로 나타내면, 0.15입니다.
따라서, 이번 달의 불량품의 개수는 $0.15a$ 입니다.

③ 매출액을 계산하는 식에 해당하는 값들을 대입하여 지난달의 매출액을 a에 관한 식으로 나타냅니다.
(지난달의 매출액)
$=$(생산량)$\times$(판매가)$-$(불량품의 개수)$\times$(판매가)
$= a \times 17 - 0.1 \times a \times 17$
$= 17 \times a - 1.7a$
$= 15.3 \times a$

④ 마찬가지로, 이번 달의 매출액을 식으로 나타내어야 합니다. 또한, b값이 문제에서 최종적으로 구해야 하는 값입니다.

(이번 달의 매출액)
$=$(생산량)$\times$(판매가)$-$(불량품의 개수)$\times$(판매가)
$= a \times b - 0.15 \times a \times b$
$= 0.85 \times a \times b$

⑤ 이번 달의 매출액과 지난달의 매출액이 같다는 점을 이용하여 이번 달의 판매가를 구해야 합니다.
(지난달의 매출액)$=$(이번 달의 매출액)
$15.3 \times a = 0.85 \times a \times b$
양변에서 a를 소거하면 $15.3 = 0.85b$ 가 되고, 이 식에서 b의 값을 구하면
$b = \dfrac{15.3}{0.85} = 18$(만 원) 입니다.

131 정답 ③   난이도 ●●●

간단풀이

(붕어빵과 호떡 모두 구매한 인원)$=x$,
(둘 다 구매하지 않은 인원)$=2x$
(붕어빵만 구매한 사람)$=44-x$,
(호떡만 구매한 사람)$=47-x$
$100 = 2x + x + (44-x) + (47-x)$
$100 = x + 91 \quad \therefore x = 9$
$\therefore$ (붕어빵만 구매한 사람)$= 44-9 = 35$

상세풀이 1

이 문제는 둘 다 구매하지 않은 인원과 모두 구매한 인원을 미지수로 설정한 뒤 벤 다이어그램의 영역에 인원 수를 표시하면 이해하기 쉽습니다.

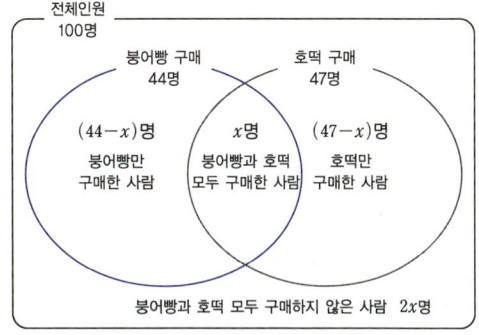

① 붕어빵과 호떡 모두 구매한 인원을 미지수 x로 설정합니다. 문제에서 둘 다 구매하지 않은 인원은 모두 구매한 인원의 2배 많았다고 했으므로, 둘 다 구매하지 않은 인원수는 $2x$ 입니다.

② 붕어빵만 구매한 사람은 $44-x$(명), 호떡만 구매한 사람은 $47-x$(명)이라는 것을 벤 다이어그램을 통해 알 수 있습니다.

③ 전체 인원이 100명이라는 점을 이용해 미지수를 포함한 식을 세울 수 있습니다.
(전체 인원)=(둘 다 구매하지 않은 인원수)+(붕어빵과 호떡 모두 구매한 사람)+(호떡만 구매한 사람)+(붕어빵만 구매한 사람)
$100 = 2x + x + (44-x) + (47-x)$
$100 = x + 91$ ∴ $x = 9$

④ (붕어빵만 구매한 사람)=$44-x$이므로 $x=9$를 대입하면 $44-9=35$입니다.

📝 상세풀이 2

③에서 식을 세울 때, 꼭 전체 인원 100명에 대한 식을 세울 필요는 없습니다.
붕어빵과 호떡 둘 중 하나라도 구매한 사람 수에 대해 식을 세울 수도 있습니다.
벤 다이어그램의 그림을 참고하면 붕어빵과 호떡 둘 중의 하나라도 구매한 사람 수는
$(44-x)+(47-x)+x=91-x$로 나타낼 수 있습니다.
또, 붕어빵과 호떡 둘 중에 하나라도 구매한 사람 수는 전체 100명에서 둘 다 구매하지 않은 사람 수를 뺀 것과 같으므로 $100-2x$(명)으로 나타낼 수 있습니다.
두 식은 서로 같은 값을 가지므로, $91-x=100-2x$이고, 이 식을 정리하면 $x=9$라는 것을 알 수 있습니다.

132 정답 ① 난이도 ●●○

🛰️ 간단풀이

$\begin{cases} 2x+y=96 \\ x+y=50 \end{cases}$
∴ $x=46$(분)

📝 상세풀이

① '고속충전기로 충전한 시간'을 x분, '일반충전기로 충전한 시간'을 y분이라고 생각하면, 고속충전기의 충전속도는 일반충전기의 두 배라고 했으므로 분당 2%p씩 충전이 된다는 것을 알 수 있습니다.

② x분 동안 분당 2%p씩 충전이 되므로 고속충전기로 $2x$%가 충전이 되고, y분 동안 분당 1%p씩 충전이 되므로 일반충전기로 y%가 충전이 됩니다. 4%에서 100%까지 충전이 완료되려면 96%가 충전되어야 하므로 $2x$%와 y%의 합이 96%가 됩니다. 이를 식으로 나타내면 $2x+y=96$입니다.

③ 충전에 걸린 시간은 50분이므로 x분과 y분의 합이 50분이라고 할 수 있습니다.
이를 식으로 나타내면 $x+y=50$입니다.

④ 위 두 식을 연립하면, x의 값이 46임을 알 수 있습니다.
$\begin{cases} 2x+y=96 \\ x+y=50 \end{cases}$
∴ $x=46$, $y=4$
따라서 찾고자 하는 '고속충전기로 충전한 시간'은 46분입니다.

133 정답 ③ 난이도 ●●○

🛰️ 간단풀이

$_3H_4 = {_6C_4} = {_6C_2} = \dfrac{6\times 5}{2} = 15$
∴ 15가지입니다.

📝 상세풀이 1

이해를 돕기 위해 이 문제의 상황을 그림으로 나타내면 다음과 같습니다. 서로 다른 골대 3개는 각각 A, B, C로 이름을 붙일 수 있습니다.

이 문제는 중복조합 개념을 활용하는 문제입니다.
골대는 서로 다른 3개가 있고, 공은 4개가 있고 서로 구별하지 않습니다.
서로 다른 3개에서 중복을 허용하여 4개를 택하는 조합이므로
$_3H_4 = {_6C_4} = {_6C_2} = \dfrac{6\times 5}{2} = 15$

> ▶▶ 중복조합
> (1) 중복조합 : 서로 다른 n개의 대상에서 중복을 허용하여 r개를 택하는 경우의 수
> (2) 중복조합의 계산 = $_nH_r = {_{n+r-1}C_r}$
> ex) 과일 가게에 귤, 감 2종류의 과일이 있는데, 중복을 허용하여 4개를 담는 경우의 수는 (귤0, 감4) (귤1, 감3) (귤2, 감2) (귤3, 감1) (귤4, 감0)으로 총 5가지입니다.
> (중복을 허용한다는 것은 귤을 하나만 담을 필요 없이 여러 개 담아도 된다는 말입니다.)
> 이는 2개 중에 중복을 허용하여 4개를 택하는 경우의 수라고 할 수 있고, $_2H_4 = {_5C_4} = 5$로 계산할 수 있습니다.

이 문제와 연결시키면, 경기장에 3종류의 골대(과일)가 있는데, 중복을 허용하여 공 4개를 담는 경우의 수라고 해석할 수 있기 때문에 $_3H_4$로 계산하는 것입니다.

상세풀이 2

막대기 2개를 도입해서 문제를 해결할 수도 있습니다.
문제에는 축구공 4개가 있고, 이들은 각각 골대 A, B, 또는 C에 들어갈 수 있습니다.
막대기를 자유롭게 이동시킬 수 있는데, 다음 그림과 같은 상황도 생깁니다.

A 골대에 B 골대에   C 골대에
들어간 공 들어간 공   들어간 공

첫 번째 막대기의 왼쪽 부분은 A 골대, 막대와 막대 사이는 B 골대, 두 번째 막대기의 오른쪽 부분은 C 골대에 들어갔다고 해석할 수 있는 것입니다.
(막대기는 서로 동일합니다. 위치 관계만 보면 됩니다.)
다음과 같은 상황도 가능합니다.

A 골대에 B 골대에   C 골대에
들어간 공 들어간 공   들어간 공

이 경우 A, B 골대에는 공을 넣지 않고 C 골대에만 축구공을 모두 넣은 상황이라고 해석할 수 있는 것입니다.
서로 같은 막대기 2개와 서로 같은 축구공 4개를 배열하는 방법은 $\dfrac{6!}{2!4!} = \dfrac{6 \times 5}{2} = 15$로 계산할 수 있습니다.
따라서 구하는 경우의 수는 15입니다.

독끝 5일차 (134~166)

번호	답	번호	답	번호	답	번호	답	번호	답
134	②	135	⑤	136	⑤	137	⑤	138	⑤
139	④	140	②	141	③	142	②	143	③
144	③	145	⑤	146	①	147	②	148	⑤
149	②	150	⑤	151	①	152	②	153	②
154	③	155	②	156	⑤	157	①	158	④
159	①	160	⑤	161	②	162	⑤	163	④
164	④	165	①	166	⑤				

134 정답 ② 난이도 ●●○

📡 간단풀이

서로 다른 10개의 피규어를 4개의 포장박스에 담는 경우는 (3, 3, 3, 1) 또는 (3, 3, 2, 2)입니다.

(1) (3, 3, 3, 1)일 때,
$$_{10}C_3 \times {}_7C_3 \times {}_4C_3 \times \frac{1}{3!} = \frac{10\times9\times8}{3!} \times \frac{7\times6\times5}{3!}$$
$$\times \frac{4\times3\times2}{3!} \times \frac{1}{3!} = 2,800 \text{(가지)}$$

(2) (3, 3, 2, 2)일 때,
$$_{10}C_3 \times {}_7C_3 \times {}_4C_2 \times \frac{1}{2!\times2!} = \frac{10\times9\times8}{3!} \times$$
$$\frac{7\times6\times5}{3!} \times \frac{4\times3}{2} \times \frac{1}{2!\times2!} = 6,300 \text{(가지)}$$

∴ 보관할 수 있는 총 방법의 수는 2,800+6,300= 9,100(가지)입니다.

🔍 상세풀이

이 문제는 순서를 나누어 푸는 것이 좋습니다.
(1) 서로 같은 피규어라 가정하고 분할합니다.
(2) 서로 다른 피규어임을 고려하여 조합을 사용합니다.
(3) 서로 같은 박스임을 고려하여 중복된 경우의 수만큼 나눕니다.

① 분할을 이용하기 위해 먼저 서로 같은 10개의 피규어를 총 4개의 포장박스에 담을 수 있는 경우의 수를 생각합니다.

각 포장박스에는 최대 3개까지 담을 수 있으므로

(1) 10개를 각 박스에 최대 개수인 3개씩 세 박스에 담기 시작하여 남은 1개를 남은 한 박스에 담는 경우인 (3, 3, 3, 1)
(2) 10개를 두 박스에는 최대 개수 3개씩 담고 남은 두 박스에는 2개씩 나눠 담는 경우인 (3, 3, 2, 2)

두 가지 경우가 존재합니다.

② 문제에서는 서로 다른 10개의 피규어라고 하였습니다. 이를 고려하기 위해 (3, 3, 3, 1) 또는 (3, 3, 2, 2)로 분할 후 순서대로 피규어를 배치할 경우를 조합을 사용해 구합니다.

아래와 같이 식으로 나타낼 수 있습니다.

(1) (3, 3, 3, 1) : 10개에서 3개를 뽑고, 나머지 7개에서 3개를 뽑고, 남은 4개에서 3개를 뽑으면 자연스럽게 남은 1개는 자동 분류됩니다. ($_3C_3 = 1$)
$$\Rightarrow {}_{10}C_3 \times {}_7C_3 \times {}_4C_3$$

(2) (3, 3, 2, 2) : 10개에서 3개를 뽑고, 나머지 7개에서 3개를 뽑고, 남은 4개에서 2개를 뽑으면 남은 2개는 자동 분류됩니다. ($_2C_2 = 1$)
$$\Rightarrow {}_{10}C_3 \times {}_7C_3 \times {}_4C_2$$

③ 4개의 포장박스가 동일한 박스임을 고려하여야 합니다.

따라서 ②에서 구했던 경우의 수에서 중복되는 경우의 수만큼 나눕니다.

(1) (3, 3, 3, 1)인 경우, 피규어 3개씩 뽑아 넣은 세 박스에서 중복이 일어나므로 3!로 나누어야 합니다.

$$_{10}C_3 \times {}_7C_3 \times {}_4C_3 \times \frac{1}{3!}$$
$$= \frac{10\times9\times8}{3!} \times \frac{7\times6\times5}{3!} \times$$
$$\frac{4\times3\times2}{3!} \times \frac{1}{3!} = 2,800 \text{(가지)}$$

(2) (3, 3, 2, 2)의 경우, 피규어 2개씩 뽑아 넣은 두 박스와 3개씩 뽑아 넣은 두 박스에서 각각 중복이 일어나므로 2!×2! 으로 나누어야 합니다.

$$_{10}C_3 \times {}_7C_3 \times {}_4C_2 \times \frac{1}{2!\times2!} = \frac{10\times9\times8}{3!} \times$$
$$\frac{7\times6\times5}{3!} \times \frac{4\times3}{2} \times \frac{1}{2!\times2!} = 6,300 \text{(가지)}$$

따라서 보관할 수 있는 총 방법의 수는 2,800+6,300=9,100(가지)입니다.

135 정답 ⑤ 난이도 ●●○

🛰 간단풀이

$_{12}C_2 \times 2 + (6-1) \times 4 = 152$

🔍 상세풀이

① 경우의 수에서 중요한 것은 겹치지 않게 서로 다른 경우를 나누어 생각해주는 것입니다. 여기서 리그와 토너먼트는 경기방식이 다르며, 그에 따른 티켓 가격도 다릅니다.
따라서 리그와 토너먼트의 경기 수를 각각 구한 뒤, 티켓 가격을 곱해주어 최종적인 비용을 구해줍니다.

② 리그의 경우, 12팀이 서로 한 번의 경기를 모두 치러야 합니다.
서로 다른 12팀 중에서 2팀씩을 골라 짝을 지어주고, 그렇게 나온 짝의 수만큼 경기하게 됩니다.
이때, A와 B가 선택되든, B와 A가 선택되든 선택 순서는 상관없다는 것을 알 수 있습니다.
따라서 조합을 이용하여 계산해주면 됩니다.

$_{12}C_2 = \dfrac{12 \times 11}{2 \times 1} = 66$

즉 리그전을 진행할 때 총 경기의 수는 66 경기가 됩니다.

③ 토너먼트의 경우는 총 경기 수를 n−1으로 구할 수 있습니다. 그 이유는 경기 한 번당 패자가 1팀 생기기 때문입니다. 최종적으로 경기를 진행하고 나면 승자 한 팀을 제외한 모두가 패자가 되어야 하므로 패자는 n−1팀이 되고 즉 경기의 수도 n−1번이라는 것을 알 수 있습니다.
총 6개의 팀이 토너먼트를 진행한다고 하였으므로, 6−1=5 즉 5번의 경기를 진행하게 됩니다.

④ 각각의 경기 수에 경기 한 번당 티켓의 값을 곱해주면 최종적으로 든 비용을 구할 수 있습니다.
$66 \times 2 + 5 \times 4 = 152$
따라서 최종적인 티켓 비용은 152만 원입니다.

136 정답 ⑤ 난이도 ●●○

🛰 간단풀이 1

중복이 가능하고 순서를 고려하지 않는 중복조합을 활용합니다. 홀수가 나오는 경우는 뽑은 두 카드가 짝수이고 한 카드가 홀수이거나, 모든 카드가 홀수인 경우이어야 합니다.

$$\therefore \dfrac{5 \times _5H_2 + _5H_3}{_{10}H_3} = \dfrac{110}{220} = \dfrac{1}{2}$$

🛰 간단풀이 2

짝수와 홀수의 개수가 같을 때, 중복을 허용해 세 수를 뽑아 더하여 홀수가 되는 경우와 짝수가 되는 경우는 배반사건이고 서로 대칭적이므로, 정답은 $\dfrac{1}{2}$ 입니다.

🔍 상세풀이 1

중복조합을 이용한 풀이 입니다.

① 10개의 숫자 중에서 중복을 허용하여 순서 상관없이 3개를 선택하면

$_{10}H_3 = _{12}C_3 = \dfrac{12 \times 11 \times 10}{3!} = 220$

따라서 전체의 경우의 수는 220가지입니다.

② 문제에서 요구하는 경우는 1부터 10까지 중복이 가능한 상태에서 3개의 카드를 뽑아 그 수를 더한 값이 홀수여야 하는 경우입니다. 이를 위해서는 뽑은 3개의 카드가 아래 같은 경우이어야 합니다.

(1) **두 카드는 짝수 및 한 카드만 홀수일 때**
5개의 짝수 후보 중 중복이 가능하니 중복조합으로 두 카드를 뽑고, 홀수 후보를 뽑는 경우의 수를 곱하면

$_5H_2 \times 5 = _6C_2 \times 5 = \dfrac{6 \times 5}{2} \times 5 = 75$

(2) **모든 카드가 홀수일 때**
5개의 홀수 후보 중 중복이 가능하니 중복조합으로 세 카드를 뽑습니다.

$_5H_3 = _7C_3 = \dfrac{7 \times 6 \times 5}{3 \times 2 \times 1} = 35$

∴ ((1)의 경우의 수) + ((2)의 경우의 수)
= 75 + 35 = 110

따라서 카드 3개를 뽑아 더한 값이 홀수인 경우는 총 110가지이고 전체의 경우의 수가 220가지이므로

$$\dfrac{5 \times _5H_2 + _5H_3}{_{10}H_3} = \dfrac{110}{220} = \dfrac{1}{2}$$

🔍 **상세풀이 2**

다음은 문제에서 홀수와 짝수의 개수가 5개로 같다는 점에 주목하여 대칭성을 활용한 풀이법입니다.

(1) 세 수를 더하여 홀수가 되는 조합: (홀, 홀, 홀), (홀, 짝, 짝)

(2) 세 수를 더하여 짝수가 되는 조합: (짝, 짝, 짝), (짝, 홀, 홀)

① 짝수카드와 홀수카드의 개수가 같으므로 다음과 같은 관계가 나옵니다.
(1) (두 짝수 및 하나의 홀수를 뽑는 경우의 수) = (두 홀수 및 하나의 짝수를 뽑는 경우의 수)
(2) (세 짝수를 뽑는 경우의 수) = (세 홀수를 뽑는 경우의 수)

② 중복을 허용해 세 수를 뽑아 더하여 홀수가 되는 경우와 짝수가 되는 경우는 배반사건이고 서로 대칭적이므로, 정답은 $\frac{1}{2}$ 입니다.

---

137 정답 ⑤   난이도 ●●○

✏️ **간단풀이**

$$\therefore (\text{철수가 이길 확률}) = \frac{4}{8} + \frac{4}{8} \times \frac{3}{7} \times \frac{4}{6} + \frac{4}{8} \times \frac{3}{7} \times \frac{2}{6} \times \frac{1}{5} \times \frac{4}{4}$$
$$= \frac{46}{70} = \frac{23}{35}$$

🔍 **상세풀이**

이 문제에 나오는 게임에서 철수가 이기는 경우는 3가지입니다.

① 철수가 첫 번째 순서에서 빨간 물병을 꺼낼 경우: $\frac{4}{8}$

② 철수가 세 번째 순서에서 빨간 물병을 꺼낼 경우: $\frac{4}{8} \times \frac{3}{7} \times \frac{4}{6}$
(철수가 세 번째 순서에서 빨간 물병을 꺼내기 전까지의 순서에서는 모두 파란 물병을 꺼내야 합니다.)

③ 철수가 다섯 번째 순서에서 빨간 물병을 꺼낼 경우: $\frac{4}{8} \times \frac{3}{7} \times \frac{2}{6} \times \frac{1}{5} \times \frac{4}{4}$

3가지 경우에서의 확률들은 모두 동시에 일어나지 않기 때문에 각각의 경우의 수를 더해줍니다.

$$\therefore (\text{철수가 이길 확률})$$
$$= \frac{4}{8} + \frac{4}{8} \times \frac{3}{7} \times \frac{4}{6} + \frac{4}{8} \times \frac{3}{7} \times \frac{2}{6} \times \frac{1}{5} \times \frac{4}{4}$$
$$= \frac{46}{70} = \frac{23}{35}$$

---

138 정답 ⑤   난이도 ●●○

✏️ **간단풀이**

$$1 - \left(\frac{1}{3}\right)^4 = \frac{80}{81}$$

🔍 **상세풀이 1**

여사건의 확률을 이용해서 계산할 수 있습니다.

① '적어도 한 번 6의 약수가 나오는 사건'을 A라고 하면, A^C는 '6의 약수가 한 번도 나오지 않는 사건'입니다.
6의 약수는 1, 2, 3, 6이므로, 주사위를 한 번 던질 때 6의 약수가 나오지 않을 확률은 다음과 같습니다.
$$\frac{(6\text{의 약수가 아닌 눈의 수})}{(\text{주사위 눈의 수})} = \frac{2}{6} = \frac{1}{3}$$

② 4번의 시행에서 모두 6의 약수가 나오지 않을 확률은, 각 시행이 독립이므로 확률의 곱셈정리에 의해
$$\frac{1}{3} \times \frac{1}{3} \times \frac{1}{3} \times \frac{1}{3} = \frac{1}{81}$$ 입니다.
그러므로 $P(A^C) = \frac{1}{81}$ 입니다.

③ 따라서 구하는 확률은
$$P(A) = 1 - P(A^C) = 1 - \frac{1}{81} = \frac{80}{81}$$ 입니다.

🔍 **상세풀이 2**

① 주사위를 4번 던졌을 때 나온 결과를 순서쌍을 (, , ,)으로 나타냅니다.
예를 들어, 첫 번째 시행에서 1, 두 번째에서 5, 세 번째에서 3, 네 번째에서 6이 나오면 이를 순서쌍으로 (1, 5, 3, 6)으로 표기합니다.

② 4번의 시행을 통해 얻을 수 있는 순서쌍은 $6 \times 6 \times 6 \times 6 = 6^4$개입니다. 그리고 그 중 6의 약수가 한 번도 나오지 않는, 즉 4 또는 5만 있는 순서쌍은 $2 \times 2 \times 2 \times 2 = 2^4 = 16$(개)입니다. 왜냐하

면 순서쌍의 첫 번째에 올 수 있는 숫자는 4, 5로 경우의 수가 2, 이는 두 번째, 세 번째, 네 번째 자리에서도 마찬가지이므로, 전체 경우의 수는 곱의 법칙에 의해 $2 \times 2 \times 2 \times 2 = 16$이기 때문입니다.

③ 따라서 $6^4 - 2^4$개의 순서쌍에서는 적어도 한 번 6의 약수가 나옵니다. 그러므로 구하고자 하는 확률은

$$\frac{(\text{적어도 하나 6의 약수가 있는 순서쌍의 개수})}{(\text{모든 순서쌍의 개수})}$$

$$= \frac{6^4 - 2^4}{6^4} = 1 - \left(\frac{2}{6}\right)^4 = 1 - \left(\frac{1}{3}\right)^4 = \frac{80}{81}$$

139 정답 ④ 난이도 ●●○

간단풀이

$$\frac{3 \times 2 - 1}{{}_5P_2 - 4} = \frac{5}{16}$$

상세풀이

① 자연수 0, 2, 4, 6, 8이 적힌 5장의 카드에서 2장을 뽑아 두 자리 정수를 만드는 모든 경우의 수를 먼저 구해야 합니다.

5장의 카드에서 2장을 뽑아 배열하는 경우의 수는  입니다.

그런데 0이 적힌 카드가 앞자리에 배열되는 경우 두 자리 정수를 만들 수 없습니다.

0이 적힌 카드가 앞자리에 배열되는 경우의 수는 모두 4가지입니다.

따라서 자연수 0, 2, 4, 6, 8이 적힌 5장의 카드에서 2장을 뽑아 두 자리 정수를 만드는 모든 경우의 수는 ${}_5P_2 - 4$ 입니다.

② 자연수 0, 2, 4, 6, 8이 적힌 5장의 카드에서 2장을 뽑아 두 자리 정수를 만든다고 할 때 그 수가 3의 배수이기 위해서는 두 카드의 합이 3의 배수여야 합니다.

두 카드의 합은 최대 14이므로 3의 배수는 3~12까지 나올 수 있습니다.

(1) 두 카드의 합이 3을 만족하는 조합은 없습니다.
(2) 두 카드의 합이 6을 만족하는 조합은 (0,6)과 (2,4)입니다.
(3) 두 카드의 합이 9를 만족하는 조합은 없습니다.
(4) 두 카드의 합이 12를 만족하는 조합은 (4,8)입니다.

따라서 3의 배수가 될 수 있는 모든 경우의 수는 6가지입니다. 그러나 이때 첫 번째 자리의 카드가 0이라면 두 자리 정수라는 조건이 성립하지 않으므로 첫 번째 카드 자리가 0이면서 3의 배수인 경우를 제외해야 합니다.

이러한 경우는 '06' 한 가지입니다. 따라서 자연수 0, 2, 4, 6, 8이 적힌 5장의 카드에서 2장을 뽑아 두 자리 정수를 만든다고 할 때 그 수가 3의 배수인 경우의 수는 $3 \times 2 - 1$입니다.

③ 문제에서 자연수 0, 2, 4, 6, 8이 적힌 5장의 카드에서 2장을 뽑아 두 자리 정수를 만든다고 할 때라고 하였으므로 자연수 0, 2, 4, 6, 8이 적힌 5장의 카드에서 2장을 뽑아 두 자리 정수를 만드는 모든 경우의 수가 분모가 됩니다.

문제에서 그때, 그 수가 3의 배수일 확률을 물었으므로 두 자리 정수가 3의 배수인 경우의 수를 분자로 해야 합니다. 따라서 식으로 정리하면

$$\frac{3 \times 2 - 1}{{}_5P_2 - 4} = \frac{5}{16}$$ 입니다.

140 정답 ② 난이도 ●●○

간단풀이

철수의 속력을 $a$km/h, 영미의 속력을 $b$km/h라고 가정하고 식을 세우면

$$\begin{cases} 0.5a - 0.5b = 1 \\ 0.1a + 0.1b = 1 \end{cases}$$

∴ $a = 6$, $b = 4$

따라서 철수의 속력은 6km/h입니다.

상세풀이

철수와 영미가 서로 이동한 방향에 따라 두 사람이 움직인 거리의 합과 차를 이용해 문제를 접근합니다.

① 철수와 영미가 같은 방향으로 이동하는 경우에는 두 사람의 이동 거리의 차이가 호수 둘레 길이가 될 때 다시 만나며, 다른 방향으로 이동할 경우 두 사람의 이동 거리의 합이 호수 둘레 길이가 될 때 다시 만나게 됩니다.

② 문제에서 호수의 둘레가 1km라고 주어졌습니다. 두 사람의 이동하는 방향에 따라 거리를, 철수의 속력을 a km/분, 영미의 속력을 b km/분으로 두고 식을 세우면

(1) **같은 방향으로 달릴 때**
두 사람이 같은 방향으로 이동하면 거리의 차가 호수의 둘레입니다. 즉, 속력이 빠른 철수가 영미보다 호수를 한 바퀴 더 돌아 영미를 따라잡은 것입니다.
따라서 30분간 철수와 영미가 이동한 거리에 대한 식을 세우면, $30a - 30b = 1$ 임을 알 수 있습니다.

(2) **다른 방향으로 달릴 때**
두 사람이 반대 방향으로 달리면 달린 거리의 합이 호수의 둘레입니다.
따라서 6분간 철수와 영미가 이동한 거리에 대한 식을 세우면, $6a + 6b = 1$ 임을 알 수 있습니다.

③ 위의 두 식을 연립하여 풀면
$\begin{cases} 30a - 30b = 1 \\ 6a + 6b = 1 \end{cases}$
$\begin{cases} 30a - 30b = 1 \\ 30a + 30b = 5 \end{cases}$
$60a = 6 \quad \therefore \ a = 0.1$
$30 \times 0.1 - 30b = 1$
$30b = 2 \quad \therefore \ b = \dfrac{1}{15}$

④ 따라서 철수의 속력은 $\dfrac{1}{10}$ km/분, 영미의 속력은 $\dfrac{1}{15}$ km/분입니다.
문제에서 구해야 하는 속력의 단위는 km/h이므로, 한시간은 60분임을 이용하여 구한 속력에 60을 곱하면 철수와 영미의 속력을 km/h 단위로 구할 수 있습니다.
$\therefore$ (철수의 속력) = 6(km/h),
    (영미의 속력) = 4(km/h)

141 정답 ③ 난이도 ●●○

간단풀이

A의 속력을 v_1, B의 속력을 v_2라고 할 때,
$12v_1 - 12v_2 = 1{,}600$, $4v_1 + 4v_2 = 1{,}600$
$\therefore v_1 = \dfrac{800}{3},\ v_2 = \dfrac{400}{3}$

상세풀이

같은 방향으로 출발했을 경우 다시 만나게 될 때, 속력이 더 빠른 사람이 느린 사람에 비해 한 바퀴를 더 돌게 됩니다.

다른 방향으로 출발했을 경우에는 다시 만나게 될 때, 두 사람이 이동한 거리의 합이 공원 둘레 길이가 됩니다.

① A의 속력을 v_1, B의 속력을 v_2라고 놓습니다. 출발점에서 같은 방향으로 출발하면, A의 속력이 더 빠르므로 A가 B보다 육상 트랙의 둘레 길이만큼 더 이동한 다음 만나게 됩니다. 그리고 다른 방향으로 출발하여 다시 만날 때는 둘이 이동한 거리의 합이 육상 트랙의 둘레의 길이가 됩니다.

② 같은 방향으로 출발하는 경우 이동한 거리의 차가 1,600m, 다른 방향으로 출발하는 경우 이동한 거리의 합이 1,600m가 되므로 연립방정식을 세우면 다음과 같습니다.
$12v_1 - 12v_2 = 1{,}600$, $4v_1 + 4v_2 = 1{,}600$
$\therefore v_1 = \dfrac{800}{3},\ v_2 = \dfrac{400}{3}$

③ A의 속력은 분속 $\dfrac{800}{3}$ m가 됩니다.

142 정답 ② 난이도 ●●○

간단풀이

$V \times t = 35 \ \cdots\cdots\ \bigcirc$
$\dfrac{2}{5} V \times \left(\dfrac{7}{3} - t\right) = 70$
$\dfrac{14}{15} V - \dfrac{2}{5} V \times t = 70$ (㉠을 대입)
$\dfrac{14}{15} V - 14 = 70, \quad \dfrac{14}{15} V = 84$
$\therefore V = 90$

상세풀이

이 문제는 감속 전, 후의 이동 거리와 총 주행 시간이 주어진 상태에서 감속 전의 속력을 구하는 것으로 두 구간의 거리의 합이 105km이고, 두 구간의 주행 시간의 합이 2시간 20분인 것을 토대로 풀어나갈 수 있습니다. 감속 전 이동 시간을 t라고 가정하면 감속 후 이동 시간은 (총 이동 시간) $-t$ 가 되며, 감속 전의 속력을 V라고 가정할 때 감속 후의 속력은
$V - \left\{ V \times \dfrac{(감속된\ 양(\%))}{100} \right\}$ 가 됩니다.

① 민수의 집에서부터 할머니 댁까지의 거리는 105km이며 35km 이동한 후부터 서행하였으므로 서행하며 이동한 구간은 $105 - 35 = 70$(km) 입니다.

② 35km 이후부터 원래의 속력에서 60% 느리게 서행하였으므로 원래의 속력을 V라 할 때 서행하는 구간의 속력은 $V_\text{서} = V - \left(V \times \dfrac{60}{100}\right) = \dfrac{2}{5}V$ 입니다.

③ 서행 전과 서행 후의 총 이동 시간이 2시간 20분으로 이를 시간 단위로 통일하면 $2 + \dfrac{20}{60} = \dfrac{7}{3}$(시간)이며 서행하기 전의 이동 시간을 t라고 가정하면 서행하는 구간의 이동 시간은 $\dfrac{7}{3} - t$(시간)입니다.

④ 앞서 계산한 ①, ②, ③을 토대로 서행 전과 서행 후의 주행은 다음과 같이 표현할 수 있습니다.

$$V_\text{서} \times \left(\dfrac{7}{3} - t\right) = \dfrac{2}{5}V \times \left(\dfrac{7}{3} - t\right)$$
$$= \dfrac{14}{15}V - \dfrac{2}{5}V \times t = 70$$

(1) (감속 전 주행) $= V \times t = 35$(km) ⋯ ㉠
(2) (감속 후 주행)
$$= V_\text{서} \times \left(\dfrac{7}{3} - t\right) = \dfrac{2}{5}V \times \left(\dfrac{7}{3} - t\right)$$
$$= \dfrac{14}{15}V - \dfrac{2}{5}V \times t = 70(\text{km}) \cdots ㉡$$

㉡의 $V \times t$에 ㉠를 대입하면
$$\dfrac{14}{15}V - \dfrac{2}{5}V \times t = \dfrac{14}{15}V - \dfrac{2}{5} \times 35$$
$$= \dfrac{14}{15}V - 14 = 70$$
$$\dfrac{14}{15}V = 84 \quad \therefore \quad V = 90$$

따라서 구하는 답은 90(km/h)입니다.

Tip 혼동하지 말아야 할 점은 원래의 속력에서 60% 느리게 운전하였다는 지문이 "원래의 속력의 60%로 운전하였다." 와는 상반되는 뜻이라는 것입니다.
원래의 속력의 60%로 운전한 속력은
$V_\text{서}{}' = V \times \dfrac{60}{100} = \dfrac{3}{5}V$로 전혀 다른 값이 나오게 됩니다.

143 정답 ③ 난이도 ●●○

간단풀이

(누나의 나이)$= x$, (아빠의 나이)$= y$
$x + (x - 4) = 28 \quad \therefore \quad x = 16$
$y + (y - 6) = 5 \times x = 80$
$\therefore \quad y = 43$(세)

상세풀이

이 문제는 다음과 같은 과정으로 생각하는 것이 좋습니다.
'누나와 동생의 나이의 합은 28살이고 누나와 동생의 나이 차는 4살이다.'
'아빠와 엄마 나이의 합은 누나 나이의 5배이다.'
(1) 누나의 나이를 x세라고 가정하면 동생의 나이는 $(x-4)$세라고 할 수 있습니다.
(2) 누나의 나이와 동생의 나이의 합은 28살입니다.
(3) 아빠의 나이를 y세라고 가정하면 어머니의 나이는 $(y-6)$세라고 할 수 있습니다.
(4) 아빠의 나이와 엄마의 나이의 합은 누나의 나이의 5배입니다.

이제 2가지 일차방정식을 세워 누나의 나이와 아빠의 나이를 순서대로 구해봅시다.
(1), (2)를 통해 다음과 같은 식을 구할 수 있습니다.
$x + (x - 4) = 28 \quad \therefore \quad x = 16$
(3), (4)를 통해 다음과 같은 식을 구할 수 있습니다.
$y + (y - 6) = 5x = 80 \quad \therefore \quad y = 43$
따라서 아빠의 나이는 43세입니다.

144 정답 ③ 난이도 ●●●

간단풀이

1차 합격자 → (남자) : (여자) $= 4x : 5x$
2차 합격자 → (남자) : (여자) $= 3y : 5y$
$3y + 5y = 56$
$8y = 56 \quad \therefore \quad y = 7$
$4x - 21 : 5x - 35 = 13 : 15$
$60x - 315 = 65x - 455, \quad 5x = 140$
$\therefore \quad x = 28$
$4x + 5x = 9x = 9 \times 28 = 252$(명)

📖 상세풀이 1

1차 합격자의 남녀 비율이 4 : 5이므로 각각 $4x : 5x$, 2차 합격자의 남녀 비율이 3 : 5이므로 각각 $3y : 5y$ 라고 하면,

① 2차 시험 합격자는 56명이기 때문에 $3y + 5y = 56$ 입니다.
$8y = 56$ ∴ $y = 7$
따라서 2차 합격자 중 남자는 21명, 여자는 35명임을 알 수 있습니다.

② 2차에서 불합격한 지원자의 남녀 비율이 13 : 15이므로 ((1차 남자합격자) − (2차 남자합격자)) : ((1차 여자합격자) − (2차 여자합격자)) = 13 : 15
$(4x - 21) : (5x - 35) = 13 : 15$

③ 비례식에서 외항의 곱과 내항의 곱이 같음을 이용하여 x를 구합니다.
$(4x - 21) \times 15 = (5x - 35) \times 13$
$60x - 315 = 65x - 455$
$5x = 140$ ∴ $x = 28$

④ 문제에서 1차 시험에 합격한 사람의 총 인원을 물어보고 있으므로 $4x + 5x = 9x = 9 \times 28 = 252$(명)

📖 상세풀이 2

① (1차 합격자) $4 : 5 = 4x : 5x$
   (2차 합격자) $3 : 5 = 3y : 5y$, 총 56명
   (2차 시험 불합격자) $13 : 15 = 13z : 15z$

② 2차 시험 합격자는 56명이기 때문에 $3y + 5y = 56$ 입니다.
$8y = 56$ ∴ $y = 7$
따라서 2차 합격자 중 남자는 21명, 여자는 35명임을 알 수 있습니다.

③ (1차 합격자의 남녀 비) = (2차 합격자와 불합격자의 남녀 비)
$4 : 5 = (21 + 13z) : (35 + 15z)$
$4 \times (35 + 15z) = 5 \times (21 + 13z)$
$140 + 60z = 105 + 65z$
$5z = 35$ ∴ $z = 7$

④ (1차 합격자 총 인원수) = (2차 합격자 및 불합격자의 총 인원 수)
$21 + 13z + 35 + 15z = 21 + 91 + 35 + 105$
$= 252$(명)

145 정답 ⑤   난이도 ●●●

🛰 간단풀이 1

$$\frac{1}{2} \times \frac{6}{16} + \frac{1}{2} \times \frac{3}{8} = \frac{6}{16} = \frac{3}{8}$$

🛰 간단풀이 2

$$\frac{1}{2} \times \left(\frac{1}{2}\right)^4 \times \frac{4!}{2! \times 2!} + \frac{1}{2} \times \left(\frac{1}{2}\right)^3 \times \frac{3!}{2!}$$
$$= \frac{1}{2^5} \times 6 + \frac{1}{2^4} \times 3 = \frac{3}{2^4} + \frac{3}{2^4} = \frac{3}{8}$$

📖 상세풀이 1

사건 A를 박스에서 흰 주머니를 꺼내는 것, 사건 B를 동전의 앞면이 2번 나오는 것이라고 하겠습니다.

① 박스에서 흰 주머니를 꺼내는 사건 A의 확률 P(A)는 다음과 같습니다.

$$P(A) = \frac{(박스에\ 있는\ 흰\ 주머니의\ 개수)}{(박스에\ 있는\ 주머니의\ 개수)}$$
$$= \frac{2}{4} = \frac{1}{2}$$

② 검은 주머니를 꺼내는 사건의 확률은
$$P(A^C) = 1 - P(A) = 1 - \frac{1}{2} = \frac{1}{2}$$ 입니다.

한편, 조건부확률 P(B|A)는 '사건 A가 일어났을 때 사건 B가 일어날 확률'이고, 이 문제에서는 '박스에서 흰 주머니가 나왔을 때 동전의 앞면이 2번 나오는 확률'입니다. 박스에서 흰 주머니가 나올 경우 동전을 4번 던지므로, 결국 P(B|A)는 동전을 4번 던졌을 때 앞면이 2번 나오는 확률입니다.

③ 동전을 4번 던졌을 때 나올 수 있는 경우의 수는 $2^4 = 16$이고, 그 중 앞면이 2번 나오는 경우의 수는 $_4C_2 = 6$ (4번의 시행 중 2번을 고르는 경우의 수) 이므로

$$P(B|A) = \frac{_4C_2}{2^4} = \frac{6}{16} = \frac{3}{8}$$

④ 같은 방법으로 $P(B|A^C)$를 구해보겠습니다. $P(B|A^C)$는 '검은 주머니가 나왔을 때 동전의 앞면이 2번 나오는 확률'이고, 검은 주머니가 나오면 동전을 3번 던지므로, 결국 $P(B|A^C)$는 '동전을 3번 던졌을 때 앞면이 2번 나오는 확률'입니다.

⑤ 동전을 3번 던졌을 때 나올 수 있는 경우의 수는 $2^3=8$이고, 그 중 앞면이 2번 나오는 경우의 수는 $_3C_2=3$이므로

$$P(B|A^C) = \frac{_3C_2}{2^3} = \frac{3}{8}$$

⑥ $P(B) = P(B \cap A) + P(B \cap A^C)$
$= P(A)P(B|A) + P(A^C)P(B|A^C)$
$= \frac{1}{2} \times \frac{3}{8} + \frac{1}{2} \times \frac{3}{8} = \frac{3}{8}$

구하는 앞면이 두 번 나올 확률은 $\frac{3}{8}$ 입니다.

상세풀이 2

독립시행의 확률과 같은 것이 있는 순열을 이용하여 다음과 같이 풀 수도 있습니다.

① 검은 박스 안에 흰 주머니 2개, 검은 주머니 2개가 들어있으므로 총 4개의 주머니 중 한 개를 뽑을 때, (흰 주머니를 뽑을 확률)=(검은 주머니를 뽑을 확률) $= \frac{1}{2}$ 입니다.

② 동전을 1회 던질 때 (앞면이 나올 확률)=(뒷면이 나올 확률) $= \frac{1}{2}$ 입니다.

동전던지기를 4회 시행하였을 때 앞면이 2번, 뒷면이 2번 나오는 확률을 구해봅시다.
(앞, 앞, 뒤, 뒤)를 일렬로 나열하는 경우의 수를 구하면

$$\frac{4!}{2! \times 2!}$$ 입니다. (같은 것이 있는 순열)

이 각각의 경우에 대한 확률은 $\left(\frac{1}{2}\right)^4$ 이므로 동전던지기를 4회 시행하였을 때 앞면이 2번, 뒷면이 2번 나오는 확률은 $\left(\frac{1}{2}\right)^4 \times \frac{4!}{2! \times 2!}$

③ 같은 방법으로 동전던지기를 3회 시행하였을 때 앞면이 2번, 뒷면이 1번 나오는 확률은 (앞, 앞, 뒤)를 일렬로 나열하는 경우의 수는 $\frac{3!}{2!}$ 이고 이 각각의 경우에 대한 확률은 $\left(\frac{1}{2}\right)^3$ 이므로 $\left(\frac{1}{2}\right)^3 \times \frac{3!}{2!}$

④ ∴ (흰 주머니를 뽑을 확률)×(동전을 4번 던질 때 앞면이 2번 나올 확률)+(검은 주머니를 뽑을 확률)×(동전을 3번 던질 때 앞면이 2번 나올 확률)
$= \frac{1}{2} \times \left(\frac{1}{2}\right)^4 \times \frac{4!}{2! \times 2!} + \frac{1}{2} \times \left(\frac{1}{2}\right)^3 \times \frac{3!}{2!}$

$= \frac{1}{2^5} \times 6 + \frac{1}{2^4} \times 3 = \frac{3}{2^4} + \frac{3}{2^4} = \frac{3}{8}$

> **★ 독립시행의 확률**
>
> 사건 A에 대하여 n번의 시행이 모두 독립일 때, A_i가 i번째 시행에서의 사건이라고 하면
> $$P(A_1 \cap A_2 \cap \cdots \cap A_n) = P(A_1) \times P(A_2) \times \cdots \times P(A_n)$$
> 이 성립한다.
> 예를 들어, 주사위를 1번 던져 1이 나오는 사건을 A라 하면 $P(A) = \frac{1}{6}$ 입니다.
> 이때, 주사위를 3번 연속으로 던져 모두 1이 나올 확률을 구하면
> $P(A_1) = P(A_2) = P(A_3) = \frac{1}{6}$ 이므로
> $$P(A_1 \cap A_2 \cap A_3) = P(A_1) \times P(A_2) \times P(A_3) = \left(\frac{1}{6}\right)^3$$
>
> ▶▶ 독립시행이란 동전던지기 또는 주사위 던지기와 같이 각 시행의 결과가 다른 시행의 결과에 영향을 주지 않는 시행을 말합니다.

146 정답 ① 난이도 ●●●

간단풀이

$$\frac{3 \times 3 \times 3}{_9C_4} \times \left\{\left(\frac{2}{5}\right)^2 \times \frac{1}{4} \times \frac{1}{10} + \frac{2}{5} \times \left(\frac{1}{4}\right)^2 \times \frac{1}{10} + \frac{2}{5} \times \frac{1}{4} \times \left(\frac{1}{10}\right)^2\right\}$$
$$= \frac{3}{14} \times \left(\frac{1}{250} + \frac{1}{400} + \frac{1}{1,000}\right) = \frac{3}{14} \times \frac{3}{400} = \frac{9}{5,600}$$

상세풀이

9개의 문제 중 4개를 선택하는 사건과, 각 경우에서 문제를 모두 맞히는 사건의 두 단계를 모두 고려해야 합니다.

① 우선 주어진 조건에 해당하는 모든 경우를 구합니다. 따라서 전체 경우의 수는
(9문제 중 순서 상관없이 4문제를 고르는 경우의 수)
$= {_9C_4} = \frac{9 \times 8 \times 7 \times 6}{4 \times 3 \times 2 \times 1} = 126$

② 각 경우에서 문제를 순서 상관없이 선택하는 확률을 구하면 다음과 같습니다.
(i) (초급, 초급, 중급, 고급)을 선택하는 경우의 확률
: $\frac{3 \times 3 \times 3}{126} = \frac{3}{14}$
(ii) (초급, 중급, 중급, 고급)을 선택하는 경우의 확률
: $\frac{3 \times 3 \times 3}{126} = \frac{3}{14}$
(iii) (초급, 중급, 고급, 고급)을 선택하는 경우의 확률

: $\dfrac{3 \times 3 \times 3}{126} = \dfrac{3}{14}$

③ (i) (초급, 초급, 중급, 고급)의 문제를 다 맞힐 확률
: $\left(\dfrac{2}{5}\right)^2 \times \dfrac{1}{4} \times \dfrac{1}{10} = \dfrac{1}{250}$

(ii) (초급, 중급, 중급, 고급)의 문제를 다 맞힐 확률
: $\dfrac{2}{5} \times \left(\dfrac{1}{4}\right)^2 \times \dfrac{1}{10} = \dfrac{1}{400}$

(iii) (초급, 중급, 고급, 고급)의 문제를 다 맞힐 확률
: $\dfrac{2}{5} \times \dfrac{1}{4} \times \left(\dfrac{1}{10}\right)^2 = \dfrac{1}{1,000}$

④ ②, ③은 각 경우에서 동시에 만족해야 하므로
(i) (초급, 초급, 중급, 고급)을 선택하는 경우 문제를 모두 맞힐 확률
: $\dfrac{3}{14} \times \dfrac{1}{250}$

(ii) (초급, 중급, 중급, 고급)을 선택하는 경우 문제를 모두 맞힐 확률
: $\dfrac{3}{14} \times \dfrac{1}{400}$

(iii) (초급, 중급, 고급, 고급)을 선택하는 경우 문제를 모두 맞힐 확률
: $\dfrac{3}{14} \times \dfrac{1}{1000}$

따라서 구하는 확률:
$\dfrac{3}{14} \times \dfrac{1}{250} + \dfrac{3}{14} \times \dfrac{1}{400} + \dfrac{3}{14} \times \dfrac{1}{1,000}$
$= \dfrac{3}{14} \times \left(\dfrac{1}{250} + \dfrac{1}{400} + \dfrac{1}{1,000}\right) = \dfrac{3}{14} \times \dfrac{3}{400} = \dfrac{9}{5,600}$

147 정답 ②   난이도 ●●●

간단풀이

(단위: 명)

구분	도보	자전거
샌드위치	200	50
음료수	600	150

A = (임의로 선택한 한 명이 샌드위치를 사서 출근한 직원인 사건)
B = (임의로 선택한 한 명이 자전거를 이용하여 출근한 직원인 사건)
$P(A)$ = (샌드위치를 사서 출근한 직원일 확률)
$= \dfrac{250}{1,000} = \dfrac{1}{4}$

$P(A \cap B)$ = (샌드위치를 사서 출근한 직원이면서 자전거를 이용하여 출근한 직원일 확률)
$= \dfrac{50}{1,000} = \dfrac{1}{20}$

$P(B|A)$ = (샌드위치를 사서 출근한 직원일 때, 이 직원이 자전거를 이용하여 출근했을 확률)
$= \dfrac{P(A \cap B)}{P(A)} = \dfrac{\frac{1}{20}}{\frac{1}{4}} = \dfrac{4}{20} = \dfrac{1}{5}$

상세풀이

① 이 문제에서 알아야 할 핵심 개념은 '조건부확률'입니다. 이때 주의할 점은 사건 A가 일어날 확률은 0보다 커야 한다는 점입니다.
사건 A가 일어났을 때의 사건 B의 조건부확률을 계산하는 방법은 아래의 식과 같습니다.
$$P(B|A) = \dfrac{P(A \cap B)}{P(A)} \text{ (단, } P(A) > 0)$$

② 이에 따르면 P공단의 전체 직원은 표본공간 S라고 할 수 있고, 이 중에서 임의로 선택한 한 명이 샌드위치를 사서 출근한 직원인 사건을 A, 임의로 선택한 한 명이 자전거를 이용하여 출근한 직원인 사건을 B라고 하면 구하는 확률은 $P(B|A)$가 됩니다. 위의 식에 따르면 $P(B|A)$를 구하기 위해 필요한 값은 $P(A)$와 $P(A \cap B)$로 문제에 주어진 값에 대한 표를 그리고 그린 표를 통해 값을 대입하여 구할 수 있습니다.

(단위: 명)

구분	도보	자전거
샌드위치	200	50
음료수	600	150

③ $P(A)$ = (샌드위치를 사서 출근한 직원일 확률)
$= \dfrac{250}{1,000} = \dfrac{1}{4}$

$P(A \cap B)$ = (샌드위치를 사서 출근한 직원이면서 자전거를 이용하여 출근한 직원일 확률)
$= \dfrac{50}{1,000} = \dfrac{1}{20}$

$P(B|A)$ = (샌드위치를 사서 출근한 직원일 때, 이 직원이 자전거를 이용하여 출근했을 확률)
$= \dfrac{P(A \cap B)}{P(A)} = \dfrac{\frac{1}{20}}{\frac{1}{4}} = \dfrac{4}{20} = \dfrac{1}{5}$

148 정답 ⑤ 난이도 ●●●

간단풀이 1

한 변에 나무가 2개일 경우 테두리 6개, 내부 1개, 총 7개가 필요합니다.
한 변에 나무가 3개일 경우 테두리 12개, 내부 6+1개, 총 19개 필요합니다.
한 변에 나무가 4개일 경우 테두리 18개, 내부 12+6+1개, 총 37개 필요합니다.
한 변에 나무가 5개일 경우 테두리 24개, 내부 18+12+6+1개, 총 61개 필요합니다.
한 변에 나무가 6개일 경우 테두리 30개, 내부 24+18+12+6+1개, 총 91개 필요합니다.

간단풀이 2

위와 같이 나무를 배치할 경우 6개의 삼각형 산림지대로 나누고 나면 반드시 가운데 나무 하나가 남습니다. 따라서 총 나무 개수는 6으로 나누면 나머지가 1이어야 합니다. 이 조건을 만족하는 보기는 ⑤ 91개뿐입니다.
[단, 적용할 수 있는 경우가 한정적인 풀이]

상세풀이 1

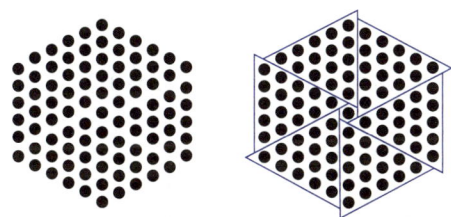

위와 같이 6개의 정삼각형 모양 영역으로 나누면 정삼각형 한 개에는 $1+2+3+4+5=15$개가 들어갑니다. 6개의 영역으로 나누더라도 가운데 한 개의 나무가 더 있으므로, 총 $15×6+1=91$개의 나무가 산림지대 전체를 조성하는 데 필요한 나무 개수입니다.

상세풀이 2

다음은 수학적 귀납법을 활용한 풀이법입니다.

① 한 변에 n개의 나무가 있을 때의 총 나무 개수를 a_n이라고 놓습니다. 이때, 한 변에 1개의 나무가 있을 때의 경우는 나무가 한 그루만 있을 때이므로 $a_1=1$입니다.

② 한 변에 n+1개의 나무가 있을 때는 총 6n개의 나무가 추가되므로 $a_{n+1} = a_n + 6n$의 관계가 성립합니다. 이와 같은 식을 점화식(recurrence formula)라고 부르며, a_n은 점화식의 일반항이라고 합니다. 문제에서의 점화식을 통해 일반항 a_n이 계차수열임을 알 수 있습니다.
계차(difference)수열은 수열 $\{a_n\}$에서 n번째 항인 a_n과 n+1번째 항인 a_{n+1}의 차이가 어떤 $f(n)$이라는 관계에 있는 모든 수열을 통칭하고, 그 일반항 $a_n = a_1 + \sum_{k=1}^{n-1} f(k)$로 구할 수 있습니다.

③ 일반항 a_n을 구하면
$$a_n = a_1 + \sum_{k=1}^{n-1} 6k = 1 + \frac{n(n+1)}{2}$$
여기서 $n=6$을 대입하면 $a_6=91$이 나옵니다.

> **참고** $a_{n+1} = a_n + 6n$ 식에서 n값에 1부터 n-1까지 차례대로 대입하여 나열합니다.
> $a_n = a_{n-1} + 6(n-1)$
> $a_{n-1} = a_{n-2} + 6(n-2)$
> $a_{n-2} = a_{n-3} + 6(n-3)$
> $\vdots$
> $a_4 = a_3 + 6×3$
> $a_3 = a_2 + 6×2$
> $a_2 = a_1 + 6×1$ (+
> $a_n = a_1 + \sum_{k=1}^{n-1} 6n$
> 을 유도할 수 있습니다.
> 이 문제에서는 숫자가 작으므로 위의 식을 유도하지 않고, n값에 1부터 5까지 대입하여 좌우변을 모두 더해 a_6 값을 구할 수도 있습니다.

> ⚠️ **주의** 외각, 즉 도형의 모서리에만 설치되는 경우의 문제는 문제에 '테두리에', '외각에', 등 모서리에만 설치한다는 표현이 포함되어 있습니다. 그런 설명이 없고, 148번 문항과 같이 '인접한 나무끼리 일정한 간격으로'라는 표현이 있다면 해설처럼 내부를 꼭 고려해 보아야 합니다.

149 정답 ② 난이도 ●●●

간단풀이

$40×1.5=60(km)$
$1.5+\frac{60}{150}=1.9$
따라서 걸린 시간은 1.9시간, 즉 1시간 54분입니다.

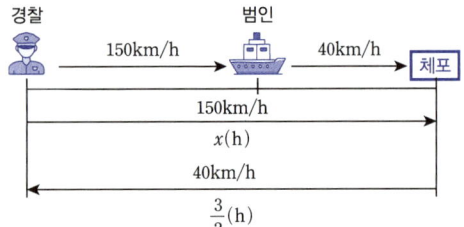

📝 상세풀이

이 문제에서 가장 주의해야 할 점은 복귀할 때의 속력입니다. 출동할 때 고속함정의 속력은 시속 150km이지만, 복귀할 때는 범인을 체포하고 돌아와야 하므로 보트의 속력인 시속 40km의 속력으로 돌아와야 합니다. 이 점을 혼동하지 않고 문제를 풀어야 합니다.

① 체포 후 1시간 30분 안에 복귀해야 하므로, 체포 지점까지의 최대 거리는 보트의 속력인 40km/h로 1시간 30분 안에 복귀하는 거리인 60km입니다.

② 체포할 때까지 경찰은 150km의 속력으로 범인을 쫓습니다. 처음 범인까지의 거리가 얼마나 떨어져 있든 체포 후 1시간 30분 내로 복귀해야 하므로 60km의 거리를 넘어서는 추격할 수 없습니다. 따라서 체포까지 최대로 걸리는 시간은 최대 거리인 60km를 150km/h의 속력으로 가는 데 걸리는 시간인 0.4시간(24분)입니다.

따라서 경찰이 불법 상인을 체포하러 출발한 후 복귀하는 데까지 걸리는 시간은 최대 1시간 54분입니다.

150 정답 ② 난이도 ●●●

✏️ 간단풀이 1

강가에서부터 두 사람이 헤어진 지점까지의 거리를 x로 두었을 때 총 거리는 $x+1,800\,(\text{m})$
두 사람이 만났기 때문에 걸린 시간은 같으므로

$$\frac{x+1,800}{50} = \frac{x}{50} + \frac{x}{150} + \frac{x+1,800}{150}$$

양변에 최소공배수 150을 곱하여 계산하면
$3(x+1,800) = 3x + x + x + 1,800$
$3x + 5,400 = 5x + 1,800$
$2x = 3,600$ ∴ $x = 1,800$
즉, 지갑은 헤어진 지점으로부터 1,800m 떨어진 지점에 있습니다.

✏️ 간단풀이 2

(헤어진 후 호동이가 이동한 거리)
$= 50 \times 36 = 1,800\,(\text{m})$
(헤어진 후 재석이가 이동한 거리)
$= 150 \times 36 = 5,400\,(\text{m})$
(헤어진 지점에서 강가까지의 거리) $= x$
재석이가 헤어진 지점에서 강가까지 갔다가 되돌아와 다시 만나는 지점까지의 거리가 5400m이므로 헤어진 지점에서 다시 만나는 지점까지의 직선 거리는 $(5,400-2x)\,\text{m}$
∴ $5,400 - 2x = 1,800$
$2x = 3,600$ ∴ $x = 1,800\,(\text{m})$

📝 상세풀이 1

① 거리-속력-시간 문제의 기본적인 원리는 '(거리)=(속력)×(시간)'이라는 점을 이용하는 것입니다. 두 사람이 같은 방향으로 가다가 만났다는 것은 두 사람의 시간과 거리가 같다는 것을 의미합니다.
지갑이 헤어진 지점으로부터 떨어진 거리(즉, 두 사람이 함께 이동한 거리)를 x로 둔다면 호동이의 경우 $x + 50 \times 36 = x + 1800\,(\text{m})$를 이동한 것이 됩니다.
이는 재석이가 강가에서부터 만나는 지점까지 간 거리도 $x + 1800\,(\text{m})$ 임을 의미합니다.

② (시간) $= \dfrac{(\text{거리})}{(\text{속력})}$ 이므로

(호동이의 시간) $= \dfrac{x+1800}{50}$ (분)

재석이의 경우 호동이와 같은 속력으로 $\dfrac{x}{50}$ 분을 이동한 뒤, 헤어진 시점으로부터 150(m/분)의 속력으로 되돌아갔으므로 $\dfrac{x}{150}$ 분이 걸렸고, 다시 강가에서부터 만나는 지점까지 $(x+1,800)\text{m}$를 150(m/분)의 속력으로 갔기 때문에 $\dfrac{x+1,800}{150}$ 분이 걸립니다.

즉, 총 재석이의 시간 $= \dfrac{x}{50} + \dfrac{x}{150} + \dfrac{x+1,800}{150}$ (분)입니다.

③ 두 사람의 시간은 같으므로
$$\frac{x+1{,}800}{50} = \frac{x}{50} + \frac{x}{150} + \frac{x+1{,}800}{150}$$
양변에 분모의 최소공배수인 150을 곱하여 계산하면,
$$3(x+1{,}800) = 3x + x + x + 1{,}800$$
$$3x + 5{,}400 = 5x + 1{,}800$$
$$2x = 3{,}600 \quad \therefore \quad x = 1{,}800$$
즉, 지갑은 헤어진 지점으로부터 1800m 떨어진 지점에 있습니다.

상세풀이 2

전체 시간을 모두 고려하지 않고 헤어진 후 36분 후에 만났다는 것만 생각한다면 헤어진 지점에서 강가까지의 거리를 x라 하면 재석이가 헤어진 지점에서 강가까지 갔다가 되돌아와 다시 만나는 지점까지의 거리가 $150(\text{m}/\text{분}) \times 36(\text{분}) = 5{,}400(\text{m})$이므로 강가에 갔다가 다시 헤어진 지점으로 돌아온 거리인 $2x$를 뺀 $(5{,}400 - 2x)\text{m}$는 헤어진 후 호동이가 이동한 거리인 $50(\text{m}/\text{분}) \times 36(\text{분}) = 1{,}800(\text{m})$과 같습니다.
$$\therefore 5{,}400 - 2x = 1{,}800$$
$$2x = 3{,}600 \quad \therefore \quad x = 1{,}800(\text{m})$$

151 정답 ①   난이도 ●●○

간단풀이

(A의 나이)$=x$, (B의 나이)$=y$
A와 B의 나이 비율은 1 : 3이므로 $x : y = 1 : 3$
$3x = y$ ····· ㉠
A와 B의 나이의 합이 70보다 작으므로
$x + y < 70$ ····· ㉡
㉠을 ㉡에 대입하면
$4x < 70$
$x < \dfrac{70}{4} = 17.5$
따라서 A의 최대 나이는 17세입니다.

상세풀이

해당 문제는 비율과 부등식을 이해하는 것이 포인트입니다. 비율을 이용하여 미지수의 수를 줄이고 부등식을 세우면 해당 문제를 해결할 수 있습니다. 또한, 해당 문제와 같이 나이나 개수와 같은 수들은 자연수임을 상기하면 좋습니다.

① 먼저 A와 B의 나이를 미지수 x와 y로 정의합니다. 이때 A의 나이와 B의 나이의 비가 1:3이라고 하였으므로 $x : y = 1 : 3$의 비례식을 세울 수 있습니다.

해당 식을 정리하면 $3x = y$ ····· ㉠ 을 얻을 수 있습니다.

② A와 B의 나이 합이 70보다 작다고 하였으므로 $x + y < 70$ ····· ㉡ 을 세울 수 있습니다.
㉠을 ㉡에 대입하면
$x + 3x < 70$, $4x < 70$
$\therefore x < \dfrac{70}{4} = 17.5$
따라서 17.5보다 작은 최대 크기의 자연수는 17이므로 A의 최대 나이는 17세입니다.

152 정답 ③   난이도 ●●●

간단풀이

철수가 사탕 구매에 사용한 금액: $500 \times 10 = 5{,}000$
40% 이상 이익을 얻기 위해서 철수가 벌어야 할 수입
: $5{,}000 \times 1.4 = 7{,}000$
사탕의 20%를 분실하였기 때문에 사탕의 최소 정가는
$\dfrac{7{,}000}{500 \times 0.8} = 17.5(\text{원})$

상세풀이

해당 문제는 미지수를 적절하게 세우면 간단하게 풀 수 있는 문제입니다. 문제에서 주의할 점은 사탕의 20%를 분실하였기 때문에 남은 사탕이 80%밖에 없다는 것이며 총 40% 이상의 이익을 얻기 위해서는 처음 사탕을 구매하는 데 사용한 원금의 1.4배만큼의 수입을 얻어야 한다는 것입니다.

① 철수가 사탕을 구매하는 데 사용한 금액을 먼저 계산하도록 합니다. 철수는 사탕 500개를 개당 10원에 구매하였기 때문에 사탕 구매에 사용된 금액은 $500 \times 10 = 5{,}000(\text{원})$입니다.

② 철수가 사탕의 20%를 분실하였다고 하였으므로 현재 철수가 가지고 있는 사탕은 총 $500 \times 0.8 = 400(\text{개})$입니다.

③ 철수는 40% 이상의 이익을 얻어야 하며 해당 이익을 얻기 위해서는 사탕 구매에 사용된 금액의 1.4배만큼 수입이 발생해야 합니다.
해당 금액은 $5{,}000 \times 1.4 = 7{,}000(\text{원})$입니다.

④ 철수가 정한 사탕의 개당 정가를 미지수 x로 정의했을 때, 7,000원 이상의 수입을 얻기 위해서는 $400x \geq 7{,}000$의 식을 만족해야 합니다.

$400x \geq 7{,}000$ ∴ $x \geq \dfrac{7{,}000}{400} = 17.5$

따라서 사탕의 개당 최소 정가는 17.5원입니다.

153 정답 ② 난이도

간단풀이

(철수가 500m를 달리는 데 걸린 시간)
$= \dfrac{500}{5} = 100$(초)

(영미가 500m를 달리는 데 걸린 시간)
$= 100 + 10 = 110$(초)

$\dfrac{500+x}{5} = 110$

$500 + x = 550$ ∴ $x = 50$

∴ $x = 50$(m)

상세풀이

이 문제는 구해야 하는 값을 미지수로 두고, 거리, 속력, 시간에 관한 식을 이용하여 식을 세우는 것이 핵심입니다.

(시간) $= \dfrac{(거리)}{(속력)}$

① 먼저, 철수의 속력을 이용해 철수와 영희가 500m를 달리는 데 걸리는 시간을 구합니다.
철수가 500m를 달리는 데 걸린 시간은 $\dfrac{500}{5} = 100$(초)이고, 영미는 철수보다 10초가 더 걸렸으므로 500m를 달리는 데 110초가 걸렸습니다.

② 철수가 출발하는 곳에서 영희가 출발하는 곳까지의 거리를 x라고 하면 철수와 영미가 동시에 도착하므로 걸린 시간이 같습니다. 즉 영미는 똑같이 500m를 달리고 110초가 걸리는데, 철수는 $(x+500)$m를 초속 5m/s로 달리면서 똑같이 110초가 걸립니다.

③ 이때, 철수의 달리기를 거리, 시간, 속력에 관한 식으로 나타내면
$\dfrac{500+x}{5} = 110$
$500 + x = 550$ ∴ $x = 50$

따라서 답은 50m입니다.

154 정답 ③ 난이도

간단풀이

(아빠의 나이) $= a$, (누나의 나이) $= b$
$\begin{cases} 2a - 2 = 7b \\ 2b - 3 = 21 \end{cases}$
∴ $a = 43$

상세풀이

이러한 문제에서는 미지수를 최대한 적게 사용하는 것이 관건입니다. 주어진 조건 사이의 관련성을 따지며 간결하게 식을 표현합니다.

① 아빠의 나이를 a라 하고 누나의 나이를 b라 하면, 엄마의 나이는 $a - 2$이고 동생의 나이는 $b - 3$이라고 표현할 수 있습니다.

② 위의 내용을 토대로 연립방정식을 세우면
$\begin{cases} 2a - 2 = 7b \\ 2b - 3 = 21 \end{cases}$
$2b = 24$ ∴ $b = 12$
$2a - 2 = 84$, $2a = 86$
∴ $a = 43$

③ 따라서 정답은 43살입니다.

155 정답 ② 난이도

간단풀이

(작년 여성 회원 수) $= x$
(작년 남성 회원 수) $= 820 - x$
$1.08(820 - x) + 0.9x = 810$
$885.6 - 0.18x = 810$
$0.18x = 75.6$ ∴ $x = 420$

상세풀이 1

방정식으로 문제를 푸는 경우, 구하고자 하는 값을 미지수 x로 놓고 방정식을 세우는 편이 좋습니다. 미지수의 개수를 최소로 만드는 것이 중요하며, 어떤 값을 미지수 x로 설정했는지 기억하며 문제를 푸는 것이 중요합니다.

① 문제에서 요구하는 값인 '작년 여성 회원의 수'를 미지수 x로 놓습니다. 문제에 따라, 작년 전체 회원 수가 820명이기 때문에 '작년 남성 회원의 수'는 $820 - x$가 됩니다.

② 남성 회원의 경우, 작년보다 8% 증가하였으므로
(올해의 남성 회원 수)
= (작년 남성 회원의 수) × 1.08 = 1.08(820 − x)

③ 여성 회원의 경우, 작년보다 10% 감소하였으므로
(올해의 여성 회원 수)
= (작년 여성 회원 수) × 0.9 = 0.9x

④ 올해는 작년보다 10명이 감소하였으므로 전체 회원의 수는 810명이고, 이는 ②, ③에서 구한 올해의 남성, 여성 회원의 수를 더한 값과 같아야 합니다.
$1.08(820 − x) + 0.9x = 810$ (명)
$885.6 − 0.18x = 810$
$0.18x = 75.6$ ∴ $x = 420$

그러므로 구하는 작년 여성 회원 수는 420명입니다.

상세풀이 2

① 올해는 작년보다 '10명이 감소하였다'는 변화량에 집중하여 식을 세울 수도 있습니다.
우선 '작년 여성 회원의 수'를 x로 놓는다면, '작년 남성 회원의 수'는 $820 − x$가 됩니다.
작년보다 남성은 8% 증가하였기 때문에 올해의 남성 회원의 수는 작년에 비해 (작년 남성 회원 수) × 0.08 = 0.08(820 − x)(명) 증가하였습니다.

② 여성 회원의 경우 작년보다 10% 감소했습니다. 작년 여성 회원의 수가 x 이므로 올해 여성 회원 수는 작년에 비해 (작년 여성 회원 수) × 0.1 = 0.1x(명) 줄어들었습니다.

③ 전체 회원 수는 올해는 작년보다 10명이 감소하였으므로 $0.08(820 − x) − 0.1x = −10$

④ 위 방정식을 풀어주면 다음과 같습니다.
$65.6 − 0.08x − 0.1x = −10$
$0.18x = 75.6$ ∴ $x = 420$

156 정답 ⑤ 난이도 ●●○

간단풀이

$16k + 4k = 10,000$ ∴ $k = 500$
따라서 $4k = 2,000$이고 제초기 A를 사용할 때는 한 시간 동안 2,000(㎡)만큼을 제초하므로
$\frac{10,000}{2000} = 5$(시간)

상세풀이

이 문제에서 가장 중요한 부분은 제초기 A를 사용할 때의 제초 속도가 제초기 B를 사용하는 경우보다 4배 빠르다는 것입니다.
제초기 A를 사용할 때와 제초기 B를 사용할 때의 경우에 대해 연관된 미지수로 놓는 것이 중요합니다.
또한 이 문제에서 모든 일을 끝낸다는 것은 넓이 10,000㎡의 마당을 모두 제초하는 것을 의미하기 때문에 전체 작업량을 10,000으로 계산해야 합니다.
▷ (작업량) = (일률) × (작업기간)

① 제초기 B를 1시간 동안 사용할 때의 제초 면적을 k라고 한다면, 제초기 A를 1시간 동안 사용할 때의 제초 면적은 $4k$ 입니다.

② 제초기 A를 4시간 이용하였다는 것은 $16k$ 만큼 제초하였다는 의미이고 제초기 B를 4시간 동안 사용하였다는 것은 $4k$만큼 제초한 것을 의미합니다. 따라서 총 ($16k + 4k$) 만큼 제초를 하였을 때 넓이 10,000(㎡)만큼을 제초한 것입니다.

③ $16k + 4k = 10,000$ ∴ $k = 500$
따라서 $4k = 2,000$ 입니다

④ 제초기 A를 사용할 때는 2,000㎡ 만큼을 한 시간 동안 제초한다는 것을 알 수 있습니다. 따라서 총 10,000㎡을 제초하려면 5시간이 걸립니다.

157 정답 ① 난이도 ●●○

간단풀이

(농도 7% 소금물의 양) = x
(농도 10% 소금물의 양) = $300 − x$
$x \times \frac{7}{100} + (300 − x) \times \frac{10}{100} = 300 \times \frac{9}{100}$
∴ $x = 100$

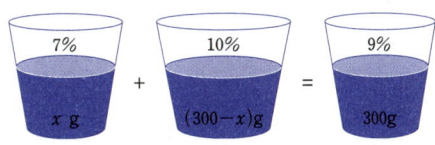

상세풀이

소금물의 농도 문제입니다. 다음의 식을 알고 있어야 합니다.

(소금의 양)=(소금물의 양)×$\frac{(농도(\%))}{100}$

① 먼저 농도가 7%인 소금물의 양을 $x(g)$이라 하면 10% 소금물 $(300-x)(g)$을 섞었을 때 농도가 9%인 소금물 300g이 됩니다.

② (농도 7%인 소금물 xg에 녹아있는 소금의 양)+ (농도 10%인 소금물 $(300-x)g$에 녹아있는 소금의 양) =(농도 9%인 소금물 300g에 녹아 있는 소금의 양)

③ (농도 7%인 소금물 xg에 녹아있는 소금의 양)
$= x \times \frac{7}{100}$
(농도 10%인 소금물 $(300-x)g$에 녹아있는 소금의 양)
$= (300-x) \times \frac{10}{100}$
(농도 9%인 소금물 300g에 녹아 있는 소금의 양)
$= 300 \times \frac{9}{100} = 27$

④ 따라서 $0.07A+0.1B=27$, 즉 $7A+10B=2,700$이고 ①의 $A+B=300$과 연립해서 풀면
$\begin{cases} A+B=300 \\ 7A+10B=2,700 \end{cases}$
$\begin{cases} 7A+7B=2,100 \\ 7A+10B=2,700 \end{cases}$
$3B=600$ ∴ $B=200$
$A+200=300$ ∴ $A=100$

158 정답 ④ 난이도

간단풀이

첫 번째 수를 밑, 두 번째 수를 지수로 하여 계산한 값이 세 번째 수인 규칙을 따르고 있습니다.
따라서 괄호 안에 들어갈 숫자는 4입니다.

상세풀이

이 문제는 6, 2, 36과 5, 1, 5을 통해 숫자 간의 규칙을 찾은 후 구하고자 하는 ( ), 3, 64에 규칙을 적용해 풉니다.
6, 2, 36과 5, 1, 5의 규칙을 찾아보면 첫 번째 수를 밑, 두 번째 수를 지수로 하여 계산한 값이 세 번째 수임을 알 수 있고 다음과 같이 확인할 수 있습니다.
$6^2=36$, $5^1=5$
따라서, 괄호 안에 들어갈 수는 $x^3=64$를 만족하는 4입니다.

159 정답 ① 난이도

간단풀이

$\frac{300}{30}=10(L)$
$\frac{300}{15}=20(L)$
$\frac{600}{30}=20(km/L)$

상세풀이

연비란 기름 1L로 몇 km를 갈 수 있는지를 의미합니다. 즉, 문제에서 구해야 하는 것은 총 이동한 거리와 이동 시 사용한 기름의 양입니다.

① 부산으로 출발할 때의 연비는 30km/L입니다. 기름 1L당 30km를 움직일 수 있음을 뜻합니다. 부산까지의 거리는 300km로 $\frac{300}{30}=10(L)$가 나옵니다.
즉, 기름 10L를 이용하여 300km의 거리를 이동한 것입니다.

② 렌터카를 반납하러 돌아올 때의 연비는 15km/L입니다.
①과 같은 방법으로 구했을 때 $\frac{300}{15}=20(L)$임을 알 수 있습니다.

③ 총 사용한 기름의 양은 30L입니다. 다음으로 총 이동한 거리는 $300+300=600km$입니다.
연비를 구해보면
$\frac{600km}{30L}$ (30L를 이용하여 600km를 이동함)
$=20(km/L)$

160 정답 ⑤ 난이도

간단풀이

$_4P_2 = 4 \times 3 = 12$

상세풀이 1

4명의 학생이 서로 다른 의자 2개에 앉아야 하므로 4명 중 순서를 고려하여 2명을 뽑는 방법의 수와 같습니다.
∴ $_4P_2 = 4 \times 3 = 12$

상세풀이 2

첫 번째 의자에 앉을 수 있는 학생은 4명 모두이므로 경우의 수는 4입니다.
두 번째 의자에 앉을 수 있는 학생은 첫 번째 의자에 앉은 학생을 제외한 3명이므로 경우의 수는 3입니다.
모든 경우의 수는 $4 \times 3 = 12$

> ▶▶ 순열
> 서로 다른 n개에서 r개를 택하여 일렬로 나열하는 것을 n개에서 r개를 택하는 방법의 수
> $$_n P_r = \frac{n!}{(n-r)!} = n(n-1)(n-2)(n-3) \cdots (n-r+1) \text{(단, } 0 < r \leq n \text{)}$$

---

161 정답 ④

간단풀이

$12 = 2^2 \times 3, \ 8 = 2^3$
∴ (12와 8의 최소공배수) $= 2^3 \times 3 = 24$
∴ (9시 30분) + (24분) = (9시 54분)

상세풀이 1

두 놀이기구의 운행 간격이 각각 12분과 8분으로 다르므로 처음 동시에 운행을 시작한 후 다시 두 놀이기구가 동시에 운행을 시작하는 시각을 구하려면 12와 8의 최소공배수를 구해야 합니다.

① 이때, 최소공배수는 각 수를 소인수분해한 후 공통된 소인수 중 지수가 가장 큰 수와 공통되지 않은 소인수를 모두 곱하면 구할 수 있습니다.
$12 = 2^2 \times 3$ 이고, $8 = 2^3$ 입니다.

② 따라서 12과 8의 최소공배수는 공통된 소인수 중 지수가 가장 큰 수인 2^3과 공통되지 않은 소인수인 3을 모두 곱한 24입니다. 이를 식으로 나타내면 다음과 같습니다.
$2^3 \times 3 = 24$

③ 위 과정을 통해 두 놀이기구가 다시 동시에 운행을 시작하기 위해서는 처음 운행 이후 24분이 지나야 한다는 것을 알 수 있습니다.
따라서 오전 9시 30분 이후 다시 두 놀이기구가 동시에 운행을 시작하는 시각은 9시 54분입니다.

상세풀이 2

최소공배수를 구하는 방법에는 상세풀이 1처럼 소인수분해를 이용하는 방법 외에 공약수로 나누어 구하는 방법이 있습니다.
이때는 어느 두 수의 몫에도 1 이외의 공약수가 없을 때까지 공약수로 나누고, 모든 공약수와 마지막 몫을 모두 곱하면 됩니다. 만약 셋 이상의 수의 최소공배수를 구할 때 공약수가 없는 수는 그대로 내려쓰면 됩니다.

4) 12   8
     3   2

최소공배수는 $4 \times 3 \times 2 = 24$입니다.
따라서 두 놀이기구가 다시 동시에 운행을 시작하는 시각은 처음 운행 이후로부터 24분 후인 9시 54분입니다.

---

162 정답 ⑤

간단풀이

$$\frac{5!}{3! \times 2!} \times (0.2)^3 \times (0.8)^2$$
∴ $10 \times 0.00512 = 0.0512$

상세풀이

독립시행의 확률에 관한 문제입니다.

① 5번 타석 중 안타가 3번 나오는 경우의 수를 구해줍니다. 서로 다른 5개의 타석 중 순서 없이 3개의 타석을 뽑는다고 생각하는 것과 같으므로 조합을 이용하여 계산하면 다음과 같습니다.
$$\frac{5!}{3! \times 2!} = 10$$

② 위에서 안타가 3번 나오는 타석이 총 몇 가지가 있는 지를 구했으니 각 경우 당 확률을 구해줍니다. 한 타석에서 안타를 치는 확률은 다른 타석의 확률에 영향을 받지 않으므로 확률은 독립적이고 안타의 확률이 0.2이므로 삼진을 당하는 확률은 $1 - 0.2 = 0.8$입니다.

③ 그러므로 안타 3번 삼진 2번을 당하는 하나의 확률을 구하면 안타와 삼진 모두 독립적인 사건이므로 곱셈을 이용하여 구해주면 $(0.2)^3 \times (0.8)^2 = 0.00512$가 됩니다. 이 사건이 일어날 경우의 수가 앞서 구한 10가지이므로, 곱해주면 정답은 0.0512입니다.

163 정답 ④ 난이도 ●●○

📝 간단풀이 1

(작년 동아리에 가입한 남성의 수) $= x$,
(작년 동아리에 가입한 여성의 수) $= y$
$$\begin{cases} x + y = 90 \\ 0.95x + 1.1y = 93 \end{cases}$$
두 식을 연립하여 풀면
$$\begin{cases} 1.1x + 1.1y = 99 \\ 0.95x + 1.1y = 93 \end{cases}$$
$0.15x = 6$ ∴ $x = 40$
$40 + y = 90$ ∴ $y = 50$
따라서 올해 동아리에 가입한 여성의 수는
$1.1y = 55$(명)입니다.

📝 간단풀이 2

(작년 동아리에 가입한 남성의 수) $= x$,
(작년 동아리에 가입한 여성의 수) $= y$
$$\begin{cases} x + y = 90 \\ -0.05x + 0.1y = 3 \end{cases}$$
두 식을 연립하여 풀면
$$\begin{cases} 5x + 5y = 450 \\ -5x + 10y = 300 \end{cases}$$
$15y = 750$ ∴ $y = 50$
따라서 올해 동아리에 가입한 여성의 수는
$1.1y = 55$(명)입니다.

🔍 상세풀이 1

이 문제는 미지수를 적절하게 정의하고 방정식을 세워 연립하여 푸는 문제입니다.
또한, 해당 문제에서 주어진 동아리에 가입한 회원 수의 증가와 감소를 식으로 올바르게 표현해야 합니다.

① 먼저 작년 동아리에 가입한 남성의 수와 여성의 수를 미지수 x와 y로 정의합니다.
이때 작년 동아리에 가입한 회원 수가 90명이기 때문에 $x + y = 90$의 식을 얻을 수가 있습니다.

② 올해 동아리에 가입한 남성의 수는 5% 감소하였다고 하였으므로 올해 신규 남성 동아리원 수는 $0.95x$입니다. 또한, 올해 동아리에 가입한 여성의 수는 작년보다 10% 증가하였다고 하였으므로 올해 신규 여성 동아리원수는 $1.1y$입니다. 이때, 올해 전체 가입 회원 수가 작년보다 세 명 더 증가하였다고 하였기 때문에 $0.95x + 1.1y = 93$의 식을 얻을 수가 있습니다.

③ ①, ②에서 구한 두 식을 연립하여 두 미지수 x, y를 구합니다.
$$\begin{cases} x + y = 90 \\ 0.95x + 1.1y = 93 \end{cases}$$
$$\begin{cases} 1.1x + 1.1y = 99 \\ 0.95x + 1.1y = 93 \end{cases}$$
$0.15x = 6$ ∴ $x = 40$
$40 + y = 90$ ∴ $y = 50$

⑤ 구하는 올해 가입한 여성의 수는 $1.1y$이므로
$1.1y = 55$(명)입니다.

🔍 상세풀이 2

전체 값을 기준으로 식을 세울 수도 있지만, 변화량을 기준으로 식을 세울 수도 있습니다.

① 작년 동아리에 가입한 남성의 수와 여성의 수를 각각 x와 y로 정의하면 $x + y = 90$ ······ ㉠
의 식을 얻을 수가 있습니다.

② 올해 동아리에 가입한 남성의 수는 5% 감소하였다고 하였으므로 올해 감소한 신규 남성 동아리원 수는 $0.05x$이고 올해 동아리에 가입한 여성의 수는 작년보다 10% 증가하였다고 하였으므로 올해 증가한 신규 여성 동아리원수는 $0.1y$입니다. 이때, 올해 전체 가입 회원 수가 작년보다 세 명 더 증가하였다고 하였기 때문에 $-0.05x + 0.1y = 3$ ······ ㉡
의 식을 얻을 수가 있습니다.

③ ㉠, ㉡을 연립하여 풀면
$$\begin{cases} x + y = 90 \\ -0.05x + 0.1y = 3 \end{cases}$$
$$\begin{cases} 5x + 5y = 450 \\ -5x + 10y = 300 \end{cases}$$
$15y = 750$ ∴ $y = 50$

④ 구하는 올해 가입한 여성의 수는 $1.1y$이므로
$1.1y = 55$(명)입니다.

164 정답 ④ 난이도 ●●○

📝 간단풀이 1

(작년 회사에 입사한 남성의 수) $= x$,
(작년 회사에 입사한 여성의 수) $= y$
$$\begin{cases} x + y = 45 \\ 1.2x + 1.4y = 58 \end{cases}$$
∴ $x = 25$, $y = 20$
$0.2x = 0.2 \times 25 = 5$

간단풀이 2

(작년 회사에 입사한 남성의 수)$=x$,
(작년 회사에 입사한 여성의 수)$=y$
$$\begin{cases} x+y=45 \\ 0.2x+0.4y=13 \end{cases}$$
$\therefore x=25,\ y=20$
$0.2x=0.2\times 25=5$

상세풀이 1

① 회사의 작년 남자 직원과 여자 직원의 수를 각각 x와 y로 정해줍니다. 이때 작년 회사의 전 직원은 45명이므로 $x+y=45$의 식을 얻을 수가 있습니다.

② 올해는 작년보다 남성이 20% 증가하였으므로 $1.2x$가 올해 남성 직원 수이고, 여성이 40% 증가하였으므로 $1.4y$가 올해 여성 직원 수입니다.
올해 전체 직원수가 총 58명이 되었으므로 $1.2x+1.4y=58$의 식을 얻을 수가 있습니다.

③ ①, ②에서 구한 두 식을 연립하여 두 미지수 x, y를 구합니다.
$$\begin{cases} x+y=45 \\ 1.2x+1.4y=58 \end{cases}$$
$$\begin{cases} 1.2x+1.2y=54 \\ 1.2x+1.4y=58 \end{cases}$$
$0.2y=4 \quad \therefore y=20$
$x+20=45 \quad \therefore x=25$
따라서 작년 남자 직원 25명, 여자 직원 20명임을 알 수 있습니다.

③ 구하는 올해의 남성 직원의 증가량은 $0.2x$이므로
$0.2x=0.2\times 25=5$
따라서 올해 입사한 남자 직원의 수는 작년 입사한 남자 직원보다 5명이 많습니다.

상세풀이 2

전체 값을 기준으로 식을 세울 수도 있지만, 변화량을 기준으로 식을 세울 수도 있습니다.

① 회사의 작년 남자 직원과 여자 직원의 수를 각각 x, y로 두면 작년 회사의 전 직원은 45명이므로 $x+y=45$

② 올해는 작년보다 남성이 20% 증가하였으므로 올해 증가한 신규 남성 직원의 수는 $0.2x$이고, 여성이 40% 증가하였으므로 올해 증가한 신규 여성 직원의 수는 $0.4y$입니다.
올해 전체 직원수가 총 58명이 되었으므로 작년보다 13명 증가하였습니다.
따라서 $0.2x+0.4y=13$의 식을 얻을 수가 있습니다.

③ ①, ②에서 구한 두 식을 연립하여 두 미지수 x, y를 구합니다.
$$\begin{cases} x+y=45 \\ 0.2x+0.4y=13 \end{cases}$$
$$\begin{cases} x+y=45 \\ x+2y=65 \end{cases}$$
$-y=-20 \quad \therefore y=20$
$x+20=45 \quad \therefore x=25$
따라서 작년 남자 직원 25명, 여자 직원 20명임을 알 수 있습니다.

④ 구하는 올해의 남성 직원의 증가량은 $0.2x$이므로
$0.2x=0.2\times 25=5$
따라서 올해 입사한 남자 직원의 수는 작년 입사한 남자 직원보다 5명이 많습니다.

165 정답 ①

간단풀이 1

$$\begin{cases} x+y=1{,}050 \\ 0.04x-0.06y=-13 \end{cases}$$
$\therefore x=500,\ y=550$

간단풀이 2

$$\begin{cases} x+y=1{,}050 \\ 1.04x+0.94y=1{,}037 \end{cases}$$
$\therefore x=500,\ y=550$

상세풀이 1

문제에서 전체 신입생 수가 13명 감소하였다고 하였으므로 변화량을 기준으로 식을 세우면 더 간단합니다.

① 작년 남자 신입생의 수와 여자 신입생의 수를 각각 x, y로 두면 작년 전체 신입생의 수는 1050명이므로 $x+y=1{,}050$의 식을 얻을 수가 있습니다.

② 문제에서 올해 신입생의 수는 작년에 비해 남자 신입생은 4% 증가했고, 여자 신입생은 6% 감소했으며 전체적으로 작년에 비해 13명이 감소했다고 하였으므로 다음과 같이 식을 세울 수 있습니다.
$0.04x-0.06y=-13$

③ ①, ②에서 구한 두 식을 각각 간단히 정리한 후 연립하여 두 미지수 x, y를 구합니다.
$$\begin{cases} x+y=1{,}050 \\ 0.04x-0.06y=-13 \end{cases}$$
$$\begin{cases} 2x+2y=2{,}100 \\ 2x-3y=-650 \end{cases}$$

$5y = 2,750$ ∴ $y = 550$
따라서 구하는 작년 여자 신입생의 수는 550명입니다.

🔍 **상세풀이 2**

구하고자 하는 것은 작년 A고등학교에 입학했던 여자 신입생의 수이므로 작년 여자 신입생의 수를 미지수 x로 놓고 문제에 주어진 조건대로 식을 세워줍니다.

① 작년 전체 신입생 수는 1,050이고 작년 여자 신입생 수가 x이므로 남자 신입생의 수는 $1,050 - x$ 입니다.

② 문제에서 올해 남자 신입생의 수는 작년에 비해 4% 증가했으므로 올해 증가한 남자 신입생의 수는 $0.04(1,050-x)$ 이고, 여자 신입생의 수는 작년에 비해 6% 감소했으므로 올해 감소한 여자 신입생의 수는 $0.06x$ 입니다. 또한, 전체적으로 작년에 비해 13명이 감소했다고 하였으므로 다음과 같은 식을 세울 수 있습니다.
$0.04(1,050-x) - 0.06x = -13$

③ 위의 식을 풀어 x를 구합니다.
$0.04(1,050-x) - 0.06x = -13$
양변에 50을 곱하면
$2(1,050-x) - 3x = -650$
$2,100 - 5x = -650$
$5x = 2,750$ ∴ $y = 550$
따라서 구하는 작년 여자 신입생의 수는 550명입니다.

166 정답 ⑤ 난이도 ●●○

✏️ **간단풀이 1**

(작년 남성 참가자 수) $= 820 - x$,
(작년 여성 참가자 수) $= x$
$0.1(820-x) - 0.05x = -20$
$82 - 0.15x = -20$
$0.15x = 102$ ∴ $x = 680$

✏️ **간단풀이 2**

(작년 남성 참가자 수) $= 820 - x$,
(작년 여성 참가자 수) $= x$
$1.1(820-x) + 0.95x = 800$
$902 - 0.15x = 800$
$0.15x = 102$ ∴ $x = 680$

🔍 **상세풀이 1**

구하고자 하는 것은 작년 여성 참가자 수이므로 이것을 x로 놓고 문제에 주어진 조건대로 식을 세워줍니다.

① 작년 전체 참가자 수는 820이고 작년 여성 참가자 수가 x이므로 남성 참가자 수는 $820-x$ 입니다.

② 문제에서 올해 남성 참가자 수는 작년에 비해 10% 증가했으므로 올해 증가한 남성 참가자 수는 $0.1(820-x)$ 이고, 여성 참가자 수는 작년에 비해 5% 감소했으므로 올해 감소한 여성 참가자 수는 $0.05x$ 입니다. 또한, 전체적으로 작년에 비해 20명이 감소했다고 하였으므로 다음과 같은 식을 세울 수 있습니다.
$0.1(820-x) - 0.05x = -20$

③ 위의 식을 풀어 x를 구합니다.
양변에 100을 곱하면
$10(820-x) - 5x = -2000$
$8,200 - 15x = -2,000$
$15x = 10,200$ ∴ $x = 680$
따라서 구하는 작년 여성 참가자 수는 680명입니다.

🔍 **상세풀이 2**

전체 참가자 수를 기준으로 식을 세워 풀 수도 있습니다.

① 작년 전체 참가자 수는 820이고 작년 여성 참가자 수가 x이므로 남성 참가자 수는 $820-x$ 입니다.

② 문제에서 올해 남성 참가자 수는 작년에 비해 10% 증가했으므로 올해 남성 참가자 수는 $1.1(820-x)$ 이고, 여성 참가자 수는 작년에 비해 5% 감소했으므로 올해 여성 참가자 수는 $0.95x$ 입니다. 또한, 전체적으로 작년에 비해 20명이 감소했다고 하였으므로 올해 전체 참가자 수는 $820 - 20 = 800$명입니다.
$1.1(820-x) + 0.95x = 800$

③ 위의 식을 풀어 x를 구합니다.
$1.1(820-x) + 0.95x = 800$
$902 - 0.15x = 800$
$0.15x = 102$ ∴ $x = 680$
따라서 구하는 작년 여성 참가자 수는 680명입니다.

> **Tip** 연립방정식을 만들어 풀 수도 있지만 166번 풀이와 같이 식을 하나로 만들어 풀 수도 있습니다.
> 이 유형의 풀이방법은 어떤 값을 기준으로 식을 세우느냐에 따라 다양한 풀이방법이 있으므로 본인이 풀이하기 편한 방법을 택하여 풀이하시길 바랍니다.

6일차 (167~200)

167	③	168	③	169	②	170	③	171	②
172	①	173	④	174	②	175	⑤	176	④
177	①	178	⑤	179	②	180	①	181	②
182	②	183	⑤	184	④	185	③	186	③
187	①	188	①	189	②	190	③	191	④
192	④	193	④	194	②	195	①	196	①
197	③	198	③	199	④	200	③		

167 정답 ③   난이도 ●●○

간단풀이 1

(볼펜의 개수)$=x$, (지우개의 개수)$=200-x$
$1,000x \times 0.2 + 500(200-x) \times 0.3 = 37,500$
$200x + 150(200-x) = 37,500$
$50x = 7,500 \quad \therefore x = 150$

간단풀이 2

(볼펜의 개수)$=a$, (지우개의 개수)$=b$
(볼펜의 정가)$=1,000 \times 1.2 = 1,200$(원),
(지우개의 정가)$=500 \times 1.3 = 650$(원)
$(1,200a + 650b) - (1,000a + 500b) = 37,500$(원)
$\begin{cases} a+b=200 \\ 200a+150b=37,500 \end{cases}$
$\begin{cases} 3a+3b=600 \\ 4a+3b=750 \end{cases}$
$\therefore a=150, \ b=50$

상세풀이 1

볼펜의 개수를 x, 지우개의 개수를 $(200-x)$라 두고 각각의 이익을 구합니다.

① 볼펜은 원가의 20%가 이익이므로 볼펜 x개를 팔았을 때 그 이익은 $(1,000x \times 0.2)$원이고, 지우개는 원가의 30%가 이익이므로 지우개 $(200-x)$를 팔았을 때의 이익은 $500(200-x) \times 0.3$원입니다.

② 모두 판매한 후 37,500원의 이익이 생긴다고 하였으므로 이를 식으로 세우면 다음과 같습니다.

$1,000x \times 0.2 + 500(200-x) \times 0.3 = 37,500$
이것을 풀면
$200x + 150(200-x) = 37,500$
$50x + 30,000 = 37,500$
$50x = 7500 \quad \therefore x = 150$
따라서 철수가 구입한 볼펜의 개수는 150개입니다.

상세풀이 2

(정가)$-$(원가)$=$(이익)임을 이용하여 문제를 풀 수 있습니다.

① 볼펜의 개수를 a, 지우개의 개수를 b라 두면
$a+b=200$ ……㉠

② 볼펜은 원가의 20%, 지우개는 원가의 30% 이익을 붙여 정가를 정하였으므로
(볼펜의 정가)$=1,000 \times 1.2 = 1,200$(원)
(지우개의 정가)$=500 \times 1.3 = 650$(원)

③ 모두 판매한 후 37,500원의 이익이 생긴다고 하였으므로 (정가)$-$(원가)$=$(이익)에서
$(1,200a + 650b) - (1,000a + 500b) = 37,500$(원)
이것을 간단히 하면
$4a + 3b = 750$ ……㉡

④ ㉠, ㉡을 연립하여 풀면
$\begin{cases} a+b=200 \\ 4a+3b=750 \end{cases}$
$\begin{cases} 3a+3b=600 \\ 4a+3b=750 \end{cases}$
$\therefore a=150$
따라서 철수가 구입한 볼펜의 개수는 150개입니다.

168 정답 ③   난이도 ●●○

간단풀이

$(5,000 \times 1.2) \times (200 \times 0.75) = 900,000$
$(5,000 \times 1.2) \times (1-x) \times (200 \times 0.25) = 300,000(1-x)$
$900,000 + 300,000(1-x) = 1,000,000 + 110,000$
$\therefore x = 0.3$

상세풀이

원가, 정가, 할인가와 관련된 문제입니다.
원가에 이익을 가산한 가격이 정가, 정가에서 할인율을 적용한 가격이 할인가임을 파악해야 합니다.

① 원가가 5,000원인 장난감을 200개 구매했으므로 총 원가비용은 $5,000 \times 200 = 1,000,000$(원) 입니다.

Daily 400제   125

② 이 원가 5,000원에 20%의 이익을 붙여 정가를 정했으므로 정가는 5,000×1.2=6,000(원) 입니다.

③ 영미는 구매한 200개 중 75%의 장난감을 정가 6,000원의 가격으로 판매했습니다.
즉, $200 \times \dfrac{75}{100} = 150$개를 6,000원에 판매했으므로
150개를 판매한 매출액은 6000×150=900,000 (원)입니다.
이후 남은 25%의 장난감, 즉 50개의 장난감은 할인하여 판매하였습니다.

④ 원가비용이 1,000,000(원)이고, 이익금이 110,000 (원)이므로 총 매출액은 1,000,000+110,000 =1,110,000(원)이 되어야 합니다.
그런데 정가로 판매한 판매가격이 900,000(원)이므로 할인가로 판매한 판매가격은 1,110,000 −900,000=210,000(원)이 되어야 니다.

⑤ 남은 50개의 판매가격이 210,000(원)이므로
할인가는 $\dfrac{210,000}{50} = 4,200$(원)이 됩니다.
정가가 6,000원, 할인가가 4,200원이므로
할인율은 $\dfrac{6,000-4,200}{6,000} \times 100 = 30$%가 됩니다.

169 정답 ②   난이도 ●●○

간단풀이

	A 호스	B 호스
물을 80% 채우는 데 걸리는 시간	16분	4분 $\left(=16(분) \times \dfrac{1}{4}\right)$
물을 100% 채우는 데 걸리는 시간	20분 $\left(=16(분) \times \dfrac{5}{4}\right)$	5분 $\left(=4(분) \times \dfrac{5}{4}\right)$

12분간 A 호스로 물을 채우면 수조에 물이 60% 채워지고 나머지 40%를 B 호스로 채우면 2분이 걸립니다.

상세풀이 1

수조에 100%를 채우는 데 걸리는 시간이 얼마인지 먼저 구해봅니다.
(100%로 기준을 잡으면 계산도 편하고, 식을 세우기 편합니다.)

(1) A 호스로 수조에 물을 100% 채우는 데 걸리는 시간 구하기

(2) B 호스로 수조에 물을 100% 채우는 데 걸리는 시간 구하기

(3) A 호스로 수조에 물을 12분간 채우면 얼마나 채워지는지 구하기

① A 호스로 수조에 물을 100% 채우는 데 걸리는 시간은 80% 채우는 데 걸리는 시간을 알기에 비율을 이용하여 구할 수 있습니다.
$80 : 100 = 4 : 5 = 16 : t$ (t=A호스로 수조에 물을 100% 채우는 데 걸리는 시간)
$4t = 80$ ∴ $t = 20$(분)

② B호스는 A 호스보다 4배 빠르게 물을 채운다고 하였으므로 B 호스로 수조에 물을 100% 채우는 데 걸리는 시간은
$20 \times \dfrac{1}{4} = 5$(분)

③ A 호스로 수조에 물을 100% 채우는 데 걸리는 시간은 20분이므로 12분간 물을 채우면 수조의 물이 60%가 채워집니다.
$20 : 12 = 5 : 3 = 100 : x$ (x% = A 호스로 수조에 물을 12분간 채워지는 양의 전체에 대한 비율)
$5x = 300$ ∴ $x = 60$(%)

④ 수조에 나머지 40%를 B 호스만으로 채우게 된다면 몇 분이 걸리는 지 구해봅시다.
B 호스로 수조에 물을 100% 채우는 데 걸리는 시간은 5분이므로 40% 채우는 데 걸리는 시간은 2분입니다.
$100 : 40 = 5 : 2 = 5 : y$
(y% = B 호스로 수조에 물을 40% 채우는 데 걸리는 시간)
∴ $y = 2$(분)

Tip A, B 호스로 100%, 즉 가득 채우는 데 걸리는 시간을 구할 필요 없이 비례식을 이용하여 다음과 같이 구할 수도 있습니다.
A 호스로 수조에 물을 16분에 80% 채울 수 있으므로 A 호스로 12분 동안 채울 수 있는 양의 전체에 대한 비율을 x%라 하면
$16 : 12 = 4 : 3 = 80 : x$
$4x = 240$ ∴ $x = 60$(%)
B호스는 A 호스보다 4배 빠르게 물을 채운다고 하였으므로 B호스는 수조에 물을 4분에 80% 채울 수 있습니다. B 호스로 수조에 물을 4분에 80% 채울 수 있으므로 40% 채우는 데 걸리는 시간은 2분입니다.
$80 : 40 = 2 : 1 = 4 : y$ (y% = B 호스로 수조에 물을 40% 채우는 데 걸리는 시간)
∴ $y = 2$(분)

상세풀이 2

A, B 호스가 분당 몇 %의 물을 채우는지를 구해서 문제를 풀 수도 있습니다.

① A 호스가 16분에 80%를 채운다고 하였으므로 $80 \div 16 = 5$, 즉 1분에 5%의 물을 채우는 것을 알 수 있습니다.

② B 호스는 A 호스보다 4배 빠르게 물을 채우므로 $5 \times 4 = 20$, 즉 1분에 20%의 물을 채우는 것을 알 수 있습니다.

③ 위의 내용을 토대로 했을 때 12분간 A 호스로 물을 채우면 수조의 60%가 차게 되고, 나머지 40%를 B 호스로 채우는 데는 2분이 걸립니다.

170 정답 ③ 난이도 ●●●

간단풀이

$$\left(\frac{1}{90} + x\right) \times 36 = 1 \quad \therefore x = \frac{1}{60}$$

$$\left(\frac{1}{90} + \frac{1}{60} + y\right) \times 20 = 1 \quad \therefore y = \frac{1}{45}$$

$$\frac{1}{45} \times t = 1 \quad \therefore t = 45$$

상세풀이

일률 문제를 풀 때에는 전체 일의 양을 1로 가정하고 문제를 해결하는 게 좋습니다.

① A 직원이 혼자 자료를 정리하면 90분이 걸리므로 A 직원의 일률은 $\frac{1}{90}$ 입니다.

② B 직원과 C 직원의 일률은 모르기 때문에 B 직원의 일률을 x, C 직원의 일률을 y로 두고 문제의 조건에 맞게 방정식을 세웁니다.

(1) A, B 직원이 함께 자료를 정리하면 36분이 걸리므로

$$\left(\frac{1}{90} + x\right) \times 36 = 1, \quad \frac{2}{5} + 36x = 1$$

$$36x = \frac{3}{5}, \quad \therefore x = \frac{1}{60}$$

(2) A, B, C 직원이 모두 함께 자료를 정리하면 20분이 걸리므로

$$\left(\frac{1}{90} + \frac{1}{60} + y\right) \times 20 = 1$$

$$\left(\frac{1}{36} + y\right) \times 20 = 1, \quad \frac{5}{9} + 20y = 1$$

$$20y = \frac{4}{9} \quad \therefore y = \frac{1}{45}$$

③ 따라서, A 직원의 일률은 $\frac{1}{90}$, B 직원의 일률은 $\frac{1}{60}$, C 직원의 일률은 $\frac{1}{45}$ 입니다.

C 직원이 혼자 자료를 정리하는 데 걸리는 시간을 t라고 놓고 방정식을 세우면 다음과 같습니다.

$$\frac{1}{45} \times t = 1 \quad \therefore t = 45$$

171 정답 ② 난이도 ●●●

간단풀이

$$\frac{1}{6} \times 1.5 = \frac{1}{4}$$

$$\left(\frac{1}{4} + \frac{1}{6}\right)t = 1 - \frac{1}{4}$$

$$\frac{5}{12}t = \frac{3}{4}, \quad 5t = 9 \quad \therefore t = \frac{9}{5}$$

∴ 오후 1시 18분

상세풀이

① 전체 일의 양을 1로 놓았을 때, 철수는 한 시간에 전체의 $\frac{1}{4}$을, 영희는 한 시간에 전체의 $\frac{1}{6}$을 청소할 수 있습니다. 따라서 영희가 10시부터 11시 30분, 즉 1.5시간 동안 혼자 한 일의 양은 $\frac{1}{6} \times 1.5 = \frac{1}{4}$ 이며, 앞으로 남은 일의 양은 $\frac{3}{4}$ 입니다.

② 철수와 영희가 남은 $\frac{3}{4}$의 일을 같이 했을 때 걸리는 시간을 t 라 하면

$$\left(\frac{1}{4} + \frac{1}{6}\right)t = \frac{3}{4}$$

$$\frac{5}{12}t = \frac{3}{4}$$

$$5t = 9 \quad \therefore t = \frac{9}{5}$$

따라서 철수와 영희가 같이 청소한 시간은 $\frac{9}{5}$ 시간, 즉 $60 \times \frac{9}{5} = 108$ 분이 됩니다.

③ 이들이 청소를 끝마친 시간은 청소를 같이 시작한 오전 11시 30분부터 108분 뒤인 오후 1시 18분입니다.

172 정답 ① 난이도 ●●○

간단풀이

중간 크기의 사과 무게가 $\frac{159}{3}+3=56(g)$이므로 이것을 제외한 나머지 두 사과의 무게 합은
$159-56=103(g)$
이때, 크기가 가장 작은 사과의 무게를 $x(g)$, 크기가 가장 큰 사과의 무게를 $y(g)$이라 하면 $x+y=103$
크기가 가장 큰 사과는 크기가 가장 작은 사과 무게의 2배보다 2g이 더 가볍다고 하였으므로 $y=2x-2$
$\begin{cases} x+y=103 \\ y=2x-2 \end{cases}$
$x+(2x-2)=103$
$3x=105$ ∴ $x=35$, $y=68$

상세풀이

① 이 문제는 먼저 주어진 정보들을 정리하는 것이 좋습니다.
   (1) 사과 3개의 무게의 합은 159g이다.
   (2) 중간 크기의 사과는 사과 3개의 평균 무게보다 3g 더 무겁다.
   (3) 크기가 가장 큰 사과는 크기가 가장 작은 사과 무게의 2배보다 2g이 더 가볍다.

② 중간 크기의 사과 무게는 주어진 정보들을 통해 바로 구할 수 있으므로 먼저 구하는 것이 좋습니다.
사과 3개의 무게 합이 159g이므로 사과 3개의 무게의 평균은 $\frac{159}{3}=53(g)$입니다.

따라서 중간 크기의 사과 무게는 $\frac{159}{3}+3=56(g)$ 입니다.

③ 사과 3개의 무게의 합은 159g이고 중간 크기의 사과 무게가 56g이므로 나머지 두 사과의 무게 합은 $159-56=103(g)$입니다.
그러므로 크기가 가장 작은 사과의 무게를 $x(g)$, 크기가 가장 큰 사과의 무게를 $y(g)$ 이라고 하면 $x+y=103$과 같은 식을 세울 수 있습니다.

④ 크기가 가장 큰 사과는 크기가 가장 작은 사과 무게의 2배보다 2g이 더 가볍다고 하였으므로
$y=2x-2$

⑤ x와 y에 대한 두 식을 연립하면 다음과 같이 연립방정식을 세울 수 있습니다.
$\begin{cases} x+y=103 \\ y=2x-2 \end{cases}$
$x+(2x-2)=103$
$3x=105$ ∴ $x=35$, $y=68$
따라서 크기가 가장 작은 사과의 무게는 35g입니다.

173 정답 ④ 난이도 ●●○

간단풀이

$30-18=12$

상세풀이 1

승리와 철수의 1회 가위바위보 시행 후 위치를 생각해봅니다.

① 승리와 철수의 가위바위보 1회 시행 후에는 한 명은 무조건 2계단 올라가고, 다른 한 명은 1계단 내려오게 되어 있습니다.

② 위 사실을 잘 생각해보면, 매 가위바위보 시행마다 두 사람이 각각 올라가고 내려가지만 두 사람이 이동한 총 계단의 수의 합은 +2(계단)-1(계단)=+1(계단)이 됩니다.

③ 가위바위보를 총 30번 시행하므로 두 사람이 이동한 계단의 수의 합은 총 +30(계단)이 됩니다.

④ 철수가 18계단을 올라갔으므로 승리는 $30-18=12$계단 올라갔습니다.

상세풀이 2

미지수를 이용하여 계산식을 세울 수도 있습니다. 철수의 가위바위보 우승 횟수를 x라고 하겠습니다.

① 가위바위보를 총 30번 했으므로, 철수가 진 횟수는 $30-x$가 됩니다. 철수가 30번 가위바위보를 한 후 18계단 올라가 있었다고 하였으므로 다음과 같이 식을 세울 수 있습니다.
$2x-(30-x)=18$
$3x=48$ ∴ $x=16$
따라서 철수는 30번의 가위바위보에서 16번 이기고, 14번 졌습니다.

② 마찬가지로 승리가 오른 계단의 수를 구할 수 있습니다. 승리는 철수와는 반대로 14번 이기고, 16번 졌으므로 승리가 이동한 계단의 수는

$(14 \times 2) - 16 = 28 - 16 = 12$
따라서 승리는 처음 위치보다 12계단 올라갔음을 알 수 있습니다.

174 정답 ③ 난이도

간단풀이

선영이네 팀원 수: x명
총 파인애플: 21개
$21 - 4x > 0$, $21 - 5x < 0$
$\therefore \dfrac{21}{5} < x < \dfrac{21}{4}$
따라서 선영이네 팀원은 총 5명이다.

상세풀이

이러한 문제는 부등식을 이용하면 쉽게 풀 수 있습니다. 우선 선영이네 팀원 수를 x명이라고 하겠습니다. 이때 총 파인애플의 개수는 3개씩 7박스에서 $3 \times 7 = 21$개입니다.

① **파인애플을 4개씩 나눠줄 때**
   문제에서 파인애플을 4개씩 나눠주면 파인애플이 남는다고 하였으므로 $21 - 4x > 0$
   $4x < 21$ $\therefore x < \dfrac{21}{4}$

② **파인애플을 5개씩 나눠줄 때**
   문제에서 파인애플을 5개씩 나눠주면 파인애플이 부족하다고 했으므로 $21 - 5x < 0$
   $5x > 21$ $\therefore x > \dfrac{21}{5}$

③ ①, ②에서 구한 부등식을 토대로 x의 범위가 $\dfrac{21}{5} < x < \dfrac{21}{4}$ 임을 알 수 있습니다.
   이때 x는 인원 수로 정수이기 때문에 범위 내의 정수를 구하면 됩니다.
   $4 < \dfrac{21}{5} < 5$, $5 < \dfrac{21}{4} < 6$ 이므로
   부등식을 만족하는 정수 x는 5 하나입니다. 즉, 선영이네 팀원 수는 총 5명입니다.

175 정답 ⑤ 난이도

간단풀이

여행을 가는 사람의 수를 x명이라고 하면,
$15{,}000x - 30{,}000 > (15{,}000 - 5{,}000)x$
$15{,}000x - 30{,}000 > 10{,}000x$
$5{,}000x > 30{,}000$ $\therefore x > 6$
즉, 최소 7명이 가야만 5,000원을 할인해주는 이벤트를 적용하였을 때 더 유리하다고 할 수 있습니다.

상세풀이

여행을 가는 사람의 수를 x명이라고 둡니다.

① **5,000원을 할인해주는 이벤트를 적용할 경우의 비용**
   15,000원이던 버스표를 장당 10,000원에 총 x장을 구매하는 것이므로 비용은 $10{,}000x$(원)이 됩니다.

② **총 결제비용에서 30,000원을 할인해주는 이벤트를 적용할 경우의 비용**
   15,000원인 버스표를 총 x장 구매하면 총 결제비용은 $15{,}000x$(원)이고, 이때 30,000원을 할인해준다고 하였으므로, 이 이벤트를 적용할 경우에는 $(15{,}000x - 30{,}000)$(원)이 됩니다.

③ 5,000원을 할인해주는 이벤트를 적용하는 것이 더 유리하다는 것은, 해당 이벤트를 적용하는 것이 더 값이 싸다는 것입니다. 따라서 이를 부등식으로 나타내면 다음과 같습니다.
   (총 결제비용에서 30,000원을 할인해주는 이벤트를 적용할 경우의 비용) > (5,000원을 할인해주는 이벤트를 적용할 경우의 비용)
   $15{,}000x - 30{,}000 > 10{,}000x$
   $5{,}000x > 30{,}000$ $\therefore x > 6$
   즉 최소 7명이 가야 5,000원을 할인해주는 이벤트를 적용했을 때 유리합니다.

176 정답 ④ 난이도 ●●○

간단풀이

금액	100원	150원	총계
개수	11	1	
	8	3	1,250원
	5	5	
	2	7	

$100A + 150B = 1{,}250$ (A, B는 음이 아닌 정수)
∴ 4(가지)

상세풀이

동전의 개수는 음수가 될 수 없다는 사실과 짝수, 홀수의 성질을 활용합니다.

① 100원짜리 동전을 A개, 150원짜리 동전을 B개 가지고 있으므로 다음과 같은 식을 세울 수 있습니다.
$100A + 150B = 1{,}250$ (A, B는 음이 아닌 정수)

② 위 방정식을 간단히 하면, $2A + 3B = 25$이고 2A는 짝수이며 25는 홀수이므로 3B는 홀수여야 합니다.

③ A와 B는 음수가 될 수 없으므로 $0 < 3B < 25$가 되어야 하고, 이를 만족하는 홀수 B는 1, 3, 5, 7입니다. 따라서 답은 4가지입니다.

177 정답 ① 난이도 ●●○

간단풀이

$5! - 4! \times 2 = 120 - 48 = 72$

상세풀이

전체의 경우에서 부모님이 나란히 앉아 있는 경우만 뺀다면 부모님 사이에 무조건 1명 이상이 앉아 있는 경우입니다. 따라서 전체의 경우에서 부모님이 나란히 붙어 앉아 있는 경우만 빼면 답을 구할 수 있습니다.

① [전체 경우의 수]

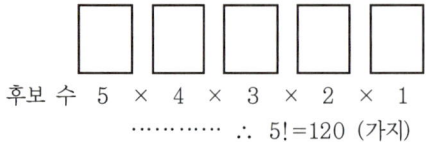

후보 수 $5 \times 4 \times 3 \times 2 \times 1$
∴ $5! = 120$ (가지)

② [부모님이 붙어 앉아 있는 경우의 수]

엄마, 아빠를 묶어 한 사람이라 생각합니다. 이 4명을 순서대로 세우는 경우의 수는 $4! = 24$(가지)입니다. 이때 부모님의 서로의 순서는 정하지 않았습니다. 엄마, 아빠의 앉는 순서를 고려하면,
(아빠, 엄마) (엄마, 아빠) 단 두 가지뿐입니다.
∴ $24 \times 2 = 48$(가지)

③ (전체 경우의 수) − (부모님이 붙어앉아 있는 경우의 수)
$= 120 - 48 = 72$

178 정답 ⑤ 난이도 ●●●

간단풀이

(A의 알람이 다시 켜지는 데 걸리는 시간) = 12초
(B의 알람이 다시 켜지는 데 걸리는 시간) = 15초
(C의 알람이 다시 켜지는 데 걸리는 시간) = 18초
(12, 15, 18의 최소공배수) = $2^2 \times 3^2 \times 5 = 180$
따라서 알람이 처음 다시 동시에 켜지는 데 걸리는 시간은 180초입니다.

상세풀이

해당 문제는 세 알람이 다시 동시에 켜지는 시간을 물어보고 있습니다. 세 알람이 각각 다시 켜지는 데 걸리는 시간이 모두 다르므로 세 알람의 주기의 최소공배수를 구하는 것으로 동시에 켜지는 시간을 구할 수 있습니다. 또한, 문제에서는 알람이 울리는 시간과 알람이 꺼지는 시간을 분리하여 표현하였지만, 알람이 다시 켜지는 시간을 구하기 위해서는 두 시간을 합쳐야 하는 것에 주의해야 합니다.

(*주기 : 같은 현상이나 특징이 한 번 나타나고부터 다음번 되풀이되끼까지의 기간)

① 학생 A, B, C의 알람이 울리는 시간과 꺼지는 시간이 주어져 있습니다. 알람이 다시 울리기 위해서는 울리는 시간과 꺼지는 시간이 모두 지나야 하므로 A, B, C는 각각 12초, 15초, 18초가 지난 후에 알람이 다시 켜집니다. 즉, 세 알람의 주기는 각각 12초, 15초, 18초입니다.

(A의 알람이 다시 켜지는 데 걸리는 시간)
$= 10초 + 2초 = 12초$
(B의 알람이 다시 켜지는 데 걸리는 시간)
$= 12초 + 3초 = 15초$
(C의 알람이 다시 켜지는 데 걸리는 시간)
$= 14초 + 4초 = 18초$

② A, B, C의 알람이 동시에 켜지는 시간은 공배수를 이용해서 구할 수 있습니다. 이때, 문제에서 처음 다시 동시에 켜지는 데 몇 초가 걸리는지 물었으므로 최소공배수를 구하면 됩니다.

③ A, B, C 알람의 주기의 소인수를 구합니다.
$12 = 2^2 \times 3$, $15 = 3 \times 5$, $18 = 2 \times 3^2$
세 수의 최소공배수 역시 두 수의 최소공배수를 구하는 것과 같이 소인수분해에서 지수가 가장 큰 소인수들의 곱으로 구할 수 있습니다. 즉 2, 3, 5 소인수 중에서 지수가 가장 큰 2^2와 3^2 그리고 5의 곱인 $2^2 \times 3^2 \times 5 = 180$이 최소공배수가 됩니다.
따라서 180초 이후에 세 알람이 동시에 다시 켜집니다.

---

179 정답 ③   난이도 ●●○

간단풀이

(철수가 공부를 다시 시작하는 데 걸리는 시간)=40분
(영미가 공부를 다시 시작하는 데 걸리는 시간)=50분
(40, 50의 최소공배수) $= 2^3 \times 5^2 = 200$
따라서 두 사람이 다시 공부를 시작하는 데 걸리는 시간은 200분입니다.
오전 10시부터 오후 6시까지 총 8시간, 즉 480분이 므로 $\dfrac{480}{200} = 2 \cdots$
따라서 처음을 포함하여 두 사람이 동시에 공부를 시작한 횟수는 모두 3번입니다.

상세풀이

두 사람이 다시 공부를 시작하는 데 걸리는 시간에 대한 주기를 구하는 것이 중요합니다. 이때, 시간은 60분으로 계산하는 것에 주의합니다.

① 철수와 영미가 동시에 공부를 시작하기 위해서는 공부를 하는 시간과 휴식시간이 모두 지나가야 하므로 철수와 영미는 각각 40분과 50분 후에 공부를 다시 시작합니다.
(철수가 공부를 다시 시작하는 데 걸리는 시간)=40분
(영미가 공부를 다시 시작하는 데 걸리는 시간)=50분

② 철수와 영미가 동시에 공부를 다시 시작하는 데 걸리는 시간은 그 주기의 공배수를 이용하여 구할 수 있으며, 주어진 시간동안 몇번 다시 시작하는 지 구하기 위해서는 최소공배수를 구해야 합니다.
$40 = 2^3 \times 5$, $50 = 2 \times 5^2$

∴ (40, 50의 최소공배수) $= 2^3 \times 5^2 = 200$
따라서 두 사람이 오전 10시에 동시에 공부를 시작한 이후 200분이 지날 때마다 다시 동시에 공부를 시작하게 됩니다.

③ 오전 10시에서 오후 6시까지 총 8시간은 $60 \times 8 = 480$(분)이므로
$\dfrac{480}{200} = 2 \cdots$
즉, 10시 이후에 추가적으로 2번 더 동시에 공부를 시작하는 것을 알 수 있습니다.
따라서 처음을 포함하여 두 사람이 동시에 공부를 시작한 횟수는 모두 3번입니다.

---

180 정답 ①   난이도 ●●○

간단풀이

십의 자리 수를 x, 일의 자리 수를 $(x+4)$라고 하면
$3\{10x+(x+4)\}+6 = 10(x+4)+x$
∴ $x = 1$
따라서 구하는 처음 수는
$10x+(x+4) = 11x+4 = 15$ 입니다.

상세풀이 1

① 먼저 일의 자리 수가 십의 자리 수보다 4만큼 크다고 했으므로 십의 자리 수를 x로 두고, 일의 자리 수를 $(x+4)$로 두면
(처음 수) $= 10x+(x+4)$,
(일의 자리 수와 십의 자리 수를 바꾼 수)
$= 10(x+4)+x$

② 3(처음 수)+6=(일의 자리 수와 십의 자리 수를 바꾼 수)이므로
$3\{10x+(x+4)\}+6 = 10(x+4)+x$
$22x = 22$ ∴ $x = 1$

③ 따라서 구하는 처음 수는 $10x+(x+4) = 15$ 입니다.

상세풀이 2

① 십의 자리 수를 x, 일의 자리 수를 y라고 두면 일의 자리 수가 십의 자리 수보다 4만큼 크다고 했으므로 $y = x+4$라는 식을 세울 수 있습니다.

② 처음 수가 나타내는 값은 $10x+y$이고, 십의 자리 수와 일의 자리 수를 바꾼 수는 $10y+x$가 됩니다.

③ 이 값이 처음 수의 3배보다 6이 커졌으므로, 이를 식으로 세우면 $10y+x = 3(10x+y)+6$이 됩니다.

④ 두 식을 연립하면 해를 구할 수 있습니다.
$$\begin{cases} y = x+4 \\ 10y+x = 3(10x+y)+6 \end{cases}$$
$$\begin{cases} y = x+4 \\ 10y+x = 30x+3y+6 \end{cases}$$
$$\begin{cases} y = x+4 \\ 29x-7y = -6 \end{cases}$$
$29x-7(x+4) = -6$
$22x = 22$ ∴ $x=1, y=5$

⑤ 따라서 구하는 처음 수는 $10x+y = 15$ 입니다.

181 정답 ② 난이도 ●●○

간단풀이

$2+1+3+4 = 10+(-5)+1+4 = 1.5+3.5+3+X$
$= 10$
∴ $X = 2$

상세풀이

11개의 숫자와 한 개의 빈칸을 포함하여 총 12개의 숫자가 주어져 있습니다.

① 다음과 같이 주어진 숫자의 배열을 4개씩 묶어봅니다.
2 1 3 4 / 10 -5 1 4 / 1.5 3.5 3 ( )

② 각 묶음에 속한 4개의 숫자를 더하면 그 합이 10으로 일정합니다.
$2+1+3+4=10$
$10+(-5)+1+4=10$

③ 위와 같은 규칙에 따라
$1.5+3.5+3+X=10$
$8+X=10$ ∴ $X=2$
따라서 주어진 빈칸에 들어갈 숫자는 2입니다.

Tip 이러한 문제를 해결할 때에는 –5와 1.5, 3.5처럼 특이한 항을 기준으로 규칙을 찾는 것이 유리합니다. 음수인 항이 –5 하나이기 때문에 어떠한 수를 곱하는 방식이 아님을 추측할 수 있으며 1.5와 3.5를 더하거나 뺌으로써 소수점을 가진 숫자를 제거할 수 있음을 예상해볼 수 있습니다.

182 정답 ② 난이도 ●●●

간단풀이

$6+6(×)35=216$

상세풀이

① 좌변의 괄호에 들어갈 기호를 찾기 위해 우변을 먼저 계산합니다.
사칙연산의 기본적인 법칙에 따라 소괄호 안의 계산을 가장 먼저 해주고 중괄호 안의 계산을 해줍니다.
$(9+9+9+9) \times (25-22)$
$36 \times 3 = 108$

② 이후 중괄호 밖에 있는 숫자 2를 계산해줍니다. 이때, 2와 중괄호 사이에는 × 기호가 생략되어 있습니다. 곱하기 기호는 사칙연산 기호 중 유일하게 생략할 수 있습니다.
$108 \times 2 = 216$

③ 이제 좌변을 계산합니다. 좌변을 계산하기 전, 괄호에 들어가는 기호가 '='인지 아닌지에 따라 풀이가 달라지므로 구분해줘야 합니다.
괄호에 들어가는 기호가 '='인 경우, $6+6=12$, $59-37+13=35$, $\{(9+9+9+9)\times(25-22)\}2$ $=216$으로 성립하지 않습니다.
괄호에 들어가는 기호가 '='가 아닌 경우에는 가장 앞에 쓰인 6은 괄호에 들어가는 기호의 영향을 받지 않아서 우변으로 이항할 수 있습니다. 6을 우변으로 이항하면 $216+(-6)=210$이 됩니다.

④ 즉, $6(\ )(59-37+13)=210$ …… ㉠으로 식을 정리할 수 있습니다.
$59-37+13=35$이므로 ㉠은 $6(\ )35=210$으로 정리됩니다.
$6 \times 35 = 210$이므로 괄호 안의 기호는 × 임을 알 수 있습니다.

183 정답 ⑤   난이도

간단풀이

$\sqrt{169} = 13$(m)
$225 = 15^2$
즉, 씨앗 사이의 간격은 14개이므로
$13 \div 14 = 0.9285714\cdots$

상세풀이

① 먼저 마당의 면적이 169m^2인 정사각형이므로 한 변의 길이는 $\sqrt{169} = 13$(m) 입니다.
또한 꽃씨는 $225 = 15^2$(개)입니다. 따라서 정사각형의 한 변에 15개씩 15줄의 씨앗을 심어야 합니다.

② 그런데 한 변에 15개의 씨앗을 심게 되면 씨앗과 씨앗 사이에 14개의 간격이 생기고, 이 14개 간격의 총 길이가 13m가 되어야 합니다.

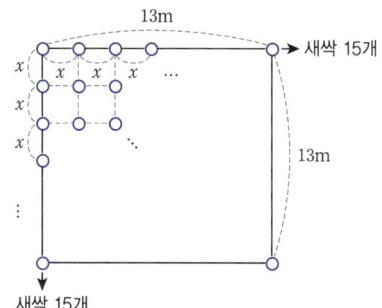

간격은 서로 모두 같아야 하므로(일정해야 하므로)
$14x = 13 \quad \therefore \quad x = \dfrac{13}{14} = 0.9285714\cdots$

③ 이를 소수점 세 번째 자리에서 반올림한 값은 0.93입니다. 따라서 구하는 거리의 최댓값은 0.93(m)

184 정답 ④   난이도

간단풀이

7월 9일 기준 67일 전은 5월 9일 기준으로 $67-(30-31)=6$일 전입니다.
명단이 발표되는 날은 5월 3일입니다.
한편, 3월 1일 기준 5월 3일은 $61+2=63$일 후이므로 63을 7로 나눈 나머지는 0이므로 정답은 월요일입니다.

상세풀이 1

이러한 문제에서는 각 달이 며칠까지 있는 지를 파악하여 두 날짜 사이의 간격을 정확하게 계산해야 합니다. 먼저 7월 9일을 기준으로 67일 전의 날짜를 구해야 합니다.

① 5월은 31일, 6월은 30일까지 있으므로 5월 9일과 7월 9일은 $30+31=61$일 차이가 납니다.
즉, 7월 9일을 기준으로 67일 전인 날짜는 5월 9일을 기준으로 $67-(30-31)=6$일 전인 날짜와 같습니다.
따라서 최종합격자 발표일은 5월 9일의 6일 전인 5월 3일입니다.

② 문제에서 3월 1일이 월요일이라 하였으므로 5월 3일이 무슨 요일인지 구하기 위해서는 3월 1일과 5월 3일이 며칠 차이가 나는지 구해야 합니다.

③ 먼저 3월은 31일, 4월은 30일까지 있으므로 3월 1일과 5월 1일은 $31+30=61$일 차이가 납니다. 마지막으로 5월 1일과 5월 3일은 2일 차이가 납니다. 따라서 3월 1일과 5월 3일은 $61+2=63$일 차이가 납니다.

④ 7일마다 같은 요일이 돌아오기 때문에 63을 7로 나눈 나머지를 구해야 합니다. 63을 7로 나눈 나머지는 0이기 때문에 명단이 발표되는 날은 월요일입니다.

상세풀이 2

발표일인 5월 3일이 무슨 요일인지 구하는 다른 방법도 있습니다. 7일이 지나면 같은 요일이 돌아오기 때문에 일 수를 7로 나눈 나머지만 구해주면 요일을 쉽게 계산할 수 있습니다.
1월부터 12월까지 각 월의 일 수를 7로 나눈 나머지를 구하면 다음과 같습니다.

월	1	2	3	4	5	6	7	8	9	10	11	12
일 수	31	28 (29)	31	30	31	30	31	31	30	31	30	31
나머지	3	0 (1)	3	2	3	2	3	3	2	3	2	3

3월 1일을 기준으로 5월 3일까지 요일이 몇 번 바뀌는지 구해야 합니다.
먼저 3월과 4월에 해당하는 나머지를 더해주면 3월 1일부터 5월 1일까지는 요일이 5번 바뀐 것과 같습니다. 또 5월 1일부터 5월 3일까지는 요일이 2번 바뀝니다. 즉, 3월 1일부터 5월 3일까지는 요일이 총 7번 바뀐 것과 같습니다.
따라서 7을 7로 나눈 나머지는 0이기 때문에 5월 3일은 월요일이 됩니다.

Tip 문제에서 기준으로 주어진 요일의 날짜가 꼭 1일이 아니더라도 문제를 풀 수 있습니다.
예를 들어 '3월 10일은 화요일이다.'라는 기준이 주어졌는데 '3월 28일의 요일을 구하라'라는 문제가 나왔다고 한다면 28-10=18일을 7로 나눈 나머지가 4이므로 (수, 목, 금, 토) 해서 구하는 요일은 토요일입니다.

주의 7월 9일을 기준으로 67일을 7로 나누어 나머지 4만큼 이동하는 방식을 사용하는 분들도 있을 것입니다. 하지만 이러한 방법은 틀린 방법입니다. 왜냐하면 문제에서는 67일 전이라고 하였기 때문입니다.
3월 1일 (월)을 기준으로 7월 9일은 31+30+31+30+8=130일 차이가 납니다.
(예를 들어, 4월 3일은 정확히 31+2=33일 차이가 납니다. 즉, 처음 기준이 되었던 3월 1일에서 1일을 빼주어야 합니다.)
130을 7로 나누면 나머지가 4이므로 (화, 수, 목, 금) 해서 7월 9일은 금요일입니다.
이때, 7월 9일을 기준으로 67일 전의 요일이 구하는 발표날이므로 130-67=63일에서 63을 7로 나누면 나머지 0이므로 발표되는 날은 월요일입니다.
또는, 67을 7로 나누면 나머지가 4이므로 (목, 수, 화, 월) 해서 발표되는 날은 월요일입니다.

185 정답 ③   난이도 ●●○

간단풀이

(처음 덜어낸 소금물의 양) $=x(\text{g})$
$(600-x) \times \dfrac{8}{100} + (x+400) \times \dfrac{14}{100} = 1,000 \times \dfrac{11}{100}$
$8(600-x) + 14(x+400) = 11,000$
$6x = 600$ ∴ $x = 100$

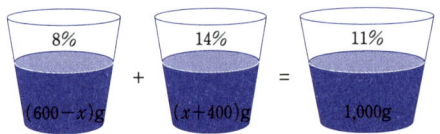

상세풀이 1

문제에서 덜어낸 8% 용액을 $x(\text{g})$이라고 놓으면, 결과적으로 만들어지는 11% 용액이 1,000g이므로 14% 용액은 $(x+400)\text{g}$ 추가해야 됨을 알 수 있습니다.

① 각 용액에 녹아 있는 소금의 양의 관계는 다음과 같습니다.
(8% 용액 $(600-x)\text{g}$에 녹아있는 소금의 양) + (14% 용액 $(x+400)\text{g}$에 녹아있는 소금의 양) = (11% 용액 1,000g에 녹아있는 소금의 양)

② 위 사실을 x에 관한 식으로 나타내면
$(600-x) \times \dfrac{8}{100} + (x+400) \times \dfrac{14}{100}$
$= 1,000 \times \dfrac{11}{100}$
$8(600-x) + 14(x+400) = 11,000$
$6x = 600$ ∴ $x = 100$

③ 따라서 구하는 처음 덜어낸 8% 소금물의 양은 100g입니다.

상세풀이 2

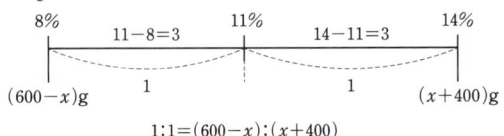

가중평균 방법으로도 풀이가 가능합니다.
$(14-11) : (11-8) = (600-x) : (x+400)$
$600-x = x+400$
$2x = 200$ ∴ $x = 100$

186 정답 ③   난이도 ●●●

간단풀이 1

$180 \times \dfrac{20}{100} = (180-x) \times \dfrac{10}{100} + x$
$3,600 = 1,800 - 10x + 100x$
$90x = 1,800$ ∴ $x = 20$

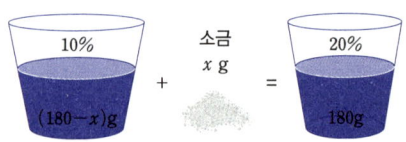

간단풀이 2

$\dfrac{(180-x) \times \dfrac{10}{100} + x}{180} = \dfrac{20}{100}$
$18 - 0.1x + x = 0.2 \times 180$
$0.9x = 18$ ∴ $x = 20$

📖 상세풀이 1

이러한 문제는 농도나 소금의 양을 구하는 공식을 활용하여 방정식을 세우는 것이 핵심입니다. 먼저 소금의 양을 기준으로 식을 세워 풀어보겠습니다.

① (농도 20% 소금물 180g에 있는 소금의 양) =
  (농도 10% 소금물에 있는 소금의 양) + (넣은 소금 x g)

② 농도 20%인 소금물 180g에 있는 소금의 양은
  $180 \times \dfrac{20}{100}$
  농도 10% 소금물에 있는 소금의 양은
  $(180-x) \times \dfrac{10}{100}$

③ 따라서 다음의 식이 성립합니다.
  $180 \times \dfrac{20}{100} = (180-x) \times \dfrac{10}{100} + x$
  양변에 100을 곱하여 풀면
  $3{,}600 = 1{,}800 - 10x + 100x$
  $90x = 1{,}800 \quad \therefore x = 20$

📖 상세풀이 2

농도를 구하는 공식을 이용하여 풀 수도 있습니다.

① 농도 10% 소금물에 소금 $x(g)$을 넣은 후 농도 20% 소금물 180g이 되었으므로
  (농도 20% 소금물 180g) = (농도 10% 소금물의 양) + (소금 x g)
  (농도 10% 소금물의 양) = (농도 20% 소금물 180g) − (소금 x g) = $(180-x)$ g

② (농도 10% 소금물에 녹아있는 소금의 양)
  $= (180-x) \times \dfrac{10}{100} = 18 - 0.1x$

③ 농도 20%인 소금물 180g에 대한 농도에 대한 식을 세우면
  $\dfrac{(\text{농도 10\% 소금물에 녹아있는 소금의 양}) + (\text{넣은 소금의 양}\,x\,g)}{180}$
  $= \dfrac{20}{100}$
  $\dfrac{18 - 0.1x + x}{180} = \dfrac{20}{100}$
  $18 + 0.9x = 0.2 \times 180$
  $0.9x = 18 \quad \therefore x = 20$

---

187 정답 ① 난이도 ●●○

✏️ 간단풀이 1

$x \times \dfrac{5}{100} + 40 = (x+40) \times \dfrac{25}{100}$

$\dfrac{1}{5}x = 30 \quad \therefore x = 150$

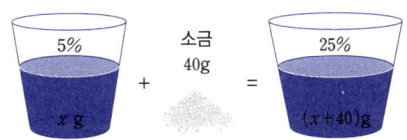

✏️ 간단풀이 2

$\dfrac{5x + 40}{100x + 40} \times 100 = \dfrac{25}{100} \times 100$

$\therefore x = 1.5$

(처음 5% 소금물의 양) = $100x = 150(g)$

📖 상세풀이 1

이 문제는 소금물에 녹아있는 소금의 양을 구하는 식을 이용하여 문제를 풀 수 있습니다.

(소금의 양) = (소금물의 양) × $\dfrac{(\text{소금물의 농도})}{100}$

(소금물의 양) = (소금의 양) + (물의 양)

① 구하고자 하는 처음 5% 소금물의 양을 x라 두면 5%의 소금물에 들어있는 소금의 양은 $\dfrac{5}{100}x(g)$입니다.
  여기에 40g의 소금을 추가한다면, 소금의 양은 $\dfrac{5}{100}x + 40(g)$이 됩니다.

② 25%의 소금물의 양은 처음 5%의 소금물의 양 x g에 소금 40g 추가한 양과 같으므로 $(x+40)$ g입니다. 따라서 25%의 소금물에 녹아있는 소금의 양은 $(x+40) \times \dfrac{25}{100}$ 입니다.

③ 따라서 $\dfrac{5}{100}x + 40 = (x+40) \times \dfrac{25}{100}$ 라는 식을 세울 수 있고, 양변에 100을 곱하여 방정식의 해를 구하면
  $5x + 4{,}000 = 25x + 1{,}000$
  $20x = 3{,}000 \quad \therefore x = 150$
  따라서 구하는 처음 5%의 소금물의 양은 150(g)입니다.

상세풀이 2

① 소금물의 농도를 구하는 방법을 안다면 비례식을 이용하여 쉽게 풀 수 있습니다.

$$(\text{소금물의 농도}) = \frac{(\text{소금의 양})}{(\text{소금물의 양})} \times 100,$$

$(\text{소금물의 양}) = (\text{소금의 양}) + (\text{물의 양})$

계산의 편의를 위하여 x를 특정한 양을 지칭하는 미지수로 두지 않고 비례상수로 사용합니다.

② 5%의 소금물에서

$(\text{소금물의 양}) : (\text{소금의 양}) = 100 : 5$와 같으므로 비례상수 k를 이용하여 나타내면

$(\text{소금물의 양}) = 100k$, $(\text{소금의 양}) = 5k$

따라서 소금 40g을 넣어 농도 25%가 되었을 때의 농도에 대한 계산 식은 아래와 같습니다.

$$\frac{5k+40}{100k+40} \times 100 = \frac{25}{100} \times 100$$

$$\frac{5k+40}{100k+40} = \frac{1}{4}$$

$$4(5k+40) = 100k+40$$

$$80k = 120 \quad \therefore \quad k = 1.5$$

③ 여기서 주의할 점은 구해야 하는 것은 처음 5% 소금물의 양이므로 $100k = 150 (\text{g})$입니다.

---

188 정답 ①  난이도 ●●○

간단풀이

	남성	여성	총합
기혼	10%	10%	20%
미혼	30%	50%	80%
총합	40%	60%	100%

(1) 기혼 남성($=10k$) (2) 미혼 남성($=30k$)
(3) 기혼 여성($=10k$) (4) 미혼 여성($=50k$)

$$\therefore \frac{(\text{기혼 남성의 수})}{(\text{전체 기혼자의 수})}$$

$$= \frac{(\text{기혼 남성의 수})}{(\text{기혼 남성의 수})+(\text{기혼 여성의 수})}$$

$$= \frac{10k}{10k+10k} = \frac{1}{2}$$

상세풀이

문제에서 설명된 집단을 작은 그룹으로 분류하여 계산합니다.

① 이 문제에서 전체 지원자를 총 4개의 작은 그룹으로 분류하고 각 그룹의 전체에 대한 비율을 구할 수 있습니다.
 (1) 기혼 남성
 (2) 미혼 남성
 (3) 기혼 여성
 (4) 미혼 여성

② 전체 지원자의 40%가 남성이므로 여성이 전체 지원자의 60%이고, 비례상수 k에 대하여 나타내면 남성의 수는 $40k$, 여성의 수는 $60k$라 할 수 있습니다. 한편, 전체 지원자의 10%가 기혼 남성이므로 같은 비례상수를 이용하여 기혼 남성의 수를 $10k$라 할 수 있습니다. 여기에서 미혼 남성의 수는 전체 남성의 수에서 기혼 남성의 수를 뺀 것과 같으므로
$40k - 10k = 30k$
* 전체에 대한 비율이 같으므로 같은 비례상수를 이용할 수 있습니다.

③ 전체 지원자의 50%는 기혼이거나 남성이므로 기혼이거나 남성인 사람의 수는 $50k$입니다. 기혼이거나 남성인 그룹은
 (1) 기혼 남성($=10k$)
 (2) 미혼 남성($=30k$)
 (3) 기혼 여성
세 그룹을 합한 그룹이므로 기혼 여성의 수는
$50k - (10k + 30k) = 10k$ 입니다.
이때, ②에서 전체 여성의 수는 $60k$라 하였으므로 미혼 여성의 수는 $60k - 10k = 50k$입니다.

④ 문제에서 지원자 중 기혼자 한 명을 임의로 뽑았을 때 그 기혼자가 남성일 확률을 구하라고 하였으므로 전체 기혼자 중 남성에 대한 비율을 구하면 됩니다. 따라서 구하는 확률은

$$\frac{(\text{기혼 남성의 수})}{(\text{전체 기혼자의 수})}$$

$$= \frac{(\text{기혼 남성의 수})}{(\text{기혼 남성의 수})+(\text{기혼 여성의 수})}$$

$$= \frac{10k}{10k+10k} = \frac{1}{2}$$

189 정답 ①   난이도 ●●○

간단풀이

	남학생	여학생	총합
중학생	30%	20%	50%
고등학생	30%	20%	50%
총합	60%	40%	100%

(1) 남자 중학생($=30k$)
(2) 여자 중학생($=20k$)
(3) 남자 고등학생($=30k$)
(4) 여자 고등학생($=20k$)

$$\frac{(남자\ 고등학생의\ 수)}{(전체\ 남학생의\ 수)}$$
$$=\frac{(남자\ 고등학생의\ 수)}{(남자\ 중학생의\ 수)+(남자\ 고등학생의\ 수)}$$
$$=\frac{30k}{30k+30k}=\frac{1}{2}$$

상세풀이

문제에서 설명된 집단을 작은 그룹으로 분류하여 접근합니다.

① 이 문제에서 전체 지원자를 총 4개의 작은 그룹으로 분류하고 각 그룹의 전체에 대한 비율을 구할 수 있습니다.
  (1) 남자 중학생
  (2) 여자 중학생
  (3) 남자 고등학생
  (4) 여자 고등학생

② 전체 지원자의 50%가 중학생이므로 고등학생이 전체 지원자의 50%이고, 비례상수 k에 대하여 나타내면 전체 중학생의 수는 $50k$, 전체 고등학생의 수도 $50k$ 입니다.
  (1) 전체 지원자의 20%가 여자 중학생이므로 여자 중학생 수를 $20k$라 할 수 있습니다.
  (2) 남자 중학생 수는 전체 중학생 수에서 여자 중학생 수를 뺀 값이므로 $50k-20k=30k$ 입니다.

③ 전체 참가자의 70%는 중학생이거나 여학생이므로 중학생이거나 여학생인 사람의 수는 $70k$입니다. 중학생이거나 여학생인 그룹은
  (1) 여자 중학생($=20k$)
  (2) 남자 중학생($=30k$)
  (3) 여자 고등학생
  세 그룹을 합한 그룹이므로 여자 고등학생의 수는 $70x-(20x+30x)=20x$ 입니다.

또한, ②에서 전체 고등학생의 수는 $50k$라 하였으므로 남자 고등학생의 수는 $50k-20k=30k$입니다.

④ 문제에서 지원자 중 남학생 한 명을 임의로 뽑았을 때 그 남학생이 고등학생일 확률을 구하라고 하였으므로 전체 남학생 중 고등학생에 대한 비율을 구하면 됩니다. 따라서 구하는 확률은

$$\frac{(남자\ 고등학생의\ 수)}{(전체\ 남학생의\ 수)}$$
$$=\frac{(남자\ 고등학생의\ 수)}{(남자\ 중학생의\ 수)+(남자\ 고등학생의\ 수)}$$
$$=\frac{30k}{30k+30k}=\frac{1}{2}$$

190 정답 ③   난이도 ●●●

간단풀이 1

(4% 소금물의 양)=(8% 소금물의 양)$=x$
$$(x-50)\times\frac{8}{100}+x\times\frac{4}{100}=(2x-50)\times\frac{5}{100}$$
$$8x-400+4x=10x-250$$
$$2x=150 \quad \therefore\ x=75$$
따라서 남은 8%의 소금물의 양은 $75-50=25(g)$입니다.

간단풀이 2

(4% 소금물의 양)=(8% 소금물의 양)$=x$
$$\frac{0.04x+0.08x-4}{2x-50}\times 100=5$$
$$(0.12x-4)\times 100=5(2x-50)$$
$$12x-400=10x-250$$
$$2x=150 \quad \therefore\ x=75$$
구하는 남은 8%의 소금물의 양은 $75-50=25(g)$

상세풀이 1

(4% 소금물의 양)=(8% 소금물의 양)$=x$라 놓으면 5% 소금물의 양은 $x-50+x=(2x-50)g$이 됩니다.

① 각 용액에 녹아 있는 소금의 양의 관계는 다음과 같습니다.
  (8% 소금물 $(x-50)g$에 녹아 있는 소금의 양)+
  (4% 소금물 xg에 녹아 있는 소금의 양)
  =(5% 소금물 $(2x-50)g$에 녹아 있는 소금의 양)

② 위 사실을 x에 관한 식으로 나타내면
$$(x-50)\times\frac{8}{100}+x\times\frac{4}{100}=(2x-50)\times\frac{5}{100}$$

이 식을 양변에 100을 곱하여 정리하면
$8x - 400 + 4x = 10x - 250$
$2x = 150$ ∴ $x = 75$

③ 구하는 값은 50g 덜어내고 남은 8%의 소금물의 양이므로 $75 - 50 = 25(g)$입니다.

상세풀이 2

농도를 구하는 식을 이용하여 풀 수도 있습니다.

① 농도가 다른 두 용액 중 하나의 용액에서 일정량을 덜어내고 남은 용액에 다른 용액을 섞은 후 변한 농도를 반영하여 식을 세웁니다.
(농도 8% 소금물) − (덜어낸 농도 8% 소금물 50g) + (농도 4% 소금물) = (농도 5% 소금물)
이때, (4% 소금물의 양) = (8% 소금물의 양) = x라 두고 농도 5% 소금물의 양과 녹아 있는 소금의 양을 x에 대한 식으로 표현합니다.

② (농도 5% 소금물에 녹아 있는 소금의 양)
= (처음 농도 8% 용액 속 소금의 양) − (덜어낸 농도 8%의 용액 50g 속 소금의 양) + (4% 용액 속 소금의 양)
$= \dfrac{8}{100} \times x - \dfrac{8}{100} \times 50 + \dfrac{4}{100} \times x$
$= 0.08x - 4 + 0.04x$
$= 0.12x - 4$

③ (농도 5% 소금물의 양)
= (처음 농도 8% 소금물의 양) − (덜어낸 농도 8% 소금물 50g) + (섞은 4% 소금물의 양)
$= x - 50 + x = 2x - 50$

④ 위 사실을 종합하여 식을 세우면,
농도 5(%)
$= \dfrac{(처음 농도 8\% 속 소금의 양) - (덜어낸 농도 8\%의 50g 속 소금의 양) + (농도 4\% 속 소금의 양)}{(처음 농도 8\% 소금물의 양) - (덜어낸 농도 8\% 소금물 50g) + (농도 4\% 소금물의 양)} \times 100$
$= \dfrac{0.12x - 4}{2x - 50} \times 100$

⑤ 위의 식의 양변에 $2x - 50$을 곱하고 식을 정리하면
$5 = \dfrac{0.12x - 4}{2x - 50} \times 100$
$5 \times (2x - 50) = (0.12x - 4) \times 100$
$10x - 250 = 12x - 400$
$2x = 150$ ∴ $x = 75$

따라서 처음 농도 8% 소금물의 양은 75g이 됩니다. 이때, 처음 농도 8% 소금물의 양에서 50g 덜어내고 남은 양을 구하는 것이므로 $75 - 50 = 25(g)$이 됩니다.

191 정답 ④ 난이도 ●●●

간단풀이

(필통의 수) $= x$
$8(x-3) + 1 \leq 6x - 2 \leq 8(x-2)$
각 변에서 $6x - 2$를 빼서 정리하면
$2x - 21 \leq 0 \leq 2x - 14$
∴ $7 \leq x \leq 10.5$
x는 0 또는 자연수이므로 $x = 7$ 또는 8 또는 9 또는 10

상세풀이

해당 문제는 연립방정식과 부등식의 혼합 문제로 주어진 조건을 이용하여 방정식과 부등식을 잘 세우는 것이 관건인 문제입니다. 문제의 조건을 이용하여 미지수들의 관계식을 올바르게 세워야 하며 문제에서 주어지는 "남는다"와 "부족하다, 채우지 못한다"와 같은 표현에 대해 부등식을 만들어야 합니다.
또한 "~수 있다"의 조건에는 일어날 수 있는 경우의 범위를 모두 만족할 수 있는 부등식을 세워야 합니다.

① 먼저 필통의 수를 x라 하면 문제에서 필통에 펜을 6개씩 넣으면 펜이 2개가 부족하다고 하였으므로
(펜의 수) $= 6x - 2$

② 또한, 문제에서는 펜을 8개씩 넣으면 필통이 2개가 남는다고 하였으며 펜을 담은 마지막 필통은 가득 차지 않을 수도 있다고 추가 조건을 붙였습니다.

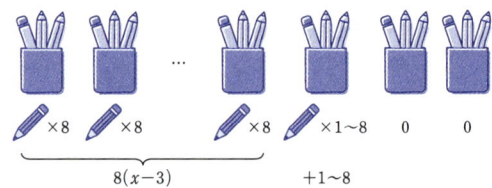

"펜을 담은 마지막 필통은 가득 차지 않을 수도 있다."의 뜻은 '3개를 제외한 나머지 필통은 모두 가득 차고, 한 필통에는 펜이 1개~8개 담겨 있다.'와 같습니다.
이것을 식으로 세워주면
$8 \times (x-3) + 1 \leq (펜의 수) \leq 8 \times (x-2)$

③ ①, ②에서 구한 식을 연립하여 부등식을 풀어봅시다.
$8(x-3) + 1 \leq 6x - 2 \leq 8(x-2)$
$8x - 23 \leq 6x - 2 \leq 8x - 16$
각 변에서 $8x - 2$를 빼서 정리하면
$-21 \leq -2x \leq -14$
양변에 $-\dfrac{1}{2}$를 곱하면 부등식을 풀면

$$-21 \times \left(-\frac{1}{2}\right) \geq -2x \times \left(-\frac{1}{2}\right) \geq -14 \times \left(-\frac{1}{2}\right)$$
$$\therefore 7 \leq x \leq \frac{21}{2}$$

④ 필통의 수는 0 또는 자연수이므로 7, 8, 9, 10중에 하나의 수가 됩니다.
따라서 보기 중 9개가 필통의 개수가 될 수 있습니다.

$$\therefore \frac{15}{2} \leq x \leq 10$$

④ 돗자리 수는 0 또는 자연수이므로 가능한 수는 8, 9, 10입니다.
문제에서 돗자리의 수는 홀수라고 했으므로 돗자리 수는 9개이고, 구하는 것은 학생 수이므로
$4 \times 9 + 3 = 39$(명)

192 정답 ④ 난이도 ●●●

간단풀이

돗자리의 개수를 x라 하면
$6(x-3)+1 \leq 4x+3 \leq 6(x-3)+6$
$\therefore \frac{15}{2} \leq x \leq 10$
따라서 가능한 돗자리 개수는 8 또는 9 또는 10
이때, 돗자리의 개수는 홀수라고 했으므로 9개
따라서 철수네 반 학생들은 총 $4 \times 9 + 3 = 39$(명)입니다.

상세풀이

주어진 조건은 6명당 한 개씩 나누면 2개의 돗자리가 남고, 4명당 한 개씩 나누면 3명의 학생이 남는 것입니다. 여기서 유의해야 할 점은 나누어 준 돗자리 중 어느 한 돗자리에는 몇 명이 앉는 지 알 수 없다는 것입니다. 하나의 돗자리에는 1명에서 6명의 인원이 앉을 수 있기 때문에, 부등식을 세우면 됩니다.

① 먼저 돗자리의 개수를 x라 하면 4명당 한 개씩 나누어 주었더니 3명의 학생이 남았다고 하였으므로
(학생 수)$= 4x + 3$

② 또한, 문제에서 6명당 한 개씩 나누어 주었더니 2개의 돗자리가 남았다고 하였으므로 이것은 3개를 제외한 나머지 돗자리는 모두 6명이 앉고, 한 돗자리에는 1명~ 6명 앉게 되는 경우와 같으므로 이것을 식으로 세워주면
$6 \times (x-3) + 1 \leq$ (학생 수) $\leq 6 \times (x-2)$

③ ①, ②에서 구한 식을 연립하여 부등식을 풀어봅시다.
$6(x-3)+1 \leq 4x+3 \leq 6(x-2)$
$6x - 17 \leq 4x + 3 \leq 6x - 12$
각 변에서 $6x+3$를 빼어 정리하면
$-20 \leq -2x \leq -15$
양변에 $-\frac{1}{2}$를 곱하면 부등식을 풀면
$$-20 \times \left(-\frac{1}{2}\right) \geq -2x \times \left(-\frac{1}{2}\right) \geq -15 \times \left(-\frac{1}{2}\right)$$

193 정답 ④ 난이도 ●●●

간단풀이

$x - 0.6x - (0.6x \times 0.25) = 100,000$
$\therefore x = 400,000$원

상세풀이

이번 달 받은 보너스를 x로 두고, 용돈으로 드린 금액과 옷을 산 금액을 각각 x에 관한 식으로 표현합니다.

① 보너스의 60%를 부모님께 용돈으로 드렸으므로 그 금액은 $0.6x$이고, 용돈으로 드린 금액의 25%를 옷 구입 비용으로 사용했으므로 옷 구입 비용은
(옷 구입 비용)=(용돈으로 드린 금액)$\times 0.25$
$= 0.6x \times 0.25 = 0.15x$

② 문제에서 처음 보너스에서 용돈으로 드린 금액과 옷 구입 비용을 빼고 남은 돈이 10만 원이라 하였으므로
$x - 0.6x - 0.15x = 100,000$
$0.25x = 100,000$
$\therefore x = 100,000 \times \frac{100}{25} = 400,000$

따라서 철수가 처음 받은 보너스는 400,000원입니다.

Tip 이때 소수 0.25, 0.6, 0.15를 각각 분수 $\frac{1}{4}$, $\frac{3}{5}$, $\frac{3}{20}$으로 바꾸어서 풀면 소수를 곱하고 나누는 것보다 조금 더 빠르게 계산할 수 있습니다.

194 정답 ② 난이도 ●●●

간단풀이 1

(1) $1 \times 5 \times 4! = 120$
(2) $1 \times 4 \times 4! = 96$
(3) $1 \times 3 \times 4! = 72$
(4) $1 \times 2 \times 4! = 48$
(5) $1 \times 1 \times 4! = 24$
∴ $120 + 96 + 72 + 48 + 24 = 360$

간단풀이 2

화상 회의를 보고서 작성보다 먼저 처리해야 한다고 했으므로 이 두 업무의 처리 순서는 정해져 있는 것입니다. 그러므로 6개의 업무를 순서대로 처리하는 모든 경우의 수에서 이 두 업무의 처리 순서를 나열하는 경우의 수를 고려하지 않아야 합니다. 따라서 6개의 업무를 순서대로 나열하는 모든 경우의 수 (6!)에서 화상 회의와 보고서 작성의 순서를 정하는 경우의 수 (2!)을 나누어 주어야 합니다.

∴ $\dfrac{6!}{2!} = 360$(가지)

상세풀이

경우의 수 문제의 기본적인 원리는 문제에서 제시한 기준에 따라 중복되지 않게 경우의 수를 구하는 것입니다. 또한 동시에 발생하는 사건은 곱셈을 사용하고, 그렇지 않은 경우는 덧셈을 사용합니다.

① 이 문제에서 제시한 기준은 6가지 업무 중 '화상회의'를 '보고서 작성'보다 먼저 처리한다는 점입니다. 그렇기 때문에 나머지 다른 업무들에는 제한이 없으므로 제한이 걸려 있는 '화상회의'와 '보고서 작성'을 먼저 배치해야 합니다. 먼저 '화상회의'의 배치 경우를 계산한 후 그에 따른 '보고서 작성'의 경우의 수를 구해야 합니다.

② 두 번째로 생각해보아야 하는 것은 '화상회의'에 대한 배치의 경우의 수입니다.
  (1) '화상회의'가 첫 번째로 배치되는 경우를 생각해 봅니다. 이 때, '보고서 작성'이 배치될 수 있는 경우는 두 번째, 세 번째, 네 번째, 다섯 번째, 여섯 번째로 5가지의 경우가 나옵니다.
  그러므로 '화상회의'를 '보고서 작성'보다 앞에 배치되도록 하는 첫 번째 경우의 수는 $1 \times 5 = 5$ 입니다.
  (2) '화상회의'가 두 번째로 배치되는 경우를 생각해 봅니다. 이 때, '보고서 작성'이 배치될 수 있는 경우는 세 번째, 네 번째, 다섯 번째, 여섯 번째로 4가지의 경우가 나옵니다.
  그러므로 '화상회의'를 '보고서 작성'보다 앞에 배치되도록 하는 두 번째 경우의 수는 $1 \times 4 = 4$ 입니다.
  (3) '화상회의'가 세 번째로 배치되는 경우를 생각해 봅니다. 이 때, '보고서작성'이 배치될 수 있는 경우는 네 번째, 다섯 번째, 여섯 번째로 3가지의 경우가 나옵니다.
  그러므로 '화상회의'를 '보고서 작성'보다 앞에 배치되도록 하는 세 번째 경우의 수는 $1 \times 3 = 3$ 입니다.
  (4) '화상회의'가 네 번째로 배치되는 경우를 생각해 봅니다. 이때, '보고서 작성'이 배치될 수 있는 경우는 다섯 번째, 여섯 번째로 2가지의 경우가 나옵니다.
  그러므로 '화상회의'를 '보고서 작성'보다 앞에 배치되도록 하는 네 번째 경우의 수는 $1 \times 2 = 2$ 입니다.
  (5) '화상회의'가 다섯 번째로 배치되는 경우를 생각해봅니다. 이 때, '보고서 작성'이 배치될 수 있는 경우는 여섯 번째로 1가지의 경우가 나옵니다.
  그러므로 '화상회의'를 '보고서 작성'보다 앞에 배치되도록 하는 다섯 번째 경우의 수는 $1 \times 1 = 1$ 입니다.
  (6) '화상회의'가 여섯 번째로 배치되는 경우를 생각해봅니다. 이 경우에는 '보고서 작성'이 배치될 선택지가 없으므로 경우의 수는 0입니다.

③ 이렇게 '화상회의'와 '보고서 작성'을 기준에 따라 분류한 후 나머지 업무 4개 역시 고려해야 합니다. 나머지 업무의 배치에 따라서도 경우의 수가 달라지기 때문입니다.

④ ②-(1) 경우의 수 5가지에 따라 나머지 업무를 배치하는 경우의 수는 4!로 총 $5 \times 4! = 5 \times 24 = 120$가지가 나옵니다.
②-(2) 경우의 수 4가지에 따라 나머지 업무를 배치하는 경우의 수는 4!로 총 $4 \times 4! = 4 \times 24 = 96$가지가 나옵니다.
②-(3) 경우의 수 3가지에 따라 나머지 업무를 배치하는 경우의 수는 4!로 총 $3 \times 4! = 3 \times 24 = 72$가지가 나옵니다.
②-(4) 경우의 수 2가지에 따라 나머지 업무를 배치하는 경우의 수는 4!로 총 $2 \times 4! = 2 \times 24 = 48$가지가 나옵니다.
②-(5) 경우의 수 1가지에 따라 나머지 업무를 배치하는 경우의 수는 4!로 총 $1 \times 4! = 1 \times 24 = 24$가지가 나옵니다.

⑤ 각각의 경우가 동시에 일어나는 사건이 아니기 때문에 모든 경우의 수를 더해주면 '화상회의'를 '보고서 작성'보다 먼저 처리하는 경우의 수를 구할 수 있습니다. 즉,
120+96+72+48+24=360
따라서 총 360가지의 경우의 수가 나옵니다.

195 정답 ① 난이도 ●●●

간단풀이

(1) $\frac{2}{3} \times \frac{1}{2} \times \frac{1}{2} = \frac{1}{6}$

(2) $\frac{2}{3} \times \frac{1}{2} \times \frac{1}{3} = \frac{1}{9}$

(3) $\frac{1}{3} \times \frac{2}{3} \times \frac{1}{2} = \frac{1}{9}$

(4) $\frac{1}{3} \times \frac{1}{3} \times \frac{1}{3} = \frac{1}{27}$

∴ $\frac{1}{6} + \frac{1}{9} + \frac{1}{9} + \frac{1}{27} = \frac{23}{54}$

상세풀이

화요일부터 금요일까지 이 야구선수의 경기 결과로 나올 수 있는 모든 경우의 수를 표로 나타내면 다음과 같습니다. 안타를 친 날이 O, 안타를 못 친 날이 X입니다.

	화요일	수요일	목요일	금요일
경우 1	O	X	X	O
경우 2	O	X	O	O
경우 3	O	O	X	O
경우 4	O	O	O	O

① 각 경우에 해당하는 확률을 올바르게 구하려면 일단, 오늘의 경기 결과에 따른 다음날의 경기 결과의 확률을 구해야 합니다.

(1) (오늘 안타를 쳤을 때 다음날도 안타를 칠 확률)
= $\frac{1}{3}$

(2) (오늘 안타를 쳤을 때 다음날은 안타를 못 칠 확률)
= $\frac{2}{3}$

(3) (오늘 안타를 못 쳤을 때 다음날에 안타를 칠 확률)
= $\frac{1}{2}$

(4) (오늘 안타를 못 쳤을 때 다음날에 안타를 못 칠 확률)
= $\frac{1}{2}$

② 위에서 구한 확률에 따라 경우 1의 확률을 구하려면 각 요일의 확률을 구해야 합니다.

경우 1에서 경기 결과에 따른 수요일의 확률은 $\frac{2}{3}$, 목요일의 확률은 $\frac{1}{2}$, 금요일의 확률은 $\frac{1}{2}$ 입니다. 각 요일의 경기결과들은 서로 동시에 만족시켜야 하는 조건들이므로 곱의 법칙을 사용하여 계산해야 합니다.

(a) 경우 1의 확률은 $\frac{2}{3} \times \frac{1}{2} \times \frac{1}{2} = \frac{1}{6}$ 입니다.

(b) 경우 2의 확률도 같은 방식으로 구할 수 있습니다.

수요일의 확률은 $\frac{2}{3}$, 목요일의 확률은 $\frac{1}{2}$, 금요일의 확률은 $\frac{1}{3}$ 이므로 경우 2의 확률은

$\frac{2}{3} \times \frac{1}{2} \times \frac{1}{3} = \frac{1}{9}$

(c) 수요일의 확률은 $\frac{1}{3}$, 목요일의 확률은 $\frac{2}{3}$, 금요일의 확률은 $\frac{1}{2}$ 이므로 경우 3의 확률은

$\frac{1}{3} \times \frac{2}{3} \times \frac{1}{2} = \frac{1}{9}$

(d) 수요일의 확률은 $\frac{1}{3}$, 목요일의 확률은 $\frac{2}{3}$, 금요일의 확률은 $\frac{1}{2}$ 이므로 경우 4의 확률은

$\frac{1}{3} \times \frac{1}{3} \times \frac{1}{3} = \frac{1}{27}$

③ 따라서, 화요일에 안타를 쳤다면 금요일에 안타를 치는 확률은 4개의 경우의 확률을 모두 더한 값이다.

∴ $\frac{1}{6} + \frac{1}{9} + \frac{1}{9} + \frac{1}{27} = \frac{23}{54}$

196 정답 ① 난이도 ●●●

간단풀이

(1) 주사위를 굴려 1, 2가 나오는 경우: $\dfrac{1}{3}$

(2) 주사위를 굴려 6이 나온 후 가위바위보에서 바로 이기는 경우: $\dfrac{1}{6} \times \dfrac{1}{3} = \dfrac{1}{18}$

(3) 주사위를 굴려 6이 나온 후 가위바위보에서 비긴 후 다음 이기는 경우: $\dfrac{1}{6} \times \dfrac{1}{3} \times \dfrac{1}{3} = \dfrac{1}{54}$

$\therefore \dfrac{1}{3} + \dfrac{1}{18} + \dfrac{1}{54} = \dfrac{11}{27}$

상세풀이

해당 유형의 문제에서 유의해야 할 점은 제시한 기준에 따라 중복되지 않고, 빠뜨리는 경우가 없도록 확률을 구하는 것입니다.

① 이 문제에서는 당첨될 확률을 구해야 합니다. 당첨되는 경우는 다음 세 가지가 있다.

  (1) 주사위를 굴려 1, 2가 나오는 경우
  (2) 주사위를 굴려 6이 나온 후 가위바위보에서 바로 이기는 경우
  (3) 주사위를 굴려 6이 나온 후 가위바위보에서 비긴 후 다음 이기는 경우

② 각 경우에 해당하는 경우의 수를 구합니다.

  (1) 주사위를 굴려 1, 2가 나오는 경우의 확률은 $\dfrac{1}{3}$입니다.

  (2) 먼저 주사위를 굴려 6이 나오는 경우의 확률은 $\dfrac{1}{6}$입니다.
  또한, 가위바위보를 해서 이길 확률은 내가 낼 수 있는 경우의 수 3가지(가위, 바위, 보)와 상대가 낼 수 있는 경우의 수 3가지(가위, 바위, 보)를 곱한 9가지 중에서 '가위-보', '바위-가위', '보-바위' 이렇게 3가지입니다. 따라서 가위바위보를 해서 이길 확률은 $\dfrac{1}{3}$입니다.
  즉, 주사위를 굴려 6이 나온 후 가위바위보에서 첫 판에 바로 이기는 확률은 $\dfrac{1}{6} \times \dfrac{1}{3} = \dfrac{1}{18}$입니다.

  (3) 가위바위보에서 비길 확률은 9가지 경우의 수 중 '가위-가위', '바위-바위', '보-보'로 3가지이므로 $\dfrac{1}{3}$입니다.
  따라서 주사위를 굴려 6이 나온 후, 첫판에 비겼지만 두 번째 판에서 이길 확률은
  $\dfrac{1}{6} \times \dfrac{1}{3} \times \dfrac{1}{3} = \dfrac{1}{54}$입니다.

③ 당첨될 확률은 위에서 구한 세 가지 경우에 대한 확률을 모두 더해야 하므로
$\therefore \dfrac{1}{3} + \dfrac{1}{18} + \dfrac{1}{54} = \dfrac{11}{27}$

197 정답 ③ 난이도 ●●●

간단풀이

A 모델 생산 개수를 a, B 모델 생산 개수를 b라 하면
$a + b = 30$
$\begin{cases} 3{,}200a + 1{,}600b \leq 88{,}000 \\ 1{,}200a + 2{,}400b \leq 48{,}000 \end{cases}$
$b = 30 - a$를 위 연립부등식에 대입하여 풀면
$20 \leq a \leq 25$
즉, a의 최댓값은 25이므로 구하는 답은 25개입니다.

상세풀이

이 문제에서는 A 모델과 B 모델의 생산 개수를 정확히 구할 수 없습니다. 재료비와 인건비가 일정 값 이하라고 주어졌기 때문에 생산 개수에 대한 해는 범위로 나오게 됩니다.

① A 모델 생산 개수를 a, B 모델 생산 개수를 b라 하면 두 모델을 합하여 30개를 생산하기 때문에 $a + b = 30$이 됩니다.
또한, A 모델 전체에 대한 재료비는 $3{,}200a$, A 모델 전체에 대한 인건비는 $1{,}200a$가 되며, B 모델 전체에 대한 재료비는 $1{,}600b$, B 모델 전체에 대한 인건비는 $2{,}400b$가 됩니다.

② 총 재료비는 A 모델의 재료비와 B 모델의 재료비를 합하면 됩니다.
총 재료비가 88,000원 이하가 되어야 하므로 $3{,}200a + 1{,}600b \leq 88{,}000$라는 부등식을 세울 수 있습니다.

③ 마찬가지로 총 인건비는 A 모델의 인건비와 B 모델의 인건비를 합하면 됩니다.
총 인건비가 48,000원 이하가 되어야 하므로 $1{,}200a + 2{,}400b \leq 48{,}000$라는 부등식을 세울 수 있습니다.

즉, 아래와 같은 연립부등식을 세울 수 있습니다.
$$\begin{cases} 3{,}200a + 1{,}600b \leq 88{,}000 \\ 1{,}200a + 2{,}400b \leq 48{,}000 \end{cases}$$

④ 이제 주어진 식을 사용하여 해를 구하면 됩니다. $a+b=30$에서 $b=30-a$를 위의 연립부등식에 대입하면 a에 대한 부등식으로 나타나게 됩니다.

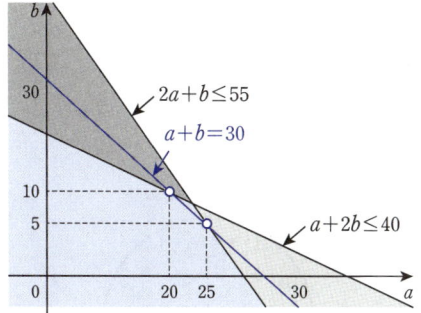

$$\begin{cases} 3{,}200a + 1{,}600(30-a) \leq 88{,}000 \\ 1{,}200a + 2{,}400(30-a) \leq 48{,}000 \end{cases}$$

$$\begin{cases} 1{,}600a \leq 40{,}000 \\ 1{,}200a \geq 24{,}000 \end{cases}$$

$$\begin{cases} a \leq 25 \\ a \geq 20 \end{cases}$$

$$\therefore\ 20 \leq a \leq 25$$

⑤ 따라서 구하는 A 제품의 최대 생산 가능 개수는 25개입니다.

198 정답 ③ 난이도 ●●●

간단풀이

사무용품 구매액 : $300{,}000 \times 0.8 = 240{,}000$원
사무용품 구매 후 남은 예산 : $300{,}000 - 240{,}000 = 60{,}000$원
서랍장 구매액 : $60{,}000 \times 0.4 = 24{,}000$원
서랍장 구매 후 남은 예산 : $60{,}000 - 24{,}000 = 36{,}000$원
볼펜 1개의 인터넷 구매액 : $500 \times \left(1 - \dfrac{20}{100}\right) = 400$원
$36{,}000 \div 400 = 90$이므로, 볼펜은 90개 살 수 있다.

상세풀이

① 월 30만 원의 예산 중 80%는 사무용품 구매에 사용하므로 사무용품 구매액은
$300{,}000 \times 0.8 = 240{,}000$(원)입니다.

② 남은 예산은 물품구매예산인 30만 원에서 사무용품 구매액인 24만 원을 뺀 6만 원입니다. 이때, 남은 예산 중 40%를 서랍장 구매에 사용했으므로 서랍장 구매액은 $60{,}000 \times 0.4 = 24{,}000$(원)입니다.

③ 서랍장을 구매 후 남은 예산은 사무용품을 구매한 후 남은 예산인 6만 원에서 서랍장 구매액인 2만 4천 원을 뺀 $60{,}000 - 24{,}000 = 36{,}000$(원)입니다.

④ 이후 남은 예산으로 정가가 500원인 볼펜을 사려고 한다. 이때, 인터넷을 이용하면 정가에서 20% 할인된 가격으로 살 수 있으므로 볼펜 1개의 인터넷 구매액은 $500 \times 0.8 = 400$(원)입니다.

⑤ 즉, 볼펜 한 개 당 구매액은 400원이며 현재 남은 총 예산은 36,000원 이므로
$$\dfrac{36{,}000}{400} = 90(\text{개})$$
따라서 볼펜은 90개 살 수 있습니다.

199 정답 ④ 난이도 ●●●

간단풀이

$$1.3x \times \dfrac{1}{2} + 1.3 \times 0.8x \times \dfrac{1}{2} = x + 136$$
$$1.17x = x + 136$$
$$0.17x = 136 \quad \therefore\ x = 800$$

상세풀이

① 이 문제에서 구하고자 하는 값은 '수정이가 처음에 산 땅값'입니다.
우선 처음 산 땅값을 x라고 놓습니다. 1년 뒤 땅 값은 30%가 올랐습니다.
그렇다면 오른 땅값은 $\left(1 + \dfrac{30}{100}\right)x$, 즉 $1.3x$가 됩니다.

② 이 중 절반을 팔았으므로 $1.3x \div 2 = 0.65x$만큼을 갖게 됩니다. (남은 절반 $0.65x$는 땅으로 계속 보유)
다시 1년 뒤, 땅값은 전년보다 20%가 떨어졌습니다. 따라서 20% 떨어진 땅값은 $0.65x \times 0.8 = 0.52x$이고 이것을 팔아 갖게 되었습니다.

③ 즉 영미는 땅을 팔아서 $0.65x + 0.52x = 1.17x$만큼을 갖게 된 것입니다.
처음 산 땅값이 x이므로 영미가 땅을 팔아 얻게 된 이익은 $1.17x - x = 0.17x$입니다.

④ 문제에서 이 이익금이 136만 원이라고 했으므로
$$0.17x = 1{,}360{,}000 \quad \therefore\ x = 8{,}000{,}000$$
즉 처음 산 땅의 값은 800만 원임을 알 수 있습니다.

Daily 400제 **143**

200 정답 ③ 난이도

간단풀이

(분침이 1분 동안 이동하는 각도)×x+(시침과 분침이 이루는 각도 90°)
=(시침이 1분 동안 이동하는 각도)×x+(시침이 12시에서 7시까지 이동한 각도)

$6° \times x + 90° = 0.5° \times x + 210°$
$6x + 90 = 0.5x + 210$
$5.5x = 120$
$\dfrac{55}{10}x = 120$ ∴ $x = \dfrac{1,200}{55} = \dfrac{240}{11}$

상세풀이

시계는 항상 정각에서 출발합니다. 7시에 출발해서 직각을 이루는 시각이 대략 몇 시쯤 인지 그림으로 그려 확인한 후 우리가 구해야 할 시각이 몇 시인지 구합니다.

① 문제에서 $\dfrac{600}{11}$분 일 때 90°를 이룬다 하였고, $\dfrac{600}{11}$분은 약 54분 정도 됩니다.

분침이 54분에 있다는 것은 분침이 10시에서 11시 사이에 있을 때이므로 따라서 구해야 하는 시각은 분침이 4시에서 5시 사이에 있을 때입니다.

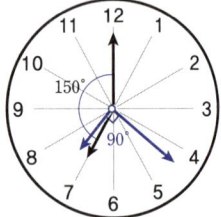 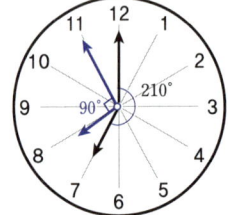

② 분침은 1분동안 6°, 시침은 1분동안 0.5°를 움직입니다. 7시일 때, 시침과 분침이 이루는 각도는 작은 쪽이 150°, 큰 쪽이 210°입니다.

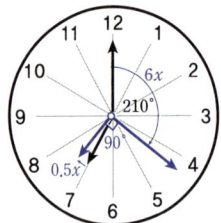

분침이 12시에서 출발하여 분침이 4시에서 5시 사이에 있을 때, 즉, 7시 이후 처음 직각을 이루는 시간이 x이므로 분침이 이동한 각도는 $6x$, 시침이 이동한 각도는 $0.5x$라 할 수 있습니다. 이때, 각도 차이가 90°가 되어야 하므로
$210° - 6x + 0.5x = 90°$
$5.5x = 120°$ ∴ $x = 120 \times \dfrac{10}{55} = \dfrac{240}{11}$

따라서 구하는 시침과 분침이 이루는 각도가 90°인 시각은 7시 $\dfrac{240}{11}$분입니다. (약 7시 21분)

Tip 이 문제는 각도와의 관계를 식으로 나타낼 수 있느냐가 중요한 요점입니다.
7시일 때 시침과 분침의 각도는 작은 쪽인 150° 또는 큰 쪽인 210° 어느 쪽을 기준으로 식을 세워도 같은 답이 나옵니다.

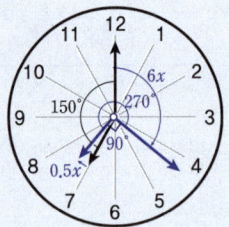

$150° + 6x - 0.5x = 270°$
$5.5x = 120°$ ∴ $x = 120 \times \dfrac{10}{55} = \dfrac{240}{11}$

독끝 7일차 (201~233)

201	③	202	②	203	①	204	⑤	205	①
206	④	207	④	208	③	209	②	210	⑤
211	②	212	⑤	213	①	214	②	215	③
216	③	217	③	218	⑤	219	③	220	①
221	③	222	③	223	④	224	③	225	①
226	②	227	③	228	②	229	①	230	⑤
231	②	232	②	233	⑤				

201 정답 ③ 난이도 ●●●

간단풀이 1

(걸린 시간) = t
$45t + 30t = 300$
$75t = 300$
$\therefore t = 4$(시간)

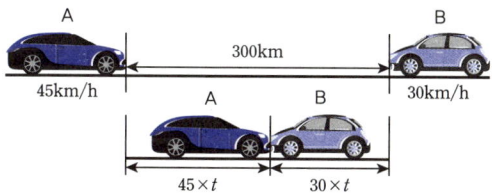

간단풀이 2

(차량 A가 이동한 거리) = x
$\dfrac{x}{45} = \dfrac{300-x}{30}$
$30x = 45(300-x)$
$75x = 13{,}500$ $\therefore x = 180$(km)
(걸린 시간) = $\dfrac{180}{45} = 4$(시간)

상세풀이 1

거리-속력-시간의 기본적인 원리를 묻는 문제입니다. 이런 유형의 문제는 보통 거리, 속력, 시간 중 두 가지의 정보를 주고 나머지 한 가지에 대해 묻는 문제가 출제됩니다.

① 300km 떨어진 곳에서 두 차량이 마주 보고 달려와 충돌한다면, 그 거리는 차량 A가 움직인 거리와 차량 B가 움직인 거리의 합과 같습니다. 그리고 그 거리는 300km라는 것을 알 수 있습니다. 즉,
(차량 A가 움직인 거리) + (차량 B가 움직인 거리) = 300 입니다.

② 거리는 '(속력)×(시간)'으로 구할 수 있으며, 두 차량이 출발하여 충돌하기까지 걸리는 시간은 서로 같으므로 이것을 t로 두고 식을 세우면 다음과 같습니다.
$45t + 30t = 300$
$75t = 300$ $\therefore t = 4$(시간)

상세풀이 2

차량 A가 이동한 거리를 x로 두고 식을 세워 구할 수도 있습니다. 하지만 이때는 문제에서 구하는 것이 이동시간임을 잊지 않아야 합니다.

① (차량 A가 이동한 거리) + (차량 B가 이동한 거리) = 300이므로 차량 A가 이동한 거리를 x라 두면 차량 B가 이동한 거리는 $300 - x$입니다.

② 두 차량이 출발하여 충돌하기까지 걸리는 시간은 서로 같으므로 각 차량의 이동시간을 구하면 다음과 같습니다.
$\dfrac{x}{45} = \dfrac{300-x}{30}$
$30x = 45(300-x)$
$75x = 13{,}500$ $\therefore x = 180$(km)

③ 이때, 문제에서 구해야 하는 것은 이동 시간이므로 차량 A의 이동시간을 구하면
$\dfrac{180}{45} = 4$(시간)

202 정답 ② 난이도 ●●●

간단풀이 1

두 사람이 처음 만날 때까지 걸린 시간을 t(분)이라 하면

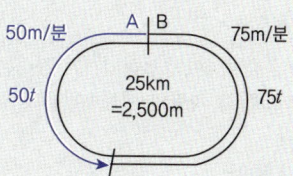

$50t + 75t = 2{,}500$
$125t = 2{,}500$ $\therefore t = 20$(분)

Daily 400제 **145**

간단풀이 2

(A가 이동한 거리)=x

$\dfrac{x}{50} = \dfrac{2,500-x}{75}$

$75x = 50(2,500-x)$

$125x = 125,000$ ∴ $x = 1,000$(m)

(걸린 시간)=$\dfrac{1,000}{50} = 20$(분)

상세풀이 1

이 문제는 '(거리)=(속력)×(시간)' 이라는 공식을 이용합니다. 이때, 거리의 단위를 m나 km 중 한 가지로 통일하는 것에 주의해야 합니다. 이 문제에서는 주어진 속력이 m/분 이므로 거리 단위는 m로 통일하는 것이 좋습니다.

① A와 B가 서로 반대 방향으로 걸어가고 있으므로, 두 사람이 처음 만날 때까지 A와 B가 각각 이동한 거리의 합은 공원의 둘레인 2.5km(=2,500m)가 됩니다.
즉, (A가 이동한 거리)+(B가 이동한 거리)=2,500 입니다.

② 거리는 '(속력)×(시간)'으로 구할 수 있으며 두 사람이 처음 만날 때까지 걸린 시간을 t(분)이라 하면, A가 이동한 거리는 $50t$(m), B가 이동한 거리는 $75t$(m)가 되고 이를 식으로 나타내면 다음과 같습니다.

$50t + 75t = 2,500$

$125t = 2,500$ ∴ $t = 20$(분)

따라서 두 사람이 처음 만날 때까지 걸린 시간은 20분입니다.

상세풀이 2

A가 이동한 거리를 x로 두고 식을 세워 구할 수도 있습니다. 하지만 이때는 문제에서 구하는 것이 이동시간임을 잊지 않아야 합니다.

① (A가 이동한 거리)+(B가 이동한 거리)=2,500이므로 A가 이동한 거리를 x라 두면 B가 이동한 거리는 $2,500-x$ 입니다.

② 두 차량이 출발하여 충돌하기까지 걸리는 시간은 서로 같으므로 각 차량의 이동시간을 구하면 다음과 같습니다.

$\dfrac{x}{50} = \dfrac{2,500-x}{75}$

$75x = 50(2,500-x)$

$125x = 125,000$ ∴ $x = 1,000$(m)

③ 이때, 문제에서 구해야 하는 것은 이동 시간이므로 A의 이동시간을 구하면

$\dfrac{1,000}{50} = 20$(분)

203 정답 ① 난이도

간단풀이

$\begin{cases} x+y = 48 \\ x+9 = 2(y+9) \end{cases}$

$\begin{cases} x+y = 48 \\ x-2y = 9 \end{cases}$

$3y = 39$ ∴ $y = 13$

$x + 13 = 48$ ∴ $x = 35$

즉, 현재 아버지의 나이는 35세, 아들의 나이는 13세 이므로 차는 22입니다.

상세풀이

① 현재 아버지의 나이를 x, 아들의 나이를 y로 두면 현재 아버지와 아들의 나이의 합은 48살이므로
$x + y = 48$ …… ㉠

② 9년 후의 아버지의 나이는 $x+9$, 아들의 나이는 $y+9$이고 이때 아버지의 나이가 아들의 나이의 2배가 된다고 하였으므로
$x + 9 = 2(y+9)$
$x - 2y = 9$ …… ㉡

③ 위에서 구한 ㉠, ㉡을 연립하여 풀면
$\begin{cases} x+y = 48 & \cdots\cdots ㉠ \\ x-2y = 9 & \cdots\cdots ㉡ \end{cases}$
$3y = 39$ ∴ $y = 13$
이것을 ㉠에 대입하면
$x + 13 = 48$ ∴ $x = 35$

④ 문제에서 구하는 것은 현재 두 사람의 나이 차입니다. 즉, 현재 아버지의 나이는 35세이고 현재 아들의 나이는 13세이므로 구하는 나이의 차는
$35 - 13 = 22$입니다.

204 정답 ⑤

간단풀이

$$\frac{1.8 \times \frac{1}{4}}{3} + \frac{1.8 \times \frac{3}{4}}{30} = \frac{0.45}{3} + \frac{1.35}{30}$$
$$= 0.15 + 0.045 = 0.195 = \frac{39}{200}$$

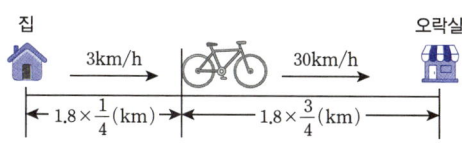

상세풀이

철수가 집에서 오락실까지 구간별 다른 속력으로 갔기 때문에 구간별로 이동 시간을 구해 그 값을 더해주어야 합니다. 시간은 (시간)$=\frac{(거리)}{(속력)}$ 공식을 이용합니다.

① 3km/h의 속력으로 이동한 구간

집에서 오락실까지의 거리가 1.8km이고 전체 거리의 25%는 $1.8 \times \frac{25}{100} = 1.8 \times \frac{1}{4}$(km)입니다.

따라서 이 구간에서의 이동 시간은

$$\frac{1.8 \times \frac{1}{4}}{3} = \frac{0.45}{3} = 0.15(\text{h})$$

② 30km/h의 속력으로 이동한 구간

자전거를 타고 이동한 거리는 전체 거리의 75%이므로 그 거리는

$$1.8 \times \frac{75}{100} = 1.8 \times \frac{3}{4}(\text{km})$$

그러므로 이 구간에서의 시간은

$$\frac{1.8 \times \frac{3}{4}}{30} = \frac{1.35}{30} = 0.045(\text{h})$$

③ 따라서 구하는 집에서 오락실까지의 전체 이동한 시간은

$$0.15 + 0.045 = 0.195 = \frac{39}{200}(\text{시간})$$

205 정답 ①

간단풀이

마트에 갈 때 걸린 시간을 x, 돌아올 때 걸린 시간을 y로 두면

$$\begin{cases} x+y=1 \\ 6x+4y=5 \end{cases}$$

$$x = y = \frac{1}{2} (\text{시간})$$

∴ 30(분)

상세풀이

① 속력 문제는 [(거리)=(속력)×(시간)] 이라는 식을 알면 쉽게 풀 수 있습니다.

이때, 문제에서 주어진 속력 단위가 km/h이므로 시간은 hour로, 거리는 km를 기준으로 해야 합니다.

② 마트에 갈 때 걸린 시간을 x, 돌아올 때 걸린 시간을 y로 두면, 미지수가 2개이므로 식도 2개를 유추해야 합니다. 총 1시간이 걸렸으므로 첫번째 식은 $x+y=1$(시간)입니다.

③ 영희가 물건을 사기 위해 왕복한 거리가 5 km라 하였으므로 [(거리)=(속력)×(시간)] 으로 두 번째 식을 유추할 수 있습니다.

갈 때 이동 거리는 $6x$, 돌아올 때 이동 거리는 $4y$이므로 두번째 식은 $6x+4y=5$ (km)입니다.

④ 위에서 구한 두 식을 연립하여 풀면

$$\begin{cases} x+y=1 \\ 6x+4y=5 \end{cases}$$

$$\begin{cases} 4x+4y=4 \\ 6x+4y=5 \end{cases}$$

$$-2x = -1 \quad \therefore \quad x = \frac{1}{2}$$

$$\frac{1}{2} + y = 1 \quad \therefore \quad y = \frac{1}{2}$$

따라서 돌아올 때 걸린 시간은 $\frac{1}{2}$ 시간, 즉 30분입니다.

206 정답 ④ 난이도 ●●○

간단풀이

$$\frac{106}{100}x - x = 51$$

$$\frac{6}{100}x = 51 \quad \therefore x = 850$$

$$\therefore \frac{106}{100}x - \frac{102}{100}x = \frac{4}{100}x = \frac{1}{25} \times 850 = 34$$

상세풀이

문제에서 ○○공단의 작년 직원 수와 내년 직원 수를 올해 직원 수와 비교하여 설명해 주었으므로 올해 직원수를 미지수로 두고 풀면 문제를 쉽게 해결할 수 있습니다.

① 올해 직원 수를 x로 두고 작년과 내년의 직원 수를 문제에 주어진 조건대로 표현하면 아래 표와 같습니다.

올해 직원 수	x
작년 직원 수	$\frac{102}{100}x$
내년 직원 수	$\frac{106}{100}x$

② 이때, 문제 조건에서 내년에 51명을 고용할 것이라고 하였으므로 내년 직원 수와 올해 직원 수의 차이는 51이 됩니다.

$$\frac{106}{100}x - x = 51$$

$$\frac{6}{100}x = 51 \quad \therefore x = 850$$

③ 문제에서 구하고자 하는 값은 작년 직원 수와 내년 직원 수의 차이입니다. 따라서 다음과 같이 식을 세우고 미리 계산한 x의 값을 대입하여 답을 구할 수 있습니다.

$$\therefore \frac{106}{100}x - \frac{102}{100}x = \frac{4}{100}x = \frac{1}{25} \times 850 = 34$$

따라서 작년 직원 수와 내년 직원 수는 34명 차이가 납니다.

Tip 구한 x의 값을 이용해 아래 표와 같이 각 직원수를 구하면 작년 직원 수와 내년 직원 수의 차이가 34명이라는 것을 구할 수도 있습니다.

올해 직원 수	x	850명
작년 직원 수	$\frac{102}{100}x$	867명
내년 직원 수	$\frac{106}{100}x$	901명

$901 - 867 = 34$(명)

207 정답 ④ 난이도 ●●○

간단풀이

(예정시간) $= x$(시간)

$$12\left(x + \frac{3}{60}\right) = 15\left(x - \frac{5}{60}\right)$$

$$\therefore x = \frac{37}{60}(\text{시간})$$

상세풀이

해당 문제는 (거리)=(속력)×(시간)의 식을 이용하여 해결할 수 있는 문제입니다. 문제에서 속력과 시간은 변하였지만, 거리는 바뀌지 않음을 발견해야 하며, 단위에 주의해서 풀어야 하는 문제입니다.

① 전동 킥보드를 타고 집에서 백화점까지 가는 데 걸리는 예정시간을 x로 정의합니다.
이때의 전동 키보드의 속력과 집에서 백화점까지의 거리는 주어지지 않았으므로 무시하도록 합니다.

② 전동 킥보드를 시속 12km로 가면 예정 시간보다 3분이 더 걸린다고 하였으며 시속 15km로 가면 예상 시간보다 5분이 단축된다고 하였습니다. 이때 집에서 백화점까지 거리는 같으므로 시속 12km로 예정 시간보다 3분 더 움직인 경우와 시속 15km로 예정 시간보다 5분 더 단축해 움직일 때의 이동 거리는 같아야 합니다.

③ 킥보드의 속력은 시간 단위인 시속이지만 예정시간은 분 단위로 표현됨을 발견하여야 합니다.
속력과 시간의 단위를 맞춰주기 위해서 예정 시간 3분과 5분을 각각 시간 단위로 $\frac{3}{60}$(h)과 $\frac{5}{60}$(h)로 바꿔줍니다. 예정시간을 시간 단위로 고쳐 쓰지 않으면 잘못된 값을 얻을 수 있으니 주의해야 합니다.

④ 이제 마지막으로 거리=(속력)×(시간) 식을 이용하여 각 경우의 거리가 같다는 식을 세우면

$$12\left(x + \frac{3}{60}\right) = 15\left(x - \frac{5}{60}\right)$$

$$12x + \frac{36}{60} = 15x - \frac{75}{60}$$

$$3x = \frac{111}{60} \quad \therefore x = \frac{37}{60}$$

따라서 예정시간은 37분입니다.

Tip 속력과 시간의 단위를 맞출 때 속력을 분 단위로 바꿔 구할 수도 있습니다. 즉,

$12(\text{km/h}) = \frac{12}{60}(\text{km/분}) = \frac{1}{5}(\text{km/분})$

$15(\text{km/h}) = \frac{15}{60}(\text{km/분}) = \frac{1}{4}(\text{km/분})$

따라서 이것을 이용하여 각 경우에 따른 거리를 구하면

$\frac{1}{5} \times (x+3) = \frac{1}{4} \times (x-5)$

$4(x+3) = 5(x-5)$

$4x + 12 = 5x - 25$ ∴ $x = 37$(분)

208 정답 ③ 난이도 ●●○

간단풀이

$\left(\frac{1}{2} + \frac{1}{8}\right)x = 1$

$\frac{5}{8}x = 1$ ∴ $x = \frac{8}{5}$ (시간)

답: 1시간 36분

상세풀이 1

① 두 사람의 일률 구하기

(일률) = $\frac{(\text{일의 양})}{(\text{시간})}$

전체 일의 양을 1이라 하면, A는 1의 일을 하는 데 2시간이 걸리므로 $\frac{1}{2}$의 효율로 일합니다.

마찬가지로 B는 1의 일을 하는 데 8시간이 걸리므로 $\frac{1}{8}$의 효율로 일합니다.

② 함께 일했을 때의 시간 구하기

(일률) × (시간) = (일의 양)

두 사람이 함께 일할 때의 일률은 두 사람의 일률을 각각 더한 $\frac{1}{2} + \frac{1}{8}$ 입니다.

둘이 함께 일을 하였을 때 걸리는 시간을 x라 두면, 전체 일의 양이 1이므로 다음과 같은 식을 얻습니다.

$\left(\frac{1}{2} + \frac{1}{8}\right)x = 1$

$\frac{5}{8}x = 1$ ∴ $x = \frac{8}{5}$ (시간)

1시간은 60분이므로, 시간 단위를 분 단위로 고치기 위해 60을 곱합니다.

$\frac{8}{5} \times 60 = 96$(분) = 1시간 36분

답: 1시간 36분

상세풀이 2

전체 일의 양을 1이 아닌, 두 사람이 일하는 시간의 최소공배수로 정할 수 있습니다.

A는 2시간, B는 8시간이므로 2와 8의 최소공배수인 8을 전체 일의 양이라고 할 때 A의 일률은 $\frac{8}{2} = 4$이고 B의 일률은 $\frac{8}{8} = 1$입니다.

따라서 둘이 함께 일을 할 때의 (일률) × (시간) = (일의 양)의 식을 쓰면 다음과 같습니다.

$(4+1)x = 8$

$5x = 8$ ∴ $x = \frac{8}{5}$ (시간)

식을 살펴보면 $\left(\frac{1}{2} + \frac{1}{8}\right)x = 1$ 의 양변에 최소공배수인 8을 곱한 것과 같다는 것을 알 수 있습니다.

이처럼 최소공배수를 이용하면 분수 계산을 하지 않아도 된다는 장점이 있습니다.

209 정답 ② 난이도 ●●○

간단풀이 1

집에 돌아올 때 걸린 시간을 t라 하면 갈 때와 돌아올 때의 이동거리가 같으므로

$12(36-t) = 15t$

$27t = 432$ ∴ $t = 16$

간단풀이 2

갈 때와 돌아올 때의 이동거리가 같으므로
(속력의 비율) = 4 : 5에서 (시간의 비율) = 5 : 4
따라서 돌아올 때 걸린 시간은

$36 \times \frac{4}{5+4} = 16$(분)

상세풀이 1

집에서 PC방으로 갈 때와 PC방에서 집으로 올 때의 거리가 같다는 점에 주목하여 문제를 해결합니다.
(거리) = (속력) × (시간)임을 기억하고 식을 세워야 합니다.

① 문제에서 구하고자 하는 값인 'PC방에서 집으로 돌아올 때 걸린 시간'을 t(분)으로 놓겠습니다.

총 소요시간이 36분이므로 '집에서 PC방으로 갈 때 걸린 시간은 $36-t$(분)이 됩니다.

② (거리)=(속력)×(시간)식을 이용하여 갈 때와 올 때의 거리를 t에 관한 식으로 나타낼 수 있습니다.
먼저 집에서 PC방으로 갈 때 걸린 시간은 $36-t$(분)이고, 속력은 12m/분이므로
(집에서 PC방으로 갈 때 이동한 거리)
$=12(36-t)(m)$
또, PC방에서 집으로 돌아올 때 걸린 시간은 t(분)이고, 속력은 15m/분이므로
(PC방에서 집으로 돌아올 때 이동한 거리)
$=15t(m)$

③ 이 두 가지 방법으로 구한 거리가 서로 같으므로
$12(36-t)=15t$
$27t=432$ ∴ $t=16$
따라서 PC방에서 집으로 돌아올 때 걸린 시간은 16분입니다.

상세풀이 2

(거리)=(속력)×(시간)에서 거리가 일정하므로 시간은 속력에 반비례합니다. 즉, 속력의 비율을 이용하여 시간을 구할 수 있습니다.

① 철수가 집에서 PC방까지 같은 경로를 이용하므로 오갈 때 이동한 거리는 같습니다. 그리고 철수가 집에서 PC방으로 갈 때는 분속 12m, 올 때는 분속 15m로 이동했으므로 (갈 때 속력) : (돌아올 때 속력)=4 : 5 임을 알 수 있습니다.

② 집에서 PC방을 오갈 때 같은 경로를 이용하므로 이동한 거리는 같고 따라서 시간의 비율은 속력의 비율에 반비례합니다.
즉, (갈 때 걸린 시간) : (돌아올 때 걸린 시간)
$=\dfrac{1}{4}:\dfrac{1}{5}=5:4$

③ 갈 때와 올 때의 시간 비율을 구했으므로 총 시간을 비율에 맞게 배분합니다.
이동하는데 총 소요된 시간이 36분이므로 5 : 4의 비율로 나누면
(갈 때 시간)$=36\times\dfrac{5}{5+4}=20$(분),
(올 때 시간)$=36\times\dfrac{4}{5+4}=16$(분)
따라서 집에서 PC방으로 갈 때는 20분, PC방에서 집으로 올 때는 16분이 걸립니다.

210 정답 ⑤   난이도 ●●○

간단풀이

$100+300-15\times 6=310$
따라서 남은 용액의 양은 310g입니다.

상세풀이

구하는 것이 마지막 용액의 양이므로 농도는 신경쓰지 말고 전체 용액의 양만 구하면 됩니다.

① 농도가 4%인 설탕물 100g과, 농도가 6%인 소금물 300g을 섞게 되면, 혼합용액은 400g이 됩니다. 문제에서 가열 후에 남은 용액의 양에 관해서 물어봤으므로 농도를 구할 필요는 없습니다.

② 5분마다 15g의 물이 증발하므로, 30분 동안 계속 가열하게 되면 $15\times 6=90(g)$이 증발하게 됩니다. 따라서 남은 용액의 양은 $400-90=310(g)$이 됩니다.

211 정답 ②   난이도 ●●○

간단풀이

$x-0.3x-0.3x\times 0.5=33,000$
$0.55x=33,000$ ∴ $x=60,000$원

상세풀이

처음 부모님에게 받은 용돈을 x로 두고, 책과 게임기를 구입하는 데 사용한 비용을 각각 x에 관한 식으로 표현합니다.

① 용돈의 30%를 책 구입 비용으로 사용했으므로 책 구입 비용은 $0.3x$이고, 책 구입 비용의 50%를 게임기 구입 비용으로 사용했으므로 게임기 구입 비용은
(게임기 구입 비용)=(책 구입 비용)$\times 0.5$
$=0.3x\times 0.5=0.15x$

② 처음 용돈에서 책과 게임기 구입 비용을 차례로 빼서 남은 돈을 구하면 다음과 같습니다.
$x-0.3x-0.15x=0.55x$

③ 이때 남은 돈은 33,000원이므로 아래와 같이 방정식을 세워줍니다.
$0.55x=33,000$
∴ $x=\dfrac{33,000}{0.55}=60,000$
따라서 철수가 처음 받은 용돈은 60,000원입니다.

212 정답 ⑤ 난이도 ●●●

간단풀이

$$\frac{92+85+87+89+x}{5} \geq 90$$

$$x \geq 97$$

상세풀이 1

① "시험과목은 총 5과목이고 평균 90점 이상이어야 최종합격을 할 수 있다." 라는 문장을 통해서 식을 세울 때 부등식을 활용해야 한다는 점을 알 수 있습니다. 4과목 점수는 알고 있는 상태이며 마지막 한 과목의 점수를 모르기 때문에 x로 가정하여 5과목의 평균 구하는 식을 세웁니다.

$$\frac{(변량의\ 총합)}{(변량의\ 개수)} = (평균)에서$$

$$\frac{92+85+87+89+x}{5} = (5과목의\ 평균)$$

② 5 과목의 평균이 90점 이상이어야 하므로 부등호를 사용하여 5 과목의 평균이 90점 보다 높도록 부등식을 세워줍니다.

$$\frac{92+85+87+89+x}{5} \geq 90$$

$$92+85+87+89+x \geq 90 \times 5$$

$$353+x \geq 450 \quad \therefore \quad x \geq 97$$

따라서 마지막 과목에서 97점 이상 득점을 하여야 최종합격을 할 수 있습니다.

상세풀이 2

평균 90점이 기준이므로 계산 편의를 위해 90점을 0점 이라는 기준으로 놓고 생각해봅니다.

그렇다면 92점은 +2점, 85점은 -5점, 87점은 -3점, 89점은 -1점이 됩니다.

이 값들을 합하면 기준보다 총 7점이 부족하게 되고 다음 시험에서 기준보다 7점을 더 맞아야 한다는 것을 알 수 있습니다. 그러므로 마지막 시험에서 97점 이상 득점해야 합니다.

213 정답 ① 난이도 ●●●

간단풀이

$3,000 + 60 \times x \leq 18,000$
$60x \leq 18,000 - 3,000$
$60x \leq 15,000 \quad \therefore \quad x \leq 250$
$250 + 30 = 280(분)$
최대 4시간 40분

상세풀이

① 처음 30분은 3,000원이고, 30분 이후부터 1분당 60원의 추가 요금이 부과됩니다.
30분 이후 초과된 시간을 x 분이라고 가정하고 그 금액이 18,000원 이하가 되도록 식을 세우면 다음과 같은 일차부등식을 세울 수 있습니다.
$3,000 + 60 \times x \leq 18,000$
$60x \leq 15,000 \quad \therefore \quad x \leq 250$

② 처음 30분 이후 총 금액이 18,000원 이하가 되기 위해서는 최대 250분까지 추가로 사용할 수 있습니다. 이때 처음 30분을 제외하고 250분을 더 사용하는 것에 주의합니다. 이를 통하여 식을 세워본다면 다음과 같은 식을 구할 수 있습니다.
$250 + 30 = 280(분)$

③ 280분을 시간으로 나타내어 정답을 도출합니다. 따라서 최대 4시간 40분을 사용할 수 있습니다.

214 정답 ② 난이도 ●●●

간단풀이

$$50 \times 5,000 \times \left(1 - \frac{25}{100}\right) = 187,500$$

(철수네 동아리 인원 수) = n
$5,000 \times n > 187,500$
$n > 37.5 \quad \therefore \quad n = 38$

상세풀이

① 먼저, 철수네 동아리 단체의 인원수를 n으로 둡니다.

② 철수의 동아리 단체는 50명 미만이므로 단체입장권을 구매하지 않을 수도 있고 때에 따라 50명 단체입장권을 구매할 수 있으므로 각각의 경우를 식으로 나타내 볼 수 있습니다.

③ 단체입장권을 구매하지 않고 각자 구매할 경우의 가격은 1인당 5,000원이므로 $5,000 \times n$입니다.
50명 이상의 단체입장권을 구매할 경우 철수의 동아리 인원수는 50명 미만이므로 50명의 단체입장권을 구매해야 합니다. 이에 따른 단체 입장권의 가격은

$$50 \times 5,000 \times \left(1 - \frac{25}{100}\right) = 187,500(원)$$ 입니다.

④ 이때, 문제의 조건에서 50명 이상의 단체입장권을 구매하는 것이 유리해져야 하므로 아래의 부등식이 성립합니다.
(입장료를 각자 구매할 경우) > (50명 이상의 단체 입장권을 구매할 경우)
$5,000 \times n > 187,500$ ∴ $n > 37.5$

⑤ n은 자연수이므로 n의 최솟값, 즉 문제의 조건을 모두 만족하는 최소 인원은 38(명)입니다.

215 정답 ③   난이도 ●●○

간단풀이

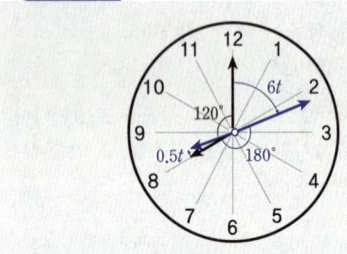

8시로부터 경과한 시간을 $t(분)$이라고 두면
$120° + 6t - 0.5t = 180°$
$5.5t = 60$ ∴ $t = 10.9090 \cdots$
따라서 약 8시 11분이다.

상세풀이

시계 문제는 항상 정각에서 출발합니다. 8시에 출발을 해서 서로 반대 방향으로 일직선을 이루는 시간을 $t(분)$이라고 두고 각도의 관계에 대한 식을 세워야 합니다. 이때, 시침과 분침은 다른 속력으로 움직인다는 점에 유의합니다.

① 시침이 1시간 동안 이동하는 각도는 $\frac{360°}{12} = 30°$가 되고, 1시간은 60분이므로 시침이 1분 동안 이동하는 각도는 $\frac{30°}{60} = 0.5°$가 됩니다. 한편, 분침이 1분 동안 이동하는 각도는 $\frac{360°}{60} = 6°$가 됩니다.
따라서 t분 후에 움직인 각도는 각각 시침이 $0.5t$, 분침이 $6t$입니다.

② 처음 정각 8시에 시침과 분침이 이루는 각도는 120°입니다. 8시 이후 시침과 분침의 각도 차가 180°가 되어야 하므로
$120° + 6t - 0.5t = 180°$
$5.5t = 60$ ∴ $t = \frac{120}{11} = 10.9090 \cdots$ (분)
따라서 구하는 시각은 약 8시 11분입니다.

216 정답 ③   난이도 ●●○

간단풀이

바꾸기 전 속력을 v라 하면 줄인 속력은 $0.5v$이고, 각 속력으로 이동한 거리는 90km, 60km입니다.
각 속력에 대한 이동한 시간은 $\frac{90}{v}$, $\frac{120}{v}\left(=\frac{60}{0.5v}\right)$이므로
$\frac{90}{v} + \frac{120}{v} = 1.5$
$\frac{210}{v} = \frac{3}{2}$ ∴ $v = 140(km/h)$
따라서 속도를 줄이기 전 처음 속력은 140km/h입니다.

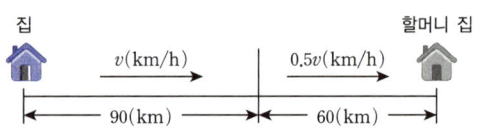

상세풀이

① 속력이 바뀌는 부분이 있으므로 처음 속력으로 이동하는 데 걸린 시간과 바뀐 속력으로 이동하는 데 걸린 시간을 더하여 총 이동한 거리를 구합니다. 이때,
(시간) = $\frac{(거리)}{(속력)}$ 이라는 점을 이용하여 풀이합니다.

② 구하고자 하는 줄이기 전 처음 속력을 $v(km/h)$로 설정하면 50% 느리게 운전한 속력은 $0.5v(km/h)$입니다.

③ 먼저, $v(km/h)$로 90km($=150km-60km$)를 이동하였으므로 이 거리를 이동하는 데 걸린 시간은 $\frac{90}{v}$ (h)입니다.

다음, $0.5v$ (km/h)로 남은 거리 60km를 이동하였으므로 이 거리를 이동하는 데 걸린 시간은
$\dfrac{60}{0.5v} = \dfrac{120}{v}$(h) 입니다.

④ 두 이동 시간을 더한 총 이동한 시간이 1시간 30분, 즉 1.5시간이므로
$\dfrac{90}{v} + \dfrac{120}{v} = 1.5$
$\dfrac{210}{v} = \dfrac{3}{2}$ ∴ $v = 140$(km/h)
따라서 속도를 줄이기 전 처음 속력은 140km/h입니다.

217 정답 ② 난이도 ●●○

간단풀이

열차의 길이를 x(m)로, 열차의 속력을 y(m/s)로 두면 각 터널을 통과하는 데 필요한 거리는 $240+x$(m), $840+x$(m)이므로
$\begin{cases} 240+x = y \times 16 \\ 840+x = y \times 40 \end{cases}$
$\dfrac{840+x}{240+x} = \dfrac{5}{2}$
∴ $x = 160$
따라서 열차의 길이는 160m입니다.

상세풀이

① (거리)=(속력)×(시간)임을 이용합니다.

② 구하고자 하는 열차의 길이를 x(m)로, 열차의 속력을 y(m/s)로 설정합니다.
문제에서 주어진 단위가 미터(m)와 초(s)이므로 속력 y는 m/s로 생각합니다.

③ 열차가 터널을 완전히 통과하기 위해선 열차의 꼬리 끝부분까지 터널을 통과해야 하므로 각 터널을 통과하는 데 필요한 거리는 (터널의 길이)+(열차의 길이)입니다.

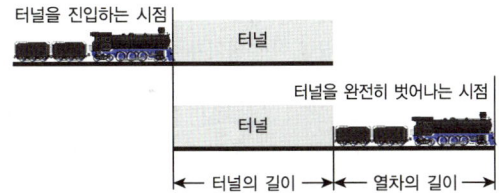

(240m 터널을 통과하는 데 필요한 거리)
=240(터널의 길이)+x(열차의 길이)

240m 터널을 완전히 통과하는 데 걸리는 시간은 16초이므로
$240+x = y \times 16$ ……㉠
같은 방법으로 840m 터널을 통과하는 데 필요한 거리는 $840+x$(m)이고 이 터널을 통과하는 데 걸리는 시간은 40초이므로
$840+x = y \times 40$ ……㉡

④ 위에서 구한 ㉠, ㉡ 식을 연립하여 풀면
$\begin{cases} 240+x = y \times 16 & \cdots ㉠ \\ 840+x = y \times 40 & \cdots ㉡ \end{cases}$
㉡－㉠을 하면
$600 = 24y$ ∴ $y = 25$
이것을 ㉠에 대입하여 x를 구하면
$240+x = 400$ ∴ $x = 160$
따라서 열차의 길이는 160m입니다.

Tip ④에서 연립하여 y를 구하지 않고 다음과 같이 간단히 x만 구할 수도 있습니다.
x만 남기기 위해(구하지 않아도 되는 y를 없애기 위해) 두 식을 나눠 정리합니다.
$\dfrac{840+x}{240+x} = \dfrac{5}{2}$ ∴ $x = 160$

218 정답 ③ 난이도 ●●○

간단풀이

철수의 집에서 문구점까지의 거리를 x(km)라 가정합니다.
$\dfrac{x}{4} + \dfrac{26-x}{7} = 5$
$7x + 4(26-x) = 140$
$3x = 36$ ∴ $x = 12$(km)

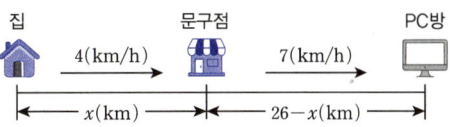

상세풀이

(거리)=(속력)×(시간)임을 이용합니다.

① 철수의 집과 PC방 사이에 문구점이 있고 철수의 집에서 PC방까지의 거리가 26km이므로, 철수의 집에서 문구점까지의 거리를 x(km)로 두면 문구점에서 PC방까지의 거리는 $26-x$(km)입니다.

② 철수의 집에서 피시방까지 이동하는 데 총 5시간이 걸렸다고 하였으므로 각 구간의 이동 시간을 구하여 합한 것이 5시간임을 식으로 나타냅니다. 이때, (시간)$=\dfrac{(거리)}{(속력)}$이라는 공식을 이용합니다.

(1) 철수의 집에서 문구점까지 이동하는 데 걸리는 시간은 $\dfrac{x(\text{km})}{4(\text{km/h})}=\dfrac{x}{4}(\text{h})$ 입니다.

(2) 문구점에서 PC방까지 이동하는 데 걸리는 시간은 $\dfrac{26-x(\text{km})}{7(\text{km/h})}=\dfrac{26-x}{7}(\text{h})$ 입니다.

∴ $\dfrac{x}{4}+\dfrac{26-x}{7}=5$

③ 위의 식을 풀면
$7x+4(26-x)=140$
$3x+104=140$
$3x=36$ ∴ $x=12(\text{km})$
따라서 철수의 집에서 문구점까지의 거리는 12km 입니다.

219 정답 ③ 난이도 ●●○

간단풀이 1

(작년 남성 참가자의 수)$=x$,
(작년 여성 참가자의 수)$=y$
$\begin{cases} x+y=1{,}000 \\ 1.03x+0.95y=982 \end{cases}$
두 식을 연립하여 풀면
$\begin{cases} 95x+95y=95{,}000 \\ 103x+95y=98{,}200 \end{cases}$
$8x=3{,}200$ ∴ $x=400$
$400+y=1{,}000$ ∴ $y=600$
따라서 작년 여성 참가자의 수는 600명입니다.

간단풀이 2

(작년 여성 참가자 수)$=x$
$0.03(1000-x)-0.05x=-18$
$30-0.08x=-18$
$0.08x=48$ ∴ $x=600$

상세풀이 1

이 문제는 미지수를 적절하게 정의하고 방정식을 세워 연립하여 푸는 문제입니다.
또한, 해당 문제에서 주어진 행사 참가자의 수의 증가와 감소를 식으로 올바르게 표현해야 합니다.

① 작년 남성 참가자의 수와 여성 참가자의 수를 각각 미지수 x, y로 둡니다. 이때 작년 전체 참가자 수는 1,000명이라는 문제 조건에 의하여 다음과 같은 첫 번째 식을 세울 수 있습니다.
$x+y=1{,}000$ …… ㉠

② 올해 행사 참가자 수는 작년에 비해 남성 참가자는 3% 증가했고, 여성 참가자는 5% 감소했으며 전체적으로 작년에 비해 18명이 감소했다고 하였으므로 다음과 같이 두 번째 식을 세울 수 있습니다.
$1.03x+0.95y=982$ …… ㉡

③ 위에서 구한 ㉠, ㉡ 식을 연립하여 풀면
$\begin{cases} x+y=1{,}000 \\ 1.03x+0.95y=982 \end{cases}$
$\begin{cases} 95x+95y=95{,}000 \\ 103x+95y=98{,}200 \end{cases}$
$8x=3{,}200$ ∴ $x=400$
이것을 ㉠에 대입하여 y를 구하면
$400+y=1{,}000$ ∴ $y=600$
따라서 구하는 작년 여성 참가자 수는 600명입니다.

상세풀이 2

구하고자 하는 작년에 행사에 참가했던 여성 참가자의 수를 미지수 x로 놓고 식을 하나로 정리하여 풀 수도 있습니다. 또한, 전체 값이 아닌 변화량만을 기준으로 식을 세울 수도 있습니다.

① 문제에서 구해야 하는 작년 여성 참가자의 수를 x로 두면 작년 전체 참가자 수는 1,000명이므로 작년 남성 참가자 수는 $1{,}000-x$ 입니다.

② 올해 남성 참가자 수는 작년보다 3% 증가했으므로 올해 증가한 남성 참가자 수는 $0.03(1{,}000-x)$ 이고, 올해 여성 참가자는 작년보다 5% 감소했으므로 올해 감소한 여성 참가자 수는 $0.05x$ 입니다. 이때, 올해 전체 참가자 수가 작년보다 18명이 감소했으므로 다음과 같이 식을 세울 수 있습니다.
$0.03(1{,}000-x)-0.05x=-18$

③ 위의 식을 풀면
$30-0.08x=-18$
$0.08x=48$ ∴ $x=600$
따라서 구하는 작년 여성 참가자 수는 600명입니다.

220 정답 ① 난이도 ●●○

간단풀이

(2015년 강아지 수)
$= \dfrac{(2013년과\ 2017년\ 강아지\ 수의\ 합)}{2}$
$= \dfrac{30}{2} = 15$(마리)

(2016년 강아지 수)
$= \dfrac{(2014년과\ 2018년\ 강아지\ 수의\ 합)}{2}$
$= \dfrac{36}{2} = 18$(마리)

(공차 d) = (2016년 강아지 수) − (2015년 강아지 수)
$= 18 - 15 = 3$

∴ (2020년 강아지 수) = (2016년 강아지 수) + 4d
$= 18 + 4 \times 3 = 30$(마리)

상세풀이

일정한 수로 증가하는 수의 배열을 등차수열이라고 합니다. 특히, 세 수 a, b, c 가 차례대로 **등차수열**을 이룰 때, 가운데 위치한 b를 등차중항이라고 하며 $b = \dfrac{a+b}{2}$ 가 됩니다.

등차수열의 일반항은 $a_n = a + (n-1)d$
$(n = 1, 2, 3, \cdots)$
이며, 이때 각 항 사이의 차이 d를 공차라 합니다.

① 문제에 제시된 대로 유기견 보호소의 강아지들은 매년 일정하게 증가하고 있으므로 각 해의 강아지의 수는 일정하게(d) 증가하는 등차수열을 이루고 있습니다.

② 공차 d를 구하기 위해 주어진 값을 활용해 봅시다. 2013년과 2017년 사이에 가운데 값은 2015년으로 등차중항 공식을 활용해 2015년의 강아지 수를 구할 수 있습니다.
(2015년 강아지 수)
$= \dfrac{(2013년과\ 2017년\ 강아지\ 수의\ 합)}{2}$
$= \dfrac{30}{2} = 15$(마리)

③ 또한 ②에서 사용한 방법대로 2014년과 2018년의 가운데 값인 2016년의 강아지 수를 구하면 다음과 같습니다.

(2016년 강아지 수)
$= \dfrac{(2014년과\ 2018년\ 강아지\ 수의\ 합)}{2}$
$= \dfrac{36}{2} = 18$(마리)

④ ②, ③에서 구한 2015년, 2016년 강아지 수를 이용해 공차 d를 구할 수 있습니다.
(공차 d)
= (2016년 강아지 수) − (2015년 강아지 수)
$= 18 - 15 = 3$

⑤ 2020년은 2016 + 4년이므로
(2020년 강아지 수) = (2016년 강아지 수) + 4d
$= 18 + 4 \times 3 = 30$(마리)

221 정답 ③ 난이도 ●●○

간단풀이

$0.3a - 600 = 600$
$0.3a = 1,200$ ∴ $a = 4,000$(원)

상세풀이

이러한 문제를 풀 때는 먼저 원가, 정가, 할인가를 알아야 합니다. 원가란 이익을 붙이기 전인 원래 가격을 의미합니다. 그 다음 정가는 원가에 이익을 가산한 가격을 의미하고 마지막 할인가는 정가에서 할인율을 적용해서 실제로 판매하는 가격을 의미합니다.

① 문제에서 볼펜 1개를 들여올 때 가격인 a는 원가를 의미합니다.
a에서 30%의 이익을 붙여서 팔 때의 정가는 $1.3a$이고 그때의 개당 순이익은 $1.3a - a = 0.3a$이 됩니다.

② 이 가격에서 개학 시즌을 맞아 600원을 할인하였으니 600을 빼줘야 합니다. 이때 볼펜 1개당 600원의 이익이 생겼으므로
$0.3a - 600 = 600$
$0.3a = 1,200$ ∴ $a = 4,000$(원)
따라서 구하는 볼펜 1개당 원가는 4,000원입니다.

222 정답 ③   난이도 ●●○

간단풀이

(장난감의 원가)$=a$
(장난감의 정가)$=1.2a$
(할인된 가격)$=0.85\times 1.2a$
$0.85\times 1.2a\times 50 = 127{,}500$(원)
$51a=127{,}500$ $\therefore a=2{,}500$(원)

상세풀이

정가는 원가에 이익을 더한 가격이며, 할인가는 정가에서 할인율을 적용해 실제 판매하는 가격을 의미합니다. 문제의 관건은 원가의 20%를 '추가'한 금액이 정가이며, 이 정가를 15% '할인'한 금액이 판매가격이라는 점입니다.

① (장난감의 원가) $=a$라 놓으면, 문제에서 이익은 원가의 20%이므로 (정가)=(원가)+(이익)에서
(장난감의 정가)$=1.2a$

② 위에서 구한 정가를 이용하여 판매가(할인가)를 구해야 합니다. 정가는 $1.2a$이고, 정가의 15%를 할인하여 판매한다고 하였으므로
(판매가)$=0.85\times 1.2a = 1.02a$

③ ②에서 구한 판매가격으로 50개를 판매한 금액이 127,500원이므로
$1.02a\times 50 = 127{,}500$
$51a = 127{,}500$ $\therefore a=2{,}500$(원)
따라서 구하는 원가는 2,500원입니다.

223 정답 ④   난이도 ●●○

간단풀이

두 사람이 함께 일했을 때 만들 수 있는 PPT는 다음과 같습니다.

(철수의 일률) : $\dfrac{30}{2}\times 0.9 = 13.5$(장/시간)

(영미의 일률) : $\dfrac{50}{3}\times 0.9 = 15$(장/시간)

$\therefore \dfrac{120}{13.5+15} = \dfrac{120}{28.5} = \dfrac{240}{57}$(시간)

$\dfrac{240}{57}\times 60 = 252.63\cdots$(분)

따라서 PPT 120장을 만드는 데 걸리는 최소 시간은 253분, 즉 4시간 13분이다.

상세풀이

① 철수는 30장의 PPT를 만드는 데 2시간이 걸리므로 1시간에 15장, 영미는 50장의 PPT를 만드는 데 3시간이 걸리므로 1시간에 $\dfrac{50}{3}$장을 만듭니다.

이때 함께 일을 하면 평소보다 속도가 10% 느려지므로 각각 0.9를 곱합니다.

(철수의 일률) : $\dfrac{30}{2}\times 0.9 = 13.5$(장/시간)

(영미의 일률) : $\dfrac{50}{3}\times 0.9 = 15$(장/시간)

② 두 사람이 1시간 동안 함께 만들 수 있는 PPT의 양은 $13.5+15=28.5$(장)입니다. 즉, PPT를 만드는 데 필요한 시간은 전체 PPT의 양인 120장을 28.5로 나눈 값이 됩니다.

$\therefore \dfrac{120}{28.5} = \dfrac{240}{57}$

③ 분 단위의 시간을 구하기 위해 분모가 60인 비례식을 세우면 $240:57 = x:60$
$57x=14{,}400$ $\therefore x=252.63157\cdots$(분)
x의 값보다 큰 253(분), 즉 최소 4시간 13분이 필요합니다.

224 정답 ③   난이도 ●●●

간단풀이

$5\times(4\times 3\times 2) = 120$

상세풀이

중복되는 경우의 수가 없도록 유의합니다.

① 검은 벽지가 발려져 있는 벽면에만 에어컨을 설치할 수 있으므로 에어컨을 먼저 배치합니다.
서로 다른 에어컨 5개 중 한 개를 하나의 검은 벽면에 배치할 수 있는 경우의 수는 $_5C_1 = 5$(가지)입니다.

② 시계의 경우 서로 다른 시계가 4개가 있고, 나머지 벽면 3개에 설치할 수 있습니다.
서로 다른 4개의 시계 중 3개를 선택하여 검은 벽을 제외한 서로 다른 3개의 벽면에 설치하는 경우의 수는 $_4P_3 = 4\times 3\times 2 = 24$(가지)입니다.

③ 에어컨을 배치하는 경우의 수 5가지와 시계를 배치하는 경우의 수 24가지는 동시에 일어나는 경우의 수 이므로 $_5C_1 \times {}_4P_3 = 5\times 24 = 120$입니다.

Tip 이 문제를 원순열로 생각하여 푸는 분들도 있을 것입니다. 하지만 이러한 방법은 틀린 방법입니다. 왜냐하면 4개의 벽면 중 1개만 검정 벽지가 발라져 있으므로 그 벽을 기준으로 오른쪽, 왼쪽, 맞은편 이렇게 세 자리가 고정이 되기 때문입니다.
즉, 이 문제는 일직선 상의 4개의 벽면이라고 해도 같은 답이 나옵니다.

225 정답 ①   난이도 ●●○

간단풀이

(총 일의 양) = 1

(철수의 일률) = $\frac{1}{5}$

(영미의 일률) = $\frac{1}{10}$

$1 - \left(\frac{1}{5} + \frac{1}{10}\right) \times 2 = \frac{2}{5}$

$\frac{2}{5} = $ (철수의일률) × (시간) $= \frac{1}{5} \times 2$

따라서 철수가 혼자 일을 완료하는 데 걸리는 시간은 2일입니다.

상세풀이

(한 일의 양) = (일률) × (걸린 시간) 입니다. 철수와 영미가 함께 한 일의 양을 구한 후, 남은 일을 철수 혼자 할 때 걸리는 시간을 구해야 합니다.

① 전체 일의 양을 1로 두면 철수가 1일 동안 하는 일은 $\frac{1}{5}$이고, 영미가 1일 동안 하는 일은 $\frac{1}{10}$이 됩니다.

② 철수와 영미가 2일동안 일을 같이했으므로
$\left(\frac{1}{5} + \frac{1}{10}\right) \times 2 = \frac{3}{5}$의 일을 완료했습니다. 따라서 남은 일의 양은 $1 - \frac{3}{5} = \frac{2}{5}$ 입니다.

③ 철수가 혼자 해야 할 남은 일의 양은 $\frac{2}{5}$이므로
$\frac{2}{5} = $ (철수의 일률) × (걸린 시간) $= \frac{1}{5} \times 2$
따라서 철수가 혼자 일을 완료하는 데 걸리는 시간은 2일입니다.

226 정답 ②   난이도 ●●●

간단풀이

(A 톱니 수와 B 톱니 수의 최대공약수) = 7
(A 톱니 수와 B 톱니 수의 최소공배수) = 56 × 3
$x = 7b$라 할 때 (A 톱니 수) $= 56 = 7 \times 2 \times 2 \times 2$이므로 최대공약수가 7이 되기 위해서 b는 2의 배수가 아니어야 합니다. 또한, 최소공배수가 56 × 3이므로 $b = 3$이 됩니다.
$x = 7b = 7 \times 3 = 21$

상세풀이 1

최대공약수와 최소공배수를 정확히 아는지 묻는 문제입니다.

① $56 = 2^3 \times 7$이므로 56과 x의 최대공약수가 7이 되기 위해서는 x는 7의 배수이며 2의 배수가 아니어야 합니다.

② 문제에서 '두 톱니바퀴가 처음 출발에서 다시 맞물리는 위치로 돌아올 때까지 A 톱니바퀴는 총 3회전을 한다.'는 문장에서 '처음 출발에서 다시 맞물리는 위치로 돌아온다'라는 것은 최소공배수를 의미하는 것입니다. 즉, A 톱니바퀴 톱니 수와 B 톱니바퀴 톱니 수의 최소공배수는 A 톱니바퀴 톱니 수가 총 3번 회전하는 수입니다.
∴ (56과 x의 최소공배수) $= 56 \times 3 = 168$
56과 x의 최소공배수가 $168 = (2^3 \times 3 \times 7)$이 되기 위해서는 x는 3을 꼭 인수로 가지고 있어야 하고 (56이 3을 인수로 가지고 있지 않으므로 x가 꼭 3을 인수로 가지고 있어야 합니다.) 2^3, 3, 7이외의 인수를 가질 순 없습니다.

③ 위의 ①, ②에서 구한 조건을 모두 만족시키는 x는 3과 7을 인수로 꼭 가지고 있어야 하고, 3, 7이외의 다른 어떤 인수도 가지고 있으면 안되므로
$x = 3 \times 7 = 21$
따라서 구하는 B 톱니바퀴의 톱니 수는 21개입니다.

상세풀이 2

두 자연수 A, B의 최대공약수를 G라고 하겠습니다. 그렇다면 두 수를 다음과 같이 나타낼 수 있습니다.
A $= G \times a$, B $= G \times b$ (단, a, b는 서로소) (공약수가 1만 존재하는 두 수의 관계를 서로소 관계라고 합니다.)
그리고 최소공배수를 L이라고 하면 $L = G \times a \times b$ (단, a, b는 서로소)가 됨을 알 수 있습니다.

① 문제에서 A=56, 최대공약수 G=7, 최소공배수 L=56×3 임을 알 수 있습니다.
따라서 이 문제는 $x=G\times b$ 에서 b 만 구하면 됩니다.

② 최소공배수 $L=G\times a\times b$(단, a, b는 서로소)이고, $A=G\times a=56$ 값이 주어졌으므로 다음과 같은 식을 세울 수 있습니다.
$L=G\times a\times b=A\times b$
①에서 A=56 이고 L=56×3이므로
$56\times 3=56\times b$에서 $b=3$이 됩니다.
∴ $x=7\times 3=21$

227 정답 ③ 난이도 ●●○

간단풀이

(4%의 설탕물의 양)$=x(g)$,
(3%의 설탕물의 양)$=y(g)$
$\begin{cases}3x+y=500\\ x\times\dfrac{4}{100}+y\times\dfrac{3}{100}=500\times\dfrac{2}{100}\end{cases}$

$\begin{cases}3x+y=500\\ 4x+3y=1{,}000\end{cases}$

$\begin{cases}9x+3y=1{,}500\\ 4x+3y=1{,}000\end{cases}$

$5x=500$ ∴ $x=100$
따라서 구하는 추가한 물의 양은 $2x=200$g입니다.

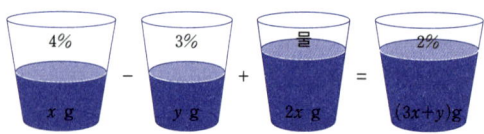

상세풀이

농도가 4%인 설탕물의 양과 농도가 3%인 설탕물의 양을 모두 알지 못하는 상황입니다.
따라서 두 용액의 양을 각각 미지수 x, y로 설정하여 설탕의 양과 설탕물의 양을 구하는 식을 세우는 것이 가장 정확한 풀이 방법입니다.

① 4% 설탕물의 양을 $x(g)$, 3% 설탕물의 양을 $y(g)$이라고 하면 문제에서 4% 설탕물의 2배가 되는 양의 물을 붓는다고 하였으므로 추가한 물의 양은 $2x$(g)입니다.

② 4%의 설탕물 $x(g)$과 3% 설탕물 $y(g)$을 섞은 후, 물 $2x(g)$을 추가하면 이 설탕물의 양은
$x+y+2x=3x+y(g)$이 됩니다.

이것이 전체 500g이 되었다고 하였으므로
$3x+y=500$ …… ㉠

③ 이제 설탕물에 녹아있는 설탕의 양을 구하는 식을 세워보겠습니다.
4%의 설탕물에 녹아있는 설탕의 양과 3%의 설탕물에 녹아있는 설탕의 양을 합한 것이 2%의 설탕물 500g에 녹아있는 설탕의 양과 같으므로 다음과 같이 식을 세울 수 있습니다.
$x\times\dfrac{4}{100}+y\times\dfrac{3}{100}=500\times\dfrac{2}{100}$ …… ㉡

④ ㉠, ㉡을 연립하여 풀면 x, y를 구할 수 있습니다.
$\begin{cases}3x+y=500\\ x\times\dfrac{4}{100}+y\times\dfrac{3}{100}=500\times\dfrac{2}{100}\end{cases}$
㉡의 양변에 100을 곱하여 정리하면
$\begin{cases}3x+y=500\\ 4x+3y=1{,}000\end{cases}$
$\begin{cases}9x+3y=1{,}500\\ 4x+3y=1{,}000\end{cases}$
$5x=500$ ∴ $x=100$
문제에서 구하는 것은 추가한 물의 양이므로
$2x=200(g)$입니다.

228 정답 ② 난이도 ●●●

간단풀이

$\dfrac{60+0.05x}{300+x}\times 100\leq 10(\%)$
$x\geq 600(g)$

상세풀이

① B용액의 양을 모르기 때문에 x를 사용하여 나타냅니다. 황산 용액에 섞여 있는 황산의 양을 구하는 식은 (황산의 양)=(황산 용액의 양)×(농도)이므로 농도가 20%인 황산 300g과 농도가 5%인 황산 x g에 섞인 황산의 양을 구하면 다음과 같습니다.
(20% 황산 용액에 섞여있는 황산의 양)
$=300\times 0.2=60(g)$
(5% 황산 용액에 섞여있는 황산의 양)
$=x\times 0.05=0.05x(g)$

② 두 용액을 섞은 후의 농도를 식으로 세우면
$\dfrac{(20\%\ 황산\ 용액에\ 섞여있는\ 황산의\ 양)+(5\%\ 황산\ 용액에\ 섞여있는\ 황산의\ 양)}{(20\%\ 황산\ 용액의\ 양)+(5\%\ 황산\ 용액의\ 양)}\times 100$

$$= \frac{60+0.05x}{300+x} \times 100$$

③ 이때, 섞은 후의 농도가 10%보다 진할 경우, 실험용 황산으로 사용할 수 없다고 하였으니 섞은 용액의 농도가 10% 이하가 되어야 합니다. 따라서 부등호를 활용하여 식을 세우면 아래와 같습니다.

$$\frac{60+0.05x}{300+x} \times 100 \leq 10(\%)$$
$$100 \times (60+0.05x) \leq 10 \times (300+x)$$
$$6,000 + 5x \leq 3,000 + 10x$$
$$5x \geq 3,000 \quad \therefore \ x \geq 600(g)$$

따라서 5% 황산을 최소 600g 이상 혼합하여야 합니다.

229 정답 ① 난이도 ●●○

간단풀이

(처음 두 설탕물을 섞은 후 설탕물의 양)
$= 480 + 120 = 600(g)$
(그 설탕물에 녹아있는 설탕의 양)
$= 480 \times \frac{5}{100} + 120 \times \frac{40}{100} = 24 + 48 = 72(g)$
∴ (퍼내기 전 설탕물의 농도)
$= \frac{72}{600} \times 100 = 12(\%)$
(9%의 설탕물 600g에 녹아있는 설탕의 양)
$= 600 \times 9\% = 54(g)$이므로
(퍼낸 xg에 녹아있는 설탕의 양) $= 72 - 54 = 18(g)$
퍼낸 $x(g)$의 농도는 12%이므로
$$\frac{18}{x} \times 100 = 12(\%)$$
$$12x = 1,800 \quad \therefore \ x = 150(g)$$

상세풀이

여러 단계가 있는 복잡한 문제에서는 각 단계를 거쳐감에 따라 변하는 설탕물의 양과 설탕의 양을 정확하게 파악하는 것이 중요합니다.

① 처음 주어진 설탕물들에 각각 얼마만큼의 설탕이 함유되어 있는지 계산해 봅니다.
(5%의 설탕물 480g에 녹아있는 설탕의 양)
$= 480 \times \frac{5}{100} = 24(g)$
(40%의 설탕물 120g에 녹아있는 설탕의 양)
$= 120 \times \frac{40}{100} = 48(g)$

② 두 설탕물을 섞으면 총 설탕물의 양은 $480 + 120 = 600(g)$이고 그 설탕물에 녹아있는 설탕의 양은 $24 + 48 = 72(g)$이므로 이 설탕물의 농도는
$$\frac{24+48}{480+120} \times 100 = \frac{72}{600} \times 100 = 12(\%)$$

③ 이 설탕물에서 약간의 설탕물을 퍼내고 퍼낸 만큼 물을 붓게 되면, 전체 설탕물의 양은 600g으로 같지만, 설탕의 양에는 차이가 생기게 됩니다.
물을 부은 후의 설탕물이 9%라 하였으므로 이 설탕물에 녹아있는 설탕의 양은
(9%의 설탕물 600g에 녹아있는 설탕의 양)
$= 600 \times \frac{9}{100} = 54(g)$ 입니다.
즉, 퍼낸 설탕물의 양을 $x(g)$라 하면 퍼낸 $x(g)$에 녹아있는 설탕의 양은
(퍼낸 xg에 녹아있는 설탕의 양)
$= 72 - 54 = 18(g)$입니다.
(설탕물을 퍼내고 다시 물을 붓는 동안 설탕의 양이 18g 감소하여야 합니다.)

④ 퍼낸 설탕물 $x(g)$의 농도는 12%이고 여기에는 18g의 설탕이 함유되어 있어야 하므로
$$\frac{18}{x} \times 100 = 12(\%)$$
$$12x = 1,800 \quad \therefore \ x = 150(g)$$

Tip 덜어낸 $x(g)$과 처음 섞인 설탕물 600g의 농도는 같으므로 600g 설탕물 안에 72g의 설탕이 들어있을 때, $x(g)$안에 18g의 설탕이 들어있다는 비례식을 세워 풀 수도 있습니다. 즉,
$600 : 72 = x : 18$
$72x = 10,800 \quad \therefore \ x = 150(g)$

230 정답 ⑤ 난이도 ●●○

간단풀이

500m당 3.25℃ 씩 떨어지므로 100m당
$\frac{3.25}{5} = 0.65(℃)$씩 떨어집니다.
$5 - 58 \times 0.65 = 5 - 37.7 = -32.7(℃)$

상세풀이

이 문제 같은 경우 해발고도가 올라갈수록 온도가 떨어지므로 계산 시 음수 값을 사용하여 계산합니다.

① 문제에서는 해발고도가 500m씩 높아질수록 기온은 3.25도씩 내려간다고 하였으므로 고도가 100m씩 높아짐에 따른 기온의 떨어짐 정도를 계산할 수 있습니다.
$$\frac{3.25}{5} = 0.65(℃)$$

② 해발 3,000m에서의 기온이 5℃이고 해발 8,800m에서의 기온을 구하는 것이므로 고도의 차인 $8,800 - 3,000 = 5,800(m)$를 올라갈 때 떨어지는 기온의 차를 구하면 됩니다.
①에서 100m 올라갈 때 0.65℃ 떨어지므로 5,800m 올라갈 때는 $0.65 × 58 = 37.7(℃)$ 떨어지게 됩니다.

③ 따라서 해발 8,800m에서의 기온은 해발 3,000m에서의 기온인 5℃에서 37.7℃ 떨어지므로
$5 - 58 × 0.65 = 5 - 37.7 = -32.7(℃)$

231 정답 ② 난이도

간단풀이

$8,000 + 1,000x < 2,000 + 1,500x$
$6,000 < 500x$
$12 < x$
$∴ x = 13$

상세풀이

① 철수는 한 달이 지났을 때, 최초의 금액과 저금한 금액을 합치면 $8,000 + 1,000$원을 갖게 됩니다.
두 달이 지나면 $8,000 + 1,000 × 2$원이 됩니다.
석 달이 지나면 $8,000 + 1,000 × 3$원이 됩니다.
따라서 x달이 지나면 $8,000 + 1,000 × x$원이 됩니다.

② 이와 같은 방식으로 x달이 지난 후에 영미의 통장에는 $2,000 + 1,500 × x$원이 남아있게 됩니다.
x달이 지난 후에 영미의 통장 잔액이 철수의 통장 잔액보다 많아야 하므로 아래와 같은 식을 세울 수 있습니다.
$8,000 + 1,000x < 2,000 + 1,500x$
$500x > 6,000 \quad ∴ x > 12$
따라서 13개월부터 영미의 통장 잔액이 철수의 통장 잔액보다 많아지게 됩니다.

232 정답 ② 난이도

간단풀이

$15,000 × x > 40,000 + 15,000 × 0.9 × x$
$1,500x > 40,000$
$∴ x > \frac{80}{3} = 26.666\cdots$
따라서 박물관을 최소 27번 이용해야 더 이익입니다.

상세풀이

① 회원의 경우 10% 할인된 가격에 입장권을 구매할 수 있다는 것은 실제로 내는 금액은 원래 금액의 90%라는 것을 알 수 있습니다. 따라서 회원의 경우 입장권 한 장의 구매가격은 $(15,000 × 0.9)$원입니다. 이때, 회원 가입비가 40,000원이므로 회원이 입장권을 x장 구매했을 때의 가격은 $40,000 + 15,000 × 0.9 × x$원이 됩니다.

② 비회원이 입장권 x장을 구매했을 때보다 회원이 입장권 x장을 구매했을 때 더 이익이 되려면 회원이 구매한 가격이 더 저렴해야 한다. 즉,
$15,000 × x > 40,000 + 15,000 × 0.9 × x$
$1,500x > 40,000$
$∴ x > \frac{80}{3} = 26.666\cdots$

③ x는 자연수이므로 부등식을 만족하는 가장 작은 x는 27입니다.
즉, 최소 27번 이용해야 회원 가입한 것이 더 이익이 될 수 있습니다.

233 정답 ⑤ 난이도

간단풀이

(심화반 학생 수)$= x$, (일반반 학생 수)$= 300 - x$
$300 × 40 = x × 55 + (300 - x) × 25$
$300 × 40 = 30x + 300 × 25$
$300 × (40 - 25) = 30x$
$300 × 15 = 30x$
$∴ x = 150$(명)
따라서 심화반 학생 수는 150명입니다.

> 🔍 **상세풀이**

평균점수는 다음과 같이 나타낼 수 있습니다.

(평균점수) = $\dfrac{(전체\ 학생의\ 점수\ 총합)}{(전체\ 학생\ 수)}$

① 1학년 총 학생 수가 300명이므로, 심화반 학생 수를 x라고 하면 일반반 학생 수는 $(300-x)$라고 놓을 수 있습니다.

② 문제에서 전체 평균점수, 심화반의 평균점수, 일반반의 평균점수를 알려주었으므로
"(전체 학생의 점수 총합) = (전체 학생 수) × (평균점수)"를 이용하여 문제를 풀 수 있습니다.

③ (1학년 전체 학생의 점수 총합) = (심화반 학생의 점수 총합) + (일반반 학생의 점수 총합)이므로
$300 \times 40 = x \times 55 + (300-x) \times 25$
$300 \times 40 = 30x + 300 \times 25$
$30x = 300 \times (40-25) = 300 \times 15$
∴ $x = 150$(명)

따라서 구하는 심화반 학생 수는 150명입니다.

8일차 (234~266)

234	⑤	235	③	236	④	237	⑤	238	③
239	④	240	④	241	③	242	⑤	243	⑤
244	④	245	③	246	④	247	②	248	③
249	④	250	④	251	①	252	④	253	①
254	③	255	③	256	④	257	②	258	①
259	②	260	④	261	④	262	④	263	④
264	③	265	③	266	③				

234 정답 ⑤ 난이도 ●●○

간단풀이

$\dfrac{5!}{5} \times 5 \neq 2,880$

상세풀이

이 문제에서 알아야 할 핵심 개념은 '원순열'입니다. 원이 회전될 수 있지만 거꾸로 뒤집히지 않도록 고정되어 있을 때, 이 원의 둘레에 서로 다른 n개의 물건을 배열하는 것을 'n-원순열(circular n-permutation)'이라고 합니다. 이때, 배열에서 회전방향대로 순서가 같은 배열은 모두 같은 것으로 생각합니다.
서로 다른 n개의 물건을 원형으로 배열하는 방법의 수는 다음과 같습니다.

$\dfrac{n!}{n} = (n-1)!$

예를 들어, A, B, C, D를 원형으로 배열할 때, 다음 [그림1]과 같은 경우는 회전시키면 위치관계가 서로 같아지므로 모두 같은 배열로 간주합니다.

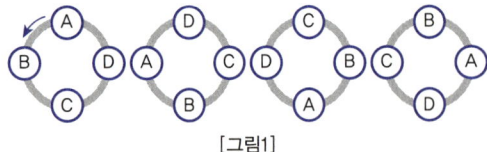

[그림1]

따라서 서로 다른 4개를 원형으로 배열하는 방법의 수를 구하면 서로 다른 4개를 일렬로 배열하는 방법의 수는 4!이고, 이때 [그림1]과 같이 회전에 의하여 동일한 것으로 간주하는 배열이 네 개씩 있으므로 4!을 4로 나눈

$\dfrac{4!}{4} = 3!$ 입니다.

원탁에 사람을 앉히는 문제에서는 원탁을 회전하게 되는 경우를 고려해주어야 합니다.

① 다섯 명의 남자를 일렬로 배열하는 가짓수는
 $5! = 5 \times 4 \times 3 \times 2 \times 1 = 120$ 입니다.
 임의로 배열된 다섯 명의 남자를 순서대로 원탁에 둘러앉게 하는 경우 앉은 자리 그대로 다섯 가지의 중복되는 경우가 있습니다. 이 중복된 경우를 제외해주기 위해서 5로 나누어 주어야 합니다.
 (사람은 서로 같을 수가 없습니다. 즉, 모든 사람은 다릅니다. 이 다섯명을 원탁에 앉혔을 경우 앉은 자리를 바꾸지 않고 다음 그림과 같이 다섯 가지의 중복이 일어납니다.)

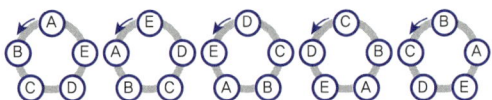

따라서 다섯 명의 남자를 원탁에 배열하는 방법의 수는
$\dfrac{5!}{5} = 4! = 4 \times 3 \times 2 \times 1 = 24$ (가지)

② 다섯 명의 남자들이 앉아있는 원탁은 이제 회전하지 않고 고정이 됩니다. (남자 다섯명을 앉힌 각 경우에 여자가 앉는 경우를 고려해야 하므로)
 따라서 이 원탁에 앉아있는 각 남자들 사이사이에 다섯 명의 여자가 앉는 경우의 수는 5! = 120입니다.

③ 남자를 원탁 주위에 배치하는 사건과 여자를 원탁 주위에 배치하는 사건은 동시에 일어나는 사건이므로 곱의 법칙에 따라 앞서 구해준 두 경우의 수를 곱해주면
 $\dfrac{5!}{5} \times 5 \neq 24 \times 120 = 2,880$

235 정답 ③ 난이도 ●●○

간단풀이

$_3P_2 \times 2! \times 2 \neq 24$
$3! \times 2 = 12$
∴ $24 + 12 = 36$

상세풀이

순열조합 문제에서는 두 사람 사이에 특정 사람을 두고 모두를 한 사람처럼 취급하는 것이 가장 중요합니

다. 예를 들어 A와 B 사이에 한 명을 두고 줄을 세운다면 [A( )B]를 한 사람처럼 취급해야 하는 것입니다. 이 문제에서는 B와 E 사이에 2명이 있는 경우와 B와 E 사이에 3명이 있는 경우의 수를 나누어 계산하고, 각각을 더해야 합니다.

1) B와 E 사이에 2명이 있는 경우

① 처음으로 B와 E 사이에 들어갈 2명을 뽑아 순서대로 줄을 세워야 하므로 B와 E를 제외한 나머지 3명 중 2명을 뽑아 일렬로 배열하는 경우의 수는 $_3P_2$입니다.

② [B○○E]를 한 사람으로 취급하고 나머지 한 사람까지 2명을 일렬로 배열하는 경우의 수는 2!입니다.

③ 마지막으로 B와 E의 자리를 바꾸는 경우의 수는 2!입니다.
이 모든 경우는 동시에 일어나는 사건이므로 ①, ②, ③에서 구한 경우의 수를 모두 곱해주어야 합니다.
$_3P_2 \times 2! \times 2! = 24$(가지)

2) B와 E 사이에 3명이 있는 경우

④ B와 E 사이에 3명을 두고 일렬로 세우는 것은 B와 E를 처음과 마지막에 두고 일렬로 세우는 것과 같습니다. 즉, B가 처음 E가 마지막인 경우와 E가 처음 B가 마지막인 경우를 모두 구해 더해주어야 합니다.
B가 처음, E가 마지막인 경우 가운데 3명을 일렬로 배열시키기만 하면 되므로 3!
E가 처음, B가 마지막인 경우도 가운데 3명을 일렬로 배열시키기만 하면 되기 때문에 3!
즉, $3! \times 2 = 12$(가지)

⑤ 1)경우의 수와 2)경우의 수의 합이 총 경우의 수가 되므로 구하는 답은 24+12=36(가지)입니다.

236 정답 ④ 난이도

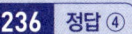

$4! = 24$

이 문제에서는 철수와 영미가 맨 앞과 맨 뒤에 고정되어 있기 때문에 2명을 제외하고 가운데 나머지 사람들을 배열하는 경우의 수를 구하면 됩니다.
[철수, ○, ○, ○, ○, 영미]
즉, 6명 중 철수와 영미를 제외한 나머지 4명을 일렬로 배열하는 경우의 수가 버스에 탑승 가능한 경우의 수가 되므로 4명을 일렬로 배열하는 경우의 수는 4!=24가지가 됩니다.

237 정답 ⑤ 난이도

간단풀이

(임의로 선택한 한 명이 남자 사원인 사건)=A
(임의로 선택한 한 명이 설문조사에 치킨을 뽑은 사원인 사건)=B

(남자 사원일 확률)=$P(A) = \dfrac{162}{320}$

(남자 사원이면서 설문조사에 치킨을 뽑은 사원일 확률) = $P(A \cap B) = \dfrac{135}{320}$

(남자 사원일 때, 이 사원이 설문조사에 치킨을 뽑은 사원일 확률) = $P(B|A)$

$= \dfrac{P(A \cap B)}{P(A)} = \dfrac{\frac{135}{320}}{\frac{162}{320}} = \dfrac{135}{162} = \dfrac{5}{6}$

상세풀이

① 이 문제에서 알아야 할 핵심 개념은 '조건부확률'입니다. 이때 주의할 점은 사건 A가 일어날 확률은 0보다 커야 한다는 것입니다.
사건 A가 일어났을 때의 사건 B의 조건부확률을 계산하는 방법은 아래의 식과 같습니다.

$P(B|A) = \dfrac{P(A \cap B)}{P(A)}$ (단, $P(A) > 0$)

② 문제에 따르면 설문조사에 참가한 지원자는 표본공간 S라 할 수 있고, 이 중에서 임의로 선택한 한 명이 남자사원인 사건을 A, 임의로 선택한 한 명이 설문조사에 치킨을 뽑은 사원인 사건을 B라고 하면 구하는 확률은 $P(B|A)$가 됩니다.
위의 식에 따르면 $P(B|A)$를 구하기 위해 필요한 값은 $P(A)$와 $P(A \cap B)$로 주어진 표를 통해 구할 수 있습니다.

(남자 사원일 확률)=$P(A) = \dfrac{162}{320}$

(남자 사원이면서 설문조사에 치킨을 뽑은 사원일 확률) = $P(A \cap B) = \dfrac{135}{320}$

③ 위에서 구한 값을 이용하여 $P(B|A)$를 구하면

$P(B|A) = \dfrac{P(A \cap B)}{P(A)} = \dfrac{\frac{135}{320}}{\frac{162}{320}} = \dfrac{135}{162} = \dfrac{5}{6}$

238 정답 ③   난이도 ●●●

간단풀이

1−(노란 사탕 2개를 꺼낼 확률)
$= 1 - \dfrac{{}_5C_2}{{}_{10}C_2} = 1 - \dfrac{10}{45} = 1 - \dfrac{2}{9} = \dfrac{7}{9}$

상세풀이

확률문제에서 '적어도' 라는 표현이 등장할 때는 '**여사건의 확률**'을 이용해 접근하는 것이 좋습니다.
여기서 여사건이란 어떠한 특정 사건이 발생하지 않을 사건, 즉 A가 발생하지 않는 사건을 '사건 A의 여사건'이라 합니다. 여사건의 확률을 구하는 방법은 다음과 같습니다.

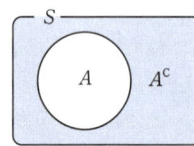

$P(A) + P(A^C) = 1$

사건 A의 여사건 A^C에 대하여 (사건 A가 일어나지 않을 확률)=1−(사건 A가 일어날 확률)
$P(A^C) = 1 - P(A)$
예를 들어, 동전을 3번 던졌을 때 적어도 한 번은 앞면이 나올 확률을 구하면
(적어도 한 번 앞면이 나올 확률)=1−(모두 뒷면이 나올 확률)이므로
$1 - \dfrac{1}{2} \times \dfrac{1}{2} \times \dfrac{1}{2} = 1 - \dfrac{1}{8} = \dfrac{7}{8}$ 입니다.

① 노란 사탕 5개와 파란 사탕 5개 중에서 2개를 뽑을 때, 적어도 1개는 파란 사탕을 꺼낼 확률은 전체 확률에서 노란 사탕만 2개를 꺼낼 확률을 빼면 구할 수 있습니다. (적어도 1개는 파란 사탕을 꺼낼 확률)= 1−(모두 노란 사탕을 꺼낼 확률)

② 총 10개의 사탕 중 2개를 뽑는 전체의 경우에서 노란 사탕 5개 중 2개를 뽑는 경우의 확률을 구합니다. 즉, 노란 사탕만 2개를 꺼낼 확률은 $\dfrac{{}_5C_2}{{}_{10}C_2}$ 가 됩니다.

$\dfrac{{}_5C_2}{{}_{10}C_2} = \dfrac{5 \times 4}{10 \times 9} = \dfrac{2}{9}$

③ 따라서 적어도 1개의 파란 사탕을 꺼낼 확률은
$1 - \dfrac{{}_5C_2}{{}_{10}C_2} = 1 - \dfrac{2}{9} = \dfrac{7}{9}$

239 정답 ④   난이도 ●●●

간단풀이

(170과 68의 공약수)=(34의 약수)=1, 2, 17, 34
즉, 간격이 25m가 넘지 않으면서 가능한 적은 울타리를 설치하려면 17m마다 울타리를 설치해야 합니다. 네 모퉁이에 반드시 울타리를 설치하고 17m마다 울타리를 설치하기 위해서는 11+11+5+5−4=28(개)의 울타리가 필요합니다.

상세풀이

이러한 문제에서는 제시된 조건을 상세하게 살피는 것이 중요합니다.
네 모퉁이에 반드시 울타리를 설치해야 한다는 점과 울타리 사이의 간격이 25m를 넘기면 안된다는 조건 등을 기억하며 문제를 풀어야 합니다.

① 170m와 68m의 변에 울타리가 동일한 간격으로 나머지 없이 딱 맞게 설치되려면 울타리의 간격은 170과 68의 공약수와 같습니다.
$170 = 2 \times 5 \times 17$, $68 = 2^2 \times 17$이므로 170과 68의 공약수는 170과 68의 최대공약수인 $2 \times 17 = 34$의 약수와 같습니다. 즉,
(170과 68의 공약수) = (34의 약수)=1, 2, 17, 34
이때, 울타리의 간격은 25m를 넘지 않아야 한다고 하였으므로 34m는 제외해야 합니다. 또한, 울타리를 가능한 한 적게 설치해야 한다고 하였으므로 울타리 사이의 간격은 최대한 길어야 합니다. 따라서 울타리의 간격은 17m이어야 합니다.

② 170m의 변에 17m 간격으로 울타리를 설치할 경우 변에 총 11개의 울타리가 설치됩니다.

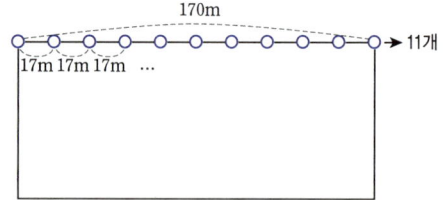

③ 68m의 변에 17m 간격으로 울타리를 설치할 경우 변에 총 5개의 울타리가 설치됩니다.

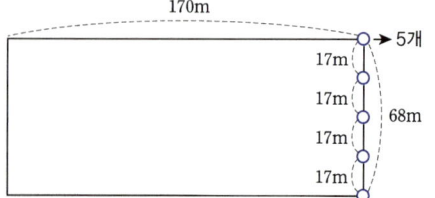

④ 울타리 개수를 구하기 위해 각 변에 설치된 울타리 개수를 더하는 경우 각 모서리에 울타리가 1개씩 겹쳐서 설치됩니다. 따라서 각 변에 설치되는 울타리의 개수를 구하고 모서리의 개수인 4를 빼주어야 합니다.

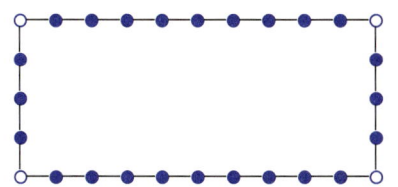

⑤ ④의 방법으로 계산하면 $11+11+5+5-4=28$ (개)입니다.

240 정답 ④   난이도

간단풀이 1

(남은 예산) $= 300,000 \times \{1-0.8-(1-0.8) \times 0.4\}$
$= 300,000 \times (1-0.88)$
$= 300,000 \times 0.12 = 36,000$(원)

(할인된 과자의 1개의 값) $= 500 \times (1-0.2)$
$= 500 \times 0.8 = 400$(원)

$400x = 36,000$ ∴ $x = 90$

간단풀이 2

$300,000 \times (1-0.8) = 300,000 \times 0.2 = 60,000$(원)
$60,000 \times (1-0.4) = 60,000 \times 0.6 = 36,000$(원)
$=$ (남은 예산)
$36,000 = 500 \times 0.8 \times x$
$400x = 36,000$ ∴ $x = 90$

상세풀이

① 살 수 있는 과자의 개수를 x개라고 가정합니다. 전체를 1로 놓고 계산하면 예산의 80%를 쓰고 남은 예산 20%의 40%는 식비에 이용했기 때문에 남은 예산은
$1-0.8-(1-0.8) \times 0.4$
$= 1-0.8-0.2 \times 0.4$
$= 1-0.8-0.08$
$= 1-0.88 = 0.12$
전체의 0.12, 즉 12%입니다.
예산은 이번 달 용돈 30만 원이므로, 남은 예산은 총 $300,000 \times 0.12 = 36,000$(원) 입니다.

② 철수가 대형마트에서 과자를 산다면 과자는 정가인 500원에서 20% 할인된 가격으로 살 수 있습니다. 따라서 할인된 과자 1개의 값은 다음과 같습니다.
$500 \times (1-0.2) = 500 \times 0.8 = 400$(원)

③ 따라서 남은 예산 36,000원으로 정가 400원인 과자를 x개 살 것이므로
$400x = 36,000$ ∴ $x = 90$
즉, 철수는 남은 예산으로 과자를 90개 살 수 있습니다.

241 정답 ③   난이도

간단풀이

$20 \times 3,000 = 60,000$
$15 \times 3,000 + 5 \times (5,000 + 2,000 \times 2) = 90,000$
∴ $90,000 - 60,000 = 30,000$

상세풀이

자동차 이용 시 하루에 톨게이트를 몇 번 지나갔는지, 한 달에 며칠 출근하는지 등에 주의하여 문제를 풀어야 합니다.

① 우선 차액을 구하기 위해 이번 달에 쓴 교통비의 총액을 구해야 합니다. 이번 달에는 시험 기간이 없었으므로, 출근 일 모두 버스를 이용해 출퇴근한 것을 알 수 있습니다. 문제에서 한 달에 20일을 출근한다고 하였고, 버스를 이용하여 출퇴근하면 3,000원이 든다고 하였으니, 이번 달에 쓴 교통비의 총액은 $20 \times 3,000 = 60,000$(원)입니다.

② 다음 달의 교통비의 총액을 구하기 위해선, 시험 기간이 며칠인지를 파악하고, 버스로 출퇴근한 날짜와 자동차로 출퇴근한 날짜가 한 달 총 출근일이 되어야 합니다. 문제에서 다음 달 시험 기간은 5일이라 하였으므로 자동차로 출퇴근한 날짜는 5일이며, 버스로 출퇴근한 날짜는 20일에서 5일을 뺀 15일입니다.

③ 자동차를 이용 시 하루에 얼마만큼의 교통비가 드는지 알아야 합니다. 하루 기름값은 5,000원이며, 톨게이트 이용료는 1회 2,000원이 든다고 하였습니다. 출퇴근할 때 각각 한 번씩 톨게이트를 지나게 되므로 하루 톨게이트 사용료는 $2,000 \times 2 = 4,000$(원)입니다.
그러므로 자동차 이용 시 하루에 드는 교통비는 $5,000 + 4,000 = 9,000$(원)입니다.

④ 자동차를 이용한 날짜는 5일이며 하루에 드는 교통비인 9,000원을 곱하면 한 달에 자동차를 이용하여 출퇴근한 총금액은 45,000원으로 계산됩니다.
또한, 버스로 이용한 날짜는 15일이며 하루에 드는 버스비는 3,000원이므로, 버스를 이용한 총금액은 $15 \times 3,000 = 45,000$(원)입니다.
그러므로 다음 달에 총 들어갈 교통비는 자동차를 이용하여 출퇴근한 총금액과 버스를 이용하여 출퇴근한 총금액의 합이므로
$45,000 + 45,000 = 90,000$(원)입니다.

⑤ 구해야 하는 값은 이번 달과 다음 달의 차액입니다. 이번 달에 사용한 금액은 6만 원이며 다음 달에 들어갈 교통비는 9만 원이므로 구하는 차액은 $90,000 - 60,000 = 30,000$(원)입니다.

242 정답 ⑤ 난이도 ●●○

간단풀이

$350 = 2 \times 5^2 \times 7$
$280 = 2^3 \times 5 \times 7$
∴ (350과 280의 최대공약수) $= 2 \times 5 \times 7 = 70$(명)

상세풀이 1

문제에서 '되도록 작은', '동시에', '최소' 등의 표현을 사용하였다면 이는 대부분 최소공배수를 이용한 문제입니다. 이와 반대로 '되도록 많은', '최대' 등의 표현이라면 이는 대부분 최대공약수를 이용하는 문제입니다. 이 문제는 '최대' 라는 단어가 들어갔으므로 최대공약수를 이용하여 풀어야 합니다.

① 팸플릿 360개 중 10개가 남았으니 나눠준 팸플릿은 $360 - 10 = 350$(개)입니다. 이때 햄버거는 24개가 부족했으므로 준비했어야 하는 햄버거는 $256 + 24 = 280$(개)입니다.

② 팸플릿과 햄버거를 박람회 참가자에게 모두 똑같이 나누어 주려고 했으므로 참가한 취업준비생이 최대 몇 명인지 구하기 위해서는 나눠준 팸플릿의 개수인 350와 준비했어야 하는 햄버거의 개수인 280의 최대공약수를 구해야 합니다.

③ 이때, 최대공약수는 각 수를 소인수분해한 후 공통인 소인수 중 지수가 가장 작은 수를 모두 곱하여 구할 수 있습니다. $350 = 2 \times 5^2 \times 7$이고, $280 = 2^3 \times 5 \times 7$ 입니다.

④ 350와 280의 최대공약수는 공통된 소인수들의 곱이므로 (350과 280의 최대공약수) $= 2 \times 5 \times 7 = 70$(명)
따라서 박람회에 참가한 취업준비생은 최대 70명임을 알 수 있습니다.

상세풀이 2

최대공약수를 구하는 방법에는 상세풀이 1처럼 소인수분해를 이용하는 방법 외에 공약수로 나누어 구하는 방법이 있습니다. 이때는 각 수를 몫에 1 이외의 공약수가 없을 때까지 공약수로 계속 나누고, 나누어 준 공약수를 모두 곱하면 됩니다. 만약 셋 이상의 수의 최대공약수를 구하려면 반드시 각 수를 동시에 나눌 수 있을 때까지만 나눈 후 나누어 준 공약수를 곱하면 됩니다.

$$\begin{array}{r|rr} 7 & 350 & 280 \\ 5 & 50 & 40 \\ 2 & 10 & 8 \\ \hline & 5 & 4 \end{array}$$

따라서 최대공약수는 $2 \times 5 \times 7 = 70$ 입니다. 따라서 박람회에 참가한 취업준비생은 최대 70명입니다.

243 정답 ⑤ 난이도 ●●○

간단풀이

$60 = 2^2 \times 3 \times 5$, $132 = 2^2 \times 3 \times 11$,
$156 = 2^2 \times 3 \times 13$
(최대공약수) $= 2^2 \times 3 = 12$
∴ $132 \div 12 = 11$(개)

상세풀이 1

① 바나나 60개, 키위 132개, 오렌지 156개를 나누어 받은 아이들이 최대 몇 명인지 구하려면 60, 132, 156의 최대공약수를 구하면 됩니다. 이때, 최대공약수는 각 수를 소인수분해한 후 공통인 소인수 중 지수가 가장 작은 수를 모두 곱하여 구할 수 있습니다. 60, 132, 156을 각각 소인수분해하면
$60 = 2^2 \times 3 \times 5$
$132 = 2^2 \times 3 \times 11$
$156 = 2^2 \times 3 \times 13$
60과 132, 156의 공통된 소인수 중 지수가 가장 작은 2^2와 3을 모두 곱한 $2^2 \times 3 = 12$ 가 최대공약수이므로 과일을 나누어 받은 아이들은 최대 12명임을 알 수 있습니다.

② 총 12명의 아이가 과일을 받았다고 했을 때 한 아이가 받는 키위의 개수는 총 키위의 개수에서 받은 아이들의 수를 나누어서 구할 수 있습니다.
즉, $132 \div 12 = 11$
따라서 한 아이가 받는 키위의 개수는 11개입니다.

상세풀이 2

최대공약수를 구하는 방법에는 상세풀이 1처럼 소인수분해를 이용하는 방법 외에 공약수로 나누어 구하는 방법이 있습니다. 이때는 각 수를 묶어 1 이외의 공약수가 없을 때까지 공약수로 계속 나누고, 나누어 준 공약수를 모두 곱하면 됩니다.

$$
\begin{array}{r|rrr}
4 & 60 & 132 & 156 \\
3 & 15 & 33 & 39 \\
\hline
 & 5 & 11 & 13
\end{array}
$$

만약 셋 이상의 수의 최대공약수를 구하려면 반드시 각 수를 동시에 나눌 수 있을 때까지만 나눈 후 나누어 준 공약수를 곱하면 됩니다.
따라서 60, 132, 156의 최대공약수는 $4 \times 3 = 12$ 입니다. 즉, 과일을 받은 아이들은 최대 12명입니다.
12명의 아이가 키위 132개를 똑같이 나누어 가졌으므로 $132 \div 12 = 11$로 각각 11개의 키위를 받았다는 것을 알 수 있습니다.

244 정답 ④ 난이도 ●●○

간단풀이

1시간 6분 40초 $= 1 \times 3,600 + 6 \times 60 + 40 = 4,000$초
배의 속력을 v(m/s)이라 하면
$$\frac{6,000}{v+2} + \frac{6,000}{v-2} = 4,000$$
$3(v-2) + 3(v+2) = 2(v+2)(v-2)$
$v^2 - 3v - 4 = 0$
$v = 4$(m/s)

상세풀이

① 배가 이동하는 데 걸린 시간은 1시간 6분 40초입니다. 이를 초 단위로 환산하면 $1 \times 3,600 + 6 \times 60 + 40 = 4,000$(초)동안 배가 이동합니다. (문제에서 구하는 속력이 m/s이므로 모두 초 단위로 환산하는 것이 좋습니다.)

② 배의 속력을 v(m/s)이라고 가정합니다.
물의 속력은 2m/s이므로 배가 강물을 따라 내려갈 때의 속력은 배와 강물의 이동 방향이 일치하므로 $(v+2)$(m/s)입니다. 한편, 배가 강물을 거슬러 올라올 때의 속력은 배와 강물의 이동 방향이 반대이므로 $(v-2)$(m/s)입니다.

③ 배가 이동한 총 시간은 서울에서 수원까지 이동한 시간과 수원에서 서울까지 이동한 시간을 합한 것과 같습니다. (시간) $= \frac{(거리)}{(속력)}$이므로 서울에서 수원까지 이동한 시간은 $\frac{6,000}{v+2}$(s) 입니다. 마찬가지로 수원에서 서울까지 이동한 시간은 $\frac{6,000}{v-2}$(s) 입니다.

④ 왕복 1시간 6분 40초, 즉 4,000초가 걸렸으므로 아래와 같은 식을 세울 수 있습니다.
$$\frac{6,000}{v+2} + \frac{6,000}{v-2} = 4,000$$
양변에 $\frac{(v+2)(v-2)}{2,000}$를 곱한 후 계수를 약분하여 정리하면 v에 대한 이차방정식의 형태로 정리됩니다.
$3(v-2) + 3(v+2) = 2(v+2)(v-2)$
$6v = 2(v^2 - 4)$
$2v^2 - 6v - 8 = 0$
$v^2 - 3v - 4 = 0$

⑤ 이것을 인수분해하면 구하는 해를 얻을 수 있습니다.
$(v+1)(v-4) = 0$ ∴ $v = 4$ 또는 $v = -1$
이때, v는 음수가 될 수 없으므로 $v = 4$입니다.
따라서 영미가 탄 배의 속력은 4(m/s)입니다.

245 정답 ③ 난이도 ●●●

간단풀이

(x분 동안 분침이 움직이는 각도) $= 6x$
(분침이 움직일 때 시침의 각도) $= 300 + \frac{1}{2}x$
분침과 시침이 서로 반대 방향으로 일직선을 이룬다고 하였습니다. 이때 반대 방향의 각도는 180도이므로
$6x + 180 = 300 + \frac{1}{2}x$
$\frac{11}{2}x = 120$ ∴ $x = \frac{240}{11}$
따라서 분침과 시침이 서로 반대 방향으로 일직선을 이루는 시각은 10시 $\frac{240}{11}$분입니다.

상세풀이

해당 유형의 문제는 시계 문제로 처음 보면 이해가 어려울 수 있습니다. 하지만 직접 시계를 그리고 움직임을 떠올리면 어렵지 않게 풀 수 있는 문제이기도 합니다. 시계의 시침과 분침은 정해진 시간 내에 일정한 각도만큼 이동하므로 각도에 대한 이해를 토대로 방정식을 세우면 주어진 문제를 해결할 수 있습니다.

① 먼저 시계를 그려 시침과 분침의 움직임을 생각해봅니다.

(1) 10시 0분일 때 시계 모습

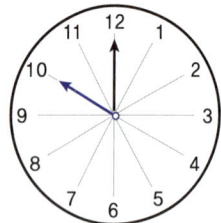

(2) 10시와 11시 사이에서 시침과 분침이 반대 방향이 될 때 시계 모습

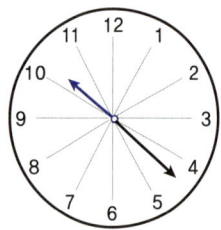

이때 (2)의 시계를 그릴 때 주의해야 할 사항은 분침이 움직일 때 시침도 같이 움직인다는 것입니다. 시계의 분침과 시침은 일정한 속도로 같게 계속 움직입니다.

② 시침과 분침이 일정한 속도로 움직이기 때문에 시계 문제를 속력과 거리, 시간 문제로 풀 수 있습니다. 하지만 일반적인 문제와 달리 시침과 분침의 움직임은 거리를 증가시키는 것이 아니라 각도를 변화하고 있습니다. 따라서 시침과 분침의 움직임은 각도의 움직임으로 정의를 해야 합니다.

③ 시계의 한 바퀴는 360도이며 12시간에 시침이 한 바퀴를 돌기 때문에 1시간에 시침은 30도를 움직입니다. 이때 분침의 움직임도 같이 계산을 해주어야 하므로 시침의 움직임 단위를 분 단위로 표현하면 시침은 분당 0.5도를 움직이는 것으로 표현할 수 있습니다. 분침의 경우에는 60분에 360도 한 바퀴를 움직이므로 분침은 분당 6도를 움직이는 것으로 표현할 수 있습니다.

④ 즉, 시간이 x분 만큼 흐른다면 시침은 $0.5x$만큼 움직이며 분침은 $6x$만큼 움직입니다.

현재 시침이 10시와 11시 사이에 존재하기 때문에 시침은 현재 360도의 숫자 12를 기준으로 $\frac{10}{12}$ 만큼 움직인 상태입니다. 이를 식으로 표현하면 현재 시침의 각도를 $300+0.5x$로 나타낼 수 있습니다.

⑤ 현재 시침과 분침이 정반대 방향에 있다고 하였습니다. 정반대의 각도는 180도를 더하는 것으로 구할 수 있으며 시침의 각도가 $300+0.5x$이며 분침의 각도가 $6x$이므로 $300+0.5x=6x+180$의 식을 세울 수 있습니다.

$$300+0.5x=6x+180$$
$$5.5x=120 \quad \therefore \quad x=\frac{240}{11}$$

따라서 10시와 11시 사이에 시침과 분침이 서로 반대 방향으로 일직선을 이룬 시각은 10시 $\frac{240}{11}$ 분입니다.

246 정답 ③ 난이도 ●●●

간단풀이

A의 속력을 시속 $x$km라고 하고 B의 속력을 시속 $y$km라고 할 때, 거리=시간×속력 공식을 이용하여 같은 방향과 다른 방향으로 돌 때 각각의 일차방정식을 세워 연립하면

$$\begin{cases} x \times \frac{5}{2} - y \times \frac{5}{2} = 12 \\ x \times 1 + y \times 1 = 12 \end{cases}$$

$$\begin{cases} 5x - 5y = 24 \\ 5x + 5y = 60 \end{cases}$$

$10x=84 \quad \therefore \quad x=8.4$
따라서 A의 속력은 시속 8.4km입니다.

상세풀이

구해야 할 것은 A의 속력입니다.
문제에서 주어진 거리와 시간 조건을 이용하여 [(거리)=(속력)×(시간)] 공식을 통해 속력을 구할 수 있습니다. 우선 같은 지점에서 두 사람이 같은 방향으로 동시에 출발하여 속력이 더 빠른 A가 B를 따라잡으려면 A가 B보다 공원을 한 바퀴 더 돌아야 합니다.

① A의 속력을 시속 $x$km라고 하고 B의 속력을 시속 $y$km 라고 했을 때, 위와 같은 상황을

[거리=속력×시간] 공식을 활용해 일차방정식을 세우면 $x \times \dfrac{5}{2} - y \times \dfrac{5}{2} = 12$로 나타낼 수 있습니다.

② 다음으로 같은 지점에서 두 사람이 다른 방향으로 동시에 출발하여 A와 B가 만나려면 A와 B가 걸은 거리의 총합이 공원 둘레 길이인 12km가 되어야 합니다. 위와 같은 상황을 [거리=속력×시간] 공식을 활용해 일차방정식을 세우면
$x \times 1 + y \times 1 = 12$ 로 나타낼 수 있습니다.

③ 구하고자 하는 것은 x이므로 연립일차방정식을 세워 y를 소거해야 합니다.
$$\begin{cases} x \times \dfrac{5}{2} - y \times \dfrac{5}{2} = 12 \\ x \times 1 + y \times 1 = 12 \end{cases}$$
$$\begin{cases} 5x - 5y = 24 \\ 5x + 5y = 60 \end{cases}$$
$10x = 84 \quad \therefore x = 8.4$
따라서 A의 속력은 시속 8.4km가 되어, 정답은 ③ 번입니다.

247 정답 ②   난이도 ●●●

간단풀이

$500 + x(\text{m}) = 70(\text{m/s}) \times 8(s)$
$500 + x = 560 \quad \therefore x = 60(\text{m})$
따라서 기차의 길이는 60m입니다.
$y - 60(\text{m}) = 70(\text{m/s}) \times 5(s)$
$y - 60 = 350 \quad \therefore y = 410$
터널의 길이는 410m입니다.

상세풀이

(시간, 속력, 거리) 유형 문제의 가장 기본적인 원리는 (거리)=(속력)×(시간)임을 이용하는 것입니다.
또한 (터널을 지나는 기차) 유형에서 중요한 점은, 움직이는 물체가 점이 아닌 길이를 가진 기차라는 점입니다. 이때, 편리한 방법은 기차의 앞부분을 기준으로 움직인 거리를 계산해주는 것입니다.
문제를 두 가지로 상황으로 나누어서 살펴보겠습니다.
(1) 초속 70m를 달리는 기차가 500m의 다리를 완전히 지나는 데 8초가 걸린다.
(2) 이 기차가 터널을 지날 때, 5초 동안 전혀 보이지 않았다.

① 기차가 다리를 완전히 지난다는 것은, 기차의 앞 부분 뿐만 아니라 뒷부분까지 다리를 통과함을 의미합

니다. 이때 기차의 길이를 미지수 x라 하고 기차의 앞부분을 기준으로 한다면
(기차의 앞부분이 움직인 거리)=(다리의 길이)+ (기차의 길이)=$500+x$(m)

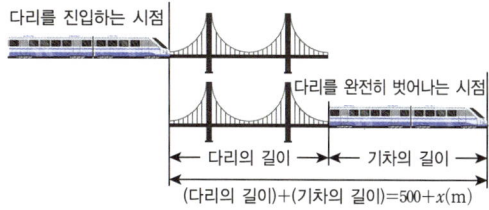

(다리의 길이)+(기차의 길이)=$500+x$(m)

② [(거리)=(속력)×(시간)]이므로 $500 + x(\text{m}) = 70(\text{m/s}) \times 8(s)$의 일차방정식을 세울 수 있습니다.
$500 + x(\text{m}) = 70(\text{m/s}) \times 8(s)$
$500 + x = 560 \quad \therefore x = 60(\text{m})$
따라서 기차의 길이는 60m임을 알 수 있습니다.

③ 기차가 터널을 지날 때, 전혀 보이지 않을 때가 언제인지 우선 생각해봐야 합니다.
기차가 앞부분이 터널에 진입하는 순간에는 기차의 뒷부분이 남기에 전혀 보이지 않는다고 말할 수 없습니다.
<u>기차의 뒷부분까지 터널에 진입하였을 때, 기차는 완전히 보이지 않는다고 말할 수 있습니다.</u>
이후 기차의 앞부분이 터널을 빠져나오기 직전까지, 기차는 완전히 보이지 않는 순간을 유지하게 됩니다.

④ 기차가 전혀 보이지 않는 순간은 다음 그림과 같이 기차의 앞부분이 기차의 길이만큼 터널을 진입하였을 순간부터 기차의 앞부분이 터널을 벗어나기 시작하는 순간까지라고 할 수 있습니다.

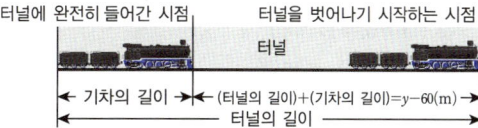

터널의 길이를 y m라 하면 기차가 전혀 보이지 않을 때 이동한 거리는
(기차의 앞부분이 지나는 거리)
=(터널의 길이)−(기차의 길이)=$y - 60$(m)

⑤ [(거리)=(속력)×(시간)]이므로
$y - 60(\text{m}) = 70(\text{m/s}) \times 5(s)$의 일차방정식을 세울 수 있습니다.
$y - 60(\text{m}) = 70(\text{m/s}) \times 5(s)$
$y - 60 = 350 \quad \therefore y = 410$
따라서 터널의 길이는 410m입니다.

248 정답 ③ 난이도 ●●●

✎ 간단풀이

$2 \times$ (누나의 나이) $- 1 = 21$ ∴ (누나의 나이) $= 11$(세)
$2 \times$ (아빠의 나이) $- 6 = 11 \times 6 = 66$
∴ (아빠의 나이) $= 36$(세)

💬 상세풀이

아빠, 엄마, 누나, 동생의 나이를 모두 미지수로 놓게 되면 식이 4개가 필요하고 풀이도 매우 복잡해집니다. 최대한 적은 수의 미지수로 문제를 해결하도록 노력합니다.

① 아빠와 엄마의 나이 차이가 6살이고 아빠가 엄마보다 나이가 많으므로
(아빠의 나이) $= x$, (엄마의 나이) $= x - 6$

② 마찬가지로 누나와 동생의 나이 차이가 1살이고 누나는 동생보다 나이가 많으므로
(누나의 나이) $= y$, (동생의 나이) $= y - 1$

③ 누나와 동생의 나이 합이 21살이므로 다음과 같은 식을 세울 수 있습니다.
(누나의 나이) $+$ (동생의 나이) $= y + y - 1 = 21$
$2y = 22$ ∴ $y = 11$
따라서 누나의 나이는 11살이고 동생의 나이는 10살입니다.

④ 아빠 나이와 엄마 나이의 합은 누나 나이의 6배이므로 다음과 같이 식을 세울 수 있습니다.
(아빠의 나이) $+$ (엄마의 나이) $=$ (누나의 나이) $\times 6$
$x + x - 6 = 11 \times 6$
$2x = 72$ ∴ $x = 36$
따라서 아빠의 나이는 36세입니다.

249 정답 ④ 난이도 ●●●

✎ 간단풀이

(수민이가 가진 사탕의 수) $= 4 + \dfrac{x-4}{16}$

(정식이가 가진 사탕의 수)
$= 3 + \dfrac{x - \left(4 + \dfrac{x-4}{16}\right) - 3}{6}$

아이들이 가진 사탕의 개수가 모두 같다고 했으므로 수민이가 가진 사탕의 수는 정식이가 가진 사탕의 수와 같습니다. 즉,

$4 + \dfrac{x-4}{16} = 3 + \dfrac{x - \left(4 + \dfrac{x-4}{16}\right) - 3}{6}$

∴ $x = 20$
이것을 ①에 대입하면 수민이가 가진 사탕의 수, 즉 모든 아이가 갖는 사탕의 수는 5개가 됩니다. 따라서 y 명의 아이들이 20개의 사탕을 5개씩 나눠 갖는 것이므로 $y = 4$가 됩니다.
∴ $x + y = 24$

💬 상세풀이

전체 사탕의 개수를 x, 전체 아이들의 수를 y라 하였으므로 문제의 조건에 따라 x, y에 관한 식으로 나타내는 것이 중요합니다.

① 맨 처음에 수민이가 4개를 가진 후, 나머지의 $\dfrac{1}{16}$을 갖는다고 했습니다. 즉, 수민이가 갖게 되는 사탕의 개수는 다음과 같다.
(수민이가 가진 사탕의 수)
$= 4 + \dfrac{(\text{전체 사탕의 개수}) - 3}{16} = 4 + \dfrac{x-4}{16}$

② 다음으로는 정식이가 3개를 가진 후, 나머지의 $\dfrac{1}{6}$을 갖는다고 했습니다. 즉 정식이는

$3 + \dfrac{(\text{전체 사탕의 개수}) - (\text{수민이가 가진 사탕의 수}) - 3}{6}$

$= 3 + \dfrac{x - \left(4 + \dfrac{x-4}{16}\right) - 3}{6}$

$= 3 + \dfrac{x - \dfrac{x+60}{16} - 3}{6} = 3 + \dfrac{x - \dfrac{x+108}{16}}{6}$

$= 3 + \dfrac{15x - 108}{16 \times 6} = \dfrac{15x + 180}{96} = \dfrac{5x+60}{32}$

즉, 정식이가 갖는 사탕의 수는 $\dfrac{5x+60}{32}$ (개)입니다.

③ 문제에서 모든 아이들이 가진 사탕의 개수가 동일하다고 했습니다.
이 말은 수민이와 정식이가 갖는 사탕의 개수도 같다는 것입니다. 즉, (수민이가 가진 사탕의 개수) $=$ (정식이가 가진 사탕의 개수)

$4 + \dfrac{x-4}{16} = \dfrac{5x+60}{32}$

$128 + 2(x-4) = 5x + 60$

$2x+120=5x=60$
$3x=60 \quad \therefore \quad x=20$
따라서 전체 사탕의 개수는 20개가 됩니다.

④ $x=20$을 ①에 대입하면
(수민이가 가진 사탕의 수)
$=4+\dfrac{x-4}{16}=4+\dfrac{20-4}{16}=4+1=5$
즉, 수민이는 총 5개의 사탕을 가지고 있습니다. 이때, 문제에서 모든 아이가 가진 사탕의 개수가 동일하다고 하였으므로 수민이와 정식이를 포함한 y명의 아이들 모두가 각각 5개씩 사탕을 가지고 있을 것입니다. 즉,
$5y=20 \quad \therefore \quad y=4$
따라서 전체 아이들의 수는 4명이고 구하는 답은 $x+y=20+4=24$입니다.

250 정답 ⑤ 난이도 ●●●

간단풀이 1

(작년 남성 직원 수)$=x$, (작년 여성 직원 수)$=y$
$\begin{cases} x+y=900 \\ 1.04x+0.95y=891 \end{cases}$
$\therefore \quad x=400, \quad y=500$
$400 \times 1.04 = 416$

간단풀이 2

(작년 남성 직원 수)$=x$,
(작년 여성 직원 수)$=900-x$
$0.04x-0.05(900-x)=-9$
$\therefore \quad x=400$
$400 \times 1.04 = 416$

상세풀이 1

문제를 풀며 미지수로 잡은 변량과 문제에서 질문한 정답이 다를 수 있기 때문에 마지막에 꼭 확인을 해주어야 합니다.

① 회사의 작년 남자 직원과 여자 직원을 각각 x와 y로 두면 작년 전체 직원 수는 900명이므로
$x+y=900$

② 문제에서 올해 남자 직원은 작년에 비해 4% 증가했으므로 올해 남자 직원의 수는 $1.04x$이고, 여자 직원은 작년에 비해 5% 감소했으므로 올해 여자 직원의 수는 $0.95y$입니다. 또한, 전체적으로 작년에 비해 9명이 감소했다고 하였으므로 올해 전체 직원수는 $900-9=891$(명)입니다. 따라서 다음과 같은 식을 세울 수 있습니다.
$1.04x+0.95y=891$

③ ①, ②에서 구한 연립방정식을 풀면
$\begin{cases} x+y=900 \\ 1.04x+0.95y=891 \end{cases}$
$\begin{cases} 95x+95y=85,500 \\ 104x+95y=89,100 \end{cases}$
$9x=3,600 \quad \therefore \quad x=400$
$400+y=900 \quad \therefore \quad y=500$

③ 따라서 작년 남자 직원은 400명, 여자 직원은 500명임을 알 수 있습니다. 구하는 값은 올해의 남자 직원 수이므로 $1.04x=1.04 \times 400 = 416$(명)

상세풀이 2

문제에서 전체 직원 수가 9명 감소하였다고 하였으므로 변화량을 기준으로 식을 세우면 더 간단합니다.
또한, 구하고자 하는 것은 올해 남자 직원 수이므로 작년 남자 직원 수를 x로 놓고 문제에 주어진 조건대로 식을 세워줍니다.

① 작년 전체 직원 수는 900이고 작년 남자 직원 수가 x이므로 작년 여자 직원 수는 $900-x$입니다.

② 문제에서 올해 남자 직원 수는 작년에 비해 4% 증가했으므로 올해 증가한 남자 직원 수는 $0.04x$이고, 올해 여성 직원 수는 작년에 비해 5% 감소했으므로 올해 감소한 여자 직원 수는 $0.05(900-x)$입니다. 또한, 전체적으로 작년에 비해 9명이 감소했다고 하였으므로 다음과 같이 식을 세울 수 있습니다.
$0.04x-0.05(900-x)=-9$

③ 위의 식을 풀어 x를 구합니다.
$0.04x-0.05(900-x)=-9$
$0.09x-45=-9$
$0.09x=36 \quad \therefore \quad x=400$
구하는 값은 올해의 남자 직원 수이므로
$1.04x=1.04 \times 400 = 416$(명)입니다.

Tip 연립방정식을 만들어 풀 수도 있지만 상세풀이 2와 같이 식을 하나로 만들어 풀 수도 있습니다. 또한, 전체 값 또는 변화량을 기준으로 식을 세울 수도 있습니다.
이 유형의 풀이방법은 어떤 값을 기준으로 식을 세우느냐에 따라 다양한 풀이방법이 있으므로 본인이 풀이하기 편한 방법을 택하여 풀이하시길 바랍니다.

251 정답 ① 난이도 ●●○

간단풀이

(볼펜 개수)=a(개), (공책 개수)=b(개)
$$\begin{cases} a+b=20 \\ 700a+400b \leq 10,000 \end{cases}$$
$\therefore a \leq \dfrac{20}{3} ≒ 6.6666\cdots$

따라서 최대 볼펜의 개수는 6개이다.

상세풀이 1

① 먼저, 볼펜과 공책의 개수를 모두 모르므로 볼펜의 개수를 a, 공책의 개수를 b라는 미지수로 설정합니다.

② 문구류를 총 20개를 산다고 하였으므로 볼펜과 공책의 개수를 합한 값이 20이라는 뜻과 같습니다.
$a+b=20$

③ 문제의 조건에서 10,000원으로 문구류를 산다고 하였으므로 볼펜과 공책을 모두 산 금액이 1만 원 이하라는 뜻과 같습니다. 이때, 볼펜은 1자루당 700원, 공책은 1권당 400원이므로 볼펜 a자루의 금액은 $700a$, 공책 b권의 금액은 $400b$입니다. 따라서 아래의 부등식이 성립합니다.
$700a+400b \leq 10,000$

④ ②와 ③에서의 두 식을 연립하여 풀면
$$\begin{cases} a+b=20 \\ 700a+400b \leq 10,000 \end{cases}$$
$$\begin{cases} 4a+4b=80 \\ 7a+4b \leq 100 \end{cases}$$
$3a \leq 20 \quad \therefore a \leq \dfrac{20}{3}$
이것을 $a+b=20$에 대입하면
$\dfrac{20}{3}+b \leq 20 \quad \therefore b \geq \dfrac{40}{3}$

⑤ 이때, a와 b는 개수이므로 자연수입니다.
$a \leq \dfrac{20}{3} ≒ 6.6666\cdots$
따라서 구하고자 하는 값인 볼펜의 개수의 최댓값은 6입니다.

상세풀이 2

연립방정식을 만들어 풀 수도 있지만 다음과 같이 식을 하나로 만들어 풀면 더 빨리 문제를 풀 수 있습니다. 문제에서 문구류를 총 20개를 산다고 하였으므로 볼펜의 개수를 x라 하면 공책의 개수는 $(20-x)$입니다.
볼펜은 1자루당 700원, 공책은 1권당 400원이고 볼펜과 공책을 모두 산 금액이 10,000원 이하여야 하므로
$700x+400(20-x) \leq 10,000$
$7x+4(20-x) \leq 100$
$3x \leq 20 \quad \therefore x \leq \dfrac{20}{3} ≒ 6.6666\cdots$

따라서 구하고자 하는 값인 볼펜의 개수의 최댓값은 6입니다.

252 정답 ③ 난이도 ●●●

간단풀이

(2, 6), (3, 5), (4, 4), (5, 3), (6, 2)로 총 5가지입니다.

상세풀이

① 주사위에서 나올 수 있는 숫자는 1, 2, 3, 4, 5, 6으로 총 6가지입니다.
따라서 첫 번째 숫자가 1일 때, 두 번째 숫자는 7이어야 하지만 주사위에는 7의 눈이 없기 때문에 (1, 7)은 불가합니다.

② 첫 번째 숫자가 2일 때, 두 번째 숫자는 6이어야 하고, 첫 번째 숫자가 3일 때, 두 번째 숫자는 5여야 하고, 첫 번째 숫자가 4일 때, 두 번째 숫자는 4여야 하고, 첫 번째 숫자가 5일 때, 두 번째 숫자는 3이어야 하고, 첫 번째 숫자가 6일 때, 두 번째 숫자는 2여야 합니다. 동시에 일어나는 사건이 아닌 순서대로 이루어지는 사건이기 때문에 순서쌍을 구성하는 숫자가 같아도 순서가 다르다면 다른 경우의 수로 생각해야 합니다.

③ 따라서 두 눈의 합이 8이 되는 경우는 (2, 6), (3, 5), (4, 4), (5, 3), (6, 2)로 총 5가지입니다.

253 정답 ① 난이도 ●●○

간단풀이

$_{10}C_2 \times {}_8C_1 = 360$(가지)

상세풀이

경우의 수 문제는 제시된 조건에 따라 순서대로 중복되지 않게 모든 경우의 수를 구해야 합니다. 동시에 발생하는 사건은 곱셈을 사용하고, 그렇지 않은 경우는 덧셈을 사용합니다.

이때, 서로 다른 n개에서 순서를 고려하지 않고 r개를 뽑는 경우의 수를 구할 때는 조합
$_nC_r = \dfrac{n!}{(n-r)!r!}$ 을 이용합니다.

① 우선 제시된 조건에 따라 총 10명의 인원 중 2명의 총무를 뽑아야 합니다. 이 경우 10명 중 2명을 뽑는 경우의 수이므로 $_{10}C_2 = 45$ 가지의 경우가 나옵니다.

② 두 번째 조건에 따라 10명 중 2명의 총무를 뽑고 남은 회원 중 1명의 선임을 뽑아야 합니다. 이때 총무를 뽑고 남은 인원의 수는 8명이고, 이 중 1명의 선임을 뽑아야 하므로 경우의 수는 $_8C_1 = 8$ 가지의 경우가 나옵니다.

③ 두 사건은 동시에 발생하므로 구해야 할 전체 경우의 수는 $_{10}C_2 \times _8C_1 = 360$(가지)

254 정답 ③ 난이도

간단풀이

$1 - \left(\dfrac{1}{2}\right)^6 = \dfrac{63}{64}$

상세풀이 1

여사건의 확률을 이용하면 쉽게 계산할 수 있습니다.
(238번 '여사건의 확률' 참고)

① 동전을 연속으로 6번 던질 때, '적어도 한 번 앞면이 나오는 사건'을 A라고 하면, A의 여사건(A^C)은 '한 번도 앞면이 나오지 않은 사건'입니다.
A 와 A^C에 대하여 $P(A) + P(A^C) = 1$이므로 (단, $P(A)$는 사건 A 가 일어날 확률)
$P(A) = 1 - P(A^C)$ 가 됩니다.
즉, 구하고자 하는 확률은
(적어도 한 번 앞면이 나오는 확률)=1−(앞면이 한 번도 나오지 않을 확률)입니다.

② 앞면이 한 번도 나오지 않는 사건은, 6번 모두 뒷면이 나오는 사건입니다.
동전을 한 번 던졌을 때 뒷면이 나올 확률은 $\dfrac{1}{2}$이고, 동전을 던지는 시행은 각각 독립이므로, 6번 연속으로 뒷면이 나올 확률은 확률의 곱셈정리에 의하여
$\dfrac{1}{2} \times \dfrac{1}{2} \times \dfrac{1}{2} \times \dfrac{1}{2} \times \dfrac{1}{2} \times \dfrac{1}{2} = \left(\dfrac{1}{2}\right)^6 = \dfrac{1}{64}$

③ 따라서 적어도 한 번 앞면이 나올 확률은
$1 - \left(\dfrac{1}{2}\right)^6 = 1 - \dfrac{1}{64} = \dfrac{63}{64}$

상세풀이 2

① 동전을 6번 던졌을 때, 시행의 결과를 순서쌍 (, , , ,)로 표현합니다. 예를 들어, 동전을 첫 번째 던졌을 때 앞면, 두 번째에 뒷면, 세 번째에 앞면, 네 번째에 뒷면, 다섯 번째에 앞면, 여섯 번째에 뒷면이 나왔다고 하면, 이를 순서쌍으로 (앞, 뒤, 앞, 뒤, 앞, 뒤)로 표현합니다.

② 동전을 6번 던지는 시행의 결과로 나올 수 있는 순서쌍은 총 64개입니다. 왜냐하면 순서쌍 첫 번째 자리의 경우의 수는 '앞'과 '뒤'로 2가지이고, 두 번째 자리부터 여섯 번째 자리까지 각각 '앞'과 '뒤'로 그 경우의 수가 모두 2가지 이므로, 곱의 법칙에 의해 순서쌍의 경우의 수는
$2 \times 2 \times 2 \times 2 \times 2 \times 2 = 2^6 = 64$이기 때문입니다.

③ 순서쌍 64개 중 한 번도 '앞'이 없는 것은 (뒤, 뒤, 뒤, 뒤, 뒤, 뒤)로 1개뿐이고 나머지 63개에서는 적어도 한 번 '앞'이 있습니다.
따라서 구하고자 하는 확률은
$\dfrac{(\text{적어도 하나 '앞'이 있는 순서쌍의 개수})}{(\text{모든 순서쌍의 개수})}$
$= \dfrac{64-1}{64} = \dfrac{63}{64}$

255 정답 ③ 난이도

간단풀이

$\dfrac{1}{12} \times \dfrac{7}{11} \times \dfrac{4}{10} \times 6 = \dfrac{7}{55}$

상세풀이 1

확률 문제는 두 가지 방법으로 풀 수 있습니다.
첫 번째는 다음을 이용하여 푸는 방법이다.
(어떤 사건이 일어날 확률)
$= \dfrac{(\text{어떤 사건이 일어나는 경우의 수})}{(\text{가능한 모든 경우의 수})}$

두 번째는 문제가 제시하는 경우들을 각기 다른 확률로 계산한 뒤 확률의 덧셈 정리(사건 중 적어도 하나가 일어날 확률을 구할 때)나 곱셈 정리(사건들이 동시에 일어날 확률을 구할 때)로 해결하는 방법입니다.

앞서서 제시된 조건들을 확인해 보면, 신입사원들이 좋아하는 음식은 피자, 라면, 치킨이 전부입니다. 또 그 비율이 1 : 7 : 4라고 했으므로, 비례배분을 통해서 각 음식을 좋아하는 신입사원의 수를 구할 수 있습니다.

(피자)$= 12 \times \dfrac{1}{1+7+4} = 1$(명)

(라면)$= 12 \times \dfrac{7}{1+7+4} = 7$(명)

(치킨)$= 12 \times \dfrac{4}{1+7+4} = 4$(명)

이제 첫 번째 방법으로 문제를 풀어보겠습니다.

① 이 문제에서 '가능한 모든 경우의 수'라 함은 시행, 즉 신입사원 3명을 임의로 선택하는 일이 이루어졌을 때 나올 수 있는 모든 경우의 수를 말합니다. 신입사원이 12명이고, 그 중에서 순서가 없이 3명을 선택하는 경우의 수를 계산해봅니다.
순서가 있도록 12명 중에서 1명을 선택하고, 그 다음 남은 11명 중에서 1명을 선택하고, 그 다음 남은 10명 중 1명을 선택한다고 생각하면, 그 경우의 수는 $12 \times 11 \times 10 = 1,320$이 됩니다.
하지만 사실은 순서가 없이 무작위로 3명을 선택하는 것입니다. 따라서 중복되는 경우의 수를 나누어 주어야 합니다. A, B, C를 순서를 정해준다고 하면, (A, B, C), (A, C, B), (B, A, C), (B, C, A), (C, A, B), (C, B, A) 이렇게 6가지 경우가 나옵니다(간단하게 3!로 계산할 수도 있습니다). '순서가 없이' 선택한다는 것은 이 6가지 경우를 1가지로 간주하겠다는 뜻입니다.
즉, 위의 경우의 수 1320가지에서 6을 나누어 주어야 합니다.

$\therefore \dfrac{12 \times 11 \times 10}{3 \times 2 \times 1} = 220$

Tip 이렇게 서로 다른 n개 중에서 순서가 없이 r개를 취하는 것을 '조합'이라고 합니다.
$_nC_r = \dfrac{n!}{r!(n-r)!}$ 으로 계산할 수 있습니다.

② 이제 '어떤 사건이 일어나는 경우의 수', 즉 3명을 뽑았더니 좋아하는 음식이 다른 경우의 수를 구해야 합니다. 신입사원들이 좋아하는 음식이 3가지인데 3명이 좋아하는 음식이 다 달라야 하므로, 각 음식을 좋아하는 사람 중에서 한 명씩 뽑는다고 생각할 수 있습니다.
이때도 역시 순서가 없이 뽑는 것이므로, 어떤 음식을 좋아하는 사람을 먼저 뽑을 것인지는 생각을 하지 않아도 됩니다.

1명 중 한 명(피자), 7명 중 1명(라면), 4명 중 1명(치킨)을 뽑는 경우의 수를 구하면 됩니다.

$\therefore 1 \times 7 \times 4 = 28$

③ $\therefore \dfrac{(\text{어떤 사건이 일어나는 경우의 수})}{(\text{가능한 모든 경우의 수})} = \dfrac{28}{220} = \dfrac{7}{55}$

상세풀이 2

이번에는 두 번째 방법으로 문제를 풀어보겠습니다. 먼저 피자를 좋아하는 사람 중에서 한 명을 뽑을 확률 $\dfrac{1}{12}$, 그 다음에 남은 사람 중 라면을 좋아하는 사람 중 한 명을 뽑을 확률 $\dfrac{7}{11}$, 마지막으로 남은 사람 중 치킨을 좋아하는 사람 중 한 명을 뽑을 확률 $\dfrac{4}{10}$를 곱해 줍니다. (이 세 가지 사건이 모두 일어나야 하므로 곱셈정리를 이용합니다.)
하지만 이 경우는, 임의로 피자, 라면, 치킨을 좋아하는 사람 순서로 뽑겠다고 결정해버린 것입니다.
따라서, 피자, 라면, 치킨을 배열하는 경우의 수(3!)를 곱해주어야 합니다.

$\therefore \dfrac{1}{12} \times \dfrac{7}{11} \times \dfrac{4}{10} \times 3! = \dfrac{7}{55}$

256 정답 ③ 난이도 ●●○

간단풀이

iTX기차는 정각마다 출발하고, 무궁화호는 3시간 간격으로 정각에 출발하므로 다음 정각에 두 열차가 동시에 출발하는 시각은 10시입니다.

상세풀이 1

이러한 문제에서 유의해야 할 점은 분계산은 60분을 기준으로 한다는 점입니다.

① 오전 7시에 무궁화호와 iTX가 동시에 부산역에서 출발한 후 다음 정각에 두 열차가 출발하는 시각을 계산하는 문제입니다.

② 각각 열차의 출발시각을 먼저 계산해보면
 (1) 무궁화호: 7:18, 7:36, 7:54, 8:12 등 18분 간격으로 출발하며,
 (2) iTX: 7:15, 7:30, 7:45, 8:00 등 15분 간격으로 출발합니다.

③ 위의 출발시각에서 볼 수 있듯이 iTX는 매 정각 열차가 출발합니다. 그렇다면 무궁화호가 7시 이후 몇 시 정각에 출발하는지를 계산해보면 다음 정각에 두 열차가 동시에 출발하는 시간을 구할 수 있습니다.

④ 무궁화호의 간격은
7시/ 00, 18, 36, 54(분)
8시/ 12, 30, 48(분)
9시/ 6, 24, 42(분)
10시/ 00, 18, 36, 54(분) 입니다.
위의 시간을 계산할 때 계산 실수에 유의해야 합니다.
무궁화호는 3시간 간격으로 같은 패턴을 보입니다. 그러므로 무궁화호가 정각에 출발하는 시간은 7시, 10시, 13시, 16시 등 3시간 간격입니다.

⑤ 그러므로 정답은 10시입니다.

상세풀이 2

이 문제에서 관건은 18분 간격의 무궁화호의 정시출발 간격을 구하는 것입니다.
1시간을 60분, 2시간을 120분, 3시간을 180분으로 두면
$60 \div 18 = 3.3333$
$120 \div 18 = 6.66666$
$180 \div 18 = 10$
으로 3시간 후 정각에 무궁화호가 출발한다는 사실을 알 수 있습니다.

상세풀이 3

이 문제를 최대공약수와 최소공배수를 이용해서 접근해 보겠습니다.

① 두 수 15와 18의 최대공약수는 3이며 15에서 3을 나누면 5, 18에서 3을 나누면 6이 됩니다. 여기서 최소공배수는 최대공약수인 3에 각 숫자의 최대공약수를 제외한 인수인 5와 6을 곱한 90이 됩니다. 이는 두 열차가 90분 간격으로 동시에 출발하게 된다는 것을 의미합니다.

② 두 열차가 90분 간격으로 동시에 출발하므로 7시 이후 두 열차가 정각에 동시에 출발하는 시각은 180분, 즉 3시간 후인 10시가 됩니다.

257 정답 ②   난이도 ●●○

간단풀이

처음 수의 일의 자리 숫자를 x라고 할 때, 문제에서 주어진 처음 수와 바뀐 수의 차를 이용하여 일차방정식을 풀면
$(7 \times 10 + x) - (x \times 10 + 7) = 36$
$-9x + 63 = 36$
$9x = 27$ ∴ $x = 3$
따라서 처음 수는 73 입니다.

상세풀이 1

구해야 할 것은 처음 수입니다.

① 처음 수는 십의 자리 숫자가 7이고 두 자리의 자연수 라고 하였으므로, 처음 수의 일의 자리 숫자를 구하면 처음 수를 알 수 있습니다.
처음 수의 일의 자리 숫자를 x라고 하면, 처음 수는 십의 자리 숫자가 7이므로 $7 \times 10 + x$로 나타낼 수 있습니다. 따라서 십의 자리 숫자와 일의 자리 숫자가 바뀐 수는 $x \times 10 + 7$로 나타낼 수 있습니다.

② 문제에서 바뀐 수가 처음 수보다 36 작다고 했으므로, 이를 이용하여 일차방정식을 풀면,
$(7 \times 10 + x) - (x \times 10 + 7) = 36$
$-9x + 63 = 36$
$9x = 27$ ∴ $x = 3$
처음 수는 73이므로 정답은 ②번입니다.

상세풀이 2

바뀐 수의 일의 자리는 7입니다. 여기에 6을 더하였을 때 나오는 수의 일의 자리 숫자는 3이 되고 이것이 처음 수의 일의 자리 숫자가 됩니다.

258 정답 ①　난이도

간단풀이

저번 주 언어와 과학에 들인 시간을 각각 x, y라 하면
$1.13x + 1.29y = 1.21(x+y)$
$0.08x = 0.08y$, $x = y$
$1.21(x+y) = 8$
$x+y = \dfrac{8}{1.21}$ ∴ $x = y = \dfrac{8}{2.42}$
따라서 이번 주 언어 공부에 들인 시간은
$1.13x = \dfrac{8 \times 1.13}{2.42} \approx 3.74$시간입니다.

상세풀이

① 저번 주 언어와 과학에 들인 시간을 각각 x, y라 하면 이번 주 언어에 들인 시간은 $1.13x$, 이번 주 과학에 들인 시간은 $1.29y$가 됩니다.

② 전체적으로 저번 주보다 이번 주 공부 시간이 21% 늘어났기 때문에 $1.13x + 1.29y = 1.21(x+y)$라는 식을 세울 수 있습니다. 또한, 이번 주의 총 공부 시간이 8시간이므로 $1.21(x+y) = 8$입니다.

③ 첫 번째 식에서 $x = y$임을 구할 수 있고 두 번째 식에서 $x+y = \dfrac{8}{1.21}$임을 구할 수 있습니다.

　두 식을 연립하면 $x = \dfrac{8}{2.42}$가 됩니다.

　이번 주 언어 공부에 들인 시간은 저번 주보다 13% 증가한 $1.13x$이므로

　구하는 답은 $1.13x = \dfrac{8 \times 1.13}{2.42} \approx 3.74$(시간)입니다.

259 정답 ②　난이도

간단풀이

$\dfrac{120}{30} = 4(L)$

$\dfrac{120}{20} = 6(L)$

$\dfrac{240}{10} = 24(km/L)$

상세풀이

연비란 기름 1L로 몇 km를 갈 수 있는지를 의미합니다. 즉, 문제에서 구해야 하는 것은 총 이동한 거리와 이동 시 사용한 기름의 양입니다. 먼저 이동 시 사용한 기름의 양을 구해보겠습니다.

① 영미가 할머니 집에 갈 때의 연비는 30km/L입니다. 기름 1L당 30km를 움직일 수 있음을 뜻합니다. 할머니 집까지의 거리는 120km로 $\dfrac{120}{30} = 4L$가 나옵니다. 즉, 기름 4L를 이용하여 120km의 거리를 이동한 것입니다.

② 할머니 집에서 집으로 돌아올 때의 연비는 20km/L입니다.

　위와 같은 방법으로 구했을 때 $\dfrac{120}{20} = 6L$ 임을 알 수 있습니다.

③ 총 사용한 기름의 양은 10L입니다. 총 이동한 거리는 $120 + 120 = 240$km이므로 연비를 구해보면 $\dfrac{240}{10} = 24(km/L)$ 임을 알 수 있습니다.

260 정답 ④　난이도

간단풀이

$_6P_6 = 6! = 720$(가지)

상세풀이 1

순열을 이용해 문제를 해결할 수 있습니다.

① 문제에서 6명 중 3명의 청소 당번과 3명의 배식 당번을 결정한 후, 월요일, 수요일, 금요일 담당을 한 번 더 배정하므로 순열을 이용해야 합니다. 쉽게 생각해서
(1) 월요일 청소당번
(2) 수요일 청소당번
(3) 금요일 청소당번
(4) 월요일 배식당번
(5) 수요일 배식당번
(6) 금요일 배식당번
의 여섯 자리에 6명의 학생을 배열하는 경우의 수를 구하는 것과 같습니다.

② 따라서 문제에서 구하고자 하는 답은
$_6P_6 = 6! = 720$ 가지입니다.

상세풀이 2

다음으로 조합을 활용한 풀이법입니다.

① 6명 중에서 3명의 학생을 청소 당번으로 뽑는 경우의 수는 $_6C_3$, 남은 3명의 학생들은 자연스럽게 배식 당번이 됩니다.

② 청소 당번 3명을 월, 수, 금요일에 한 명씩 배정하는 경우의 수는 3!, 배식 당번의 경우도 마찬가지로 3!입니다. 따라서 문제의 답은
$_6C_3 \times 3! \times 3! = 6! = 720$가지입니다.

261 정답 ③

간단풀이

하나의 동전에서 나올 수 있는 경우의 수는 앞면, 뒷면 2이므로 나올 수 있는 모든 경우의 수는
$2 \times 2 \times 2 = 8$
두 번째, 세 번째에 모두 뒷면이 나오는 확률은
$\frac{2}{8} = \frac{1}{4}$

상세풀이

① 하나의 동전에서 앞면이 나올 확률은 $\frac{1}{2}$, 뒷면이 나올 확률은 $\frac{1}{2}$입니다.

② 동전을 세 번 던질 때 두 번째와 세 번째 모두 뒷면이 나오는 경우는 (앞, 뒤, 뒤) (뒤, 뒤, 뒤) 2가지의 경우입니다.

③ (앞, 뒤, 뒤)의 확률은 $\frac{1}{2} \times \frac{1}{2} \times \frac{1}{2} = \frac{1}{8}$,
(뒤, 뒤, 뒤)의 확률 역시 $\frac{1}{2} \times \frac{1}{2} \times \frac{1}{2} = \frac{1}{8}$이 나옵니다.

④ 그렇기 때문에 동전을 연속해서 세 번 던지는 경우 두 번째와 세 번째에 모두 뒷면이 나오는 확률은
$\frac{1}{8} + \frac{1}{8} = \frac{2}{8} = \frac{1}{4}$

262 정답 ④

간단풀이

타일의 한 변의 길이는 100, 140의 최대공약수이므로 20cm입니다.
따라서 필요한 타일의 개수는
(가로) $= \frac{100}{20} = 5$(개)
(세로) $= \frac{140}{20} = 7$(개)
이므로 총 $5 \times 7 = 35$가 됩니다.

상세풀이

먼저 문제에서 최대공약수를 사용해야 하는지, 최소공배수를 사용해야 하는지를 판단해야 합니다. 문제에서 "가능한 한 큰 정사각형 모양의 타일을 빈틈없이 겹치지 않게 붙이려고"라고 했으므로 "가능한 한 큰"은 "최대"라는 뜻으로 해석하고 "정사각형 모양으로 빈틈없이 채운다"는 "공약수"라는 뜻으로 해석됩니다.
따라서 이 문제는 "최대공약수"를 활용하여 문제를 풀어나가면 됩니다.
참고로 이 외에
(1) 두 종류 이상의 물건을 가능한 한 많은 사람에게 남김없이 똑같이 나누어 주는 문제
(2) 직사각형(직육면체) 모양을 가능한 한 큰 정사각형(정육면체) 모양으로 빈틈없이 채우는 문제
(3) 두 개 이상의 자연수를 동시에 나누어떨어지게 하는 가장 큰 자연수를 구하는 문제에서 최대공약수를 활용하면 됩니다.

① 가능한 한 큰 정사각형 모양의 타일을 빈틈없이 겹치지 않게 붙여야 하므로 타일의 한 변의 길이는 100, 140의 최대공약수가 됩니다.

$$\begin{array}{r|rr} 2 & 100 & 140 \\ 2 & 50 & 70 \\ 5 & 25 & 35 \\ & 5 & 7 \end{array}$$

따라서 타일의 한 변의 길이는 $2 \times 2 \times 5 = 20$(cm)가 됩니다.

② 다음으로 필요한 타일의 개수를 구하기 위해서 가로에 필요한 타일의 개수와 세로에 필요한 타일의 개수를 각각 구해야 합니다.
가로에 필요한 타일의 개수는 100cm에 20cm가 몇 개 들어가는지를 구하면
(가로) $= \frac{100}{20} = 5$(개)

세로에 필요한 타일의 개수는 140cm에 20cm가 몇 개 들어가는지를 구하면

(세로)$=\dfrac{140}{20}=7$(개)

따라서 필요한 타일의 개수는 모두 $5\times 7=35$(개)가 됩니다.

263 정답 ③   난이도 ●●○

간단풀이

$$\dfrac{10\times(6+8+4)}{4}=45$$

상세풀이

평균 속력을 구할 때, '(이동한 총 거리)=(이동하는 데 걸린 총 시간)×(평균 속력)'의 관계를 이용합니다.

① 처음 1시간 30분 동안에는 트랙을 6회를 돌았으므로 이동한 거리는 $6\times 10=60$(km)입니다.
다음 1시간 30분 동안에는 트랙을 8회를 돌았으므로 이동한 거리는 $8\times 10=80$(km)입니다.
마지막 1시간 동안에는 트랙을 4회를 돌았으므로 이동한 거리는 $4\times 10=40$(km)입니다.
그러므로 4시간 동안 총 이동한 거리는 $60+80+40=180$(km)입니다.

② (이동한 총 거리)=(이동하는 데 걸린 총 시간)×(평균 속력)이므로 $180=4\times$(평균 속력)이다.
따라서 구하는 평균속력은

(평균 속력)$=\dfrac{180}{4}=45$(km/h)

264 정답 ③   난이도 ●●●

간단풀이

$V\times t=50$

$\dfrac{3}{5}V\times\left(\dfrac{5}{3}-t\right)=V-\dfrac{3}{5}V\times t=80$

$\therefore V=110$(km/h)

상세풀이

이 문제는 감속 전, 후의 이동 거리와 총 주행 시간이 주어진 상태에서 감속 전의 속력을 구하는 것으로 두 구간의 거리의 합이 130km이고, 두 구간의 주행 시간의 합이 1시간 40분 걸린 것을 토대로 풀어나갈 수 있습니다. 감속 전 이동 시간을 t라고 가정하면 감속 후 이동 시간은 (총 이동 시간)$-t$가 되며, 감속 전의 속력을 V라고 가정할 때 감속 후의 속력은

$V-\left\{V\times\dfrac{(감속된\ 양(\%))}{100}\right\}$가 됩니다.

① 집에서 펜션까지의 거리는 130km이며 50km 주행 후부터 감속하였으므로 감속한 속력으로 주행한 거리는 $130-50=80$(km)입니다.

② 50km 주행 후부터 원래의 속력에서 40% 느리게 운전하였으므로 원래의 속력을 V라 할 때 감속 후의 속력은 $V_{감}=V-\left(V\times\dfrac{40}{100}\right)=\dfrac{3}{5}V$입니다.
혼동하지 말아야 할 점은 원래의 속력에서 40% 느리게 운전하였다는 지문이 "원래의 속력의 40%로 운전하였다." 와는 다른 말임을 유의해야 합니다.

③ 두 구간을 주행한 시간은 1시간 40분으로 이를 시간 단위로 통일하면 $1+\dfrac{40}{60}=\dfrac{5}{3}$ 시간이며, 감속 전 주행한 시간을 t라고 할 때, 감속 후의 주행 시간은 $\dfrac{5}{3}-t$ (시간)입니다.

④ 앞서 계산한 ①, ②, ③을 토대로 감속 전과 감속 후의 주행은 다음과 같이 표현할 수 있습니다.
(1) 감속 전 주행 : $V\times t=50$(km) ······Ⓐ
(2) 감속 후 주행 :

$V_{감}\times\left(\dfrac{5}{3}-t\right)=\dfrac{3}{5}V\times\left(\dfrac{5}{3}-t\right)$

$=V-\dfrac{3}{5}V\times t=80$(km) ······Ⓑ

Ⓐ의 $V\times t$를 Ⓑ에 대입하면

$V-\dfrac{3}{5}V\times t=V-\dfrac{3}{5}\times 50=80$

$V-30=80$ $\therefore V=110$(km/h)

따라서 감속하기 전 처음 속력은 110(km/h)입니다.

265 정답 ③ 난이도 ●●●

간단풀이

$V_{무궁화} = \dfrac{500+a}{25}$

$(V_{무궁화} + 12) \times 5 = 80 + a$

$\left(\dfrac{500+a}{25} + 12\right) \times 5 = 80 + a$

$\dfrac{4}{5}a = 80 \quad \therefore a = 100$

상세풀이

이 문제에서 가장 유의할 점은 "열차가 완전히 지나친다."라는 개념입니다.
열차가 다리를 완전히 지나치는 경우(혹은 열차가 정지된 일정 길이의 물체를 완전히 지나치는 경우)
열차의 앞쪽이 아래 그림과 같이 다리에 접한 시점에서부터 (열차의 길이)+(다리의 길이)를 이동하여 열차의 뒤쪽이 다리를 완전히 건너와야 열차가 다리를 완전히 지나치게 됩니다.

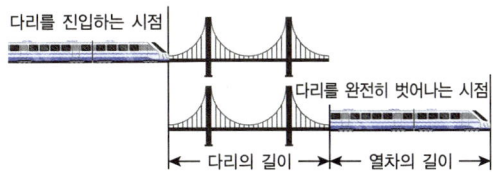

① 무궁화호의 길이를 a라 할 때, 무궁화호가 다리를 건널 때의 속력은

$V_{무궁화} = \dfrac{(무궁화호의 길이)+(다리의 길이)}{(통과하는데 걸린 시간)}$

$= \dfrac{a+500}{25}$

② 무궁화호의 앞쪽 끝 부분이 KTX의 앞쪽 끝 부분과 맞닿은 시점부터 완전히 지나치기까지 걸리는 시간은 5초이며 위 두 열차의 주행은 두 열차의 길이를 합한 거리를 서로의 상대속도 크기 값으로 주행하는 것과 같으므로 다음과 같은 식이 성립됩니다.

$(V_{무궁화} + 12) \times 5 = a + 80$

$\left(\dfrac{500+a}{25} + 12\right) \times 5 = 80 + a$

$\left(\because V_{무궁화} = \dfrac{500+a}{25}\right)$

$100 + \dfrac{a}{5} + 60 = a + 80$

$\dfrac{4}{5}a = 80 \quad \therefore a = 100$

따라서 구하는 답은 100(m)입니다.

266 정답 ③ 난이도 ●●●

간단풀이

(취미가 운동인 여성 사원 수)=x
(취미가 운동이 아닌 사원의 수)=$x+1.5x+300$
$x+1.5x+2.5x+300 = 1,000$
$5x = 700 \quad \therefore x = 140(명)$

상세풀이

취미가 운동인 여성 사원 수를 x로 두고 주어진 조건을 이용하여 식을 세워 미지수 x를 구합니다.

① 취미가 운동인 남성 사원 수가 취미가 운동인 여성 사원 수의 1.5배이므로
(취미가 운동인 남성 사원 수)=$1.5x$
$\therefore$ (취미가 운동인 사원의 수)=$x+1.5x=2.5x$

② 이때 문제에서 취미가 운동인 사원은 취미가 운동이 아닌 사원보다 300명이 적다고 했으므로
(취미가 운동이 아닌 사원의 수)
=(취미가 운동인 사원 수)+300
=$x+1.5x+300 = 2.5x+300$

③ 또한, 총 사원의 수가 1,000명이므로
(취미가 운동인 사원 수)+(취미가 운동이 아닌 사원의 수)=1,000
$2.5x + 2.5x + 300 = 1,000$
$5x = 700 \quad \therefore x = 140(명)$

9일차 (267~300)

267	③	268	④	269	②	270	②	271	④
272	④	273	⑤	274	⑤	275	③	276	②
277	③	278	④	279	②	280	⑤	281	②
282	①	283	②	284	①	285	②	286	⑤
287	⑤	288	③	289	①	290	⑤	291	④
292	③	293	②	294	⑤	295	③	296	②
297	②	298	④	299	④	300	③		

267 정답 ③   난이도 ●●○

간단풀이

(작년의 여자 직원 수)=x, (남자 직원 수)=y

$\begin{cases} x+y=500 \\ 1.1x+0.85y=490 \end{cases}$

$\begin{cases} 1.1x+1.1y=550 \\ 1.1x+0.85y=490 \end{cases}$

$0.25y=60$ ∴ $y=240$

올해의 남자 직원 수는 $240 \times 0.85 = 204$명이 됩니다.

상세풀이 1

① 작년에 이 음식점에 여자 직원이 x명, 남자 직원이 y명 있었다고 가정하겠습니다.
작년 총 직원 수는 500명이었으므로 $x+y=500$입니다.

② 올해는 여자직원이 작년에 비해 10%가 늘었다고 하였으므로 올해 여자 직원의 수는 $1.1x$명이고, 남자 직원은 작년에 비해 15% 줄었다고 하였으므로 올해 남자직원의 수는 $0.85y$명입니다.
올해 총 직원 수는 500명에서 2% 줄어든 $500 \times 0.98 = 490$명이므로
$1.1x + 0.85y = 490$입니다.

③ 연립방정식을 풀면
$\begin{cases} x+y=500 \\ 1.1x+0.85y=490 \end{cases}$
$\begin{cases} 1.1x+1.1y=550 \\ 1.1x+0.85y=490 \end{cases}$
$0.25y=60$ ∴ $y=240$

④ 따라서 올해의 남자 직원 수는 $240 \times 0.85 = 204$명입니다.

상세풀이 2

변화량만으로 식을 세워 풀 수 있습니다. 또한, 작년 남자직원의 수를 x라 두고 하나의 일차방정식을 만들어 풀면 더욱 간단히 풀 수 있습니다.

① 이 음식점에 작년 총 직원 수는 500명이므로 작년 남자 직원의 수를 x라 두면 작년 여자 직원의 수는 $500-x$입니다.

② 올해는 여자직원이 작년에 비해 10%가 늘었다고 하였으므로 올해 증가한 여자 직원의 수는 $0.1(500-x)$명이고, 올해 남자 직원은 작년에 비해 15% 줄었다고 하였으므로 올해 감소한 남자직원의 수는 $0.15x$명입니다.
올해 총 직원 수는 전체적으로 2% 줄어들었다고 하였으므로 전체적으로 감소한 직원의 수는 $500 \times 0.02 = 10$명이므로
$0.1(500-x) - 0.15x = -10$입니다.

③ 위의 방정식을 풀면
$0.1(500-x) - 0.15x = -10$
$50 - 0.25x = -10$
$0.25x = 60$ ∴ $x = 240$

④ 따라서 올해의 남자 직원 수는 $240 \times 0.85 = 204$명입니다.

상세풀이 3

① 이 모든 과정을 다 생략하고도 풀 수 있습니다.
사람 수는 반드시 정수이어야만 하므로, 작년에 y명이었던 남자 직원이 올해 $0.85y = \dfrac{17}{20}y$명이 되어도 역시 정수입니다.

② 여기서 y는 반드시 20의 배수임을 알 수 있고, 올해 남자 직원 수 $\dfrac{17}{20}y$는 반드시 17의 배수입니다.
따라서 보기 중에 17의 배수는 ③ 204명뿐입니다.

268 정답 ④   난이도 ●●○

간단풀이

$6n+1 \leq 4n+14 \leq 7n-1$
$3n \geq 15, \quad 2n \leq 13$
$5 \leq n \leq 6.5 \quad \therefore n = 6$

상세풀이

이러한 문제는 어떤 것을 미지수로 설정할 것인지 잘 생각해야 합니다.
문제에서 물어보는 것이 '한 상자에 담을 수 있는 스팸의 개수'이고, 각각의 상자에 같은 개수로 스팸이 들어가므로 이를 미지수 n이라고 생각합니다.

① 스팸을 7개의 상자에 나누어 담았을 때 7개의 상자 중 1개의 상자는 가득 차지 않았다.

7개의 상자 중 1개의 상자는 가득 차지 않았습니다. 이를 7개의 상자 중 6개는 가득 차 있고, 1개는 텅 비어있다고 해석하여 $6n$ 이라고만 생각하는 오류를 범하기 쉽습니다.
상자가 비어있는 것이 아니라 '가득 차지 않았다'고 하였기 때문에, 가득 찬 6개의 상자를 제외한 1개의 상자에는 1개부터 $n-1$개까지의 스팸이 들어가 있을 수 있는 것입니다.
(한 상자에 담을 수 있는 스팸의 개수를 n개라고 가정)
따라서 스팸의 개수를 x라고 둔다면, 다음과 같은 부등식을 얻을 수 있습니다.
$6n+1 \leq x \leq 6n+(n-1)$
$\Leftrightarrow 6n+1 \leq x \leq 7n-1 \quad \cdots\cdots ㉠$
$6n+(n-1)$을 계산하면 $7n-1$과 같습니다.
7개의 상자가 가득 찬 상태에서, 한 상자의 스팸 하나를 뺐다고 생각해도 좋습니다.

② 스팸을 4개의 상자에 나누어 담았을 때는 14개의 스팸이 남았다.

한 상자에 담을 수 있는 스팸의 개수를 n개라고 두었기 때문에, 4개의 상자에는 $4n$개의 스팸이 들어갑니다. 나누어 담은 이후 14개가 남았기 때문에, 스팸의 개수를 x로 둔다면
$x = 4n+14 \quad \cdots\cdots ㉡$
를 얻을 수 있습니다.

③ ㉠, ㉡에 의해
$6n+1 \leq 4n+14 \leq 7n-1$ 라는 식을 얻을 수 있습니다.

(1) $6n+1 \leq 4n+14$의 해를 구하면
$2n \leq 13 \quad \therefore n \leq \dfrac{13}{2}$

(2) $4n+14 \leq 7n-1$의 해를 구하면
$3n \geq 15 \quad \therefore n \geq 5$

$\therefore 5 \leq n \leq \dfrac{13}{2}$

따라서 한 상자에 담을 수 있는 스팸의 최대 개수는 6개입니다.

269 정답 ②   난이도 ●●○

간단풀이

$-5\,°C$에서 $500m$ 올라갈 때마다 $3.25\,°C$만큼 기온이 떨어지므로 $8,800-3,000=5,800(m)$만큼 더 올라갔을 때 기온은 다음과 같이 계산할 수 있습니다.
$-5(°C) - \dfrac{3.25(°C)}{500(m)} \times (8,800(m) - 3,000(m))$
$= -5(°C) - 0.65(°C) \times 58 = -42.7(°C)$

상세풀이 1

구하는 값인 $(8,800m$에서의 기온$) = t(°C)$라 두고 일차함수의 성질을 이용하면 문제를 쉽게 해결할 수 있습니다.

① $500m$당 $3.25\,°C$씩 내려간다는 것은 높이(x) vs 기온(y) 일차함수의 기울기가 $-\dfrac{3.25(°C)}{500m}$ 라는 뜻입니다.
$\dfrac{\Delta y}{\Delta x} = -\dfrac{3.25}{500}(°C/m)$

② $x=3,000(m)$ 지점에서 $x=8,800(m)$ 지점까지 도달하려면 $\Delta x = 8,800 - 3,000 = 5,800$
이때, 온도는 $y=-5(°C)$에서 $y=t(°C)$까지 변하므로 $\Delta y = t-(-5) = t+5$

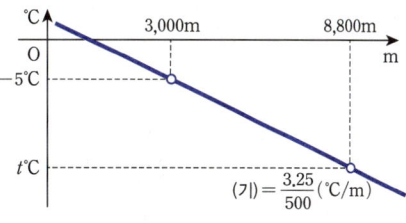

$\therefore \dfrac{\Delta y}{\Delta x} = \dfrac{t+5}{5,800}$

③ ①, ②에서 구한 기울기는 같으므로
$$\frac{\triangle y}{\triangle x} = -\frac{3.25}{500} = \frac{t+5}{5,800}$$
양변에 5,800을 곱하면
$$t+5 = 58 \times \left(-\frac{3.25}{5}\right)$$
$$\therefore t = 58 \times (-0.65) - 5 = -37.7 - 5$$
$$= -42.7(℃)$$

🔍 상세풀이 2

① 100m당 기온이 얼마나 떨어지는지 생각합니다.
500m당 3.25℃가 떨어진다면, 100m당 $\frac{3.25}{5} = 0.65(℃)$만큼 떨어질 것입니다.

② 해발 3,000m에서 8,800m까지 도달하려면 100m씩 58번 올라가야 합니다.
즉, 기온은 $-5℃$에서 $0.65℃$씩 58번 떨어집니다. 따라서 8,800m에서의 기온은 다음과 같이 계산할 수 있습니다.
$$-5 - 0.65 \times 58 = -42.7(℃)$$

---

270 정답 ② 난이도 ●●○

🛰 간단풀이

(5분 동안 진욱이가 푼 문제 수) = x,
(민철이가 푼 문제 수) = $x+8$
$$\frac{1}{2}\left(\frac{x+8}{5} \times 50\right) = \frac{x}{5} \times 45$$
$$5x + 40 = 9x \quad \therefore x = 10$$
$$\therefore 18 \times \frac{50}{5} + 10 \times \frac{45}{5} = 270$$

🔍 상세풀이

① 이 문제에서 구하고자 하는 값은 민철이가 푼 문제 수와 진욱이가 푼 문제 수입니다.
5분 동안 민철이가 진욱이보다 8문제를 더 푼다고 했으므로 5분 동안 진욱이가 푼 문제 수를 x, 민철이가 푼 문제 수를 $x+8$로 놓습니다.

② 민철이는 5분 동안 $x+8$(개)의 문제를 풀 수 있으므로 민철이가 50분 동안 풀 수 있는 문제 수는
$$\frac{x+8}{5} \times 50 = 10(x+8)$$이 됩니다.
마찬가지로 진욱이는 5분 동안 x개의 문제를 풀 수 있으므로 진욱이가 45분 동안 풀 수 있는 문제 수는
$$\frac{x}{5} \times 45 = 9x$$가 됩니다.

③ 이때, 문제에 진욱이는 민철이의 절반만큼 풀었다고 명시되어 있습니다. 이를 식으로 나타내어보면
$$\frac{1}{2} \times 10(x+8) = 9x$$가 되고, 이 식을 풀어주면
$$5(x+8) = 9x, \quad 5x + 40 = 9x$$
$$4x = 40 \quad \therefore x = 10$$

④ 즉 5분 동안 진욱이는 10문제를, 민철이는 이보다 8문제가 많은 18문제를 풀 수 있는 것입니다.
따라서 민철이는 50분 동안 180문제를, 진욱이는 45분 동안 90문제를 푼 것이므로 민철이와 진욱이가 푼 문제는 모두 270문제입니다.

> **Tip** 보통 방정식 문제를 해결할 때, 구하고자 하는 것을 미지수로 두고 문제를 해결하기 마련입니다.
> 따라서 본 문제도 진욱이가 45분 동안 푼 문제를 x, 민철이가 50분 동안 푼 문제를 $2x$로 놓고 문제를 해결할 수도 있습니다. 하지만 이 경우에는 분수를 포함한 계산 식이 복잡해짐에 유의해야 합니다.

---

271 정답 ④ 난이도 ●●○

🛰 간단풀이

$${}_8C_2 \times {}_6C_3 = 560$$

🔍 상세풀이

경우의 수 문제는 제시된 조건에 따라 순서대로 중복되지 않게 모든 경우의 수를 구해야 합니다.
동시에 발생하는 사건은 곱셈을 사용하고, 그렇지 않은 경우는 덧셈을 사용합니다.
n개 중에서 r개를 순서를 고려하지 않고 뽑는 경우의 수를 구할 때는 조합 ${}_nC_r = \frac{n!}{(n-r)!r!}$을 이용합니다.

① 먼저 총 8명의 인원 중 2명의 임원을 뽑아야 합니다. 8명 중 순서 상관없이 2명을 뽑는 경우의 수는
$${}_8C_2 = \frac{8 \times 7}{2} = 28$$

② 8명 중 2명의 임원을 뽑고 남은 회원 중 3명의 총무를 뽑아야 합니다.
이때, 임원을 뽑고 남은 인원의 수는 6명이고, 이 중 순서 상관없이 3명을 뽑는 경우의 수는

$$_6C_3 = \frac{6 \times 5 \times 4}{3 \times 2} = 20$$

③ 모든 조건에 대한 각각의 경우의 수를 구했고, 두 사건은 동시에 발생하므로 구해야 할 전체 경우의 수는
$$_8C_2 \times _6C_3 = 28 \times 20 = 560$$
따라서 구하는 총 경우의 수는 560가지입니다.

272 정답 ④   난이도 ●●○

간단풀이

$$\frac{9!}{5!3!} = 504$$

상세풀이

경우의 수 문제는 제시된 조건에 따라 순서대로 중복되지 않게 모든 경우의 수를 구해야 합니다.
동시에 발생하는 사건은 곱셈을 사용하고, 그렇지 않은 경우는 덧셈을 사용합니다.

① 무언가를 일렬로 배열하는 문제의 경우, 배열해야 하는 것의 개수만큼 빈자리를 만듭니다. 이 문제의 경우 총 9개의 물건을 한 줄로 배열해야 하므로, 9개의 빈자리가 필요합니다.

② 한 자리씩 물건을 배치한다고 생각해보면, 첫 번째 자리에 들어갈 수 있는 물건의 가짓수는 9개의 물건 중 아무 물건이나 들어갈 수 있으므로 9가지입니다. 다음으로 두 번째 자리에 들어갈 수 있는 물건의 가짓수는, 이미 첫 번째 자리에 한 가지 물건이 들어가 있으므로 9개 중 1개를 뺀 8가지입니다.
같은 방식으로 세 번째 자리에는 7가지, 네 번째 자리에는 6가지, …, 마지막 아홉 번째 자리에는 1가지 물건이 들어갈 수 있습니다.
이 모든 사건은 동시에 일어나므로 9개의 물건을 일렬로 나열하는 경우의 수는 9! 입니다.

③ 그런데 이 문제의 경우, 볼펜 5개는 모두 같은 볼펜이므로 서로 구분할 수 없습니다.
마찬가지로 공책 3개도 모두 같은 공책이므로 서로 구분할 수 없습니다.
공책 3개를 순서대로 a, b, c라고 하면, ①에서 나열한 경우에서는 (a,b,c) / (a,c,b) / (b,a,c) / (b,c,a) / (c,a,b) / (c,b,a) 모두 다른 경우이지만 이 문제에서는 모두 같은 경우로 취급되어야 합니다.

예를 들어, (볼펜, 볼펜, 볼펜, 볼펜, 볼펜, 공책, 공책, 공책, 지우개)로 나열하는 경우는 ①에서 나열한 경우에서는 모든 9개의 물건을 서로 다른 물건으로 취급하여 경우의 수를 셌으므로 (볼펜을 배치하는 경우의 수)×(공책을 배치하는 경우의 수)×(지우개를 배치하는 경우의 수)=5!×3!×1!로 계산되지만, 이 문제에서는 한 가지 경우로 취급되어야 합니다.

④ ①에서 구한 모든 경우의 수에 대해, 서로 같은 볼펜을 다르게 셈으로써 생긴 중복된 경우와 서로 같은 지우개를 다르게 셈으로써 생긴 중복된 경우를 제거해주어야 합니다.
방금 본 경우처럼 (볼펜, 볼펜, 볼펜, 볼펜, 볼펜, 공책, 공책, 공책, 지우개)로 나열하는 1가지 경우에 대해 5개의 볼펜 때문에 5!, 3개의 공책 때문에 3!개의 중복된 경우가 생깁니다.
따라서 이 문제에서 구해야 할 모든 경우의 수는 ①에서 구한 9!가지의 경우에 수에 5!과 3!의 경우의 수를 나눠주면 됩니다. 즉,
$$\frac{9!}{5!3!} = 504 (가지)$$

273 정답 ⑤   난이도 ●●●

간단풀이

(A 수영장의 수심)=x, (B 수영장의 수심)=$x-2.5$
$$x - 2 \times \frac{x}{5} = (x-2.5) - 2 \times (B \text{ 수영장의 배수 속도})$$
(B 수영장의 배수 속도)=$\frac{x}{5} - \frac{5}{4} > 0$
$x > 6.25$이므로 조건을 만족하는 보기는 ⑤입니다.

상세풀이

이 문제에서 주목해야 할 점은 정확한 A 수영장의 수심은 구할 수 없다는 점입니다. 구해야 하는 변수는 A 수영장의 수심이지만 주어진 조건은 A와 B의 수심 차이, 배수 속도 차이와 같은 상대적인 조건이 전부이므로 변수의 정확한 값은 구할 수 없습니다. 이 문제에서는 B 수영장의 배수 속도는 0보다 크다는 점을 이용해서 A 수영장 수심의 조건을 구해 답이 될 수 있는 보기를 골라야 합니다.

① A 수영장의 수심을 x m 라 가정하면 A 수영장이 B 수영장보다 2.5m 더 깊으므로 B 수영장의 수심은 $(x-2.5)$ m입니다.

② A 수영장은 2시간 후에 B 수영장과 수심이 같아지고, 다음 3시간 후에 물이 모두 빠졌습니다.
즉 A 수영장의 물이 전부 빠지기까지 5시간이 걸렸으므로 A 수영장 물의 배수 속도는 $\frac{x}{5}$(m/h)입니다. 따라서 2시간 후의 A 수영장의 수심은
$x - 2 \times \frac{x}{5} = \frac{3x}{5}$(m)입니다.

③ 2시간 후 A 수영장과의 B 수영장의 수심은 같으므로
$(x-2.5) - 2 \times$ (B 수영장의 배수 속도) $= \frac{3x}{5}$
입니다. B 수영장의 배수 속도를 x에 관한 식으로 나타내면
$2 \times$ (B 수영장의 배수 속도) $= \frac{2x}{5} - 2.5$
∴ (B 수영장의 배수 속도) $= \frac{x}{5} - \frac{5}{4}$(m/h)

④ B 수영장의 배수 속도는 틀림없이 0보다 크므로, $\frac{x}{5} - \frac{5}{4} > 0$을 만족해야 합니다.
$\frac{x}{5} > \frac{5}{4}$ ∴ $x > \frac{25}{4} = 6.25$
따라서 이를 통해 A 수영장의 수심 조건이 $x > 6.25$ m임을 알 수 있습니다.
조건을 만족하는 값은 ⑤ 6.5 m입니다.

274 정답 ⑤   난이도 ●●○

간단풀이

(전체 생산량 중 불량품 비율)
$= \frac{1,800 + 1,200}{30,000 + 60,000} = \frac{1}{30}$

(전체에서 A 라인의 불량품 비율)
$= \frac{1,800}{30,000 + 60,000} = \frac{1}{50}$

∴ $\frac{(\text{전체에서 A 라인의 불량품 비율})}{(\text{전체 생산량 중 불량품의 비율})}$
$= \frac{\frac{1}{50}}{\frac{1}{30}} = \frac{30}{50} = 0.6$

∴ 60%

상세풀이

문제의 조건을 더 주의 깊게 봐야 하는 이른바 '조건부 확률'로 불리는 유형이지만, 문제의 상황을 잘 이해해보면 어렵지 않게 풀 수 있습니다.

① 중요한 부분은 '이미 불량 반도체가 발생한 상황에서 그것이 A라인에서 발생됐을 확률'을 묻는 부분입니다. 즉 A와 B두 라인 중 어디서 나온건지 모르는 불량 반도체가 확인됐을 때, 그것이 A로부터 왔을 가능성을 확률로 계산해줍니다.
따라서 '전체 반도체 생산의 불량률 중 A라인의 불량률'을 구해줍니다.

② A와 B에서 발생하는 불량품의 개수를 구합니다.
(하루동안 A 라인의 불량품의 개수)
$= 30,000 \times \frac{6}{100} = 1,800$ (개)
(하루동안 B 라인의 불량품의 개수)
$= 60,000 \times \frac{2}{100} = 1,200$ (개)

이것을 표로 나타내면

	A라인	B라인	총합
하루 생산량	30,000	60,000	90,000
불량품 개수	1,800	1,200	3,000

③ 구하는 조건부 확률은
$\frac{(\text{전체에서 A라인의 불량품의 비율})}{(\text{전체 생산량 중 불량품의 비율})}$ 이므로
(전체 생산량 중 불량품 비율)
$= \frac{1,800 + 1,200}{30,000 + 60,000} = \frac{1}{30}$
(전체에서 A라인의 불량품 비율)
$= \frac{1,800}{30,000 + 60,000} = \frac{1}{50}$

∴ $\frac{(\text{전체에서 A라인의 불량품의 비율})}{(\text{전체 생산량 중 불량품의 비율})}$
$= \frac{\frac{1}{50}}{\frac{1}{30}} = \frac{30}{50} = 0.6$

따라서 구하는 확률은 60%입니다.

Tip '전체 반도체 생산의 불량률 중 A라인의 불량률'을 구하는 것이므로
$\frac{(\text{하루동안 생산되는 A라인의 불량품의 양})}{(\text{하루동안 생산되는 전체 불량품의 양})}$
$= \frac{1,800}{1,800 + 1,200} = \frac{3}{5} = 0.6$과 같이 구할 수도 있습니다.

275 정답 ③ 난이도 ●●○

간단풀이

$1 - (3의 \ 배수를 \ 하나도 \ 뽑지 \ 않을 \ 확률)$
$= 1 - \dfrac{6 \times 5}{9 \times 8} = 1 - \dfrac{5}{12} = \dfrac{7}{12}$

∴ (3의 배수가 적힌 카드를 하나 이상 뽑을 확률)
$= \dfrac{7}{12}$

상세풀이

이 문제는 여사건의 확률을 이용해 푸는 것이 좋습니다. 여사건의 확률은 구하고자 하는 사건 A를 구하기 힘들 때 전체 확률 1에서 A가 일어나지 않을 확률을 빼서 구합니다.

① 먼저 상자에서 카드 2개를 뽑을 때, 3의 배수가 적힌 카드를 하나 이상 뽑을 사건을 A라고 하겠습니다. 그러면 A의 여사건은 상자에서 카드 2개를 뽑을 때, 3의 배수가 적힌 카드를 하나도 뽑지 못할 사건입니다.

② 여사건의 경우의 수를 구해봅니다. 3의 배수가 적힌 카드를 뽑지 않으려면 3의 배수를 제외한 4, 5, 7, 8, 10, 11이 적힌 6개의 카드에서 2장을 뽑아야 합니다. 한번 꺼낸 카드는 다시 넣지 않는다고 하였으므로 첫 번째 뽑을 때 6가지, 두 번째 뽑을 때 5가지의 경우가 있습니다.
그리고 동시에 일어나는 경우이므로 곱의 법칙을 이용하면 경우의 수는 $6 \times 5 = 30$(가지)입니다.

③ 전체 경우의 수를 구해봅니다. 3부터 11까지 9장의 카드 중 2장을 차례로 뽑을 때, 한번 꺼낸 카드는 다시 넣지 않으므로 첫 번째 뽑을 때 9가지, 두 번째 뽑을 때 8가지 경우의 수가 있습니다. 그리고 이 또한 동시에 일어나는 경우이므로 곱의 법칙을 이용하면 경우의 수는 $9 \times 8 = 72$(가지)입니다.

④ 따라서 구하고자 하는 확률은
$1 - (3의 \ 배수를 \ 하나도 \ 뽑지 \ 않을 \ 확률)$
$= 1 - \dfrac{(3의 \ 배수를 \ 하나도 \ 뽑지 \ 않을 \ 경우의 \ 수)}{(전체 \ 경우의 \ 수)}$
$= 1 - \dfrac{6 \times 5}{9 \times 8} = 1 - \dfrac{5}{12} = \dfrac{7}{12}$

∴ (3의 배수가 적힌 카드를 하나 이상 뽑을 확률)
$= \dfrac{7}{12}$

276 정답 ② 난이도 ●●○

간단풀이

철수의 320보다 큰 세 자리 숫자가 되어야 합니다.
320보다 큰 세 자리 숫자 : $_4C_2 + 1 = 7$(가지)
전체 5장 중 3장을 뽑는 경우의 수 : $_5C_3 = 10$(가지)
따라서 영미가 이길 확률은 $\dfrac{7}{10}$입니다.

상세풀이

이 문제에서 세 장의 카드를 뽑기만 하면 자동으로 순서가 정해지기 때문에 순서 상관없이 뽑는 '조합'을 사용해야 합니다. 철수가 뽑은 카드는 0, 2, 3이므로 철수가 낼 수 있는 가장 큰 세 자리 수는 320입니다.
그러므로 영미의 세 자릿수는 320보다 큰 숫자여야 합니다.

① **백의 자리가 4인 경우**
뽑은 카드 중에 4가 있는 경우, 낼 수 있는 가장 큰 수의 백의 자리가 4됩니다. 따라서 이 경우, 십의 자리와 일의 자리에 어떤 숫자가 와도 320보다 크기 때문에 영미가 이기게 됩니다.
이때의 경우의 수를 구하면 4를 제외한 4장의 카드 중에 순서 상관없이 2장을 뽑는 경우의 수이므로
$_4C_2 = \dfrac{4 \times 3}{2} = 6$
따라서 백의 자리가 4인 경우 가능한 경우의 수는 6가지입니다.

② **백의 자리가 3인 경우**
숫자카드 4가 포함되는 순간 큰 숫자부터 나열하여 세 자리 숫자를 만들어야 하므로 백의 자리가 4가 됩니다. 즉, 이 경우에서는 4를 뽑아선 안 됩니다. 따라서 백의 자리가 3이고, 4를 제외한 나머지 0, 1, 2 중 2장을 뽑아서 십의 자리와 일의 자리를 만들 때 320보다 큰 수는 321이 유일합니다.
따라서 백의 자리가 3인 경우 가능한 경우의 수는 1가지입니다.

③ 백의 자리가 2 이하일 때는 영미가 지게 되므로 고려할 필요가 없습니다.

④ 영미가 5장의 카드 중 3장의 카드를 뽑는 전체 경우의 수는 $_5C_3 = 10$가지가 됩니다.
따라서 영미가 철수를 이길 확률은
$\dfrac{(320보다 \ 큰 \ 세 \ 자리 \ 숫자)}{(전체 \ 5장 \ 중 \ 3장을 \ 뽑는 \ 경우의 \ 수)} = \dfrac{7}{10}$

277 정답 ③ 난이도 ●●○

간단풀이

(두 수의 곱)=(최대공약수)×(최소공배수)
두 수를 A, B라고 하면
A×B=6×90=540

상세풀이

주어진 두 자연수를 모르는 상태에서 최대공약수와 최소공배수만 알고 있는 이러한 문제는 최대공약수와 최소공배수의 관계를 먼저 이해한 뒤 풀면 좋습니다.
모르는 두 자연수를 A, B라고 하고, 두 자연수의 최대공약수를 G, 최소공배수를 L이라고 해봅시다.

G) A   B
     a   b

① 최대공약수를 G라고 했으므로 A=a×G, B=b×G로 나타낼 수 있습니다.
이때, a와 b는 서로소입니다.
왜냐하면, 최대공약수를 G라고 했으니 더는 공약수가 있으면 안 되기 때문입니다.

② 최소공배수를 L이라고 했으므로 L=G×a×b가 됩니다.

③ 따라서 두 자연수 A, B의 곱은
A×B=(a×G)×(b×G)=a×b×G×G
=(a×b×G)×G=L×G
(∵ L=G×a×b)
즉, (두 수의 곱)=(최대공약수)×(최소공배수) 이라는 관계가 성립합니다.
이 관계식은 "두 숫자를 몰라도, **최대공약수와 최소공배수를 알면 두 수의 곱을 구할 수 있다**"라는 유용한 사실을 시사합니다.

④ 최대공약수가 6이고, 최소공배수가 90인 두 수의 곱은 6×90=540이 됩니다.

278 정답 ④ 난이도 ●●○

간단풀이

정육면체의 한 모서리의 길이는 20, 30, 12의 최소공배수입니다.

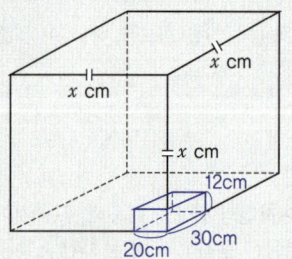

최소공배수는 60(cm)이므로 정육면체 한 면은 정사각형이므로 60×60=3,600(cm²)

상세풀이

먼저 문제에서 최대공약수를 사용해야 하는지, 최소공배수를 사용해야 하는지를 구분해야 합니다. 위 문제에서 "빈틈없이 쌓아서 되도록 작은 정육면체 모양을 만들고자 한다"라고 했으므로 "가능한 한 작은"은 "최소"라고 해석하고 "정육면체 모양을 만든다"는 "공배수" 라고 해석할 수 있으므로 이 문제는 "최소공배수"를 활용하는 문제입니다.
그 외에도 최소공배수를 이용하는 문제는
(1) 두 사람이 동시에 출발한 뒤, 처음으로 다시 만나거나 출발하는 시각을 구하는 문제
(2) 직육면체 또는 직사각형 모양을 가능한 작은 정육면체 또는 정사각형 모양으로 빈틈없이 쌓는 문제
(3) 세 자연수를 어느 것으로 나누어도 나머지가 같은 가장 작은 자연수를 구하는 문제 정도가 있습니다.

① 20, 30, 12의 최소공배수를 구하면 다음과 같습니다.

2) 20   30   12
5) 10   15   6
2) 2   3   6
3) 1   3   3
     1   1   1

따라서 20, 30, 12의 최소공배수는
2×5×2×3×1× 1×1=2^2×3×5=60입니다.

② 즉, 정육면체의 한 면인 정사각형의 한 변의 길이가 60(cm)이므로 정사각형의 넓이는
60^2=3,600(cm²)

279 정답 ②

간단풀이

철수네 집에서 약국까지의 거리를 미지수 $x(\text{km})$로 설정하면
$$\frac{x}{3}+\frac{(2-x)}{5}=\frac{3}{5} \quad \therefore x=\frac{3}{2}(\text{km})$$
$\therefore 1.5\text{km}$

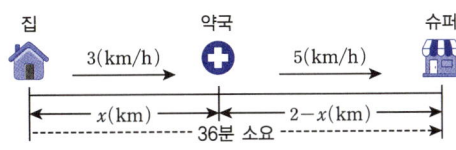

상세풀이

거리-속력-시간 문제의 가장 기본적인 원리는 '(거리)=(속력)×(시간)'이라는 점을 이용하는 것입니다. 이때, 단위를 통일시키는 것이 매우 중요합니다. 문제에서는 속력의 단위를 (km/h)로 두었으므로 시간단위를 (h)로 통일시키는 것이 좋습니다.

① 구해야 하는 철수네 집에서 약국까지의 거리를 $x(\text{km})$로 두면 약국에서 슈퍼까지의 거리는 $2-x(\text{km})$가 됩니다.

② 이때, 철수는 집에서 약국까지 시속 3km로 이동했으므로 (시간)$=\frac{(거리)}{(속력)}$에 의해

   (집에서 약국까지 이동한 시간)$=\frac{x}{3}$

   약국에서 슈퍼까지는 시속 5km로 이동했으므로
   (약국에서 슈퍼까지 이동한 시간)$=\frac{2-x}{5}$

   $\therefore$ (철수가 집에서 출발하여 슈퍼까지 이동하는 데 걸린 시간)$=\frac{x}{3}+\frac{(2-x)}{5}$

③ 이때 문제에서 철수는 집에서 출발한 지 36분 후, 즉 $\frac{36}{60}=\frac{3}{5}$ 시간 후에 도착했다고 하였으므로 다음 식이 성립합니다.
$$\frac{x}{3}+\frac{2-x}{5}=\frac{3}{5}$$
$$5x+3(2-x)=9$$
$$2x=3 \quad \therefore x=\frac{3}{2}=1.5(\text{km})$$

따라서 철수네 집에서 약국까지의 거리는 1.5km입니다.

280 정답 ⑤

간단풀이

$$\begin{cases} a+b=9 \\ \dfrac{a}{2}+\dfrac{b}{4}=3 \end{cases}$$
$\therefore a=3, b=6$
$\therefore a^2+b^2=3^2+6^2=45$

상세풀이

① 문제 상황에서 철수의 집에서 학교까지의 거리는 9km입니다. 철수가 이 거리를 걷는 속도 차이를 두어 시속 2km로 걸은 거리를 $a(\text{km})$, 시속 4km로 걸은 거리를 $b(\text{km})$라고 하였으므로 $a+b=9$ (km)가 성립합니다.

② 이동하는 데 걸린 시간은 (시간)$=\dfrac{(거리)}{(속력)}$을 이용합니다.

   (시속 2km로 거리 $a(\text{km})$를 이동하는데 걸린 시간)
   $=\dfrac{a}{2}$

   (시속 4km로 거리 $b(\text{km})$를 이동하는 동안 걸린 시간)
   $=\dfrac{b}{4}$

   $\therefore$ (철수가 집에서 학교까지 이동하는 데 걸린 시간)
   $=\dfrac{a}{2}+\dfrac{b}{4}$

③ 문제에서 철수의 집에서 학교까지 이동하는 동안 총 3시간이 걸렸다고 했으므로 $\dfrac{a}{2}+\dfrac{b}{4}=3$

④ ①, ②에서 구한 식을 연립해서 풀어주면
$$\begin{cases} a+b=9 \\ \dfrac{a}{2}+\dfrac{b}{4}=3 \end{cases}$$
$$\begin{cases} a+b=9 \\ 2a+b=12 \end{cases}$$
$\therefore a=3, \quad b=6$

⑤ 구하는 것은 a^2+b^2이므로 위에서 구한 값을 대입하면 $a^2+b^2=3^2+6^2=9+36=45$

281 정답 ② 난이도 ●●○

간단풀이

A의 속력을 미지수 x(km/h), B의 속력을 미지수 y(km/h)로 설정한다면

$$\begin{cases} x - y = 1.6 \text{(km)} \\ \dfrac{x}{3} + \dfrac{y}{3} = 3.2 \text{(km)} \end{cases}$$

$\therefore x = 5.6 \text{(km/h)}, \quad y = 4 \text{(km/h)}$

즉 B의 속력은 4(km/h)입니다.

상세풀이

문제 상황은 같은 트랙을 동시에 출발하여 다시 만나는 순간까지 이므로 이동시간은 같으며 이동거리는 서로 더하거나 뺀 거리가 트랙의 둘레길이가 됨을 이해하고 있어야 합니다.
A와 B의 속력을 알지 못하므로 A의 속력을 x(km/h), B의 속력을 y(km/h)로 두고 각 경우에 맞는 식을 세워야 합니다.

① 먼저 A와 B가 같은 방향으로 동시에 출발한다면 120분 후에 다시 만나므로 (거리)=(속력)×(시간)에 의해 120분, 즉 2시간 동안 A가 이동한 거리는 $2x$(km), B가 이동한 거리는 $2y$(km)가 됩니다. 또한, A가 B보다 한 바퀴를 더 돌아 B와 만난다고 하였으므로 A가 B보다 트랙 한 바퀴의 거리, 즉 3.2km만큼 더 이동하였습니다. 즉,
(A가 이동한 거리)−(B가 이동한 거리)=3.2
$2x - 2y = 3.2$, $x - y = 1.6$ ……㉠

② 한편 A와 B가 반대 방향으로 걸으면 20분 후에 만나므로 20분, 즉 $\dfrac{1}{3}$시간 동안 A와 B가 이동한 거리는 각각 $\dfrac{x}{3}$(km), $\dfrac{y}{3}$(km)입니다.

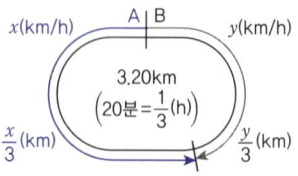

또한, A와 B는 반대 방향으로 이동하던 도중 중간에 만난 것이므로 A와 B가 이동한 거리의 합은 운동장 한 바퀴, 즉 3.2km입니다. 즉,
(A가 이동한 거리)+(B가 이동한 거리)=3.2
$\dfrac{x}{3} + \dfrac{y}{3} = 3.2$ ……㉡

③ ㉠, ㉡을 연립하면

$$\begin{cases} x - y = 1.6 \\ \dfrac{x}{3} + \dfrac{y}{3} = 3.2 \end{cases}$$

$$\begin{cases} x - y = 1.6 \\ x + y = 9.6 \end{cases}$$

$2x = 11.2 \quad \therefore x = 5.6 \text{(km/h)}$

이것을 ㉠에 대입하면
$5.6 - y = 1.6 \quad \therefore y = 4 \text{(km/h)}$
따라서 구하는 B의 속력은 4km/h입니다.

282 정답 ① 난이도 ●●○

간단풀이 1

수영장에 물을 전부 채웠을 때를 100%로 계산하는 경우
$70(\%) \times \dfrac{1}{21} = \dfrac{10}{3}(\%)$
$\dfrac{10}{3}(\%) \times 1.5 = 5\%$
$\dfrac{10}{3}(\%) \times 15(분) + 5(\%) \times x(분) = 100(\%)$
$\therefore x = 10(분)$

간단풀이 2

수영장에 물을 전부 채우는 양을 1로 계산하는 경우
(A가 1분동안 채울 수 있는 양) $= \dfrac{7}{10} \times \dfrac{1}{21} = \dfrac{1}{30}$
(B가 1분동안 채울 수 있는 양) $= \dfrac{1}{30} \times \dfrac{3}{2} = \dfrac{1}{20}$
$\dfrac{1}{30} \times 15(분) + \dfrac{1}{20} \times x(분) = 1$
$\therefore x = 10(분)$

상세풀이 1

수영장에 물을 전부 채웠을 때를 100%로 계산합니다. 수영장을 채우는 속도를 정확하고 쉽게 계산하기 위해 각 호스가 1분에 전체 수영장의 몇 %를 채울 수 있는지 계산해봐야 합니다.

① 문제에서 A 호스로는 21분에 70%를 채울 수 있다고 하였으므로 1분에는 전체 수영장의 $\dfrac{70}{21}\%$를 채울 수 있습니다.

$\therefore 70(\%) \times \dfrac{1}{21} = \dfrac{10}{3}(\%)$

② 문제에서 B 호스는 A 호스보다 1.5배 빠르게 채운다고 했습니다.

A 호스가 1분에 수영장의 $\frac{10}{3}$%만큼을 채우므로 B 호스는 1분에 $\frac{10}{3}$%의 1.5배 속도로 수영장을 채웁니다.

∴ $\frac{10}{3}(\%) \times 1.5 = 5(\%)$

③ 구하는 것은 15분간 A 호스로 물을 채우다 B 호스로 물을 채울 때 B 호스로만 물을 채우는 데 걸리는 시간이므로 B 호스로만 물을 채우는 데 걸리는 시간을 x라고 두고 식을 세우면 다음과 같습니다.

$\frac{10}{3}(\%) \times 15(분) + 5(\%) \times x(분) = 100(\%)$

④ 위의 방정식을 풀면 다음과 같습니다.
$10 \times 5 + 5x = 100$
$50 + 5x = 100$
$5x = 50$ ∴ $x = 10(분)$

상세풀이 2

수영장에 물을 전부 채우는 양을 1로 계산하는 경우 각 호스가 수영장을 채우는 물의 속도를 일률로 보고 1분에 전체 수영장의 몇 %를 채울 수 있는지를 먼저 구해야 합니다.
일률이란 일의 효율을 나타내는 양을 말하며, 단위 시간 동안 한 일의 양으로 나타냅니다.
이 문제에서 일의 양은 수영장에 채울 수 있는 물의 양이고 일률은 1분동안 채울 수 있는 물의 양으로 볼 수 있습니다.

(일률) = $\frac{(일의\ 양)}{(걸린\ 시간)}$

① 문제에서 A 호스로는 21분에 70%를 채울 수 있다고 하였으므로 A 호스가 21분동안 채우는 물의 양은 $\frac{7}{10}$입니다. 따라서 A호스가 1분동안 채울 수 있는 물의 양은 (A가 1분동안 채울 수 있는 양)
= $\frac{7}{10} \times \frac{1}{21} = \frac{1}{30}$

② B 호스는 A 호스보다 1.5배 빠르게 채운다고 했으므로 (B가 1분동안 채울 수 있는 양)
= $\frac{1}{30} \times \frac{3}{2} = \frac{1}{20}$

③ B 호스로만 물을 채우는 데 걸리는 시간을 x라고 두고 식을 세우면 다음과 같습니다.

$\frac{1}{30} \times 15(분) + \frac{1}{20} \times x(분) = 1$

④ 위의 방정식을 풀면 다음과 같습니다.
$\frac{1}{2} + \frac{x}{20} = 1$
$10 + x = 20$ ∴ $x = 10(분)$

283 정답 ② 난이도 ●●○

간단풀이

$\frac{1}{6}x + \frac{1}{4}x + \frac{1}{6}(3-x) = 1$
$\frac{1}{4}x = \frac{1}{2}$ ∴ $x = 2$

상세풀이

일률이란 일의 효율을 나타내는 양을 말하며, 단위 시간 동안 한 일의 양으로 나타냅니다.
일률은 한 일의 양을 걸린 시간으로 나누어 구합니다.
(일률) = $\frac{(일의\ 양)}{(걸린\ 시간)}$

① 영상을 제작하는 총 일의 양을 1로 잡으면, 철수가 하루동안 한 일의 양은 $\frac{1}{6}$, 영미가 하루동안 한 일의 양은 $\frac{1}{4}$이 됩니다. 즉, 철수의 일률은 $\frac{1}{6}$, 영미의 일률은 $\frac{1}{4}$입니다. (이 문제에서는 시간 단위가 '일(day)'입니다.)

② 문제에서 구해야 하는 것은 철수와 영미가 같이 일한 날이므로 같이 일한 날을 x로 놓습니다. 일을 모두 완성하는데 걸린 시간이 총 3일이므로 철수가 혼자 일한 날은 $3-x$(일)이 됩니다. 즉, 철수와 영미가 x일 동안 같이 일하고 철수가 $3-x$(일) 동안 혼자 일을 하여 영상을 완성하였으므로 이것을 방정식으로 나타내면 다음과 같습니다.

$\left(\frac{1}{6} + \frac{1}{4}\right)x + \frac{1}{6}(3-x) = 1$
$\frac{x}{6} + \frac{x}{4} + \frac{1}{2} - \frac{x}{6} = 1$
$\frac{x}{4} = \frac{1}{2}$ ∴ $x = 2$

③ 따라서, 철수와 영미가 같이 일한 날은 2일입니다.

284 정답 ① 난이도 ●●○

간단풀이

$\left(\dfrac{1}{2}+\dfrac{1}{3}\right)\times x = 1$

$\left(\dfrac{3}{6}+\dfrac{2}{6}\right)\times x = 1$

$\dfrac{5}{6}x = 1$ ∴ $x = \dfrac{6}{5}$ (시간)

∴ 1시간 12분

상세풀이

일률은 단위 시간 동안 한 일의 양으로 나타냅니다.
(일률)×(시간)=(일의 양)

① 두 사람의 일률을 구합니다. 퍼즐을 완성하는 일의 양을 1로 두면, 철수가 한 시간동안 한 일의 양은 $\dfrac{1}{2}$, 영미가 한 시간동안 한 일의 양은 $\dfrac{1}{3}$이 됩니다.

즉, 철수의 일률은 $\dfrac{1}{2}$, 영미의 일률은 $\dfrac{1}{3}$입니다.
(이 문제에서는 시간 단위가 1시간(Hour)입니다.)

② 두 사람이 같이 일했을 때 걸리는 시간을 x로 놓으면 두 사람이 같이 일을 하여 퍼즐을 완성하였으므로 이것을 방정식으로 나타내면 다음과 같습니다.

$\left(\dfrac{1}{2}+\dfrac{1}{3}\right)\times x = 1$

$\dfrac{5}{6}x = 1$ ∴ $x = \dfrac{6}{5}$ (시간)

③ 두 사람이 같이 일했을 때 걸리는 시간은 1시간 12분입니다.

285 정답 ② 난이도 ●●○

간단풀이

(전체 학생 수)=x
$5(x-4)+4 = 7(x-7)+1$
$5x-16 = 7x-48$
$2x = 32$ ∴ $x = 16$
∴ (전체 초코파이 개수)=$7\times 9 + 1 = 64$
따라서 초코파이가 남지 않으면서 모든 학생이 공평하게 받기 위해서는 $64\div 16 = 4$개씩 나누어야 합니다.

상세풀이

전체 학생 수와 전체 초코파이의 개수를 미지수로 두고, 문제의 조건에 맞는 식을 세웁니다. 이때, 구해야 하는 것은 모든 학생들에게 초코파이를 공평하게 나눠줄 때의 인당 받을 수 있는 각 개수이므로

$\dfrac{\text{(전체 초코파이의 개수)}}{\text{(전체 학생 수)}}$ 임을 알아야 합니다.

① 전체 학생의 수를 x라고 두고 각 조건에 맞는 전체 초코파이의 수를 구하는 식을 세웁니다. 이때, 초코파이를 받은 마지막 학생은 모든 개수를 받지 못했다는 점에 유의합니다.

  (1) **5개씩 나눠주어 3명이 못 받고, 마지막 학생은 4개를 받는 경우**
  5개를 받은 학생들은 $(x-4)$명이고 4개를 받은 학생은 1명, 나머지 3명의 학생은 한 개도 받지 못했으므로
  (전체 초코파이의 개수)=$5\times(x-4)+4$

  (2) **7개씩 나눠주어 6명이 못 받고, 마지막 학생은 1개를 받는 경우**
  7개를 받은 학생들을 $(x-7)$명이고 1개를 받은 학생은 1명, 나머지 6명은 한 개도 받지 못했으므로
  (전체 초코파이의 개수)=$7\times(x-7)+1$

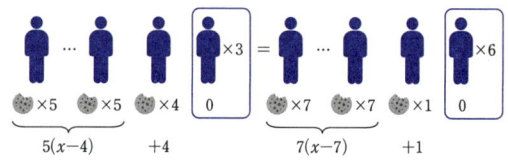

$5(x-4)+4 = 7(x-7)+1$

② 위의 두 경우에서 초코파이의 개수는 서로 같으므로
$5\times(x-4)+4 = 7\times(x-7)+1$
$5x-16 = 7x-48$
$2x = 32$ ∴ $x = 16$
이것을 (1)의 식에 대입하면
(전체 초코파이의 개수)=$5\times(16-4)+4 = 64$
따라서 전체 학생 수는 16명, 전체 초코파이의 개수는 64개입니다.

③ 구하는 것은 모든 학생들에게 초코파이를 공평하게 나눠줄 때의 인당 받을 수 있는 각 개수이므로 64개의 초코파이를 16명의 학생에게 남기지 않고 공평하게 주기 위해서는

$\dfrac{\text{(전체 초코파이의 개수)}}{\text{(전체 학생 수)}} = \dfrac{64}{16} = 4$(개)

따라서 모든 학생에게 남기지 않고 공평하게 주기 위해서는 초코파이를 인당 4개씩 나눠줘야 합니다.

286 정답 ② 난이도 ●●○

간단풀이

$9x < 228 < 11x$
$9(x+6) \le 12x(19+4)$
$\dfrac{228}{11} < x \le \dfrac{74}{3}$

상세풀이

문제에서 준비되어 있는 사탕의 개수가 정해져 있으므로 유치원 아이들의 수를 x로 놓고 각 주어진 조건에 만족하는 x를 연립부등식을 세워 풀어야 합니다.

① 처음 사탕의 개수는 $12 \times 19 = 228$개입니다. 유치원 아이들의 수가 x이므로 사탕을 1인당 9개씩 나누어 주면 사탕이 남았으므로 $9x < 228$ 입니다.
$\therefore x < \dfrac{76}{3} = 25.33 \cdots$

② 어린이 x명에게 사탕을 기존의 9개에서 1인당 2개씩 더 주면 사탕이 부족했으므로 $228 < 11x$ 입니다.
$\therefore x > \dfrac{228}{11} = 20.72 \cdots$

③ 만약 지금보다 6명의 아이가 더 있다면 아이들의 수는 $x+6$(명)이고, 사탕 4상자를 추가하면 총 사탕의 개수는 $12 \times (19+4) = 276$(개)입니다. 이때, 모든 아이들에게 적어도 9개씩 나누어 줄 수 있으므로 $9(x+6) \le 276$
$x+6 \le \dfrac{92}{3}$ $\therefore x \le \dfrac{74}{3} = 24.66 \cdots$

④ 위의 세 부등식을 연립하면

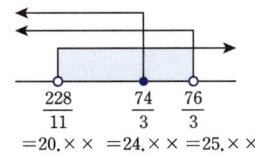

$\dfrac{228}{11} < x \le \dfrac{74}{3}$
따라서 위의 부등식을 만족하는 자연수 x는 21, 22, 23, 24이고 정답은 ②입니다.

287 정답 ⑤ 난이도 ●●○

간단풀이

$15,000 \times 10 \times 0.7 = 105,000$
$105,000 + 15,000 \times (x+1-10) > 105,000 \times 2$
$15,000x - 30,000 > 210,000$
$15,000x > 24,0000$ $\therefore x > 16$
따라서 친구들이 17명 이상일 때부터 단체 티켓 2장을 구매하는 것이 더 유리합니다.

상세풀이

먼저 구하고자 하는 것을 변수로 놓고, 부등식을 세워 문제에서 주어진 조건에 만족하는 수를 찾아야 합니다.

① 친구들의 수를 x로 두면 티켓을 구매해야 하는 인원 수는 철수를 포함하여 $(x+1)$명입니다. 친구들은 10명 이상이므로 10명은 우선 10인 단체 티켓을 무조건 구매하는 것이 좋습니다.
이때, 10인 단체 티켓의 가격은 정가에서 30% 할인된 금액이므로
$15,000$(원)$\times 10$(명)$\times (1-0.3) = 105,000$(원)

② 한 장의 단체 티켓을 구매하고 나면 나머지 $(x+1-10)$명은 입장료를 추가로 지불해야 합니다. 따라서 지불해야 할 총 금액은
$105,000 + 15,000 \times (x-9)$
$= 15,000x - 30,000$(원)

③ 이 금액이 단체 티켓 2장을 구매하는 금액보다 더 커지는 경우의 친구들의 수의 최솟값을 구해야 하므로
$15,000x - 30,000 > 105,000 \times 2$
$15,000x > 240,000$ $\therefore x > 16$
따라서 친구들이 17명 이상일 때부터 단체 티켓 2장을 구매하는 것이 더 유리합니다.

288 정답 ③ 난이도 ●●●

간단풀이

$15x < 170 < 16x$
$\dfrac{85}{8} < x < \dfrac{34}{3}$
$\therefore x = 11$

상세풀이

문제에서 장난감의 개수가 정해져 있으므로 상자의 개수를 x로 놓고 각 주어진 조건에 만족하는 x를 연립부등식을 세워 풀어야 합니다.

① 170개의 장난감이 있고, 한 상자에 15개씩 담으면 장난감이 남는다고 하였으므로 이를 부등식으로 나타내면 다음과 같습니다.

$15x < 170$ ∴ $x < \dfrac{34}{3} = 11.\cdots$

② 170개의 장난감을 한 상자에 16개씩 담으면 장난감이 부족하다고 하였으므로 이를 부등식으로 나타내면 다음과 같습니다.

$16x > 170$ ∴ $x > \dfrac{85}{8} = 10.\cdots$

③ 두 부등식을 연립하면

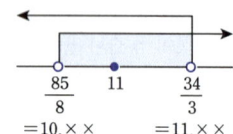

$\dfrac{85}{8} < x < \dfrac{34}{3}$

따라서 위 부등식을 만족하는 자연수 x는 11이므로 구하는 상자의 개수는 11개입니다.

289 정답 ①

간단풀이

(10% 소금물에 들어 있는 소금의 양)+50
=(20% 소금물에 들어있는 소금의 양)
x=(10% 소금물의 양)

$x \times \dfrac{10}{100} + 50 = (x+50) \times \dfrac{20}{100}$

∴ $x = 400$

상세풀이

이러한 문제는 소금의 양을 기준으로 식을 세우면 쉽게 풀 수 있습니다. 이때, '소금의 양'을 구하는 공식은 다음과 같습니다.

(소금의 양)=(소금물의 양) × $\dfrac{(\text{소금물의 농도}(\%))}{100}$

① 10% 소금물에 소금 50g을 더 넣었더니 20%의 소금물이 되었습니다.

처음 10% 소금물의 양을 x로 놓으면 여기에 녹아있는 소금의 양은 $x \times \dfrac{10}{100}$ 입니다.

여기에 소금 50g을 넣으면 20%의 소금물의 양은 $x+50(\text{g})$이 됩니다.

② 10% 소금물 xg에 소금 50g을 더 넣었더니 20%의 소금물 $(x+50)$g이 되었다고 하였으므로 소금의 양을 기준으로 식을 세우면 다음과 같습니다.

$x \times \dfrac{10}{100} + 50 = (x+50) \times \dfrac{20}{100}$

③ 위의 식의 양변에 10을 곱하여 풀면
$x + 500 = 2(x+50)$
$x + 500 = 2x + 100$ ∴ $x = 400$
따라서 구하는 처음 10% 소금물의 양은 400g입니다.

290 정답 ⑤

간단풀이

$(400-x) \times \dfrac{8}{100} + 120 \times \dfrac{2}{100} = 520 \times \dfrac{6}{100}$

$8(400-x) + 240 = 3{,}120$
$3{,}440 - 8x = 3{,}120$
$8x = 320$ ∴ $x = 40$

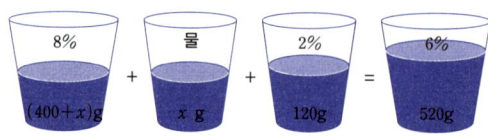

상세풀이

소금물과 관련된 문제에서는 '소금의 양'을 기준으로 일차방정식을 세우는 것이 일반적입니다.

소금의 양을 구하는 공식은 다음과 같습니다.

(소금의 양) = $\dfrac{(\text{농도})}{100}$ × (소금물의 양)

또한, 문제에서는

(1) 8% 농도의 소금물 400g에서 8% 농도의 소금물 xg을 퍼냅니다.
(2) 순수한 물 xg을 붓습니다.
(3) 2% 농도의 소금물 yg을 섞습니다.
(4) 결과적으로 6%의 소금물 520g이 만들어졌습니다.

의 단계를 거쳤습니다. 각 단계에 녹아있는 소금의 양을 하나씩 구하여 보겠습니다.

① 8%의 소금물 400g에서 xg을 퍼내고 남은 소금물 $(400-x)$g도 농도는 8%입니다. 따라서 xg을 퍼내고 남은 8%의 소금물 $(400-x)$g에 녹아있는 소금의 양은 $(400-x) \times \dfrac{8}{100}$

다음, 추가한 순수한 물 xg에 녹아있는 소금의 양은 0입니다.

② 2%의 소금물 yg을 섞어서 전체 6%의 소금물 520g이 되었으므로
(전체 소금물의 양)
$= 400-x+x+y = 520$ ∴ $y=120$

따라서 2%의 소금물 120g에 녹아있는 소금의 양은 $120 \times \dfrac{2}{100}$ 입니다.

6%의 소금물 520g에 녹아있는 소금의 양은 $520 \times \dfrac{6}{100}$ 입니다.

따라서 소금의 양을 기준으로 일차방정식을 세운다면 다음과 같습니다.

$(400-x) \times \dfrac{8}{100} + 120 \times \dfrac{2}{100} = 520 \times \dfrac{6}{100}$

③ 위의 식의 양변에 100을 곱하여 풀면
$8(400-x) + 240 = 3{,}120$
$3{,}440 - 8x = 3{,}120$
$8x = 320$ ∴ $x = 40$

따라서, 처음 퍼낸 소금물의 양은 40g입니다.

291 정답 ④

간단풀이

소금물과 관련된 문제에서는 '소금의 양'을 기준으로 일차방정식을 세우는 것이 일반적입니다.
소금의 양을 구하는 공식은 다음과 같습니다.

(소금의 양) $= \dfrac{(농도)}{100} \times$ (소금물의 양)

① 구하는 처음 4%의 소금물의 양을 x라 하면 12%의 소금물을 더하여 800g이 되었으므로 추가된 12%의 소금물의 양은 $(800-x)$(g) 입니다.

② 4%의 소금물 xg에 녹아있는 소금의 양은
$x \times \dfrac{4}{100}$ 이고 12%의 소금물 $(800-x)$g에 녹아있는 소금의 양은 $(800-x) \times \dfrac{12}{100}$ 입니다.

또한, 6%의 소금물 800g에 녹아있는 소금의 양은 $800 \times \dfrac{6}{100}$ 이므로 소금의 양을 기준으로 일차방정식을 세운다면 다음과 같습니다.

$x \times \dfrac{4}{100} + (800-x) \times \dfrac{12}{100} = 800 \times \dfrac{6}{100}$

③ 위의 식의 양변에 100을 곱하여 풀면
$4x + 12(800-x) = 4{,}800$
$-8x + 9{,}600 = 4{,}800$
$8x = 4{,}800$ ∴ $x = 600$(g)

따라서, 처음 컵에 들어있던 4% 소금물의 양은 600g입니다.

292 정답 ③

간단풀이

$720 = 2^4 \times 3^2 \times 5$, $432 = 2^4 \times 3^3$
∴ (720과 432의 최대공약수) $= 2^4 \times 3^2 = 144$(m)
$720 = 144 \times 5$, $432 = 144 \times 3$이므로 144m 간격으로 울타리를 설치할 때, 가로 변에는 6개, 세로 변에는 4개의 울타리가 필요합니다.
$6+6+4+4=20$(개)에서 네 귀퉁이에서 중복되는 4개를 제외하면 최소 16개의 울타리가 필요합니다.

상세풀이

이 문제는 각 변에 설치해야 하는 울타리의 개수를 먼저 구하고, 이를 모두 더한 뒤에, 중복되는 울타리의 개수를 빼 주어야 합니다. 문제를 풀 때 유의해야 할 점은 네 귀퉁이에 반드시 울타리를 심어야 한다고 했으므로

간단풀이

$x \times \dfrac{4}{100} + (800-x) \times \dfrac{12}{100} = 800 \times \dfrac{6}{100}$
$4x + 12(800-x) = 4{,}800$
$-8x + 9{,}600 = 4{,}800$
$8x = 4{,}800$ ∴ $x = 600$(g)

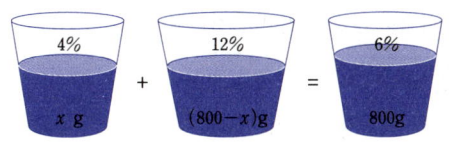

한 변에 심어진 울타리의 개수는 간격의 수보다 항상 1개 더 많다는 점입니다.

① 먼저 일정한 간격으로 울타리를 설치해야 하므로, 이 간격이 몇 미터인지 구해야 합니다.
네 귀퉁이에 울타리가 설치되어야 하고, 가로와 세로에서 간격이 일정해야 하므로 간격은 가로와 세로의 공약수가 되어야 합니다.
그런데 문제에서 최소한 심어야 하는 울타리의 개수를 물어봤으므로 간격은 최대가 되어야 합니다.
따라서 울타리 사이의 간격은 가로와 세로의 최대공약수가 되어야 합니다.
$720 = 2^4 \times 3^2 \times 5, \ 432 = 2^4 \times 3^3$
$\therefore$ (720과 432의 최대공약수)$= 2^4 \times 3^2$
$\qquad\qquad\qquad\qquad\qquad\qquad = 144(m)$

② 간격이 144m일 때, 가로에는 $720 \div 144 = 5$(개)의 간격이 존재하고, 세로에는 $432 \div 144 = 3$(개)의 간격이 존재합니다.
네 귀퉁이에 울타리를 설치해야 하므로, 직사각형 울타리의 한 변에는 간격의 수보다 1개 더 많은 울타리를 설치해야 합니다. 아래 그림에서 색 점을 울타리라고 생각하면 그 이유를 알 수 있습니다.

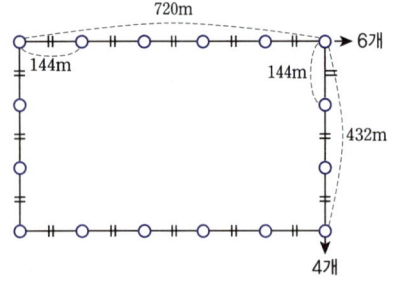

③ 따라서 가로 변에는 6개씩, 세로 변에는 4개씩의 울타리가 필요합니다.
직사각형 각 변의 울타리를 모두 세면 $4+4+6+6 = 20$(개)인데, 이렇게 되면 네 귀퉁이에 있는 울타리들을 한번씩 중복하여 더한 것이므로 4개의 울타리들을 빼면 $20-4=16$(개)입니다.

293 정답 ② 난이도 ●●○

간단풀이 1

기차의 길이를 x, 기차의 속력을 y라 하면
$\begin{cases} 360 - x = 40y \\ 600 + x = 80y \end{cases}$
$960 = 120y \quad \therefore \ y = 8, \ x = 40$

간단풀이 2

기차의 길이를 x라 하면
$\dfrac{360-x}{40} = \dfrac{600+x}{80}$
$8(360-x) = 4(600+x)$
$2,880 - 8x = 2,400 + 4x$
$12x = 480 \quad \therefore \ x = 40$

상세풀이 1

기차 문제에서 터널을 통과할 때 보이지 않았다는 것은 들어갈 때 꼬리까지 완전히 들어가고, 나올 때는 머리가 나오기 전 까지를 의미하므로, 기차가 움직인 거리를 계산할 때 터널 길이에서 기차 길이를 빼 주어야 합니다.

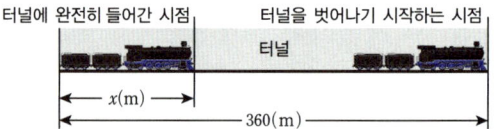

① 문제에서 기차의 길이를 x라 하면 터널의 길이가 360m이므로 터널 통과할 때 기차가 움직인 거리는 $360-x$(m)가 됩니다.
이때, 터널을 통과하는데 40초가 걸린다고 하였으므로 기차의 속력을 y라 하면 '(거리)$=$(시간)$\times$(속력)'이므로 $360-x = 40 \times y$입니다.

② 다리를 완전히 건너는 것은 다리에 들어갈 때 머리부터, 다리를 나올 때 꼬리까지 다 나오는 것을 의미하므로, 기차가 움직인 거리를 계산할 때 다리 길이에서 기차 길이를 더해주어야 합니다.

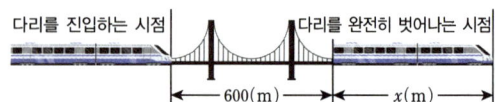

이때, 다리를 건너는 데 80초가 걸렸으므로 $600 + x = 80 \times y$가 성립합니다.

③ 두 식을 연립하여 x와 y의 값을 구합니다.
$\begin{cases} 360 - x = 40y \\ 600 + x = 80y \end{cases}$
$960 = 120y \quad \therefore \ y = 8$
이것을 첫 번째 식에 대입하면
$360 - x = 320 \quad \therefore \ x = 40$
따라서 구하는 기차의 길이는 40(m)입니다.

상세풀이 2

무궁화 호가 터널을 지날 때와 다리를 지날 때 모두 일정한 속력으로 달리고 있으므로 터널을 지날 때와 다리를 지날 때의 속력을 '(속력)=$\dfrac{(시간)}{(거리)}$'를 이용하여 각각 구하여 같다는 식을 세워 풀 수도 있습니다.

① 기차의 길이를 x라 하면 터널 통과할 때 기차가 움직인 거리는 $360-x$가 되고 이 때 걸린 시간은 40초이므로 (터널을 지날 때 기차의 속력)=$\dfrac{360-x}{40}$

② 다리를 완전히 건널 때 기차가 움직인 거리는 $600+x$가 되고 이때 걸린 시간은 80초이므로 (다리를 건널 때 기차의 속력)=$\dfrac{600+x}{80}$

③ 무궁화 호가 터널을 지날 때와 다리를 지날 때 모두 같은 속력으로 달리고 있으므로 ①, ②에서 구한 속력이 같다고 하면
$\dfrac{360-x}{40}=\dfrac{600+x}{80}$
양변에 80을 곱하여 풀면
$2(360-x)=600+x$
$720-2x=600+x$
$3x=120$ ∴ $x=40$
따라서 구하는 기차의 길이는 40(m)입니다.

294 정답 ⑤ 난이도 ●●●

간단풀이

(2점 과녁맞힌 횟수)=x, (3점 과녁맞힌 횟수)=y, (4점 과녁맞힌 횟수)=z

$\begin{cases} x+y+z=25 & \cdots\cdots ㉠ \\ 2x+3y+4z=71 & \cdots\cdots ㉡ \\ y=3+z & \cdots\cdots ㉢ \end{cases}$

㉢을 ㉠, ㉡에 각각 대입하면
$x+3+z+z=25$, $x+2z=22$ ······㉣
$2x+3(3+z)+4z=71$, $2x+7z=62$ ······㉤
㉣, ㉤을 연립하여 해를 구하면
$x=10$, $z=6$임을 알 수 있습니다. 이것을 ㉢에 대입하면
∴ $y=9$
따라서 효진이가 맞힌 3점의 개수는 9개입니다.

상세풀이

해당 문제는 미지수를 적절하게 정의하고 방정식을 세워 연립하여 푸는 문제입니다.
문제에서 주어진 조건을 모두 이용하여 세 개의 미지수로 세 개의 식을 세우는 것이 핵심입니다.

① 효진이가 사격장에서 총을 쏠 때 2점, 3점, 4점 각 과녁을 맞힌 횟수를 미지수 x, y, z로 둡니다. 여기서 보통 연립방정식 문제에서 인물이나 사물이 나오면 미지수의 대상이 되는 경우가 많지만, 그 인물이 한 명일 경우에는 이번 문제와 같이 미지수로 세울 필요가 없습니다.

② 효진이는 총 30발 중 5발이 과녁에서 빗나갔다고 하였으므로 $x+y+z=25$ ······ ㉠ 의 식을 얻을 수가 있습니다.

③ 또한, 효진이는 총 71점을 받았다고 하였으므로 각 과녁의 점수와 횟수를 곱하여 더한 값이 71이 되도록 식을 세우면 $2x+3y+4z=71$ ······ ㉡

④ 3점 과녁을 맞춘 횟수가 4점 과녁을 맞힌 횟수보다 3개 더 많으므로 $y=3+z$ ······ ㉢의 식을 세울 수가 있습니다.

⑤ 현재 문제를 통해 세운 식을 보면 x, y, z로 총 3개의 미지수를 이용하여 세 개의 일차식을 얻은 것을 확인할 수 있습니다. 연립일차방정식은 식의 개수가 미지수의 개수보다 크거나 같을 때 해를 구할 수 있으므로 x, y, z를 모두 구할 수 있습니다.

⑥ 세 개의 방정식을 연립할 때, 세 개의 방정식을 동시에 연립하기보다 미지수의 개수가 적은 ㉢을 나머지 식에 대입하여 미지수 하나를 줄인 후 나머지 두 개의 식만 연립하여 문제를 풀 수 있도록 합니다.
즉, ㉢을 ㉠, ㉡에 각각 대입하면 다음과 같이 ㉣, ㉤을 구할 수 있습니다.
$x+2+z+z=25$, $x+2z=22$ ······㉣
$2x+3(3+z)+4z=71$,
$2x+7z=62$ ······㉤

⑦ ㉣, ㉤을 연립하여 해를 구하면
$\begin{cases} x+2z=22 & \cdots\cdots ㉣ \\ 2x+7z=62 & \cdots\cdots ㉤ \end{cases}$
$\begin{cases} 2x+4z=44 \\ 2x+7z=62 \end{cases}$
$3z=18$ ∴ $z=6$
$x+12=22$ ∴ $x=10$

⑧ 이것을 ㉢에 대입하면 $y=3+z=9$이므로 구하는 맞힌 3점의 개수는 9개입니다.

295 정답 ③   난이도 ●●●

간단풀이

예선경기	본선경기
{(1팀 경기)+(2팀 경기)}×20,000 $= \left\{\left(6\times5\times\dfrac{1}{2}\right)+\left(7\times6\times\dfrac{1}{2}\right)\right\}\times20,000$ $=720,000$	준결승 2회, 결승전, 3, 4위전 : 총 4회 $4\times30,000=120,000$

∴ $720,000+120,000=840,000$(원)

상세풀이

예선 경기와 본선 경기 횟수를 구하여 경기 진행비용을 계산해주면 문제의 답을 구할 수 있습니다.
서로 한 번씩 경기하게 되는 예선 경기의 경우 조합을 사용하면 총 경기 수를 쉽게 구할 수 있습니다.

① 먼저 예선경기는 1팀과 2팀으로 구성되어 있는데, 팀별 경기 횟수를 구해주어야 합니다.
여기서 주의해야 할 점은 같은 경기를 반복하지 않도록 하는 것입니다.
  (1) 1팀은 6명으로 구성되어 있으므로 경기 횟수는
  $${}_6C_2=\dfrac{6\times5}{2}=15(회)$$
  (2) 2팀은 7명으로 구성되어 있으므로 경기 횟수는
  $${}_7C_2=\dfrac{7\times6}{2}=21(회)$$

② 본선경기는 예선에서 올라온 4명이 임의로 2명씩 나눠 경기하는 <u>준결승</u>, 이긴 선수들 간의 <u>결승전</u>, 진 선수들 간의 <u>3, 4위전</u>, 총 $2+1+1=4$(회)입니다.

③ 전체 경기진행 비용은 예선경기와 본선경기 비용의 합산이므로
$$\left\{\left(6\times5\times\dfrac{1}{2}\right)+\left(7\times6\times\dfrac{1}{2}\right)\right\}\times20,000+4\times30,000$$
$$=(15+21)\times20,000+4\times30,000$$
$$=36\times20,000+4\times30,000$$
$$=720,000+120,000=840,000$$
따라서 구하는 전체 경기 진행비용은 총 84만 원입니다.

296 정답 ②   난이도 ●●●

간단풀이

∴ ${}_5C_2\times(3!-4)=20$(가지)

상세풀이

① 면접관 5명 중 2명이 자기 이름이 적힌 자리에 앉을 경우의 수는 ${}_5C_2=10$(가지)입니다.

② 2명이 자기 이름이 적힌 자리에 앉고 나머지 3명이 모두 본인 이름이 아닌 다른 이름이 적힌 자리에 앉을 경우는 $3!-4=2$(가지)입니다. $3!$에서 4가지 경우를 빼는 이유는 나머지 3명 중 한 명이라도 자신의 이름이 적힌 자리에 앉는 경우를 제외시켜 줘야 하기 때문입니다.
나머지 면접관 3명을 각각 a, b, c라고 두고 자신의 이름이 적힌 의자를 A, B, C라고 하여 표(또는 수형도)를 그려보아도 좋습니다. 나머지 3명은 자신의 이름이 적힌 의자에 앉을 수 없다는 것을 유념합니다.

A	B	C	
a	b	c	X
a	c	b	X
b	a	c	X
b	c	a	O
c	a	b	O
c	b	a	X

③ 따라서 나머지 3명인 a, b, c가 의자에 앉는 방법은 다음과 같이 2가지입니다.
자신의 이름이 적힌 의자에 앉는 사람 2명을 선정하는 경우와 나머지 3명이 문제의 조건에 맞게 앉는 경우는 동시에 일어나는 일이기 때문에 곱해주어야 합니다.
∴ (2명이 자기 이름이 적힌 자리에 앉고 나머지 3명은 다른 이름이 적힌 자리에 앉게 되는 경우의 수)
$={}_5C_2\times2=10\times2=20$(가지)

297 정답 ②

난이도 ●●●

간단풀이

(소금물 5g의 농도)=x(%)
(1분동안 떨어지는 이 소금물에 포함되는 소금의 양)
$= 5 \times \dfrac{x}{100}$

$50 \times \dfrac{10}{100} + 5 \times \left(5 \times \dfrac{x}{100}\right) = (50 + 5 \times 5) \times \dfrac{8}{100}$

$500 + 25x = 600$

$25x = 100 \quad \therefore x = 4$

따라서 12분이 더 흐른 후의 소금물의 농도를 y라 하면

$75 \times \dfrac{8}{100} + 12 \times \left(5 \times \dfrac{4}{100}\right) = (50 + 5 \times 17) \times \dfrac{y}{100}$

$600 + 240 = 135y$

$\therefore y = \dfrac{840}{135} = 6.2222 \cdots$

소수점 셋째자리에서 반올림하면 6.22입니다.

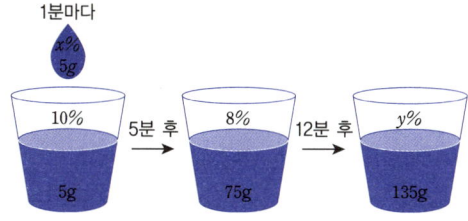

상세풀이

소금물과 관련된 문제에서는 '소금의 양을 기준으로 일차방정식을 세우는 것이 일반적입니다.
소금의 양을 구하는 공식은 다음과 같습니다.

(소금의 양) = $\dfrac{(농도)}{100} \times$(소금물의 양)

① 10%의 소금물 50g에 들어있는 소금의 양은
$50 \times \dfrac{10}{100}$ (g)입니다.

② 농도를 알 수 없는 소금물 5g의 농도를 x%라 두면, 1분동안 떨어지는 이 소금물에 포함되는 소금의 양은 $5 \times \dfrac{x}{100}$ 이므로 5분동안 떨어지는 소금물 5g에 포함되는 소금의 양은 $5 \times \left(5 \times \dfrac{x}{100}\right)$

③ 5분 후에 8% 소금물에 들어있는 소금의 양은
$(50 + 5 \times 5) \times \dfrac{8}{100}$

④ 소금물에 포함한 소금의 양을 기준으로 방정식을 세웁니다.
(10% 소금물 50g에 들어있는 소금의 양)+(1분동안 떨어지는 소금물 5g에 포함되는 소금의 양)×5
=(8% 소금물에 들어있는 소금의양)

$50 \times \dfrac{10}{100} + 5 \times \left(5 \times \dfrac{x}{100}\right) = (50 + 5 \times 5) \times \dfrac{8}{100}$

양변에 100을 곱하여 정리하면
$500 + 25x = 600$
$25x = 100 \quad \therefore x = 4$

⑤ 따라서 12분이 더 흐른 후, 즉 총 17분이 지난 후의 소금물의 농도를 y라 하면

$75 \times \dfrac{8}{100} + 12 \times \left(5 \times \dfrac{4}{100}\right)$
$= (50 + 5 \times 17) \times \dfrac{y}{100}$

$600 + 240 = 135y$

$\therefore y = \dfrac{840}{135} = 6.2222 \cdots$

소수점 셋째자리에서 반올림하면 6.22입니다.

298 정답 ④

난이도 ●●●

간단풀이

$(100 - x) + x + y = 300$
$100 + y = 300 \quad \therefore y = 200$

$(100 - x) \times \dfrac{20}{100} + x + 200 \times \dfrac{11}{100} = 300 \times \dfrac{26}{100}$

$20(100 - x) + 100x + 2,200 = 7,800$
$4,200 + 80x = 7,800$
$80x = 3,600 \quad \therefore x = 45$

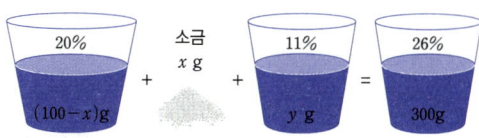

상세풀이

소금물과 관련된 문제에서는 '소금의 양을 기준으로 일차방정식을 세우는 것이 일반적입니다.
소금의 양을 구하는 공식은 다음과 같습니다.

(소금의 양) = $\dfrac{(농도)}{100} \times$(소금물의 양)

① 처음 100g에서 xg만큼의 소금물을 빼고, xg의 소금을 더하고, yg의 소금물을 더했을 때 300g의 소금물이 되므로 다음과 같은 식이 성립합니다.
$(100-x)+x+y=300$ ∴ $y=200$
따라서 11% 소금물의 양은 200g임을 알 수 있습니다.

② 20%의 소금물 100g에서 xg을 퍼내고 남은 소금물 $(100-x)$g도 농도는 그대로 20%입니다. 따라서 xg을 퍼내고 남은 20%의 소금물 $(100-x)$g에 녹아있는 소금의 양은 $(100-x) \times \dfrac{20}{100}$

③ 11% 소금물 200g에 녹아있는 소금의 양과 26% 소금물 300g에 녹아있는 소금의 양을 각각 구하면 다음과 같습니다.
(11% 소금물의 소금의 양)$=200 \times \dfrac{11}{100}$
(26% 소금물의 소금의 양)$=300 \times \dfrac{26}{100}$

④ 소금의 양을 기준으로 일차방정식을 세운다면 다음과 같습니다.
$(100-x) \times \dfrac{20}{100} + x + 200 \times \dfrac{11}{100} = 300 \times \dfrac{26}{100}$
$20(100-x)+100x+2{,}200=7{,}800$
$4{,}200+80x=7{,}800$
$80x=3{,}600$ ∴ $x=45$
따라서 구하는 답은 $x+y=45+200=245$

299 정답 ④ 난이도 ●●●

간단풀이

(첫 번째 남은 거리)$=100x+y$
(3시간 후 남은 거리)$=10y+x$
(1시간 후 남은 거리)$=10x+y$
(3시간 동안 평균속력)
$=\dfrac{100x+y-(10y+x)}{3}$ ……㉠
(1시간 동안 평균속력)
$=\dfrac{10y+x-(10x+y)}{1}$ ……㉡
이때, 속력이 일정하므로
$\dfrac{100x+y-(10y+x)}{3}=\dfrac{10y+x-(10x+y)}{1}$
$99x-9y=3(-9x+9y)$
$11x-y=-3x+3y$
$14x=4y$, $7x=2y$

x, y는 10 미만의 자연수이므로
$7x=2y=$(2와 7의 공배수)이어야 합니다. 즉
$7x=2y=14$ ∴ $x=2$, $y=7$
따라서 (첫 번째 남은 거리)$=100x+y=207$,
(3시간 후 남은 거리)$=10y+x=72$,
(1시간 후 남은 거리)$=10x+y=27$이므로 구하는 3번의 남은 거리 수의 합은 $207+72+27=306$

상세풀이

이 문제는 각각 남은 거리를 파악하여 식을 세우는 것이 중요한 문제입니다.
속력이 일정하므로 (속력)=(거리)÷(시간)의 식을 이용하여 (3시간 동안 평균속력)=(1시간 동안 평균속력)으로 식을 세워서 풀 수 있습니다.

① 우선 철수가 처음으로 확인하였을 때 남은 거리는 가운데 숫자가 0인 세 자릿수이므로 백의 자리는 x, 십의 자리는 0, 일의 자리는 y로 둡니다. 이를 식으로 나타내면 $100x+y$입니다.

② 3시간이 지난 뒤 두 번째로 확인하였을 때 남은 거리는 처음 본 제주도까지 남은 거리의 양 끝 숫자가 바뀐 두 자릿수이므로 백의 자리 x가 일의 자리로, 일의 자리 y가 십의 자리로 바뀐 $10y+x$로 나타낼 수 있습니다.

③ 여기서 1시간이 더 지난 뒤 세 번째로 확인하였을 때 남은 거리는 처음 본 제주도까지 남은 거리의 세 자릿수에서 가운데 0이 빠진 두 자릿수였으므로 백의 자리 x가 십의 자리로, 일의 자리 y는 그대로 일의 자리로 바뀐 $10x+y$로 나타낼 수 있습니다.

④ 처음 남은 거리인 $100x+y$에서 두 번째 남은 거리인 $10y+x$까지의 거리는 $100x+y-(10y+x)$입니다. 이 거리를 이동하는 동안 걸린 시간은 3시간이므로
(3시간 동안 평균속력)$=\dfrac{100x+y-(10y+x)}{3}$

⑤ 두 번째 남은 거리 $10y+x$에서 세 번째로 남은 거리 $10x+y$까지의 거리는 $10y+x-(10x+y)$입니다. 이 거리를 이동하는 동안 걸린 시간은 1시간이므로
(1시간 동안 평균속력)$=\dfrac{10y+x-(10x+y)}{1}$

⑥ ④, ⑤에서 구한 두 속력은 같으므로 다음이 성립합니다.
$\dfrac{100x+y-(10y+x)}{3}=\dfrac{10y+x-(10x+y)}{1}$

위의 식을 간단히 정리하면
$99x - 9y = 3(-9x + 9y)$
$11x - y = -3x + 3y$
$14x = 4y$, $7x = 2y$

⑦ 이때 x, y는 자연수이어야 하므로
$7x = 2y = $ (2와 7의 공배수), 즉 14의 배수이어야 하고 x, y는 10 미만의 자연수이므로 이를 만족하는 값은 14입니다. 즉,
$7x = 2y = 14$ ∴ $x = 2$, $y = 7$
따라서 $7x = 14$, $x = 2$이고 $2y = 14$, $y = 7$입니다.

⑧ 구한 x, y의 값을 각각 대입하면
(첫 번째 남은 거리) $= 100x + y = 207$,
(3시간 후 남은 거리) $= 10y + x = 72$,
(1시간 후 남은 거리) $= 10x + y = 27$이므로
구하는 3번의 남은 거리 수의 합은 $207 + 72 + 27 = 306$(km)입니다.

300 정답 ③ 난이도 ●●●

간단풀이

(전체거리) $= x$

(시속 75km로 이동한 거리) $= \frac{40}{100} \times x = \frac{2}{5}x$

점심 먹은 시간은 30분, 즉 $\frac{1}{2}$시간이므로

$\frac{\frac{2}{5}x}{75} + \frac{1}{2} + \frac{\frac{3}{5}x}{100} = \frac{10}{3}$

$\frac{8}{5}x + 150 + \frac{9}{5}x = 1,000$

$\frac{17}{5}x = 850$ ∴ $x = 250$

따라서 집에서 오션월드까지의 거리는 250km입니다.

상세풀이

이 문제는 전체 소요된 시간을 토대로 식을 세워야 합니다.

(시간) $= \frac{(거리)}{(속력)}$

① (시속 75km로 가는 데 걸린 시간) + (식사시간) + (시속 100km로 가는 데 걸린 시간) = (전체 걸린 시간)입니다.

② 집에서 오션월드까지 거리를 구해야 하므로 x로 놓습니다. 시속 75km로 전체 거리의 40% 지점에 있는 휴게소까지 이동하였으므로
(시속 75km로 가는 데 이동한 거리)
$= \frac{40}{100}x = \frac{2}{5}x$

(시속 75km로 가는 데 걸린 시간) $= \frac{\frac{2}{5}x}{75}$

③ 휴게소에서 30분 걸렸는데 현재 문제 속 단위는 '시속'이므로 분을 시간으로 고쳐줘야 합니다.

따라서 $\frac{1}{2}$

(시간)으로 고쳐서 더해줍니다. 또한 전체 거리 x에서 시속 75km로 간 거리를 뺀 값이 시속 100km로 간 거리이므로
(시속 100km로 가는 데 이동한 거리)
$= x - \frac{2}{5}x = \frac{3}{5}x$

(시속 100km로 가는 데 걸린 시간) $= \frac{\frac{3}{5}x}{100}$

④ 전체 걸린 시간은 3시간 20분, 즉 $\frac{10}{3}$시간이므로
전체 걸린 시간을 정리하면

$\frac{\frac{2}{5}x}{75} + \frac{1}{2} + \frac{\frac{3}{5}x}{100} = \frac{10}{3}$

$\frac{8}{5}x + 150 + \frac{9}{5}x = 1,000$

양변에 300을 곱하여 풀면

$\frac{17}{5}x = 850$ ∴ $x = 250$

따라서 집에서 오션월드까지의 거리는 250km입니다.

301	④	302	②	303	①	304	②	305	④
306	③	307	①	308	④	309	②	310	①
311	③	312	②	313	④	314	②	315	③
316	③	317	④	318	②	319	③	320	⑤
321	①	322	②	323	②	324	④	325	①
326	②	327	⑤	328	②	329	①	330	②
331	①	332	②	333	①				

301 정답 ④ 난이도

간단풀이 1

추천풀이

(친척의 수) = x

$\begin{cases} 50 - 5x > 0 \\ 50 - 6x < 0 \end{cases}$

$\therefore \dfrac{25}{3} < x < 10$

따라서 구하는 친척의 수는 9명입니다.

간단풀이 2

민주가 산 사과는 50개입니다.
친척이 9명일 때 사과를 5개씩 나눠주면 5개의 사과가 남고, 6개씩 나눠줄 경우 4개의 사과가 부족합니다.

상세풀이 1 **추천풀이**

문제에서 사과의 개수가 정해져 있으므로 친척의 수를 x로 놓고 각 주어진 조건을 만족하는 x를 연립부등식을 세워 풀어야 합니다.

① 처음 사과의 개수는 $10 \times 5 = 50$개입니다. 친척의 수가 x(명)이므로 사과를 1인당 5개씩 나누어 주면 사과가 남는다고 하였으므로
 $5x < 50$ $\therefore x < 10$

② 친척들 x(명)에게 사과를 6개씩 나눠주면 사과가 부족하다고 하였으므로
 $6x > 50$ $\therefore x > \dfrac{25}{3} = 8.33\cdots$

③ ①과 ②에서 얻은 부등식을 연립하면
 $\dfrac{25}{3} < x < 10$
 친척의 수는 무조건 음이 아닌 정수이므로 위의 부등식을 만족하는 x는 9입니다.
 즉, 구하는 친척의 수는 9명입니다.

상세풀이 2

이러한 문제에서는 선택지에 제시된 숫자를 상황에 맞춰 대입하여 문제를 풀 수도 있습니다.

① 민주가 구입한 사과는 50개입니다. 5개씩 나눠줄 경우 나눠준 양이 50개보다 적고, 6개씩 나눠줄 경우 나눠준 양이 50개보다 많아야 합니다.

② 친척이 6명인 경우, 5개씩 나눠줄 경우 30개, 6개씩 나눠줄 경우 36개,
 친척이 7명인 경우, 5개씩 나눠줄 경우 35개, 6개씩 나눠줄 경우 42개,
 친척이 8명인 경우, 5개씩 나눠줄 경우 40개, 6개씩 나눠줄 경우 48개,
 세가지 경우 모두 6개씩 나눠줄 경우 나눠준 양이 50개보다 적기 때문에 답이 될 수 없습니다.

③ 친척이 9명일 때 사과를 5개씩 나눠주면 45개이므로 5개의 사과가 남고, 6개씩 나눠줄 경우 54개이므로 4개의 사과가 부족합니다.

④ 친척이 10명인 경우, 5개씩 나눠줄 경우 50개이므로 남은 사과가 없고, 6개씩 나눠줄 경우 60개로 10개의 사과가 부족합니다. 따라서 답이 될 수 없습니다.

⑤ 즉, 모든 조건을 만족하는 친척의 수는 9명입니다.

Tip 이 방법은 부등식을 만족하는 x가 여러 개일 경우 구하는데 시간이 오래 걸릴 수 있으므로 유의하시길 바랍니다.

302 정답 ② 난이도

간단풀이

놀이공원에 가는 철수네 동아리 회원의 수를 x명이라고 하면,
$3{,}000x - 1{,}500 > (3{,}000 - 300)x$
$3{,}000x - 2{,}700x > 1{,}500$
$300x > 1{,}500$ $\therefore x > 5$

따라서 최소 6명이 가야 1인당 300원을 할인해주는 이벤트를 적용하는 것이 더 유리합니다.

상세풀이

철수네 동아리 회원 중 놀이공원에 가는 사람의 수를 x 라고 하겠습니다.

① **1인당 입장료에서 300원을 할인해주는 이벤트를 적용할 경우**

3,000원이던 입장료에서 300원이 할인되므로, 입장료는 2,700원이 됩니다.
즉, x명이 가게 된다면 총 비용은 $2,700x$(원)이 됩니다.

② **총 입장료에서 1,500원을 할인해주는 이벤트를 적용할 경우**

3,000원의 기본 입장료를 x명이서 내게 된다면 총 입장료는 $3,000x$원이 됩니다. 여기서 1,500원을 할인받으면 총 비용은 $3,000x - 1,500$(원)이 됩니다.

③ 문제에서 ①의 경우가 ②의 경우보다 유리하여야 하므로 부등식을 이용하여 이를 나타내면 다음과 같습니다.
(총 입장료에서 1,500원을 할인해주는 이벤트를 적용할 경우의 비용)>(1인당 입장료에서 300원을 할인해주는 이벤트를 적용할 경우의 비용)
$3,000x - 1,500 > 2,700x$
$300x > 1,500$ ∴ $x > 5$
즉 1인당 입장료에서 300원씩 할인해주는 이벤트를 적용할 경우 최소 6명 이상이 가야만 총 입장료에서 1,500원을 할인해주는 경우보다 유리하다고 할 수 있습니다.

303 정답 ①   난이도 ●●○

간단풀이

(A 학교 전체 학생 수)=x,
(B 학교 전체 학생 수)=$3x$
(A 학교 여학생 수)=$3y$,
(B 학교 여학생 수)=$4y$
따라서 A, B 학교 전체 학생수 대비 여학생 수의 비는
$\dfrac{3y}{x} : \dfrac{4y}{3x} = 9:4$

상세풀이

A, B 두 학교의 전체 학생수의 비가 1 : 3 이므로 각 학교의 전체 학생 수를 x, $3x$명이라 하고, A, B 두 학교의 여학생 수의 비가 3 : 4이므로 각 학교의 여학생 수를 $3y$, $4y$명이라 둘 수 있습니다.

	A 학교	B 학교
전체 학생 수	x	$3x$
여학생 수	$3y$	$4y$
전체 학생수 대비 여학생 수	$\dfrac{3y}{x}$	$\dfrac{4y}{3x}$

따라서 A, B 학교의 전체 학생수 대비 여학생 수의 비는
$\dfrac{3y}{x} : \dfrac{4y}{3x}$

공통된 미지수인 $\dfrac{y}{x}$ 를 모두 소거하면

$3 : \dfrac{4}{3} = 9 : 4$

따라서 전체 학생 수 대비 여학생의 비는 9 : 4 입니다.

304 정답 ②   난이도 ●○○

간단풀이

$_5C_3 \times (3-1)! = \dfrac{5 \times 4 \times 3}{3!} \times 2 = 20$

상세풀이

순서 상관없이 뽑을 때는 조합을 이용하고, 원형으로 배열하는 경우는 원순열을 이용합니다.

① 서로 다른 5개 중 3개를 순서 없이 뽑는 경우의 수는
$_5C_3 = \dfrac{5 \times 4 \times 3}{3!} = 10$

② 3개의 서로 다른 공을 원형으로 놓는 경우의 수는
$(3-1)! = 2$

③ 공을 뽑는 것과 뽑은 공을 원형으로 배열하는 것은 동시에 일어나므로
$_5C_3 \times (3-1)! = 10 \times 2 = 20$
따라서 구하는 답은 20입니다.

305 정답 ④   난이도 ●●○

간단풀이

$_6C_4 \times (4-1)! = \dfrac{6!}{4! \times 2!} \times 3! = 15 \times 6 = 90$

상세풀이

순서 상관없이 뽑을 때는 조합을 이용하고, 원형으로 배열하는 경우는 원순열을 이용합니다.

① 서로 다른 과일 6개 중 4개를 순서를 생각하지 않고 뽑는 경우의 수는
$_6C_4 = \dfrac{6!}{4! \times 2!} = \dfrac{6 \times 5}{2} = 15$

② 4개의 서로 다른 과일을 테이블 위에 원형으로 놓는 경우의 수는
$(4-1)! = 3! = 3 \times 2 = 6$

③ 위의 두 경우는 동시에 일어나므로 곱해주면
$_6C_4 \times (4-1)! = 15 \times 6 = 90$
따라서 구하는 답은 90입니다.

306 정답 ③   난이도 ●●○

간단풀이

(두 학교 전체에서 국어 모의고사 점수가 3등급 이상인 학생의 비율)
$= \dfrac{370 \times \dfrac{3}{10} + 630 \times \dfrac{2}{10}}{370 + 630} = \dfrac{237}{1,000} = 0.237$

상세풀이

A 학교에서 국어 모의고사 점수가 3등급 이상인 학생의 수는 전체 370명의 30%이므로
$370 \times \dfrac{3}{10} = 111$(명)

B 학교에서 국어 모의고사 점수가 3등급 이상인 학생의 수는 전체 630명의 20%이므로
$630 \times \dfrac{2}{10} = 126$(명)

A 학교와 B 학교의 전체 학생 수는 $370 + 630 = 1,000$(명)이므로 A 학교와 B 학교 전체에서 국어 모의고사 점수가 3등급 이상인 학생의 비를 구하면

$\dfrac{370 \times \dfrac{3}{10} + 630 \times \dfrac{2}{10}}{370 + 630} = \dfrac{111 + 126}{1,000} = \dfrac{237}{1,000}$
$= 0.237$

307 정답 ①   난이도 ●●●

간단풀이

$_6C_3 \times (0.4)^3 \times (0.6)^3$

상세풀이

이 문제는 **독립시행의 확률**에 관한 문제입니다.
어떤 시행에서 사건 A가 일어날 확률이 p일 때, 이 시행을 n회 반복하는 독립시행에서 사건 A가 r회 일어날 확률은
$P(X = r) = {_nC_r} \times p^r \times (1-p)^{n-r} (r = 0, 1, 2, \cdots, n)$

문제에서 이승엽 선수는 6회의 시행을 하였으므로 $n = 6$ 입니다. 안타를 칠 확률을 p라 하면 $p = 0.4$이므로 $1 - p = 0.6$이 되며, 안타를 친 횟수 3회이므로 $r = 3$이 됩니다.

∴ $_6C_3 \times (0.4)^3 \times (0.6)^3$

308 정답 ④   난이도 ●○○

간단풀이

11월 2일이 화요일이었다면, 5일 후인 11월 7일이 11월의 첫 번째 일요일이 됩니다.
즉, 11월 7일에서 3주가 지난 날짜가 그 달의 네 번째 일요일이 됩니다.
따라서 $3 \times 7 = 21$일 후인 11월 28일이 11월의 네 번째 일요일입니다.

상세풀이

날짜를 구하는 문제는 사칙연산으로 충분한 문제입니다. 다만 몇 가지 꼭 확인해야 할 사항들이 있습니다. 주어진 달이 몇 일까지 있는지 확인해야 합니다.

(1) 1, 3, 5, 7, 8, 10, 12월은 31일 / 2, 4, 6, 9, 11월은 30일 / 2월은 28 또는 29까지
(2) 주어진 날짜는 그 달의 몇 번째 주인지 확인해야 합니다.
(3) 주어진 달이 무슨 요일부터 시작하는지 (1일이 무슨 요일인지)

① 문제에서 주어진 날짜를 위의 사항들을 하나씩 체크하여 보겠습니다.
  (1) 11월은 30일까지 있습니다.
  (2) 11월 2일 화요일은 이 달의 첫번째 주입니다.
  (3) 11월 1일은 월요일입니다.
  위 조건을 만족시키는 20XX년 11월의 달력을 그려서 확인해보겠습니다.

일	월	화	수	목	금	토
		②	3	4	5	6
7	8	9	10	11	12	13
14	15	16	17	18	19	20
21	22	23	24	25	26	27
㉘	29	30				

② 달력에서 보이는 것처럼 7일이 첫 번째 일요일이므로, 28일이 네 번째 일요일입니다.

309 정답 ② 난이도 ●●●

간단풀이

6, 9, 10의 최소공배수는 90입니다.

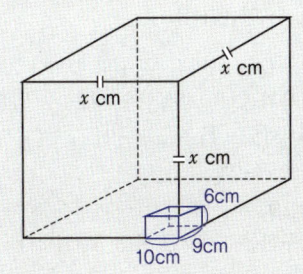

따라서 직육면체 벽돌로 만들 수 있는 가장 작은 정육면체의 한 변의 길이는 90cm입니다.

$\frac{90}{10}=9$, $\frac{90}{9}=10$, $\frac{90}{6}=15$

∴ $9 \times 10 \times 15 = 1,350$

상세풀이

이러한 문제에서는 제일 먼저 만들 수 있는 가장 작은 정육면체의 변의 길이를 구해야 합니다.

① 벽돌을 쌓았을 때 가로, 세로, 높이가 같아지는 길이를 구합니다. 즉 6, 9, 10의 최소공배수를 구하는 문제입니다. 먼저 6, 9, 10을 각각 소인수분해하면
$6 = 2 \times 3$, $9 = 3^2$, $10 = 2 \times 5$
따라서 공통인수를 모두 곱한 값, 즉 최소공배수는
$2 \times 3^2 \times 5 = 90$입니다.

따라서 가로, 세로, 높이가 같아지는 가장 짧은 길이는 90cm입니다.

$$\begin{array}{r} 2\,)\,\underline{6\quad 9\quad 10} \\ 3\,)\,\underline{3\quad 9\quad 5} \\ 1\quad 3\quad 5 \end{array}$$

② 가로 길이가 90cm가 되기 위해서는 가로 길이가 10cm인 벽돌을 9개 쌓아야 합니다. $90 \div 10 = 9$
세로 길이가 90cm가 되기 위해서는 세로 길이가 9cm인 벽돌을 10개 쌓아야 합니다. $90 \div 9 = 10$
높이가 90cm가 되기 위해서는 높이가 6cm인 벽돌을 15개 쌓아야 합니다. $90 \div 6 = 15$

③ 가장 작은 정육면체의 벽난로를 만들기 위해서는 가로 9개, 세로 10개, 높이 15개의 벽돌을 쌓아야 하므로 총 $9 \times 10 \times 15 = 1,350$(개)의 벽돌이 필요합니다.

310 정답 ① 난이도 ●●●

간단풀이

(추가한 소금의양) $= x(g)$

$150 \times \dfrac{20}{100} + x = (150 + x) \times \dfrac{40}{100}$

$300 + 10x = 4(150 + x)$

$6x = 300$ ∴ $x = 50$

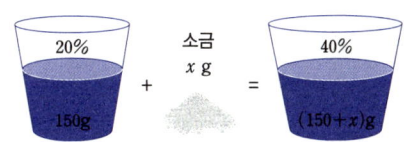

상세풀이

이 문제는 소금의 양을 기준으로 식을 세우면 쉽게 방정식을 구할 수 있습니다.

이때, 농도 A%의 소금물에 들어있는 소금의 양은

(소금의 양) = (소금물의 양) $\times \dfrac{A}{100}$

① 먼저 문제에 주어진 농도 20%의 소금물 150g에 녹아있는 소금의 양을 구하면

$150 \times \dfrac{20}{100}$ (g)

② 추가하는 소금의 양을 x라 하면 농도 40%의 소금물은 $150 + x$(g)이 되므로 이 소금물에 녹아있는 소금의 양을 구하면

$(150+x) \times \dfrac{40}{100}$ (g)

③ 소금의 양을 기준으로 식을 세우면
(농도 20%의 소금물 150g에 녹아있는 소금의 양)
$+x=$(농도 40%의 소금물 $(150+x)$g에 녹아있는 양)

$$150 \times \dfrac{20}{100}+x=(150+x) \times \dfrac{40}{100}$$
$$300+10x=600+4x$$
$$6x=300 \quad \therefore \quad x=50$$

311 정답 ③ 난이도

간단풀이

(농도 16% 소금물의 양)$=x$(g)
$$400 \times \dfrac{10}{100}+x \times \dfrac{16}{100}=(400+x) \times \dfrac{14}{100}$$
$$4{,}000+16x=14(400+x)$$
$$2x=1{,}600 \quad \therefore \quad x=800\text{(g)}$$

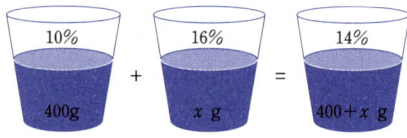

상세풀이

소금물 유형의 문제는 소금의 양을 기준으로 식을 세우면 쉽게 방정식을 구할 수 있습니다.
이때, 농도 A%의 소금물에 들어있는 소금의 양은

(소금의 양)$=$(소금물의 양)$\times \dfrac{(\text{농도})}{100}$(%)

① 첨가된 16%의 소금물의 양을 x라 하면
(농도 10%인 소금물 400g에 녹아있는 소금의 양)
$+$(농도 16%인 소금물 xg에 녹아있는 소금의 양)
$=$(농도 14%인 소금물 $(400+x)$g에 녹아 있는 소금의 양)이므로
$$400 \times \dfrac{10}{100}+x \times \dfrac{16}{100}=(400+x) \times \dfrac{14}{100}$$

② 위의 방정식을 풀면
$$4{,}000+16x=14(400+x)$$
$$2x=1{,}600 \quad \therefore \quad x=800$$
따라서 첨가된 16% 소금물의 양은 800g입니다.

312 정답 ② 난이도

간단풀이

$x-4=x-2+x-21$
$x-4=2x-23$
$\therefore x=19$

상세풀이

연속하는 수의 문제를 풀 때는 홀수나 짝수, 자연수의 특징을 이용하여 미지수를 정하고 방정식을 세우는 것이 중요합니다.
자연수가 연속할 때는 …, $x-2$, $x-1$, x, $x+1$, $x+2$, …
홀수나 짝수가 연속할 때는 …, $x-4$, $x-2$, x, $x+2$, $x+4$, …
로 나타낼 수 있습니다.

① 문제에서 가장 큰 수를 구해야 하므로 가장 큰 홀수를 x로 놓으면, 나머지 두 홀수는 $x-2$, $x-4$가 될 수 있습니다. (보통은 가운데 수를 x로 놓고, $x-2$, x, $x+2$로 미지수를 설정하는 것이 일반적이나, 문제에서 요구하는 답에 따라 미지수를 유연하게 정할 수 있습니다)

② 가장 작은 수는 나머지 두 수의 합보다 21만큼 작으므로 다음과 같은 방정식을 세울 수 있습니다.
$(x-4)=(x-2)+(x)-21$
$x-4=2x-23$
$\therefore x=19$
따라서 구하는 가장 큰 수는 19입니다.

313 정답 ④   난이도 ●●○

간단풀이

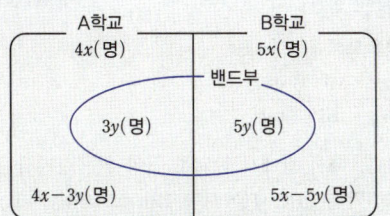

(A 학교의 전체 학생 수)$=4x$
(B 학교의 전체 학생 수)$=5x$
(A 학교 밴드부의 학생 수)$=3y$
(B 학교 밴드부의 학생 수)$=5y$
(A 학교에서 밴드부 활동을 하지 않는 학생 수)
$=4x-3y$
(B 학교에서 밴드부 활동을 하지 않는 학생 수)
$=5x-5y$
$(4x-3y):(5x-5y)=11:13$
$13(4x-3y)=11(5x-5y)$
$52x-39y=55x-55y$ ∴ $3x=16y$
따라서 A 학교의 전체 학생 수와 B 학교 밴드부의 학생 수의 비는
$4x:5y=4\times\dfrac{16}{3}y:5y=64:15$

상세풀이

해당 문제는 비의 개념에 대해서 알고 있는지를 묻는 문제입니다. 문제에서 주어진 비례식을 활용하고 학생의 수를 적절하게 미지수로 정의하는 것이 포인트입니다.

① A 학교와 B 학교의 전체 학생 수의 비가 4 : 5라 하였으므로 (A 학교의 전체 학생 수)$=4x$,
(B 학교의 전체 학생 수)$=5x$ 라 할 수 있습니다.
마찬가지로 A학교 밴드부와 B학교 밴드부의 학생의 수의 비가 3 : 5라 하였으므로
(A 학교 밴드부의 학생 수)$=3y$, (B 학교 밴드부의 학생 수)$=5y$라 할 수 있습니다.

② ①에서 구한 값을 이용하여 A 학교와 B학교에서 밴드부 활동을 하지 않는 학생의 수를 각각 구하면
(A 학교에서 밴드부 활동을 하지 않는 학생 수)
$=4x-3y$
(B 학교에서 밴드부 활동을 하지 않는 학생 수)
$=5x-5y$
이 둘의 비가 11 : 13 이라 하였으므로
$(4x-3y):(5x-5y)=11:13$
$13(4x-3y)=11(5x-5y)$
$52x-39y=55x-55y$ ∴ $3x=16y$

③ 구하는 A 학교의 전체 학생 수와 B 학교 밴드부의 학생 수의 비는
(A 학교의 전체 학생 수) : (B 학교 밴드부의 학생 수)
$=4x:5y$이고
②에서 구한 $3x=16y$, 즉 $x=\dfrac{16}{3}y$를 대입하면
$4\times\dfrac{16}{3}y:5y=64:15$
따라서 구하는 학생 수의 비는 64 : 15입니다.

314 정답 ②   난이도 ●●○

간단풀이 1

(시속 4km로 뛴 시간)$=x$,
(시속 3km로 뛴 시간)$=y$
$\begin{cases} x+y=4 \\ 4x+3y=15 \end{cases}$
∴ $x=3$, $y=1$
따라서 종수가 시속 4km로 뛴 거리는 $4x=12$(km)입니다.

간단풀이 2

(시속 4km로 뛴 거리)$=x$,
(시속 3km로 뛴 거리)$=15-x$
$\dfrac{x}{4}+\dfrac{15-x}{3}=4$
$3x+4(15-x)=48$ ∴ $x=12$
따라서 시속 4km로 뛴 거리는 12(km)입니다.

상세풀이

(거리)$=$(속력)$\times$(시간) 공식을 이용하여 방정식을 세워 연립하여 푸는 문제입니다.
이때, 구하는 값을 적절하게 미지수로 놓고 풀어야 시간을 절약할 수 있습니다.

① 종수가 헬스장에서 시속 4km로 뛴 시간과 시속 3km로 뛴 시간을 각각 미지수 x와 y로 정의합니다. 종수는 총 4시간 동안 런닝머신을 뛰었으므로 $x+y=4$ 식을 얻을 수가 있습니다.

② 종수가 운동한 거리는 총 15km입니다. 이때 종수가 뛴 총 거리는 시속 4km로 뛴 거리와 시속 3km로 뛴 거리의 합입니다. 즉, (총 거리)$=$(시속 4km로 뛴 거리)$+$(시속 3km로 뛴 거리)

③ 총 거리는 15km이며 시속 4km로 뛴 거리는 $4x$로 표현할 수 있으며 시속 3km로 뛴 거리는 $3y$로 표현할 수 있습니다. 따라서 $4x+3y=15$ 식을 얻을 수가 있습니다.

④ $\begin{cases} x+y=4 \\ 4x+3y=15 \end{cases}$ 을 연립하여 풀면

$\begin{cases} 4x+4y=16 \\ 4x+3y=15 \end{cases}$

∴ $y=1$

이것을 첫번째 식에 대입하면
$x+1=4$ ∴ $x=3$

⑤ 구하는 것은 종수가 시속 4km로 뛴 거리이므로
$4x=4\times 3=12$(km)입니다.

315 정답 ③ 난이도 ●●○

간단풀이

학교에서 집으로 가는 길 중
(내리막 길의 거리)=x(km),
(오르막 길의 거리)=y(km)

$\begin{cases} \dfrac{x}{15}+\dfrac{y}{10}=\dfrac{48}{60} \\ \dfrac{y}{12}+\dfrac{x}{5}=\dfrac{66}{60} \end{cases}$

∴ $x=3$, $y=6$
∴ $x+y=3+6=9$(km)
따라서 학교에서 집까지의 거리는 9km입니다.

상세풀이

문제에서 주어진 조건은 학교에서 집으로 갈 때와 돌아올 때의 속력과 시간입니다. 따라서 거리를 미지수로 두고 (시간)=$\dfrac{(거리)}{(속력)}$ 공식을 이용하여 연립방정식을 세웁니다.
이때, 같은 경로를 경유하지만, 집으로 갈 때의 오르막길, 학교로 돌아올 때는 내리막 길이라는 것에 주의합니다. 또한, 시간단위를 통일시키는 것도 중요합니다.

① 학교에서 집으로 가는 길 중 내리막길의 거리를 x(km), 오르막길의 거리를 y(km)라 두면 학교에서 집으로 가는 길에서 내리막길은 시속 15km, 오르막길은 시속 10km로 이동했다고 하였으므로 이동하는 데 걸린 시간은 각각 $\dfrac{x}{15}$ 시간, $\dfrac{y}{10}$ 시간입니다.

이때, 총 48분, 즉 48분=$\dfrac{48}{60}$ 시간이 걸렸다고 하였으므로

$\dfrac{x}{15}+\dfrac{y}{10}=\dfrac{48}{60}$

② 한편, 다시 집에서 학교로 돌아가는 길에서는 먼저 내리막길 y(km)을 시속 12km로 이동하고, 오르막길 x(km)을 시속 5km로 이동했으므로 각각 이동하는 데 걸린 시간은 $\dfrac{y}{12}$ 시간, $\dfrac{x}{5}$ 시간입니다. 이때, 총 1시간 6분, 즉 66분=$\dfrac{66}{60}$ 시간이 걸렸다고 하였으므로

$\dfrac{y}{12}+\dfrac{x}{5}=\dfrac{66}{60}$

③ ①, ②에서 구한 두 식을 연립하여 풀면

$\begin{cases} \dfrac{x}{15}+\dfrac{y}{10}=\dfrac{48}{60} \\ \dfrac{y}{12}+\dfrac{x}{5}=\dfrac{66}{60} \end{cases}$

각 식을 간단히 하면

$\begin{cases} 4x+6y=48 \\ 5y+12x=66 \end{cases}$

$\begin{cases} 12x+18y=144 \\ 12x+5y=66 \end{cases}$

$13y=78$ ∴ $y=6$
이것을 $4x+6y=48$에 대입하면
$4x+36=48$
$4x=12$ ∴ $x=3$
따라서 학교에서 집까지는 3km의 내리막길과 6km의 오르막길이 있습니다.

④ 구하는 것은 학교에서 집까지의 거리이므로
$x+y=3+6=9$(km)입니다.

316 정답 ③ 난이도 ●●○

간단풀이

(철수의 나이)=x, (영미의 나이)=y

$\begin{cases} x:y=3:2 \\ (x+6):(y+6)=5:4 \end{cases}$

$\begin{cases} 2x=3y \\ 4(x+6)=5(y+6) \end{cases}$

$$\begin{cases} 2x=3y \\ 4x-5y=6 \end{cases}$$
$2(3y)-5y=6$ $\therefore y=6,\ x=9$

상세풀이

① 이 문제는 비례식의 성질을 묻는 문제입니다. 현재 철수의 나이를 x, 영미의 나이를 y로 두면, 6년 후의 철수의 나이는 $x+6$, 영미의 나이는 $y+6$이 됩니다.
문제에서 철수와 영미의 현재 나이의 비가 $3:2$라 하였으므로 $x:y=3:2$이고, 6년 후 나이의 비는 $5:4$라 하였으므로 $(x+6):(y+6)=5:4$가 성립합니다. 각 비례식을 외항의 곱과 내항의 곱을 같음을 이용하여 비례식을 풀면 다음과 같습니다.
$$\begin{cases} 2x=3y \\ 4(x+6)=5(y+6) \end{cases}$$

② 두 번째 식을 간단히 하여 풀면
$$\begin{cases} 2x=3y \\ 4x-5y=6 \end{cases}$$
첫 번째 식을 두번째 식에 대입하여 풀면
$2(3y)-5y=6$ $\therefore y=6$
이것을 다시 첫 번째 식에 대입하면
$2x=18$ $\therefore x=9$
따라서 철수의 나이는 9살이고, 영미의 나이는 6살입니다.

317 정답 ④

간단풀이

$2\times$(작년 수학을 선택한 학생 수)=(작년 과학을 선택한 학생 수)+(작년 영어를 선택한 학생 수)
$3\times$(작년 수학을 선택한 학생 수)=600
$\therefore$ (작년 수학을 선택한 학생 수)=200(명)
(작년 과학을 선택한 학생 수)=a,
(작년 영어를 선택한 학생 수)=b
$a+b=400$
$\therefore$ (올해 학생 수)
$= a+10+200\times(1-0.2)+b-15$
$= a+b+155=555$(명)

상세풀이

① 작년 수학을 선택한 학생 수는 작년 과학을 선택한 학생 수와 작년 영어를 선택한 학생 수의 평균이므로
(작년 수학을 선택한 학생 수)

$$=\frac{(\text{작년 과학을 선택한 학생 수})+(\text{작년 영어를 선택한 학생 수})}{2}$$

$\therefore 2\times$(작년 수학을 선택한 학생 수)=(작년 과학을 선택한 학생 수)+(작년 영어를 선택한 학생 수)
이때, 작년 전체 학생 수는 600명이므로 모든 학생의 수를 더하면
$3\times$(작년 수학을 선택한 학생 수)=600
$\therefore$ (작년 수학을 선택한 학생 수)=200(명)

② 이제 올해 수학, 과학, 영어를 선택한 학생의 수를 구해봅니다.
작년 과학을 선택한 학생 수를 a, 작년 영어를 선택한 학생 수를 b라 두면 $a+b=400$입니다.

③ 올해 수학을 선택한 학생 수는 작년보다 20% 감소하였으므로 $200\times(1-0.2)=160$명이고, 과학을 선택한 학생 수는 작년보다 10명 많으므로 $a+10$명, 영어를 선택한 학생 수는 작년보다 15명이 더 적으므로 $b-15$명입니다. 이것을 식으로 나타내면
(올해 학생 수)$=160+(a+10)+(b-15)$
$=a+b+155$

④ 이때, $a+b=400$ 이므로
(올해 학생 수)$=a+b+155=400+155=555$
따라서 구하는 올해 A 학교의 전체 학생 수는 555명입니다.

318 정답 ③

간단풀이 1

(어제 어린이 방문자 수)=x,
(어제 성인 방문자 수)=y
$$\begin{cases} x+y=75 \\ 0.85x+1.2y=76 \end{cases}$$
$$\begin{cases} 1.2x+1.2y=90 \\ 0.85x+1.2y=76 \end{cases}$$
$0.35x=14$ $x=40$
$40+y=75$ $\therefore y=35$
$\therefore$ (어제 어린이 방문자 수) : (어제 성인 방문자 수)
$=40:35=8:7$

간단풀이 2

$\begin{cases} x+y=75 \\ -0.15x+0.2y=1 \end{cases}$

$\begin{cases} 0.2x+0.2y=15 \\ -0.15x+0.2y=1 \end{cases}$

$0.35x=14 \quad x=40$

$40+y=75 \quad \therefore y=35$

∴ (어제 어린이 방문자 수) : (어제 성인 방문자 수)
　　= 40 : 35 = 8 : 7

상세풀이 1

구하고자 하는 것은 어린이 방문자 수와 성인 방문자 수의 비이므로 각각 미지수 x와 y로 정의라고 문제에 주어진 조건대로 방정식을 세워 연립하여 풀 수 있습니다. 이때, 문제에서 주어진 방문자의 증가와 감소를 식으로 올바르게 표현해야 합니다.

① 어제 전체 방문자 수가 75명이므로 $x+y=75$ 입니다.

② 오늘 어린이 방문자 수는 어제보다 15% 감소하였다고 하였으므로 오늘 어린이 방문자 수는 $0.85x$이고, 어른 방문자 수는 어제보다 20% 증가하였다고 하였으므로 오늘 어른 방문자 수는 $1.2y$입니다. 오늘 전체 방문자 수가 어제보다 한 명 더 증가하였다고 하였으므로 다음과 같은 식을 세울 수 있습니다.
$0.85x+1.20y=76$

③ ①, ②에서 구한 두 식을 연립하여 x, y를 구합니다.

$\begin{cases} x+y=75 \\ 0.85x+1.2y=76 \end{cases}$

$\begin{cases} 1.2x+1.2y=90 \\ 0.85x+1.2y=76 \end{cases}$

$0.35x=14 \quad x=40$

이것을 첫 번째 식에 대입하여 풀면
$40+y=75 \quad \therefore y=35$

따라서 어제 놀이공원을 방문한 어린이의 수는 40명이며 어른의 수는 35명입니다.

④ 구하는 것은 어린이 방문자 수와 성인 방문자 수의 비이므로
$40 : 35 = 8 : 7$

상세풀이 2

문제에서 전체 방문자 수가 1명 증가했다고 하였으므로 변화량을 기준으로 식을 세우면 더 간단합니다.

① 어제 전체 방문자 수가 75명이므로 $x+y=75$ 입니다.

② 오늘 어린이 방문자 수는 어제보다 15% 감소하였다고 하였으므로 오늘 감소한 어린이 방문자 수는 $0.15x$이고, 어른 방문자 수는 어제보다 20% 증가하였다고 하였으므로 오늘 증가한 어른 방문자 수는 $0.2y$입니다. 오늘 전체 방문자 수가 어제보다 한 명 더 증가하였다고 하였으므로 다음과 같은 식을 세울 수 있습니다.
$-0.15x+0.2y=1$

③ ①, ②에서 구한 두 식을 연립하여 x, y를 구합니다.

$\begin{cases} x+y=75 \\ -0.15x+0.2y=1 \end{cases}$

$\begin{cases} 0.2x+0.2y=15 \\ -0.15x+0.2y=1 \end{cases}$

$0.35x=14 \quad x=40$

이것을 첫 번째 식에 대입하여 풀면
$40+y=75 \quad \therefore y=35$

④ 구하는 것은 어린이 방문자 수와 성인 방문자 수의 비이므로
$40 : 35 = 8 : 7$

319　정답 ③　난이도 ●●○

간단풀이 1

(작년 여성 관람객의 수) $=x$,
(작년 남성 관람객의 수) $=y$
$x=0.65(x+y)$ …… ㉠
(올해 여성 관람객의 수) $=x-3{,}000$,
(올해 남성 관람객의 수) $=y+1{,}000$
$x-3{,}000=0.45(x-3{,}000+y+1{,}000)$
$x-3{,}000=0.45(x+y)-900$ …… ㉡

㉠에서 $x+y=\dfrac{100}{65}x$을 ㉡에 대입하면

$x-3{,}000=0.45 \times \dfrac{100}{65}x-900$

$x-\dfrac{45}{65}x=2{,}100$

$\dfrac{4}{13}x=2{,}100 \quad \therefore x=2{,}100 \times \dfrac{13}{4}=6{,}825$

∴ (올해 여성 관람객의 수) $=6{,}825-3{,}000=3{,}825$(명)

간단풀이 2

(작년 전체 관람객 수) $=x$
(작년 여성 관람객의 수) $=0.65x$
(작년 남성 관람객의 수) $=0.35x$
(올해 여성 관람객의 수) $=0.65x-3{,}000$
(올해 남성 관람객의 수) $=0.35x+1{,}000$

(올해 전체 관람객 수)
$= 0.65x - 3,000 + 0.35x + 1,000$
$= x - 2,000$
$0.65x - 3,000 = 0.45(x - 2,000)$
$0.2x = 2,100$ ∴ $x = 10,500$
∴ (올해 여성 관람객의 수)
$= 0.65x - 3,000 = 6,825 - 3,000 = 3,825$(명)

상세풀이 1

① 먼저 작년 락 페스티벌에 방문한 여성 관람객과 남성 관람객의 수를 각각 x와 y로 정의합니다. 이때, 작년 여성 방문자가 전체 락 페스티벌 방문자의 65%라 하였으므로 $x = 0.65(x+y)$ …… ㉠

② 올해 여성 관람객의 수는 3,000명 감소하였으므로 올해 여성 관람객의 수는 $x - 3,000$ 이고, 남성 관람객의 수는 1,000명 증가하였다고 하였으므로 올해 남성 관람객의 수는 $y + 1,000$ 입니다.
올해 여성 관람객 비율이 전체 관람객의 45%라 하였으므로
$x - 3,000 = 0.45(x - 3,000 + y + 1,000)$
$x - 3,000 = 0.45(x+y) - 900$ …… ㉡

③ 위에서 구한 ㉠, ㉡의 식을 연립하여 풀 때 각각을 간단히 정리하여 푸는 것보다 더 빠르게 푸는 방법이 있습니다.
현재 문제에서 주어진 조건이 전체 관람객에 대한 여성 관람객의 비율로 주어졌으므로, 두 방정식 모두 여성 관람객 x와 전체 관람객 $(x+y)$으로 표현되는 것을 알 수 있습니다. 따라서 해당 문제에서는 따로 y를 구해 연립 방정식을 세우기보단 $(x+y)$ 식을 대입하면 문제를 쉽게 풀 수 있습니다.

㉠에서 $x + y = \frac{100}{65}x$ 을 ㉡에 대입하면

$x - 3,000 = 0.45 \times \frac{100}{65}x - 900$

$x - \frac{45}{65}x = 2,100$

$\frac{4}{13}x = 2,100$ ∴ $x = 2100 \times \frac{13}{4} = 6,825$

따라서 작년 여성 관람객 수는 6,825명입니다.

④ 구하는 것은 올해 여성 관람객 수이므로
$x - 3,000 = 6,825 - 3,000 = 3,825$(명)

상세풀이 2

작년 전체 관람객 수를 미지수로 놓고 식을 하나만 세워 풀 수도 있습니다.

① 작년 락 페스티벌에 방문한 전체 관람객 수를 x로 놓으면 작년 여성 관람객 수는 전체의 65%이므로 $0.65x$, 작년 남성 관람객의 수는 $0.35x$라 할 수 있습니다.

② 올해 여성 관람객의 수는 3,000명 감소하였으므로 올해 여성 관람객의 수는 $0.65x - 3,000$ 이고, 남성 관람객의 수는 1,000명 증가하였다고 하였으므로 올해 남성 관람객의 수는 $0.35x + 1,000$ 입니다. 따라서 올해 전체 관람객 수는
$0.65x - 3000 + 0.35x + 1,000 = x - 2,000$(명)
입니다. 이때, 올해 여성 관람객 비율이 전체 관람객의 45%라 하였으므로
$0.65x - 3,000 = 0.45(x - 2,000)$
$0.2x = 2,100$ ∴ $x = 10,500$

③ 문제에서 구하는 것은 올해 여성 관람객 수이므로
$0.65x - 3,000 = 6,825 - 3,000 = 3,825$(명)

320 정답 ⑤ 난이도 ●●○

간단풀이

$1,200 - 1,200 \times \frac{x}{100} = 600$

$1,200 \times \frac{x}{100} = 600$ ∴ $x = 50$

$1.5A = 1,200$ ∴ $A = 800$

상세풀이

① 올해 20주년 행사 기간 동안 기존의 샤프 판매 가격인 1,200원에서 x%를 인하하여 600원에 판매하기로 한 것을 방정식으로 나타내면 다음과 같습니다.

$1,200 - 1,200 \times \frac{x}{100} = 600$

$12x = 600$ ∴ $x = 50$

② ○○문구점에서는 샤프 한 개의 원가(A)에 x%, 즉 50%의 이익을 붙여 1,200원으로 판매하였습니다. 이를 방정식으로 나타내면 다음과 같습니다.

$A + \frac{50}{100}A = 1,200$

$1.5A = 1,200$ ∴ $A = 800$

따라서 샤프 한 개의 원가는 800원입니다.

321 정답 ②   난이도

간단풀이

(수박 3개를 구매할 때의 가격)
$= 7{,}600 \times \left(1 - \dfrac{5}{100}\right) \times 3 = 21{,}660$(원)

(수박 6개를 구매할 때의 가격)
$= 7{,}600 \times \left(1 - \dfrac{30}{100}\right) \times 2 + 7{,}600 \times 4 = 41{,}040$(원)

따라서 구하는 금액 차는
$41{,}040 - 21{,}660 = 19{,}380$(원)

상세풀이

할인가격은 정가에 (1-할인율)을 곱하여 구합니다.
(할인가격) $= $ (정가) $\times \left(1 - \dfrac{\text{할인율}}{100}\right)$

① 수박 3개를 한 번에 구매할 때는 한 개에 5%씩 할인해주기로 하였으므로 수박 한 개 할인 가격을 구한 뒤 3을 곱하여 식을 세워줍니다.
(수박 3개를 구매할 때의 가격)
$= 7{,}600 \times \left(1 - \dfrac{5}{100}\right) \times 3 = 21{,}660$(원)

② 수박 6개를 한 번에 구매할 때는 두 개만 30% 할인해준다 하였으므로
(수박 6개를 구매할 때의 가격)
$= 7{,}600 \times \left(1 - \dfrac{30}{100}\right) \times 2 + 7{,}600 \times 4$
$= 41{,}040$(원)

③ 이 둘의 가격 차이를 구해야 하므로
$41{,}040 - 21{,}660 = 19{,}380$(원)

322 정답 ②   난이도

간단풀이

$(x + 0.3x) \times \left(1 - \dfrac{10}{100}\right) - x \geq 5{,}100$
$1.3x \times 0.9 - x \geq 5{,}100$
$1.17x - x \geq 5{,}100, \quad 0.17x \geq 5{,}100$
$17 \geq 510{,}000 \quad \therefore x \geq 30{,}000$

상세풀이

먼저, '(이익) = (판매가격) - (원가)' 인 것을 알고 식을 세워야 합니다.

원재료의 가격인 원가에서 이익을 가산한 가격을 정가라고 하고, 판매가격은 이 정가에서 할인율을 적용하여 실제로 판매하는 가격을 말합니다. 즉,
(판매가격) $= $ (정가) $\times \left(1 - \dfrac{(\text{할인율})}{100}\right)$

① 원가를 x로 두면 정가는 30% 이익을 붙인다고 하였으므로 (정가) $= x \times (1 + 0.3) = 1.3x$
정가에서 10% 할인한 가격이 판매가격이므로
(판매가격) $= 1.3x \times (1 - 0.1) = 1.3x \times 0.9$
$\qquad\qquad\quad = 1.17x$

② (이익) = (판매가격) - (원가)이므로
(이익) $= 1.17x - x = 0.17x$

③ (이익) $\geq 5{,}100$이므로
$0.17x \geq 5{,}100$
$17x \geq 510{,}000 \quad \therefore x \geq 30{,}000$
따라서 원가의 최솟값은 30,000원입니다.

323 정답 ②   난이도

간단풀이 1

(민수의 일률) $= x$, (영진의 일률) $= y$
$\begin{cases} x + y = \dfrac{1}{8} \\ 4x + 14y = 1 \end{cases}$
$\therefore x = \dfrac{3}{40}, \ y = \dfrac{1}{20}$

영진이가 혼자 더 일해야 하는 날을 k(일)이라 하면
$6 \times \dfrac{3}{40} + k \times \dfrac{1}{20} = 1$
$18 + 2k = 40$
$2k = 22 \quad \therefore k = 11$
따라서 영진이가 혼자 더 일해야 하는 날은 11일입니다.

간단풀이 2

(민수의 일률) $= x$, (영진의 일률) $= y$
(전체 일의 양) $= (x + y) \times 8$
$4x + 14y = (x + y) \times 8 \quad \therefore x = \dfrac{3}{2}y$
$\therefore$ (전체 일의 양) $= 8 \times \left(\dfrac{3}{2}y + y\right) = 20y$

민수 혼자서 6일 동안 한 뒤 영진이가 해야 하는 남은 일의 양은 $20y - \left(6 \times \dfrac{3}{2}y\right) = 20y - 9y = 11y$
이므로 영진이는 11일 더 일하면 됩니다.

상세풀이 1

일률 문제를 풀 때에는 전체 일의 양을 1로 가정하고 문제를 해결하는 게 좋습니다.
(일의 양) = (일률) × (시간)

① 민수의 일률을 x, 영진의 일률을 y라 놓으면 민수와 영진이가 같이 페인트칠을 한다면 8일만에 끝낼 수 있으므로
$$8(x+y) = 1, \quad x+y = \frac{1}{8}$$

② 민수가 4일 동안 혼자서 페인트칠을 하다가 나머지를 영진이 혼자 14일 동안 일을 더 하고 마무리되었다고 하였으므로 $4x + 14y = 1$

③ 위에서 구한 두 식을 연립하면
$$\begin{cases} x + y = \dfrac{1}{8} \\ 4x + 14y = 1 \end{cases}$$
$$\begin{cases} 2x + 2y = \dfrac{1}{4} \\ 2x + 7y = \dfrac{1}{2} \end{cases}$$
$$5y = \frac{1}{4} \quad \therefore y = \frac{1}{20}$$

이것을 $x + y = \dfrac{1}{8}$에 대입하면
$$x + \frac{1}{20} = \frac{1}{8} \quad \therefore x = \frac{1}{8} - \frac{1}{20} = \frac{3}{40}$$

④ 민수 혼자서 6일 동안 하다가 영진이에게 넘겨준 뒤 며칠을 일을 더 해야 일을 마치는지 구해야 하므로 영진이가 혼자 더 일해야 하는 날을 k(일)이라 하면 다음의 식이 성립합니다.
$$6 \times \frac{3}{40} + k \times \frac{1}{20} = 1$$
$$18 + 2k = 40$$
$$2k = 22 \quad \therefore k = 11$$

따라서 영진이가 혼자 더 일해야 하는 날은 11일입니다.

상세풀이 2

전체 일의 양을 1이 아닌, 두 사람이 일하는 시간의 최소공배수로 정할 수도 있습니다. 이 방법을 이용하면 분수 계산 없이 문제를 풀 수 있습니다.
(일의양) = (일률) × (시간)

① 민수의 일률을 x, 영진의 일률을 y라 할 때 민수와 영진이가 같이 페인트칠을 한다면 8일만에 끝낼 수 있으므로 (전체 일의양) = $(x+y) \times 8$로 놓을 수 있습니다.

② 민수가 4일 동안 혼자서 페인트칠을 하다가 나머지를 영진이 혼자 14일 동안 일을 더 하고 마무리되었다고 하였으므로
$$4x + 14y = 8(x+y)$$
$$4x = 6y \quad \therefore x = \frac{3}{2}y$$

즉, 민수의 일률은 $\dfrac{3}{2}y$라 할 수 있으므로 ①의 식에 대입하면
$$(\text{전체 일의 양}) = 8 \times \left(\frac{3}{2}y + y\right) = 8 \times \frac{5}{2}y = 20y$$

③ 민수 혼자서 6일 동안 하다가 영진이에게 넘겨준 뒤 며칠을 일을 더 해야 일을 마치는지 구해야 하므로 전체 일의 양에서 민수가 6일 동안 한 일의 양을 뺀 남은 일의 양은
$$20y - \left(6 \times \frac{3}{2}y\right) = 20y - 9y = 11y$$

따라서 영진이가 마무리해야 하는 일의 양은 $11y$이므로 11일을 더 일하면 됩니다.

324 정답 ④ 난이도 ●●○

간단풀이 1

(철수의 일률) = $\dfrac{1}{12}$, (영희의 일률) = $\dfrac{1}{24}$,
(민수의 일률) = $\dfrac{1}{x}$

$$4 \times \frac{1}{12} + 3\left(\frac{1}{12} + \frac{1}{24}\right) + 1 \times \left(\frac{1}{24} + \frac{1}{x}\right) = 1$$
$$\frac{1}{3} + \frac{3}{8} + \frac{1}{24} + \frac{1}{x} = 1$$
$$\frac{1}{x} = \frac{1}{4} \quad \therefore x = 4$$

따라서 민수가 혼자 과제를 하면 4일이 걸립니다.

간단풀이 2

(전체 일의 양) = 24
(철수의 일률) = 2, (영희의 일률) = 1,
(민수의 일률) = $\dfrac{24}{x}$

$$4 \times 2 + 3 \times (2+1) + 1 \times \left(1 + \frac{24}{x}\right) = 24$$
$$\frac{24}{x} = 6 \quad \therefore x = 4$$

따라서 민수가 혼자 과제를 하면 4일이 걸립니다.

상세풀이 1

일률 문제를 풀 때에는 전체 일의 양을 1로 가정하고 문제를 해결하는 게 좋습니다.
(일의 양) = (일률) × (시간)

① 전체 과제의 양을 1이라 하면 이 과제를 끝내는데 철수는 12일이 걸리고, 영희는 24일이 걸린다고 했으므로

(철수의 일률) = $\dfrac{1}{12}$, (영희의 일률) = $\dfrac{1}{24}$

또한, 구하는 민수가 혼자 과제를 끝내는 데 걸린 기간을 x라 하면 민수의 일률은 $\dfrac{1}{x}$ 입니다.

② 철수가 혼자 4일 동안 과제를 하다가 철수와 영희가 함께 3일 동안 더 하고, 나머지 과제를 영희와 민수가 하루동안 더 하여 끝냈다고 하였으므로

$$4 \times \dfrac{1}{12} + 3\left(\dfrac{1}{12} + \dfrac{1}{24}\right) + 1 \times \left(\dfrac{1}{24} + \dfrac{1}{x}\right) = 1$$

③ 위에서 구한 식을 풀면

$$\dfrac{1}{3} + \dfrac{3}{8} + \dfrac{1}{24} + \dfrac{1}{x} = 1$$

$$\dfrac{3}{4} + \dfrac{1}{x} = 1$$

$$\dfrac{1}{x} = \dfrac{1}{4} \quad \therefore \ x = 4$$

따라서 민수가 혼자서 과제를 끝내는 데 걸린 기간은 4일입니다.

상세풀이 2

일률에 관한 문제를 풀 때는 보통 전체 일의 양을 1로 가정하고 문제를 해결하지만 분수 형태로 계산하는 것이 불편하다면 전체 과제의 양을 12, 24, 4, 3의 최소공배수인 24로 두어 분수 계산 없이 문제를 해결할 수도 있습니다.

① 전체 과제의 양을 24라 가정하면 이 과제를 끝내는데 철수는 12일이 걸리고, 영희는 24일이 걸린다고 했으므로

(철수의 일률) = $\dfrac{24}{12} = 2$, (영희의 일률) = $\dfrac{24}{24} = 1$

또한, 구해야 하는 민수가 혼자 과제를 끝내는 데 걸린 기간을 x라 하면 민수의 일률은 $\dfrac{24}{x}$ 입니다.

② 철수가 혼자 4일 동안 과제를 하다가 철수와 영희가 함께 3일 동안 더 하고, 나머지 과제를 영희와 민수가 하루동안 더 하여 끝냈다고 하였으므로

$$4 \times 2 + 3 \times (2+1) + 1 \times \left(1 + \dfrac{24}{x}\right) = 24$$

$$8 + 9 + 1 + \dfrac{24}{x} = 24$$

$$\dfrac{24}{x} = 6 \quad \therefore \ x = 4$$

즉, 민수가 혼자 과제를 하면 4일이 걸립니다.

325 정답 ① 난이도 ●●○

간단풀이 1

(철수의 일률) = $\dfrac{1}{12}$, (영미의 일률) = $\dfrac{1}{18}$

$$3 \times \left(\dfrac{1}{12} + \dfrac{1}{18}\right) + x \times \dfrac{1}{18} + 3 \times \left(\dfrac{1}{12} + \dfrac{1}{18}\right) = 1$$

$$\dfrac{5}{12} + \dfrac{x}{18} + \dfrac{5}{12} = 1$$

$$\dfrac{x}{18} = \dfrac{1}{6} \quad \therefore \ x = 3$$

따라서 영미가 혼자 일한 기간은 3일입니다.

간단풀이 2

(전체 일의 양) = 36
(철수의 일률) = 3, (영미의 일률) = 2
$3 \times (3+2) + x \times 2 + 3 \times (3+2) = 36$
$30 + 2x = 36$
$2x = 6 \quad \therefore \ x = 3$
따라서 영미가 혼자 일한 기간은 3일입니다.

상세풀이 1

일률 문제를 풀 때에는 전체 일의 양을 1로 가정하고 문제를 해결하는 게 좋습니다.
(일의 양) = (일률) × (시간)

① 전체 인테리어 공사의 양을 1이라 하면 이 공사를 끝내는데 철수는 12일이 걸리고, 영미는 18일이 걸린다고 했으므로

(철수의 일률) = $\dfrac{1}{12}$, (영미의 일률) = $\dfrac{1}{18}$

② 철수와 영미가 함께 3일 동안 일을 하다가 영미가 혼자서 일을 하고, 다시 철수와 영미가 함께 3일 동안 일을 더 하여 끝냈다고 하였습니다. 이때, 구해야 하는 영미가 혼자 일한 기간을 x라 하면

$$3 \times \left(\dfrac{1}{12} + \dfrac{1}{18}\right) + x \times \dfrac{1}{18} + 3 \times \left(\dfrac{1}{12} + \dfrac{1}{18}\right) = 1$$

③ 위에서 구한 식을 풀면

$$\dfrac{5}{12} + \dfrac{x}{18} + \dfrac{5}{12} = 1$$

$\dfrac{x}{18}=\dfrac{1}{6}$ ∴ $x=3$

따라서 영미가 혼자 일한 기간은 3일입니다.

상세풀이 2

일률에 관한 문제를 풀 때는 보통 전체 일의 양을 1로 가정하고 문제를 해결하지만 분수 형태로 계산하는 것이 불편하다면 전체 과제의 양을 12, 18, 3의 최소공배수인 36로 두어 분수 계산 없이 문제를 해결할 수도 있습니다.

① 전체 과제의 양을 36이라 가정하면 이 과제를 끝내는데 철수는 12일이 걸리고, 영미는 18일이 걸린다고 했으므로

(철수의 일률)=$\dfrac{36}{12}=3$, (영미의 일률)=$\dfrac{36}{18}=2$

② 철수와 영미가 함께 3일 동안 일을 하다가 영미가 혼자서 x일 동안 일을 하고, 다시 철수와 영미가 함께 3일 동안 일을 더 하여 끝냈다고 하였으므로
$3\times(3+2)+x\times 2+3\times(3+2)=36$
$30+2x=36$
$2x=6$ ∴ $x=3$

따라서 영미가 혼자 일한 기간은 3일입니다.

326 정답 ②

간단풀이

$x\times\dfrac{4}{100}+(600-x)\times\dfrac{10}{100}=600\times\dfrac{8}{100}$
$4x+6{,}000-10x=4{,}800$
$6x=1{,}200$ ∴ $x=200(\text{g})$

상세풀이 1

설탕물에 들어있던 설탕의 양을 기준으로 식을 세워 풀 수 있습니다.

(소금의 양)=(소금물의 양)$\times\dfrac{(\text{농도})}{100}$

① 먼저 구해야 하는 4%의 설탕물의 양을 $x(\text{g})$으로 두면 10%의 설탕물을 합하여 8%의 설탕물 600g이 되었으므로 10%의 설탕물의 양은 $600-x(\text{g})$입니다.

② 설탕의 양을 이용하여 식을 세우면
(4%의 설탕물 xg에 들어있던 설탕의 양)+(10%의 설탕물 $(600-x)$g에 들어있던 설탕의 양)=(8%의 설탕물 600g에 들어있던 설탕의 양)이므로
$x\times\dfrac{4}{100}+(600-x)\times\dfrac{10}{100}=600\times\dfrac{8}{100}$
$4x+6{,}000-10x=4{,}800$
$6x=1{,}200$ ∴ $x=200(\text{g})$

따라서 처음에 들어있던 4%의 설탕물의 양은 200g입니다.

상세풀이 2

가중평균 방법으로도 풀이가 가능합니다.

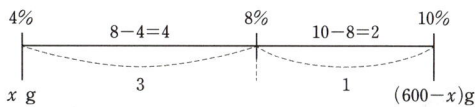

$(8-4):(10-2)=(600-x):x$
$2:1=(600-x):x$
$600-x=2x$
$3x=600$ ∴ $x=200$

327 정답 ⑤

간단풀이

(8% 소금물의 양)=x, (4% 소금물의 양)=$200-x$
$x\times\dfrac{8}{100}+(200-x)\times\dfrac{4}{100}+16=216\times\dfrac{12}{100}$
$8x+4(200-x)+1{,}600=2{,}592$
$4x=192$ ∴ $x=48(\text{g})$

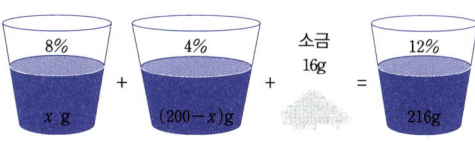

상세풀이

소금물에 들어있던 소금의 양을 기준으로 식을 세워 풀 수 있습니다.

(소금의 양)=(소금물의 양)$\times\dfrac{(\text{농도})}{100}$

① 구해야 하는 8%의 소금물의 양을 $x(g)$으로 두면 4%의 소금물을 합하여 200g의 소금물이 되었으므로 4%의 소금물의 양은 $200-x(g)$입니다.

② 200g의 소금물에 16g의 소금을 합하여 12%의 소금물이 되었다고 하였으므로 12%의 소금물의 양은 $200+16=216(g)$입니다.

③ 소금의 양을 이용하여 식을 세우면
(8%의 소금물 xg에 들어있던 소금의 양)+(4%의 소금물 $(200-x)$g에 들어있던 소금의양)+소금 16(g)
=(12%의 소금물 216g에 들어있던 소금의양)이므로
$$x \times \frac{8}{100} + (200-x) \times \frac{4}{100} + 16 = 216 \times \frac{12}{100}$$
$$8x + 4(200-x) + 1{,}600 = 2{,}592$$
$$4x + 2{,}400 = 2{,}592$$
$$4x = 192 \quad \therefore \quad x = 48(g)$$
따라서 구하는 8%의 소금물의 양은 48g입니다.

328 정답 ① 난이도 ●●○

간단풀이 1

$$\frac{175 \times \frac{12}{100}}{175+x} \times 100 = 7(\%)$$
$$\frac{2{,}100}{175+x} = 7$$
$$175 + x = 300 \quad \therefore \quad x = 125(g)$$

간단풀이 2

(12% 소금물 175g에 들어있는 소금의 양)=(7% 소금물 $(175+x)$g에 들어있는 소금의 양)이므로
$$175 \times \frac{12}{100} = (175+x) \times \frac{7}{100}$$
$$2{,}100 = 1{,}225 + 7x$$
$$7x = 875 \quad \therefore \quad x = 125$$
따라서 첨가한 물의 양은 125g이 됩니다.

상세풀이 1

구하려는 추가한 물의 양을 미지수로 두고 식을 세웁니다. 이때, 다음 소금물에 관한 공식을 활용하여 풀 수 있습니다.

농도(%) = $\frac{(소금의\ 양)}{소금물의\ 양} \times 100$

(소금의 양) = $\frac{(농도(\%))}{100} \times$ (소금물의 양)

① 농도 12% 소금물 175g에 녹아있는 소금의 양은
(12%의 소금물 175g에 녹아있는 소금의 양)
$$= 175 \times \frac{12}{100} = 21(g)$$
여기에 물만 첨가했기 때문에 첨가한 후의 소금의 양은 변함이 없습니다.

② 추가한 물의 양을 $x(g)$라고 하면 물 $x(g)$을 넣은 후 농도 7% 소금물이 되었으므로
$$\frac{(소금물\ 175g에\ 녹아있는\ 소금의\ 양)}{(물을\ 첨가한\ 후\ 소금물의\ 양)} \times 100 = 7(\%)$$
$$\frac{21}{175+x} \times 100 = 7$$
$$2100 = 7(175+x)$$
$$175 + x = 300 \quad \therefore \quad x = 125(g)$$
따라서 첨가한 물의 양은 125g이 됩니다.

상세풀이 2

12%의 소금물 175g에 녹아있는 소금의 양과 물을 첨가한 후 7%의 소금물에 녹아있는 소금의 양이 같으므로 각 소금물에 녹아있는 소금의 양을 구하여 같다는 식을 세울 수 있습니다.

① 추가한 물의 양을 $x(g)$라고 하면
(12% 소금물 175g에 들어있는 소금의 양)
$$= 175 \times \frac{12}{100}$$
(7% 소금물 $(175+x)$g에 들어있는 소금의 양)
$$= (175+x) \times \frac{7}{100}$$

② 위 두 값이 같으므로
$$175 \times \frac{12}{100} = (175+x) \times \frac{7}{100}$$
$$2100 = 1225 + 7x$$
$$7x = 875 \quad \therefore \quad x = 125$$
따라서 첨가한 물의 양은 125g이 됩니다.

329 정답 ① 난이도 ●●○

간단풀이

(전체 여직원 수)=x, (전체 남직원 수)=y
$$\begin{cases} x + y = 350 \\ \frac{1}{6}x + \frac{1}{4}y = 75 \end{cases}$$
$$\begin{cases} 2x + 2y = 700 \\ 2x + 3y = 900 \end{cases}$$
$$\therefore \quad x = 150, \quad y = 200$$

$\dfrac{1}{6}x = \dfrac{1}{6} \times 150 = 25$

즉, A회사 직원 중 대중교통을 이용하는 여직원의 수는 25명입니다.

상세풀이

먼저 전체 여직원과 남직원 수를 파악한 후에 대중교통을 이용하는 여직원의 수를 구합니다.

① A 회사의 전체 여직원 수를 x명, 남직원 수를 y명으로 가정하면 $x + y = 350$ 이라는 식을 세울 수 있습니다.

② A회사 여직원의 $\dfrac{1}{6}$과 남직원의 $\dfrac{1}{4}$이 대중교통을 이용한다고 하였으므로
(A 회사 직원 중 대중교통을 이용하는 직원)
$= \dfrac{1}{6}x + \dfrac{1}{4}y$

또한, 전체 직원 중 대중교통을 이용하지 않는 사람이 전체의 $\dfrac{11}{14}$라 하였으므로 대중교통을 이용하는 사람은 전체의 $1 - \dfrac{11}{14} = \dfrac{3}{14}$입니다. 즉, 다음의 식이 성립합니다.

$\dfrac{1}{6}x + \dfrac{1}{4}y = 350 \times \dfrac{3}{14} = 75$

③ ①, ②에서 구한 연립방정식을 풀면
$\begin{cases} x + y = 350 \\ \dfrac{1}{6}x + \dfrac{1}{4}y = 75 \end{cases}$

$\begin{cases} 2x + 2y = 700 \\ 2x + 3y = 900 \end{cases}$

$\therefore y = 200$
이것을 첫 번째 식에 대입하면
$x + 200 = 350 \quad \therefore x = 150$

④ 문제에서 구해야 할 것은 대중교통을 이용하는 여직원의 수이므로
$\dfrac{1}{6}x = \dfrac{1}{6} \times 150 = 25$
따라서 A회사 직원 중 대중교통을 이용하는 여직원의 수는 25명입니다.

Tip 미지수를 한 개만 설정하고 식을 한 개만 구하여 풀면 좀 더 간단히 구할 수 있습니다.
전체 직원이 350명이므로 구하는 여직원 수를 x로 놓으면 남직원 수는 $(350-x)$이므로 다음과 같이 식을 세울 수 있습니다.
$\dfrac{1}{6}x + \dfrac{1}{4}(350-x) = 75$

330 정답 ②

간단풀이

$1.2x \times \dfrac{1}{2} + 1.2 \times 0.75x \times \dfrac{1}{2} = x + 6$
$1.05x = x + 6$
$0.05x = 6 \quad \therefore x = 120$

상세풀이

이 문제에서 구하고자 하는 (수정이가 처음에 산 주식의 값)$= x$라고 놓겠습니다.

① 한 달 뒤 주가는 20%가 올랐습니다. 그렇다면 오른 주가는
$\left(1 + \dfrac{20}{100}\right) \times x = 1.2x$
이 중 절반을 팔았으므로 $1.2x \div 2 = 0.6x$만큼의 수익을 얻었습니다.

② 다시 한 달 뒤, 주가는 25%가 떨어졌습니다. 떨어지기 전 남아있던 주가가 $0.6x$였으므로 25% 떨어진 주가는
$\left(1 - \dfrac{25}{100}\right) \times 0.6x = 0.45x$
이것을 모두 팔았으므로 $0.45x$만큼의 수익을 얻었습니다.

③ 즉, 수정이는 주식을 팔아서 얻은 수익은
$0.6x + 0.45x = 1.05x$ 입니다.
이때, 처음 산 주식이 x이므로 수정이가 주식을 팔아 얻게 된 이익은
$1.05x - x = 0.05x$

④ 문제에서 이 이익금이 6만 원이라고 했으므로
$0.05x = 60,000 \quad \therefore x = 1,200,000$
따라서 처음 산 주식은 120만 원임을 알 수 있습니다.

331 정답 ①

난이도 ●●○

간단풀이

a = (A 회사의 전체 재고 물량),
b = (B 회사의 전체 재고 물량)
$$\begin{cases} a+b = 180{,}000 \\ 0.06a + 0.1b = 13{,}860 \end{cases}$$
$\therefore 0.1b = 7650$

상세풀이

A, B 회사의 전체 재고 물량을 a, b로 놓고 조건에 맞는 방정식을 세울 수 있습니다.

① A, B 회사의 전체 재고 물량의 합이 180,000개라 하였으므로 $a+b = 180{,}000$

② A 회사의 전체 재고 중 전자제품의 비율은 6%, B 회사의 전체 재고 중 전자제품의 비율은 10%이고 A, B 회사의 전자제품 물량의 합은 13,860개이므로
$0.06a + 0.1b = 13{,}860$

③ ①, ②에서 구한 두 식을 연립하면
$$\begin{cases} a+b = 180{,}000 \\ 0.06a + 0.1b = 13{,}860 \end{cases}$$
$$\begin{cases} a+b = 180{,}000 \\ 0.6a + b = 138{,}600 \end{cases}$$
$0.4a = 41{,}400 \quad \therefore a = 103{,}500$
이것을 첫 번째 식에 대입하면
$103{,}500 + b = 180{,}000 \quad \therefore b = 76{,}500$

④ 이때, 구하는 것은 B회사의 전자제품의 물량이므로
$0.1b = 7{,}650$(개)

332 정답 ②

난이도 ●●○

간단풀이

$\dfrac{25+x}{37+x} \geq 0.7$
$25 + x \geq 25.9 + 0.7x$
$0.3x \geq 0.9 \quad \therefore x \geq 3$

상세풀이

이 문제를 풀기 위해서는 (승률) = $\dfrac{(승리한\ 횟수)}{(전체\ 경기\ 수)}$라는 것을 알아야 합니다.

① 최소한의 경기 수를 구해야 하므로 추가로 진행되는 경기는 모두 승리해야 합니다.
추가로 진행되는 경기 수를 x라고 하면 승리하는 경기 수도 x라고 할 수 있습니다.

② 추가로 경기가 x회 진행된 후의 전체 경기 수는 $(37+x)$회, 승리한 횟수는 $(25+x)$회이므로 승률은 $\dfrac{25+x}{37+x}$이고, 70%이상이 되어야 하므로

$\dfrac{25+x}{37+x} \geq 0.7$

$25 + x \geq 25.9 + 0.7x$
$0.3x \geq 0.9 \quad \therefore x \geq 3$
따라서 치러야 하는 최소한의 경기는 3회입니다.

333 정답 ①

난이도 ●●●

간단풀이 1

각 동전을 내는 전체 경우의 수는 $5 \times 3 \times 2 \times 2 = 60$(가지)
그 중 중복된 경우의 수는 $5 \times 2 = 10$(가지)
0원을 내는 1가지 경우의 수를 빼면
$60 - 10 - 1 = 49$(가지)

간단풀이 2

이 문제는 10원 4개, 50원 4개, 500원 1개로 낼 수 있는 금액의 가짓수를 구하는 것과 같습니다.
$\therefore 5 \times 5 \times 2 - 1 = 49$

상세풀이 1

각 동전을 내는 경우의 수는 0개를 내는 경우를 포함해야 하므로 '(동전의 개수)+1' 입니다. 예를 들면, 10원짜리 3개로 만들 수 있는 금액의 가짓수는 0원, 10원, 20원, 30원이므로 3+1=4(가지)가 됩니다.
또한, 이 문제에서는 지불금액에 중복이 되는 경우가 존재하므로, 전체 경우의 수를 먼저 계산하고 중복되는 경우의 수를 세어 빼 주어야 합니다.

① 먼저 전체 경우의 수를 구해봅시다.
10원짜리 동전 4개로 낼 수 있는 금액은 0원, 10원, 20원, 30원, 40원이므로 총 5가지입니다.
$4+1=5$(가지)
50원짜리 동전 2개로 낼 수 있는 금액은 0원, 50원, 100원이므로 총 3가지입니다. $2+1=3$(가지)
100원짜리 동전 1개로 낼 수 있는 금액은 0원, 100

원이므로 총 2가지입니다. 12+1=2(가지)
500원짜리 동전 1개로 낼 수 있는 금액은 0원, 500원이므로 총 2가지입니다. 1+1=2(가지)
곱의 법칙을 이용하여 이 4가지의 동전으로 만들 수 있는 금액의 경우의 수를 구하면
5×3×2×2=60(가지)입니다.

② 하지만 100원을 지불하는 방법에서 중복되는 경우가 존재합니다. 즉, 50원 동전 2개, 100원 동전 0개 냈을 때의 금액과 50원 동전 0개, 100원 동전 1개를 냈을 때의 금액이 같습니다.
50원×2(개)=100원×1(개)
따라서 이 두 가지 경우 중 한 가지에 해당하는 경우의 수를 구해 **빼주어야** 합니다.
이 한 가지 경우에 대하여 나머지 10원짜리 동전 4개와 500원짜리 동전 1개로 지불하는 경우가 존재하므로 (4+1)×(1+1)=10(가지)
이것을 ①에서 구한 전체 경우의 수에서 **빼주면** 되므로 60-10=50(가지)

③ 문제 조건에서 0원을 지불한 경우는 제외하라고 하였으므로 동전을 모두 안 낸 경우인 1가지를 제외하여야 합니다. 따라서 영미가 낼 수 있는 금액의 경우의 수는 60-10-1=49(가지)

상세풀이 2

중복되는 금액을 만들어 낼 수 있는 동전은 50원과 100원입니다. 여기서 100원짜리를 50원짜리 2개로 환산하여 50원짜리 동전 4개를 들고 있다고 생각하고 문제를 접근합니다. 이 방법을 통해 자연스럽게 중복된 금액을 만든 경우를 세는 경우는 제외됩니다.

① 10원 4개, 50원 4개, 500원 1개로 낼 수 있는 금액의 가짓수를 구하는 것과 같으므로
10원짜리 동전 4개로 낼 수 있는 금액은
4+1=5(가지)
50원짜리 동전 4개로 낼 수 있는 금액은
4+1=5(가지)
500원짜리 동전 1개로 낼 수 있는 금액은
1+1=2(가지)
곱의 법칙을 이용하여 이 3가지의 동전으로 만들 수 있는 금액의 경우의 수를 구하면
5×5×2=50(가지)입니다.

② 0원을 지불한 경우는 제외하라고 하였으므로 동전을 모두 안 낸 경우인 1가지를 제외하면 영미가 낼 수 있는 금액의 경우의 수는
50-1=49(가지)

⚠️ **주의** 이 문제에서는 단위당 중복되는 경우, 즉 작은 단위로 큰 단위를 만들 수 있는 경우가 있다면 큰 단위를 작은 단위로 바꾸어서 곱해야 합니다.

예 50원짜리 2개, 100원짜리 2개로 지불할 수 있는 금액의 수의 경우의 수는?
100원을 지불할 수 있는 방법의 수는 2가지입니다. (50원짜리 2개, 또는 100원짜리 1개)
100원짜리 2개를 모두 50원짜리 4개로 바꾸면 50원짜리 동전은 총 6개입니다.
따라서 50원짜리 동전 6개로 지불할 수 있는 금액의 수는 7가지입니다.
(0원, 50원, 100원, 150원, 200원, 250원, 300원)

---

1. A원짜리 화폐 n개로 지불할 수 있는 방법의 수와 금액의 수는 모두 0개, 1개, 2개, 3개, ..., n개를 지불할 때이므로 (동전의 개수)+1=n+1 (가지)입니다.

2. A원짜리 a장, B원짜리 b장, C원짜리 c장으로 지불할 수 있는 방법의 수와 금액의 경우의 수는
   ① 화폐의 금액이 중복되지 않는 경우 :
   $(a+1)×(b+1)×(c+1)-1$(가지) (단, 0원을 지불하는 경우를 제외하는 경우)
   ② 화폐의 금액이 중복되는 경우
   - 지불 방법의 수는 위의 방법과 같음 :
   $(a+1)×(b+1)×(c+1)-1$(가지)
   - 지불할 수 있는 금액의 수는 큰 단위의 화폐로 만든 금액과 작은 단위의 화폐로 만든 금액의 중복이 발생하므로 큰 금액을 작은 금액으로 바꾸어 위의 방법을 적용합니다.

독끝 11일차 334~366

334	④	335	④	336	④	337	①	338	⑤
339	③	340	④	341	③	342	③	343	④
344	②	345	③	346	⑤	347	②	348	④
349	③	350	②	351	③	352	③	353	⑤
354	③	355	④	356	⑤	357	①	358	③
359	④	360	②	361	④	362	⑤	363	②
364	③	365	②	366	④				

334 정답 ④   난이도 ●●○

간단풀이

부모님 두 분과 한 명의 자식이 반드시 같은 줄에 앉아야 하므로 이 구성은 앞줄에 앉아야 합니다.
∴ $_3C_1 \times 3! \times 2! = 36$

상세풀이

의자가 앞줄에 3개가 있고 뒷줄에는 2개가 있으니 아래 그림과 같은 구조일 것입니다.

  ☐ ☐   ⇐ 뒷줄
 ☐ ☐ ☐ ⇐ 앞줄

① 문제에서 부모님 두 분과 한 명의 자식이 반드시 같은 줄에 앉아야 한다고 하였으므로 이 3명은 뒷줄에는 앉지 못하고, 앞줄에 앉아야 합니다. 이때, 부모님과 같이 앉을 수 있는 자녀는 형, 동생, 나로 총 3명입니다. 이 3명 중 순서 상관없이 1명을 뽑아야 하므로 조합을 통해 $_3C_1 = 3$가지의 경우가 나옵니다.

② 앞줄 세 자리에 부모님 두 분과 ①에서 뽑은 자식 한 명을 배치하는 경우의 수는 순서를 생각하여 나열하는 순열이므로 $3! = 6$가지입니다.
또한, 뒷줄에 남은 자녀 2명이 배치되는 경우의 수는 $2! = 2$가지입니다.

③ ①, ②에서 구한 경우의 수는 동시에 이루어 지므로 곱의 법칙을 이용하면
$_3C_1 \times 3! \times 2! = 36$(가지)

Tip 순열을 이용하여 다음과 같이 구할 수도 있습니다. 앞줄에 부모님 두 분이 앉으셔야 하고 순서를 고려해야 하므로 $_3P_2 = 6$(가지)이고, 부모님 두 분이 앉았다고 하면 자식들 3명의 자리는 정해져 있으므로 자식 3명을 3개 자리에 앉는 경우의 수는 순서를 고려해야 하므로 $3! = 6$(가지)입니다. 따라서 구하는 경우의 수는
$_3P_2 \times 3! = 6 \times 6 = 36$(가지)

335 정답 ④   난이도 ●●○

간단풀이

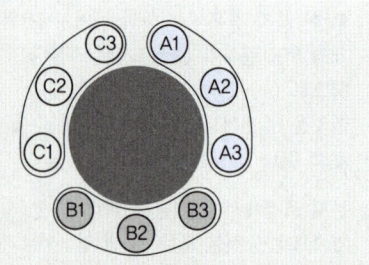

3개의 팀을 먼저 원순열로 배열한 다음 각 팀원들을 자리 배치하는 경우의 수를 구하면
$(3-1)! \times 3! \times 3! \times 3! = 432$(가지)

상세풀이

이 문제에서는 테이블에 앉는 사람들을 팀 단위로 묶어 배치하는 경우의 수를 구합니다.

① 문제에서 3명씩 3개의 팀 같은 부서 사람들끼리 붙어서 원탁에 앉는다고 하였으므로 먼저 3명씩 묶은 3팀을 원탁에 앉히는 원순열의 경우의 수를 구합니다. 즉,
$(3-1)! = 2$(가지)

② 인사팀 내에서 3명을 자리 배치하는 경우의 수는 $3! = 6$(가지)입니다. 회계팀과 총무팀에서도 각 팀 내에서 팀원을 배치하는 경우의 수가 $3! = 6$가지로 같습니다.

③ ①, ②에서 구한 경우의 수는 동시에 이루어지므로 곱의 법칙을 이용하면
$(3-1)! \times 3! \times 3! \times 3! = 2 \times 6 \times 6 \times 6 = 432$(가지)

336 정답 ④ 난이도 ●●○

간단풀이

	재학생 수	졸업생 수	총합
설문에 참여한 사람	70명	340명	410명
설문에 참여하지 않은 사람	30명	60명	90명
총합	100명	400명	

따라서 설문조사에 참여한 대상이 졸업생일 확률은
$\dfrac{(\text{설문에 참여한 졸업생})}{(\text{설문에 참여한 전체 대상자})} = \dfrac{340}{410} = \dfrac{34}{41}$

상세풀이

이 문제는 '조사에 참여한 대상자' 중에서 임의의 한 사람이 졸업생일 확률을 묻고 있으므로 조건부 확률 문제입니다. 실수를 줄이기 위해서는 문제를 꼼꼼히 읽고 표로 그려 나타내는 습관을 들여야 합니다.

① 먼저 재학생 100명 중에서 70명이 설문조사에 응했고, 졸업생 400명 중 340명이 설문조사에 참여했다고 하였습니다. 따라서 설문조사에 응한 전체 학생은 70+340=410명인 것을 알 수 있습니다.

② 문제는 설문조사에 참여한 대상자 중 임의의 한 명을 선택하였을 때 그 사람이 졸업생일 확률을 묻고 있으므로 구하는 것은
$\dfrac{(\text{설문조사에 참여한 졸업생})}{(\text{설문조사에 참여한 전체 대상자})}$를 묻고 있음을 알 수 있습니다.

∴ $\dfrac{(\text{설문에 참여한 졸업생})}{(\text{설문에 참여한 전체 대상자})} = \dfrac{340}{410} = \dfrac{34}{41}$

337 정답 ① 난이도 ●●○

간단풀이

(두 주사위 합의 최솟값)=2,
(두 주사위 합의 최댓값)=12
(두 주사위의 합이 될 수 있는 4의 배수)=4, 8, 12
(1) 두 주사위의 합이 4가 되는 경우 : (1, 3), (2, 2), (3, 1)에서 총 3가지
(2) 두 주사위의 합이 8이 되는 경우 : (2, 6), (3, 5), (4, 4), (5, 3), (6, 2) 에서 총 5가지
(3) 두 주사위의 합이 12가 되는 경우 : (6, 6) 에서 총 1가지

두 주사위의 합이 4의 배수가 되는 총 경우의 수는 3+5+1=9(가지)입니다.
두 주사위가 가질 수 있는 모든 경우의 수는 6×6=36(가지)입니다.
∴ (4의 배수가 될 확률)= $\dfrac{9}{36} = \dfrac{1}{4}$

상세풀이

해당 문제는 확률과 경우의 수 문제입니다. 주사위가 가질 수 있는 4의 배수를 모두 구한 다음, 해당 수에 대해서 경우를 나누어 경우의 수를 구하면 됩니다.
현재 문제에서는 주사위 한 개를 차례로 던지는 경우이므로 순서가 정해져 있습니다.

① 두 주사위의 합이 가질 수 있는 최솟값과 최댓값을 구합니다. 주사위의 눈금은 1과 6 사이의 수를 가지므로 두 주사위 합의 최솟값은 2이며 최댓값은 12입니다.
따라서 두 주사위의 합이 될 수 있는 4의 배수는 4, 8, 12가 있습니다.

② 두 주사위의 합이 4, 8, 12가 되는 경우의 수를 각각 구하도록 합니다.
(1) 두 주사위의 합이 4가 되는 경우의 수

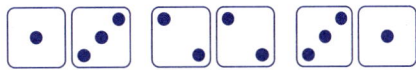

(1, 3), (2, 2), (3, 1)에서 총 3가지
(2) 두 주사위의 합이 8이 되는 경우의 수

(2, 6), (3, 5), (4, 4), (5, 3), (6, 2) 에서 총 5가지
(3) 두 주사위의 합이 12가 되는 경우의 수

(6, 6) 에서 총 1가지
따라서 주사위의 합이 4의 배수가 되는 경우의 수는 3+5+1=9(가지)입니다.

③ 두 주사위를 차례로 던져 가질 수 있는 모든 경우의 수는 6×6=36입니다. 따라서 두 주사위의 눈의 합이 4의 배수가 될 확률은
$\dfrac{9}{36} = \dfrac{1}{4}$

338 정답 ⑤   난이도 ●●○

간단풀이

주머니의 10개의 구슬 중 4개의 구슬을 꺼낼 때의 경우의 수는
$${}_{10}C_4 = \frac{10 \times 9 \times 8 \times 7}{4 \times 3 \times 2} = \frac{5,040}{24} = 210$$
임의의 4개의 구슬을 색깔이 다르게 뽑을 수 있는 사건의 수 :
$${}_4C_1 \times {}_2C_1 \times {}_2C_1 \times {}_2C_1 = 4 \times 2 \times 2 \times 2 = 32$$
따라서 임의로 4개의 구슬을 꺼낼 때, 구슬의 색깔이 모두 다를 확률은
$$\frac{32}{210} = \frac{16}{105}$$

상세풀이

이 문제는 '임의의 구슬 4개를 뽑는 경우' 중에서 구슬의 색깔이 모두 다를 확률을 묻고 있으므로 조건부 확률 문제입니다. 주머니에서 임의의 4개의 구슬을 꺼낼 때 구슬 색깔이 모두 다르기 위해서는 구슬을 색깔별로 하나씩 뽑아야 하므로 구슬 색깔별로 일어날 경우의 수를 따로 구한 뒤 곱하여 경우의 수를 구하여야 합니다.

① 주머니에서 임의의 구슬 4개를 꺼낼 때의 경우의 수는
$${}_{10}C_4 = \frac{10 \times 9 \times 8 \times 7}{4 \times 3 \times 2} = \frac{5,040}{24} = 210$$

② 주머니에서 뽑은 4개의 구슬 색깔이 모두 다르기 위해서는 구슬을 색깔별로 주머니에서 하나씩 뽑아야 하므로 아래 그림과 같이 하나의 경우의 수만 존재하게 됩니다.

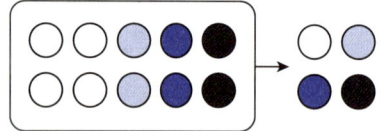

먼저 각 색깔별로 1개씩 구슬을 뽑는 경우의 수를 구합니다. 먼저 흰색 구슬 4개 중 1개를 뽑는 경우의 수는 ${}_4C_1 = 4$가지입니다. 노란색 구슬 2개 중 1개를 뽑는 경우의 수는 ${}_2C_1 = 2$가지이며 빨간색과 파란색도 2개 중 1개를 뽑는 경우의 수이므로 각각 ${}_2C_1 = 2$가지입니다.

③ 현재 색깔별로 구슬을 뽑는 사건의 수를 구하였으며 각 사건은 다른 색깔의 사건에 영향을 주지 않으며 독립적입니다. 따라서 색깔별 구슬이 뽑히는 사건의 수를 모두 곱하면 4개의 구슬이 서로 다른 색깔을 가지도록 뽑는 사건의 수가 됩니다. 즉, 주머니에서 뽑은 임의의 4개의 구슬이 모두 다른 색깔을 가질 사건의 발생 수는
$${}_4C_1 \times {}_2C_1 \times {}_2C_1 \times {}_2C_1 = 4 \times 2 \times 2 \times 2 = 32$$

④ 따라서 임의로 4개의 구슬을 꺼낼 때, 구슬의 색깔이 모두 다를 확률은
$$\frac{{}_4C_1 \times {}_2C_1 \times {}_2C_1 \times {}_2C_1}{{}_{10}C_4} = \frac{32}{210} = \frac{16}{105}$$

339 정답 ③   난이도 ●●○

간단풀이

$$\frac{\frac{5}{9} \times \frac{6}{10}}{\frac{4}{9} \times \frac{7}{10} + \frac{5}{9} \times \frac{6}{10}} = \frac{15}{29}$$

상세풀이

조건부확률은 어떤 한 사건이 일어났다는 전제하에서 다른 사건이 일어날 확률입니다.

이 문제는 '플라스틱 상자에서 임의로 하나의 구슬을 뽑아 고무상자에 넣은 후, 다시 고무 상자에서 꺼낸 사탕이 빨간 사탕일 경우' 중에서 플라스틱 상자에서 꺼낸 사탕이 흰 사탕이었을 확률을 묻고 있으므로 조건부 확률 문제입니다.

플라스틱 상자에 들어있던 사탕은 빨간색과 흰색이므로 빨간색을 뽑았을 때와 흰색을 뽑았을 때의 경우를 나누어 각각 구해야 합니다.

① 플라스틱 상자에서 빨간 사탕을 꺼내어 고무상자에 넣은 후, 고무 상자에서 빨간 사탕을 꺼낼 확률을 구합니다.

먼저 플라스틱 상자에 있던 9개 사탕 중 빨간 사탕을 하나 꺼낼 확률은 $\dfrac{{}_4C_1}{{}_9C_1} = \dfrac{4}{9}$

이 사탕을 고무 상자에 넣으면 고무 상자 안의 사탕의 개수는 빨간 사탕이 7개, 흰 사탕이 3개이므로 총 10개이고, 여기서 빨간 사탕을 꺼낼 확률은 $\dfrac{7}{10}$입니다.

두 사건이 동시에 일어나야 하므로 곱의 법칙을 이용하면
$$\frac{4}{9} \times \frac{7}{10} = \frac{28}{90} = \frac{14}{45}$$

② 플라스틱 상자에서 흰 사탕을 꺼내고 고무상자에 넣은 후, 고무 상자에서 빨간 사탕을 꺼낼 확률을 구합니다.

플라스틱 상자에 있던 9개의 사탕 중 흰 사탕을 하나 꺼낼 확률은 $\dfrac{_5C_1}{_9C_1} = \dfrac{5}{9}$

이 사탕을 고무 상자에 넣으면 고무 상자 안의 사탕의 개수는 빨간 사탕이 6개, 흰 사탕이 4개이므로 총 10개이고, 여기서 빨간 사탕을 꺼낼 확률은 $\dfrac{6}{10}$입니다.

두 사건이 동시에 일어나야 하므로 곱의 법칙을 이용하면

$$\dfrac{5}{9} \times \dfrac{6}{10} = \dfrac{30}{90} = \dfrac{15}{45}$$

③ ①과 ②에서 고무 상자에서 빨간 사탕을 꺼낼 확률은 ①의 확률과 ②의 확률을 더해야 하므로

$$\dfrac{14}{45} + \dfrac{15}{45} = \dfrac{29}{45}$$

④ 플라스틱 상자에서 임의로 하나의 사탕을 꺼내 고무 상자에 넣은 후, 다시 고무 상자에서 꺼낸 사탕이 빨간 사탕일 때, 플라스틱 상자에서 꺼낸 사탕이 흰 사탕이었을 확률은 아래와 같습니다.

$$\dfrac{\dfrac{5}{9} \times \dfrac{6}{10}}{\dfrac{4}{9} \times \dfrac{7}{10} + \dfrac{5}{9} \times \dfrac{6}{10}} = \dfrac{\dfrac{15}{45}}{\dfrac{29}{45}} = \dfrac{15}{29}$$

340 정답 ④ 난이도 ●●○

간단풀이

(올라갈 때 이용한 길의 길이)$= x$

$\dfrac{x}{2} + \dfrac{x+1}{3} = 3$(시간) ∴ $x = \dfrac{16}{5}$

따라서 구하는 총 거리는

$x + (x+1) = \dfrac{37}{5} = 7.4$

상세풀이

시간-속력-거리 문제는 (시간)$= \dfrac{(거리)}{(속력)}$ 공식을 이용하여 문제를 풀 수 있습니다.

① 우선 문제에서 올라갈 때 이용하는 길보다 내려갈 때 이용하는 길이 1km 길다고 하였으니, 올라갈 때 이용한 길의 길이를 x라 하면 내려갈 때 이용한 길의 길이는 $x+1$입니다.

② 올라갈 때의 속력은 2km/h이므로 올라갈 때 걸린 시간은 $\dfrac{x}{2}$(h)이고, 내려갈 때의 속력은 3km이므로 내려갈 때 걸린 시간은 $\dfrac{x+1}{3}$(h)입니다.

③ 올라갔다 내려오는 데 총 걸린 시간은 3시간이므로

$\dfrac{x}{2} + \dfrac{x+1}{3} = 3$

$3x + 2(x+1) = 18$

$5x = 16$ ∴ $x = \dfrac{16}{5}$

④ 문제에서 구하는 것은 철수가 걸은 총 거리이므로

$x + (x+1) = 2x + 1 = 2 \times \dfrac{16}{5} + 1 = \dfrac{37}{5}$

$= 7.4$(km)

341 정답 ③ 난이도 ●●●

간단풀이

(총 이동거리)$= 4 + 4 + 6 = 14$(km)

(총 이동시간)$= \dfrac{4}{16} + \dfrac{4}{16} + \dfrac{6}{12} = 1$(시간)

∴ (평균 속력)$= \dfrac{14}{1} = 14$(km/h)

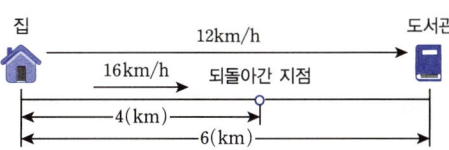

상세풀이

(평균 속력)$= \dfrac{(전체\ 이동거리)}{(총\ 걸린\ 시간)}$ 임을 꼭 기억해야 합니다.

① 전체 이동거리 구하기

민혁이는 집에서 도서관으로 이동할 때 도서관에 도착하지 못하고 중간에 집으로 돌아왔다는 점에 유의해야 합니다. 중간에 집으로 되돌아간 지점을 기준으로 다음 세 구간을 나누어 각 속력과 이동거리를 구합니다.

(1) 집 → 멈추는 지점

처음 집에서 도서관으로 이동할 때 도서관에 도착하지 못하고 중간에 집으로 돌아왔다는 점에

유의해야 합니다. 집에서 4km 떨어진 지점에서 돌아왔으므로 (1)의 경우 이동거리는 4km이고, 이때의 속력은 16km/h입니다.

(2) 멈추는 지점 → 집
    멈춘 지점에서 다시 집까지 되돌아간 거리는 (1)과 마찬가지로 4km입니다. 이때 같은 속력으로 돌아갔다고 하였으므로 16km/h입니다.

(3) 집 → 도서관
    다시 집에서 출발하여 도서관까지 이동하였으므로 이동거리는 6km입니다. 이때의 속력은 12km/h입니다.

∴ (전체 이동거리)=(1)+(2)+(3)=4+4+6
                =14(km)

② 총 걸린 시간 구하기
각 구간별 이동하는 데 걸린 시간을 구합니다. 이때, (시간)=$\dfrac{(거리)}{(속력)}$ 임을 이용합니다.

(집 → 멈추는 지점)=$\dfrac{4}{16}=\dfrac{1}{4}$(시간)

(멈추는 지점 → 집)=$\dfrac{4}{16}=\dfrac{1}{4}$(시간)

(집 → 도서관)=$\dfrac{6}{12}=\dfrac{1}{2}$(시간)

∴ (총 걸린 시간)
  =$\dfrac{4}{16}+\dfrac{4}{16}+\dfrac{6}{12}=\dfrac{1}{4}+\dfrac{1}{4}+\dfrac{1}{2}=1$(시간)

③ 평균 속력의 정의를 이용해 값 구하기
(평균 속력)=$\dfrac{(전체 이동거리)}{(실제 거리)}=\dfrac{14}{1}=14$(km/h)

---

342 정답 ③

간단풀이

(따름이의 집에서 학교까지의 거리)
=25×25=625(m)
(아름이의 집에서 학교까지의 거리)
=(따름이의 집에서 학교까지의 거리)+200
=825(m)
(아름이의 속력)=v(m/분)
$\dfrac{825}{v} \leq 25$

$25v \geq 825$ ∴ $v \geq 33$(m/분)=1.98(km/h)
따라서 아름이는 최소한 시속 1.98km로 자전거를 타야 따름이보다 늦지 않게 도착할 수 있습니다.

상세풀이

따름이의 속력과 시간이 주어져 있으므로 (거리)=(속력)×(시간)을 이용하여 집에서 학교까지의 거리를 먼저 구할 수 있습니다.

① 따름이는 집에서 출발하여 분속 25m로 25분을 이동하면 학교에 도착한다고 하였으므로 따름이의 집에서 학교까지의 거리는 25×25=625(m)입니다. 따라서 아름이의 집에서 학교까지의 거리는 625+200=825(m)입니다.

② 아름이가 따름이보다 늦지 않으려면 학교에 최소한 25분 내에 도착해야 합니다. 이때, 아름이의 속력을 v라 하고, (걸린 시간)=$\dfrac{(이동거리)}{(속력)}$ 공식을 이용하면 다음과 같은 식이 성립합니다.

$\dfrac{825}{v} \leq 25$

$25v \geq 825$ ∴ $v \geq 33$(m/min)

③ 문제에서 구하는 속력을 km/h 단위로 묻고 있으므로 이에 따라 단위를 바꿔줘야 합니다.
1시간은 60분이므로 33(m/분)=1980(m/h)이 되고, 1km는 1,000m이므로 33(m/분)=1,980(m/h)=1.98(km/h)

따라서 아름이는 최소한 시속 1.98km로 자전거를 타야 따름이보다 늦지 않게 도착할 수 있습니다.

---

343 정답 ④

간단풀이

(A의 일률)=$\dfrac{1}{24}$, (B의 일률)=$\dfrac{1}{32}$,

(C의 일률)=$\dfrac{1}{36}$

(A가 일한 날의 수)=x, (B가 일한 날의 수)=$4x$,
(C가 일한 날의 수)=$6x$

$\dfrac{1}{24}x+\dfrac{1}{32}\times 4x+\dfrac{1}{36}\times 6x=1$

$\dfrac{1}{24}x+\dfrac{1}{8}x+\dfrac{1}{6}x=1$

$\dfrac{1}{3}x=1$ ∴ $x=3$

따라서 세 사람이 총 일한 기간은
$x+4x+6x=11x$
$=33$(일)입니다.

📖 상세풀이

해당 문제는 일률 문제입니다. (총 작업량)=(작업 시간)×(일률)이며 해당 문제와 같이 하나의 일을 수행할 때는 총 작업량을 1로 둘 수 있습니다.

$$(\text{일률})=\frac{1}{(\text{작업시간})}$$

① 한 공장에서 어떤 물건을 완성하는 데에는 A는 24일, B는 32일, C는 36일이 걸린다고 하였습니다. 총 작업량을 1로 두면 A와 B와 C의 일률은 $\frac{1}{24}$, $\frac{1}{32}$, $\frac{1}{36}$ 입니다.

② 현재 A, B, C가 각자 일을 하여 물건을 완성하였을 때 일한 날 수의 비가 1 : 4 : 6이라 하였으므로 A, B, C가 일한 날의 수를 각각 미지수 x, $4x$, $6x$로 둘 수 있습니다. 이때, (A가 일한 날)×(A의 일률)+(B가 일한 날)×(B의 일률)+(C가 일한 날)×(C의 일률)=1이므로
$$\frac{1}{24}x+\frac{1}{32}\times 4x+\frac{1}{36}\times 6x=1$$

③ 위의 식을 풀면
$$\frac{1}{24}x+\frac{1}{8}x+\frac{1}{6}x=1$$
$$\frac{8}{24}x=\frac{1}{3}x=1 \quad \therefore \ x=3$$

④ 구하는 것은 세 사람이 총 일한 기간이므로
$x+4x+6x=11x=33$(일)입니다.

344 정답 ②   난이도 ●●●

✏️ 간단풀이

톱니의 개수가 n개인 톱니바퀴는 톱니 하나가 맞물릴 때마다 $\frac{1}{n}$바퀴씩 회전합니다.
이를 이용하여 톱니바퀴 A, B, C의 톱니 하나당 회전하는 비율의 가장 간단한 자연수의 비를 구하면
$$a:b:c=\frac{1}{15}:\frac{1}{20}:\frac{1}{24}$$

$$\frac{1}{15}\times 120:\frac{1}{20}\times 120:\frac{1}{24}\times 120=8:6:5$$
$a-b+c=8-6+5=7$

📖 상세풀이 1

톱니바퀴의 회전수는 톱니 개수의 역수에 정비례합니다. 예를 들어, 톱니의 개수가 3개와 4개인 톱니바퀴 A, B가 맞물려 돌아가고 있을 때, A는 톱니 하나당 $\frac{1}{3}$바퀴씩 회전하며, B는 톱니 하나당 $\frac{1}{4}$바퀴씩 회전합니다. 즉, A톱니가 $\frac{1}{3}$바퀴씩 회전할 때마다 B톱니는 $\frac{1}{4}$바퀴씩 회전합니다.

① A의 톱니는 15개이므로 톱니 하나당 $\frac{1}{15}$바퀴씩 회전하고 B의 톱니는 20개이므로 톱니 하나당 $\frac{1}{20}$바퀴씩 회전하며 C의 톱니는 24개이므로 톱니 하나당 $\frac{1}{24}$바퀴씩 회전합니다.

이는 즉, A 톱니가 $\frac{1}{15}$바퀴씩 회전할 때마다 B 톱니는 $\frac{1}{20}$바퀴씩 회전하고 동시에 C 톱니는 $\frac{1}{24}$바퀴씩 회전함을 의미합니다.

② 이때 각 톱니바퀴가 회전하는 비는 세 톱니가 똑같은 위치로 돌아오기 위하여 회전한 비와 똑같습니다. 이를 이용하여 비례식을 세우면 다음과 같습니다.
$$a:b:c=\frac{1}{15}:\frac{1}{20}:\frac{1}{24}$$

③ 우리가 구하고자 하는 것은 처음 시작할 때부터 모두 똑같은 위치에 돌아올 때까지 움직인 회전수이므로 앞에서 세운 비례식을 가장 간단한 자연수의 비로 나타내주면 됩니다.
15, 20, 24의 최소공배수는 120이므로 비례식에 120을 곱해주면
$$\frac{1}{15}\times 120:\frac{1}{20}\times 120:\frac{1}{24}\times 120=8:6:5$$
$$\therefore \ a-b+c=8-6+5=7$$

상세풀이 2

톱니바퀴 A, B, C가 모두 똑같은 위치로 되돌아왔다는 것은 각각이 회전한 톱니의 개수가 같음을 알 수 있습니다. 왜냐하면, 맞물리는 톱니의 개수가 모두 같아야 하기 때문입니다. 이때 회전한 톱니의 개수는 톱니바퀴 A, B, C의 최소공배수와 같습니다.

① 톱니바퀴 A, B, C 각각의 톱니의 개수는 15, 20, 24입니다.

② 다음으로 각 톱니바퀴 톱니의 개수를 소인수분해하면 다음과 같습니다.

```
 5 ) 15   20   24
 4 )  3    4   24
 3 )  3    1    6
      1    1    2
∴ (최소공배수)=2³×3×5=120
```

$15 = 3 \times 5$, $20 = 2^2 \times 5$, $24 = 2^3 \times 3$

③ 이때 서로에게 없는 약수들을 모두 곱해주면 최소공배수가 됩니다.
$2^3 \times 3 \times 5 = 120$

④ 앞에서 구한 최소공배수 120은 톱니바퀴 A, B, C가 맞물린 톱니의 개수입니다.
따라서 $\dfrac{(맞물린\ 톱니의\ 개수)}{(각\ 톱니바퀴\ 톱니의\ 개수)} = (회전수)$이므로
$\dfrac{120}{15} = 8 = a$, $\dfrac{120}{20} = 6 = b$, $\dfrac{120}{24} = 5 = c$

⑤ ∴ $a - b + c = 8 - 6 + 5 = 7$

> ⚠️ **주의** 톱니의 개수는 톱니바퀴의 회전수와 정비례하지 않음을 주의해야 합니다. 즉, 톱니의 개수가 15개, 20개, 24개인 세 가지 톱니바퀴 A, B, C는 A 톱니가 15바퀴 돌 때 B 톱니가 20바퀴 돌고 C 톱니가 24바퀴 돌지 않습니다.

345 정답 ③

간단풀이

$\dfrac{1}{3} + \left(\dfrac{1}{6} \times \dfrac{1}{3}\right) + \left(\dfrac{1}{6} \times \dfrac{1}{3} \times \dfrac{1}{3}\right) = \dfrac{18 + 3 + 1}{54} = \dfrac{22}{54}$
$= \dfrac{11}{27}$

상세풀이

이벤트에 당첨될 경우를 나누어서 각 경우의 확률을 계산한 후 더하면 쉽게 풀 수 있는 문제입니다.
이벤트에 당첨될 경우는 다음과 같습니다.
(1) 주사위를 굴려 1이나 6이 나오는 경우
(2) 주사위를 굴려 3이 나와서 가위바위보를 했는데 이긴 경우
(3) 주사위를 굴려 3이 나와서 가위바위보를 했는데 비겨서 재도전하여서 이긴 경우

각 경우의 확률을 계산하면 다음과 같습니다.

① **주사위를 굴려 1이나 6이 나올 확률**
주사위를 굴렸을 때 나올 수 있는 총 경우의 수는 6가지이고, 이때 1이나 6이 나올 경우의 수는 2가지이므로
$\dfrac{2}{6} = \dfrac{1}{3}$

② **주사위를 굴려 3이 나와서 가위바위보를 했는데 이긴 경우**
주사위를 굴려서 3이 나올 확률은 $\dfrac{1}{6}$입니다. 또한, 가위바위보를 했을 때 이길 확률은 $\dfrac{1}{3}$입니다.
두 번째 경우는 이 두 가지 사건이 동시에 일어나는 경우이므로 확률은 $\dfrac{1}{6} \times \dfrac{1}{3} = \dfrac{1}{18}$

③ **주사위를 굴려 3이 나와서 가위바위보를 했는데 비겨서 재도전하여서 이긴 경우**
주사위를 굴려서 3이 나올 확률은 $\dfrac{1}{6}$이고, 가위바위보를 했을 때 비길 확률은 $\dfrac{1}{3}$입니다.
다시 가위바위보를 했을 때 이길 확률은 $\dfrac{1}{3}$입니다.
세 번째 경우는 이 세 가지 사건이 동시에 일어나는 경우이므로 확률은 $\dfrac{1}{6} \times \dfrac{1}{3} \times \dfrac{1}{3} = \dfrac{1}{54}$

④ 따라서 이 이벤트에 당첨될 확률은
$\dfrac{1}{3} + \dfrac{1}{18} + \dfrac{1}{54} = \dfrac{11}{27}$입니다.

346. 정답 ⑤   난이도 ●●●

🔍 간단풀이

회장과 부장이 같은 팀이라는 사건을 X, 회장과 남자 임원이 같은 팀이라는 사건을 Y라고 할 때,

$$P(Y) = P(X \cap Y) + P(X^C \cap Y)$$
$$= P(X) \times P(Y|X) + P(X^C) \times P(Y|X^C)$$
$$= 0.3 \times 0.25 + 0.7 \times 0.5 = 0.075 + 0.35$$
$$= 0.425$$

∴ 42.5%

💬 상세풀이

회장과 부장이 같은 팀이 될 확률을 줬기 때문에 회장과 부장이 같은 팀이 될 경우, 그렇지 않을 경우 두 가지 경우로 나누어서 봅니다. 즉, 한 사건이 일어났을 때 다른 한 사건이 일어날 확률을 구하는 조건부확률을 사용하여 문제를 해결합니다.
(A 사건이 일어났을 때, B 사건이 일어날 확률)

$$= \frac{(A, B 사건이 동시에 일어날 확률)}{(A 사건이 일어날 확률)}$$

의 방법으로 구합니다. 즉,

$$P(B|A) = \frac{P(A \cap B)}{P(A)}$$

본 문제에서는 이 식을 변형한 $P(A \cap B) = P(A) \times P(B|A)$ 식을 활용할 것입니다.

① 회장과 부장이 같은 팀이라는 사건을 X, 회장과 남자 임원이 같은 팀이라는 사건을 Y라고 합니다. 그리고 회장을 A, 부장을 B, 남자 임원을 C, 여자 임원을 D, 동아리원 2명을 각각 E, F라고 합니다. 여기서부터 2가지 경우로 나누어 봅니다.

(1) **회장과 부장이 같은 팀이 될 경우**

회장(A)과 부장(B)이 같은 팀이 되는 동시에 회장(A)과 남자 임원(C)이 같은 팀이 될 확률을 구하는 것입니다.

해당 경우를 인물에 부여한 기호를 통해 회장과 부장이 같은 팀이 될 경우는 ABC, ABD, ABE, ABF이고, 이 중 회장과 남자 임원이 같은 팀이 되는 경우는 ABC 1가지 경우만 해당이 됩니다.

따라서 회장, 부장이 같은 팀일 때 남자 임원이 같은 팀일 경우, 즉 X 사건이 일어날 때 Y 사건이 일어날 확률은

$$P(Y|X) = \frac{1}{4} = 0.25$$

이때, 문제에서 회장과 부장이 같은 팀이 될 확률은 30%, 즉 $P(X) = 0.3$으로 주어졌기 때문에 회장과 부장이 같은 팀이 되는 동시에 회장과 남자 임원이 같은 팀이 될 확률은

$$P(X \cap Y) = P(X) \times P(Y|X)$$
$$= 0.3 \times 0.25 = 0.075$$

(2) **회장과 부장이 다른 팀이 될 경우**

회장과 부장이 다른 팀이 될 확률은 전체 경우에서 회장과 부장이 같은 팀이 되는 경우를 뺀 확률입니다.

즉, $P(X^C) = 1 - P(X) = 1 - 0.3 = 0.7$

1번과 같은 방법으로 회장과 부장이 다른 팀이 될 동시에 회장과 남자 임원이 같은 팀이 될 확률을 구해봅니다.

회장과 부장이 다른 팀일 경우는 ACD, ACE, ACF, ADE, ADF, AEF로 총 6가지입니다. 이 중 회장과 남자 임원이 같은 팀인 경우는 ACD, ACE, ACF 3가지입니다.

따라서 회장, 부장이 다른 팀일 때 남자 임원이 같은 팀일 확률은

$$\therefore P(Y|X^C) = \frac{3}{6} = 0.5$$

이때, 회장과 부장이 다른 팀이 될 확률은 $P(X^C) = 0.7$이었으므로 회장과 부장이 다른 팀이 되는 동시에 회장과 남자 임원이 같은 팀이 될 확률은

$$P(X^C \cap Y) = P(X^C) \times P(Y|X^C)$$
$$= 0.7 \times 0.5 = 0.35$$

② 따라서 회장과 남자 임원이 같은 팀이 될 확률은

$$P(Y) = P(X \cap Y) + P(X^C \cap Y) = 0.075 + 0.35$$
$$= 0.425$$

즉 42.5%입니다.

> **Tip** 이 문제는 '조건부확률'을 활용한 '확률의 곱셈정리'를 활용한 문제입니다.
>
> $$P(A \cap B) = P(A) \times P(B|A) = P(B) \times P(A|B)$$
>
> 사건 A, B가 동시에 발생하는 경우의 확률은 사건 A가 먼저 발생한 후, 이어 사건 B가 발생하는 확률 $P(A) \times P(B|A)$이거나 사건 B가 먼저 발생한 후 이어 사건 A가 발생할 확률 $P(B) \times P(A|B)$로 계산될 수 있습니다. 이러한 관계식을 '**확률의 곱셈정리**'라 합니다.

쉬운 예를 들어보겠습니다.
흰 공 5개와 검은 공 3개가 들어 있는 상자에서 임의로 공을 한 개씩 두 번 꺼낼 때, 두 번 모두 흰 공이 나올 확률을 구해보자. (단, 꺼낸 공은 다시 넣지 않는다.)
첫 번째에 꺼낸 공이 흰 공인 사건을 A, 두 번째에 꺼낸 공이 흰 공인 사건을 B라 하면

$$P(A) = \frac{5}{8}, \ P(B|A) = \frac{4}{7}$$

따라서 구하는 확률은

$$P(A\cap B) = P(A) \times P(B|A) = \frac{5}{8} \times \frac{4}{7} = \frac{5}{14}$$

이 확률의 곱셈정리를 활용하여 사건 B가 일어날 확률을 알 때, 사건 A가 일어날 확률을 구할 수 있습니다.

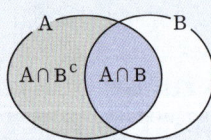

$$\begin{aligned}P(A) &= P(A\cap B) + P(A\cap B^C)\\ &= P(B)\times P(A|B) + P(B^C)\times P(A|B^C)\\ &= P(B)\times P(A|B) + (1-P(B))\times P(A|B^C)\end{aligned}$$

347 정답 ②   난이도 ●●●

간단풀이

$(0.2 \times 0.01) : (0.8 \times x) = 4 : 96$
$0.002 : 0.8x = 1 : 24$
$\therefore x = 0.06$

상세풀이

문자와 숫자가 많아 헷갈릴 때는 표를 그리면 편리합니다. 전체 생산량을 A라 하고, 샌프란시스코 공장과 중국 공장의 생산량 및 불량률, 그에 따른 불량품 개수를 구해봅니다.

① 생산량

샌프란시스코 공장은 전체 생산량의 20%를 차지하고 있으므로, 생산량은 $\frac{20}{100} \times A = 0.2A$와 같습니다.
중국 공장은 전체 생산량의 80%를 차지하고 있으므로, 생산량은 $\frac{80}{100} \times A = 0.8A$와 같습니다.

② 불량률

샌프란시스코 공장의 불량률은 $1\%\left(=\frac{1}{100}=0.01\right)$라고 문제에 주어져 있고, 중국 공장의 불량률은 구해야 할 값이므로 미지수 x로 설정합니다.

③ 불량품 개수

불량품 개수는 (불량률)×(생산량)으로 구할 수 있습니다. 예를 들어, 불량률이 3%라는 말은 100개를 생산했을 때 3개의 불량품이 생긴다는 것입니다. 이때 불량률 3%(=0.03)과 생산량 100개를 곱한다면, $0.03 \times 100 = 3$으로 3개의 불량품이 생기는 것을 알 수 있습니다.

따라서 샌프란시스코 공장의 불량품 개수는 $(0.2A \times 0.01)$이고, 중국 공장의 불량품 개수는 $(0.8A \times x)$입니다.

따라서 표로 이것을 나타내면 다음과 같습니다.

(전체 생산량)= A	샌프란시스코 공장	중국 공장
생산량	$0.2A$	$0.8A$
불량률	0.01	x
불량품 개수	$(0.2A \times 0.01)$	$(0.8A \times x)$

④ 전체 불량품 중 96%가 중국 공장에서 생산한 제품입니다.

중국 공장의 불량품이 전체 불량품의 96%라면, 샌프란시스코 공장의 불량품은 전체 불량품의 4%가 되므로 각 공장의 불량품의 개수의 비는 4 : 96이 됩니다. 즉,

$(0.2A \times 0.01) : (0.8A \times x) = 4 : 96 = 1 : 24$
$0.8A \times x = 24 \times 0.2A \times 0.01$ $\therefore x = 0.06$

따라서 구하는 중국 공장의 불량률은 6%입니다.

Tip $(0.2A \times 0.01) : (0.8A \times x) = 1 : 24$에서 비례식의 성질(▶▶)에 의해 각 항을 $0.2A$로 나누면 우변은 $0.01 : 4x = 1 : 400x$가 되므로
$1 : 400x = 1 : 24$라는 비례식을 얻을 수 있습니다.
$400x = 24$ $\therefore x = 0.06$

▶▶ 비례식의 성질
- 비례식의 각 항에 0이 아닌 같은 수를 곱하여도 비율은 같습니다.
- 비례식의 각 항을 0이 아닌 같은 수로 나누어도 비율은 같습니다.

348 정답 ④   난이도 ●●●

🛰 간단풀이

가로와 세로의 최대공약수를 구해야 합니다.
$528 = 2^4 \times 3 \times 11, \ 312 = 2^3 \times 3 \times 13$
528과 312의 최대공약수는 $2^3 \times 3 = 24$
$\dfrac{528}{24} = 22, \ \dfrac{312}{24} = 13$
따라서 필요한 조명의 최소 개수는 $2 \times (22+13) = 70$(개)입니다.

💬 상세풀이

가로와 세로 도형이 나오는 문제는 먼저 그림을 그려 문제를 표현해 봅니다. 해당 문제는 직사각형 모양의 정원의 테두리에 조명을 설치한다고 하였습니다. 이때, 네 모퉁이에는 반드시 조명이 설치되고 일정한 간격을 유지한다고 하였으므로 조명이 설치되는 간격은 가로와 세로 길이의 약수가 됩니다.
이때, 설치되는 조명의 수를 최소로 할 때는 길이가 최대가 되어야 하므로 문제는 가로와 세로 길이의 <u>최대공약수</u>를 찾는 문제가 됩니다.

① 문제에서 주어진 조건을 이용하여 그림을 그려봅니다. 직사각형 모양의 정원의 네 모퉁이에는 반드시 조명이 설치된다고 하였으므로 직사각형은 아래 그림과 같이 표현할 수 있습니다.

정원의 테두리에 조명이 설치될 때 네 모퉁이에 조명이 설치되면서 간격이 같게 조명을 설치하기 위해서는 조명의 설치 간격이 가로와 세로의 약수가 되어야 합니다.
즉 조명이 설치되는 간격은 가로와 세로 길이의 공약수입니다.

② 문제에서는 설치되는 조명의 최소 개수를 묻고 있습니다. 조명의 설치 개수는 조명이 설치되는 간격에 반비례합니다. 최소의 수로 조명을 설치하는 경우는 가장 큰 설치 간격으로 조명을 설치할 때입니다. 즉, 조명의 최소 설치 개수를 구하기 위해서는 가로와 세로의 최대공약수를 찾아야 합니다.

③ 528과 312의 최대공약수를 구합니다.
최대공약수는 소인수분해를 통해 쉽게 구할 수가 있으므로 528과 312를 소인수분해합니다.
528을 소인수분해하면 $2^4 \times 3 \times 11$
312을 소인수분해하면 $2^3 \times 3 \times 13$
528과 312의 최대공약수는 소인수분해에서 지수가 가장 작은 소인수들의 곱이므로 $2^3 \times 3 = 24$입니다.

④ 조명이 설치되는 간격은 24cm이라는 것을 알았습니다. 이제 정원의 테두리에 조명이 몇 개가 설치되는지를 구해야 합니다. 설치되는 조명의 수는 아래의 그림을 통해 파악할 수 있습니다.

(1) 먼저 조명이 설치되는 간격이 24cm이기 때문에 직사각형의 가로와 세로 길이가 모두 24cm라면 조명은 총 4개가 가장자리에 설치됩니다.

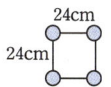

(2) 직사각형의 가로와 세로 길이가 모두 24cm의 배수인 48cm라면 조명은 아래 그림과 같이 가장자리 4개를 제외하고 4개가 더 설치됩니다.

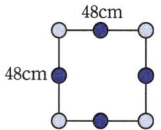

즉 가로가 배수로 증가할 때마다 조명이 2개 더 설치되며 세로가 배수로 증가할 때도 조명이 2개씩 더 설치됩니다.

⑤ 가로의 배수를 x로 두고 세로의 배수를 y라고 둔다면 전체 조명의 수는 $4 + 2(x-1) + 2(y-1)$
$= 2x + 2y$입니다.
직사각형의 가로, 세로 길이는 528cm, 312cm이므로
$x = 528 \div 24 = 22, \ y = 312 \div 24 = 13$입니다.
따라서 전체 조명의 수는 $2(22+13) = 70$개입니다.

349 정답 ③　　난이도 ●●●

간단풀이

(속력)=$\frac{(거리)}{(시간)}$ 이므로 A의 속력을 구하기 위해선 A가 이동한 거리를 먼저 구해야 합니다.

(A가 이동한 거리)=$3.2 \times \frac{9}{7+9}=1.8$(km)

(A의 속력)=$\frac{1.8}{\frac{2}{3}}=2.7$(km/h)

상세풀이

그림을 그려본다면 쉽게 이해할 수 있습니다.

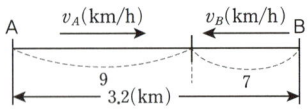

① 문제의 상황에서 A와 B는 서로 3.2km 떨어진 지점에서 서로를 향해 달려오고 있고 있습니다.
일정 시간 후에 두 사람은 한 점에서 만나게 됩니다.

② 만난 점을 기준으로 A와 B가 이동한 거리의 비가 9 : 7이므로

(A가 이동한 거리)=$3.2 \times \frac{9}{7+9}=1.8$(km)

③ A는 40분 $\left(=\frac{2}{3}h\right)$ 동안 1.8km를 이동했으므로

(A의 속력)=$\frac{1.8}{\frac{2}{3}}=2.7$(km/h)

350 정답 ②　　난이도 ●●●

간단풀이

$\frac{6!}{3!2!}=60$

상세풀이

이 문제는 같은 것이 있는 순열을 이해하고 있어야 합니다. **같은 것이 포함되어 있는 n개를 일렬로 나열하는 것을 같은 것이 있는 순열**이라고 합니다. n개 중에 같은 것이 각각 p개, q개, $\cdots$, r개가 있을 때, 이들을 모두 일렬로 나열하는 순열의 수는 아래의 식과 같습니다.

$\frac{n!}{p!q!\cdots r!}$ (단, $p+q+\cdots+r=n$)

① 주어진 숫자들을 가지고 자연수를 만드는 경우는, 주어진 숫자들을 일렬로 나열하는 경우와 같습니다.
즉, 이 문제에서 구하는 경우의 수는 3, 3, 3, 6, 6, 9를 일렬로 나열하는 경우의 수와 같습니다.
무언가를 일렬로 배열하는 문제의 경우, 배열해야 하는 것의 개수만큼 빈자리를 만듭니다.
이 문제의 경우 총 6개의 숫자를 한 줄로 배열해야 하므로, 6개의 빈자리가 필요합니다.

② 한 자리씩 숫자를 배치한다고 생각해보면, 첫 번째 자리에 들어갈 수 있는 숫자의 가짓수는 6개의 숫자 중 아무 숫자나 들어갈 수 있으므로 6가지, 두 번째 자리에 들어갈 수 있는 숫자의 가짓수는 6개 중 1개를 뺀 5가지입니다. 같은 방법으로 세 번째 자리에는 4가지, 네 번째 자리에는 3가지, 다섯 번째 자리에는 2가지, 마지막 여섯 번째 자리에는 1가지 숫자가 들어갈 수 있습니다.
이 모든 사건은 동시에 일어나므로 6개의 숫자를 일렬로 나열하는 경우의 수는
$6 \times 5 \times 4 \times 3 \times 2 \times 1 = 6!$입니다.

③ 그런데 이때, 숫자 3은 3개가 모두 같으므로 서로 구분할 수 없습니다.
마찬가지로 숫자 6도 2개가 모두 같으므로 서로 구분할 수 없습니다.
숫자3 3개를 순서대로 a, b, c라고 하면, ①에서 나열한 경우에서는 (a, b, c) / (a, c, b) / (b, a, c) / (b, c, a) / (c, a, b) / (c, b, a) 모두 다른 경우이지만 이 문제에서는 모두 같은 경우로 취급되어야 합니다.
즉, 숫자 3을 3개 배치할 때 중복되는 경우의 수는 3!, 숫자 6을 2개 배치할 때 중복되는 경우의 수는 2!입니다.
따라서 중복되는 경우의 수를 전체 경우의 수에서 나눠주면 $\frac{6!}{3!2!}=60$

351 정답 ③   난이도

간단풀이

$280 \times \frac{4}{10} \times (12-x) + 280 \times \frac{7}{10} \times x \geq 2{,}000$

$112(12-x) + 196x \geq 2{,}000$

$84x + 1{,}344 \geq 2{,}000$

$84x \geq 656 \quad \therefore x \geq \frac{164}{21}$

상세풀이

먼저 구하고자 하는 것을 변수로 놓고, 부등식을 세워 문제에서 주어진 조건에 만족하는 수를 찾아야 합니다.

① 월급의 70%를 저축해야 하는 기간을 x(달)이라고 하면 월급의 40%를 저축해야 하는 기간은 $12-x$(달)입니다.

② 월급의 40%를 저축해야 하는 달에 저축해야 할 금액은 $280 \times \frac{4}{10} = 112$만 원입니다.

즉, $12-x$(달)동안 112만 원씩 저축해야 하므로 이 기간 동안 저축해야 할 총 금액은 $112 \times (12-x) = 1{,}344 - 112x$(만 원)

③ 월급의 70%를 저축해야 하는 달에 저축해야 할 금액은 $280 \times \frac{7}{10} = 196$(만 원)입니다.

즉, x달 동안 196만원씩 저축해야 하므로 이 기간 동안 저축해야 할 총 금액은 $196x$(만 원)입니다.

④ 따라서 1년 동안 저축해야 할 총 금액은
$1344 - 112x + 196x = 1{,}344 + 84x$(만 원)입니다. 이 금액이 2,000만원 이상이어야 하므로
$1344 + 84x \geq 2{,}000$

$84x \geq 656 \quad \therefore x \geq \frac{164}{21} \approx 7.8$

이를 만족하는 자연수의 최솟값은 8이므로 월급의 70%를 저축해야 하는 최소 기간은 8달입니다.

352 정답 ③   난이도

간단풀이

$\frac{50+65+65+60+x}{5} = 65$

$\therefore x = 85$

상세풀이

① 장수생씨가 5과목 시험을 보았고, 4과목에서 각각 50점, 65점, 65점, 60점을 득점했고 마지막 과목의 점수를 모르는 상태이기 때문에 마지막 과목의 점수를 x라고 놓고 식을 세웁니다.

(평균점수) $= \frac{50+65+65+60+x}{5}$

② 평균점수가 65점이므로 다음과 같은 방정식을 세울 수 있습니다.

$\frac{50+65+65+60+x}{5} = 65$

$50+65+65+60+x = 65 \times 5$

$240 + x = 325 \quad \therefore x = 85$

353 정답 ⑤   난이도

간단풀이

(A가 600m를 달리는 데 걸린 시간)
$= \frac{600}{6} = 100$(초)

(B가 600m를 달리는 데 걸린 시간)
$= 100 + 20 = 120$(초)

(B의 속력) $= \frac{600}{120} = 5$(m/s)

$\frac{600-x}{5} = 100$

$600 - x = 500 \quad \therefore x = 100$(m)

상세풀이

이 문제는 구해야 하는 값을 미지수로 두고, 거리, 속력, 시간에 관한 식을 이용하여 식을 세우는 것이 핵심입니다.

① 먼저, A의 속력을 이용해 A와 B가 600m를 달리는 데 걸리는 시간과 B의 속력을 구합니다. A가 600m를 6m/s로 달리는 데 걸린 시간을 구하면
(A가 600m를 달리는 데 걸린 시간) $= \frac{600}{6} = 100$(초)

B는 A보다 20초가 더 걸렸으므로 600m를 달리는 데 120초가 걸렸습니다.

$\therefore$ (B의 속력) $= \frac{600}{120} = 5$(m/s)

② 구해야 하는 A와 B가 동시에 도착하기 위해서 B가 A보다 앞서야 하는 거리를 x(m)라 둡니다.
그러면 B가 $600-x$(m)를 5m/s로 달려서 100초

가 걸려야 하므로

$$\frac{600-x}{5}=100$$

$600-x=500$ ∴ $x=100$(m)

354 정답 ③ 난이도 ●●○

간단풀이

(A의 나이) : (B의 나이) = 1 : 2 = a : $2a$
$3a<60$ ∴ $a<20$
따라서 자연수 a의 최댓값은 19입니다.

상세풀이

이러한 부등식 문제에서 유의해야 할 것은 부등호의 방향과 등호의 유무 여부입니다.
예를 들어, $x<20$과 달리 $x\leq 20$은 20을 포함합니다. 즉, 기호가 등호(=)를 포함하고 있는지를 잘 살펴 범위를 따져야 하는 문제 유형입니다.

① A와 B의 나이 비율인 1 : 2는, 양변에 같은 숫자 a를 곱하여 표현할 수도 있습니다. 즉
(A의 나이) : (B의 나이) = 1 : 2 = a : $2a$
에서 (A의 나이) = a, (B의 나이) = $2a$라 할 수 있습니다.

② 문제에서 A와 B의 나이의 합은 60보다 작다고 하였으므로 $a+2a=3a<60$ ∴ $a<20$

③ 이 조건을 만족하는 A의 최대 나이, 즉 자연수 a의 최댓값은 19입니다. 따라서 답은 19살입니다.

355 정답 ④ 난이도 ●●○

간단풀이

$$\frac{8}{(\text{전체 동아리원의 수})}=\frac{40}{100}$$

∴ (전체 동아리원의 수) = 20(명)
(남자) = $x+4$, (여자) = x
$x+4+x=20$
$2x=16$ ∴ $x=8$

∴ $\dfrac{(\text{자연계열 남자 인원 수})}{(\text{동아리 남자 인원 수})}$

$=\dfrac{(x+4)-8}{x+4}=\dfrac{4}{12}=\dfrac{1}{3}$

상세풀이

① 인문계열 8명이 전체의 40%이므로

$$\frac{8}{(\text{전체 동아리원의 수})}=\frac{40}{100}$$

∴ (전체 동아리원의 수) = 20(명)

② 남자가 여자보다 4명이 더 많다고 했으므로 남자 전체 인원을 $x+4$, 여자 전체 인원을 x로 두고 계산합니다.
$x+4+x=20$
$2x=16$ ∴ $x=8$
즉, 남자 전체 인원은 $x+4=12$명입니다.

③ 문제에서는 남자 인원수를 기준으로 할 때 자연계열 남자의 비율을 구하라고 했으므로 (자연계열 남자 인원 수) = (동아리 남자 인원 수) − (인문계열 남자 인원 수) = 12−8 = 4(명)

따라서 구하는 비율은 $\dfrac{4}{12}=\dfrac{1}{3}$

356 정답 ⑤ 난이도 ●●●

간단풀이

$$\begin{cases} x+y=50 \\ \dfrac{1}{4}x+\dfrac{1}{3}y=15 \end{cases}$$

∴ $x=20$, $y=30$
따라서 이 학급의 여자 학생 수는 20명입니다.

상세풀이

① 이 문제의 경우, 전체 여학생과 남학생 수를 파악하는 식과 애니메이션을 즐겨보는 여학생과 남학생의 수를 구하는 식을 세워서 연립하는 것이 좋습니다. 학급의 여학생 수를 x명, 남학생 수를 y명으로 정하면
$x+y=50$

② 여학생의 $\dfrac{1}{4}$과 남학생의 $\dfrac{1}{3}$이 애니메이션을 즐겨본다 하였고, 그 인원이 이 학급의 학생 50명 중에 $\dfrac{3}{10}$이라고 하였으므로

$$\dfrac{1}{4}x+\dfrac{1}{3}y=50\times\dfrac{3}{10}=15$$

계산을 쉽게 하기 위하여 양변에 분모의 최소공배수인 12를 곱하면 $3x+4y=180$ 입니다.

③ ①, ②에서 구한 두 일차방정식을 연립하여 해를 구하면
$\begin{cases} x+y=50 \\ 3x+4y=180 \end{cases}$
$\begin{cases} 3x+3y=150 \\ 3x+4y=180 \end{cases}$
$y=30$
이것을 첫 번째 식에 대입하면
$x+30=50 \quad \therefore \quad x=20$
따라서 구하는 여학생 수는 20명입니다.

357 정답 ① 난이도 ●●●

간단풀이

(철수의 일률)$=\dfrac{1}{24}$, (영미의 일률)$=\dfrac{1}{120}$
두 사람이 함께 일을 하여 일을 마무리하는 데 걸리는 기간을 x라 하면
$\left(\dfrac{1}{24}+\dfrac{1}{120}\right)\times x=1$
$\dfrac{x}{20}=1 \quad \therefore \quad x=20$
따라서 두 사람이 함께 일을 진행하면 20일이 걸립니다.

상세풀이

해당 문제는 일률 문제입니다. 일률은 단위 기간내에 처리할 수 있는 일의 양을 말하며 공식은 (전체 일의 양) = (걸린 시간) × (일률)입니다. 이때, 보통 전체 일의 양을 1로 놓고 풉니다.
(일률)$=\dfrac{1}{(걸린시간)}$

① 철수가 일을 혼자서 하면 24일, 영미는 120일이 걸린다고 하였습니다. 따라서
(철수의 일률)$=\dfrac{1}{24}$, (영미의 일률)$=\dfrac{1}{120}$

② 문제에서 구하는 철수와 영미가 같이 작업을 수행할 때 걸리는 기간을 x라고 두면, 일률 공식을 이용하여 다음의 식을 만들 수 있습니다.
(걸린 시간) × (일률) = 1
$\left(\dfrac{1}{24}+\dfrac{1}{120}\right)\times x=1$
$\dfrac{x}{20}=1 \quad \therefore \quad x=20$
따라서 두 사람이 함께 일을 진행하는 데 걸리는 기간은 20일입니다.

358 정답 ③ 난이도 ●●●

간단풀이 1

(소금물 220g의 농도)$=x(\%)$
$500\times\dfrac{6}{100}+220\times\dfrac{x}{100}=660\times\dfrac{10}{100}$
$300+22x=660$
$22x=360 \quad \therefore \quad x=\dfrac{180}{11}(\%)$

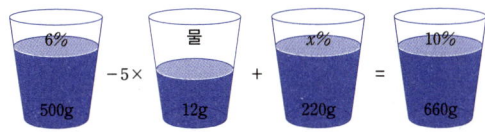

간단풀이 2

$660\times\dfrac{10}{100}-500\times\dfrac{6}{100}=66-30=36(g)$
$\therefore$ (소금물 220g의 농도)$=\dfrac{36}{220}\times 100=\dfrac{180}{11}(\%)$

상세풀이 1

물을 증발시켜도 소금물에 녹아있는 소금의 양은 변함없음을 이용하여 소금의 양을 기준으로 식을 세워 풀 수 있습니다. 이때, 다음의 공식을 이용합니다.
(소금물에 들어있는 소금의 양)
$=$(소금물의 양)$\times\dfrac{(농도(\%))}{100}$

① 소금물을 증발시키면 소금물에 녹아있는 소금의 양은 변하지 않고 물의 양만 감소한다는 점을 유의합니다. 따라서 6%의 소금물 500g에서 5분간 물을 증발시킨 후의 소금물에 녹아있는 소금의 양은 증발시키기 전과 같습니다.
(10%인 소금물 500g에 녹아있는 소금의 양) + (x%인 소금물 220g에 녹아있는 소금의 양)
$=$(10%인 소금물 660g에 녹아 있는 소금의 양)

② 구해야 하는 소금물 220g의 농도를 $x(\%)$라 하고 각 소금물에 녹아있는 소금의 양을 구합니다.
(6%의 소금물 500g에 녹아있는 소금의 양)
$=500\times\dfrac{6}{100}$
(x%의 소금물 220g에 녹아있는 소금의 양)
$=220\times\dfrac{x}{100}$
(10%의 소금물 660g에 녹아있는 소금의 양)

$$= 660 \times \frac{10}{100}$$

따라서 다음의 식이 성립합니다.

$$500 \times \frac{6}{100} + 220 \times \frac{x}{100} = 660 \times \frac{10}{100}$$

③ 위의 식을 풀기 위해 양변에 10을 곱하여 풀면
$$300 + 22x = 660$$
$$22x = 360 \quad \therefore \ x = \frac{180}{11}(\%)$$

따라서 구하는 농도는 $\frac{180}{11}(\%)$ 입니다.

상세풀이 2

각 소금물에 녹아있는 소금의 양을 구한 다음 소금물 220g의 농도를 구할 수 있습니다.

$$농도(\%) = \frac{(용질의\ 양)}{(용매의\ 양) + (용질의\ 양)} \times 100$$

① 소금물을 증발시켜도 소금의 양은 변하지 않으므로 소금의 양을 기준으로 식을 세우면 다음과 같습니다.
(10%인 소금물 500g에 녹아있는 소금의 양) + (x%인 소금물 220g에 녹아있는 소금의 양)
= (10%인 소금물 660g에 녹아 있는 소금의 양)

② 6%의 소금물 500g에 녹아있는 소금의 양은
$500 \times \frac{6}{100} = 30(g)$, 10%의 소금물 660g에 녹아 있는 소금의 양은 $660 \times \frac{10}{100} = 66(g)$입니다.
따라서 소금물 220g에 녹아있는 소금의 양은 $66 - 30 = 36(g)$이 됩니다.

③ 따라서 구하는 첨가한 소금물 220g의 농도는
$$\frac{36}{220} \times 100 = \frac{180}{11}(\%)$$

---

359 정답 ④ 난이도 ●●○

간단풀이

$(x-1) + x + (x+1) = 252$
$3x = 252 \quad \therefore \ x = 84$
$\therefore \ 83 + 85 = 168$

상세풀이

연속된 자연수는 1씩 차이가 나므로 세 자연수를 $x-1$, x, $x+1$이라 놓습니다.

① 문제에서 연속된 세 자연수의 합이 252라고 하였으므로 아래의 식이 성립합니다.
$(x-1) + x + (x+1) = 252$
$3x = 252 \quad \therefore \ x = 84$
따라서 연속된 세 자연수는 83, 84, 85입니다.

② 문제에서 구하고자 하는 값은 연속되는 세 자연수 중 가장 작은 수와 가장 큰 수의 합이므로
$83 + 85 = 168$

---

360 정답 ② 난이도 ●●○

간단풀이

$5,000 \times 1.1 \times 0.92 = 5,060$
$5,060 - 5,000 = 60(원)$

상세풀이

이러한 유형의 문제를 실수 없이 풀기 위해서는 정가, 원가, 이익, 판매가의 의미를 정확히 알아야 합니다.
먼저, (정가) = (원가) + (이익)입니다.
또한, 정가를 할인한 가격이 실제 (판매가)이므로 (판매가) = (원가) + (순이익) 입니다.
(문제의 '이익'이란 이 순이익을 말합니다.)

① 문제에서 원가 5,000원에서 10%를 올려 정가를 정하였으므로
(정가) = $5,000 \times (1 + 0.1) = 5,500(원)$

② 정가로 팔았을 때 안팔려서 다시 8%를 할인하여 판매하였다고 하였으므로
(판매가) = $5,500 \times (1 - 0.08) = 5,060(원)$

③ 따라서 구해야 하는 물건 한 개에 얻는 이익은
(이익) = (판매가) - (원가) = $5,060 - 5,000 = 60(원)$

---

361 정답 ④ 난이도 ●○○

간단풀이

$_8C_1 \times _7C_1 \times _6C_2 = 840$

상세풀이

경우의 수 문제는 제시된 기준에 따라 순서대로 중복되지 않게 모든 경우의 수를 구해야 합니다.
동시에 발생하는 사건은 곱셈을 사용하고, 그렇지 않은 경우는 덧셈을 사용합니다.

이 문제에서 알아야 할 핵심개념은 '조합'입니다.
서로 다른 n개에서 순서를 생각하지 않고 r개를 택하는 경우의 수는

$$_nC_r = \frac{_nP_r}{r!} = \frac{n(n-1)(n-2)\cdots(n-r+1)}{r!}$$
$$= \frac{n!}{r!(n-r)!} \text{ (단, } 0 < r \leq n\text{)}$$

① 문제에서 총 8명의 인원 중 회장 1명을 뽑아야 하므로 구하는 경우의 수는 $_8C_1 = 8$(가지)입니다.

② 8명 중 1명의 회장을 뽑고 남은 7명의 회원들 중 1명의 부회장을 뽑아야 합니다.
따라서 구하는 경우의 수는 $_7C_1 = 7$(가지)입니다.

③ 8명의 회원 중 1명의 회장, 1명의 부회장을 뽑고 남은 나머지 6명의 회원들 중 2명의 총무를 뽑아야 합니다. 6명 중 순서 상관없이 2명을 뽑는 경우의 수는 $_6C_2 = \frac{6 \times 5}{2} = 15$(가지)입니다.

④ 위에서 구한 세 사건은 동시에 발생하므로 구해야 할 전체 경우의 수는
$$_8C_1 \times _7C_1 \times _6C_2 = 8 \times 7 \times \frac{6 \times 5}{2} = 840$$

362 정답 ⑤ 난이도 ●●○

간단풀이

$4! \times 3! = 24 \times 6 = 144$

상세풀이

여러 명이 이웃하여 앉을 때, 이웃하여 앉을 사람끼리 하나의 그룹으로 묶어 한 명이라고 생각한 후 앉히는 경우의 수를 구하고 그 후 이웃한 사람끼리 배열하는 경우의 수를 곱해줍니다.

① 먼저, 철수, 소영, 수민 3명이 이웃하여 앉아야 하므로 A라는 그룹으로 묶어줍니다.

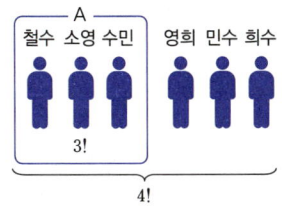

그러면 (A, 영희, 민수, 희수) 총 4명을 배열하는 것과 같으므로 4명을 배열하는 경우의 수는 $4! = 24$(가지)입니다.

② A그룹 내에서 철수, 소영, 수민이 앉는 순서를 고려해야 하므로 3명을 배열하는 경우의 수는 $3! = 6$(가지)입니다.

③ A, 영희, 민수, 희수를 배열하는 총 24가지 경우마다 A그룹 내 3명을 배열하는 6가지 경우의 수가 있으므로 총 경우의 수는 $24 \times 6 = 144$가지입니다.
(위의 두 사건은 동시에 이루어져야 하므로 곱의 법칙을 이용합니다.)

363 정답 ② 난이도 ●●○

간단풀이

(4와 5의 최소공배수)=20
철수와 영희는 오늘 이후 20일마다 같은 날 모임에 참석하게 됩니다.
따라서 5번째로 같은 날 모임에 참석하는 날은 오늘 이후 100일 후입니다.
$100 \div 7 = 14 \cdots 2$
즉, 100일 후는 14주 2일 후와 같으므로 구하는 요일은 일요일의 이틀 뒤인 화요일입니다.

상세풀이

이 문제는 최소공배수를 활용하여 날짜를 계산하는 문제입니다.
7일마다 같은 요일이 반복되므로 구한 날짜를 7로 나눈 나머지를 일요일을 기준으로 더해서 계산해야 합니다.

① 철수는 4일 간격, 영미는 5일 간격으로 모임에 참석을 하므로 오늘 이후 다음 같은 날 모임에서 만나는 날은 4와 5의 최소공배수인 20(일)입니다.
즉, 20일마다 같은 날 모임에서 다시 만나게 됩니다.

② 오늘 이후 5번째 같은 날 모임에 참석하는 날은 $20 \times 5 = 100$일 후 이므로 일요일인 오늘을 기준으로 100일 후의 요일을 구하면 됩니다. 요일은 7일마다 같은 요일이 돌아오므로 100을 7로 나눈 나머지를 구해야 합니다. 100을 7로 나눈 나머지는 2이므로 (월, 화) 해서 구하는 요일은 화요일입니다.

364 정답 ③   난이도 ●●○

간단풀이

$$\frac{1}{5v} + \frac{1}{3} = \frac{1}{v}$$

$3 + 5v = 15$ ∴ $5v = 12$

따라서 철수의 속력은 12km/h입니다.

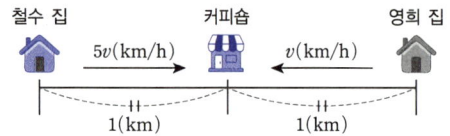

상세풀이

시간-거리-속력 문제는 무엇을 기준으로 식을 세우는 것이 빠른 풀이일지 결정하는 것이 중요합니다.
문제에서 속력과 거리를 주어졌으므로 시간을 기준으로 식을 세우면 좋습니다.
이때, 구해야 하는 속력의 단위가 km/h이므로 모든 거리와 속력을 km와 hour로 변경하여 푸는 것이 좋습니다.

① 철수의 속력이 영희의 속력의 5배이므로 영희의 속력을 v라 하면 철수의 속력은 $5v$입니다.
또한, 철수의 집과 영희의 집의 정확히 중간의 커피숍에서 만난다고 하였으므로 (철수 집에서 커피숍까지의 거리) = (영희 집에서 커피숍까지의 거리) = $1,000(m) = 1(km)$입니다.

② (시간) = $\frac{(거리)}{(속력)}$이므로 철수와 영희의 이동시간을 각각 구하면 (철수의 이동시간) = $\frac{1}{5v}$,

(영희의 이동시간) = $\frac{1}{v}$

문제에서 영희가 철수보다 20분 더 늦게 도착하였다고 하였습니다. 20분을 시간단위로 바꾸면 $\frac{1}{3}$ h이므로

$$\frac{1}{5v} + \frac{1}{3} = \frac{1}{v}$$

③ 위의 식을 풀기 위해 양변에 $15v$를 곱하면
$3 + 5v = 15$
$5v = 12$ ∴ $v = \frac{12}{5}$

문제에서 구하는 것은 철수의 속력이므로 $5v = 12$ (km/h)입니다.

365 정답 ②   난이도 ●●○

간단풀이

(아버지의 나이) = x, (아들의 나이) = y

$\begin{cases} x + y = 60 \\ x + 10 = 2(y+10) + 5 \end{cases}$

$\begin{cases} x + y = 60 \\ x - 2y = 15 \end{cases}$

$3y = 45$ ∴ $y = 15$

상세풀이

① 아버지의 나이를 x, 아들의 나이를 y라고 놓으면 아버지와 아들의 나이의 합은 60살이므로
$x + y = 60$

② 10년 후에는 아버지의 나이와 아들의 나이는 각각 $x + 10$, $y + 10$이 됩니다. 이때, 아버지의 나이가 아들의 나이의 2배보다 5살이 많다고 했으므로
$x + 10 = 2(y + 10) + 5$
$x + 10 = 2y + 25$
$x - 2y = 15$

③ ①, ②에서 구한 두 식을 연립하여 풀면
$\begin{cases} x + y = 60 \\ x - 2y = 15 \end{cases}$
$3y = 45$ ∴ $y = 15$
구하는 것은 아들의 나이이므로 15세입니다.

Tip 구하는 아들의 나이를 x, 아버지의 나이를 $60-x$라 놓으면 10년 후에는 아들과 아버지의 나이는 각각 $x + 10$, $70 - x$이므로 다음과 같이 식을 하나만 세워 풀 수도 있습니다.
$70 - x = 2(x + 10) + 5$

366 정답 ④   난이도 ●●○

간단풀이

$\frac{8+x}{12+x} \geq 0.8$ ∴ $x \geq 8$

상세풀이

이 문제의 관건은 승률은 $\frac{(승리한\ 횟수)}{(전체\ 경기\ 수)}$라는 것을 알아야 합니다.

또한, 최소한의 경기 수를 구해야 하므로 추가로 진행되는 경기는 모두 승리하는 것으로 해야 합니다.

① 추가로 진행되는 경기 수를 x라 하면 승리하는 경기 수도 x라 할 수 있습니다.

따라서 추가 경기가 진행된 후의 승률은 $\dfrac{8+x}{12+x}$이고, 이것이 80% 이상이 되어야 하므로

$\dfrac{8+x}{12+x} \geq 0.8$

② 이것을 풀기 위해 양변에 $12+x$를 곱하면
$8+x \geq 0.8(12+x)$
$8+x \geq 9.6 + 0.8x$
$0.2x \geq 1.6 \quad \therefore \quad x \geq 8$
따라서 최소로 치러야 하는 경기 수는 8경기입니다.

독끝 12일차 367~400

367	②	368	⑤	369	①	370	③	371	②
372	①	373	④	374	③	375	②	376	④
377	②	378	④	379	②	380	⑤	381	④
382	②	383	②	384	③	385	①	386	④
387	⑤	388	④	389	②	390	⑤	391	④
392	②	393	③	394	④	395	④	396	④
397	③	398	⑤	399	③	400	⑤		

367 정답 ② 난이도 ●●○

간단풀이

(작년 지하철 이용자 수)=x,
(작년 버스 이용자 수)=$2,000-x$
$0.9\times(2,000-x)+1.4x=2,500$
$1,800+0.5x=2,500$
$0.5x=700$ ∴ $x=1,400$(명)

상세풀이

구하고자 하는 것은 작년 지하철 이용자 수이므로 이것을 x로 놓고 문제에 주어진 조건대로 식을 세워줍니다.

① 작년 전체 이용자 수는 2,000명이고 작년 지하철 이용자 수가 x이므로 작년 버스 이용자 수는 $2,000-x$입니다.

② 문제에서 올해 버스 이용자 수는 작년에 비해 10% 감소했으므로 올해 버스 이용자 수는 $0.9(2,000-x)$이고, 지하철 이용자 수는 작년에 비해 40% 증가했으므로 올해 지하철 이용자 수는 $1.4x$ 입니다. 또한, 전체적으로 작년에 비해 500명이 증가했다고 하였으므로 올해 전체 이용자 수는 $2,000+500=2,500$명입니다.
$0.9(2,000-x)+1.4x=2,500$

③ 위의 식을 풀어 x를 구합니다.
$0.9\times(2,000-x)+1.4x=2,500$
$1,800+0.5x=2,500$
$0.5x=700$ ∴ $x=1,400$

따라서 구하는 작년 지하철 이용자 수는 1,400명입니다.

Tip 변화량을 기준으로 다음과 같이 식을 세워 풀 수도 있습니다.
$-0.1\times(2,000-x)+0.4x=500$
$-200+0.5x=500$
$0.5x=700$ ∴ $x=1,400$(명)

368 정답 ⑤ 난이도 ●●●

간단풀이

(작년 남자 신입생 수)=A,
(작년 여자 신입생 수)=400−A
$1.05A+1.125(400-A)=400\times1.08=432$
∴ A=240
∴ (올해 여자 신입생)=$1.125(400-A)$
$=1.125\times160=180$

상세풀이

작년 남자 신입생을 A로 놓고 문제에 주어진 조건대로 식을 세워줍니다.

① 작년 전체 신입생 수는 400명이고 작년 남자 신입생 수가 A이므로 작년 여자 신입생 수는 400−A 입니다.

② 문제에서 올해 남자 신입생 수는 작년에 비해 5% 증가했으므로 올해 남자 신입생 수는 1.05A 이고, 여자 신입생 수는 작년에 비해 12.5% 증가했으므로 올해 여자 신입생 수는 $1.125(400-A)$ 입니다. 또한, 전체적으로 작년에 비해 8% 증가했다고 하였으므로 올해 전체 신입생 수는 $400\times1.08=432$명입니다.
$1.05A+1.125(400-A)=432$

③ 위의 식을 풀어 x를 구합니다.
$1.05A+1.125(400-A)=432$
$1.05A+450-1.125A=432$
$0.075A=18$ ∴ A=240

④ 따라서 구하는 올해의 여자 신입생의 수는
$1.125(400-A)=1.125\times160=180$(명)

369 정답 ①   난이도 ●●●

간단풀이

$(1.4x - 400) - x \geq 1,600$
$0.4x - 400 \geq 1,600$
$0.4x \geq 2,000 \quad \therefore x \geq 5,000$
(정가) = (원가) × 1.4 = 5,000 × 1.4 = 7,000(원)
이상이어야 합니다.

상세풀이

이러한 유형의 문제를 실수 없이 풀기 위해서는 정가, 원가, 이익, 판매가의 의미를 정확히 알아야 합니다.
먼저, (정가) = (원가) + (이익) 입니다.
또한, 정가를 할인한 가격이 실제 (판매가)이므로 (판매가) = (원가) + (순이익) 입니다.
(문제의 '이익'이란 이 순이익을 말합니다.)

① 원가를 x로 두고, 판매가격을 구합니다.
   (정가) = (원가) × $\left(1 + \dfrac{40}{100}\right) = x \times 1.4 = 1.4x$
   (판매가) = (정가) − (할인가) = $1.4x - 400$

② (이익) = (판매가) − (원가)
         = $(1.4x - 400) - x \geq 1,600$

③ 위의 부등식을 풀면
   $0.4x \geq 2,000$
   $4x \geq 20,000 \quad \therefore x \geq 5,000$
   따라서 원가는 5,000원 이상입니다.

④ 문제에서는 정가를 얼마로 정해야 하는지 묻고 있으므로 (정가) = 1.4 × 5,000 = 7,000(원) 이상이어야 합니다.

370 정답 ③   난이도 ●●●

간단풀이

$b + 0.3b = 1.3b = $ (정가)
$1.3b \times (1 - 0.1) = 1.17b = $ (할인가(판매가))
$1.17b - b = 0.17b = 3400$
$\therefore b = 20,000$(원)

상세풀이

원가 계산 문제에서는 원가, 이익, 정가, 할인가의 개념을 확실히 알고 있어야 합니다.

(정가) = (원가) + (이익),
(판매가) = (원가) + (순이익) = (정가) × (1 − 할인율(%))

① 원가 b원에 30% 이익을 붙인 것이 정가이므로
   (정가) = $b(1 + 0.3) = 1.3b$

② 이것을 다시 10% 할인하여 팔았으므로
   (판매가) = $1.3b \times (1 - 0.1) = 1.17b$
   $\therefore$ (이익) = (판매가) − (원가) = $1.17b - b = 0.17b$

③ 문제에서 이 이익이 3,400원이라 하였으므로
   $0.17b = 3,400 \quad \therefore b = 20,000$
   따라서 구하는 원가는 2만 원입니다.

371 정답 ②   난이도 ●●●

간단풀이

(A 수도꼭지의 일률) = $\dfrac{1}{4}$,
(B 수도꼭지의 일률) = $\dfrac{1}{6}$
$\left(\dfrac{1}{4} + \dfrac{1}{6}\right) \times x = \dfrac{1}{2}$
$\dfrac{5}{12}x = \dfrac{1}{2} \quad \therefore x = \dfrac{1}{2} \times \dfrac{12}{5} = \dfrac{6}{5}$(h)

따라서 구하는 시간은 $\dfrac{6}{5}$시간, 즉 1시간 12분이 됩니다.

상세풀이 1

이 문제는 일률 문제입니다. 욕조에 물을 가득 담는 일의 양을 1로 두고 두 수도꼭지가 1시간 동안 각각 어느 정도 욕조를 채울 수 있는지, 즉 일률을 구합니다.
(욕조를 채우는 속도 = 일률)
$= \dfrac{1}{(\text{욕조를 가득 채우는 데 걸린 시간})}$

① A 수도꼭지는 4시간만에 욕조를 채울 수 있고, B 수도꼭지는 6시간만에 욕조를 채울 수 있으므로
   (A 수도꼭지의 일률) = $\dfrac{1}{4}$,
   (B 수도꼭지의 일률) = $\dfrac{1}{6}$

② A, B 수도꼭지를 동시에 틀어 놓을 경우 욕조를 절반 채우는 데 걸리는 시간을 x라 두면 (일률) × (걸린 시간) = 1이므로 $\left(\dfrac{1}{4} + \dfrac{1}{6}\right) \times x = \dfrac{1}{2}$

$$\frac{5}{12}x = \frac{1}{2} \quad \therefore \quad x = \frac{1}{2} \times \frac{12}{5} = \frac{6}{5}$$

따라서 구하는 시간은 $\frac{6}{5}$시간, 즉 1시간 12분이 됩니다.

🔍 **상세풀이 2**

① 4와 6의 최소공배수인 12를 전체 일의 양으로 놓고 풀 수도 있습니다. 시간을 기준으로 생각하겠습니다. A 수도꼭지는 4시간만에 12의 일을 하므로 1시간 동안 3의 일을 합니다. 또한, B 수도꼭지는 6시간만에 12의 일을 하므로 1시간동안 2의 일을 합니다. 따라서 각 수도꼭지의 일률을 구하면
(A 수도꼭지의 일률)=3, (B 수도꼭지의 일률)=2

② A, B 수도꼭지를 동시에 틀어 욕조를 절반 채우는 데 걸리는 시간을 구하는 것이므로 A, B 수도꼭지가 해야 할 일의 양은 12의 절반인 6입니다. 따라서 구하는 시간을 x라 두면 (일률)×(걸린 시간)=1이므로
$(3+2) \times x = 6$
$\therefore x = \frac{6}{5}$

따라서 구하는 시간은 $\frac{6}{5}$시간, 즉 1시간 12분이 됩니다.

372 정답 ① 난이도 ●●○

✏️ **간단풀이**

(차가운 물의 일률)=$\frac{1}{20}$,

(뜨거운 물의 일률)=$\frac{1}{30}$, (배수의 일률)=$\frac{1}{15}$

$\left(\frac{1}{20} + \frac{1}{30} - \frac{1}{15}\right)x = 1$

$\frac{1}{60}x = 1 \quad \therefore \quad x = 60(분) = 1(시간)$

🔍 **상세풀이**

이 문제는 일률 문제입니다. 욕조에 물을 가득 담는 일의 양을 1로 두고 두 수도꼭지가 1시간 동안 각각 어느 정도 욕조를 채울 수 있는지, 즉 일률을 구합니다.
(욕조를 채우는 속도=일률)
$= \frac{1}{(욕조를 \ 가득 \ 채우는 \ 데 \ 걸린 \ 시간)}$

① 차가운 물이 욕조를 가득 채우는 데 걸리는 시간은 20분, 뜨거운 물이 욕조를 가득 채우는 데 걸리는 시간은 30분이므로 각 물의 일률을 구하면

(차가운 물의 일률)=$\frac{1}{20}$,

(뜨거운 물의 일률)=$\frac{1}{30}$

② 욕조에 가득 담긴 물을 배수하는 데 걸리는 시간은 15분이므로 배수의 일률(배수 속도)를 구하면

(배수의 일률)=$\frac{1}{15}$

③ 문제에서 차가운 물과 뜨거운 물을 동시에 틀고, 동시에 배수를 한다고 하였으므로 욕조가 가득 채우는 데 걸리는 시간을 x라 두면 (일률)×(걸린 시간)=1 이므로 다음의 식이 성립합니다.

$\left(\frac{1}{20} + \frac{1}{30} - \frac{1}{15}\right) \times x = 1$

$\frac{1}{60}x = 1 \quad \therefore \quad x = 60(분)$

따라서 구하는 시간은 60분, 즉 1시간입니다.

373 정답 ④ 난이도 ●●○

✏️ **간단풀이**

(갑의 일률)=$\frac{1}{4}$, (을의 일률)=$\frac{1}{7}$

$\left(\frac{1}{4} + \frac{1}{7}\right) \times x = 1$

$\frac{11}{28}x = 1 \quad \therefore \quad x = \frac{28}{11}(h)$

따라서 구하는 시간은 $\frac{28}{11}$시간,

즉 2시간 $\frac{360}{11}$분이 됩니다.

🔍 **상세풀이**

이 문제는 일률 문제입니다. 전체 일의 양을 1로 두고 두 사람이 1시간 동안 각각 어느 정도 욕조를 채울 수 있는지, 즉 일률을 구합니다.

(일률)= $\frac{1}{(걸린 \ 시간)}$

① 갑은 혼자서 4시간만에 일을 끝낼 수 있고, 을은 혼자서 7시간만에 일을 끝낼 수 있으므로

(갑의 일률)=$\frac{1}{4}$, (을의 일률)=$\frac{1}{7}$

② 갑과 을이 같이 일을 하여 일을 완성하는 데 걸리는 시간을 x라 두면 (일률)=(걸린 시간)=1이므로
$\left(\dfrac{1}{4}+\dfrac{1}{7}\right)\times x=1$
$\dfrac{11}{28}x=1 \quad \therefore x=\dfrac{28}{11}(h)$

③ $\dfrac{28}{11}=2+\dfrac{6}{11}$ 에서
$\dfrac{6}{11}=\dfrac{x}{60}, \ x=\dfrac{360}{11}$

따라서 구하는 시간은 2시간 $\dfrac{360}{11}$ 분이 됩니다.

374 정답 ③ 난이도

간단풀이

(빵 A의 생산 개수)=a, (빵 B의 생산 개수)=b
$a+b=35$
$\begin{cases}100a+50b \leq 3{,}000\\ 75a+125b \leq 4{,}000\end{cases}$
$b=35-a$를 위 연립부등식에 대입하고 연립부등식을 풀면

	개수	밀가루	콩가루
빵 A	a개	100g	75g
빵 B	b개	50g	125g
총합	35개	3,000g 이하	4,000g 이하

$\begin{cases}100a+50(35-a) \leq 3{,}000\\ 75a+125(35-a) \leq 4{,}000\end{cases}$
$\begin{cases}2a+35-a \leq 60\\ 3a+5(35-a) \leq 160\end{cases}$
$\begin{cases}a \leq 25\\ 2a \geq 15\end{cases}$
$\therefore 7.5 \leq a \leq 25$
따라서 구하는 빵 A의 최대 개수는 25개입니다.

상세풀이

① 빵 A 생산 개수를 a, 빵 B 생산 개수를 b라 하면 두 가지 빵을 모두 35개를 생산하므로 $a+b=35$ 입니다.

② 빵 A에는 밀가루가 100g, 콩가루가 75g 들어간다 하였으므로 빵 A를 a개 만드는 데 들어가는 밀가루의 양은 $100a$, 콩가루의 양은 $75a$가 됩니다.
마찬가지로 빵 B를 b개 만드는 데 들어가는 밀가루의 양은 $50b$, 콩가루의 양은 $125b$가 됩니다.
이때, 밀가루의 전체 양이 3,000g 이하가 되어야 하고, 콩가루의 전체 양이 4,000g 이하가 되어야

하므로
$\begin{cases}100a+50b \leq 3{,}000\\ 75a+125b \leq 4{,}000\end{cases}$

③ ①, ②를 연립하여 a, b를 구합니다.
$a+b=35$에서 a를 이항한 $b=35-a$를 ②의 식에 대입하면
$\begin{cases}100a+50(35-a) \leq 3{,}000\\ 75a+125(35-a) \leq 4{,}000\end{cases}$
$\begin{cases}2a+35-a \leq 60\\ 3a+5(35-a) \leq 160\end{cases}$
$\begin{cases}a \leq 25\\ 2a \geq 15\end{cases}$
$\therefore 7.5 \leq a \leq 25$
A 제품의 생산 개수는 8개 이상 25개 이하입니다.
따라서 구하는 빵 A의 최대 개수는 25개입니다.

375 정답 ② 난이도

간단풀이

$7(x+11) \leq 260$ 이므로 부등식을 풀면 자연수 x는 26이다.

상세풀이

처음에 사탕이 10개씩 들어있는 상자가 20개가 있으므로 총 사탕의 개수는 $10\times 20=200$개입니다.

① 이를 1인당 7개씩 나누어 주면 사탕이 남고, 1인당 1개씩 더 나누어 주면, 즉 8개씩 나누어 주면 사탕이 부족합니다. 따라서 아이들의 수를 x라 하면, $7x$는 200보다 작고 $8x$는 200보다 크게 됩니다.
$\therefore 7x<200<8x$

② 위의 부등식을 풀면
$7x<200 \quad \therefore x<\dfrac{200}{7}$
$200<8x \quad \therefore x>25$
$\therefore 25<x<\dfrac{200}{7} \quad \cdots\cdots \ \bigcirc$

③ 문제에서 11명의 아이가 더 있어 아이의 수가 $x+11$이 된다면 사탕 6상자를 추가해야 모든 아이들에게 1인당 7개 이상씩 나누어 줄 수 있다고 하였습니다.

사탕 6상자를 추가하면 사탕의 개수는
$(20+6) \times 10 = 260$(개)이므로 $7(x+11) \leq 260$
$7x \leq 183$ ∴ $x \leq \dfrac{183}{7}$ ····· ㉡

④ ㉠, ㉡의 부등식을 동시에 만족하는 x의 범위는
$25 < x \leq \dfrac{183}{7}$

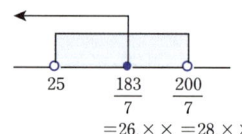

위 부등식을 모두 충족하는 자연수 x는 26이므로 유치원 아이들의 수는 26명입니다.

376 정답 ④   난이도 ●●○

간단풀이

$144{,}000 \times 2 + 18{,}000 \times (x-19) > 18{,}000 \times 10 \times (1-0.2) \times 3$
$18{,}000x - 54{,}000 > 432{,}000$
$18{,}000x > 486{,}000$ ∴ $x > 27$
따라서 구하는 최소의 친구들의 수는 28명입니다.

상세풀이

단체 티켓을 구매하는 것이 더 유리하려면 개별 티켓을 구매할 때의 티켓 가격이 단체 티켓을 구매할 때의 티켓 가격보다 비싸야 합니다.
즉, 개별 티켓을 구매할 경우의 티켓 가격과 단체 티켓을 구매했을 때의 티켓 가격을 비교해야 합니다.

① 단체티켓 3장을 구매했을 경우 티켓 가격을 구합니다.
단체티켓 1장 가격은 1인 개별티켓을 10장 사는 가격인 정가에서 20% 할인된 금액이므로
$18{,}000 \times 10 \times (1-0.2) = 144{,}000$(원)
이것을 3장 사야 하므로
$144{,}000 \times 3 = 432{,}000$(원)

② 개별 티켓을 구매했을 경우 티켓 가격을 구합니다.
친구들은 20명 이상이므로 20명은 단체티켓 2장을 구매하고 남은 인원은 개별티켓을 구매해야 합니다. 구해야 하는 친구들의 수를 x라 하면 전체 인원 수는 홍민이를 포함하여 $x+1$ 명입니다.
따라서 단체티켓 2장과 전체 인원 수에서 20명을 제외한 $x+1-20 = x-19$명은 개별티켓을 구매해야 하므로
$144{,}000 \times 2 + 18{,}000 \times (x-19)$

$= 288{,}000 + 18{,}000x - 342{,}000$
$= 18{,}000x - 54{,}000$

③ 개별 티켓을 구매했을 경우의 가격이 더 커야 단체 티켓을 구매하는 것이 유리하므로
$18{,}000x - 54{,}000 > 432{,}000$
$18{,}000x > 486{,}000$ ∴ $x > 27$
따라서 구하는 최소의 친구들의 수는 28명입니다.

377 정답 ②   난이도 ●●○

간단풀이

$(4n+6) : (3n+6) = 7 : 6$
$6(4n+6) = 7(3n+6)$
$24n + 36 = 21n + 42$
$3n = 6$ ∴ $n = 2$
따라서 구하는 철수의 나이는 $4n = 8$살, 영미의 나이는 $3n = 6$살입니다.

상세풀이

철수와 영미의 현재 나이가 정확하지 않고 비율로만 나와 있으므로, 먼저 미지수 n을 사용하여 그것들의 예상 값을 수치화시키는 것이 중요합니다.

① 철수와 영미의 현재 나이의 비가 4 : 3이라 하였으므로 나이를 각각 $4n$, $3n$ (n은 1 이상의 자연수)이라 둘 수 있습니다. 그러면 6년 후의 나이는 각각 철수가 $4n+5$, 영미가 $3n+6$ 입니다.

② 6년 후의 나이의 비가 7 : 6이라 하였으므로
$(4n+6) : (3n+6) = 7 : 6$
$6(4n+6) = 7(3n+6)$
$24n + 36 = 21n + 42$
$3n = 6$ ∴ $n = 2$

③ 구하는 것은 현재 철수와 영미의 나이이므로
(철수의 나이)$= 4n = 8$, (영미의 나이)$= 3n = 6$

378 정답 ④   난이도 ●●○

간단풀이

$\frac{6!}{6} \times {}_6C_1 \times 5! = 86,400$

상세풀이

이 문제는 '원순열'을 알고 있어야 합니다.
원이 회전될 수 있지만 거꾸로 뒤집히지 않도록 고정되어 있을 때, 이 원의 둘레에 서로 다른 n개의 물건을 배열하는 것을 'n-원순열(circular n-permutation)'이라 합니다. 이때 배열에서 회전방향대로 순서가 같은 배열은 모두 같은 것으로 생각합니다. 서로 다른 n개의 물건을 원형으로 배열하는 방법의 수는 $(n-1)!$ 입니다.

① 먼저 6명의 남학생을 원탁 주위에 배치합니다.
6명을 원형으로 배열할 때, 회전시킬 때 위치관계가 같아지는 게 모두 6가지가 있습니다.
6명을 일렬로 배열하는 가짓수는 6!
회전에 의하여 같아지는 중복되는 배열은 6
따라서 6명을 원탁 주위에 배치하는 방법의 수는
$\frac{6!}{6} = 5!$

② 이제 여학생 5명을 남학생들 사이사이에 배치해주어야 합니다. 원탁에 남자를 앉히고 나면 이제 원탁은 회전에 의한 중복이 일어나지 않습니다. 따라서 남자를 자리에 고정시켜 놓고 여자를 앉히는 방법은 순열로 생각해야 합니다.
원탁에 둘러앉은 6명의 남학생 사이에는 6개의 공간이 있고, 여학생들은 서로 이웃하여 앉을 수 없으므로 하나의 빈 공간당 한 명의 여학생만 앉아야 합니다.

③ 6개의 빈 공간 중 아무도 앉지 않을 하나의 공간을 선택하는 가짓수는 ${}_6C_1 = 6$가지이고, 남은 5명의 여학생을 배치하는 경우의 수는 $5! = 120$가지입니다.

④ 이 모든 일이 동시에 일어나야 하므로 곱의 법칙에 따라 구하고자 하는 경우의 수는
$\frac{6!}{6} \times {}_6C_1 \times 5! \neq 120 \times 6 \times 120 = 86,400$

379 정답 ②   난이도 ●●○

간단풀이 1

(6명이 원탁에 앉는 경우의 수)−(A, B가 이웃하게 앉는 경우의 수)$=(6-1)!-(5-1)! \times 2 = 72$

간단풀이 2

(A, B를 제외한 4명이 원탁에 앉는 경우의 수)×(A, B를 이웃하지 않게 앉히는 경우의 수)
$=(4-1)! \times 4 \times 3 = 72$

상세풀이 1

총 6명이 원형 식탁에 앉는다고 하였으므로 이때는 원순열을 적용해야 합니다.

① A와 B가 이웃하지 않고 앉는 경우는 6명이 그냥 앉는 전체의 경우의 수에서 A와 B가 이웃하게 앉는 경우의 수를 뺀 값과 동일합니다.
(이웃하게 앉거나 이웃하지 않게 앉거나 둘 중 하나이기 때문에 여사건의 개념을 사용할 수 있습니다.)
따라서 6명이 원형 식탁에 앉는 전체의 경우의 수는 $(6-1)! = 120$이 됩니다.

② 그리고 A와 B가 이웃하여 앉는 경우의 수는 다음과 같이 생각해서 풀 수 있습니다.
A와 B는 무조건 같이 앉기 때문에 묶인 하나로 생각할 수 있습니다. 즉 6명이 아니라 5명으로 생각하여 원순열을 적용한 다음에 A와 B가 순서를 바꿔서 앉는 경우의 수를 고려해주면 됩니다.
따라서 A와 B가 이웃하여 앉는 경우의 수는 $(5-1)! \times 2! = 48$이 됩니다.

③ A와 B가 이웃하지 않고 앉는 경우의 수는 ①에서 구한 값에서 A와 B가 이웃하게 앉는 경우를 뺀
$=(6-1)!-(5-1)! \times 2 = 72$

상세풀이 2

① A와 B가 이웃하지 않는 경우는 나머지 사람들을 먼저 앉게 한 후, 그 사이사이 자리 중에서 선택하여 앉게 하는 것과 같습니다. 따라서 A와 B를 제외한 4명을 먼저 원순열을 적용하여 계산하면
$(4-1)! = 6$

② 다음과 같이 A와 B를 제외한 나머지 인원이 앉아 있고 ● 부분이 사이 자리라고 하면, 사이 자리 중에 선택하여 A와 B를 앉히면 됩니다.

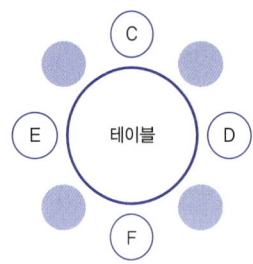

그럼, A의 경우 선택할 수 있는 자리의 수가 4개이고, 그 다음에 B가 선택할 수 있는 자리의 수는 3개가 되므로 A와 B가 앉는 경우의 수는 4×3=12가 됩니다.
(이때 4명이 먼저 앉아있는 상태로, 회전한다 해도 동일하지 않기 때문에 A와 B가 앉는 경우를 따질 때는 그냥 순열처럼 생각해주면 됩니다.)

③ 따라서 최종적으로 4명을 앉히고 A와 B가 이웃하지 않게 앉는 경우의 수는 6×12=72가 됩니다.

＊원순열을 잘 모르겠다면?
원형 테이블에 사람을 앉히는 것은 그냥 순서대로 사람을 세우는 순열과는 약간 다릅니다.
왜냐하면 회전하게 되었을 때 같은 경우가 발생하기 때문입니다. 따라서 n명이 앉는 경우의 수는 n명을 순서대로 세운 후, 회전하여 같아지는 개수인 n을 나눠주어야 하므로
$$\frac{n!}{n}=(n-1)!$$
또 다르게 생각하면 다음과 같이 구해줄 수도 있습니다. 텅 빈 테이블은 기준이 없기 때문에 회전함에 따라 동일한 경우가 발생합니다. 따라서 한 명을 먼저 앉혀줍니다. 이때 이 사람이 앉는 경우의 수는 1이 됩니다. 왜냐하면 그 사람이 어디에 앉든 회전하면 똑같기 때문입니다. 이 한 명을 앉게 하고 나면 그 이후부터는 이 사람이 기준이 되어 회전해도 같지 않기 때문에 그냥 순열처럼 적용해주면 됩니다. 따라서 1명을 제외한 나머지에게만 순열을 적용해주는 것과 같으므로 $(n-1)!$로 원순열을 구해줄 수 있습니다.

---

380 정답 ⑤ 난이도 ●●○

간단풀이

시속 9km=150(m/min)
시속 6km=100(m/min)
(150, 100, 400의 최소공배수)=1200
$$\frac{1,200(m)}{150(m/min)}=8(min)$$

상세풀이

① 운동장 둘레 길이의 단위가 m이므로 건우와 지우의 속력을 m/min으로 환산합니다. 시속 9km는 분속 150m, 시속 6km는 분속 100m입니다.

② 다음은 분당 건우와 지우가 이동하는 거리입니다.

시간 (분)	1	2	3	4	5	6	7	8
건우 (m)	150	300	450	600	750	900	1,050	1,200
지우 (m)	100	200	300	400	500	600	700	800

③ 건우와 지우가 시작점에서 만나려면, 이들의 이동거리가 모두 400m의 배수가 되어야 하므로 150, 100, 400의 최소공배수를 구하면 됩니다. 최소공배수는 1,200이 나오며, 건우가 1,200m를 가기 위해 8분이 걸리고, 처음으로 다시 만나는 시간은 오후 6시 8분이라는 것을 알 수 있습니다.

381 정답 ④ 난이도 ●●○

간단풀이

(1호선 열차가 서울역에서 출발하는 주기)=10+2=12
(4호선 열차가 서울역에서 출발하는 주기)=12+3=15
$12=2^2×3$, $15=3×5$이므로
(12와 15의 최소 공배수)=$2^2×3×5=60$
따라서 두 열차가 동시에 출발하는 주기는 60분입니다. 오전 6시부터 오후 9시 30분까지 총 15.5시간이므로 두 열차는 오전 6시 이후 15번 서울역에서 동시에 출발하며, 오전 6시를 포함하면 총 16번 동시에 출발합니다.

상세풀이

① 1호선 열차는 서울역에서 10분마다 출발하고 2분간 정차하므로, 1호선 열차가 서울역에서 출발한 후 다음 열차가 출발할 때까지 걸리는 시간은 $10+2=12$(분)입니다.

② 4호선 열차는 서울역에서 12분마다 출발하고 3분간 정차하므로, 4호선 열차가 서울역에서 출발한 후 다음 열차가 출발할 때까지 걸리는 시간은 $12+3=15$(분)입니다.

③ 두 열차가 동시에 출발하는 주기는 두 주기의 최소공배수입니다.
$12=2^2\times3$, $15=3\times5$에서 12와 15의 최소공배수는 $2^2\times3\times5=60$입니다.
따라서 서울역에서는 60분, 즉 1시간마다 1호선과 4호선이 동시에 출발합니다.

④ 오전 6시부터 오후 9시 30분 사이에는 15.5시간이므로 두 열차는 오전 6시 이후 15번 만나고, 오전 6시에 열차가 동시에 떠나므로 총 16번 동시에 출발합니다.

382 정답 ② 난이도 ●●○

간단풀이

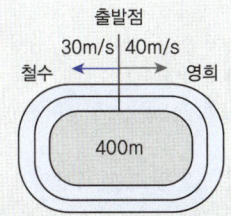

(철수가 트랙을 1바퀴 도는 데 걸리는 시간)
$=\dfrac{400}{30}=\dfrac{40}{3}$(초)

(영희가 트랙을 1바퀴 도는 데 걸리는 시간)
$=\dfrac{400}{40}=10$(초)

따라서 철수가 3바퀴를 돌고, 영희가 4바퀴를 돌아 40초가 걸렸을 때, 서로 출발점에서 만나게 됩니다. 즉, 두 사람은 40초마다 출발점에서 다시 만나게 되므로 세 번째로 출발점에서 만나는 시간은 출발 이후 $40\times3=120$초 후입니다.

상세풀이

주어진 문제의 핵심은 철수와 영희가 달린 시간이 같다는 것입니다. 따라서 철수와 영희가 달린 시간을 각각 미지수로 설정하는 것이 아닌 하나의 미지수로 설정합니다.
이때, (거리)=(속력)×(시간)임을 이용하여 문제를 해결합니다.

① 철수의 속력이 30m/s이므로 400m 트랙 1바퀴를 돌 때 걸리는 시간을 구하면
(철수가 트랙을 1바퀴 도는 데 걸리는 시간)
$=\dfrac{400}{30}=\dfrac{40}{3}$(초)

따라서 철수는 $\dfrac{40}{3}$초마다 출발점으로 되돌아옵니다.

② 영희의 속력이 40m/s이므로 400m 트랙 1바퀴를 돌 때 걸리는 시간을 구하면
(영희가 트랙을 1바퀴 도는 데 걸리는 시간)
$=\dfrac{400}{40}=10$(초)

따라서 영희는 10초마다 출발점으로 되돌아옵니다.

③ 이때 영희는 10초마다 출발점을 지나고, 철수는 1바퀴때 $\dfrac{40}{3}$, 2바퀴때 $\dfrac{80}{3}$, 3바퀴 때 40초가 걸립니다.
따라서 철수가 3바퀴를 돌고, 영희가 4바퀴를 돌아 40초가 걸렸을 때, 서로 출발점에서 만나게 됩니다. 즉, 두 사람은 40초마다 출발점에서 다시 만나게 되므로 세 번째로 출발점에서 만나는 시간은 출발 이후 $40\times3=120$초 후입니다.

383 정답 ② 난이도 ●●○

간단풀이

첫 번째 수를 두 번째 수로 나눈 나머지가 세 번째 수인 규칙을 따르고 있습니다.
$9\div4=2\ \cdots$ 나머지 1
$25\div7=3\ \cdots$ 나머지 4
$53\div5=10\ \cdots$ 나머지 3
따라서 괄호 안에 들어갈 수는 11을 3으로 나눈 나머지 2입니다.

상세풀이

이 문제는 9 4 1과 25 7 4, 53 5 3을 통해 숫자 간의 규칙을 찾은 후 구하고자 하는 11 3 ( )에 규칙을 적용해 풉니다.

9 4 1과 25 7 4, 53 5 3의 규칙을 찾아보면 첫 번째 수를 두 번째 수로 나눈 나머지가 세 번째 수임을 알 수 있고 다음과 같이 확인할 수 있습니다.
$9 \div 4 = 2$ … 나머지 1
$25 \div 7 = 3$ … 나머지 4
$53 \div 5 = 10$ … 나머지 3
위에서 구한 규칙을 11 3 ( )에 적용시켜 보면 다음과 같습니다.
$11 \div 3 = 3$ … 나머지 2
따라서 괄호 안에 들어갈 수는 2입니다.

384 정답 ③

간단풀이

$(x-2)^2 + x^2 + (x+2)^2 = 596$
$3x^2 + 8 = 596$
$x^2 = 196$ ∴ $x = 14(x>0)$
따라서 구하는 세 수의 합은 $12+14+16=42$

상세풀이

연속된 세 짝수이므로 각각의 짝수는 다음 짝수와 2씩 차이가 나게 된다는 것을 알 수 있습니다. 즉, 한 짝수를 알게 되면 나머지 짝수들은 2를 더하거나 빼서 구할 수 있다는 말이 됩니다.
이러한 문제는 한 숫자를 미지수로 두고 나머지 숫자를 그에 관한 식으로 표현하여 관계를 정리한 다음 간단한 방정식을 푸는 것이 일반적인 해법입니다.

① 세 수 중 가운데 짝수를 x라 놓습니다. 그러면 세 짝수는 $x-2$, x, $x+2$로 표현됩니다.

② 세 짝수의 제곱 합이 596이므로
$(x-2)^2 + x^2 + (x+2)^2 = 596$
$x^2 - 4x + 4 + x^2 + x^2 + 4x + 4 = 596$
$3x^2 = 588$
$x^2 = 196$ ∴ $x = 14$ 또는 $x = -14$
짝수란 자연수이므로 $x = 14$입니다.

③ 따라서 구하는 세 수의 합은
$x-2+x+x+2 = 3x = 3 \times 14 = 42$

Tip 연속하는 세 (짝 또는 홀)수를 구하는 문제는 가운데 수를 미지수로 놓은 것이 좋습니다.
세 수를 더하거나 곱할 때, 가장 큰 수와 가장 작은 수를 연산하면서 소거되는 부분이 존재하기 때문입니다.

385 정답 ①

간단풀이

4월 7일로부터 x일이 지나면 9월 27일이 된다고 가정하면 $x = 23 + 31 + 30 + 31 + 31 + 27 = 173$
$173 = 7 \times 24 + 5$
9월 27일은 4월 7일로부터 5일이 지난 요일과 같은 수요일입니다.

상세풀이

이러한 문제에서는 각 달이 며칠까지 있는 지를 파악하여 두 날짜 사이의 간격을 정확하게 계산해야 합니다.
4월 7일로부터 x일이 지나면 9월 27일이 된다고 두고 x를 구한 다음 이것을 7로 나눈 나머지를 이용하면 9월 27일이 무슨 요일인지 구할 수 있습니다.

① **9월 27일은 4월 7일로부터 x일 후라고 할 때, x 계산하기**
먼저, 4월에서 9월 사이에 30일까지 있는 달과 31일까지 있는 달을 나누어 생각해야 합니다.
(1) 30일까지 있는 달 : 4월, 6월, 9월
(2) 31일까지 있는 달 : 5월, 7월, 8월
4월은 30일까지이므로 7일부터 30일까지 총 23일입니다.
5월은 31일, 6월은 30일, 7월과 8월은 31일, 9월은 27일이므로
$x = 23 + 31 + 30 + 31 + 31 + 27 = 173$(일)입니다.
즉, 4월 7일로부터 173일이 지나면 9월 27일입니다.

② **x를 이용하여 9월 27일이 무슨 요일인지 구하기**
7일마다 같은 요일이 돌아오기 때문에 173을 7로 나눈 나머지를 구해야 합니다.
$173 \div 7 = 24$ … 나머지 5
따라서 9월 27일은 4월 7일 금요일로부터 5일이 지난 요일과 같은 수요일입니다. (토, 일, 월, 화, 수)

386 정답 ④ 난이도 ●●●

간단풀이

$21 \div (2+3) = 4 \cdots$ 나머지 1
8월 1일 월요일로부터 9주차의 첫 강의,
즉 $4 \times 2 = 8$주 후 월요일이므로
$1 + 7 \times 8 - 31 = 26$
따라서 구하는 날짜는 9월 26일입니다.

상세풀이 1

강의 첫 시작 날이 8월 1일 월요일이며 첫 주는 주 2회, 그 다음 주는 주 3회 순으로 강의 일수가 번갈아 가며 나타나는 것이 문제의 기본 조건입니다.

① 격주로 2회, 3회가 반복되므로 첫 강의 시작 이후로 2주 후에는 $2+3=5$회의 강의가 끝나게 됩니다. 즉, 2주마다 5회의 강의를 수강하게 됩니다. 따라서 21번째의 강의는 $21 \div 5 = 4 \cdots$ 나머지 1 이므로 $4 \times 2 = 8$주가 끝나고 9주차의 첫 수업이 되는 것을 알 수 있습니다.

② 8월 1일 월요일을 기준으로 9주차의 첫 수업, 즉, 월요일이 몇일인지 구해야 합니다.
8월 1일이 월요일이고 정확히 8주 후 월요일을 구하는 것이므로 $7 \times 8 = 56$일 후가 며칠인지 구하면 됩니다.
8월은 31일까지이므로 1일을 제외한 30일을 56일에서 빼면 $56 - 30 = 26$
따라서 구하는 8월 1일의 56일 후는 9월 26일입니다.

▶▶ 8월 1일 월요일로부터 8주 후 월요일은 $1 + 7 \times 8 - 31 = 26$에서 9월 26일입니다.

상세풀이 2

문제의 조건이 어렵지 않고, 구하고자 하는 강의의 날짜가 8월 1일로부터 비교적 가깝기 때문에 빠르게 표를 그려 직관적으로 풀어 볼 수도 있습니다.

월	화	수	목	금	토	일
8월1일(1회)	2	3(2회)	4	5	6	7
8(3회)	9	10(4회)	11	12(5회)	13	14
15(6회)	16	17(7회)	18	19	20	21
22(8회)	23	24(9회)	25	26(10회)	27	28
29(11회)	30	31(12회)	9월1일	2	3	4
5(13회)	6	7(14회)	8	9(15회)	10	11
12(16회)	13	14(17회)	15	16	17	18
19(18회)	20	21(19회)	22	23(20회)	24	25
26(21회)						

387 정답 ⑤ 난이도 ●●●

간단풀이 1

(처음 증발한 소금의 양) $= x\,g$
$200 \times \dfrac{5}{100} + 2x \times \dfrac{10}{100} = (200+x) \times \dfrac{8}{100}$
$1{,}000 + 20x = 1{,}600 + 8x$
$12x = 600 \quad \therefore x = 50(g)$

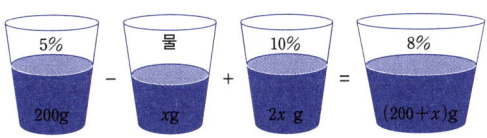

간단풀이 2

(증발 이후 소금의 양) $= \dfrac{5}{100} \times 200 = 10$
(증발 이후 소금물의 양) $= 200 - x$
(추가로 넣는 소금의 양) $= 2x$
(추가로 넣는 소금의 양) $= 2x \times \dfrac{10}{100} = \dfrac{x}{5}$
(혼합 후 소금의 양) $= 10 + \dfrac{x}{5}$
(혼합 후 소금물의 양) $= (200 - x) + 2x = 200 + x$
$\dfrac{10 + \dfrac{x}{5}}{200 + x} \times 100 = 8$
$1{,}000 + 20x = 1{,}600 + 8x$
$12x = 600 \quad \therefore x = 50(g)$

상세풀이 1

소금물 문제는 일반적으로 물이 증발해도 변하지 않는 소금의 양을 기준으로 식을 세워 풀면 간단하게 풀 수 있습니다.

① 문제에서 처음 증발한 물의 양을 $x\,g$이라고 놓으면 추가된 10% 소금물의 양은 $2x\,g$이므로 결과적으로 만들어지는 8%의 소금물의 양은
$200 - x + 2x = 200 + x(g)$

② 처음 5%의 소금물에서 물이 증발해도 소금물에 녹아 있던 소금의 양은 변함이 없습니다. 따라서 각 용액에 녹아있는 소금의 양의 관계는 다음과 같습니다.
(5% 용액 200g에 녹아있는 소금의 양) + (10% 용액 $2x\,g$에 녹아있는 소금의 양)
= (8% 용액 $(200+x)\,g$에 녹아있는 소금의 양)

③ 위 사실을 x에 관한 식으로 나타내면
$$200 \times \frac{5}{100} + 2x \times \frac{10}{100} = (200+x) \times \frac{8}{100}$$
$$1{,}000 + 20x = 8(200+x)$$
$$12x = 600 \quad \therefore \quad x = 50$$
따라서 구하는 처음 증발한 물의 양은 50g입니다.

상세풀이 2

처음 증발한 물의 양을 xg이라고 두고 소금물의 농도를 구하는 공식을 이용하여 다음과 같이 구할 수 있습니다. 이 문제를 세 가지 단계로 나누어서 살펴봅니다.
(1) 5% 소금물 200g에서 물 xg이 증발한다.
(2) 농도가 10%인 소금물 $2x$g을 넣는다.
(3) 혼합 후의 소금물의 농도가 8%이다.

① 소금물에서 증발이 일어날 때, 소금의 양은 변하지 않고, '물'만 증발하여 물의 양이 줄어들게 됩니다. 따라서 증발 이후 소금의 양과 소금물의 양은 다음과 같습니다.
$$(\text{증발 이후 소금의 양}) = 200 \times \frac{5}{100} = 10,$$
$$(\text{증발 이후 소금물의 양}) = 200 - x$$

② 증발한 양의 2배만큼 농도가 10%인 소금물을 넣어야 하므로 이때 들어가는 소금물의 양은 $2x$ g이고, 소금의 양은
$$2x \times \frac{10}{100} = \frac{x}{5}$$

③ 결과적으로 만들어지는 소금물의 양과 소금의 양은 다음과 같습니다.
(혼합 후 소금물의 양)
$= (200-x) + 2x = 200 + x,$
$(\text{혼합 후 소금의 양}) = 10 + \dfrac{x}{5}$

이 소금물의 농도가 8%라고 했으므로
$$\frac{10 + \dfrac{x}{5}}{200+x} \times 100 = 8(\%)$$
$$\left(10 + \frac{x}{5}\right) \times 100 = 8(200+x)$$
$$1{,}000 + 20x = 1{,}600 + 8x$$
$$12x = 600 \quad \therefore \quad x = 50$$
따라서 처음 증발하는 물의 양은 50g입니다.

388 정답 ④ 난이도

간단풀이

(A 설탕물 200g의 농도)$= x(\%)$
(B 설탕물 100g의 농도)$= y(\%)$
$$\begin{cases} 200 \times \dfrac{x}{100} + 100 \times \dfrac{y}{100} = 300 \times \dfrac{11}{100} \\ 100 \times \dfrac{x}{100} + 200 \times \dfrac{y}{100} = 300 \times \dfrac{9}{100} \end{cases}$$
$$\begin{cases} 2x + y = 33 \\ x + 2y = 27 \end{cases}$$
$$\begin{cases} 2x + y = 33 \\ 2x + 4y = 54 \end{cases}$$
$$3y = 21 \quad \therefore \quad y = 7$$
따라서 구하는 B 설탕물의 농도는 7%입니다.

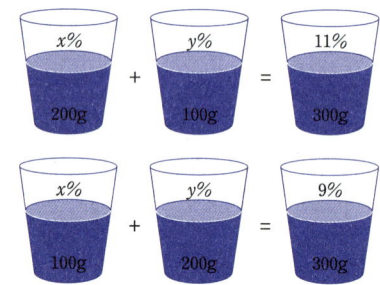

상세풀이 1

문제에서 A의 설탕물의 농도를 $x(\%)$, B의 설탕물의 농도를 $y(\%)$라 두고 각 조건에 맞는 관계식을 만들어야 합니다. 이때, 관계식은 설탕의 양을 기준으로 놓고
$$(\text{설탕의 양}) = (\text{설탕물의 양}) \times \frac{(\text{설탕물의 농도(\%)})}{100}$$
임을 이용하여 문제를 해결해야 합니다.

① 설탕의 양을 기준으로 문제의 조건에 맞는 관계식을 구하면
  (1) (A 설탕물 200g 속 설탕의 양)+(B 설탕물 100g 속 설탕의 양)=(농도 11% 설탕물 300g 속 설탕의 양) ……㉠
  (2) (A 설탕물 100g 속 설탕의 양)+(B 설탕물 200g 속 설탕의 양)=(농도 9% 설탕물 300g 속 설탕의 양) ……㉡

② ㉠의 식을 세우면
$$200 \times \frac{x}{100} + 100 \times \frac{y}{100} = 300 \times \frac{11}{100}$$
㉡의 식을 세우면
$$100 \times \frac{x}{100} + 200 \times \frac{y}{100} = 300 \times \frac{9}{100}$$

③ ㉠, ㉡의 식을 연립하여 풀면

$\begin{cases} 200 \times \dfrac{x}{100} + 100 \times \dfrac{y}{100} = 300 \times \dfrac{11}{100} \\ 100 \times \dfrac{x}{100} + 200 \times \dfrac{y}{100} = 300 \times \dfrac{9}{100} \end{cases}$

$\begin{cases} 2x + y = 33 \\ x + 2y = 27 \end{cases}$

$\begin{cases} 2x + y = 33 \\ 2x + 4y = 54 \end{cases}$

$3y = 21$ ∴ $y = 7$

따라서 구하는 B 설탕물의 농도는 7%입니다.

상세풀이 2

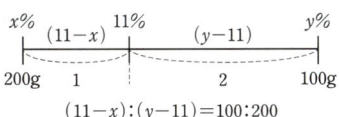

$(11-x) : (y-11) = 100 : 200$

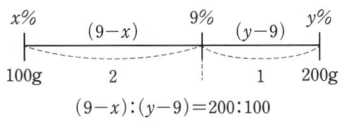

$(9-x) : (y-9) = 200 : 100$

가중평균을 이용하여 다음과 같이 구할 수도 있습니다.

(1) $(11-x) : (y-11) = 100 : 200$
  $y - 11 = 2(11-x)$
  $2x + y = 33$ ……㉠

(2) $(9-x) : (y-9) = 200 : 100$
  $2(y-9) = 9-x$
  $x + 2y = 27$ ……㉡

389 정답 ② 난이도 ●●○

간단풀이

(25%의 소금물의 양) = x(g)

$x \times \dfrac{25}{100} + (1{,}000 - x) \times \dfrac{15}{100} = 1{,}000 \times \dfrac{22}{100}$

$25x + 15{,}000 - 15x = 22{,}000$

$10x = 7{,}000$ ∴ $x = 700$(g)

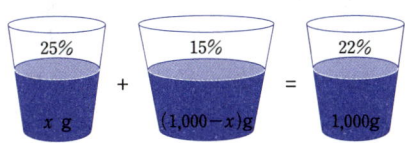

상세풀이 1

소금물 문제는 일반적으로 소금의 양을 기준으로 식을 세워 풀면 간단하게 풀 수 있습니다.

① 구하는 25%의 소금물의 양을 x(g)으로 놓으면 각 소금물에 녹아있는 소금의 양의 관계는 다음과 같습니다.
  (25% 용액 xg에 녹아있는 소금의 양)+(15% 용액 $(1{,}000-x)$g에 녹아있는 소금의 양)=(22% 용액 $1{,}000$g에 녹아있는 소금의 양)

② 위 사실을 x에 관한 식으로 나타내면
  $x \times \dfrac{25}{100} + (1{,}000 - x) \times \dfrac{15}{100} = 1{,}000 \times \dfrac{22}{100}$
  $25x + 15{,}000 - 15x = 22{,}000$
  $10x = 7{,}000$ ∴ $x = 700$(g)
  따라서 구하는 처음 담겨있던 25%의 소금물의 양은 700g입니다.

상세풀이 2

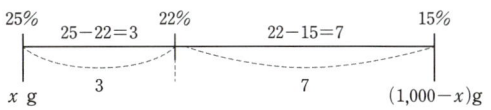

가중평균을 이용하여 다음과 같이 구할 수도 있습니다.
$(25 - 22) : (22 - 15) = (1{,}000 - x) : x$
$3x = 7(1{,}000 - x)$
$10x = 7{,}000$ ∴ $x = 700$(g)

390 정답 ⑤ 난이도 ●●○

간단풀이

(처음 10% 소금물의 양) = x

$x \times \dfrac{10}{100} = (x - 50) \times \dfrac{15}{100}$

∴ $x = 150$

따라서 구하는 처음 10% 소금물에서의 소금의 양은
$x \times \dfrac{10}{100} = 15$(g)

상세풀이

소금물 문제는 일반적으로 물이 증발해도 변하지 않는 소금의 양을 기준으로 식을 세워 풀면 간단하게 풀 수 있습니다.

① 처음 10%의 소금물의 양을 x(g)로 놓으면 물 50g을 증발시킨 후의 소금물의 양은 $x - 50$(g)입니다.

② 처음 소금물에서 물이 증발해도 녹아있는 소금의 양은 변함이 없으므로 다음의 관계가 성립합니다.
  (10%의 소금물 x(g)에 녹아있는 소금의 양) = (15%의 소금물 $(x-50)$(g)에 녹아있는 소금의 양)

③ 위 사실을 x에 관한 식으로 나타내면
$$x \times \frac{10}{100} = (x-50) \times \frac{15}{100}$$
양변에 100을 곱하면
$$10x = 15(x-50)$$
$$5x = 750 \quad \therefore x = 150$$
구하는 것은 처음 10%의 소금물에 녹아있는 소금의 양이므로
$$x \times \frac{10}{100} = 150 \times \frac{1}{10} = 15(\text{g})$$

② (응시자의 총 점수)=(합격자의 총 점수)+(불합격자의 총 점수)이므로
$$78,000 = 90x + 60(1,000-x)$$
$$78,000 = 30x + 60,000$$
$$30x = 18,000 \quad \therefore x = 600$$

③ 합격률은 $\frac{(\text{합격자 수})}{(\text{총 응시자 수})} \times 100$ 이므로
$$(\text{합격률})(\%) = \frac{600}{1,000} \times 100 = 60(\%)$$

391 정답 ④ 난이도 ●●○

간단풀이

$$78000 = 90x + 60(1000-x)$$
$$30x = 18000 \quad \therefore x = 600$$
$$(\text{합격률})(\%) = \frac{(\text{합격자 수})}{(\text{총 응시자 수})} \times 100 = \frac{600}{1,000} \times 100 = 60(\%)$$

상세풀이

이 문제에서는 합격자의 수를 구하는 것이 관건입니다. 합격자의 수, 불합격자의 수 모두 모르지만 총 응시자의 수를 알기 때문에 합격자 수를 x로 가정하면 불합격자의 수는 $1,000-x$가 됩니다.
또한, 평균점수는 모든 점수를 합한 총 점수를 전체 응시자 수로 나눈 것입니다.
$$(\text{평균 점수}) = \frac{(\text{응시자의 총 점수})}{(\text{전체 응시자 수})}$$

① 문제에서 시험 전체 응시자 수는 1,000명이고 전체 평균점수는 78점이므로
$$78 = \frac{(\text{응시자의 총 점수})}{1,000}$$
$$\therefore (\text{응시자의 총 점수}) = 78,000$$
합격자의 수가 x(명)이고 불합격자의 수가 $1,000-x$(명)이므로 위와 같은 방법으로 총 점수를 각각 구하면
$$90 = \frac{(\text{합격자의 총 점수})}{x}$$
$$\therefore (\text{합격자의 총 점수}) = 90x$$
$$60 = \frac{(\text{불합격자의 총 점수})}{1000-x}$$
$$\therefore (\text{불합격자의 총 점수}) = 60(1,000-x)$$

392 정답 ⑤ 난이도 ●●○

간단풀이

$1-(\text{모음을 하나도 뽑지 않을 확률})$
$= 1 - \frac{(\text{모음을 하나도 뽑지 않을 경우의 수})}{(\text{전체 경우의 수})}$
$= 1 - \frac{5 \times 4}{7 \times 6} = 1 - \frac{10}{21} = \frac{11}{21}$
$\therefore (\text{모음이 적힌 카드를 하나 이상을 뽑을 확률})$
$= \frac{11}{21}$

상세풀이

이 문제는 여사건을 이용해서 푸는 것이 좋습니다. 여사건 확률은 구하고자 하는 사건 A를 구하기 힘들 때 전체 확률 1에서 A가 일어나지 않을 확률을 빼서 구합니다.

① 먼저 사건을 설정합니다.
　카드 2장을 뽑을 때, 모음이 적힌 카드를 하나 이상 뽑을 사건을 A라고 설정하였습니다.
　A의 여사건은 카드 2장을 뽑을 때, 모음이 적힌 카드를 하나도 뽑지 못할 때입니다.

② 여사건의 경우의 수를 구해봅니다.
　a부터 g까지 모음은 a, e로 총 2개입니다. 모음이 적힌 카드를 뽑지 않는다는 말은 b, c, d, f, g가 적힌 5개의 카드에서 2장을 뽑는 것을 의미합니다. 한 번 꺼낸 카드는 다시 넣지 않는다고 하였으므로 첫 번째 뽑을 때 5가지, 두 번째 뽑을 때 4가지의 경우가 있습니다. 그리고 동시에 일어나는 경우이므로 곱의 법칙을 이용하면 경우의 수는 $5 \times 4 = 20$ (가지)입니다.

③ 전체 경우의 수를 구해봅니다.
　첫 번째 뽑을 때 a부터 g까지 7가지, 두 번째 뽑을 때 6가지 경우가 있습니다. 그리고 이 또한 동시에

일어나는 경우이므로 곱의 법칙을 이용하면 경우의 수는 $7 \times 6 = 42$(가지)입니다.

④ 따라서 구하는 확률은

$1 - $ (모음을 하나도 뽑지 않을 확률)

$= 1 - \dfrac{\text{(모음을 하나도 뽑지 않을 경우의 수)}}{\text{(전체 경우의 수)}}$

$= 1 - \dfrac{5 \times 4}{7 \times 6} = 1 - \dfrac{10}{21} = \dfrac{11}{21}$

∴ (모음이 적힌 카드를 하나 이상을 뽑을 확률)

$= \dfrac{11}{21}$

393 정답 ③ 난이도 ●●●

간단풀이

$3a(x+3) + 450 = 4a(x+3) = 5ax$
$a = 30, \ x = 12$
따라서 B의 속력은 1분당 120m이므로 시간당 속력은 7.2km/h입니다.

상세풀이

① 우선 세 사람의 속력의 비가 $3:4:5$이므로 각자의 속력을 $3a$, $4a$, $5a$로 나타내도록 하겠습니다. 이때, 계산의 편의를 위해 속력의 단위는 m/분 으로 두겠습니다. (문제에서 3분, 450m 등의 단위를 계산해야 하므로)
또한, C는 A와 B보다 3분 후에 출발했으므로 C의 이동시간을 x분이라 두면 A와 B의 이동시간은 $x+3$분입니다.

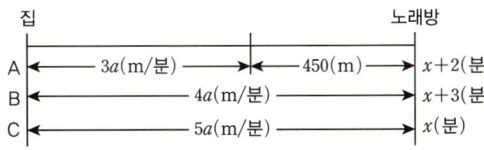

② A, B, C의 속력과 이동시간을 구했으므로 각각의 이동거리를 구할 수 있습니다.
A는 $3a$(m/분)의 속력으로 $x+3$(분)을 이동했으므로 (A의 이동 거리)$=3a(x+3)$
B는 $4a$(m/분)의 속력으로 $x+3$(분)을 이동했으므로 (B의 이동 거리)$=4a(x+3)$
C는 $5a$(m/분)의 속력으로 x(분)을 이동했으므로 (C의 이동 거리)$=5ax$

③ 문제에서 B와 C가 노래방에 동시에 도착했을 때, A는 노래방으로부터 450m 떨어진 곳에 있었다고 하였으므로 B와 C의 이동거리는 집에서 노래방까지의 거리와 같고 A의 이동거리는 450m 모자랍니다.
즉, (집에서 노래방까지의 거리)$=$(B의 이동 거리)
$=$(C의 이동 거리)$=$(A의 이동 거리)$+450$
∴ $3a(x+3) + 450 = 4a(x+3) = 5ax$
$3ax + 9a + 450 = 4ax + 12a = 5ax$
식을 간단히 하기 위해 세 변에 $3ax$를 빼면
$9a + 450 = ax + 12a = 2ax$

④ $9a + 450 = ax + 12a$와 $ax + 12a = 2ax$ 두 식을 연립하여 풀면

$\begin{cases} 9a + 450 = ax + 12a \\ ax + 12a = 2ax \end{cases}$

각 식을 간단히 정리하면

$\begin{cases} ax + 3a = 450 & \cdots\cdots \ \text{㉠} \\ ax = 12a & \cdots\cdots \ \text{㉡} \end{cases}$

㉡을 ㉠에 대입하면
$12a + 3a = 450$
$15a = 450$ ∴ $a = 30$
이것을 ㉡에 대입하면
$30x = 360$ ∴ $x = 12$

⑤ 구하는 것은 B의 속력이므로
$4a = 4 \times 30 = 120$(m/분)
이때, 보기에서의 속력 단위는 km/h이므로 B의 속력을 km/h로 바꿔야 합니다.
B의 속력이 1분당 120m이므로 1시간($=60$분)에는 $120 \times 60 = 7{,}200$(m)$=7.2$(km)를 이동할 수 있습니다.
따라서 구하는 B의 속력은 7.2km/h가 됩니다.

394 정답 ④ 난이도 ●●●

간단풀이

(증발된 물의 양)$=x$
$100 \times \dfrac{5}{100} + 50 \times \dfrac{2}{100} = (150 - x) \times \dfrac{6}{100}$
$500 + 100 = 6 \times (150 - x)$
$600 = 900 - 6x$
$6x = 300$ ∴ $x = 50$(g)

상세풀이 1

소금물 문제는 일반적으로 물이 증발해도 변하지 않는 소금의 양을 기준으로 식을 세워 풀면 간단하게 풀 수 있습니다.

① 먼저 구하려는 것인 '증발된 물의 양'을 x로 두면 농도 6% 소금물의 양은
(6% 소금물의 양)
=(5% 소금물 100g)−(증발된 물의 양 xg)+(2% 소금물 50g)
=$100-x+50=150-x$

② 증발된 물의 양은 전체 소금의 양에 영향을 주지 않으므로 각 용액에 녹아있는 소금의 양의 관계는 다음과 같습니다.
(5%의 소금물 100g에 녹아있는 소금의 양)+(2% 소금물 50g에 녹아있는 소금의 양)=(6% 소금물 $(150-x)$g에 녹아있는 소금의 양)

③ 위의 사실을 x에 관한 식으로 나타내면
$$100 \times \frac{5}{100} + 50 \times \frac{2}{100} = (150-x) \times \frac{6}{100}$$
양변에 100을 곱하여 정리하면
$500+100=6\times(150-x)$
$600=900-6x$
$6x=300 \quad \therefore x=50$
따라서 증발된 물의 양은 50g입니다.

상세풀이 2

(처음 소금물이 증발되고 추가로 소금물을 넣은 후의 농도)
=6%이므로 농도에 대한 식을 다음과 같이 세울 수 있습니다.

$$\frac{(5\% \text{ 소금물 100g에 녹아있는 소금의 양})+(2\% \text{ 소금물 50g에 녹아있는 소금의 양})}{(5\% \text{ 소금물 100g})+(\text{증발된 물의 양})+(2\% \text{ 소금물 50g})}=\frac{6}{100}$$

$$\frac{100 \times \frac{5}{100}+50 \times \frac{2}{100}}{100-x+50}=\frac{6}{100}$$

$$\frac{5+1}{150-x}=\frac{6}{100}$$

$150-x=100 \quad \therefore x=50$
따라서 증발된 물의 양은 50g입니다.

395 정답 ④ 난이도 ●●●

간단풀이

(음식점까지 가는 시간)+(포장시간)+(음식점에서 돌아오는 시간)<2시간

(음식점까지 가는 시간)<$\frac{3}{4}$시간

(음식점까지 가는 시간)=$\frac{(\text{음식점까지의 거리})}{4}<\frac{3}{4}$

∴ (음식점까지의 거리)<3
따라서 거리가 3km 이내인 음식점의 음식을 포장해 올 수 있습니다.

상세풀이

① 오후 1시에 출발하여 오후 3시까지 돌아와야 하므로 음식을 사서 돌아오는 데 걸리는 시간이 2시간 이내여야 한다는 조건이 주어져 있습니다. 즉,
(음식점까지 가는 시간)+(포장시간)+(음식점에서 돌아오는 시간)<2시간

② 포장 시간은 30분이고 음식점까지 가는 시간과 오는 시간은 서로 같으므로
2×(음식점까지 가는 시간)+30분<2시간

2×(음식점까지 가는 시간)<1시간 30분=$\frac{3}{2}$시간

(음식점까지 가는 시간)<$\frac{3}{4}$시간

따라서 음식점까지 가는 데 걸릴 수 있는 최대 시간은 $\frac{3}{4}$시간, 즉 45분입니다.

③ (시간)=$\frac{(\text{거리})}{(\text{속력})}$이고 철수가 걷는 속력은 4(km/h)이므로

(음식점까지 가는 시간)=$\frac{(\text{음식점까지의 거리})}{4}<\frac{3}{4}$

∴ (음식점까지의 거리)<3
즉, 터미널로부터의 거리가 3km 이내인 음식점의 음식만 포장해올 수 있습니다.
터미널로부터의 거리가 3km 이내인 음식점은 피자, 만두, 호떡, 라면 음식점입니다.

396 정답 ④   난이도 ●●●

간단풀이

(배가 갈 수 있는 가장 먼 교역소까지의 거리)$=d$
(출발지에서 교역소까지 가는 데 걸리는 기간)
$=\dfrac{d}{100}$(일)
(교역소에서 출발지까지 가는 데 걸리는 기간)
$=\dfrac{d}{150}$(일)
$\dfrac{d}{100}+\dfrac{d}{150}\le 30$
$d \le 1{,}800\,(\text{km})$

상세풀이

배가 갈 수 있는 가장 먼 교역소까지의 거리를 d라 하면,

① 출발할 때의 교역품을 가득 채운 배는 하루에 100km를 가므로 배의 속력은 100(km/일)입니다.
따라서 출발지에서 교역소까지 가는데 걸리는 기간은 $\dfrac{d}{100}$(일) 입니다.

② 돌아올 때의 빈 배는 하루에 150km를 가므로 배의 속력은 150(km/일)입니다.
따라서 교역소에서 출발지까지 돌아오는 데 걸리는 기간은 $\dfrac{d}{150}$(일)입니다.

③ 왕복하는 데에 걸리는 기간이 30일 이내이어야 하므로 $\dfrac{d}{100}+\dfrac{d}{150}\le 30$
양변에 300을 곱하여 정리하면
$3d+2d \le 30\times 300$
$5d \le 9{,}000$ ∴ $d \le 1{,}800$ (km)

397 정답 ③   난이도 ●●●

간단풀이

$2!\times 7!=10{,}080$
$2!\times 3\times 6!=4{,}320$
$2\times {}_3C_2\times 2!\times 5!=1{,}440$
$2!\times 3!\times 4!=288$
$10{,}080+4{,}320+14{,}40+288=16{,}128$

상세풀이

원탁에는 9자리가 있고 C회사 직원들은 A회사 직원 사이에 앉을 수 있지만 B회사 직원은 앉을 수 없습니다.
따라서
(1) A회사 직원 사이에 아무도 없는 경우
(2) C회사 직원이 1명 있는 경우
(3) C회사 직원이 2명 있는 경우
(4) C회사 직원이 3명 있는 경우
로 각각 나누어 생각해 보겠습니다.

① **A회사 직원 사이에 아무도 없는 경우**
A회사 직원 둘이 나란히 앉아야 합니다. 처음 원탁에 사원을 앉힐 때는 모든 방향에 차이가 없으므로 어느 자리에 앉히든 다 같은 경우입니다.
또한 A회사 직원의 자리가 서로 바뀔 수 있으므로 이러한 경우의 수는 2가지입니다.
A회사 직원의 자리가 정해지면 원탁에 방향이 생기고, 나머지 7곳의 자리는 서로 다른 자리가 되므로, 서로 다른 7개의 자리에 7명을 배치하는 경우의 수는 7!입니다.
따라서, 사이에 아무도 없는 경우의 수는 $2\times 7!=10{,}080$(가지)입니다.

② **A회사 직원 사이에 C회사 직원이 1명 있는 경우**
A회사 직원 둘의 가능한 자리는 2!=2(가지)이고 위와 마찬가지로 처음 원탁에 사원을 앉힐 때는 모든 방향에 차이가 없으므로 어느 자리에 앉히든 다 같은 경우입니다.
A회사 직원 사이에 앉을 한 명의 C회사 직원을 뽑을 수 있는 경우의 수는 3이며 이 3명의 자리가 정해지면 나머지 6자리를 배치하는 경우의 수는 6!입니다.
따라서 사이에 C회사 직원이 1명 있는 경우의 수는 $2\times 3\times 6!=4{,}320$(가지)입니다.

③ **A회사 직원 사이에 C회사 직원이 2명 있는 경우**
A회사 직원 둘의 가능한 자리는 위와 마찬가지로 2!입니다.
A회사 직원 사이에 앉을 두 명의 C회사 직원을 뽑고 배치하는 경우의 수는 ${}_3C_2\times 2!$이며, 이 4명의 자리가 정해지면 나머지 5자리를 배치하는 경우의 수는 5!입니다.
따라서 사이에 C회사 직원이 2명 있는 경우의 수는 $2\times {}_3C_2\times 2!\times 5\ne 1{,}440$(가지)입니다.

④ A회사 직원 사이에 C회사 직원이 3명 있는 경우
A회사 직원 둘의 가능한 자리는 위와 마찬가지로 2!입니다.
A회사 직원 사이에 앞을 3명의 C회사 직원을 배치하는 경우의 수는 3!이며, 이 5명의 자리가 정해지면 나머지 4자리를 배치하는 경우의 수는 4!입니다. 따라서 사이에 C회사 직원이 3명 있는 경우의 수는 $2 \times 3! \times 4! = 288$(가지)입니다.

(1) A회사 직원 사이에 아무도 없는 경우

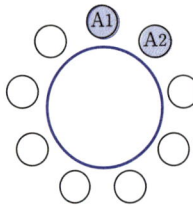

$2 \times 7! = 10,080$(가지)

(2) A회사 직원 사이에 C회사 직원이 1명 있는 경우

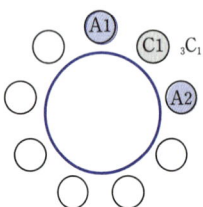

$2 \times {}_3C_1 \times 6! = 4,320$(가지)

(3) A회사 직원 사이에 C회사 직원이 2명 있는 경우

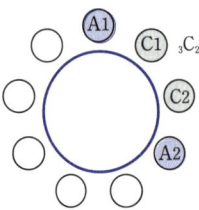

$2 \times {}_3C_2 \times 2! \times 5! = 1,440$(가지)

(4) A회사 직원 사이에 C회사 직원이 3명 있는 경우

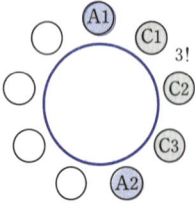

$2 \times 3! \times 4! = 288$(가지)

⑤ 따라서 구하는 총 경우의 수는
$10,080 + 4,320 + 1,440 + 288 = 16,128$(가지)입니다.

398 정답 ⑤ 난이도 ●●●

간단풀이

$$\left(60,000 \times \frac{3}{100} + 70,000 \times \frac{6}{100}\right) \div 130,000 = \frac{6}{130}$$

$$\frac{\dfrac{60,000}{130,000} \times \dfrac{3}{100}}{\dfrac{6}{130}} = \frac{\dfrac{18}{1,300}}{\dfrac{6}{130}} = \frac{3}{10} = 0.3$$

∴ 30%

상세풀이

조건부확률 문제입니다. '이미 불량 전구가 발생'되었다는 조건 하에, '바로 그 전구가 A 라인에서 나왔을 확률'을 구해야 한다는 것입니다. 따라서 구하는 확률은 다음과 같습니다.

$$\frac{\text{(제품이 A라인에서 생산되었고 그것이 불량품일 확률)}}{\text{(A와 B 라인에서 불량품이 나올 확률)}}$$

① 제품이 A라인에서 생산되었고 그것이 불량품일 확률을 구해봅니다.
하루에 생산된 전체 $60,000 + 70,000 = 130,000$개 중에서 A라인에서 생산될 확률과 A라인에서의 불량률을 곱해주어야 합니다.

$$\frac{60,000}{130,000} \times \frac{3}{100} = \frac{18}{1,300}$$

② (하루 동안 A와 B 라인에서 생산되는 불량품의 비율)
$$= \frac{\text{(하루 동안 A 라인의 불량품의 개수)} + \text{(하루 동안 B 라인의 불량품의 개수)}}{\text{(하루 동안 A와 B라인의 생산량)}}$$
입니다.
각각 값을 구하면
(하루 동안 A 라인의 불량품의 개수)
$= 60,000 \times \dfrac{3}{100} = 1,800$
(하루 동안 B 라인의 불량품의 개수)
$= 70,000 \times \dfrac{6}{100} = 4,200$
따라서 하루동안 A와 B 라인에서 생산되는 불량품의 비율은 $\dfrac{1,800 + 4,200}{130,000} = \dfrac{6,000}{130,000} = \dfrac{6}{130}$

④ 따라서 문제에서 구하는 확률은
$$\frac{\text{(제품이 A라인에서 생산되었고 그것이 불량품일 확률)}}{\text{(A와 B 라인에서 불량품이 나올 확률)}}$$

$$= \frac{\dfrac{60,000}{130,000} \times \dfrac{3}{100}}{\dfrac{6}{130}} = \frac{\dfrac{18}{1,300}}{\dfrac{6}{130}} = \frac{3}{10} = 0.3$$

399 정답 ③ 난이도 ●●●

간단풀이

$60 \leq 24x \leq 180$ (x는 정수)

$\dfrac{5}{2} \leq x \leq \dfrac{15}{2}$

따라서 자연수 x의 값은 3, 4, 5, 6, 7으로 총 5번 이다.

상세풀이

문제에서 '되도록 작은', '동시에', '최소' 등의 표현을 사용하였다면 이는 대부분 최소공배수를 이용한 문제입니다. 이와 반대로 '되도록 많은', '최대' 등의 표현이라면 이는 대부분 최대공약수를 이용하는 문제입니다.
오전 6시를 0이라 하면 오전 7시는 60분이 지난 후이므로 60, 오전 9시는 180분이 지난 후이므로 180으로 나타낼 수 있습니다. 이때 2호선과 5호선이 동시에 정차한 횟수를 구하려면 배차간격인 6과 8의 공배수가 60과 180 사이에 몇 개 있는지 구하면 됩니다.
따라서 이 문제는 두 가지 단계로 나누어 구할 수 있습니다.
(1) 6과 8의 최소공배수를 구합니다.
(2) 최소공배수를 활용하여 부등식을 세웁니다.

① $6 = 2 \times 3$ 이고, $8 = 2^3$ 이므로 6과 8의 최소공배수는 공통된 소인수 중 지수가 가장 큰 수인 2^3와 공통되지 않은 소인수인 3을 모두 곱한 $2^3 \times 3 = 24$ 입니다.

$$\begin{array}{r|rr} 2 & 6 & 8 \\ \hline & 3 & 4 \end{array}$$

② 6과 8의 공배수, 즉 24의 배수가 60과 80 사이에 몇 개가 있는 지 구해야 하므로 다음과 같이 부등식을 세울 수 있습니다.
$60 \leq 24x \leq 180$ (x는 정수)
$\dfrac{5}{2} \leq x \leq \dfrac{15}{2}$
이 부등식을 만족하는 정수 x는 3, 4, 5, 6, 7 입니다.
따라서 오전 7시부터 오전 9시 사이에 2호선과 5호선은 총 5번 동시에 정차합니다.

400 정답 ⑤ 난이도 ●●●

간단풀이

(1분 간격으로 들어오는 손님의 수)$= y$

$\begin{cases} x + 100y = \dfrac{100}{5} \times 4 = 80 \\ x + 140y = \dfrac{140}{10} \times 7 = 98 \end{cases}$

$40y = 18$ ∴ $y = \dfrac{9}{20}$

$x + 100 \times \dfrac{9}{20} = 80$

$x + 45 = 80$ ∴ $x = 35$

상세풀이

이 문제에서 확인되지 않은 값은 '1분 간격으로 들어오는 손님의 수' 입니다. 이 수를 미지수 y로 두고 각 조건에 맞는 x와 y에 대한 연립방정식을 세워 푸는 문제입니다.

① 오전 10시부터 5분마다 평균 4명의 손님이 나간다면 오전 11시 40분에는 음식점에 손님이 1명도 없게 된다고 하였을 때의 관계식을 구해보겠습니다.
먼저 오픈 이후 오전 11시 40분까지 음식점에 들어온 손님의 수를 구하면, 문제에서 오픈할 때 x명의 손님들이 들어왔고, 10시 이후 1분 간격으로 손님 y명이 계속 들어오고 있다고 하였으므로 10시부터 11시 40분까지 100분동안 들어온 손님의 수는 $100y$명입니다.
따라서 오픈 이후 오전 11시 40분까지 들어온 손님의 수는 $x + 100y$입니다.
이때, 오전 10시 이후 5분마다 4명씩 나간다고 하였으므로 오전 11시 40분까지 100분동안 나간 손님의 수는

$\dfrac{100}{5} \times 4 = 80$(명)

오전 11시 40분에는 손님이 1명도 없게 된다고 하였으므로 들어온 손님과 나간 손님이 같습니다. 따라서 다음의 식을 세울 수 있습니다.
$x + 100y = 80$ ……㉠

② 오전 10시부터 10분마다 평균 7명의 손님이 나간다면 오전 12시 20분에는 음식점에 손님이 1명도 없게 된다고 하였을 때의 관계식을 구해보겠습니다.
오픈 이후 오전 12시 20분까지 음식점에 들어온 손님의 수를 구하면, 문제에서 오픈할 때 x명의 손님들이 들어왔고, 10시 이후 1분 간격으로 손님 y명이 계속 들어오고 있다고 하였으므로 10시부터 12

시 20분까지 140분동안 들어온 손님의 수는 $140y$ 명입니다.

따라서 오픈 이후 오전 12시 20분까지 들어온 손님의 수는 $x+140y$입니다.

이때, 오전 10시 이후 10분마다 7명씩 나간다고 하였으므로 오전 12시 20분까지 140분동안 나간 손님의 수는

$$\frac{140}{10} \times 7 = 98(명)$$

오전 12시 20분에는 손님이 1명도 없게 된다고 하였으므로 들어온 손님과 나간 손님이 같습니다. 따라서 다음의 식을 세울 수 있습니다.

$x+140y=98$ ······ ㉡

③ ㉠, ㉡ 식을 연립하여 풀면

$$\begin{cases} x+100y=80 \\ x+140y=98 \end{cases}$$

$40y=18 \quad \therefore \quad y=\dfrac{9}{20}$

이것을 첫 번째 식에 대입하면

$x+100 \times \dfrac{9}{20} = 80$

$x+45=80 \quad \therefore \quad x=35$

따라서 구하는 처음 방문한 손님의 수는 35명입니다.

유형별
고난도 70제

정답 및 해설

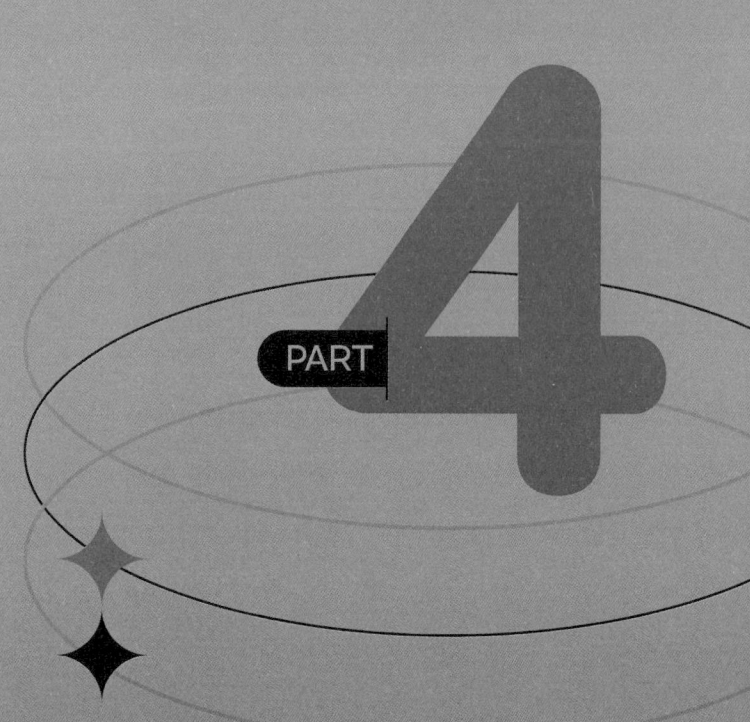

독끝 고난도 13일차 (001~035)

001	④	002	⑤	003	⑤	004	③	005	⑤
006	②	007	①	008	⑤	009	①	010	③
011	③	012	②	013	④	014	③	015	②
016	④	017	②	018	②	019	④	020	④
021	④	022	③	023	③	024	④	025	③
026	③	027	④	028	②	029	①	030	④
031	④	032	②	033	②	034	②	035	①

유형 ① 방정식

001 정답 ④

간단풀이

2018년의 직원 수를 x명이라 하고, 2020년에 퇴사한 직원 6명의 평균연봉을 y라 두면 2018년~2020년의 매년 총 인건비는 각각 다음과 같습니다.
(2018년 총 인건비) $= 4{,}500x$(만 원)
(2019년 총 인건비)
$= 3{,}000 \times 21 + 4{,}500x \times (1+0.05)$
$= 63{,}000 + 4{,}725x$(만 원)
(2020년 총 인건비) $= 63{,}000 + 4{,}725x - 6y$(만 원)
이때, 2020년도의 총 인건비는 2018년의 총 인건비에 비해 8% 증가했다고 하였으므로
$63{,}000 + 4{,}725x - 6y = 4{,}500x \times 1.08$
$135x + 6y = 63{,}000$ ……㉠
한편, 2020년의 직원수는 $x+15$(명)이므로 평균연봉을 구하면
$\dfrac{63{,}000 + 4{,}725x - 6y}{x+15}$ (만 원)
이때, 2020년의 평균연봉은 2018년의 평균연봉보다 180만 원 낮다고 하였으므로
$\dfrac{63{,}000 + 4{,}725x - 6y}{x+15} = 4{,}500 - 180 = 4{,}320$
$63{,}000 + 4{,}725x - 6y = 4{,}320(x+15)$
$63{,}000 + 4{,}725x - 6y = 4{,}320x + 64{,}800$
$405x - 6y = 1{,}800$ ……㉡
㉠과 ㉡을 연립하여 풀면
$\begin{cases} 135x + 6y = 63{,}000 \\ 405x - 6y = 1{,}800 \end{cases}$
$540x = 64{,}800$ ∴ $x = 120$
따라서 구하는 2018년의 직원수는 120명입니다.

상세풀이

① 2018년의 평균연봉이 4,500만 원이라 하였으므로 이 때의 직원 수를 x명이라 하면 2018년의 총 인건비는 $4{,}500x$(만 원)입니다.

② 이때, 2019년에 신입사원의 연봉은 3,000만 원이고, 총 21명 채용하였으므로 신입사원의 총 인건비는
$3{,}000 \times 21 = 63{,}000$(만 원)
이때, 신입사원을 제외한 전 직원의 급여는 작년에 비해 5% 인상하였으므로
$4{,}500x \times (1+0.05) = 4{,}725x$(만 원)
따라서 2019년의 총 인건비는
$3{,}000 \times 21 + 4500x \times (1+0.05)$
$= 63{,}000 + 4{,}725x$(만 원)

③ 또한, 2020년에 퇴사한 직원 6명의 평균연봉을 y라 두면 2020년에 감소한 인건비는 $6y$이고, 2020년에는 급여를 동결하였으므로 2020년의 총 인건비는
$63{,}000 + 4{,}725x - 6y$
2020년도의 총 인건비는 2018년도의 총 인건비에 비해 8% 증가했다고 하였으므로
$63{,}000 + 4725x - 6y = 4{,}500x \times 1.08$
$630{,}00 + 4{,}725x - 6y = 4{,}860x$
$135x + 6y = 63{,}000$ ……㉠

④ 한편, 2020년의 총 인건비는 $63{,}000 + 4{,}725x - 6y$이고, 직원수는 $x + 21 - 6 = x + 15$(명)이므로 평균연봉을 구하면
$\dfrac{63{,}000 + 4{,}725x - 6y}{x+15}$
이때, 조건 바에 따라 2020년의 평균연봉은 2018년의 평균연봉보다 180만 원 낮다고 하였으므로
$\dfrac{63{,}000 + 4725x - 6y}{x+15} = 4{,}500 - 180 = 4{,}320$
$63{,}000 + 4{,}725x - 6y = 4{,}320(x+15)$
$63{,}000 + 4{,}725x - 6y = 4{,}320x + 64{,}800$
$405x - 6y = 1{,}800$ ……㉡

⑤ ㉠과 ㉡을 연립하여 풀면
$\begin{cases} 135x + 6y = 63{,}000 \\ 405x - 6y = 1{,}800 \end{cases}$
$540x = 64{,}800$ ∴ $x = 120$
따라서 구하는 2018년의 직원수는 120명입니다.

다른풀이

연도	직원수	인건비
2018년	x	$4{,}500x$
2019년	$x+21$	$63{,}000+4{,}725x$
2020년	$x+15$	$63{,}000+4{,}725x-6y$

(2020년 총 인건비)$=A$라 두면

(ⅰ) 2020년도의 총 인건비는 2018년도의 총 인건비에 비해 8% 증가했다고 하였으므로
$$A = 4{,}500x \times 1.08 = 4{,}860x$$

(ⅱ) 한편, 2020년의 평균연봉은 2018년의 평균연봉보다 180만 원 낮다고 하였으므로
$$\frac{A}{x+15} = 4{,}500 - 180 = 4{,}320$$
$$\therefore A = 4{,}320(x+15)$$

(ⅰ), (ⅱ)에서 $4{,}860x = 4{,}320(x+15)$
$4{,}860x = 4{,}320x + 64{,}800$
$540x = 64{,}800 \quad \therefore x = 120$

002 정답 ⑤

간단풀이

합격생의 평균점수를 x, 불합격생의 평균점수를 y라 하면
(합격생의 총점)$=20x$, (불합격생의 총점)$=80y$
(응시생의 총점)$=20x+80y$
(응시생의 평균점수)$=\dfrac{20x+80y}{100}$

구하는 최저 합격 점수를 a라 두면
$$\begin{cases} a = \dfrac{20x+80y}{100}+14 & \cdots\cdots \text{㉠} \\ a = x-6 & \cdots\cdots \text{㉡} \\ 4y = 3x-8 & \cdots\cdots \text{㉢} \end{cases}$$

㉡을 ㉠에 대입하여 정리하면
$$x-6 = \frac{x+4y}{5}+14$$
$5x-30 = x+4y+70$
$4x-4y = 100$, $x-y = 25 \quad \cdots\cdots \text{㉣}$

㉢, ㉣을 연립하여 풀면
$$\begin{cases} 3x-4y = 8 \\ 3x-3y = 75 \end{cases}$$
$\therefore x = 92$, $y = 67$
이것을 ㉡에 대입하면 $a = 92-6 = 86$
따라서 구하는 최저 합격 점수는 86점이다.

다른풀이 　가중평균 활용

합격자의 평균점수와 불합격자의 평균점수를 이용하여 전체 응시생의 평균점수를 구할 때는 산술평균이 아닌 가중평균으로 구해야 합니다. (합격자 집단과 불합격자 집단의 인원수가 다르므로)

합격생의 평균점수를 x, 불합격생의 평균점수를 y, 총 응시생의 평균점수를 A라 하면 합격생과 불합격생의 인원수 비율이 1 : 4이므로 각 점수의 차의 비는 4 : 1이 됩니다.

	합격자		불합격자
인원수 비율	1		4
평균점수	x	$\dfrac{x+4y}{5}=A$	y
전체 응시생의 평균점수와의 차	$x-A$		$A-y$

$(x-A) : (A-y) = 4 : 1 \quad \cdots\cdots \text{㉠}$

이때, 최저 합격 점수는 응시생 100명의 평균성적보다 14점 높고, 합격한 응시생의 평균성적보다 6점이 낮았다고 하였으므로 최저 합격 점수를 a라 두면
$a = A+14 = x-6 \quad \therefore x-A = 20$
㉠의 비례식에 대입하면
$20 : (A-y) = 4 : 1$에서
$A-y = 5$
$A = y+5 = x-20 \quad \therefore x-y = 25$
이것을 $4y = 3x-8$에 대입하여 풀면
$\therefore x = 92$, $y = 67$
따라서 구하는 최저 합격 점수는
$a = x-6 = 92-6 = 86$점입니다.

상세풀이

① 합격생의 평균점수를 x, 불합격생의 평균점수를 y라 합시다.
　합격인원이 20명이므로 합격생의 총점은
　$20 \times x = 20x$이고, 불합격인원은 $100-20 = 80$명이므로 불합격생의 총점은 $80 \times y = 80y$입니다.
　따라서 전체 응시생의 총점은 $20x+80y$입니다.

② 응시생 100명의 평균성적$= \dfrac{(총점)}{(응시인원)}$이므로
　$\dfrac{20x+80y}{100}$ 입니다.

③ 구하는 최저 합격 점수를 a라 하면 전체 응시생의 평균성적보다 14점 높으므로
　$a = \dfrac{20x+80y}{100}+14 \quad \cdots\cdots \text{㉠}$

또, 합격생의 평균성적보다 6점 낮으므로
$a = x - 6$ ...... ㉡

④ 불합격생의 평균성적의 4배는 합격생의 평균성적의 3배보다 8점이 낮으므로
$4y = 3x - 8$, $3x - 4y = 8$ ...... ㉢

⑤ ㉡을 ㉠에 대입하여 정리하면
$x - 6 = \dfrac{x + 4y}{5} + 14$
양변에 5를 곱하면
$5x - 30 = x + 4y + 70$, $4x - 4y = 100$
양변을 4로 나누면
$x - y = 25$ ...... ㉣

⑥ ㉢, ㉣을 연립방정식으로 나타내면 다음과 같습니다.
$\begin{cases} 3x - 4y = 8 & \cdots\cdots ㉢ \\ x - y = 25 & \cdots\cdots ㉣ \end{cases}$
㉣의 양변에 3을 곱하면
$\begin{cases} 3x - 4y = 8 \\ 3x - 3y = 75 \end{cases}$
∴ $x = 92$, $y = 67$
이것을 ㉡에 대입하면
$a = 92 - 6 = 86$
따라서 구하는 최저 합격 점수는 86점입니다.

003 정답 ⑤

간단풀이

구분	출발점	120km 지점	220km 지점
자동차 A연료	$6a$	$5b$	$4c$
소비한 연료		$6a - 5b$	$5b - 4c$
자동차 B연료	$5a$	$4b$	$3c$
소비한 연료		$5a - 4b$	$4b - 3c$

(i) (자동차 A가 120km 주행 중 소비한 연료의 양):
(자동차 B가 120km 주행 중 소비한 연료의 양)
$= (6a - 5b) : (5a - 4b) = 5b - 4c : 4b - 3c$
$(5a - 4b)(5b - 4c) = (6a - 5b)(4b - 3c)$
$25ab - 20ac - 20b^2 + 16bc$
$= 24ab - 18ac - 20b^2 + 15bc$
$ab + bc = 2ac$
$b(a + c) = 2ac$
$b = \dfrac{2ac}{a + c}$ ...... ㉠

(ii) 자동차 A의 (120km 주행 중 소비한 연료의 양):
(100km 주행 중 소비한 연료의 양)
$= 120 : 100 = 6 : 5$이므로
$(6a - 5b) : (5b - 4c) = 6 : 5$
$5(6a - 5b) = 6(5b - 4c)$
$30a - 25b = 30b - 24c$
$30a + 24c = 55b$ ...... ㉡

(iii) 자동차 B의 (120km 주행 중 소비한 연료의 양):
(100km 주행 중 소비한 연료의 양) $= 6 : 5$이므로
$(5a - 4b) : (4b - 3c) = 6 : 5$
$5(5a - 4b) = 6(4b - 3c)$
$25a - 20b = 24b - 18c$
$25a + 18c = 44b$ ...... ㉢

㉡, ㉢에서 $11b = \dfrac{30a + 24c}{5} = \dfrac{25a + 18c}{4}$
$4(30a + 24c) = 5(25a + 18c)$
$120a + 96c = 125a + 90c$
$5a = 6c$ ∴ $a : c = 6 : 5$
$a = 6k$, $c = 5k$라 두고 ㉠에 대입하면
$b = \dfrac{2 \times 6k \times 5k}{6k + 5k} = \dfrac{60k^2}{11k} = \dfrac{60}{11}k$
이것을 모두 비례식 $6a - 5b : 5a - 4b$에 대입하면
$6a - 5b = 6 \times 6k - 5 \times \dfrac{60}{11}k = \dfrac{96}{11}k$
$5a - 4b = 5 \times 6k - 4 \times \dfrac{60}{11}k = \dfrac{90}{11}k$
∴ $6a - 5b : 5a - 4b = \dfrac{96}{11}k : \dfrac{90}{11}k = 16 : 15$

따라서 구하는 자동차 A, B의 연비의 비는 16 : 15입니다.

상세풀이

① 자동차 A와 B를 가득 채웠을 때의 연료량의 비가 6:5이므로 이를 각각 $6a$, $5a$라 둘 수 있습니다. 한편, 120km 주행 후 남은 연료의 양의 비가 6:5이므로 이를 각각 $5b$, $4b$라 둘 수 있습니다. 따라서 120km 주행 중 소비한 연료의 양은 $6a - 5b$, $5a - 4b$입니다. 이후 100km 주행 후 남은 연료의 양을 $4c$, $3c$라 두면 100km 주행 중 소비한 양을 구하면 $5b - 4c$, $4b - 3c$ 입니다.

② 자동차 A와 B가 120km 주행 중 소비한 연료의 양의 비는
$(6a - 5b) : (5a - 4b) = (5b - 4c) : (4b - 3c)$
$(5a - 4b)(5b - 4c) = (6a - 5b)(4b - 3c)$
$25ab - 20ac - 20b^2 + 16bc$
$= 24ab - 18ac - 20b^2 + 15bc$
$ab + bc = 2ac$, $b(a + c) = 2ac$
$b = \dfrac{2ac}{a + c}$ ...... ㉠

(b는 a와 c의 조화중항이고 $\dfrac{1}{a}, \dfrac{1}{b}, \dfrac{1}{c}$ 순서로 등차수열입니다.)

③ 자동차 A의 (120km 주행 중 소비한 연료의 양) : (100km 주행 중 소비한 연료의 양) $=120:100=6:5$ 이므로
$(6a-5b):(5b-4c)=6:5$
$5(6a-5b)=6(5b-4c)$, $30a-25b=30b-24c$
$30a+24c=55b$ …… ㉡

④ 자동차 B의 (120km 주행 중 소비한 연료의 양) : (100km 주행 중 소비한 연료의 양) $=120:100=6:5$ 이므로
$(5a-4b):(4b-3c)=6:5$
$5(5a-4b)=6(4b-3c)$,
$25a-20b=24b-18c$
$25a+18c=44b$ …… ㉢

⑤ ㉡, ㉢에서 $11b=\dfrac{30a+24c}{5}=\dfrac{25a+18c}{4}$
$4(30a+24c)=5(25a+18c)$
$120a+96c=125a+90c$
$5a=6c$ ∴ $a:c=6:5$
$a=6k$, $c=5k$라 두고 ㉠에 대입하면
$b=\dfrac{2\times 6k\times 5k}{6k+5k}=\dfrac{60k^2}{11k}=\dfrac{60}{11}k$

⑥ 이것을 모두 비례식 $(6a-5b):(5a-4b)$에 대입하면
$6a-5b=6\times 6k-5\times \dfrac{60}{11}k=\dfrac{96}{11}k$
$5a-4b=5\times 6k-4\times \dfrac{60}{11}k=\dfrac{90}{11}k$
∴ $6a-5b:5a-4b=\dfrac{96}{11}k:\dfrac{90}{11}k=16:15$

따라서 구하는 자동차 A, B의 연비의 비는 $16:15$입니다.

Tip
(1) 처음 120km를 주행했을 때 소비한 연료의 양과 다음 100km를 주행했을 때 소비한 연료의 양의 비가 가 됨을 파악하는 것이 중요합니다.
(2) 비례상수가 3개의 미지수이니 식은 두 개가 만들어진다. 따라서 비례상수를 이용하여 상대적인 비율을 구해야 합니다.

004 정답 ③

간단풀이

수익을 나타내는 직선의 방정식은 $y=4x$
∴ $4x-y=0$
생산 비용을 나타내는 직선의 방정식은 $y=2x+50$
∴ $2x-y+50=0$
이때, 생산 비용과 수익이 같아지는 때는 두 직선의 교점의 x좌표와 같습니다.
$\begin{cases} 4x-y=0 \\ 2x-y+50=0 \end{cases}$
∴ $x=25$, $y=100$
공장 운영을 시작하고 a개월 후에 손실 구간과 이익 구간이 같아진다고 하면 아래 그림과 같습니다.
(단, $a>25$)

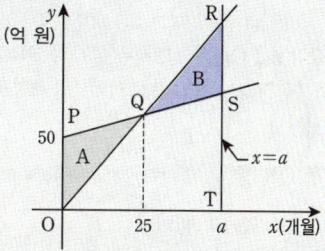

(삼각형 PQO의 넓이)$=$(삼각형 QRS의 넓이)에서
(삼각형 ORT의 넓이)$=$(사각형 POTS의 넓이)
(삼각형 ORT의 넓이)$=\dfrac{1}{2}\times a\times 4a=2a^2$
(사각형 POTS의 넓이)
$=\dfrac{1}{2}\times(50+2a+50)\times a=a^2+50a$
∴ $2a^2=a^2+50a$
$a^2-50a=0$, $a(a-50)=0$
∴ $a=50$ (∵ $a>0$)

따라서 운영을 시작한 지 50개월 후에 손실 구간과 이익 구간이 같아집니다.

상세풀이

① 매월 4억 원씩 수익이 증가하므로 x축을 '개월', y축을 '억 원'으로 하는 좌표평면에서 수익을 나타내는 직선의 기울기는 4입니다. 즉, 수익을 나타내는 직선의 방정식은 $y=4x$ ∴ $4x-y=0$
또한, 공장이 운영을 시작할 때, 초기 생산 비용 50억 원이 들었고, 매월 2억 원씩 생산 비용이 증가하므로 생산 비용을 나타내는 직선의 y절편은 50이고 기울기는 2입니다. 즉, 생산 비용을 나타내는 직선의 방정식은
$y=2x+50$ ∴ $2x-y+50=0$

② 따라서 생산 비용과 수익이 같아지는 때는 두 직선의 교점의 x좌표와 같습니다.
$$\begin{cases} 4x - y = 0 \\ 2x - y + 50 = 0 \end{cases}$$
$\therefore x = 25, \quad y = 100$

③ 공장 운영을 시작하고 a개월 후에 손실 구간과 이익 구간이 같아진다고 하면 다음 그림과 같습니다. (단, $a > 25$)

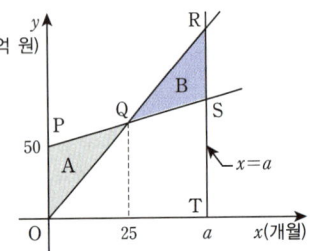

즉, (삼각형 POQ의 넓이)=(삼각형 SRQ의 넓이)이므로 (삼각형 ORT의 넓이)=(사각형 POTS의 넓이)입니다.

(삼각형 ORT의 넓이) $= \dfrac{1}{2} \times a \times 4a = 2a^2$

(사각형 POTS의 넓이)
$= \dfrac{1}{2} \times (50 + 2a + 50) \times a = a^2 + 50a$

$\therefore 2a^2 = a^2 + 50a$
$a^2 - 50a = 0, \ a(a - 50) = 0$
$\therefore a = 50 \ (\because a > 0)$

따라서 운영을 시작한지 50개월 후에 손실 구간과 이익 구간이 같아집니다.

유형 ❷ 부등식

005 정답 ⑤

간단풀이

네 명의 친구 A, B, C, D의 몸무게를 각각 a, b, c, d(kg)이라 하면 주어진 그림의 네 가지 상황을 다음과 같이 나타낼 수 있습니다.
$$\begin{cases} a+b=c+d & \cdots\cdots \text{㉠} \\ b+d<a+c & \cdots\cdots \text{㉡} \\ a+d>b+c & \cdots\cdots \text{㉢} \\ d>c & \cdots\cdots \text{㉣} \end{cases}$$

(i) $b+d<a+c$ …… ㉡의 양변에 a를 더하면
$a+b+d<2a+c$
그런데 ㉠이므로
$(c+d)+d<2a+c$
$2d<2a \quad \therefore d<a$

(ii) $a+d>b+c$ …… ㉢의 양변에 b를 더하면
$a+b+d>2b+c$
그런데 ㉠이므로
$(c+d)+d>2b+c$
$2d>2b \quad \therefore d>b$

(iii) $b+d<a+c$ …… ㉡의 양변에 b를 더하면
$2b+d<a+b+c$
그런데 ㉠이므로
$2b+d<(c+d)+c$
$2b<2c \quad \therefore b<c$

(i), (ii), (iii), ㉣에서 $b<c<d<a$
따라서 네 명의 친구들을 몸무게가 무거운 친구부터 차례대로 나열하면 A, D, C, B입니다.

상세풀이

① 네 명의 친구 A, B, C, D의 몸무게를 각각 a, b, c, d(kg)이라 하면 시소가 기울어지면 더 무거운 것이므로 주어진 그림의 네 가지 상황을 다음과 같이 나타낼 수 있습니다.
$$\begin{cases} a+b=c+d & \cdots\cdots \text{㉠} \\ b+d<a+c & \cdots\cdots \text{㉡} \\ a+d>b+c & \cdots\cdots \text{㉢} \\ d>c & \cdots\cdots \text{㉣} \end{cases}$$

② (i) $b+d<a+c$ …… ㉡의 양변에 a를 더하면
$a+b+d<2a+c$
그런데 ㉠이므로 좌변의 $a+b$에 $c+d$를 대입해도 부등식이 성립합니다.
$(c+d)+d<2a+c$
양변에 c를 빼면
$2d<2a \quad \therefore d<a$

③ (ii) $a+d>b+c$ …… ㉢의 양변에 b를 더하면
$a+b+d>2b+c$
이때 ㉠에 의해 좌변의 $a+b$에 $c+d$를 대입해도 부등식이 성립하므로
$(c+d)+d>2b+c$
$c+2d>2b+c$
양변에 c를 빼면
$2d>2b \quad \therefore d>b$

④ (iii) $b+d<a+c$ …… ㉡의 양변에 b를 더하면
$2b+d<(c+d)+c$

이때 ㉠에 의해 우변의 $a+b$에 $c+d$를 대입해도 부등식이 성립하므로
$2b+d < (c+d)+c$
양변에 d를 빼면
$2b < 2c$ ∴ $b < c$

⑤ (i), (ii), (iii), ㉣에서 $b < c < d < a$
따라서 네 명의 친구들을 몸무게가 무거운 친구부터 차례대로 나열하면 A, D, C, B입니다.

006 정답 ②

간단풀이

과장 이상의 직급 인원을 x, 대리 이하의 직급 인원을 y라 합시다.
참여 가능한 직원은 최대 100명이므로
$x+y \leq 100$
지원 금액에 대한 식(단위: 만 원):
$200x+120y \leq 14,560$, 즉 $5x+3y \leq 364$
$\begin{cases} x+y \leq 100 \\ 5x+3y \leq 364 \end{cases}$
∴ $x \leq 32$, $y \leq 68$이므로 가산점 $4x+3y$의 최댓값은 $x=32$, $y=68$일 때이므로
$4 \times 32 + 3 \times 68 = 332$

상세풀이

① 과장 이상의 직급 인원을 x, 대리 이하의 직급 인원을 y라 합시다.
직원이 최대 100명이므로 $x+y \leq 100$
또한, 지원금이 최대 1억 4,560만 원이므로 다음과 같은 부등식을 세울 수 있습니다.
$200x + 120y \leq 14,560$, 즉 $5x + 3y \leq 364$

② 연립 부등식 $\begin{cases} x+y \leq 100 \\ 5x+3y \leq 364 \end{cases}$ 을 풀면
$\begin{cases} 3x+3y \leq 300 \\ 5x+3y \leq 364 \end{cases}$
$2x \leq 64$ ∴ $x \leq 32$
이것을 첫 번째 식에 대입하면
$x+y \leq 32+y \leq 100$
∴ $y \leq 68$

③ 문제에서 요구하는 것은 가산점 $4x+3y$의 최댓값입니다.
가산점의 최댓값은 $x=32$, $y=68$일 때이므로
$4 \times 32 + 3 \times 68 = 332$입니다.

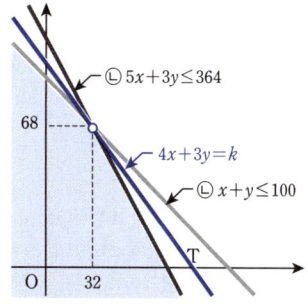

Tip

(1) 연립 부등식 $\begin{cases} x+y \leq 100 & \cdots\cdots ㉠ \\ 5x+3y \leq 364 & \cdots\cdots ㉡ \end{cases}$ 을 좌표평면에 나타내면 위 그림과 같습니다.
따라서 두 직선 $\begin{cases} x+y=100 \\ 5x+3y=364 \end{cases}$ 의 교점 (32, 68)을 지날 때 $4x+3y$의 최댓값
$4 \times 32 + 3 \times 68 = 332$을 구할 수 있습니다.

(2) 이러한 연립 부등식을 풀 때는 구석해*도 고려해야 합니다.
연립 방정식과 달리 연립 부등식은 참여 인원이 100명 미만이거나 지원금액이 1억 6,600만 원 미만이어도 성립할 수 있기 때문입니다.
방법은 연립 부등식 $\begin{cases} x+y \leq 100 \\ 5x+3y \leq 364 \end{cases}$ 을
①연립 방정식처럼 푼 후에 연립 부등식에 ②$x=0$, ③$y=0$을 대입해보면 됩니다.

① 연립 방정식 $\begin{cases} x+y=100 \\ 5x+3y=364 \end{cases}$ 의 해를 구하면
$\begin{cases} 3x+3y=300 \\ 5x+3y=364 \end{cases}$
∴ $x=32$, $y=68$

② 연립 부등식에 $x=0$을 대입하면
$\begin{cases} y \leq 100 \\ 3y \leq 332 \end{cases}$ 즉, $\begin{cases} y \leq 100 \\ y \leq 110.\cdots \end{cases}$
따라서 연립 부등식을 만족하는 y의 최댓값은 100이 됩니다.

③ 연립 부등식에 $y=0$을 대입하면
$\begin{cases} x \leq 100 \\ 5x \leq 364 \end{cases}$ 즉, $\begin{cases} x \leq 100 \\ x \leq 72.8 \end{cases}$
따라서 연립 부등식을 만족하는 자연수 x의 최댓값은 72가 됩니다.

이를 표로 만들어서 보면

좌표(x, y)	가산점의 최댓값 $4x+3y$
① (32, 68)	$4 \times 32 + 3 \times 68 = 332$
② (0, 100)	$4 \times 0 + 3 \times 100 = 300$
③ (72, 0)	$4 \times 72 + 3 \times 0 = 288$

이를 통해 좌표가 (32, 68)일 때, 가산점의 최댓값이 332가 된다는 것을 알 수 있습니다. 다만, 문제에 따라서는 x절편이나 y절편에 위치한 구석해에서 최댓값이 나올 수도 있습니다.

> **참고** 구석해: 경제학의 소비자 효용극대화 이론의 용어로, 소비자의 효용극대화 문제를 그래프로 표현하면, 일반적으로 '무차별곡선과 예산선이 만나는 지점에서 효용극대화가 발생한다.'라고 표현합니다.
> 이때, X와 Y의 값이 모두 0 보다 큰 어느 한 점에서 균형이 형성될 때, 이러한 균형을 내부해라고 하는 반면, 구석해는 내부해와는 다르게 그래프 평면의 구석에서 균형이 발생한다고 하여 붙여진 이름입니다.
> 즉, 구석해는 X축이나 Y축 상에서 균형이 발생합니다. 다시 말해, 소비자가 X재만 소비하거나 혹은 Y재만 소비하는 극단적인 소비 행태를 보이는 균형을 의미합니다.

007 정답 ①

간단풀이

A팀이 B팀에게 주는 샘플의 수를 x라 하면
$$2 \leq \frac{420-x}{120+x} \leq 3$$

(i) $2 \leq \frac{420-x}{120+x}$
$2(120+x) \leq 420-x$
$240+2x \leq 420-x$
$3x \leq 180 \quad \therefore x \leq 60$

(ii) $\frac{420-x}{120+x} \leq 3$
$420-x \leq 3(120+x)$
$360+3x \geq 420-x$
$4x \geq 60 \quad \therefore x \geq 15$

(i), (ii)에서 $15 \leq x \leq 60$
A팀이 B팀에게 줄 수 있는 샘플의 수는 15개에서 60개까지 가능하므로 그 경우의 수는
$60-15+1 = 46$

상세풀이 1

위 문제와 같은 하나의 식에 두 개의 부등식이 있는 연립부등식의 경우 부등식을 기준으로 두 개의 식으로 나누어 해를 구한 다음, 두 해를 모두 만족하는 해를 구하는 것이 중요합니다.

① A팀이 B팀에 주는 샘플 재고의 개수를 x라 하면 A팀이 샘플을 주고 난 후 A팀의 샘플 재고는 $420-x$이고, B팀의 샘플 재고는 $120+x$ 입니다.
이때, A팀의 재고가 B팀 재고의 2배 이상 3배 이하가 되려면 A팀 재고 대비 B팀의 재고는 2 이상 3이하이므로 다음과 같은 부등식이 성립합니다.
$$2 \leq \frac{420-x}{120+x} \leq 3$$

② (i) $2 \leq \frac{420-x}{120+x}$
$2(120+x) \leq 420-x$
$240+2x \leq 420-x$
$3x \leq 180 \quad \therefore x \leq 60$

(ii) $\frac{420-x}{120+x} \leq 3$
$420-x \leq 3(120+x)$
$360+3x \geq 420-x$
$4x \geq 60 \quad \therefore x \geq 15$

(i), (ii)에서 $15 \leq x \leq 60$

③ A팀이 B팀에게 줄 수 있는 샘플의 수는 15개에서 60개까지 가능하므로 그 경우의 수는
$60-15+1 = 46$

상세풀이 2

A팀의 재고를 a, B팀의 재고를 b라 합시다.

① 분배 전, a는 420, b는 120입니다. A팀의 재고가 B팀에게 분배된 것이므로 영업본부 전체 재고의 개수는 분배 전, 후 모두 $a+b = 420+120 = 540$입니다.
$a = 540-b \quad \cdots\cdots \text{㉠}$

② 배분 후, A팀의 재고가 B팀 재고의 2배 이상 3배 이하이므로
$$2 \leq \frac{a}{b} \leq 3$$
㉠을 위의 부등식에 대입하면
$$2 \leq \frac{540-b}{b} \leq 3$$
$$2 \leq \frac{540}{b} - 1 \leq 3$$
$$3 \leq \frac{540}{b} \leq 4$$
$b > 0$이므로
$3b \leq 540 \leq 4b$

③ (i) $3b \leq 540 \quad \therefore b \leq 180$
(ii) $540 \leq 4b \quad \therefore b \geq 135$
(i), (ii)에서 $135 \leq b \leq 180$

④ 처음 분배 전 b가 120개에서 $135 \leq b \leq 180$(개)가 되었으므로 A팀이 B팀에게 줄 수 있는 샘플은 $15 \leq$ (샘플의 개수) ≤ 60개임을 알 수 있습니다. 따라서 A팀이 B팀에게 줄 수 있는 샘플의 수의 경우의 수는 $60 - 15 + 1 = 46$가지가 됩니다.

008 정답 ⑤

간단풀이

자전거를 탄 전체시간과 줄넘기를 한 전체 시간을 각각 x분, y분이라 합시다. ($x \geq 0$, $y \geq 0$)
조건 (가)에서 자전거를 탄 전체 시간과 줄넘기를 한 전체 시간의 차가 10분 이하라 하였으므로
$|x - y| \leq 10$
$-10 \leq x - y \leq 10$
$\therefore x - 10 \leq y \leq x + 10$
조건 (나)에서 자전거를 탄 전체 시간과 줄넘기를 한 전체 시간의 합이 1시간, 즉 60분 이하라 하였으므로
$x + y \leq 60$
따라서 연립부등식
$\begin{cases} x \geq 0, \ y \geq 0 \\ x - 10 \leq y \leq x + 10 \\ x + y \leq 60 \end{cases}$
이 나타내는 영역은 아래 그림과 같습니다. 자전거 타기와 줄넘기를 한 총 칼로리 소모량은 $4x + 8y$이므로 이것을 a(a는 상수)라 하면 직선 $4x + 8y = a$가 두 직선 $x + y = 60$, $y = x + 10$의 교점 (25, 35)를 지날 때, a의 값이 최대입니다.
$\therefore 4 \times 25 + 8 \times 35 = 380$

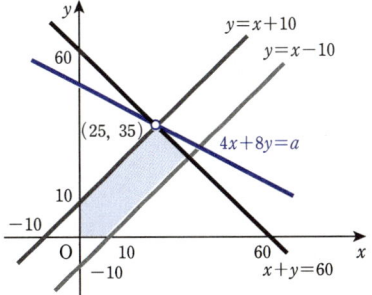

상세풀이

① 자전거를 탄 전체시간과 줄넘기를 한 전체 시간을 각각 x분, y분이라 합시다. ($x \geq 0$, $y \geq 0$ ……㉠)
조건 (가)에서 자전거를 탄 전체 시간과 줄넘기를 한 전체 시간의 차가 10분 이하라 하였으므로
$|x - y| \leq 10$

$-10 \leq x - y \leq 10$
$-x - 10 \leq -y \leq -x + 10$
$\therefore x - 10 \leq y \leq x + 10$ ……㉡

② 조건 (나)에서 자전거를 탄 전체 시간과 줄넘기를 한 전체 시간의 합이 1시간, 즉 60분 이하라 하였으므로
$x + y \leq 60$ ……㉢

③ 따라서 ㉠, ㉡, ㉢의 연립부등식
$\begin{cases} x \geq 0, \ y \geq 0 \\ x - 10 \leq y \leq x + 10 \\ x + y \leq 60 \end{cases}$
을 모두 만족하는 x, y이 나타내는 영역은 다음 그림과 같습니다.

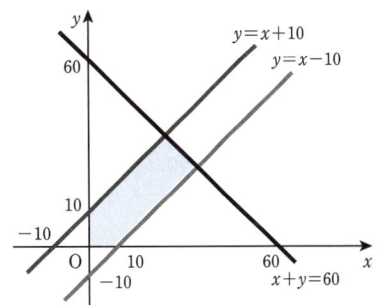

④ 자전거를 탄 전체 시간과 줄넘기를 한 전체 시간이 각각 x분, y분일 때의 칼로리 소모량의 합은 $4x + 8y$이므로 이것을 a(a는 상수)라 하면 직선 $4x + 8y = a$가 두 직선 $x + y = 60$, $y = x + 10$의 교점 (25, 35)를 지날 때, a의 값이 최대입니다. 즉, $4 \times 25 + 8 \times 35 = 380$이므로 칼로리 소모량의 합 a의 최댓값은 380입니다.

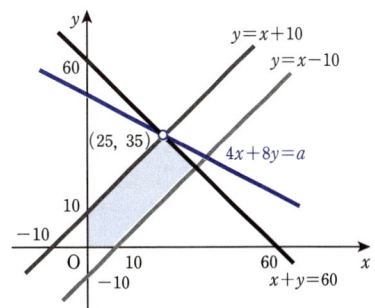

유형 3 수, 과부족 유형

009　정답 ①

간단풀이

세 자리 자연수에 각 자리 수를 각각 x, y, z라 두면
세 자리 자연수: $100x+10y+z$
각 자릿수의 합이 17이므로
$x+y+z=17$ ……㉠
십의 자릿수에서 일의 자릿수를 뺀 수는 3이므로
$y-z=3$ ……㉡
백의 자릿수와 일의 자릿수를 바꾼 수는 처음 수보다 396이 크므로
$100z+10y+x=100x+10y+z+396$
$99x-99z=-396$
$x-z=-4$ ……㉢
㉠, ㉡, ㉢을 연립하여 풀면 $x=2$, $y=9$, $z=6$이다.
따라서 구하는 처음 수는 296입니다.

상세풀이

① 세 자리 자연수에 백의 자릿수를 x, 십의 자릿수를 y, 일의 자릿수를 z라 합시다.
　 세 자리 자연수를 식으로 나타내면
　 $100 \times x + 10 \times y + z = 100x+10y+z$ 입니다.
　 예 $234 = 2 \times 100 + 3 \times 10 + 4$

② 각 자릿수의 합이 17이므로
　 $x+y+z=17$ ……㉠
　 십의 자릿수 y에서 일의 자릿수 z를 뺀 수는 3이므로
　 $y-z=3$ ……㉡
　 백의 자릿수 x와 일의 자릿수 z를 바꾼 수는 처음 수보다 396 크므로
　 $100z+10y+x=100x+10y+z+396$
　 $99x-99z=-396$
　 $\therefore x-z=-4$ ……㉢

③ $\begin{cases} x+y+z=17 & ……㉠ \\ y-z=3 & ……㉡ \\ x-z=-4 & ……㉢ \end{cases}$

　 세 개의 문자가 있는 연립방정식은 하나의 문자로 통일하여 풀 수 있습니다.
　 위 식에서는 x와 y를 z에 관한 식으로 나타냅니다.
　 ㉡에서 $y=z+3$
　 ㉢에서 $x=z-4$

이것을 ㉠에 대입하면
$(z-4)+(z+3)+z=17$
$3z-1=17$
$3z=18 \quad \therefore z=6$
이것을 ㉡에 대입하면 $y=6+3=9$
이것을 ㉢에 대입하면 $x=6-4=2$

④ 따라서 구하는 처음 수는 296입니다.

010　정답 ③

간단풀이

전직원 수를 x라 두면
(100,000원짜리 상품권의 개수)$=3x-6$
(50,000원짜리 상품권의 개수)$=5x+\dfrac{1}{2}x=\dfrac{11}{2}x$
전체 상품권은 300장이므로
$3x-6+\dfrac{11}{2}x=300$
$\dfrac{17}{2}x=306 \quad \therefore x=306 \times \dfrac{2}{17}=36$
따라서 회사의 전직원 수는 36명입니다.
즉, 100,000원짜리 상품권은
$3x-6=3\times 36-6=102$장이고,
50,000원짜리 상품권은 $300-102=198$장이므로
$100,000 \times 102 + 50,000 \times 198 = 2,010$(만 원)

상세풀이

① 전직원 수를 x라 두면 100,000원짜리 상품권은 1명에게 3장씩 나누어 주면 6장이 부족하므로
　 (100,000원짜리 상품권의 개수)$=3x-6$
　 50,000원짜리 상품권은 1명에게 5장씩 나누어 주면 직원의 반은 1장씩 더 받을 수 있으므로
　 (50,000원짜리 상품권의 개수)
　 $=5x+\dfrac{1}{2}x=\dfrac{11}{2}x$

② 전체 상품권은 300장이므로
　 $3x-6+\dfrac{11}{2}x=300$
　 $\dfrac{17}{2}x=306 \quad \therefore x=306 \times \dfrac{2}{17}=36$
　 따라서 회사의 전직원 수는 36명입니다.

③ 100,000원짜리 상품권은
　 $3x-6=3\times 36-6=102$장이고,

50,000원짜리 상품권은
300 - 102 = 198장이므로
100,000 × 102 + 50,000 × 198 = 2,010(만 원)

011 정답 ③

간단풀이

(방의 수) = x, (학생의 수) = $6x+3$
$8(x-13)+1 \leq 6x+3 \leq 8(x-13)+3$
(i) $8(x-13)+1 \leq 6x+3$
   $8x - 103 \leq 6x + 3$
   $2x \leq 106$ ∴ $x \leq 53$
(ii) $6x+3 \leq 8(x-13)+3$
   $6x \leq 8x - 104$
   $2x \geq 104$ ∴ $x \geq 52$
(i), (ii)에서 $52 \leq x \leq 53$
x는 자연수이므로 $x = 52$ 또는 $x = 53$
따라서 방은 적어도 52개여야 합니다.

상세풀이

해당 문제는 연립부등식 문제로 주어진 조건을 이용하여 미지수들의 관계식을 올바르게 세우는 것이 관건입니다. 이때, 문제에 등장하는 "남는다", "비어 있다", "적게 배정된다"와 같은 표현에 대해 모순이 되지 않도록 하는 부등식을 만들어야 합니다.

① 먼저 구해야 하는 방의 수를 x라 놓으면 문제에서 한 방에 6명씩 배정할 때 3명이 남는다고 하였으므로
(학생의 수) = $6x + 3$

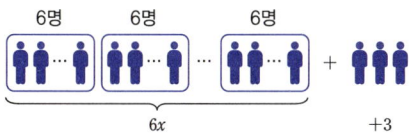

② 또한, 문제에서 한 방에 8명씩 배정하면 비어 있는 방이 12개가 되고, 한 방은 4명보다 적게 배정된다고 하였으므로 한 방에 8명씩 가득 차게 되는 방은 $(x-13)$개가 됩니다.
그리고 하나의 방에는 4명보다 적게 배정되므로 그 방에는 1명~3명의 학생이 배정됩니다.

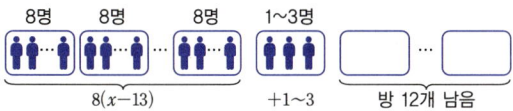

이것을 식으로 세워주면
$8(x-13)+1 \leq$ (학생의 수) $\leq 8(x-13)+3$

③ ①, ②에서 구한 식을 연립하여 부등식을 풀어봅시다.
$\underbrace{8(x-13)+1 \leq 6x+3}_{(\text{i})} \underbrace{\leq 8(x-13)+3}_{(\text{ii})}$
(i) $8(x-13)+1 \leq 6x+3$
   $8x - 103 \leq 6x + 3$
   $2x \leq 106$ ∴ $x \leq 53$
(ii) $6x+3 \leq 8(x-13)+3$
   $6x \leq 8x - 104$
   $2x \geq 104$ ∴ $x \geq 52$
(i), (ii)에서 $52 \leq x \leq 53$

④ x는 자연수이므로 $x = 52$ 또는 $x = 53$
따라서 방은 적어도 52개여야 합니다.

유형 ❹ 속력, 시간, 거리

012 정답 ②

간단풀이

(강아지가 이동한 시간) = (주호와 수연이 만나는 데 걸린 시간)
(주호와 수연이 만나는 데 걸린 시간) = $\dfrac{1.5}{3+9} = \dfrac{1}{8}$ (h)
∴ (강아지의 이동거리)
 = (강아지의 속력) × (강아지가 이동한 시간)
 = $5.6 \times \dfrac{1}{8} = 0.7$ (km) = 700 (m)

상세풀이

이 문제에서 강아지가 이동한 거리를 직접 구할 필요는 없습니다. 이렇게 경로가 복잡한 문제는 경로의 시작과 끝만 확인하여 (거리) = (시간) × (속력)만 구하면 됩니다.

① (강아지의 이동거리) = (강아지의 속력) × (강아지가 이동한 시간)입니다. 따라서 강아지가 이동한 거리를 구하기 위해서는 강아지가 이동한 시간을 구하면 됩니다.
강아지가 이동한 시간은 주호와 수연이 서로 마주보고 출발하여 두 사람이 만날 때까지이므로
(시간) = $\dfrac{(\text{거리})}{(\text{속력})}$을 이용하여 다음과 같이 구할 수 있습니다.

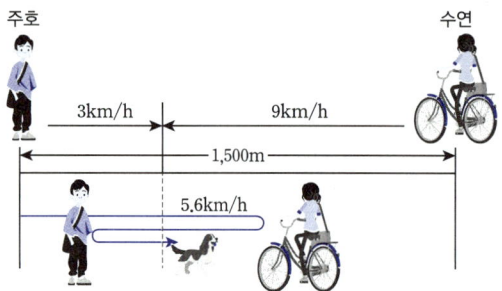

② 주호와 수연이 서로 마주보고 이동할 때의 속력은 상대속도* 개념을 이용해야 합니다.
두 사람이 동시에 이동하고 있으므로 두 사람의 거리를 서로의 상대속도 크기 값으로 이동하는 것과 같습니다. 즉, 두 사람의 속력을 더한 것과 같으므로 다음과 같은 식이 성립합니다.

(주호와 수연이 만나는 데 걸린 시간)
$$= \frac{(두 사람이 이동한 거리)}{(주호의 속력)+(수연의 속력)}$$
$$= \frac{1.5(\text{km})}{3(\text{km/h})+9(\text{km/h})} = \frac{15}{120} = \frac{1}{8}(\text{h})$$

③ 구하는 것은 강아지가 이동한 거리이고 강아지의 속력은 5.6 km/h이므로
(강아지의 이동거리)=(강아지의 속력)×(강아지가 이동한 시간)
$$= 5.6(\text{km/h}) \times \frac{1}{8}(\text{h}) = 0.7(\text{km}) = 700(\text{m})$$

Tip 상대속도

상대속도란 관찰자가 관찰하는 대상의 속도를 말합니다. 즉, 두 물체 A, B가 각각 V_A, V_B의 속도로 움직이고 있을 때, 물체 A가 본 물체 B의 속도 V_{AB}를 '물체 A에 대한 물체 B의 상대 속도'라 하며,
$V_{AB} = V_B - V_A$ 라 계산합니다.

이 개념을 이해하기 위해서는 먼저 속력에 방향을 더한 '속도'의 개념을 알아야 합니다.
모든 움직이는 물체는 방향을 갖고 있습니다. 이것을 속력에 더하여 '부호'로 나타낼 수 있습니다.
단순히 일직선상에서 움직이는 물체에서 어떤 한 방향으로 움직이는 것을 '+'로 표시한다면, 그 반대방향으로 움직이는 것은 '-'로 표시하는 것입니다. (이때, -는 그 값이 작다는 것이 아닌 방향만을 나타냄을 이해하여야 합니다.)
예를 들어, 자동차 A와 B가 일직선상의 도로를 서로 마주보고 달려오고 있을 때 자동차 A의 속도를 '+'로 표시한다면, 그 반대방향인 자동차 B의 속도는 '-'가 되는 것입니다.
예를 들어, 아래 그림과 같이 자동차 A, B, C가 일직선의 도로를 달리고 있을 때, 자동차 A에 타고 있는 사람이 느끼는 B와 C의 상대속도를 각각 구해보겠습니다.

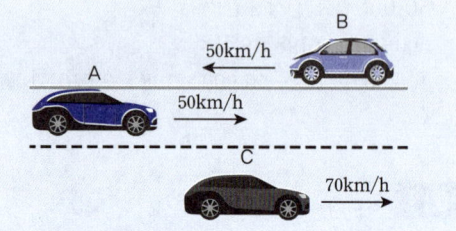

자동차 A와 B는 마주보고 달리고 있으므로 자동차 A에 타고 있는 사람이 느끼는 자동차 B의 속력은 원래 B의 속력보다 훨씬 빠르게 느껴질 것입니다. 즉, 원래의 B의 속도에 A의 반대 방향의 속도를 더하는 것처럼 보이기 때문에 'A에 대한 B의 상대 속도'는 다음과 같이 표시됩니다.
$V_{AB} = V_B - V_A = 60 - (-50) = 110(\text{km/h})$
즉, 자동차 A에 타고 있는 사람이 느끼는 자동차 B의 속력은 110km/h입니다.
반대로 자동차 C는 자동차 A와 같은 방향으로 달려가고 있으므로 자동차 A에 타고 있는 사람이 느끼는 C의 속력은 원래 C의 속도보다 훨씬 느리게 느껴질 것입니다. 즉, 원래의 C의 속도에 A의 속도를 빼는 것처럼 보이기 때문에 'A에 대한 C의 상대 속도'는 다음과 같이 표시됩니다.
$V_{AC} = V_C - V_A = 70 - 50 = 20(\text{km/h})$
즉, 자동차 A에 타고 있는 사람이 느끼는 자동차 C의 속력은 20km/h입니다.

013 정답 ④

간단풀이 1

호수의 둘레의 길이는 일정하므로 평상시의 속력을 v, 평상시에 걸리는 시간을 t라 하면
$$vt = (v+1.5)\left(\frac{t}{2}+\frac{1}{4}\right) = (v-2)\left(t+\frac{1}{2}\right)$$

(ⅰ) $vt = (v+1.5)\left(\frac{t}{2}+\frac{1}{4}\right)$
$$vt = \frac{vt}{2} + \frac{1}{4}v + \frac{3}{4}t + \frac{3}{8}$$
$$\frac{vt}{2} - \frac{1}{4}v - \frac{3}{4}t - \frac{3}{8} = 0$$
$$4vt - 2v - 6t - 3 = 0$$
$$(2v-3)(2t-1) = 6 \quad \cdots\cdots \text{㉠}$$

(ⅱ) $vt = (v-2)\left(t+\frac{1}{2}\right)$
$$vt = vt + \frac{1}{2}v - 2t - 1$$
$$\frac{1}{2}v - 2t - 1 = 0$$
$$v = 4t + 2 \quad \cdots\cdots \text{㉡}$$

ㄴ을 ㄱ에 대입하면
$\{2(4t+2)-3\}(2t-1)=6$
$(8t+1)(2t-1)=6$
$16t^2-6t-7=0$
$(2t+1)(8t-7)=0$ $\therefore t=-\dfrac{1}{2}$ 또는 $t=\dfrac{7}{8}$

$t>0$이므로 평상시에 걸리는 시간은 $\dfrac{7}{8}$ 시간입니다.

ㄴ에 대입하면
$v=4\times\dfrac{7}{8}+2=\dfrac{11}{2}$

즉, 평상시의 속력은 $\dfrac{11}{2}$km/h이므로 구하는 호수의 둘레의 길이는
$vt=\dfrac{11}{2}\times\dfrac{7}{8}=\dfrac{77}{16}$(km)

간단풀이 2

비례식 이용

평상시의 속력을 v, 평상시에 걸리는 시간을 t라 하면

구분	평상시	1.5km/h 빠르게 걸을 때	2km/h 느리게 걸을 때
거리	(호수 둘레의 길이) $=vt=(v+1.5)\left(\dfrac{t}{2}+\dfrac{1}{4}\right)=(v-2)\left(t+\dfrac{1}{2}\right)$		
속력	v	$v+1.5$	$v-2$
시간	t	$\dfrac{t}{2}+\dfrac{1}{4}$	$t+\dfrac{1}{2}$

호수 둘레의 길이가 같고 1.5km/h 빠르게 걸을 때와 2km/h 느리게 걸을 때의 시간의 비가 1 : 2임을 알 수 있으므로 속력의 비는 2 : 1이다. 즉, 거리가 일정하므로 속력과 시간은 반비례합니다. 따라서 다음이 성립합니다.

$(v+1.5):(v-2)=2:1$
$2(v-2)=v+1.5$
$2v-4=v+1.5$ $\therefore v=5.5$(km/h)

즉, 평상시의 속력이 5.5km/h이므로 빨리 걸으면 $5.5+1.5=7$km/h이고, 느리게 걸으면 $5.5-2=3.5$ km/h입니다.

$5.5t=3.5t\times\left(t+\dfrac{1}{2}\right)$
$5.5t=3.5t+\dfrac{7}{4}$
$2t=\dfrac{7}{4}$ $\therefore t=\dfrac{7}{8}$(h)

구하는 것은 호수 둘레의 길이이므로
$vt=\dfrac{11}{2}\times\dfrac{7}{8}=\dfrac{77}{16}$(km)

간단풀이 3

호수의 둘레의 길이를 x, 평상시의 속력을 v라 하면
$$\begin{cases}\dfrac{x}{v+1.5}=\dfrac{x}{v}\times\dfrac{1}{2}+\dfrac{1}{4}\\ \dfrac{x}{v-2}=\dfrac{x}{v}+\dfrac{1}{2}\end{cases}$$

(i) $\dfrac{x}{v+1.5}=\dfrac{x}{v}\times\dfrac{1}{2}+\dfrac{1}{4}$

양변에 $4v(v+1.5)$를 곱하여 정리하면
$4vx=2(v+1.5)x+v(v+1.5)$
$4vx=2vx+3x+v^2+1.5v$
$2vx-3x=v^2+1.5v$
$x(2v-3)=v^2+1.5v$
$x=\dfrac{v^2+1.5v}{2v-3}$ ······ ㄱ

(ii) $\dfrac{x}{v-2}=\dfrac{x}{v}+\dfrac{1}{2}$

양변에 $2v(v-2)$를 곱하여 정리하면
$2vx=2(v-2)x+v(v-2)$
$2vx=2vx-4x+v^2-2v$
$4x=v^2-2v$, $x=\dfrac{v^2-2v}{4}$ ······ ㄴ

ㄴ을 ㄱ에 대입하면
$\dfrac{v^2+1.5v}{2v-3}=\dfrac{v^2-2v}{4}$
$\dfrac{v+1.5}{2v-3}=\dfrac{v-2}{4}$
$4(v+1.5)=(v-2)(2v-3)$
$4v+6=2v^2-7v+6$
$2v^2-11v=0$
$v\left(v-\dfrac{11}{2}\right)=0$ $\therefore v=0$ 또는 $v=\dfrac{11}{2}$

$v>0$이므로 평상시의 속력은 $\dfrac{11}{2}$ km/h입니다.

ㄴ에 대입하면
$x=\dfrac{v}{4}(v-2)=\dfrac{11}{8}\times\left(\dfrac{11}{2}-2\right)=\dfrac{11}{8}\times\dfrac{7}{2}$
$=\dfrac{77}{16}$(km)

즉, 구하는 호수의 둘레의 길이는 $\dfrac{77}{16}$(km)입니다.

상세풀이

이 문제의 목적은 호수의 둘레를 구하는 것입니다. 따라서 (거리)=(속력)×(시간)을 이용하여 (호수의 둘레의 길이)=(속력)×(이동시간)를 구할 것입니다.

① 평상시의 속력을 v, 평상시에 걸리는 시간을 t라 하면 (호수의 둘레의 길이)=vt

② 평상시보다 1.5km/h 더 빠르게, 즉 $(v+1.5)$ km/h로 걸으면 호수를 한 바퀴 도는데 평상시에 걸리는 시간의 반보다 15분, 즉 $\frac{1}{4}$ 시간이 더 걸렸으므로 걸린 시간은 $\left(\frac{t}{2}+\frac{1}{4}\right)$ 입니다.

따라서 호수의 둘레의 길이는 $(v+1.5)\left(\frac{t}{2}+\frac{1}{4}\right)$

③ 평상시보다 2km/h 더 느리게, 즉 $(v-2)$ km/h 로 걸으면 호수를 한 바퀴 도는데 평상시에 걸리는 시간보다 30분, 즉 $\frac{1}{2}$ 시간이 더 걸렸으므로 걸린 시간은 $\left(t+\frac{1}{2}\right)$ 입니다.

따라서 호수의 둘레는 $(v-2)\left(t+\frac{1}{2}\right)$

④ ①, ②, ③의 경우 모두 호수의 둘레의 길이가 동일하므로 다음과 같은 식을 세울 수 있습니다.
$vt=(v+1.5)\left(\frac{t}{2}+\frac{1}{4}\right)=(v-2)\left(t+\frac{1}{2}\right)$

(ⅰ) $vt=(v+1.5)\left(\frac{t}{2}+\frac{1}{4}\right)$
$vt=\frac{vt}{2}+\frac{1}{4}v+\frac{3}{4}t+\frac{3}{8}$
$\frac{vt}{2}-\frac{1}{4}v-\frac{3}{4}t-\frac{3}{8}=0$
$4vt-2v-6t-3=0$
$(2v-3)(2t-1)=6$ ……㉠

(ⅱ) $vt=(v-2)\left(t+\frac{1}{2}\right)$
$vt=vt+\frac{1}{2}v-2t-1$
$\frac{1}{2}v-2t-1=0$
$v=4t+2$ ……㉡

⑤ ㉡을 ㉠에 대입하면
$\{2(4t+2)-3\}(2t-1)=6$
$(8t+1)(2t-1)=6$
$16t^2-6t-7=0$
$(2t+1)(8t-7)=0$
$\therefore t=-\frac{1}{2}$ 또는 $t=\frac{7}{8}$

$t>0$이므로 평상시에 걸리는 시간은 $\frac{7}{8}$ 시간입니다.
㉡에 대입하면
$v=4\times\frac{7}{8}+2=\frac{11}{2}$

즉, 평상시의 속력은 $\frac{11}{2}$ km/h이므로 구하는 호수의 둘레의 길이는
$vt=\frac{11}{2}\times\frac{7}{8}=\frac{77}{16}$ (km)

014 정답 ③

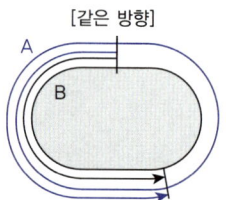

Tip 위 그림과 같이 둘레의 길이가 Lm인 원형 트랙을 A와 B가 동시에 같은 방향으로 달려서 만나는 경우 A의 속력이 B보다 더 크고 두 사람이 일정한 속력으로 이동한다면 A가 한 바퀴 이상 돌아서 B를 따라잡는 상황이 생기게 됩니다. 이때, A의 속력을 V_A, B의 속력을 V_B, A가 B를 따라잡는 데 걸리는 시간을 t라 두면 다음과 같은 식이 성립합니다.
(A가 이동한 거리)-(B가 이동한 거리)=(트랙 둘레의 길이)
$V_A\times t-V_B\times t=L$
$(V_A-V_B)\times t=L$
같은 원리로, A와 B가 출발 이후 n번째 다시 만나는 경우에는 다음의 식이 성립합니다.
(A가 이동한 거리)-(B가 이동한 거리)=(트랙 둘레의 길이)$\times n$
$(V_A-V_B)\times t=nL$

간단풀이

A의 속력을 $5v$, B의 속력을 $3v$, A가 B를 따라잡는 데 걸리는 시간을 t라 두면 A와 B가 출발 이후 n번째 다시 만나는 경우에는 다음의 식이 성립합니다.
(A가 이동한 거리)-(B가 이동한 거리)
=(트랙 둘레의 길이)$\times n$
$5vt-3vt=400n$
$t=\frac{200n}{v}$
이때, A의 속력이 더 빠르므로 25바퀴를 모두 다 돌 때까지 걸린 시간을 구하면
$\frac{10,000}{5v}=\frac{2,000}{v}$

두 사람이 마주치는 순간은 출발선에 동시에 출발한 후 A가 먼저 25바퀴를 모두 다 돌 때까지이므로

$$0 < \frac{200n}{v} \leq \frac{2{,}000}{v}$$

$v > 0$이므로 양변에 v를 곱하면

$0 < 200n \leq 2{,}000$

$0 < n \leq 10$

따라서 두 사람의 경기가 끝날 때까지 만난 횟수는 10회입니다.

상세풀이 1

위 문제와 같이 원형 트랙을 A와 B가 동시에 같은 방향으로 달려서 만나는 경우 A의 속력이 B보다 더 크고 두 사람이 일정한 속력으로 이동한다면 A가 한 바퀴 이상 돌아서 B를 따라잡는 상황이 생기게 됩니다. 이때, A와 B가 출발 이후 n번째 다시 만나는 경우에는 다음과 같은 식이 성립합니다.

(A가 이동한 거리)−(B가 이동한 거리)
=(트랙 둘레의 길이)×n

① A의 속력을 $5v$, B의 속력을 $3v$, A가 B를 따라잡는데 걸리는 시간을 t라 두면 A와 B가 출발 이후 n번째 다시 만나는 경우에는 다음의 식이 성립합니다.

$5vt - 3vt = 400n$

$2vt = 400n$ ∴ $t = \frac{200n}{v}$

따라서 처음 한 바퀴 때 만나는 시각은 $t_1 = \frac{200}{v}$,

두 번째 바퀴 때 만나는 시각은 $t_2 = \frac{400}{v}$, …입니다.

② 경기가 끝나는 순간은 두 사람 중 한 명이 먼저 25바퀴, 즉 10,000m를 다 달릴 때까지입니다. A의 속력이 더 빠르므로 A 먼저 25바퀴를 모두 다 돌 때까지 걸린 시간을 구하면

$$\frac{10{,}000}{5v} = \frac{2{,}000}{v}$$

두 사람이 마주치는 순간은 출발선에 동시에 출발한 후 A가 먼저 25바퀴를 모두 다 돌 때까지이므로

$$0 < \frac{200n}{v} \leq \frac{2{,}000}{v}$$

$v > 0$이므로 양변에 v를 곱하면

$0 < 200n \leq 2{,}000$, $0 < n \leq 10$

따라서 두 사람의 경기가 끝날 때까지 만난 횟수는 10회입니다.

상세풀이 2

두 선수의 속력의 비가 5:3으로 주어졌으므로 이를 이용해서 처음에 두 선수가 만나게 되는 경우를 다음과 같이 구할 수 있습니다.

① 선수 A가 처음으로 트랙을 한 바퀴 다 돌았을 때는 400m를 이동한 상황입니다. 이때, 선수 B가 이동한 거리를 x라 하면 이동시간이 같으므로 속력의 비는 이동거리의 비와 같습니다. 즉, $5:3 = 400:x$ 입니다.

$5x = 1{,}200$ ∴ $x = 240$

즉, 선수 A가 한 바퀴를 돌아 다시 출발점에 도착했을 때 선수 B는 240m만큼을 이동했습니다. 이때까지는 두 사람이 마주친 횟수는 0입니다.

② 선수A가 두 번째로 트랙을 돌기 시작한 상황을 생각해보면 A는 출발점에서 시작하고 B는 출발점에서 240m 앞에 있는 상황에서 A가 두 번째 트랙을 돌기 시작합니다. 이때, 이동거리의 비가 속력의 비와 같으므로 A의 이동거리를 $5k$, B의 이동거리를 $3k$라 두면 A는 출발점에서부터 시작하므로 A의 위치는 $5k$가 되고 B의 위치는 240m 앞에서 출발했으므로 $240+3k$가 됩니다. 두 선수가 만나는 위치는 이 거리가 같아지는 지점이므로

$5k = 3k + 240$

$2k = 240$ ∴ $k = 120$

따라서 두 선수가 만나는 지점은 한 바퀴를 돌고 난 후 $5 \times 120 = 3 \times 120 + 240 = 600$m를 더 돈 지점입니다. 즉, A는 두 바퀴를 다 돈 후에 200m 지점, B의 경우는 한 바퀴를 돈 후에 200m 지점이 됩니다. 이것을 선수 A 시점으로 생각해 보면 한 바퀴의 길이는 400m이므로 출발지점으로부터 $400 \times 2 + 200 = 1{,}000$m를 이동한 지점에서 처음 만나게 됩니다.

③ 두 선수가 처음 만난 지점을 출발점으로 생각하여 두 번째 만난 지점을 생각해보면 선수A가 다시 두 바퀴를 돌고 200m를 더 이동한 지점, 즉 1,000m를 이동한 지점이 됩니다.

따라서 선수 A가 1,000m를 이동할 때마다 두 선수는 만나게 됩니다.

④ 경기가 끝나는 순간은 속력이 더 빠른 선수 A가 먼저 10,000m를 이동할 때이므로 두 사람이 출발지점에서 동시에 출발하여 선수 A가 10,000m를 이동할 때까지 두 사람이 만나는 횟수는 A가 1,000m씩 움직일 때마다이므로

$$\frac{10{,}000}{1{,}000} = 10(\text{회})$$

015 정답 ②

간단풀이

철수가 자전거를 타고 도서관에 도착할 때까지 걸린 시간을 t라 하면 영미가 택시를 타고 도서관에 도착할 때까지 걸린 시간은 $(t-30)$분입니다.
자전거와 택시의 속력의 비가 2 : 5이므로
$$\frac{5}{t}:\frac{5}{t-30}=2:5 \quad \therefore t=50$$

(철수의 속력)$=\frac{5}{50}$(km/분)$=\frac{1}{10}$(km/분)

(영미의 속력)$=\frac{5}{50-30}$(km/분)$=\frac{1}{4}$(km/분)

철수가 출발한 후 영미가 철수를 추월한 데까지 걸린 시간을 x(분)이라 하면 두 사람의 이동거리가 같으므로
$$\frac{1}{10}x=\frac{1}{4}(x-20)$$
$$\frac{3}{20}x=5 \quad \therefore x=\frac{100}{3}$$

즉, 추월하는 데까지 걸린 시간은 $\frac{100}{3}$(분)이므로 영미가 철수를 추월한 지점은
$$\frac{100}{3}\times\frac{1}{10}=\frac{10}{3}(km)$$

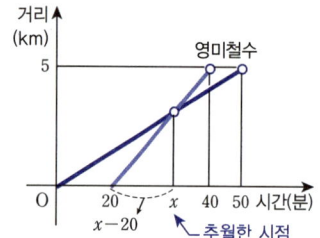

상세풀이

① 철수가 자전거를 타고 도서관에 도착할 때까지 걸린 시간을 t라 합시다.
영미는 철수보다 20분 나중에 출발하고, 10분 먼저 도착했으므로 철수가 걸린 시간보다 30분 덜 걸렸습니다. 따라서 영미가 택시를 타고 도서관에 도착할 때까지 걸린 시간은 $(t-30)$분입니다.

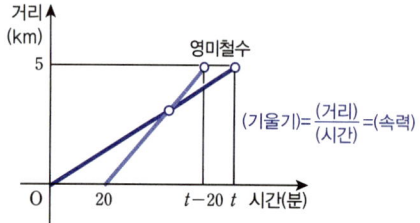

② (속력)$=\frac{(거리)}{(시간)}$이므로 철수가 탄 자전거의 속력은
$\frac{5}{t}$(km/분)이고, 영미가 탄 택시의 속력은
$\frac{5}{t-30}$ (km/분)입니다.
자전거와 택시의 속력의 비가 2 : 5이므로
$$\frac{5}{t}:\frac{5}{t-30}=2:5$$
(위의 그래프에서 기울기는 속력이므로 기울기의 비는 속력의 비입니다.)

③ 비례식에서 내항의 곱과 외항의 곱은 같으므로
$$2\times\frac{5}{t-30}=5\times\frac{5}{t}$$
$$\frac{10}{t-30}=\frac{25}{t}$$
$$25(t-30)=10t$$
$$25t-750=10t$$
$$15t=750 \quad \therefore t=50$$

④ 따라서 철수가 자전거를 타고 도서관에 도착한 시간은 50분이고, 영미가 택시를 타고 도서관에 도착한 시간은 50-30=20분입니다.

⑤ 두 사람의 속력을 구해봅시다.
(철수의 속력)$=\frac{t}{50}$(km/분)$=\frac{1}{10}$(km/분)

(영미의 속력)$=\frac{5}{20}$(km/분)$=\frac{1}{4}$(km/분)

⑥ 아래의 그림과 같이 영미가 철수를 추월한 지점은 두 그래프의 교점의 y좌표와 같습니다.

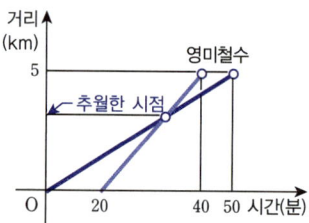

철수의 그래프를 구하면 $y=\frac{1}{10}x$

영미의 그래프를 구하면 $y=\frac{1}{4}x-5$

두 그래프를 연립하면
$$\frac{1}{10}x=\frac{1}{4}x-5$$
$$\frac{3}{20}x=5 \quad \therefore x=5\times\frac{20}{3}=\frac{100}{3}$$

$$\therefore y = \frac{1}{10} \times \frac{100}{3} = \frac{10}{3}$$

따라서 영미가 철수를 추월한 지점은 학교에서 $\frac{10}{3}$(km) 떨어진 지점입니다.

유형 ⑤ 농도

016 정답 ④

간단풀이

A컵의 설탕물에 B컵의 설탕물 xg을 넣었을 때,
(A컵 설탕물에 녹아 있는 설탕의 양)
$= \frac{12}{100} \times (300-x) + \frac{18}{100}x = 36 + \frac{6}{100}x(g)$
(A컵 설탕물의 농도)
$= \frac{36 + \frac{6}{100}x}{300} \times 100 = 12 + \frac{2}{100}x(\%)$

B컵의 설탕물에 A컵의 설탕물 xg을 넣었을 때,
(B컵 설탕물에 녹아 있는 설탕의 양)
$= \frac{18}{100} \times (300-x) + \frac{12}{100}x = 54 - \frac{6}{100}x(g)$
(B컵 설탕물의 농도)
$= \frac{54 - \frac{6}{100}x}{300} \times 100 = 18 - \frac{2}{100}x(\%)$

(A컵 설탕물의 농도) : (B컵 설탕물의 농도)
$= 12 + \frac{2}{100}x : 18 - \frac{2}{100}x = 4 : 3$

$3 \times \left(12 + \frac{2}{100}x\right) = 4 \times \left(18 - \frac{2}{100}x\right)$

$36 + \frac{6}{100}x = 72 - \frac{8}{100}x$

$\frac{14}{100}x = 36 \quad \therefore x = 36 \times \frac{100}{14} = \frac{1,800}{7}(g)$

상세풀이

(소금물에 녹아있는 소금의 양) = (소금의 양) × $\frac{(농도)}{100}$,

(소금물의 농도) = $\frac{(소금의 양)}{(소금물의 양)} \times 100$

① A컵 설탕물에서 xg을 덜어내고 B컵의 설탕물 xg을 넣었을 때 녹아 있는 설탕의 양을 구해봅시다.
A컵 12%의 설탕물 300g에서 xg을 덜어낸 설탕물에 녹아있는 설탕의 양은

(A컵 12%의 설탕물 $(300-x)$g에 녹아 있는 설탕의 양)
$= (300-x) \times \frac{12}{100}$

B컵 18% 설탕물 xg에 녹아 있는 설탕의 양은
$x \times \frac{18}{100}$ 이므로 A컵 설탕물에 녹아있는 설탕의 양은
$(300-x) \times \frac{12}{100} + \frac{18}{100}x = 36 + \frac{6}{100}x(g)$

② A컵 설탕물의 농도를 구해봅시다.
(A컵 설탕물의 양) = $(300-x) + x = 300$g이므로
(A컵 설탕물의 농도)
$= \frac{36 + \frac{6}{100}x}{300} \times 100 = 12 + \frac{2}{100}x(\%)$

③ B컵의 설탕물에서 xg을 덜어내고 B컵의 설탕물 xg을 넣었을 때 녹아있는 설탕의 양을 구해봅시다.
B컵 18%의 설탕물 300g에서 xg을 덜어낸 설탕물에 녹아있는 설탕의 양은
(B컵 18%의 설탕물 $(300-x)$g에 녹아 있는 설탕의 양)
$= (300-x) \times \frac{12}{100}$

A컵 12% 설탕물 xg에 녹아 있는 설탕의 양은
$x \times \frac{12}{100}$ 이므로 B컵 설탕물에 녹아있는 설탕의 양은
$(300-x) \times \frac{18}{100} + \frac{12}{100}x = 54 - \frac{6}{100}x(g)$

④ B컵 설탕물의 농도를 구해봅시다.
(B컵 설탕물의 양) = $(300-x) + x = 300$g이므로
(B컵 설탕물의 농도)
$= \frac{54 - \frac{6}{100}x}{300} \times 100 = 18 - \frac{2}{100}x(\%)$

⑤ 두 컵의 농도의 비가 4 : 3이므로 비례식을 세워보면
(A컵 설탕물의 농도) : B컵 설탕물의 농도)
$= 12 + \frac{2}{100}x : 18 - \frac{2}{100}x = 4 : 3$

비례식에서 내항과 외항의 곱은 같으므로
$3 \times \left(12 + \frac{2}{100}x\right) = 4 \times \left(18 - \frac{2}{100}x\right)$

$36 + \frac{6}{100}x = 72 - \frac{8}{100}x$

$\frac{14}{100}x = 36 \quad \therefore x = 36 \times \frac{100}{14} = \frac{1,800}{7}(g)$

따라서 두 컵이 교환한 설탕물의 양은 $\frac{1,800}{7}$g입니다.

017 정답 ②

간단풀이

$A + B + C = 2{,}000$ ······ ㉠

$A \times \dfrac{6}{100} + B \times \dfrac{8}{100} + C \times \dfrac{12}{100} = 2{,}000 \times \dfrac{7}{100}$

$6A + 8B + 12C = 14{,}000$

$\therefore 3A + 4B + 6C = 7{,}000$ ······ ㉡

$B \times \dfrac{6}{100} + C \times \dfrac{12}{100} = (B+C) \times \dfrac{9}{100}$

$6B + 12C = 9B + 9C$

$3B = 3C \quad \therefore B = C$ ······ ㉢

㉢을 ㉠, ㉡에 대입하면

$\begin{cases} A + 2C = 2{,}000 \\ 3A + 10C = 7{,}000 \end{cases}$

두 식을 연립하여 계산하면

$A = 1{,}500, \quad B = 250, \quad C = 250$

$A : B : C = 1{,}500 : 250 : 250 = 6 : 1 : 1$

상세풀이

(소금물에 녹아있는 소금의 양)=(소금의 양)$\times \dfrac{(농도)}{100}$,

(소금물의 농도)=$\dfrac{(소금의 양)}{(소금물의 양)} \times 100$

① 소금물 A, B, C를 모두 섞어 2,000g의 소금물을 만들었으므로

　$A + B + C = 2{,}000$ ······ ㉠

② 6%의 소금물 Ag, 8%의 소금물 Bg, 12%의 소금물 Cg에 녹아있는 소금의 양을 모두 합하면 7%의 소금물 2,000g에 녹아있는 소금의 양과 같으므로 이를 식을 세우면

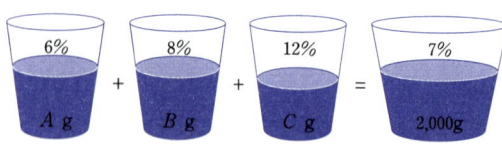

$A \times \dfrac{6}{100} + B \times \dfrac{8}{100} + C \times \dfrac{12}{100} = 2{,}000 \times \dfrac{7}{100}$

양변에 100을 곱하면

$6A + 8B + 12C = 14{,}000$

$\therefore 3A + 4B + 6C = 7{,}000$ ······ ㉡

③ 6%의 소금물 Bg에 녹아있는 소금의 양과 12%의 소금물 Cg에 녹아있는 소금의 양을 합하면 9%의 소금물에 녹아있는 소금의 양과 같으므로

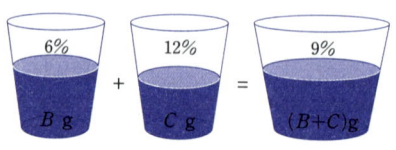

$B \times \dfrac{6}{100} + C \times \dfrac{12}{100} = (B+C) \times \dfrac{9}{100}$

$6B + 12C = 9B + 9C$

$3b = 3c \quad \therefore B = C$ ······ ㉢

④ ㉢을 ㉠, ㉡에 대입하면

$\begin{cases} A + 2C = 2{,}000 \\ 3A + 10C = 7{,}000 \end{cases}$

두 식을 연립하여 계산하면

$\begin{cases} 3A + 6C = 6{,}000 \\ 3A + 10C = 7{,}000 \end{cases}$

$4C = 1{,}000 \quad \therefore C = 250$

$\therefore A = 2{,}000 - 2 \times 250 = 1{,}500, \quad B = C = 250$

⑤ 따라서 구하는 A, B, C의 비는

　$A : B : C = 1{,}500 : 250 : 250 = 6 : 1 : 1$

018 정답 ③

간단풀이

(4%의 소금물 1,500g에 녹아있는 소금의 양)

$= 1{,}500 \times \dfrac{4}{100} = 60(g)$

매시간마다 20g씩 증발하므로 x시간 후의 소금물의 농도를 구하면

$\dfrac{60}{1{,}500 - 20x} \times 100 = \dfrac{300}{75 - x}$

이 농도가 5% 이상이 되어야 하므로

$\dfrac{300}{75 - x} \geq 5$

$300 \geq 5(75 - x)$

$5x \geq 75 \quad \therefore x \geq 15$

상세풀이

(소금물에 녹아있는 소금의 양)=(소금의 양)$\times \dfrac{(농도)}{100}$,

(소금물의 농도)=$\dfrac{(소금의 양)}{(소금물의 양)} \times 100$

① 수족관의 4% 소금물 1,500g에 녹아있는 소금의 양을 구해봅시다.

(4%의 소금물 1,500g에 녹아있는 소금의 양)

$= 1{,}500 \times \dfrac{4}{100} = 60(g)$

② 물이 증발하면 소금물의 소금의 양은 변하지 않고 소금물의 양만 줄어들게 됩니다.

이때, 1시간에 20g씩 물이 증발한다면 x시간 후에는 $20x(\text{g})$의 물이 증발하므로 x시간 후의 소금물의 양은 $1{,}500-20x(\text{g})$이 됩니다.

따라서 이때의 농도를 식으로 나타내면
$$\frac{60}{1{,}500-20x}\times 100 = \frac{300}{75-x}$$

이때, 농도는 0보다 크거나 같아야 하므로
$75-x \geq 0 \quad \therefore x \leq 75$

③ 위의 농도가 5% 이상이 될 때 알람이 울리므로 이를 부등식으로 나타내면
$$\frac{300}{75-x} \geq 5$$

이때, $75-x \geq 0$이므로 양변에 $75-x$를 곱하여도 부등식의 방향은 바뀌지 않습니다.

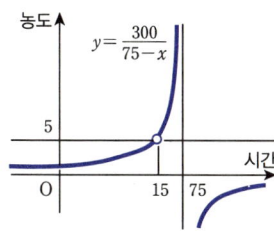

$300 \geq 5(75-x)$
$300 \geq 375 - 5x$
$5x \geq 75 \quad \therefore x \geq 15$

따라서 수족관의 알람은 15시간 후에 처음으로 울리게 됩니다.

유형 ❽ 일률

019 정답 ④

간단풀이 1

$\begin{cases} 4A+4B=1 & \cdots\cdots\ \text{㉠} \\ 3B+3C=1 & \cdots\cdots\ \text{㉡} \\ 5C+5A=1 & \cdots\cdots\ \text{㉢} \end{cases}$

$\begin{cases} A+B=\dfrac{1}{4} \\ B+C=\dfrac{1}{3} \\ C+A=\dfrac{1}{5} \end{cases}$

$A+B+C=\dfrac{47}{120}$

A, B, C관을 동시에 틀어 풀장을 가득 채우는 데 걸리는 시간을 x라 하면
$$\frac{47}{120}\times x = 1 \quad \therefore x = \frac{120}{47}(\text{시간})$$

단위를 환산하면
$\dfrac{120}{47}(\text{시간}) = 2\text{시간}\dfrac{26}{47} \approx 2.55(\text{시간})$
$= 2 + \dfrac{55}{100} = 2 + \dfrac{11}{20} = 2 + \dfrac{33}{60} = $약 2시간 33분

간단풀이 2

$$\dfrac{1}{\dfrac{\left(\dfrac{1}{4}+\dfrac{1}{3}+\dfrac{1}{5}\right)}{2}} = \dfrac{120}{47\text{시간}} \approx 2\text{시간 33분}$$

상세풀이 1

A관과 B관을 동시에 틀어 놓았을 때, B관과 C관을 동시에 틀어 놓았을 때, C관과 A관을 동시에 틀어 놓았을 때, 각각 풀장에 물을 채우는 데 시간당 걸린 양을 먼저 구합니다.

이때, 전체 풀장의 물의 양을 1로 두면 (시간당 물이 채워지는 양)×(가득 채우는 데 걸린 시간)=1 입니다.

① A관이 시간당 채운 물의 양을 A, B관이 시간당 채운 물의 양을 B, C관이 시간당 채운 물의 양을 C로 두면 A관과 B관을 동시에 틀어 놓았을 때, 풀장에 물을 가득 채우는 데 걸린 시간이 4시간이므로
$4A+4B=1 \quad \cdots\cdots\ \text{㉠}$

② B관과 C관을 동시에 틀어 놓았을 때, 풀장에 물을 가득 채우는 데 걸린 시간이 3시간이므로
$3B+3C=1 \quad \cdots\cdots\ \text{㉡}$

③ C관과 A관을 동시에 틀어 놓았을 때, 풀장에 물을 가득 채우는 데 걸린 시간이 5시간이므로
$5C+5A=1 \quad \cdots\cdots\ \text{㉢}$

④ ㉠, ㉡, ㉢을 연립하면 A, B, C를 구할 수 있습니다.
$\begin{cases} 4A+4B=1 & \cdots\cdots\ \text{㉠} \\ 3B+3C=1 & \cdots\cdots\ \text{㉡} \\ 5C+5A=1 & \cdots\cdots\ \text{㉢} \end{cases}$

$\begin{cases} A+B=\dfrac{1}{4} \\ B+C=\dfrac{1}{3} \\ C+A=\dfrac{1}{5} \end{cases}$

세 식을 모두 더하면
$2(A+B+C) = \dfrac{1}{4}+\dfrac{1}{3}+\dfrac{1}{5} = \dfrac{47}{60}$

$$A+B+C = \frac{47}{120}$$

따라서 A, B, C관을 동시에 틀어 놓았을 때, 1시간에 $\frac{47}{120}$만큼 채울 수 있습니다.

⑤ 풀장에 물을 가득 채운다는 것은 전체 풀장의 1만큼을 채운다는 말과 같으므로 A, B, C관을 동시에 틀어 풀장을 가득 채우는 데 걸리는 시간을 x라 하면

$$\frac{47}{120} \times x = 1 \quad \therefore x = \frac{120}{47} \text{(시간)}$$

단위를 환산하면

$$\frac{120}{47} = 2 + \frac{26}{47} \approx 2.55 = 2 + \frac{55}{100} = 2 + \frac{11}{20}$$
$$= 2 + \frac{33}{60} = \text{약 2시간 33분}$$

상세풀이 2

3, 4, 5의 최소공배수인 60을 기준으로 푸는 방법도 있습니다.
전체 풀장의 물의 양을 60으로 정하고 푼다면
(시간당 물이 채워지는 양)×(가득 채우는 데 걸린 시간)=60

$\therefore$ (시간당 물이 채워지는 양)$= \dfrac{60}{(\text{가득 채우는 데 걸린 시간})}$

① A관과 B관을 동시에 틀어 놓았을 때, 풀장에 물을 가득 채우는 데 걸린 시간이 4시간이므로 1시간 동안 전체 풀장의 $\frac{60}{4} = 15$만큼을 채울 수 있습니다.
$\therefore A+B = 15$ ……㉠

② B관과 C관을 동시에 틀어 놓았을 때, 풀장에 물을 가득 채우는 데 걸린 시간이 3시간이므로 1시간 동안 전체 풀장의 $\frac{60}{3} = 20$만큼을 채울 수 있습니다.
$\therefore B+C = 20$ ……㉡

③ C관과 A관을 동시에 틀어 놓았을 때, 풀장에 물을 가득 채우는 데 걸린 시간이 5시간이므로 1시간 동안 전체 풀장의 $\frac{60}{5} = 12$만큼을 채울 수 있습니다.
$\therefore C+A = 12$ ……㉢

④ ㉠, ㉡, ㉢을 다 더하면 $2(A+B+C) = 47$이므로
$$A+B+C = \frac{47}{2}$$

따라서 A, B, C관을 동시에 틀어 놓았을 때, 1시간에 $\frac{47}{2}$만큼 채울 수 있으므로 x시간 동안 채울 수 있는 양은 $\frac{47}{2} \times x$입니다.

⑤ 풀장에 물을 가득 채운다는 것은 전체 풀장의 60만큼을 채운다는 말과 같으므로

$$\frac{47}{2} \times x = 60 \quad \therefore x = \frac{120}{47} \text{(시간)}$$

단위를 환산하면 약 2시간 33분이 됩니다.

020 정답 ④

간단풀이

두 기계로 각각 100개의 제품을 생산할 때 불량률은 각각 20%, 10%이므로 1시간 동안 만들 수 있는 정상제품의 수는
(A기계로 정상제품을 만드는 일률)
$= \dfrac{100 \times 0.8}{4} = 20$
(B기계로 정상제품을 만드는 일률)
$= \dfrac{100 \times 0.9}{3} = 30$
두 기계를 동시에 가동하면 정상제품 생산량이 각각 16%씩 증가하므로
(두 기계로 정상제품을 만드는 일률)
$= (20+30) \times 1.16 = 58$
먼저 A기계로 36시간을 가동했을 때 만들 수 있는 제품의 수는 $20 \times 36 = 720$
동시에 두 기계를 가동하여 만들어야 하는 제품의 수는 $10,000 - 720 = 9,280$(개)이므로 걸리는 시간은
$\dfrac{9,280}{58} = 160 \text{(시간)}$
따라서 정상제품 10,000개를 만드는데 걸리는 총 시간은 $36 + 160 = 196$ (시간)

상세풀이

① A, B 기계로 각각 100개의 제품을 생산할 때 불량률은 각각 20%, 10%이므로 정상제품은 각각
(A기계로 100개를 생산할 때 정상제품의 수)
$= 100 \times \left(1 - \dfrac{20}{100}\right) = 80$
(B기계로 100개를 생산할 때 정상제품의 수)
$= 100 \times \left(1 - \dfrac{10}{100}\right) = 90$
따라서 1시간 동안 만들 수 있는 정상제품의 수는
(A기계로 정상제품을 만드는 일률)$= \dfrac{80}{4} = 20$

(B기계로 정상제품을 만드는 일률)$=\dfrac{90}{3}=30$

② 두 기계를 동시에 가동하면 정상제품 생산량이 각각 16%씩 증가하므로
(두 기계로 정상제품을 만드는 일률)
={(A기계로 정상제품을 만드는 일률)+(A기계로 정상제품을 만드는 일률)}$\times 1.16$
$=(20+30)\times 1.16=58$

③ 먼저 A기계로 36시간을 가동했을 때 만들 수 있는 제품의 수는
$20\times 36=720$
동시에 두 기계를 가동하여 만들어야 하는 제품의 수는 $10{,}000-720=9{,}280$(개)이므로 걸리는 시간은
$\dfrac{9{,}280}{58}=160$(시간)

④ 따라서 정상제품 10,000개를 만드는데 걸리는 총 시간은 $36+160=196$ (시간)

021 정답 ④

간단풀이

(아들이 1시간 동안 만드는 공예품의 개수)$=x$
(아버지가 1시간 동안 만드는 공예품의 개수)
$=x+4$
(아들과 아버지가 360개의 공예품을 만드는 데 걸리는 시간)$=t$
(아들이 t시간 동안 만드는 공예품의 개수)$=tx$
(아버지가 t시간 동안 만드는 공예품의 개수)
$=t(x+4)$
$tx+t(x+4)=360$
$2tx+4t=360$
$\therefore tx+2t=180$ ……㉠
(아들이 혼자 180개를 만드는 데 걸리는 시간)
$=t+3$
$(t+3)x=180$
$\therefore tx+3x=180$ ……㉡
㉠, ㉡에서 $tx+2t=tx+3x$이므로
$t=\dfrac{3}{2}x$
이것을 ㉡에 대입하면
$\dfrac{3}{2}x^2+3x=180$, $x^2+2x-120=0$
$(x-10)(x+12)=0$
$\therefore x=10\,(\because x>0)$, $t=\dfrac{3}{2}\times 10=15$

따라서 아버지가 1시간 동안 만들 수 있는 공예품의는 $10+4=14$개이고, 아들이 혼자 180개의 공예품을 만드는 데 걸리는 시간은 $\dfrac{180}{10}=18$시간이므로 아버지가 18시간 동안 만들 수 있는 공예품의 개수는
$18\times 14=252$(개)

상세풀이

① 아들이 1시간 동안 만들 수 있는 공예품의 수를 x라 두면, 아버지가 1시간 동안 만들 수 있는 공예품의 수는 $x+4$입니다. 이것은 시간당 일의 양이므로 일률과 같습니다.
(아들이 1시간 동안 만드는 공예품의 개수)$=x$
(아버지가 1시간 동안 만드는 공예품의 개수)
$=x+4$

② 아들과 아버지가 함께 360개의 공예품의 만드는 데 걸리는 시간을 t라 두면 아들이 t시간 동안 만들 수 있는 공예품의 수는 tx, 아버지는 $t(x+4)$가 됩니다.
∵ (일률)×(일한 시간)=(일의 양)
즉, 두 사람이 t시간 동안 360개의 공예품을 만들었으므로
$tx+t(x+4)=360$
$2tx+4t=360$
$\therefore tx+2t=180$ ……㉠

③ 아들이 혼자 180개를 만드는 데 걸리는 시간은 $t+3$이므로
$(t+3)x=180$
$\therefore tx+3x=180$ ……㉡

④ ㉠, ㉡에서 $tx+2t=tx+3x$이므로
$t=\dfrac{3}{2}x$
이것을 ㉡에 대입하면
$\dfrac{3}{2}x^2+3x=180$, $x^2+2x-120=0$
$(x-10)(x+12)=0$
$\therefore x=10\,(\because x>0)$
$\therefore t=\dfrac{3}{2}\times 10=15$

⑤ 아들이 1시간 동안 만들 수 있는 공예품의 수는 10개이므로 아버지가 1시간 동안 만들 수 있는 공예품의 수는 $10+4=14$개입니다.
따라서 아들이 혼자 180개의 공예품을 만드는 데 걸리는 시간은
$\dfrac{180}{(\text{아들의 일률})}=\dfrac{180}{10}=18$(시간)

이므로 아버지가 18시간 동안 만들 수 있는 공예품의 개수는 $18 \times 14 = 252$(개)

022 정답 ③

간단풀이 1

(이미 줄을 서 있던 사람들의 수)$=x$

(i) 창구가 1개일 경우

60분 동안 추가된 인원은 $20 \times 60 = 1,200$명이므로 1시간동안 티켓을 판매한 총 인원은 $(x+1,200)$명이다. 따라서 1분동안 판매한 티켓은

$$\frac{x+1,200}{60}$$

(ii) 창구가 5개일 경우

8분 동안 추가된 인원은 $20 \times 8 = 160$명이므로 8분동안 티켓을 판매한 총 인원은 $(x+160)$명이다. 이때, 창구는 5개이므로 1분동안 판매한 티켓은

$$\frac{x+160}{5 \times 8}$$

(i), (ii)에서 각 창구에서 1분간 판매한 티켓의 장수가 같다고 하였으므로

$$\frac{x+1,200}{60} = \frac{x+160}{40}$$

$40(x+1,200) = 60(x+160)$
$40x + 48,000 = 60x + 9,600$
$20x = 38,400$ ∴ $x = 1920$

간단풀이 2

(이미 줄을 서 있던 사람들의 수)$=x$
(한 창구당 1분당 판매할 수 있는 티켓의 수)$=y$

$$\begin{cases} x + 20 \times 60 = 60y \\ x + 20 \times 8 = 8y \times 5 \end{cases}$$

∴ $x = 1920$, $y = 52$

따라서 이미 줄을 서 있던 사람은 1,920명이다.

상세풀이 1

구해야 하는 매표소 앞에서 이미 줄을 서있는 사람들의 수를 미지수 x로 놓고 창구가 1개일 경우와 창구가 5개일 경우를 나누어 1분간 판매하는 티켓에 대한 식을 세우면 됩니다.

① (i) 창구가 1개일 경우

1분마다 20명씩 인원이 추가되므로 1시간, 즉 60분 동안 추가된 인원은 $20 \times 60 = 1,200$명입니다. 따라서 1시간 동안 티켓을 판매한 총 인원은 $(x+1,200)$명이므로 1분간 판매한 티켓의 장수는

$$\frac{x+1,200}{60} \quad \cdots\cdots \text{㉠}$$

② (ii) 창구가 5개일 경우

8분 동안 추가된 인원은 $20 \times 8 = 160$명이므로 8분 동안 티켓을 판매한 총 인원은 $(x+160)$입니다. 이때, 창구는 5개이므로 1개의 창구에서 1분간 판매한 티켓의 장수는

$$\frac{x+160}{5 \times 8} \quad \cdots\cdots \text{㉡}$$

③ 각 창구에서 1분간 판매한 티켓의 장수는 모두 같다고 하였으므로 ㉠=㉡에서

$$\frac{x+1,200}{60} = \frac{x+160}{40}$$

$40(x+1,200) = 60(x+160)$
$40x + 48,000 = 60x + 9,600$
$20x = 38,400$ ∴ $x = 1,920$

따라서 매표소에 이미 줄 서있던 사람들의 수는 1,920명입니다.

상세풀이 2

우선 구하고자 하는 이미 줄을 서 있던 사람들의 수를 x, 한 창구당 1분간 판매할 수 있는 티켓의 수를 y로 설정합니다.

① (i) 창구가 하나일 경우

1시간 동안 티켓을 구매한 총 인원수는 이미 줄을 서 있던 x명과 1분마다 20명씩 추가되어 60분 동안 추가된 인원 $20 \times 60 = 1,200$명을 더한 $(x+1,200)$명입니다.

또한, 창구는 1개이므로 1시간(60분) 동안 판매할 수 있는 티켓의 수는 $60 \times y$

60분 동안 티켓을 구매한 총 인원수는 같은 시간 동안 판매할 수 있는 티켓의 수와 같으므로

$x + 1,200 = 60y$ ……㉠

② (ii) 창구가 5개인 경우

8분 동안 티켓을 구매한 총 인원수는 이미 줄을 서 있던 x명과 1분마다 20명씩 추가되어 8분 동안 추가된 인원 $20 \times 8 = 160$명을 더한 $(x+160)$명입니다.

또한, 창구가 5개이므로 모든 창구에서 8분 동안 판매할 수 있는 총 티켓의 수는 $5 \times 8y$

8분 동안 티켓을 구매한 총 인원수는 같은 시간 동안 판매할 수 있는 티켓의 수와 같으므로

$x + 160 = 40y$ ……㉡

③ $\begin{cases} x + 1,200 = 60y \\ x + 160 = 40y \end{cases}$

위의 연립방정식을 풀면
$1,040 = 20y$
$\therefore y = 52$
이것을 ㉡에 대입하면
$x + 160 = 40 \times 52$ $\therefore x = 2,080 - 160 = 1,920$
따라서 구하는 이미 줄 서 있던 사람들의 수는 1,920명입니다.

유형 ❼ 원가, 정가, 할인가

023 정답 ③

간단풀이

$18 \times 18,000 + 12 \times 18,000\left(1 - \dfrac{x}{100}\right) - 120,000$
$\geq 350,000$
$12 \times 18,000\left(1 - \dfrac{x}{100}\right) \geq 146,000$
$1 - \dfrac{x}{100} \geq \dfrac{146,000}{12 \times 18,000} = \dfrac{73}{108}$
$\dfrac{x}{100} \leq \dfrac{35}{108}$
$\therefore x \leq 32.4074 \cdots$

상세풀이

(할인가) = (정가) $\times \left(1 - \dfrac{(할인율)}{100}\right)$
(이익) = (판매가) − (원가) = {(정가) + (할인가)} − (원가)
임을 이용하여 문제를 풀어봅시다.

① 2마의 원단으로 3벌의 옷을 만들 수 있으므로 30벌의 옷을 만들기 위해서는 20마의 원단이 필요합니다. 1마의 원단 가격이 6,000원이므로 20마의 원단의 가격은 $6,000 \times 20 = 120,000$원입니다.
(원가) = 120,000원

② 전체 30벌의 $\dfrac{3}{5}$이 정가 18,000원에 팔렸으므로 정가로 판매한 가격의 총합은
(정가 매출) $= 30 \times \dfrac{3}{5} \times 18,000$
$= 18 \times 18,000 = 324,000$

③ 정가로 팔지 못하고 남은 옷은 $30 - 18 = 12$장이고, 이 옷의 할인율을 $x\%$라고 하면, 할인가로 판매한 가격의 총합은
(할인가 매출) $= 12 \times 18,000 \times \left(1 - \dfrac{x}{100}\right)$
$= 216,000 \times \left(1 - \dfrac{x}{100}\right)$

④ ②, ③에서 옷 30벌을 판매하여 얻은 총판매금액은
(판매가 매출) $= 324,000 + 216,000 \times \left(1 - \dfrac{x}{100}\right)$
원가는 120,000원이고, 옷을 팔아 이익을 최소 350,000원 이상 가져가야 하므로
(판매가 매출) − (원가) $\geq 350,000$
$324,000 + 216,000\left(1 - \dfrac{x}{100}\right) - 120,000$
$\geq 350,000$
$216,000\left(1 - \dfrac{x}{100}\right) \geq 146,000$
$1 - \dfrac{x}{100} \geq \dfrac{73}{108}$
$\dfrac{x}{100} \leq \dfrac{35}{108}$
$\therefore x \leq 32.4074 \cdots$
따라서 할인율은 최대 32.4%입니다.

024 정답 ④

간단풀이

가격 인상 후의 관람객 수는 $\dfrac{x}{3}\%$ 감소하므로
(주중의 1일 평균 이용객 수)
$= 80 \times \left(1 - \dfrac{x}{300}\right) = \dfrac{4}{15}(300 - x)$
(주말의 1일 평균 이용객 수)
$= 120 \times \left(1 - \dfrac{x}{300}\right) = \dfrac{2}{5}(300 - x)$
한편, 인상된 이용금액은
(주중의 인당 이용금액)
$= 27,000 \times \left(1 + \dfrac{x}{100}\right) = 270(100 + x)$
(주말의 인당 이용금액)
$= 32,000 \times \left(1 + \dfrac{x}{100}\right) = 320(100 + x)$

유형별 고난도 70제

1주 평균 매출액을 462만 원 이상 올려야 하므로
$$\left[5\times270(100+x)\times\frac{4}{15}(300-x)\right]+$$
$$\left[2\times320(100+x)\times\frac{2}{5}(300-x)\right]\geq$$
$$[5\times80\times27{,}000]+[2\times120\times32{,}000]+$$
$$[4{,}620{,}000]$$
$$616\times(100+x)\times(300-x)\geq 23{,}100{,}000$$
$$(100+x)(300-x)\geq 37{,}500$$
$$x^2-200x+7{,}500\leq 0$$
$$(x-50)(x-150)\leq 0$$
$$\therefore 50\leq x\leq 150$$
따라서 인당 이용금액은 최소 50% 이상 인상하여야 합니다.

🔍 상세풀이

① 가격 인상 후의 관람객 수는 $\frac{x}{3}$% 감소하므로
(주중의 1일 평균 이용객 수)
$$=80\times\left(1-\frac{x}{300}\right)=\frac{4}{15}(300-x)\,(명)$$
(주말의 1일 평균 이용객 수)
$$=120\times\left(1-\frac{x}{300}\right)=\frac{2}{5}(300-x)\,(명)$$

② 한편, 인상된 이용금액은
(주중의 인당 이용금액)
$$=27{,}000\times\left(1+\frac{x}{100}\right)=270(100+x)\,(원)$$
(주말의 인당 이용금액)
$$=32{,}000\times\left(1+\frac{x}{100}\right)=320(100+x)\,(원)$$

③ 1주에서 주중은 5일, 주말은 2일이므로 가격 인상 전 1주 평균 매출액은
$5(일)\times80(명)\times27{,}000(원)+2(일)\times120(명)$
$\times32{,}000(원)=18{,}480{,}000(원)$
가격 인상 후 1주 평균 매출액은
$5\times\frac{4}{15}(300-x)\times270(100+x)+2$
$\times\frac{2}{5}(300-x)\times320(100+x)$
$360\times(300-x)(100+x)+256$
$\times(300-x)(100+x)$
$=616\times(300-x)(100+x)$

④ 1주 평균 매출액을 462만 원 이상 올려야 하므로
$616\times(100+x)\times(300-x)$
$\geq 18{,}480{,}000+4{,}620{,}000$
$=23{,}100{,}000$
$(100+x)(300-x)\geq 37{,}500$
$-x^2+200x+30{,}000\geq 37{,}500$
$x^2-200x+7{,}500\leq 0$
$(x-50)(x-150)\leq 0$
$\therefore 50\leq x\leq 150$
따라서 인당 이용금액은 최소 50% 이상 인상하여야 합니다.

025　정답 ③

🛰 간단풀이

어떤 상품의 가격을 내리기 전에 판매 가격을 p, 그때의 판매량을 q라 하면
(가격을 내리기 전의 총 판매액)$=pq$
(가격을 내린 후의 총 판매액)
$$=p\left(1-\frac{x}{100}\right)\times q\left(1+\frac{2x}{100}\right)$$
이때, 가격을 내린 후의 총 판매액이 가격을 내리기 전의 총 판매액의 $\frac{10}{9}$배 이상이어야 하므로
$$p\left(1-\frac{x}{100}\right)\times q\left(1+\frac{2x}{100}\right)\geq\frac{10}{9}pq$$
$$\left(1-\frac{x}{100}\right)\left(1+\frac{2x}{100}\right)\geq\frac{10}{9}\,(\because p>0,\ q>0)$$
$$9(100-x)(50+x)\geq 50{,}000$$
$$9x^2-450x+5{,}000\leq 0$$
$$(3x-50)(3x-100)\leq 0$$
$$\therefore \frac{50}{3}\leq x\leq\frac{100}{3}$$
따라서 $a=\frac{50}{3}$, $b=\frac{100}{3}$이므로
$$a+b=\frac{50}{3}+\frac{100}{3}=\frac{150}{3}=50$$

🔍 상세풀이

① 어떤 상품의 가격을 내리기 전의 판매 가격을 p, 그때의 판매량을 q라 하면
(총 판매액)$=$(판매 가격)$\times$(판매량)이므로
(가격을 내리기 전의 총 판매액)$=pq$
(가격을 내린 후의 총 판매액)
$$=p\left(1-\frac{x}{100}\right)\times q\left(1+\frac{2x}{100}\right)$$

② 이때, 가격을 내린 후의 총 판매액이 가격을 내리기 전의 총 판매액의 $\dfrac{10}{9}$ 배 이상이어야 하므로

$$p\left(1-\dfrac{x}{100}\right) \times q\left(1+\dfrac{2x}{100}\right) \geq \dfrac{10}{9}pq$$

$$\left(1-\dfrac{x}{100}\right)\left(1+\dfrac{2x}{100}\right) \geq \dfrac{10}{9} \quad (\because p>0,\ q>0)$$

양변에 90,000을 곱하면

$$9(100-x)(50+x) \geq 50,000$$

③ $9x^2 - 450 + 5,000 \leq 0$
$(3x-50)(3x-100) \leq 0$
$\therefore \dfrac{50}{3} \leq x \leq \dfrac{100}{3}$

④ 따라서 $a = \dfrac{50}{3}$, $b = \dfrac{100}{3}$ 이므로
$a+b = \dfrac{50}{3} + \dfrac{100}{3} = \dfrac{150}{3} = 50$

026 정답 ③

간단풀이

사과와 배 한 개의 원가를 각각 x원, y원이라 하면
$600x + 600y = 480,000 \quad \therefore x+y = 800 \quad \cdots\cdots \text{㉠}$
(사과의 정가) $= \left(1+\dfrac{20}{100}\right)x = \dfrac{6}{5}x$,
(사과의 할인가) $= \dfrac{6}{5}x \times \left(1-\dfrac{10}{100}\right) = \dfrac{54}{50}x$
(배의 정가) $= \left(1+\dfrac{40}{100}\right)y = \dfrac{7}{5}x$,
(배의 할인가) $= \dfrac{7}{5}x \times \left(1-\dfrac{20}{100}\right) = \dfrac{28}{25}$
(정가로 판매한 이익)
$= \dfrac{20}{100}x \times 400 + \dfrac{40}{100}y \times 300 = 80x + 120y$(원)
(할인가로 판매한 이익)
$= \dfrac{8}{100}x \times 200 + \dfrac{12}{100}y \times 300 = 16x + 36y$(원)
사과와 배를 팔아 106,800원의 이익을 얻었으므로
$(80x+120y) + (16x+36y) = 106,800$
$\therefore 8x + 13y = 8,900 \quad \cdots\cdots \text{㉡}$
식 ㉠, ㉡에 대한 연립방정식을 세우면
$\begin{cases} x+y=800 \\ 8x+13y=8,900 \end{cases}$
$\therefore x = 300,\ y = 500$

따라서 사과 한 개의 원가는 300원이므로 20%의 이익을 붙인 정가는
$300 \times \left(1+\dfrac{20}{100}\right) = 360$(원)

상세풀이

① 사과와 배 한 개의 원가를 각각 x원, y원이라 하면
$600x + 600y = 480,000 \quad \therefore x+y = 800 \quad \cdots\cdots \text{㉠}$
이때, 사과의 원가 x에 20%의 이익을 붙인 정가는
(사과의 정가) $= \left(1+\dfrac{20}{100}\right)x = \dfrac{6}{5}x$
이므로 이것을 10% 할인하여 판매한 가격은
(사과의 할인가) $= \dfrac{6}{5}x \times \left(1-\dfrac{10}{100}\right) = \dfrac{54}{50}x$
또한, 배의 원가 y에 30%의 이익을 붙인 정가는
(배의 정가) $= \left(1+\dfrac{40}{100}\right)y = \dfrac{7}{5}x$
이것을 20% 할인하여 판매한 가격은
(배의 할인가) $= \dfrac{7}{5}x \times \left(1-\dfrac{20}{100}\right) = \dfrac{28}{25}$

② 사과 전체의 $\dfrac{2}{3}$, 즉 $600 \times \dfrac{2}{3} = 400$(개), 배 전체의 $\dfrac{1}{2}$, 즉 $600 \times \dfrac{1}{2} = 3,000$(개)를 정가로 팔아 얻은 이익은
(정가로 판매한 이익)
$= \dfrac{20}{100}x \times 400 + \dfrac{40}{100}y \times 300 = 80x + 120y$(원)
사과 전체의 $\dfrac{1}{3}$, 즉 $600 \times \dfrac{1}{3} = 200$(개), 배 전체의 $\dfrac{1}{2}$, 즉 $600 \times \dfrac{1}{2} = 300$(개)를 할인가로 팔아 얻은 이익은
(할인가로 판매한 이익)
$= \dfrac{8}{100}x \times 200 + \dfrac{12}{100}y \times 300 = 16x + 36y$(원)
사과와 배를 모두 팔아 106,800원의 이익을 얻었으므로
$(80x+120y) + (16x+36y) = 106,800$
$96x + 156y = 106,800$
$\therefore 8x + 13y = 8,900 \quad \cdots\cdots \text{㉡}$

③ ㉠, ㉡을 연립방정식을 세워 풀면
$\begin{cases} x+y=800 \\ 8x+13y=8,900 \end{cases}$
$\begin{cases} 8x+8y=6,400 \\ 8x+13y=8,900 \end{cases}$
$5y = 2,500 \quad \therefore y = 500$

이것을 ㉠에 대입하여 풀면
$x+500=800$ ∴ $x=300$
따라서 사과 한 개의 원가는 300원이므로 20%의 이익을 붙인 정가는
$300 \times \left(1+\dfrac{20}{100}\right)=360$(원)

유형 ❹ 나이, 날짜, 요일

027 정답 ④

간단풀이

현재로부터 4년 전 팀원 3명의 연차를 큰 순서대로 각각 x, y, $z(x \geq y \geq z)$라 하면 처음 받은 보너스 4,000만 원에 비례하여 나누어 가장 연차가 오래 된 팀원이 1,800만 원을 받았으므로
$\dfrac{1,800}{4,000}=\dfrac{x}{x+y+z}$
$9(x+y+z)=20x$
$x+y+z=\dfrac{20}{9}x$ ……㉠
그로부터 4년 후인 현재, 받은 보너스 1억 2천만 원을 역시 연차에 비례하여 나누어 가장 낮은 연차의 팀원이 3,000만 원을 받았으므로
$\dfrac{3,000}{12,000}=\dfrac{z+4}{(x+4)+(y+4)+(z+4)}$
$\dfrac{1}{4}=\dfrac{z+4}{x+y+z+12}$
$x+y+z+12=4(z+4)$
여기에 ㉠을 대입하여 정리하면
$\dfrac{20}{9}x+12=4z+16$
$\dfrac{20}{9}x=4z+4$, $5x=9z+9$
이때, x, z는 10 이하의 자연수이고, x는 9의 배수여야 하므로 $x=9$
$5 \times 9=9z+9$
$9z=36$ ∴ $z=4$
이것을 ㉠에 대입하면
$9+y+4=\dfrac{20}{9}\times 9=20$ ∴ $y=20-13=7$
구하는 것은 현재 연차이므로
$y+4=7+4=11$

상세풀이

① 현재로부터 4년 전 팀원 3명의 연차를 큰 순서대로 각각 x, y, $z(x \geq y \geq z)$라 하면, 처음 받은 보너스 4,000만 원에 비례하여 나누어 가장 연차가 오래 된 팀원이 1,800만 원을 받았으므로
$\dfrac{1,800}{4,000}=\dfrac{x}{x+y+z}$
$\dfrac{9}{20}=\dfrac{x}{x+y+z}$
$9(x+y+z)=20x$
$x+y+z=\dfrac{20}{9}x$ ……㉠

② 그로부터 4년 후인 현재, 받은 보너스 1억2천만 원을 역시 연차에 비례하여 나누어 가장 낮은 연차의 팀원이 3,000만 원을 받았으므로
$\dfrac{3,000}{12,000}=\dfrac{z+4}{(x+4)+(y+4)+(z+4)}$
$\dfrac{1}{4}=\dfrac{z+4}{x+y+z+12}$
$x+y+z+12=4(z+4)$

③ 위의 식에 ㉠을 대입하여 정리하면
$\dfrac{20}{9}x+12=4z+16$
$\dfrac{20}{9}x=4z+4$
양변에 $\dfrac{9}{4}$를 곱하면
$5x=9z+9$
이때, x, z는 10 이하의 자연수이고, x는 9의 배수여야 하므로
$x=9$

④ 따라서 이것을 식에 대입하면
$5 \times 9=9z+9$
$9z=36$ ∴ $z=4$
이것을 ㉠에 대입하면
$9+y+4=\dfrac{20}{9}\times 9=20$ ∴ $y=20-13=7$
구하는 것은 현재 연차이므로
따라서 연차가 두 번째로 많은 팀원의 연차는 $7+4=11$년입니다.

028 정답 ②

간단풀이

현재 첫째의 나이를 x, 둘째의 나이를 y, 셋째의 나이를 z라 하면
$x=2z$ ······㉠
둘째가 20살이 되었을 때 셋째의 나이는 첫째의 나이의 $\frac{3}{4}$이므로
$\frac{3}{4}\{x+(20-y)\}=z+(20-y)$
$3x+y=4z+20$
㉠을 위의 식에 대입하여 정리하면
$3\times 2z+y=4z+20$
$y=-2z+20$ ······㉡
한편, 삼남매 중 어느 누구도 같은 나이는 없으므로 셋의 대소관계는 다음과 같습니다.
$z<y<x$
이 부등식의 x, y에 ㉠, ㉡을 대입하면
$z<-2z+20<2z$
$0<-3z+20<z$
(1) $0<-3z+20$에서
　　$3z<20$　∴ $z<\frac{20}{3}$
(2) $-3z+20<z$에서
　　$4z>20$　∴ $z>5$
(1), (2)에서
$5<z<\frac{20}{3}$
따라서 이를 만족시키는 자연수 z는
$z=6$
구하는 것은 현재 둘째의 나이이므로 이를 ㉡에 대입하면
$y=-2\times 6+20=8$

상세풀이 1

① 현재 첫째의 나이를 x, 둘째의 나이를 y, 셋째의 나이를 z라 합시다.
현재 첫째의 나이는 셋째의 나이의 2배이므로
$x=2z$ ······㉠

② 둘째가 y의 나이에서 20살이 되었을 때는 현재로부터 $(20-y)$년이 흐른 뒤입니다. 즉, 둘째가 20살이 되었을 때 첫째와 셋째의 나이는 현재의 나이에서 $(20-y)$를 더해준 것과 같습니다.
(첫째의 나이)$=x+(20-y)=x-y+20$
(둘째의 나이)$=y+(20-y)=20$
(셋째의 나이)$=z+(20-y)=z-y+20$

③ 둘째가 20살이 되었을 때 셋째의 나이는 첫째의 나이의 $\frac{3}{4}$이므로
$\frac{3}{4}(x-y+20)=z-y+20$
$\frac{3}{4}x-\frac{3}{4}y+15=z-y+20$
$\frac{3}{4}x+\frac{1}{4}y=z+5$
$3x+y=4z+20$
㉠을 위의 식에 대입하여 정리하면
$3\times 2z+y=4z+20$
$y=-2z+20$ ······㉡

④ 한편, 삼남매 중 어느 누구도 같은 나이는 없으므로 셋의 대소관계는 다음과 같음을 알 수 있습니다.
$z<y<x$
이 부등식의 x, y에 ㉠, ㉡을 대입하여 z에 관한 부등식으로 표현하면 다음과 같습니다.
$z<-2z+20<2z$,　$0<-3z+20<z$

⑤ (1) $0<-3z+20$에서
　　$3z<20$　∴ $z<\frac{20}{3}$
(2) $-3z+20<z$에서
　　$4z>20$　∴ $z>5$
(1), (2)에서 $5<z<\frac{20}{3}$
따라서 이를 만족시키는 자연수 z는 6입니다.

⑥ 구하는 것은 현재 둘째의 나이이므로 이를 ㉡에 대입하면 $y=-2\times 6+20=8$
따라서 구하는 현재 둘째의 나이는 8살입니다.

상세풀이 2

두 시점의 나이 차가 각자에게 일정하다는 것에 집중하여 문제를 해결해봅시다.

① (현재 첫째의 나이)$=a$(세), (둘째의 나이가 20살일 때 첫째의 나이)$=b$(세)라 하면
(현재부터 둘째가 20살인 때까지 걸린 기간)
$=b-a$
(1) 현재 첫째의 나이는 셋째의 나이의 2배이므로
　　(현재 셋째의 나이)$=\frac{1}{2}a$(세)
(2) 둘째가 20살일 때 셋째의 나이가 첫째의 나이의 $\frac{3}{4}$이므로
　　(둘째가 20살일 때 셋째의 나이)$=\frac{3}{4}b$(세)

② 현재와 둘째가 20살인 시점의 시차가 $(b-a)$이므로 다음과 같은 관계식이 성립합니다.
(현재 셋째의 나이)$+(b-a)=$(둘째가 20살일 때 셋째의 나이)
$\frac{1}{2}a+(b-a)=\frac{3}{4}b$, $\frac{1}{4}b=\frac{1}{2}a$, $b=2a$

③ 따라서 둘째가 20살일 때 첫째의 나이는 $2a$이고 셋째의 나이는 $\frac{3}{4}\times 2a=\frac{3}{2}a$이므로 셋의 대소관계는 다음과 같음을 알 수 있습니다.
$2a>20>\frac{3}{2}a$
(1) $2a>20$에서 $a>10$
(2) $\frac{3}{2}a<20$에서 $a>20\times\frac{2}{3}=\frac{40}{3}$
(1), (2)에서 $10<a<\frac{40}{3}$
따라서 가능한 자연수 a의 값은 11, 12, 13입니다.

④ 현재 셋째의 나이는 $\frac{1}{2}a$이므로 a는 짝수이고 즉, a의 값은 12입니다. 즉,
(현재부터 둘째가 20살인 때까지 걸린 기간)$=24-12=12$(년)
따라서 구하는 현재 둘째의 나이는
(현재 둘째의 나이)$=20-$(현재부터 둘째가 20살인 때까지 걸린 기간)$=20-12=8$ (세)

상세풀이 3

상세풀이 2의 방법에서 완벽히 다 풀지 않아도 정수의 성질을 이용하여 다음과 같이 답을 찾을 수 있습니다.

① (현재 첫째의 나이)$=a$(세), (둘째의 나이가 20살일 때 첫째의 나이)$=b$(세)라 하면
(현재 셋째의 나이)$=\frac{1}{2}a$(세),
(둘째가 20살일 때 셋째의 나이)$=\frac{3}{4}b$(세)
(현재 셋째의 나이)$+(b-a)=$(둘째가 20살일 때 셋째의 나이)
$\frac{1}{2}a+(b-a)=\frac{3}{4}b$, $\frac{1}{4}b=\frac{1}{2}a$, $b=2a$

② 둘째가 20살일 때 셋째의 나이는 $\frac{3}{4}b$이므로 20보다 작은 3의 배수입니다. 따라서 셋째의 나이로 가능한 값은 3, 6, 9, 12, 15, 18입니다.

$\frac{3}{4}b=$(3의배수)	3	6	9	12	15	18
b	4	8	12	16	20	24

③ 한편, 셋째의 나이에 $\frac{4}{3}$를 곱했을 때 첫째의 나이가 되므로 셋째의 나이에 $\frac{4}{3}$를 곱하여 20보다 커야 합니다. 즉,
(둘째의 나이가 20살일 때 첫째의 나이)$=b>20$
따라서 이를 모두 만족하는 b의 값은 24입니다.

④ 첫째와 둘째의 나이차는 $24-20=4$ 이고, 현재 첫째의 나이는 $a=\frac{1}{2}\times 24=12$(세)이므로 구하는 현재 둘째의 나이는 $12-4=8$(세)입니다.

029 정답 ①

간단풀이

상세풀이 확인

상세풀이 1

주어진 5월 1일이 토요일이라는 정보로 1월 1일의 요일을 구한 후, 매달 13일의 요일을 구하여 봅시다.

① 2021년은 윤년이 아니므로 1월은 31일, 2월은 28일, 3월은 31일, 4월은 30일이고 따라서 1월 1일부터 5월 1일까지는 $31+28+31+30=120$(일)입니다.
$120\div 7=17$ ⋯나머지 1 이므로 1월 1일은 금요일입니다.

② 요일은 7일 주기로 반복되고 1월 1일이 금요일이므로 매달 13일과의 날짜의 차가 7의 배수인 달이 몇 개인지 구하면 됩니다. 1월 1일을 기준으로 매달 13일과의 날짜의 차를 구하면 다음과 같다.

기준	1월	2월	3월	4월	5월	6월
1월 1일과의 날짜의 차	13−1 =12	12+31 =43	43+28 =71	71+31 =102	102+30 =132	132+31 =163
7로 나눈 나머지	12 =7×1+ 5	43 =7×6 +1	71 =7×10 +1	102 =7×14 +4	132 =7×18 +6	163 =7×23 +2
	5	1	1	4	6	2
요일	수	토	토	화	목	일

282 독끝 응용수리 500제

기준	7월	8월	9월	10월	11월	12월
1월 1일과의 날짜의 차	163+30 =193	193+31 =224	224+31 =255	255+30 =285	285+31 =316	316+30 =346
7로 나눈 나머지	193 =7×27 +4	224 =7×32	255 =7×36 +3	285 =7×40 +5	316 =7×45 +1	346 =7×49 +3
	4	0	3	5	1	3
요일	화	금	월	수	토	월

따라서 구하는 13일의 금요일은 8월 13일의 1번이다.

상세풀이 2

① 1월 1일의 요일인 금요일을 1로 놓고 각 요일을 1~7까지 번호로 생각해보자.

요일	금요일	토요일	일요일	월요일	화요일	수요일	목요일
번호	0	1	2	3	4	5	6

이때, 특정 날짜가 금요일이려면 1월 1일부터 센 날짜 수를 7로 나눈 나머지가 0이어야 합니다. 예를 들어, 1월 13일은 12를 7로 나눈 나머지가 5이므로 수요일이라는 것을 알 수 있습니다.

② 다른 달의 13일까지의 일수를 7로 나눈 나머지를 구하면 다음과 같이 표로 나타낼 수 있습니다.

월	1	2	3	4	5	6
일수	31	28	31	30	31	30
각 달의 일수를 7로 나눈 나머지	3	0	3	2	3	2
13일의 번호	5	5+3 =8 (=1)	1+0 =1	1+3 =4	4+2 =6	6+3 =9 (=2)
요일	수	토	토	화	목	일

월	7	8	9	10	11	12
일수	31	31	30	31	30	31
각 달의 일수를 7로 나눈 나머지	3	3	2	3	2	3
13일의 번호	2+2 =4	4+3 =7 (=0)	7+3 =10 (=3)	3+2 =5	5+3 =8 (=1)	1+2 =3
요일	화	금	월	수	토	월

예를 들어, 2월 13일은 1월 13일에서 31일을 더한 날이므로 1월 13일에 5번 화요일에서 31을 7로 나눈 나머지인 3만큼 요일을 미루면 1번 토요일이 됩니다. 5+3=8(=1)

따라서 구하는 13일의 금요일은 8월에 1번 있습니다.

③ 요일은 7일마다 돌아오므로 7일이 지날 때마다 같은 요일이 됩니다. 즉, 한 달이 31일이면 31=7×4+3이므로 월과 일은 동일하되 3번 밀린 요일이 됩니다. 예를 들어 5월은 31일까지 있고, 5월 1일이 토요일이면 31일이 지난 6월 1일은 토요일에서 3일 지난 화요일입니다.

한 달이 31일이면 31=7×4+3이므로 다음 달은 같은 날짜에 3번 밀린 요일, 30일이면 30=7×4+2이므로 다음 달은 2번 밀린 요일, 28일이면 28=7×4이므로 다음 달은 같은 요일입니다.

그러면 월별로 한 달이 지날 경우 몇 번의 요일이 밀리게 되는지 표로 나타내어 봅시다.

월	1월	2월	3월	4월	5월	6월
일 수	31일	28일	31일	30일	31일	30일
밀리는 요일	3번	0번	3번	2번	3번	2번

월	7월	8월	9월	10월	11월	12월
일 수	31일	31일	30일	31일	30일	31일
밀리는 요일	3번	3번	2번	3번	2번	3번

④ 2021년 5월 1일이 토요일이므로 5월 13일은 12일이 지났고, 12=7×1+5이므로 5월 13일은 5번 지난 목요일입니다. 월별 13일은 어떤 요일인지 위의 표에서 밀리는 요일 수를 참고하여 표로 나타내어 봅시다.

날짜	1월	→	2월	→	3월	→	4월
요일	수요일	3번	토요일	0번	토요일	3번	화요일
날짜	→	5월	→	6월	→	7월	→
요일	2번	목요일	3번	일요일	2번	화요일	3번
날짜	8월	→	9월	→	10월	→	11월
요일	금요일	3번	월요일	2번	수요일	3번	토요일
날짜	→	12월					
요일	2번	월요일					

따라서 문제에서 구하는 13일의 금요일은 8월 1번입니다.

유형 ❷ 시계

030 정답 ③

Tip 시침과 분침이 직각이 되는 조건
시침과 분침이 이루는 각도가 90°여야 하므로
$|30°A - 5.5°B| = 90°$

간단풀이

정오 12시에 분침이 먼저 출발하여 1시가 될 때까지는 시침과 분침이 만나지 않습니다.
시침과 분침이 만나려면 시침과 분침이 이루는 각도가 $0°$여야 하므로
$30°A - 5.5°B = 0$, 즉 $30°A = 5.5°B$
11시 이후 시침과 분침이 만나는 시각은 자정이므로 분침이 시침을 지나치는 경우에 해당하지 않습니다.
따라서 1시 이후부터 11시까지는 매시간마다 분침이 시침을 지나치는 순간이 한 번씩 있으므로 총 10번입니다.

상세풀이

시침과 분침은 동시에 움직이므로 12시 정각을 기준으로 각각 몇도 움직였는지를 파악하여 그 각도의 차를 구하면 됩니다.

① 시계의 시침은 12시간마다 한바퀴($=360°$)를 돌기 때문에 1시간마다 움직이는 각도는 $360 \div 12 = 30°$입니다. 또, 1분씩 지나갈 때마다 시침도 움직이기 때문에 이 각도 또한 더해줘야 합니다. 시계의 1칸은 $30°$이고, 1시간$=60$분마다 1칸을 움직이므로 1분마다 움직이는 각도는 $30 \div 60 = 0.5°$입니다. 따라서 A시 B분일 때 시침의 각도는 12시 정각을 기준으로 $30°A + 0.5°B$입니다.

② 시계의 분침은 60분마다 한바퀴를 돌기 때문에 1분마다 움직이는 각도는 $360 \div 60 = 6°$입니다.
따라서 A시 B분일 때 분침의 각도는 12시 정각을 기준으로 $6°B$입니다.
그러므로 시침의 각도와 분침의 각도의 차는
$|(30°A + 0.5°B) - 6°B| = |30°A - 5.5°B|$
입니다.

③ 시침과 분침이 만나려면 시침과 분침이 이루는 각도가 $0°$여야 하므로
$30°A - 5.5°B = 0$, 즉 $30°A = 5.5B$
$\therefore B = \dfrac{30}{5.5}A = \dfrac{60}{11}A$

④ 정오 12시부터 자정까지 분침이 시침을 지나치는 경우가 있는지 확인하려면 $B = \dfrac{60}{11}A$를 만족시키는 A와 B가 적절히 있는지 확인하면 됩니다.

$A = 1$일 때, $B = \dfrac{60}{11}$ 즉, 1시 $\dfrac{60}{11}$분

$A = 2$일 때, $B = \dfrac{120}{11}$ 즉, 2시 $\dfrac{120}{11}$분

$A = 3$일 때, $B = \dfrac{180}{11}$ 즉, 3시 $\dfrac{180}{11}$분

$A = 4$일 때, $B = \dfrac{240}{11}$ 즉, 4시 $\dfrac{240}{11}$분

$A = 5$일 때, $B = \dfrac{300}{11}$ 즉, 5시 $\dfrac{300}{11}$분

$A = 6$일 때, $B = \dfrac{360}{11}$ 즉, 6시 $\dfrac{360}{11}$분

$A = 7$일 때, $B = \dfrac{420}{11}$ 즉, 7시 $\dfrac{420}{11}$분

$A = 8$일 때, $B = \dfrac{480}{11}$ 즉, 8시 $\dfrac{480}{11}$분

$A = 9$일 때, $B = \dfrac{540}{11}$ 즉, 9시 $\dfrac{540}{11}$분

$A = 10$일 때, $B = \dfrac{600}{11}$ 즉, 10시 $\dfrac{600}{11}$분

$A = 11$일 때, $B = 60$ 즉, 11시 60분 $=$ 12시

⑤ $A = 11$일 경우에는 자정에 시침과 분침이 만나므로 이를 제외한 $A = 1$일 때부터 $A = 10$일 때 분침이 시침을 지나치는 경우에 해당합니다. 따라서 구하는 답은 10입니다.

031 정답 ④

간단풀이

시침과 분침이 이루는 각도가 $90°$여야 하므로
$|30°A - 5.5°B| = 90°$

(i) $A = 1$에서 $|30° - 5.5°B| = 90°$
  $30° - 5.5°B = -90°$에서 $5.5°B = 120°$
  $\therefore B = \dfrac{240}{11}$

(ii) $A = 2$에서
  $|30° \times 2 - 5.5°B| = |60° - 5.5°B| = 90°$
  $60° - 5.5°B = 90°$에서 $5.5°B = -30°$
  $\therefore B = -\dfrac{60}{11}$
  $60 - \dfrac{60}{11} = \dfrac{600}{11}$

따라서 1시에서 2시 사이에 시침과 분침이 이루는 각도가 $90°$인 시각은 1시 $\dfrac{240}{11}$분과 1시 $\dfrac{600}{11}$분입니다.
따라서 구하는 값은
$\dfrac{600}{11} - \dfrac{240}{11} = \dfrac{360}{11}$(분)

 **상세풀이 1**

시침과 분침이 이루는 각도

시침과 분침은 동시에 움직이므로 12시 정각을 기준으로 각각 몇도 움직였는지를 파악하여 그 각도의 차를 구하면 됩니다.
예를 들어, A시 B분일 때 시침의 각도는 12시 정각을 기준으로 $30°A + 0.5°B$이고, 분침의 각도는 12시 정각을 기준으로 $6°B$이므로 시침의 각도와 분침의 각도의 차는 $|(30°A+0.5°B)-6°B| = |30°A - 5.5°B|$ 입니다.

① A시 B분에 시침과 분침이 이루는 각도는 $|30°A - 5.5°B|$이므로 1시 이후 시침과 분침이 이루는 각도가 $90°$가 되는 시각을 구하기 위해서는 $|30°A - 5.5°B| = 90$를 만족시키는 A와 B의 값을 구해야 합니다.
$|30°A - 5.5°B| = 90$에서 A = 1이면
$|30° - 5.5°B| = 90$

② (1) $30 - 5.5B = 90$인 경우

$5.5B = -60$ $\therefore B = -\dfrac{60}{5.5} = -\dfrac{120}{11}$

B < 0이므로 1시 이전입니다.

$\left(1시 - \dfrac{120}{11}분은\ 12시\ 60분 - \dfrac{120}{11} = \dfrac{540}{11}\right.$
분과 같으므로 이 때의 시각은
$\left.12시\ \dfrac{540}{11}분입니다.\right)$

(2) $30 - 5.5B = -90$인 경우

$5.5B = 120$ $\therefore B = \dfrac{120}{5.5} = \dfrac{240}{11}$

따라서 1시 이후에 처음 직각이 되는 시각은
1시 $\dfrac{240}{11}$분 입니다.

③ $|30°A - 5.5°B| = 90$에서 A = 2이면
$|60° - 5.5°B| = 90$
$60 - 5.5B = 90$인 경우

$-5.5B = 30$ $\therefore B = -\dfrac{30}{5.5} = -\dfrac{60}{11}$

2시 $-\dfrac{60}{11}$분은 1시 60분 $-\dfrac{60}{11} = \dfrac{600}{11}$분과 같으므로 이 때의 시각은 1시 $\dfrac{600}{11}$분입니다.

따라서 1시 이후에 두 번째로 직각이 되는 시각은
1시 $\dfrac{600}{11}$분 입니다.

④ 1시 이후 시침과 분침이 처음 직각이 되는 시각은 1시 $\dfrac{240}{11}$분이고, 두번째 시각은 1시 $\dfrac{600}{11}$분이므로 구하는 값은

$\dfrac{600}{11} - \dfrac{240}{11} = \dfrac{360}{11}$ (분)

상세풀이 2

① 1시 이후 시침과 분침이 이동한 각도는 각각 $0.5t$, $6t$이므로 12를 기준으로 시침과 분침의 위치를 구하면 각각 $30° + 0.5t$, $6t$가 됩니다.

② 1시 이후에 처음 직각이 되는 시각은 오른쪽 그림의 상황과 같습니다.

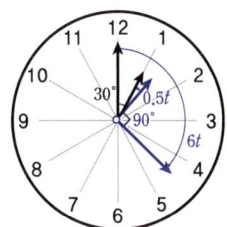

$6t - (30° + 0.5t) = 90°$

시침과 분침이 이루는 각도가 $90°$이므로
$6t - (30 + 0.5t) = 90$

$5.5t = 120$ $\therefore t = \dfrac{120}{5.5} = \dfrac{240}{11}$

따라서 1시 이후에 처음 직각이 되는 시각은
1시 $\dfrac{240}{11}$분입니다.

③ 1시 이후에 두 번째로 직각이 되는 시각은 오른쪽 그림의 상황과 같습니다.

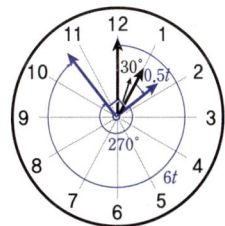

$6t - (30° + 0.5t) = 270°$

시침과 분침이 이루는 각도가 $270°$이므로 ($90°$의 반대쪽)
$6t - (30 + 0.5t) = 270$

$5.5t = 300$ $\therefore t = \dfrac{300}{5.5} = \dfrac{600}{11}$

따라서 1시 이후에 처음 직각이 되는 시각은
1시 $\dfrac{600}{11}$분입니다.

④ 1시 이후 시침과 분침이 처음 직각이 되는 시각은 1시 $\dfrac{240}{11}$ 분이고, 두번째 시각은 1시 $\dfrac{600}{11}$ 분이므로 구하는 값은

$$\dfrac{600}{11} - \dfrac{240}{11} = \dfrac{360}{11} \text{(분)}$$

032 정답 ②

간단풀이

(ⅰ) $|30A - 5.5B| = 90$에 $A = 0$을 대입하면
$|-5.5°B| = 90$, $5.5B = \pm 90$
이때, $B > 0$여야 하므로
$5.5B = 90$ ∴ $B = \dfrac{90}{5.5} = \dfrac{180}{11}$

따라서 한국시간으로 정오 12시 이후 서울 시계가 처음으로 시침과 분침이 직각을 이룬 시각은 12시 $\dfrac{180}{11}$ 분입니다.

(ⅱ) $|30A - 5.5B| = 90$에 $A = 4$를 대입하면
$|120 - 5.5B| = 90$
(ⅰ) $120 - 5.5B = 90$일 때
$5.5B = 30$ ∴ $B = \dfrac{60}{11}$
(ⅱ) $120 - 5.5B = -90$일 때
$5.5B = 210$ ∴ $B = \dfrac{210}{5.5} = \dfrac{420}{11}$

따라서 런던 시간으로 오전 4시 이후(한국 시간으로 정오 12시 이후) 처음으로 시침과 분침이 직각을 이루는 시각은 오전 4시 $\dfrac{60}{11}$ 분이고, 이때의 한국 시간은 8시간 후인 오후 12시 $\dfrac{60}{11}$ 분입니다.

구하는 것은 정오 12시 이후 런던 시계가 처음으로 시침과 분침이 직각을 이룬 시각인 오후 12시 $\dfrac{60}{11}$ 분에서 서울 시계가 처음으로 시침과 분침이 직각을 이룬 시각인 오후 12시 $\dfrac{180}{11}$ 분까지 걸린 시간이므로

$$\dfrac{180}{11} - \dfrac{60}{11} = \dfrac{120}{11} \text{(분)}$$

상세풀이

① 먼저 한국시간으로 정오 12시 이후 서울 시계가 처음으로 시침과 분침이 직각을 이룬 시각을 구해봅시다.
A시 B분에 시침과 분침이 이루는 각도는 $|30A - 5.5B|$이므로 정오 이후 시침과 분침이 이루는 각도가 $90°$가 되는 시각을 구하기 위해서는

$A = 0$일 때, $|30A - 5.5B| = 90$을 만족시키는 B의 값을 구하면 됩니다.

② $|30A - 5.5B| = 90$에 $A = 0$을 대입하면
$|-5.5°B| = 90$, $5.5B = \pm 90$
이때, $B > 0$여야 하므로
$5.5B = 90$ ∴ $B = \dfrac{90}{5.5} = \dfrac{180}{11}$

따라서 12시 $\dfrac{180}{11}$ 분에 처음으로 시침과 분침이 직각을 이룹니다.

③ 다음으로 런던 시계가 처음으로 시침과 분침이 직각을 이룬 시각을 한국시간으로 구해봅시다.
런던시간은 서울보다 8시간 느리므로 한국시간으로 정오 12시일 때 오전 4시입니다. 따라서 4시 이후 시침과 분침이 이루는 각도가 $90°$가 되는 시각을 구하기 위해서는 $A = 4$일 때, $|30A - 5.5B| = 90$을 만족시키는 B의 값을 구하면 됩니다.

④ $|30A - 5.5B| = 90$에 $A = 4$를 대입하면
$|120 - 5.5B| = 90$
(ⅰ) $120 - 5.5B = 90$일 때
$5.5B = 30$ ∴ $B = \dfrac{60}{11}$
(ⅱ) $120 - 5.5B = -90$일 때
$5.5B = 210$ ∴ $B = \dfrac{210}{5.5} = \dfrac{420}{11}$

따라서 런던 시간으로 오전 4시 이후(한국 시간으로 정오 12시 이후) 처음으로 시침과 분침이 직각을 이루는 시각은 오전 4시 $\dfrac{60}{11}$ 분입니다.

그리고 이때의 한국 시간은 8시간 후인 오후 12시 $\dfrac{60}{11}$ 분입니다.

⑤ 구해야 하는 것은 정오 12시 이후 런던 시계가 처음으로 시침과 분침이 직각을 이룬 시각인 오후 12시 $\dfrac{60}{11}$ 분에서 서울 시계가 처음으로 시침과 분침이 직각을 이룬 시각인 오후 12시 $\dfrac{180}{11}$ 분까지 걸린 시간이므로

$$\dfrac{180}{11} - \dfrac{60}{11} = \dfrac{120}{11} \text{(분)}$$

유형 ⑩ 약수와 배수, 톱니바퀴, 간격

033 정답 ②

간단풀이

588, 420, 336 세 수의 최대공약수는 84이므로 정육면체 모양의 박스의 한 변의 길이는 84cm입니다. 이때, 가로에는 7개, 세로에는 5개, 높이에는 3개의 박스를 쌓을 수 있으므로 총 $7 \times 5 \times 4 = 140$개의 박스가 필요합니다.

상세풀이

정육면체 박스를 빈틈없이 채운다고 하였으므로 정육면체의 한 변의 길이는 가로, 세로, 높이의 길이의 공약수여야 합니다. 이때, 이 박스는 부피가 가장 크다고 하였으므로 한 변의 길이가 가장 커야 한다. 즉, 정육면체의 한 변의 길이는 최대공약수여야 합니다.

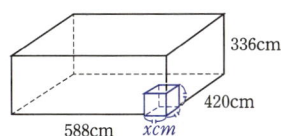

컨테이너 박스의 세 모서리의 길이를 모두 cm단위로 변환하면 588cm, 420cm, 336cm이므로 이것의 최대공약수를 나눗셈을 이용하여 다음과 같이 구할 수 있습니다.

```
2 ) 588  420  336
2 ) 294  210  168
7 ) 147  105   84
3 )  21   15   12
      7    5    4
```

(최대공약수) $= 2^2 \times 3 \times 7 = 84$

따라서 한 변의 길이가 84cm인 정육면체 박스로 컨테이너 박스를 가득 채울 수 있습니다.

컨테이너를 가득 채우려면 가로에는 $\frac{588}{84} = 7$개, 세로에는 $\frac{420}{84} = 5$개, 높이에는 $\frac{336}{84} = 4$개의 박스를 쌓을 수 있으므로 구하는 총 박스의 개수는
$7 \times 5 \times 4 = 140$(개)

034 정답 ②

간단풀이

조건을 정리하면 다음과 같습니다.

ㄱ. $A = \frac{1}{5}E = \frac{7}{35}E$

ㄴ. $B = \frac{1}{7}E = \frac{5}{35}E$

ㄷ. $C = \frac{1}{3}(A+B) = \frac{4}{35}E$

ㄹ. $D = \frac{1}{2}(A+B) = \frac{6}{35}E$

E는 35의 배수가 되어야 하므로 $E = 35k$(k는 자연수)라 하면 $A = 7k$, $B = 5k$, $C = 4k$, $D = 6k$가 됩니다. 여기서 최소금액 C가 1,000만 원 이상이고 최대인 E가 1억 원 미만이므로
$4k \geq 1,000$ ∴ $k \geq 250$
$35k \leq 10,000$ ∴ $k \leq \frac{10,000}{35} ≒ 285.7 \cdots$
∴ $250 \leq k \leq 285$ ……㉠

A~E의 월매출액은 모두 10만 원 단위이지만 100만 원 단위는 없다고 하였으므로 k는 10의 배수이지만, 20과 25의 배수는 아니다. 따라서 ㉠을 만족하는 10의 배수 k는 270뿐입니다.
∴ $D = 6 \times 270 = 1,620$(만 원)

상세풀이

① 각 가맹점의 월매출액을 각각 A, B, C, D, E라 두고 주어진 조건을 정리하면 다음과 같습니다.

ㄱ. $A = \frac{1}{5}E = \frac{7}{35}E$

ㄴ. $B = \frac{1}{7}E = \frac{5}{35}E$

ㄷ. $C = \frac{1}{3}(A+B) = \frac{1}{3}\left(\frac{7}{35}E + \frac{5}{35}E\right)$
$= \frac{1}{3} \times \frac{12}{35}E$
$= \frac{4}{35}E$

ㄹ. $D = \frac{1}{2}(A+B) = \frac{1}{2}\left(\frac{7}{35}E + \frac{5}{35}E\right)$
$= \frac{1}{2} \times \frac{12}{35}E$
$= \frac{6}{35}E$

② A, B, C, D는 자연수이므로 E는 35의 배수가 되어야 하므로 E = 35k (k는 자연수)라 둘 수 있습니다.
∴ A = 7k, B = 5k, C = 4k, D = 6k, E = 35k

③ 최소금액인 C가 1,000만 원 이상이고 최대금액인 E가 1억 원 미만이므로
$4k \geq 1,000$ ∴ $k \geq 250$
$35k \leq 10,000$ ∴ $k \leq \dfrac{10,000}{35} ≒ 285.7 \cdots$
∴ $250 \leq k \leq 285$ ……㉠

④ A~E의 월매출액은 모두 10만 원 단위라 하였으므로
$k = 250, 260, 270, 280, \cdots$㉡
하지만 100만 원 단위는 없다고 하였으므로 k는 20과 25의 배수는 아닙니다.
따라서 ㉠, ㉡을 만족하는 k는 270뿐이다.
D = 6 × 270 = 1,620(만 원)

035 정답 ①

간단풀이

252과 216의 공약수는 1, 2, 3, 4, 6, 9, 12, 18, 36인데, 간격이 10m를 넘으면 안되므로 공약수 중 10 이하의 가장 큰 간격인 9m 간격으로 배치되어야 합니다.
∴ $\dfrac{\{(가로\ 길이)+(세로\ 길이)\} \times 2}{9}$
$= \dfrac{(252+216) \times 2}{9} = \dfrac{936}{9} = 104$
따라서 최소 104명을 배치할 수 있습니다.

상세풀이

① 252과 216의 최대공약수를 구하면 아래 그림과 같습니다.

```
3 ) 252   216
3 )  84    72
2 )  28    24
2 )  14    12
      7     6
```
(최소공약수) = $2^2 \times 3^2 = 36$
(252과 216의 최대공약수) = $2^2 \times 3^2 = 36$
따라서 두 수의 공약수는 36의 약수인 1, 2, 3, 4, 6, 9, 12, 18, 36입니다.
간격이 10m를 넘으면 안되므로 공약수 중 10 이하의 가장 큰 간격인 9m 간격으로 배치되어야 합니다.

② 가로의 길이 252m에 9m의 간격으로 경찰을 세워야 하고, 양쪽 끝에도 세워야 하므로

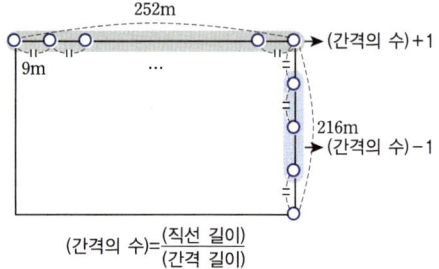

(간격의 수) = $\dfrac{(직선\ 길이)}{(간격\ 길이)}$

(가로에 필요한 경찰의 수)
$= \dfrac{(직선\ 거리)}{(간격\ 길이)} + 1 = \dfrac{252}{9} + 1 = 29$

세로의 길이 216m에 9m의 간격으로 사람을 세워야 하지만, 양쪽 끝에는 세우면 안되므로
(세로에 필요한 경찰의 수)
$= \dfrac{(직선\ 거리)}{(간격\ 길이)} - 1 = \dfrac{216}{9} - 1 = 23$

③ 직사각형 모양의 둘레에 배치할 수 있는 경찰의 수는
{(가로에 필요한 경찰의 수)+(세로에 필요한 경찰의 수)} × 2 = (29+23) × 2 = 104
따라서 최소 104명을 배치할 수 있습니다.

> **Tip** 직사각형 모양의 둘레에 네 모퉁이에도 경찰을 세워야 하므로 다음과 같이 간단하게 구할 수도 있습니다.
> ∴ $\dfrac{\{(가로\ 길이)+(세로\ 길이)\} \times 2}{9}$
> $= \dfrac{(252+216) \times 2}{9} = \dfrac{936}{9} = 104$

고난도 14일차 (036~070)

036	⑤	037	②	038	②	039	④	040	⑤
041	②	042	④	043	③	044	④	045	③
046	③	047	①	048	⑤	049	④	050	④
051	②	052	④	053	②	054	④	055	⑤
056	①	057	⑤	058	④	059	④	060	④
061	④	062	②	063	④	064	④	065	①
066	③	067	①	068	④	069	①	070	③

유형 ⑪ 집합

036 정답 ⑤

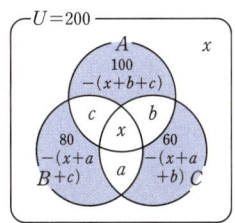

간단풀이

위 벤다이어그램과 같이 각 영역에 해당하는 집합의 원소의 개수를 각각 a, b, c, x라 놓으면
$n(A \cup B \cup C) = 200 - x$
$a + b + c = 7x$
$n(A \cup B \cup C) = n(A) + n(B) + n(C)$
$\qquad\qquad\qquad - n(A \cap B) - n(B \cap C)$
$\qquad\qquad\qquad - n(C \cap A) + n(A \cap B \cap C)$
$= 100 + 80 + 60 - (x+c) - (x+a) - (x+b) + x$
$= 240 - 3x - (a+b+c) + x = 240 - 9x$
∴ $240 - 9x = 200 - x$
$8x = 40$ ∴ $x = 5$
따라서 동아리를 하나만 신청한 신입생의 수는
$n(A-(B \cup C)) + n(B-(A \cup C)) + n(C-(A \cup B))$
$= 100 - (x+b+c) + 80 - (x+a+c) + 60 - (x+a+b)$
$= 240 - (3x + 2a + 2b + 2c)$
$= 240 - \{3x + 2(a+b+c)\}$
$= 240 - (3x + 2 \times 7x)$

$= 240 - 17x$
$= 240 - 17 \times 5 = 155$

상세풀이

① 세 동아리를 모두 신청한 신입생의 수와 동아리를 하나도 신청하지 않은 신입생의 수가 같으므로 이를 x라 놓고, 동아리를 두 개만 신청한 신입생의 수를 아래 벤다이어그램과 같이 각각 a, b, c라 놓자.

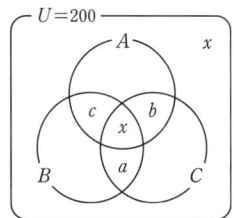

② 동아리를 하나도 신청하지 않은 신입생의 수가 x이므로 동아리를 한 개라도 신청한 신입생의 수는
$n(A \cup B \cup C) = 200 - x$
한편, 동아리를 두 개만 신청한 신입생 수는 동아리를 하나도 신청하지 않은 신입생 수의 7배라 하였으므로
$a + b + c = 7x$

③ 이때, $n(A \cup B \cup C) = n(A) + n(B) + n(C)$
$\qquad\qquad - n(A \cap B) - n(B \cap C) - n(C \cap A)$
$\qquad\qquad + n(A \cap B \cap C)$ 이므로
$= 100 + 80 + 60 - (x+c) - (x+a) - (x+b) + x$
$= 240 - 3x - (a+b+c) + x = 240 - 9x$
∴ $240 - 9x = 200 - x$
$8x = 40$ ∴ $x = 5$

④ 우리가 구해야 하는 것은 동아리를 하나만 신청한 신입생의 수이므로
A동아리만 신청한 신입생 수는
$n(A-(B \cup C)) = 100 - (x+b+c)$
B동아리만 신청한 신입생 수는
$n(B-(A \cup C)) = 80 - (x+a+c)$
C동아리만 신청한 신입생 수는
$n(C-(A \cup B)) = 60 - (x+a+b)$
따라서 동아리를 하나만 신청한 신입생의 수는
$n(A-(B \cup C)) + n(B-(A \cup C)) + n(C-(A \cup B))$
$= 100 - (x+b+c) + 80 - (x+a+c) + 60 - (x+a+b)$
$= 240 - (3x + 2a + 2b + 2c)$
$= 240 - \{3x + 2(a+b+c)\}$
$= 240 - (3x + 2 \times 7x)$
$= 240 - 17x$

⑤ 이때, ④에서 $x=5$이므로
∴ $n(A-(B\cup C))+n(B-(A\cup C))$
　　$+n(C-(A\cup B))=240-17\times 5=155$(명)

037 정답 ②

간단풀이

학생 전체의 집합을 U, 세 문제 A, B, C를 맞힌 학생의 집합을 각각 A, B, C라 하면
$n(U)=22$, $n(A)=11$, $n(B)=9$, $n(C)=15$,
$n(A\cap B\cap C)=4$
이때, 한 문제도 맞히지 못한 학생은 없으므로
$(A\cup B\cup C)^C=\varnothing$ ∴ $A\cup B\cup C=U$

오른쪽 벤 다이어그램과 같이 각 영역에 해당하는 집합의 원소의 개수를 각각 a, b, c, x, y, z라 하면
$n(A\cup B\cup C)=n(U)$
$a+b+c+x+y+z+4=22$
∴ $a+b+c+x+y+z=18$ ……㉠
$n(A)=a+b+x+4=11$
$a+b+x=7$ ……㉡
$n(B)=a+c+y+4=9$
$a+c+y=5$ ……㉢
$n(C)=b+c+z+4=15$
$b+c+z=11$ ……㉣
㉡+㉢+㉣을 하면
$(a+b+x)+(a+c+y)+(b+c+z)$
$=7+5+11=23$
$(a+b+c)+(a+b+c+x+y+z)$
$=(a+b+c)+18=23 (\because ㉠)$
∴ $a+b+c=23-18=5$
∴ $n([(A\cap B)\cup(B\cap C)\cup(C\cap A)]-$
　$(A\cap B\cap C))=a+b+c=5$

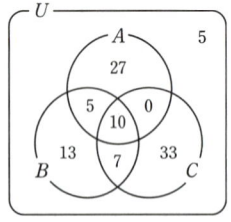

다른풀이

$n(U)=22$, $n(A)=11$, $n(B)=9$, $n(C)=15$,
$n(A\cap B\cap C)=4$
$(A\cup B\cup C)^C=\varnothing$ ∴ $A\cup B\cup C=U$
이때, $n(A\cup B\cup C)=n(A)+n(B)+n(C)$
　$-n(A\cap B)-n(B\cap C)-n(C\cap A)$
　$+n(A\cap B\cap C)$에서
$22=11+9+15-n(A\cap B)-n(B\cap C)$
　$-n(C\cap A)+4$
∴ $n(A\cap B)+(B\cap C)+(C\cap A)=17$
이때, 구하는 것은 세 문제 중 두 문제를 맞힌 학생의 수이므로
∴ $n([(A\cap B)\cup(B\cap C)\cup(C\cap A)]-(A\cap B\cap C))$
$=n(A\cap B)+n(B\cap C)+n(C\cap A)$
　$-3\times n(A\cap B\cap C)$
$=17-3\times 4=5$

상세풀이

① 학생 전체의 집합을 U, 세 문제 A, B, C를 맞힌 학생의 집합을 각각 A, B, C라 하면
$n(U)=22$, $n(A)=11$, $n(B)=9$,
$n(C)=15$,
$n(A\cap B\cap C)=4$
이때, 한 문제도 맞히지 못한 학생은 없으므로
$(A\cup B\cup C)^C=\varnothing$ ∴ $A\cup B\cup C=U$

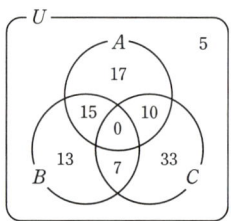

② 위 벤 다이어그램과 같이 각 영역에 해당하는 집합의 원소의 개수를 각각 a, b, c, x, y, z라 하면
　(ⅰ) $n(A\cup B\cup C)=n(U)$
　　$a+b+c+x+y+z+4=22$
　　∴ $a+b+c+x+y+z=18$ ……㉠
　(ⅱ) $n(A)=a+b+x+4=11$
　　$a+b+x=7$ ……㉡
　(ⅲ) $n(B)=a+c+y+4=9$
　　$a+c+y=5$ ……㉢
　(ⅳ) $n(C)=b+c+z+4=15$
　　$b+c+z=11$ ……㉣

③ ㉡+㉢+㉣ 을 하면
$(a+b+x)+(a+c+y)+(b+c+z)$
$=7+5+11=23$
$(a+b+c)+(a+b+c+x+y+z)$
$=(a+b+c)+18$
$=23 (\because ㉠)$
$\therefore a+b+c=23-18=5$

④ 이때, 구하는 것은 세 문제 중 두 문제를 맞힌 학생의 수이므로
$n([(A\cap B)\cup(B\cap C)\cup(C\cap A)]$
$-(A\cap B\cap C)$
$=a+b+c=5$
따라서 세 문제 중 두 문제만 맞힌 학생 수는 5명이다.

038 정답 ②

간단풀이

지역 주민 전체의 집합을 U, 세 마트 A, B, C를 이용한 지역 주민의 집합을 각각 A, B, C라 하면
$n(U)=100$, $n(A)=42$, $n(B)=35$,
$n(C)=50$, $n(A\cap B)=15$, $n(A\cap C)=10$,
$n((A\cup B\cup C)^C)=5$
$(A\cap B)\cup(B\cap C)\cup(C\cap A)$
$n(A\cup B\cup C)=n(U)-n((A\cup B\cup C)^C)$
$=100-5=95$
이때, $n(A\cup B\cup C)=n(A)+n(B)+n(C)-$
$n(A\cap B)-n(B\cap C)-n(C\cap A)+n(A\cap B\cap C)$
이므로
$n(A\cap B)+n(B\cap C)+n(C\cap A)-n(A\cap B\cap C)$
$=n(A)+n(B)+n(C)-n(A\cup B\cup C)$
$=42+35+50-95=32$
구하는 것은 마트 세 군데 중 두 군데 이상 이용한 경험이 있는 사람의 수이므로
$\therefore n((A\cap B)\cup(B\cap C)\cup(C\cap A))$
$=n(A\cap B)+n(B\cap C)+n(C\cap A)$
$-2\times n(A\cap B\cap C)$
$=32-n(A\cap B\cap C)$ ……㉠
이때, $(A\cap B\cap C)\subset(A\cap B)$,
$(A\cap B\cap C)\subset(A\cap C)$이므로
$n(A\cap B\cap C)\leq n(A\cap B)=15$이고
$n(A\cap B\cap C)\leq n(A\cap C)=10$이다.
$\therefore 0\leq n(A\cap B\cap C)\leq 10$
따라서 ㉠에서 마트 세 군데 중 두 군데 이상 이용한 경험이 있는 사람의 수는

$22\leq 32-n(A\cap B\cap C)\leq 32$
즉, 최댓값은 32, 최솟값은 22이므로 그 합은
$32+22=54$

상세풀이

① 지역 주민 전체의 집합을 U, 세 마트 A, B, C를 이용한 지역 주민의 집합을 각각 A, B, C라 하면
$n(U)=100$, $n(A)=42$, $n(B)=35$,
$n(C)=50$,
$n(A\cap B)=15$, $n(A\cap C)=10$,
$n((A\cup B\cup C)^C)=5$
$n(A\cup B\cup C)=n(U)-n((A\cup B\cup C)^C)$
$=100-5=95$

② 이때, $n(A\cup B\cup C)=n(A)+n(B)+n(C)$
$-n(A\cap B)-n(B\cap C)-n(C\cap A)$
$+n(A\cap B\cap C)$이므로
$n(A\cap B)+n(B\cap C)+n(C\cap A)$
$-n(A\cap B\cap C)$
$=n(A)+n(B)+n(C)-n(A\cup B\cup C)$
$=42+35+50-95=32$

③ 구하는 것은 마트 세 군데 중 두 군데 이상 이용한 경험이 있는 사람의 수이므로
$n((A\cap B)\cup(B\cap C)\cup(C\cap A))$
$=n(A\cap B)+n(B\cap C)+n(C\cap A)$
$-2\times n(A\cap B\cap C)$
$=32-n(A\cap B\cap C)$ ……㉠

④ 이때, $(A\cap B\cap C)\subset(A\cap B)$,
$(A\cap B\cap C)\subset(A\cap C)$이므로
$n(A\cap B\cap C)\leq n(A\cap B)=15$이고
$n(A\cap B\cap C)\leq n(A\cap C)=10$입니다.
$\therefore 0\leq n(A\cap B\cap C)\leq 10$

⑤ 따라서 ㉠에서 마트 세 군데 중 두 군데 이상 이용한 경험이 있는 사람의 수의 범위를 구하면
$-10\leq -n(A\cap B\cap C)\leq 0$
$22\leq 32-n(A\cap B\cap C)\leq 32$
즉, 최댓값은 32, 최솟값은 22이므로 그 합은
$32+22=54$

Tip $n(A\cap B\cap C)$가 각각 최댓값과 최솟값을 가질 때, 각 영역에 해당하는 집합의 원소의 개수를 벤 다이어그램으로 나타내면 다음과 같습니다.

(1) $n(A \cap B \cap C) = 10$일 때

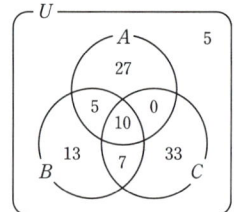

(2) $n(A \cap B \cap C) = 0$일 때

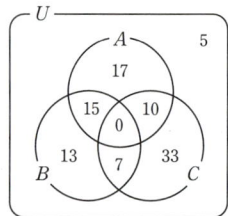

유형 ⑫ 경우의 수

039 정답 ④

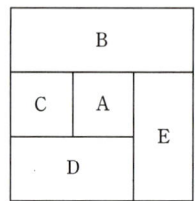

간단풀이

위 그림과 같이 각 영역을 A, B, C, D, E라 하자. 칠해야 하는 영역은 5개, 사용할 수 있는 색은 4개이므로 같은 색으로 칠해진 영역이 적어도 한 쌍 존재합니다.

(i) 같은 색으로 칠하는 영역이 두 쌍 있을 때
 B, D를 같은 색, C, E를 같은 색으로 칠하면 (B, D)에 칠할 수 있는 색은 4가지, (C, E)에 칠할 수 있는 색은 (B, D)에 칠한 색을 제외한 3가지, A에 칠할 수 있는 색은 (B, D), (C, E)에 칠한 색을 제외한 2가지
 따라서 그 경우의 수는
 $4 \times 3 \times 2 = 24$

(ii) 같은 색으로 칠하는 영역이 한 쌍만 있을 때
 ① B, D만 같은 색을 칠할 때
 (B, D)에 칠할 수 있는 색은 4가지, A에 칠할 수 있는 색은 (B, D)에 칠한 색을 제외한 3가지, C에 칠할 수 있는 색은 (B, D)와 A에 칠한 색을 제외한 2가지, E에 칠할 수 있는 색은 (B, D)와 A, C에 칠한 색을 제외한 1가지

따라서 그 경우의 수는
 $4 \times 3 \times 2 \times 1 = 24$
 ② C, E만 같은 색을 칠할 때,
 C, E만 같은 색을 칠하는 경우의 수는 B, D만 같은 색을 칠하는 경우의 수와 같으므로 24
(i), (ii)에서 구하는 경우의 수는
 $24 + 24 + 24 = 72$

다른풀이

같은 색으로 칠해진 영역이 적어도 한 쌍 존재하므로 전체를 C, E를 동일하게 칠하는 경우와 아닌 경우로 나눌 수 있습니다. (이 경우는 B, D를 동일하게 칠하는 경우와 아닌 경우로도 나눌 수 있습니다.)

(i) C, E를 동일한 색으로 칠할 때,
 A에 칠할 수 있는 색은 4가지,
 B에 칠할 수 있는 색은 A에 칠한 색을 제외한 3가지,
 C에 칠할 수 있는 색은 A, B에 칠한 색을 제외한 2가지,
 D에 칠할 수 있는 색은 A, C에 칠한 색을 제외한 2가지,
 E에 칠할 수 있는 색은 C에 칠한 색과 같은 색이므로 1가지
 $\therefore 4 \times 3 \times 2 \times 2 \times 1 = 48$

(ii) C, E를 다른 색으로 칠할 때,
 A에 칠할 수 있는 색은 4가지,
 B에 칠할 수 있는 색은 A에 칠한 색을 제외한 3가지,
 C에 칠할 수 있는 색은 A, B에 칠한 색을 제외한 2가지,
 E에 칠할 수 있는 색은 A, B, C에 칠한 색을 제외한 1가지,
 D에 칠할 수 있는 색은 A, C, E에 칠한 색을 제외한 1가지(B에 칠한 색과 같은 색)
 $\therefore 4 \times 3 \times 2 \times 1 \times 1 = 24$

(i), (ii)에서 구하는 경우의 수는
 $48 + 24 = 72$

상세풀이

① 칠해야 하는 영역은 5개, 사용할 수 있는 색은 4개이므로 같은 색으로 칠해진 영역이 적어도 한 쌍 존재합니다.
따라서 다음과 같이 두 가지 경우로 나눌 수 있습니다.
(i) 같은 색으로 칠하는 영역이 두 쌍 있을 때
 B, D를 같은 색, C, E를 같은 색으로 칠하면 (B, D)에 칠할 수 있는 색은 4가지,
 (C, E)에 칠할 수 있는 색은 (B, D)에 칠한 색을 제외한 3가지,

A에 칠할 수 있는 색은 (B, D), (C, E)에 칠
한 색을 제외한 2가지
따라서 그 경우의 수는
$4 \times 3 \times 2 = 24$

(ii) 같은 색으로 칠하는 영역이 한 쌍만 있을 때
(1) B, D만 같은 색을 칠할 때
(B, D)에 칠할 수 있는 색은 4가지,
A에 칠할 수 있는 색은 (B, D)에 칠한 색을 제외한 3가지,
C에 칠할 수 있는 색은 (B, D)와 A에 칠한 색을 제외한 2가지,
E에 칠할 수 있는 색은 (B, D)와 A, C에 칠한 색을 제외한 1가지이므로 그 경우의 수는
$4 \times 3 \times 2 \times 1 = 24$
(2) C, E만 같은 색을 칠할 때,
C, E만 같은 색을 칠하는 경우의 수는 B, D만 같은 색을 칠하는 경우의 수와 같으므로 24

(1), (2)에서 $24 + 24 = 48$

② (i), (ii)에서 구하는 경우의 수는
$24 + 48 = 72$

040 정답 ⑤

간단풀이

A반 학생 3명이 서로 구별되지 않는 3개의 벤치에 적어도 1명이 앉는 방법의 수는 1 ······㉠
B반 학생 8명을 3개의 조로 나눌 때, 각 벤치에 앉을 수 있는 인원수는 (1명, 3명, 4명) 또는 (2명, 2명, 4명) 또는 (2명, 3명, 3명)입니다.

(i) 1명, 3명, 4명으로 나누는 방법의 수는
$_8C_1 \times _7C_3 \times _4C_4 = 280$

(ii) 2명, 2명, 4명으로 나누는 방법의 수는
$_8C_2 \times _6C_2 \times _4C_4 \times \dfrac{1}{2!} = 210$

(iii) 2명, 3명, 3명으로 나누는 방법의 수는
$_8C_2 \times _6C_3 \times _3C_3 \times \dfrac{1}{2!} = 280$

(i), (ii), (iii)에서 B반 학생 8명을 3개의 조로 나누는 방법의 수는
$280 + 210 + 280 = 770$ ······㉡
이때, 3개의 조를 A반 학생이 한 명씩 앉아 있는 3개의 벤치에 배정하는 방법의 수는 $3! = 6$ ······㉢
㉠, ㉡, ㉢에서 구하는 방법의 수는
$1 \times 770 \times 6 = 4,620$

상세풀이

① 한 벤치에 A반 학생과 B반 학생이 각각 적어도 1명씩은 앉는다고 하였으므로 A반 학생 3명은 서로 구별되지 않는 3개의 벤치에 1명씩 앉을 수밖에 없습니다.
따라서 A반 학생이 앉는 방법의 수는 1가지입니다.
······㉠

② 5인석 벤치 3개에 A반 학생들이 한 명씩 앉아있으므로 B반 학생은 한 벤치에 최소 1명에서 최대 4명까지 앉을 수 있습니다. 따라서 이를 만족하도록 8명을 3개의 조로 나누면, 각 벤치에 앉을 수 있는 인원수는 (1명, 3명, 4명) 또는 (2명, 2명, 4명) 또는 (2명, 3명, 3명)입니다.

(i) 1명, 3명, 4명으로 나누는 방법의 수는
$_8C_1 \times _7C_3 \times _4C_4 = 280$

(ii) 2명, 2명, 4명으로 나누는 방법의 수는 (벤치의 구분이 없으므로 같은 것이 있는 순열로 계산해야 합니다.)
$_8C_2 \times _6C_2 \times _4C_4 \times \dfrac{1}{2!} = 210$

(iii) 2명, 3명, 3명으로 나누는 방법의 수는
$_8C_2 \times _6C_3 \times _3C_3 \times \dfrac{1}{2!} = 280$

(i), (ii), (iii)에서 2반 학생 8명을 3개의 조로 나누는 방법의 수는
$280 + 210 + 280 = 770$ ······㉡

③ 이때, 3개의 조를 A반 학생이 한 명씩 앉아 있는 3개의 벤치에 배정하는 방법의 수는 $3! = 6$ ······㉢
㉠, ㉡, ㉢에서 구하는 방법의 수는
$1 \times 770 \times 6 = 4,620$

Tip 벤치끼리는 서로 구별되지 않지만 A반 학생이 1명씩 앉음으로써 세 벤치는 모두 다른 벤치가 됩니다. 따라서 ㉢과 같이 순열을 이용하여 B반의 세 조를 배열해야 합니다.

041 정답 ②

간단풀이

(ⅰ) 서로 다른 4가지 색 A, B, C, D를 모두 사용하여 칠하는 경우

① 또 다른 밑면에 색 A를 칠하는 경우
옆면을 서로 다른 3가지 색 B, C, D로 칠해야 하므로 마주보는 두 면을 같은 색으로 칠해야 한다. 즉, 남은 3가지 색 중에서 마주보는 두 면에 칠하는 색을 정하는 방법의 수와 같으므로 $_3C_1=3$

② 또 다른 밑면에 색 A를 칠하지 않는 경우
또 다른 밑면에 칠할 색을 정하는 방법의 수가 $_3C_1=3$이고, 옆면에 나머지 두 가지 색을 두 번씩 칠해야 하는데 그 방법의 수는 1가지뿐이다. 따라서 그 방법의 수는 $3\times1=3$

①, ②에서 구하는 방법의 수는
$3+3=6$

(ⅱ) 서로 다른 3가지 색을 사용하여 칠하는 경우
4가지 색 중에서 3가지 색을 택하는 방법의 수는
$_4C_3=_4C_1=4$
이때, 택한 3가지 색을 A, B, C라 합시다. 먼저 색 A를 밑면에 칠하면 또 다른 밑면에도 반드시 색 A를 칠해야 합니다. 그리고 옆면에 나머지 두 가지 색을 마주보는 면에 같은 색으로 칠해야 하므로 방법의 수는 1가지뿐입니다.
따라서 구하는 방법의 수는 $4\times1=4$

(ⅰ), (ⅱ)에서 정육면체를 칠하는 방법의 수는
$6+4=10$

상세풀이

① 정육면체는 6면이므로 칠해야 하는 6개, 칠할 수 있는 색의 수는 4가지이므로 이웃하는 면은 다른 색으로 칠하는 경우의 수는 색을 3가지 쓰는 경우와 4가지 쓰는 경우로 나눌 수 있습니다.

(ⅰ) **서로 다른 4가지 색 A, B, C, D를 모두 사용하여 칠하는 경우**
먼저 색 A를 밑면에 칠하고, 그 윗면에 다시 색 A를 칠하는 경우와, 색 A를 칠하지 않는 경우로 나누어 생각할 수 있습니다.

(1) 먼저 색 A를 밑면에 칠하고, 그 윗면에 색 A를 칠하는 경우

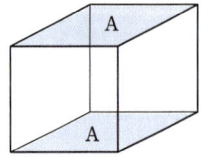

옆면을 서로 다른 3가지 색 B, C, D로 칠해야 하므로 마주보는 두 면을 같은 색으로 칠해야 합니다. 즉, 남은 3가지 색 중에서 마주보는 두 면에 칠하는 색을 정하는 방법의 수와 같으므로
$_3C_1=3$

(2) 먼저 색 A를 밑면에 칠하고, 그 윗면에 색 A를 칠하지 않는 경우

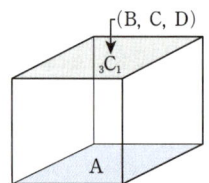

그 윗면에 칠할 색을 정하는 방법의 수는 $_3C_1=3$이고, 옆면에는 나머지 두 가지 색을 칠해야 하므로 마주보는 두 면씩 같은 색으로 칠해야 합니다. 따라서 그 방법의 수는 1가지뿐입니다.
즉, ②의 경우의 수는 $3\times1=3$
따라서 ①, ②에서 구하는 방법의 수는
$3+3=6$

② (ⅱ) **서로 다른 3가지 색을 사용하여 칠하는 경우**

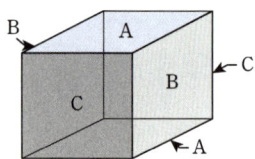

4가지 색 중에서 3가지 색을 택하는 방법의 수는
$_4C_3=_4C_1=4$
이때, 택한 3가지 색을 A, B, C라 하자.
먼저 색 A를 밑면에 칠하면 그 윗면에는 반드시 색 A를 칠해야 한다. 그리고 옆면에 나머지 두 가지 색을 마주보는 면에 같은 색으로 칠해야 하므로 방법의 수는 1가지뿐이다.
따라서 구하는 방법의 수는 $4\times1=4$

③ (ⅰ), (ⅱ)에서 정육면체를 칠하는 방법의 수는
$6+4=10$

042 정답 ④

간단풀이

(i) 한 자리의 수가 적힌 카드 중에서 숫자 0을 포함하지 않는 수가 적힌 카드는 9장
(ii) 두 자리의 수가 적힌 카드 중에서 숫자 0을 포함하지 않는 수가 적힌 카드의 장수는 서로 다른 9개에서 중복을 허용하여 2개를 택하는 중복순열의 수와 같으므로
$$_9\Pi_2 = 9^2 = 81$$
(iii) 세 자리의 수가 적힌 카드 중에서 숫자 0을 포함하지 않는 수가 적힌 카드의 장수는 서로 다른 9개에서 중복을 허용하여 3개를 택하는 중복순열의 수와 같으므로
$$_9\Pi_3 = 9^3 = 729$$
(i), (ii), (iii)에서 구하는 카드의 장수는
$$9 + 81 + 729 = 819$$

다른풀이

여사건을 이용하여 풀 수도 있다.
숫자 0을 포함한 수가 적힌 카드의 장수는
10, 20, 30, …, 90의 9장
100, 101, 102, …, 109의 10장
110, 120, 130, …, 190의 9장
200, 201, 202, …, 209의 10장
210, 220, 230, …, 290의 9장
⋮
910, 920, 930, …, 990의 9장
따라서 구하는 카드의 장수는
$$999 - (9 + 19 \times 9) = 999 - 180 = 819$$

상세풀이

① 자리수에 따라 경우를 나누어 생각해봅시다.
(i) 한 자리의 수가 적힌 카드 중에서 숫자 0을 포함하지 않는 수가 적힌 카드는 1에서 9까지 총 9장입니다.
(ii) 두 자리의 수가 적힌 카드 중에서 숫자 0을 포함하지 않는 수가 적힌 카드의 장수는 서로 다른 9개에서 중복을 허용하여 2개를 택하는 중복순열의 수와 같으므로
$$_9\Pi_2 = 9^2 = 81$$
(iii) 세 자리의 수가 적힌 카드 중에서 숫자 0을 포함하지 않는 수가 적힌 카드의 장수는 서로 다른 9개에서 중복을 허용하여 3개를 택하는 중복순열의 수와 같으므로
$$_9\Pi_3 = 9^3 = 729$$

② (i), (ii), (iii)에서 구하는 카드의 장수는
$$9 + 81 + 729 = 819$$

Tip 중복순열

서로 다른 n개에서 중복을 허용하여 r개를 택하여 만든 순열을 중복순열이라 하며, $_n\Pi_r$로 나타냅니다.
이때, 중복순열의 수는 다음과 같습니다. (중복이 가능하므로 $r > n$인 경우도 있습니다.)
$$_n\Pi_r = n^r$$
서로 다른 n개에서 중복을 허용하여 r개를 택하여 일렬로 나열할 때, 첫 번째, 두 번째, 세 번째, …, r번째에 올 수 있는 경우의 수는 각각 n가지씩입니다.

첫 번째	두 번째	세 번째	…	r번째
↑	↑	↑		↑
n가지	n가지	n가지		n가지

각 사건은 동시에 일어나므로 곱의 법칙에 의하여 다음이 성립합니다.
$$_n\Pi_r = \underbrace{n \times n \times n \times \cdots \times n}_{r\text{개}} = n^r$$
이때, $_n\mathrm{P}_r$에서는 $0 \le r \le n$이어야 하지만, $_n\Pi_r$에서는 중복하여 택할 수 있으므로 $r > 0$일 수도 있습니다.

유형 ⑬ 확률

043 정답 ③

간단풀이

상자 A를 선택하는 사건을 A, 상자 B를 선택하는 사건을 B, 흰 공 1개, 검은 공 1개가 나오는 사건을 E라 하면
$$P(A \cap E) = P(A) \times P(E|A)$$
$$= \frac{1}{2} \times \frac{_2C_1 \times _5C_1}{_7C_2} = \frac{1}{2} \times \frac{2 \times 5}{\frac{7 \times 6}{2}} = \frac{5}{21}$$
$$P(B \cap E) = P(B) \times P(E|B)$$
$$= \frac{1}{2} \times \frac{_3C_1 \times _2C_1}{_5C_2} = \frac{1}{2} \times \frac{3 \times 2}{\frac{5 \times 4}{2}} = \frac{3}{10}$$
$$\therefore P(E) = P(A \cap E) + P(B \cap E) = \frac{5}{21} + \frac{3}{10} = \frac{113}{210}$$
따라서 구하는 확률은
$$P(A|E) = \frac{P(A \cap E)}{P(E)} = \frac{\frac{5}{21}}{\frac{113}{210}} = \frac{50}{113}$$

상세풀이

① 상자 A를 선택하는 사건을 A, 상자 B를 선택하는 사건을 B, 흰 공 1개, 검은 공 1개가 나오는 사건을 E라 합시다.

(ⅰ) 상자 A를 선택하여 2개의 공을 동시에 꺼냈을 때 흰 공 1개, 검은 공 1개가 나오는 확률은
$$P(A \cap E) = P(A) \times P(E|A)$$
$$= \frac{1}{2} \times \frac{{}_2C_1 \times {}_5C_1}{{}_7C_2} = \frac{1}{2} \times \frac{2 \times 5}{\frac{7 \times 6}{2}} = \frac{5}{21}$$

(ⅱ) 상자 B를 선택하여 2개의 공을 동시에 꺼냈을 때 흰 공 1개, 검은 공 1개가 나오는 확률은
$$P(B \cap E) = P(B) \times P(E|B)$$
$$= \frac{1}{2} \times \frac{{}_3C_1 \times {}_2C_1}{{}_5C_2} = \frac{1}{2} \times \frac{3 \times 2}{\frac{5 \times 4}{2}} = \frac{3}{10}$$

② 흰 공 1개, 검은 공 1개가 나오는 확률 $P(E)$는 (ⅰ), (ⅱ)에서 구한 확률을 더해야 하므로
$$P(E) = P(A \cap E) + P(B \cap E) = \frac{5}{21} + \frac{3}{10} = \frac{113}{210}$$

따라서 구하는 확률은
$$P(A|E) = \frac{P(A \cap E)}{P(E)} = \frac{\frac{5}{21}}{\frac{113}{210}} = \frac{50}{113}$$

044 정답 ④

간단풀이

희수가 서로 다른 두 개의 동전을 동시에 던져서 나온 앞면의 개수가 0, 1, 2인 사건을 각각 A, B, C라 하고 효원이가 동전을 던져서 나온 앞면의 개수가 1인 사건을 E라 합시다.

$$P(A \cap E) = P(A) \times P(E|A) = {}_2C_0 \left(\frac{1}{2}\right)^2 \times 0 = 0$$

$$P(B \cap E) = P(B) \times P(E|B)$$
$$= {}_2C_1 \left(\frac{1}{2}\right)^2 \times \frac{1}{2} = \frac{2}{4} \times \frac{1}{2} = \frac{1}{4}$$

$$P(C \cap E) = P(C) \times P(E|C)$$
$$= {}_2C_2 \left(\frac{1}{2}\right)^2 \times {}_2C_1 \left(\frac{1}{2}\right)^2 = \frac{1}{4} \times \frac{2}{4} = \frac{1}{8}$$

$$\therefore P(E) = P(A \cap E) + P(B \cap E) + P(C \cap E)$$
$$= 0 + \frac{1}{4} + \frac{1}{8} = \frac{3}{8}$$

$$\therefore P(B|E) = \frac{P(B \cap E)}{P(E)} = \frac{\frac{1}{4}}{\frac{3}{8}} = \frac{2}{3}$$

상세풀이

① 희수가 서로 다른 두 개의 동전을 동시에 던져서 나온 앞면의 개수가 0, 1, 2인 사건을 각각 A, B, C라 하고 효원이가 동전을 던져서 나온 앞면의 개수가 1인 사건을 E라 합시다.

(ⅰ) 희수가 서로 다른 두 개의 동전을 동시에 던져서 나온 앞면의 개수가 0일 때, 효원이는 동전을 던질 수 없으므로 앞면이 한 개 나올 확률은
$$P(A \cap E) = P(A) \times P(E|A)$$
$$= {}_2C_0 \left(\frac{1}{2}\right)^2 \times 0 = 0$$

(ⅱ) 희수가 서로 다른 두 개의 동전을 동시에 던져서 앞면이 한 개 나올 때, 효원이는 동전을 한 개 던질 수 있으므로 이때 앞면이 한 개 나올 확률은
$$P(B \cap E) = P(B) \times P(E|B)$$
$$= {}_2C_1 \left(\frac{1}{2}\right)^2 \times \frac{1}{2} = \frac{2}{4} \times \frac{1}{2} = \frac{1}{4}$$

(ⅲ) 희수가 서로 다른 두 개의 동전을 동시에 던져서 두 개 모두 앞면이 나올 때, 효원이는 동전을 두 개 던질 수 있으므로 이때 앞면이 한 개 나올 확률은
$$P(C \cap E) = P(C) \times P(E|C)$$
$$= {}_2C_2 \left(\frac{1}{2}\right)^2 \times {}_2C_1 \left(\frac{1}{2}\right)^2 = \frac{1}{4} \times \frac{2}{4} = \frac{1}{8}$$

② (ⅰ), (ⅱ), (ⅲ)에서
$$P(E) = P(A \cap E) + P(B \cap E) + P(C \cap E)$$
$$= 0 + \frac{1}{4} + \frac{1}{8} = \frac{3}{8}$$

따라서 구하는 확률은
$$P(B|E) = \frac{P(B \cap E)}{P(E)} = \frac{\frac{1}{4}}{\frac{3}{8}} = \frac{2}{3}$$

045 정답 ③

간단풀이

5점을 먼저 얻어야 우승하므로 갑은 2번, 을은 3번을 더 이겨야 합니다.
갑이 한 게임에서 이길 확률과 질 확률은 모두 1/2이 므로

(ⅰ) 갑이 2번 더 게임을 하여 우승하는 경우
$$_2C_2\left(\frac{1}{2}\right)^2 = \frac{1}{4}$$

(ⅱ) 갑이 3번 더 게임을 하여 우승하는 경우
$$_2C_1\left(\frac{1}{2}\right)^1\left(\frac{1}{2}\right)^1 \times \frac{1}{2} = \frac{1}{4}$$

(ⅲ) 갑이 4번 더 게임을 하여 우승하는 경우
$$_3C_1\left(\frac{1}{2}\right)^1\left(\frac{1}{2}\right)^2 \times \frac{1}{2} = \frac{3}{16}$$

(ⅰ), (ⅱ), (ⅲ)에서 갑이 우승할 확률은
$$\frac{1}{4} + \frac{1}{4} + \frac{3}{16} = \frac{11}{16}$$

비기는 경우는 없으므로 을이 우승할 확률은
$$1 - \frac{11}{16} = \frac{5}{16}$$

따라서 갑과 을이 우승할 확률이 각각 $\frac{11}{16}$, $\frac{5}{16}$ 이므로 총 8만 원에서 갑이 가져가야 할 상금은
$$80,000 \times \frac{11}{16} = 55,000 (원)$$

상세풀이

① 5점을 먼저 얻어야 우승하므로 갑이 이기려면 2번, 을이 이기려면 3번을 더 이겨야 합니다. 만약 이 게임을 중단하지 않고 계속 했을 때 갑이 이길 확률을 구해봅시다.
먼저, 갑과 을이 각 게임에서 이길 확률은 서로 같으므로 갑이 한 게임에서 이길 확률과 질 확률은 모두 $\frac{1}{2}$ 입니다.

② 이때, 갑이 이기려면 을이 3번 이기기 전에 2번을 먼저 이겨야 하므로 다음과 같은 세 가지의 경우가 있습니다.

(ⅰ) 2번 더 게임을 하여 갑이 우승하는 경우
두 번 모두 갑이 우승해야 하므로
$$_2C_2\left(\frac{1}{2}\right)^2 = \frac{1}{4}$$

(ⅱ) 3번 더 게임을 하여 갑이 우승하는 경우
세 번째는 갑이 우승해야 하므로 (갑, 을, 갑), (을, 갑, 갑)의 두 가지가 있습니다.
$$_2C_1\left(\frac{1}{2}\right)^1\left(\frac{1}{2}\right)^1 \times \frac{1}{2} = \frac{1}{4}$$

(ⅲ) 4번 더 게임을 하여 갑이 우승하는 경우
네 번째는 갑이 우승해야 하므로 (갑, 을, 을, 갑), (을, 갑, 을, 갑), (을, 을, 갑, 갑)의 세 가지가 있습니다.
$$_3C_1\left(\frac{1}{2}\right)^1\left(\frac{1}{2}\right)^2 \times \frac{1}{2} = \frac{3}{16}$$

③ (ⅰ), (ⅱ), (ⅲ)에서 갑이 우승할 확률은
$$\frac{1}{4} + \frac{1}{4} + \frac{3}{16} = \frac{11}{16}$$

그때, 비기는 경우는 없으므로 을이 우승할 확률은
$$1 - \frac{11}{16} = \frac{5}{16}$$

따라서 갑과 을이 우승할 확률이 각각 $\frac{11}{16}$, $\frac{5}{16}$ 이므로 총 8만 원에서 갑이 가져가야 할 상금은
$$80,000 \times \frac{11}{16} = 55,000 (원)$$

Tip 독립시행의 확률

(1) 독립시행
동일한 시행을 반복하는 경우에 각 시행의 결과가 다른 시행의 결과에 아무런 영향을 주지 않을 때, 즉 각 시행에서 일어나는 사건이 서로 독립일 때, 이와 같은 시행을 독립시행이라 합니다.

(2) 독립시행의 확률
어떤 시행에서 사건 A가 일어날 확률이 $p(0<p<1)$ 일 때, 이 시행을 n회 반복하는 독립시행에서 사건 A가 r회 일어날 확률은
$$_nC_n \times p^r(1-p)^{n-r}$$

046 정답 ③

간단풀이

구해야 하는 상자 A에 들어 있는 흰 구슬의 개수를 x라 두면
(상자 A에 들어 있는 검은 구슬의 개수)$=100-x$,
(상자 B에 들어 있는 검은 구슬의 개수)$=2x$,
(상자 B에 들어 있는 흰 구슬의 개수)$=100-2x$
두 상자에서 같은 색의 구슬이 나오는 사건을 E, 두 상자에서 모두 흰 구슬이 나오는 사건을 F라 하면, 사건 E가 나오는 경우는 두 상자에서 모두 흰 구슬이 나오거나 모두 검은 구슬이 나오는 경우이므로

$P(E) = P(E \cap F) + P(E \cap F^C)$
$= \dfrac{x(100-2x)}{100 \times 100} + \dfrac{2x(100-x)}{100 \times 100}$
$= \dfrac{300x - 4x^2}{100 \times 100}$

이때, $P(F|E) = \dfrac{2}{9}$ 이므로

$P(F|E) = \dfrac{P(E \cap F)}{P(E)} = \dfrac{\dfrac{x(100-2x)}{100 \times 100}}{\dfrac{300x-4x^2}{100 \times 100}}$

$= \dfrac{x(100-2x)}{300x - 4x^2} = \dfrac{2}{9}$

$9x(100-2x) = 2(300x - 4x^2)$
$900x - 18x^2 = 600x - 8x^2$
$10x^2 - 300x = 0$
$x^2 - 30x = 0$
$x(x-30) = 0$ ∴ $x=30$ (x는 자연수)

상세풀이

① 구해야 하는 상자 A에 들어 있는 흰 구슬의 개수를 x라 두면 상자 A에 들어 있는 검은 구슬의 개수는 $100-x$이고, 상자 B에 들어 있는 검은 구슬의 개수는 $2x$, 상자 B에 들어 있는 흰 구슬의 개수는 $100-2x$입니다.

음식점	상자 A	상자 B
흰 구슬의 개수	x	$100-2x$
검은 구슬의 개수	$100-x$	$2x$
합계	100	100

② 두 상자에서 같은 색의 구슬이 나오는 사건을 E, 두 상자에서 모두 흰 구슬이 나오는 사건을 F라 하면, 사건 E가 나오는 경우는 두 상자에서 모두 흰 구슬이 나오거나 모두 검은 구슬이 나오는 경우이므로

$P(E) = P(E \cap F) + P(E \cap F^C)$
$= \dfrac{x(100-2x)}{100 \times 100} + \dfrac{2x(100-x)}{100 \times 100}$
$= \dfrac{300x - 4x^2}{100 \times 100}$

③ 이때, $P(F|E) = \dfrac{2}{9}$ 이므로

$P(F|E) = \dfrac{P(E \cap F)}{P(E)} = \dfrac{\dfrac{x(100-2x)}{100 \times 100}}{\dfrac{300x-4x^2}{100 \times 100}}$

$= \dfrac{x(100-2x)}{300x-4x^2} = \dfrac{2}{9}$

④ $9x(100-2x) = 2(300x - 4x^2)$
$900x - 18x^2 = 600x - 8x^2$
$10x^2 - 300x = 0$
$x^2 - 30x = 0$
$x(x-30) = 0$
∴ $x=30$ (x는 자연수)
따라서 구하는 상자 A에 들어 있는 흰 구슬의 개수는 30개입니다.

유형 ⑭ 응용계산

047 정답 ①

간단풀이

△ABC를 밑면으로 할 때, $\overline{CD}$는 밑면에 직각이므로 삼각뿔 ABCD의 높이는 16cm입니다. 그러므로 삼각뿔 ABCD의 부피는
$8 \times 8 \times \dfrac{1}{2} \times 16 \times \dfrac{1}{3} = \dfrac{512}{3}$ (cm³)
아래 그림에서 삼각뿔 ABCD와 삼각뿔 A′B′C′D는 닮음비가 $16:6=8:3$이므로 부피비는 $8^3 : 3^3 = 512 : 27$이 됩니다.

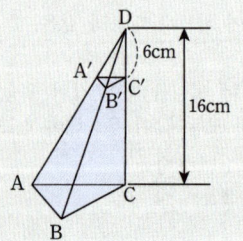

삼각뿔 ABDC의 높이를 x cm라 하면 다음 식이 성립합니다.

$$\left\{16^2-\left(16\times 8+8\times 8\times \frac{1}{2}\right)\right\}\times x\times \frac{1}{3}=\frac{512}{3}$$

$$\{256-(128+32)\}\times x\times \frac{1}{3}=\frac{512}{3}$$

$$96x=512 \quad \therefore x=\frac{16}{3}(\text{cm})$$

따라서 삼각뿔 ABDC의 물의 높이는
$\frac{16}{3}\times \frac{5}{8}=\frac{10}{3}(\text{cm})$

🔍 상세풀이

① △ABC를 밑면으로 할 때, $\overline{CD}$는 밑면에 직각이므로 삼각뿔 ABCD의 높이는 16cm입니다. 그러므로 삼각뿔 ABCD의 부피는
$8\times 8\times \frac{1}{2}\times 16\times \frac{1}{3}=\frac{512}{3}(\text{cm}^3)$

② 아래 그림과 같이 삼각뿔 ABCD와 삼각뿔 A′B′C′D는 닮음비가 $16:6=8:3$이므로 부피비는 $8^3:3^3=512:27$이 됩니다.

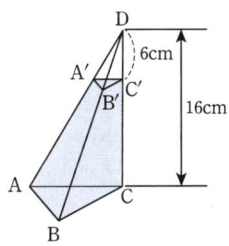

③ 한편, △ABD를 밑면으로 할 때도 물의 양은 바뀌지 않으므로(부피비가 동일), 아래 그림에서 삼각뿔 ABDC와 삼각뿔 A″B″D″C의 닮음비도 8:3이 되고, 따라서 이 경우에도 $\frac{5}{8}$의 높이까지 물이 들어 있다고 말할 수 있습니다.

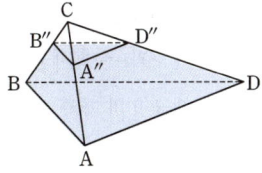

④ 이때, 삼각뿔 ABDC의 높이를 x cm라 하면 다음 식이 성립합니다.

(삼각뿔 ABDC의 부피)
$=(△ABD\text{의 넓이})\times x\times \frac{1}{3}$
$=\left\{16^2-\left(16\times 8+8\times 8\times \frac{1}{2}\right)\right\}\times x\times \frac{1}{3}=\frac{512}{3}$

$\{256-(128+32)\}\times x\times \frac{1}{3}=\frac{512}{3}$

$96x=512 \quad \therefore x=\frac{16}{3}(\text{cm})$

⑤ 따라서 구하는 삼각뿔 ABDC의 물의 높이는
$\frac{16}{3}\times \frac{5}{8}=\frac{10}{3}(\text{cm})$

048 정답 ⑤

✏️ 간단풀이
상세풀이 확인

🔍 상세풀이

① 철수가 집에서 도로를 따라 최단거리로 도서관으로 가다가 교차로에서 연락을 받고 바로 도로를 따라 최단 거리로 서점으로 이동하므로 오른쪽 그림과 같이 가로로 된 도로 전체를 각각 l_1, l_2, l_3, l_4라 하면 철수가 연락을 받은 교차로의 위치에 따라 다음과 같이 경우를 나눌 수 있습니다.

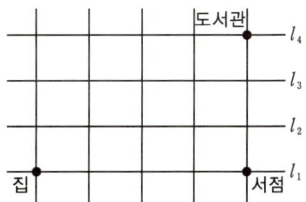

(i) 철수가 l_1 위의 교차로에서 연락을 받은 경우 철수는 길 l_1을 따라 이동하면 되므로 구하는 경로의 수는 1가지입니다.

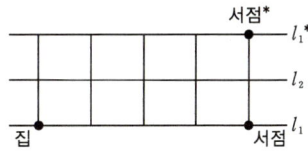

(ii) 철수가 l_2 위의 교차로에서 연락을 받은 경우 오른쪽 그림과 같이 두 길 l_1, l_2로 둘러싸인 도형을 직선 l_2에 대하여 대칭시켜 펼치면 구하는 경로의 수는 집에서 서점*으로 가는 경로의 수와 같으므로

$$\frac{6!}{4! \times 2!} = 15$$

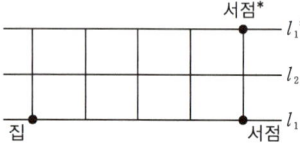

(iii) 철수가 l_3 위의 교차로에서 연락을 받은 경우 오른쪽 그림과 같이 두 길 l_1, l_3으로 둘러싸인 도형을 직선 l_3에 대하여 대칭시켜 펼치면 구하는 경로의 수는 집에서 서점*으로 가는 경로의 수와 같으므로

$$\frac{8!}{4! \times 4!} = 70$$

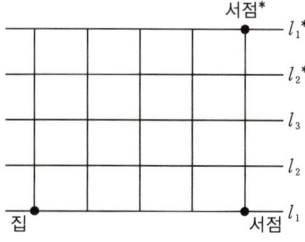

(iv) 철수가 l_4 위의 교차로에서 연락을 받은 경우 오른쪽 그림과 같이 두 길 l_1, l_4로 둘러싸인 도형을 직선 l_4에 대하여 대칭시켜 펼치면 구하는 경로의 수는 집에서 서점*으로 가는 경로의 수와 같으므로

$$\frac{10!}{4! \times 6!} = 210$$

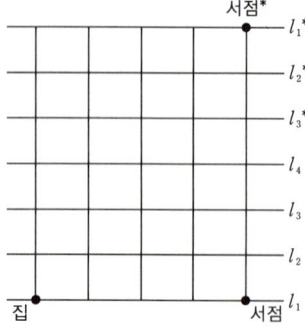

② (i)~(iv)에서 구하는 경로의 수는
$1 + 15 + 70 + 210 = 296$

049 정답 ③

간단풀이

쥐가 죽는 순간부터 세균 S의 개체 수는 4시간마다 두 배로 증가하고, 세균 T의 개체 수는 6시간마다 두 배로 증가하므로 세균 S와 T의 개체 수가 같아질 때까지 걸린 시간을 t라 두면 세균 S의 개체 수를 $4 \times 2^{\frac{t}{4}}$, 이때의 세균 T의 개체 수는 $256 \times 2^{\frac{t}{6}}$라 할 수 있습니다.

$4 \times 2^{\frac{t}{4}} = 256 \times 2^{\frac{t}{6}}$, $2^{\frac{8+t}{4}} = 2^{\frac{48+t}{6}}$

밑이 2로 같으므로

$$\frac{8+t}{4} = \frac{48+t}{6}$$

$3(8+t) = 2(48+t)$
$24 + 3t = 96 + 2t$
$\therefore t = 72$

따라서 구하는 세균 S의 개체 수는 $4 \times 2^{\frac{72}{4}} = 2^{20}$입니다.

다른풀이

쥐가 죽는 순간부터 세균 S의 개체 수는 4시간마다 두 배로 증가하고, 세균 T의 개체 수는 6시간마다 두 배로 증가하므로 12시간마다 세균 S의 개체 수는 2^3배, 세균 T의 개체 수는 2^2배 증가함을 알 수 있습니다.

살아 있는 쥐의 세균 S와 세균 T의 개체 수는 각각 $4 = 2^2$, $256 = 2^8$으로 총 2^6배만큼 차이가 나므로 12시간 단위로 여섯 번 지났을 때 두 세균의 개체 수는 같아집니다.

이때, 세균 S의 개체 수는 12시간 단위로 한 번 지날 때마다 2^3배씩 증가하므로 총 세균 수를 $N(S)$라 하면
$N(S) = 2^2 \times (2^3)^6 = 2^{2+18} = 2^{20}$

상세풀이

① 쥐가 죽는 순간부터 세균 S의 개체 수는 4시간마다 두 배로 증가하고, 세균 T의 개체 수는 6시간마다 두 배로 증가하므로 세균 S와 T의 개체 수가 같아질 때까지 걸린 시간을 t라 두면 세균 S의 개체 수를 $4 \times 2^{\frac{t}{4}}$, 이때의 세균 T의 개체 수는 $256 \times 2^{\frac{t}{6}}$라 할 수 있습니다.

$4 \times 2^{\frac{t}{4}} = 256 \times 2^{\frac{t}{6}}$, $2^{\frac{8+t}{4}} = 2^{\frac{48+t}{6}}$

② 이때, 밑이 2로 같으므로
$$\frac{8+t}{4} = \frac{48+t}{6}$$
$$3(8+t) = 2(48+t)$$
$$24+3t = 96+2t$$
$$\therefore t = 72$$

따라서 구하는 세균 S의 개체 수는 $4 \times 2^{\frac{72}{4}} = 2^{20}$ 입니다.

Tip 쥐가 죽은 후 두 세균 S와 T의 개체 수가 같아졌을 때를 알아야 하므로 두 세균의 개체 수의 변화가 동시에 일어나는 시기를 기준으로 개체 수를 알아보아야 합니다.

(단위시간)

1	2	3	4	5	6	7	8	9	10	11	12
		2배		2배			2배				
			2배			2배					

12시간을 기준으로 세균 S는 세 번, 세균 T는 두 번 변하므로 개체 수는 S인 경우 지수가 3씩, T인 경우 지수가 2씩 증가합니다.

S : $2^2 \Rightarrow 2^5 \Rightarrow 2^8 \Rightarrow 2^{11} \Rightarrow 2^{14} \Rightarrow 2^{17} \Rightarrow 2^{20} \Rightarrow \cdots$
T : $2^8 \Rightarrow 2^{10} \Rightarrow 2^{12} \Rightarrow 2^{14} \Rightarrow 2^{16} \Rightarrow 2^{18} \Rightarrow 2^{20} \Rightarrow \cdots$

050 정답 ④

간단풀이

구슬의 개수를 a_n, 막대의 개수를 b_n이라 할 때 수열 $\{a_n\}$과 $\{b_n\}$의 점화식을 각각 구하면
$a_1 = 6$, $a_{n+1} = a_n + 2n + 5$
$b_1 = 6$, $b_{n+1} = b_n + 3n + 6$

(ⅰ) $a_n = a_1 + \sum_{k=1}^{n-1}(2k+5)$
$= 6 + 2 \times \frac{n(n-1)}{2} + 5(n-1)$
$= n^2 + 4n + 1$

(ⅱ) $b_n = b_1 + \sum_{k=1}^{n-1}(3k+6)$
$= 6 + 3 \times \frac{n(n-1)}{2} + 6(n-1)$
$= \frac{3}{2}n^2 + \frac{9}{2}n$

(ⅰ), (ⅱ)에서
$b_n - a_n = \frac{3}{2}n^2 + \frac{9}{2}n - (n^2 + 4n + 1)$
$= \frac{1}{2}n^2 + \frac{1}{2}n - 1$

$\therefore \sum_{k=1}^{10}(b_k - a_k)$
$= \sum_{k=1}^{10}\left(\frac{1}{2}k^2 + \frac{1}{2}k - 1\right)$
$= \frac{1}{2} \times \frac{10 \times 11 \times 21}{6} + \frac{1}{2} \times \frac{10 \times 11}{2} - 10$
$= \frac{385}{2} + \frac{55}{2} - 10 = 210$

상세풀이

① [도형 n]에서 구슬의 개수를 a_n, 막대의 개수를 b_n이라 하면
[도형 1]에서 $a_1 = 6$, $b_1 = 6$
[도형 2]에서 $a_2 = a_1 + 7 = 13$, $b_2 = b_1 + 9 = 15$
[도형 3]에서 $a_3 = a_2 + 9 = 22$,
$b_3 = b_2 + 12 = 27$
[도형 4]에서 $a_4 = a_3 + 11 = 33$,
$b_4 = b_3 + 15 = 42$
⋮

② 위의 규칙에 따라 수열 $\{a_n\}$과 $\{b_n\}$의 점화식을 각각 구하면 다음과 같습니다.
$a_1 = 6$, $a_{n+1} = a_n + 2n + 5$
$b_1 = 6$, $b_{n+1} = b_n + 3n + 6$

③ 위의 점화식으로 일반항 a_n, b_n을 각각 구하면 다음과 같습니다.
(ⅰ) $a_n = a_1 + \sum_{k=1}^{n-1}(2k+5)$
$= 6 + 2 \times \frac{n(n-1)}{2} + 5(n-1)$
$= n^2 + 4n + 1$

(ⅱ) $b_n = b_1 + \sum_{k=1}^{n-1}(3k+6)$
$= 6 + 3 \times \frac{n(n-1)}{2} + 6(n-1)$
$= \frac{3}{2}n^2 + \frac{9}{2}n$

④ 따라서 [도형 n]에서 사용된 구슬의 개수와 막대의 개수의 차는
$b_n - a_n = \frac{3}{2}n^2 + \frac{9}{2}n - (n^2 + 4n + 1)$
$= \frac{1}{2}n^2 + \frac{1}{2}n - 1$

⑤ 구하는 것은 [도형 10]까지 만들었을 때 사용된 모든 구슬과 막대의 개수의 차이므로

$$\therefore \sum_{k=1}^{10}(b_k-a_k) = \sum_{k=1}^{10}\left(\frac{1}{2}k^2+\frac{1}{2}k-1\right)$$
$$= \frac{1}{2}\times\frac{10\times 11\times 21}{6}+\frac{1}{2}$$
$$\times\frac{10\times 11}{2}-10$$
$$= \frac{385}{2}+\frac{55}{2}-10 = 210$$

Tip $a_{n+1}=a_n+f(n)$꼴로 정의된 수열의 일반항
(i) $a_{n+1}=a_n+f(n)$의 n에 1, 2, 3, …, $n-1$을 차례로 대입합니다.
(ii) 변끼리 더하여 다음과 같이 정리합니다.

$$\begin{aligned}\cancel{a_2} &= a_1+f(1)\\ \cancel{a_3} &= \cancel{a_2}+f(2)\\ \cancel{a_4} &= \cancel{a_3}+f(3)\\ &\vdots\\ +)\,a_n &= \cancel{a_{n-1}}+f(n-1)\\ \hline a_n &= a_1+\{f(1)+f(2)+f(3)+\cdots+f(n-1)\}\\ &= a_1+\sum_{k=1}^{n-1}f(k)\end{aligned}$$

유형 ⑮ 원리합계, 환율(은행권+금융공기업 대비유형)

051 정답 ②

간단풀이

(i) 연이율 3.3%, 3년 만기일 때, 원금 2,000만 원을 단리법으로 계산한 원리합계는
$2{,}000\times(1+0.033\times 3) = 2{,}000\times 1.099$
$= 2{,}198{,}000$(원)

(ii) 연이율 3.3%, 3년 만기일 때, 원금 2,000만 원을 복리법으로 계산한 원리합계는
$2{,}000\times(1+0.033)^3 = 2{,}000\times 1.102$
$= 2{,}204{,}000$(원)

상세풀이

단리법은 원금에 대해서만 이자를 붙여 계산하는 방법으로, 처음 원금에만 이자가 붙으므로 해마다 붙는 이자는 모두 같습니다. 한편, 복리법은 원금뿐만 아니라 원금에서 생기는 이자에도 이자를 붙여 계산하는 방법으로, (원금+이자)에 이자가 붙으므로 해가 거듭될수록 이자가 더 많이 붙습니다.

원금을 A, 연이율을 r, 기간(년)을 n이라 할 때 단리법으로 계산한 원리합계는 $A(1+rn)$이고 복리법으로 계산한 원리합계는 $A(1+r)^n$ 입니다.

① 연이율 3.3%, 3년 만기일 때, 원금 2,000만 원을 단리법으로 계산한 원리합계는 다음과 같습니다.
단리는 처음 2000만 원에 대해서만 이자가 붙으므로
$2{,}000\times(1+0.033\times 3) = 2{,}000\times 1.099$
$= 2{,}198{,}000$(원)

② 한편, 연이율 3.3%, 3년 만기일 때, 원금 2,000만 원을 복리법으로 계산한 원리합계는 다음과 같습니다.
복리는 매년 (원금+이자)에 이자가 붙으므로
$2{,}000\times(1+0.033)^3 = 2{,}000\times 1.102$
$= 2{,}204{,}000$(원)

052 정답 ④

간단풀이

5년 후, 만기 때 받을 수 있는 금액은
$1000\times(1.06)^5 = 1000\times 1.3 = 1300$(만 원)
이때, 이자소득세 15.4%를 제외해야 하므로 받은 이자에 100%−15.4%=84.6%를 곱하면 됩니다.

$(이자)\times 84.6\% = (1{,}300-1{,}000)\times\dfrac{846}{1{,}000}$
$= 253.8$(만 원)

따라서 5년 만기 때 이자소득세를 제외하고 받을 수 있는 금액은
$1{,}000+253.8 = 1{,}253.8$(만 원)

상세풀이

복리는 원금뿐만 아니라 원금에서 생기는 이자에도 이자를 붙여 계산하는 방식입니다.
원금을 A, 연이율을 r, 기간(년)을 n이라 할 때 복리로 계산한 원리합계는 $A(1+r)^n$ 입니다.

① 1000만 원을 연복리 이율 6%로 5년 동안 예치하였을 때, 만기 때 받을 수 있는 금액은
$1{,}000\times(1.06)^5 = 1{,}000\times 1.3 = 1{,}300$(만 원)

② 이때, 이자에 대하여 이자소득세 15.4%를 제외해야 하므로 받은 이자에 100%−15.4%=84.6%를 곱하면 됩니다.

$(이자)\times 84.6\% = (1{,}300-1{,}000)\times\dfrac{846}{1{,}000}$
$= 253.8$(만 원)

③ 따라서 만기 때 이자소득세를 제외하고 받을 수 있는 금액은
(원금)+(최종이자) = 1,000 + 253.8
= 1,253.8(만 원)

053 정답 ②

간단풀이

K은행 상품은 연단리 이율 4%, 10년 만기이므로 단리법에 따라 계산하면
$500 \times (1 + 0.04 \times 10) = 500 \times 1.4 = 700$(만 원)
…… ㉠
W은행 상품은 연복리 이율 4%, 10년 만기이므로 복리법에 따라 계산하면
$500 \times (1 + 0.04)^{10} = 500 \times 1.48 = 740$(만 원)
…… ㉡
따라서 두 사람이 만기시점에 받게 될 금액의 차는
$|㉠ - ㉡| = |700 - 740| = 40$(만 원)

상세풀이

단리법은 원금에 대해서만 이자를 붙여 계산하는 방법으로, 처음 원금에만 이자가 붙으므로 해마다 붙는 이자는 모두 같습니다. 한편, 복리법은 원금뿐만 아니라 원금에서 생기는 이자에도 이자를 붙여 계산하는 방법으로, (원금+이자)에 이자가 붙으므로 해가 거듭될수록 이자가 더 많이 붙습니다.
원금을 A, 연이율을 r, 기간(년)을 n이라 할 때 단리법으로 계산한 원리합계는 $A(1+rn)$이고
복리법으로 계산한 원리합계는 $A(1+r)^n$ 입니다.

① 재석이 가입한 K은행 상품은 연단리 이율 4%, 10년 만기이므로 단리법에 따라 계산하면 다음과 같습니다.
단리법은 처음 원금 500만 원에 대해서만 이자가 붙으므로
$500 \times (1 + 0.04 \times 10) = 500 \times 1.4 = 700$(만 원)
…… ㉠

② 지효가 가입한 W은행 상품은 연복리 이율 4%, 10년 만기이므로 복리법에 따라 계산하면 다음과 같습니다.
복리는 매년 (원금+이자)에 이자가 붙으므로
$500 \times (1 + 0.04)^{10} = 500 \times 1.48 = 740$(만 원)
…… ㉡
따라서 두 사람이 만기시점에 받게 될 금액의 차는
$|㉠ - ㉡| = |700 - 740| = 40$(만 원)

054 정답 ③

간단풀이

매월 초에 적립하는 금액을 A원, 12월 말의 원리합계를 S라 하면
$S = A \times 1.02 + A \times 1.02^2 + A \times 1.02^3 + \cdots + A \times 1.02^{12}$
$= \dfrac{A \times 1.02 \times (1.02^{12} - 1)}{1.02 - 1}$
$= \dfrac{A \times 1.02 \times 0.27}{0.02} = 13.77A$
이것이 1,000만 원과 같아야 하므로
$13.77A = 10,000,000$ ∴ $A = 726,216. \cdots$ (원)
이때, 백 원 미만은 버리므로 매월 초에 적립해야 하는 금액은 726,200원입니다.

상세풀이

① 매월 초에 적립하는 금액을 A원, 12월 말의 원리합계를 S라 하고 1년 뒤, 즉 12개월째 말의 원리합계를 그림으로 나타내면 다음 그림과 같습니다.

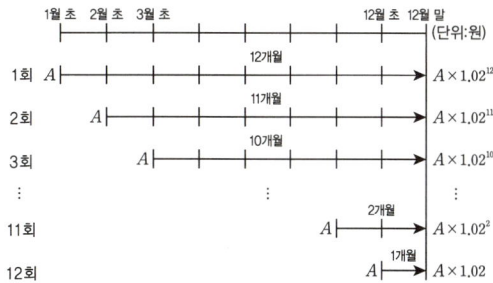

∴ $S = A \times 0.02 + A \times 1.02^2 + A \times 1.02^3 + \cdots + A \times 1.02^{12}$

② 이것은 첫째항이 $A \times 1.02$, 공비가 1.02인 등비수열의 첫째항부터 제 12항까지의 합과 같으므로
$S = \dfrac{A \times 1.02 \times (1.02^{12} - 1)}{1.02 - 1}$
$= \dfrac{A \times 1.02 \times 0.27}{0.02} = 13.77A$

③ 이것이 1,000만 원과 같아야 하므로
$13.77A = 10,000,000$ ∴ $A = 726,216. \cdots$ (원)
이때, 백 원 미만은 버리므로 매월 초에 적립해야 하는 금액은 726,200원입니다.

055 정답 ⑤

간단풀이

매월 말에 적립하는 금액을 A원이라 하고 2년 후, 즉 24개월째 말의 월리합계를 S라 하면
$$S = A + A \times 1.015 + A \times 1.015^2 + \cdots + A \times 1.015^{23}$$
$$= \frac{A \times (1.015^{24}-1)}{1.015-1} = \frac{A \times 0.42}{0.015} = 28A$$
이것이 2000만 원과 같아야 하므로
$$28A = 20,000,000 \quad \therefore A = 714,285.\cdots (원)$$
이때, 백 원 미만은 버리므로 매월 초에 적립해야 하는 금액은 714,200원입니다.

상세풀이

① 매월 말에 적립하는 금액을 A원, 24개월째 말의 원리합계를 S라 하고 2년 후, 즉 24개월째 말의 원리합계를 그림으로 나타내면 다음과 같습니다.

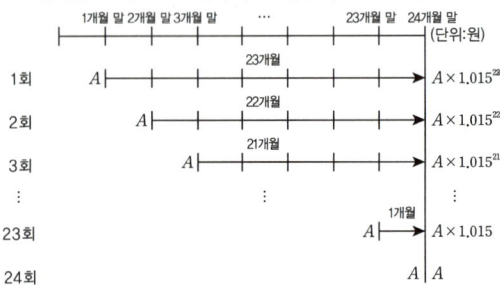

$$\therefore S = A + A \times 1.015 + A \times 1.015^2 + \cdots + A \times 1.015^{23}$$

② 이것은 첫째항이 A, 공비가 1.015인 등비수열의 첫째항부터 제 24항까지의 합과 같으므로
$$S = \frac{A \times (1.015^{24}-1)}{1.015-1}$$
$$= \frac{A \times 0.42}{0.015} = 28A$$

③ 이것이 2,000만 원과 같아야 하므로
$$28A = 20,000,000 \quad \therefore A = 714,285.\cdots (원)$$
이때, 백 원 미만은 버리므로 매월 초에 적립해야 하는 금액은 714,200원입니다.

056 정답 ①

간단풀이

영희와 민호가 각각 24개월, 12개월째 말에 받는 금액을 A만 원, B만 원이라 하면
$$A = 10 \times 1.003 + 10 \times 1.003^2 + 10 \times 1.003^3 + \cdots + 10 \times 1.003^{24}$$
$$= \frac{10 \times 1.003 \times (1.003^{24}-1)}{1.003-1}$$
$$= \frac{10,030 \times (1.003^{24}-1)}{3}$$
$$B = 20 + 20 \times 1.003 + 20 \times 1.003^2 + \cdots + 20 \times 1.003^{11}$$
$$= \frac{20 \times (1.003^{12}-1)}{1.003-1} = \frac{20,000 \times (1.003^{12}-1)}{3}$$
$$\therefore \frac{A}{B} = \frac{10,030 \times (1.003^{24}-1)}{3} \times \frac{3}{20,000 \times (1.003^{12}-1)}$$
$$= \frac{10,030 \times (1.003^{12}+1)(1.003^{12}-1)}{20,000 \times (1.003^{12}-1)}$$
$$= \frac{1.003 \times (1.003^{12}+1)}{2,000}$$
이때, $1.003^{12} = 1.04$이므로
$$\frac{A}{B} = \frac{1,003 \times 2.04}{2,000} = 1.02306$$
따라서 구하는 비율은 1.023배입니다.

상세풀이

연이율이 r이고, 1년마다 복리로 a원씩 적립할 때, n년째 말의 적립금의 원리합계 S는
(1) 매년 초에 적립하는 경우(기수불)
$$S = a(1+r) + a(1+r)^2 + \cdots + a(1+r)^n$$
$$= \frac{a(1+r) \times \{(1+r)^n - 1\}}{r}$$
(2) 매년 말에 적립하는 경우(기말불)
$$S = a + a(1+r) + \cdots + a(1+r)^{n-1}$$
$$= \frac{a \times \{(1+r)^n - 1\}}{r}$$

① 영희가 월복리 이율 0.3% 상품에 매월 초 10만 원씩 적립하여 24개월째 말에 받는 금액을 A만 원이라 하면
$$A = 10 \times 1.003 + 10 \times 1.003^2 + 10 \times 1.003^3 + \cdots + 10 \times 1.003^{24}$$
$$= \frac{10 \times 1.003 \times (1.003^{24}-1)}{1.003-1}$$
$$= \frac{10030 \times (1.003^{24}-1)}{3}$$

② 민호가 월복리 이율 0.3% 상품에 매월 말 20만 원씩 적립하여 12개월째 말에 받는 금액을 B만 원이라 하면

$B = 20 + 20 \times 1.003 + 20 \times 1.003^2 + \cdots + 20 \times 1.003^{11}$

$= \dfrac{20 \times (1.003^{12} - 1)}{1.003 - 1} = \dfrac{20,000 \times (1.003^{12} - 1)}{3}$

③ 만기 후 영희가 받는 금액이 민호가 받는 금액의 몇 배인지 구해야 하므로

$\therefore \dfrac{A}{B} = \dfrac{10,030 \times (1.003^{24} - 1)}{3} \times \dfrac{3}{20,000 \times (1.003^{12} - 1)}$

$= \dfrac{10,030 \times (1.003^{12} + 1)(1.003^{12} - 1)}{20,000 \times (1.003^{12} - 1)}$

$= \dfrac{1,003 \times (1.003^{12} + 1)}{2,000}$

④ 이때, $(1.003)^{12} = 1.04$ 이므로

$\dfrac{A}{B} = \dfrac{1,003 \times 2.04}{2,000} = 1.02306$

따라서 구하는 비율은 1.023배입니다.

057 정답 ⑤

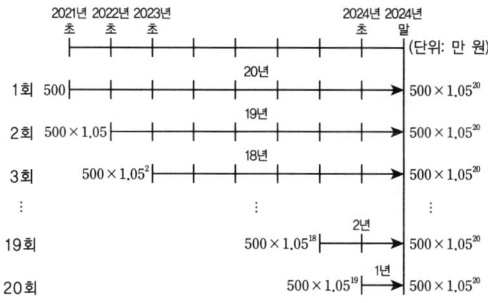

간단풀이

$\therefore 500 \times 1.05^{20} \times 20 = 10000 \times 2.52 \times 1.05$
$= 26,460(만\ 원)$

상세풀이

① 2021년 초에 적립한 금액이 500만 원이고 매년 전년도보다 5%씩 증액한다 하였으므로 2022년 초에 적립한 금액은 500×1.05, 2023년 초에 적립한 금액은 500×1.05^2입니다. 이렇게 매년 적립하면 2040년 초에 적립한 금액은 500×1.05^{19}입니다.

② 영호가 가입한 적금상품은 연이율 5%를 복리로 운영하는 상품이므로 첫 해(2021년) 초에 적립했던 500만 원은 20년 동안 예금되어 500×1.05^{20}이

됩니다. 또한, 두 번째 해(2022년) 초에 적립했던 500×1.05은 19년 동안 예금되어

$500 \times 1.05 \times 1.05^{19} = 500 \times 1.05^{20}$이 됩니다.

이렇게 20년 동안 적립한 적금의 원리합계를 그림으로 나타내면 다음과 같습니다.

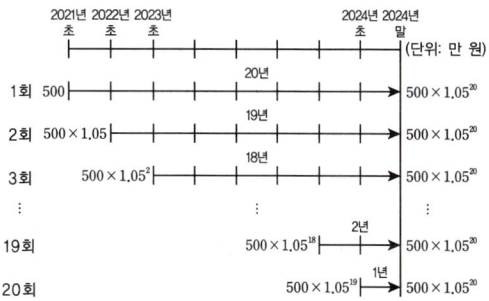

③ 따라서 2040년 말의 원리합계를 S라 하면

$S = 500 \times 1.05^{20} + 500 \times 1.05^{20} + \cdots + 500 \times 1.05^{20}$

$= 500 \times 1.05^{20} \times 20$

이때, $1.05^{19} = 2.52$이므로

$S = 10,000 \times 2.52 \times 1.05 = 26,460(만\ 원)$

따라서 구하는 2040년 말에 쌓인 총 적립금은 2억 6,460만 원입니다.

(Tip) 매년 적립한 금액 또한 5%씩 증액되었으므로 각 회차별로 쌓인 적립금은 500×1.05^{20}으로 같게 됩니다. 문제에서 주어진 '$1.05^{19} = 2.52$'는 실수를 유도하기 위한 장치로, 여기에 시간을 많이 뺏기지 않도록 주의해야 합니다.

058 정답 ④

간단풀이

2023년도 초에 받은 10억원은 연이율 4%를 적용하면 2032년 말 시점에는

$100,000 \times 1.04^{10} = 100,000 \times 1.48$
$= 148,000(만\ 원) \cdots\cdots ㉠$

이것은 매년 말 x만 원씩 연이율 4%, 매년 복리로 10년 적립한 원리합계와 같고, 이는 첫째항이 x이고 공비가 1.04인 등비수열의 첫째항부터 제10항까지의 합과 같으므로

$x + x \times 1.04 + x \times 1.04^2 + \cdots + x \times 1.04^9$

$= \dfrac{x \times (1.04^{10} - 1)}{1.04 - 1} = \dfrac{x \times 0.48}{0.04} = 12x \cdots\cdots ㉡$

㉠ = ㉡에서 $12x = 148,000$

$\therefore x = 12,333.3 \cdots$ (만 원)

백 원 미만은 절삭해야 하므로 구하는 매년 말에 지불해야 하는 금액은 123,333,300원입니다.

📖 상세풀이

돈의 가치는 시점에 따라 다르게 평가됩니다. 대출금 문제는 '돈의 시점이 언제인가'를 파악하고, 그 시점을 맞추는 것이 문제풀이의 핵심입니다. 대출을 일으키는 2023년 초에 10억의 가치는 대출만기시점인 2032년 말과 같을 순 없습니다. 따라서 대출 원금 10억과 10년 동안 매년 납입한 납부금을 모두 대출만기시점으로 일괄 계산하여 돈의 가치를 동일하게 해주는 것이 필요합니다.

① 2023년 초에 받은 10억은 연이율 4%를 적용하면 2032년 말 시점에는
$$100{,}000 \times 1.04^{10} = 100{,}000 \times 1.48$$
$$= 148{,}000(만\ 원) \quad \cdots\cdots \ \bigcirc$$

② 이것은 매년 말 x만 원씩 연이율 4%, 매년 복리로 10년간 적립한 원리합계와 같으므로
$$x + x \times 1.04 + x \times 1.04^2 + \cdots + x \times 1.04^9$$
즉, 첫째항이 x이고 공비가 1.04인 등비수열의 첫째항부터 제10항까지의 합과 같으므로
$$\frac{x \times (1.04^{10} - 1)}{1.04 - 1} = \frac{x \times 0.48}{0.04} = 12x(만\ 원)$$
…… ⓒ

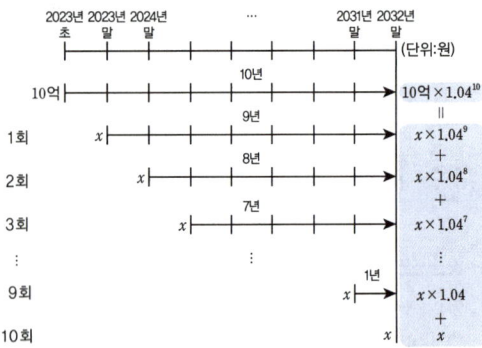

③ 대출만기시점인 2032년 말, 두 원리금은 같아야 하므로 ⓒ=ⓒ에서
$$12x = 148{,}000 \quad \therefore \ x = 12{,}333.3\cdots(만\ 원)$$
백 원 미만은 버리므로 구하는 매년 말에 지불해야 하는 금액은 123,333,300원입니다.

Tip 대출 원금 10억과 10년 동안 매년 납입한 납부금을 모두 대출이 시작된 시점인 2023년 초로 일괄 계산하여 돈의 가치를 동일하게 해줄 수도 있습니다.
이것은 첫째항이 $x \times 1.04^{-10}$이고 공비가 1.04인 등비수열의 첫째항부터 제10항까지의 합과 같으므로

$$x \times 1.04^{-10} + x \times 1.04^{-9} + x \times 1.04^{-8} + \cdots + x \times 1.04^{-1}$$

$$\frac{x + 1.04^{-10} \times (1.04^{10} - 1)}{1.04 - 1} = \frac{x \times \dfrac{1}{1.48} \times 0.48}{0.04}$$

$$= x \times \frac{12}{1.48} = \frac{300}{37}x(만\ 원)$$

이것이 10억과 같으므로
$$\frac{300}{37}x = 100{,}000$$
$$\therefore \ x = \frac{37{,}000}{3} = 12333.3\cdots(만\ 원)$$

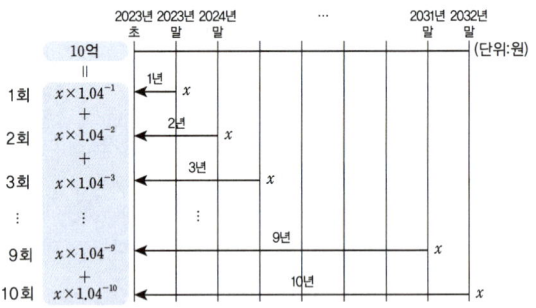

059 정답 ④

🔍 간단풀이

(ⅰ) N은행 예금 상품에 가입할 경우
5년간 연이율 4%(=3.5%+0.5%)를 적용하여 연단리로 계산했을 때, 만기시 받을 수 있는 원리금은 $2{,}000 \times (1 + 0.04 \times 5) = 2{,}000 \times 1.2$
$= 2{,}400(만\ 원)$
여기에 일반과세를 적용해야 하므로
(이자) $\times (100 - 15.4)\%$
$= (2{,}400 - 2{,}000) \times 84.6\%$
$= 400 \times \dfrac{846}{1000}$
$= 338.4(만\ 원)$
$\therefore \ 2{,}000 + 338.4 = 2{,}338.4(만\ 원)$

(ⅱ) S은행 예금 상품에 가입하는 경우
5년간 연이율 3%를 적용하여 연복리로 계산했을 때, 만기시 받을 수 있는 원리금은
$2{,}000 \times (1.03)^5 = 2{,}000 \times 1.16 = 2{,}320(만\ 원)$

(ⅰ), (ⅱ)에서 $2{,}338.4 > 2{,}320$이므로 N은행 상품을 가입하는 것이 유리하며, 그 차액은
$2{,}338.4 - 2{,}320 = 18.4(만\ 원)$

상세풀이

수영이 갖고 있는 2,000만 원으로 각 은행에 5년간 예치하는 경우를 각각 구해서 비교해야 합니다.

① (ⅰ) N은행 예금 상품에 가입할 경우

5년간 연이율 4% (=3.5%+0.5%)를 적용하여 연단리로 계산했을 때, 만기시 받을 수 있는 원리금은
$2{,}000 \times (1+0.04 \times 5) = 2{,}000 \times 1.2$
$= 2{,}400$(만 원)
여기에 일반과세를 적용해야 하므로
(이자)×(100−15.4)%
$= (2{,}400 - 2{,}000) \times 84.6\%$
$= 400 \times \dfrac{846}{1000}$
$= 338.4$(만 원)
따라서 5년 만기 때 이자소득세를 제외하고 받을 수 있는 금액은
(원금)+(이자소득세를 제외한 이자)
$= 2{,}000 + 338.4$
$= 2{,}338.4$(만 원)

(ⅱ) S은행 예금 상품에 가입하는 경우

5년간 연이율 3%를 적용하여 연복리로 계산했을 때, 만기시 받을 수 있는 원리금은
$2{,}000 \times (1.03)^5 = 2{,}000 \times 1.16$
$= 2{,}320$(만 원)
이때, 비과세를 적용하므로 원리금 2,320만 원을 모두 받을 수 있습니다.

② (ⅰ), (ⅱ)에서 $2{,}338.4 > 2{,}320$이므로 수영은 N은행 상품을 가입하는 것이 유리합니다.
또한, 그 차액은 $2{,}338.4 - 2{,}320 = 18.4$(만 원)입니다.

060 정답 ④

간단풀이

현재시점에 할부금 2,000만 원은 월이율 4%를 적용하면 60개월 후에는
$2{,}000 \times 1.04^{60} = 2{,}000 \times 10.52 = 21{,}040$ (만 원)
…… ㉠
이것은 매월 말 A만 원씩 월이율 4%, 매월 복리로 24개월 적립한 원리합계와 같고, 이는 첫째항이 A이고 공비가 1.04인 등비수열의 첫째항부터 제60항까지의 합과 같으므로

$A + A \times 1.04 + A \times 1.04^2 + \cdots + A \times 1.04^{59}$
$= \dfrac{A \times (1.04^{60} - 1)}{1.04 - 1} = \dfrac{A \times 9.52}{0.04}$
$= 238 \times A$(만 원) …… ㉡
60개월 후, 두 할부금은 같아야 하므로 ㉠=㉡에서
$238A = 21{,}040$
$\therefore A = \dfrac{21{,}040}{238} = 88.40336 \cdots$(만 원)
따라서 매월 말에 지불해야 하는 금액은 884,000원입니다.

상세풀이

대출 또는 할부 문제는 돈의 시점을 동일하게 해주는 것이 핵심입니다. 할부원금 2,000만 원과 60개월 동안 매월 지불해야 하는 할부금을 모두 할부만기시점으로 일괄 계산하여 돈의 가치를 동일하게 해주는 것이 필요합니다.

① 2,000만 원을 60개월 동안 월이율 4%로 갚아야 합니다.

현재시점에 할부금 2,000만 원은 월이율 4%를 적용하면 60개월 후에는
$2{,}000 \times 1.04^{60} = 2{,}000 \times 10.52 = 21{,}040$(만 원)
…… ㉠

② 이것은 매월 말 A만 원씩 월이율 4%, 매월 복리로 24개월 적립한 원리합계와 같으므로

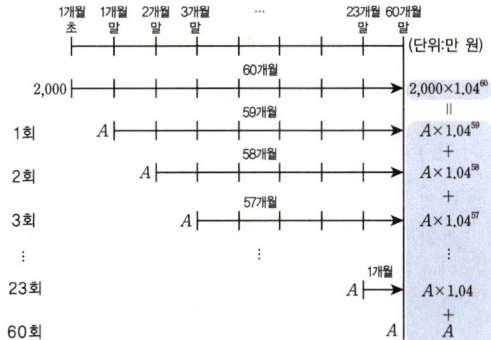

$\therefore A + A \times 1.04 + A \times 1.04^2 + \cdots + A \times 1.04^{59}$
즉, 첫째항이 A이고 공비가 1.04인 등비수열의 첫째항부터 제60항까지의 합과 같으므로
$A + A \times 1.04 + A \times 1.04^2 + \cdots + A \times 1.04^{59}$
$= \dfrac{A \times (1.04^{60} - 1)}{1.04 - 1} = \dfrac{A \times 9.52}{0.04}$
$= 238 \times A$(만 원) …… ㉡

③ 할부만기시점인 60개월 후, 두 할부금은 같아야 하므로 ㉠=㉡ 에서
$238A = 21,040$
$\therefore A = \dfrac{21,040}{238} = 88.40336\cdots$ (만 원)
따라서 매월 말에 지불해야 하는 금액은 884,000원입니다.

061 정답 ④

간단풀이

처음 가지고 있던 원화 100만 원에서 500달러, 200유로를 환전하고 남은 금액은
$1,000,000 - (1,080 \times 500 + 1,250 \times 200)$
$= 210,000(원)$
여행 후, 잔액 50달러와 20유로를 원화로 환전하면
$50 \times 1,090 + 20 \times 1,290 = 54,500 + 25,800$
$= 80,300(원)$
따라서 여행에서 돌아온 후 미나가 가지고 있게 될 원화는
$210,000 + 80,300 = 290,300(원)$

상세풀이

① 미나가 처음 가지고 있던 원화 금액은 100만 원입니다. 1월 7일에 살 때의 환율은 달러가 1,080원, 유로가 1,250원이므로 500달러와 200유로를 환전하면
$500 \times 1,080 = 540,000(원)$
$200 \times 1,250 = 250,000(원)$
따라서 총 $540,000 + 250,000 = 790,000$원을 지출하고 210,000원의 원화가 남습니다.

② 여행 후 잔액은 $500 - 450 = 50$달러와 $200 - 180 = 20$유로입니다. 1월 15일에 팔 때의 환율은 달러가 1,090원, 유로가 1,290원이므로 50달러와 20유로를 원화로 환전하면
$50 \times 1,090 + 20 \times 1,290 = 54,500 + 25,800$
$= 80,300$원

③ 따라서 여행에서 돌아온 후 미나가 가지고 있게 될 원화는
$210,000 + 80,300 = 290,300$원입니다.

062 정답 ②

간단풀이

100만 원을 6월 15일에 달러로 환전했다면
$\dfrac{1,000,000(원)}{1,000(원/달러)} = 1,000(달러)$
7월 1일에 50만 원, 6일에 50만 원을 환전했을 때의 금액은
$\dfrac{500,000}{1,750} + \dfrac{500,000}{1,350} \fallingdotseq 285.7 + 370.4 = 656.1(달러)$
따라서 구하는 6월 15일에 환전하였을 때에 비해 손해를 본 비율은
$\dfrac{1,000 - 656.1}{1,000} \times 100 \fallingdotseq 34.4(\%)$

상세풀이

① 서진이가 가지고 있는 100만 원을 6월 15일에 달러로 환전했다면 이때의 환율이 1,000(원/달러)이므로
$\dfrac{1,000,000(원)}{1,000(원/달러)} = 1,000(달러)$

② 7월 1일, 가지고 있던 100만 원의 절반인 50만 원을 달러로 환전했고 이때의 환율이 1,750(원/달러)이므로
$\dfrac{500,000}{1,750} \fallingdotseq 285.7(달러)$

③ 7월 6일, 남은 50만 원을 환율이 1,350(원/달러)일 때 모두 환전했으므로
$\dfrac{500,000}{1,350} \fallingdotseq 370.4(달러)$

④ 즉, 100만 원을 7월 1일과 6일에 모두 환전한 금액은 $285.7 + 370.4 = 656.1(달러)$입니다.
이때, 구하는 것은 6월 15일에 환전하였을 때의 1,000달러에 비해 손해를 본 비율이므로
$\dfrac{1,000 - 656.1}{1,000} \times 100 \fallingdotseq 34.4(\%)$

063 정답 ②

간단풀이

9월 30일에 원화 90만 원을 위안화로 환전하면 환전 수수료가 1%이므로

$\dfrac{900,000}{160} \times 0.99 = 5,568.75 ≒ 5,569$(위안)

이때, 경비로 80%를 사용한 후 남은 돈은 20%이므로
$5,569 \times 0.2 = 1,113.8 ≒ 1,114$(위안) …… ㉠
(i) ㉠을 10월 3일에 원화로 환전하면
$\quad 1,114 \times 167 \times 0.99$
$\quad = 184,177.62 ≒ 184,178$(원)
(ii) ㉠을 10월 4일에 원화로 환전하면
$\quad 1,114 \times 165 \times 0.99$
$\quad = 181,971.9 ≒ 181,972$(원)
(i), (ii)에서 이 과장이 손해 본 금액은
$184,178 - 181,972 = 2,206$(원)

상세풀이

① 9월 30일에 위안화를 살 때의 환율은 160(원/위안)이므로 원화 90만 원을 위안화로 환전하면
$\dfrac{900,000}{160} = 5,625$(위안)
이때 환전 수수료가 1%이므로 이를 제외하면
$5,625 \times 0.99 = 5,568.75 ≒ 5,569$(위안)

② 경비로 80%를 사용한 후 남은 돈은 20%이므로
$5,569 \times 0.2 = 1,113.8 ≒ 1,114$(위안)

③ 1,114 (위안)을 10월 3일에 원화로 환전하면 이때의 환율은 167원/위안이고 수수료가 1%이므로
$1,114 \times 167 \times 0.99 = 184,177.62 ≒ 184,178$(원)
1,114 (위안)을 10월 4일에 원화로 환전하면 이때의 환율은 165원/위안이고 수수료가 1%이므로
$1,114 \times 165 \times 0.99 = 181,971.9 ≒ 181,972$(원)

④ 따라서 이 과장이 손해 본 금액은
$184,178 - 181,972 = 2,206$(원)

064 정답 ③

간단풀이

12월 23일 처음 가지고 있던 원화 150만 원에서 500달러, 500유로를 환전하고 남은 금액은
$1,500,000 - (500 \times 1,070 + 500 \times 1,230)$
$= 1,500,000 - (535,000 + 615,000)$
$= 350,000$(원)
여행 후 남은 통화는 달러화 60%, 유로화가 20%이므로 1월 2일에 환전할 금액은
$500 \times 0.6 = 300$(달러), $500 \times 0.2 = 100$(유로)
즉, 1월 2일에 300달러와 100유로를 원화로 환전하면
$300 \times 1,050 + 100 \times 1,210 = 315,000 + 121,000$
$= 436,000$원
따라서 구하는 원화의 총 잔액은
$350,000 + 436,000 = 786,000$원

상세풀이

① 12월 23일에 환율은 달러화가 1,070(원/달러), 유로화가 1,230(원/유로)이므로 100달러짜리 지폐 5장과 100유로짜리 지폐 5장을 사기 위해 필요한 원화는
$500 \times 1,070 + 500 \times 1,230$
$= 535,000 + 615,000 = 1,150,000$(원)
A씨가 처음 가지고 있던 원화는 150만 원이므로 환전 후 남은 잔액은
$1,500,000 - 1,150,000 = 350,000$(원)
…… ㉠

② 이탈리아에서 달러화를 40%, 유로화를 80%를 사용하였으므로 여행 후 남은 통화는 달러화 60%, 유로화가 20%입니다. 따라서 1월 2일에 환전할 금액은 각각 $500 \times 0.6 = 300$(달러), $500 \times 0.2 = 100$(유로)입니다.
1월 2일에 환율은 달러화가 1,050(원/달러), 유로화가 1,210(원/유로)이므로 300달러와 100유로를 원화로 환전하면
$300 \times 1,050 + 100 \times 1,210$
$= 315,000 + 121,000 = 436,000$원 …… ㉡

③ 따라서 여행에서 돌아온 후 A씨가 가지고 있게 될 원화의 총 잔액은
㉠+㉡ $= 350,000 + 436,000 = 786,000$원

065 정답 ①

간단풀이

(숙박비)$=258\times1,130+402\times1,175$
$=291,540+472,350=763,890$원
(기타경비)$=2,000\times1,260=2,520,000$원
(항공권)$=1,723,000$원
(총여행경비)$=763,890+2,520,000+1,723,000$
$=5,006,890$원

상세풀이

① 숙박 한 곳은 2월 1일 기준 환율이 1,130(원/USD)일 때 258USD를 지불했으므로
$258\times1,130=291,540$원
다른 숙박 한 곳은 2월 2일 기준 환율이 1,175(원/USD)일 때 402 USD를 지불했으므로
$402\times1,175=472,350$원
따라서 숙박비에 들어간 원화는
$291,540+472,350=763,890$원

② 기타 경비는 2월 3일에 은행에서 2,000 USD를 환전했으므로
$2,000\times1,260=2,520,000$원

③ 왕복 항공권은 1,723,000원이므로 구하는 총 여행 경비는
$763,890+2,520,000+1,723,000$
$=5,006,890$원

066 정답 ③

간단풀이

(동은의 수익)
$=(1000\times1,280+2000\times1,200)-3000\times1,150$
$=(1,280,000+2,400,000)-3,450,000$
$=230,000$원
(연진의 수익)
$=(160,000\times12+140,000\times10.3)$
$\quad-300,000\times10.8$
$=(1,920,000+1,442,000)-3,240,000$
$=122,000$원
이때, 각 외화를 환전할 때의 수수료는 달러가 1.2%이고, 엔화가 1.0%이므로 두 사람의 이익에 환전수수료를 빼면 구하는 두 사람의 이익은
$230,000\times(1-0.012)+122,000\times(1-0.01)$
$=227,240+120,780=348,020$(원)

상세풀이

① 동은이 2월 1일에 3,000달러를 환전하는데 사용된 원화는 살 때의 환율이 1,150(원/달러)이므로
$3000\times1,150=3,450,000$원
이 중에서 10월 1일에 1,000달러를 원화로 환전하면 팔 때의 환율이 1,280(원/달러)이므로
$1000\times1,280=1,280,000$원
나머지 2,000달러를 12월 31일에 원화로 환전하면 팔 때의 환율이 1,200(원/달러)이므로
$2000\times1,200=2,400,000$원
따라서 동은이가 환테크로 얻은 이익은
$(1,280,000+2,400,000)-3,450,000$
$=230,000$원

② 연진이 2월 1일에 300,000엔을 환전하는데 사용된 원화는 살 때의 환율이 10.8(원/100엔)이므로
$300,000\times10.8=3,240,000$원
이 중에서 10월 1일에 160,000엔을 원화로 환전하면 팔 때의 환율이 12.0(원/엔)이므로
$160,000\times12=1,920,000$원
나머지 140,000엔을 12월 31일에 원화로 환전하면 팔 때의 환율이 10.3(원/엔)이므로
$140,000\times10.3=1,442,000$원
따라서 연진이가 환테크로 얻은 이익은
$(1,920,000+1,442,000)-3,240,000$
$=122,000$원

③ 달러화를 환전할 때의 수수료는 1.2%이고, 엔화를 환전할 때의 수수료는 1.0%이므로 두 사람의 이익에 환전수수료를 빼면
(동은의 이익)$=230,000\times(1-0.012)$
$=227,240$(원)
(연진의 이익)$=122,000\times(1-0.01)$
$=120,780$(원)
따라서 구하는 두 사람의 이익은
$227,240+120,780=348,020$(원)

067 정답 ①

간단풀이

2020년 7월 1일, 원금 2,000만 원을 달러화로 환전하면 이때의 환율은 달러가 1,200(원/달러)이므로
$\dfrac{20,000,000}{1,200}=16,666.66\cdots\geq16,666$(달러)
이때, 선호가 처음 가지고 있던 원화는 2,000만 원이므로 환전 후 남은 잔액은

$20,000,000-16.666\times1,200=800$(원) …… ㉠
이 채권의 이자는 연 3%이고, 연 2회 지급되므로 각 회차마다 받는 이자는
$16,666\times\dfrac{0.03}{2}≒250$(달러)
이것을 2021년 1월 1일부터 2023년 7월 1일까지 6번 받고, 모두 원화로 환전해야 하므로
(2021년 1월 1일 이자)+(2021년 7월 1일 이자)+ (2022년 1월 1일 이자)+(2022년 7월 1일 이자) +(2023년 1월 1일 이자)+(2023년 7월 1일 이자)
$=250\times(1,040+1,110+1,150+1,320+1,190+1,130)$
$=250\times6,940=1,735,000$(원)
이때, 이자에 대하여 이자소득세 15.4%를 내야 하므로 이를 제외하면
$1,735,000\times(1-0.154)=1,735,000\times0.846=1,467,810$(원) …… ㉡
한편, 채권 만기일인 2023년 7월 1일에 돌려받은 원금 16,666(달러)를 원화로 환전하면
$16,666\times1,130=18,832,580$(원) …… ㉢
따라서 만기일까지 받을 수 있는 총 원리금은
㉠+㉡+㉢ = 20,301,190(원)

상세풀이

① 2020년 7월 1일, 원금 2000만 원을 달러화로 환전하면 이때의 환율이 달러가 1,200(원/달러)이므로
$\dfrac{20,000,000}{1,200}=16,666.66\cdots$ (달러)
따라서 선호가 미국 국채에 투자한 금액은 16,666(달러)입니다.
이때, 선호가 처음 가지고 있던 원화는 2,000만 원이므로 환전 후 남은 잔액은
$20,000,000-16.666\times1,200=800$(원) …… ㉠

② 이 채권의 이자는 연 3%이고, 연 2회 지급되므로 각 회차마다 받는 이자는
$16,666\times\dfrac{0.03}{2}≒250$(달러)

③ 이것을 2021년 1월 1일부터 2023년 7월 1일까지 6번 받고, 모두 원화로 환전해야 하므로
(2021년 1월 1일 이자)=$250\times1,040$(원)
(2021년 7월 1일 이자)=$250\times1,110$(원)
(2022년 1월 1일 이자)=$250\times1,150$(원)
(2022년 7월 1일 이자)=$250\times1,320$(원)
(2023년 1월 1일 이자)=$250\times1,190$(원)
(2023년 7월 1일 이자)=$250\times1,130$(원)

따라서 6번에 걸쳐 받은 이자의 합은
$250\times(1,040+1,110+1,150+1,320+1,190+1,130)$
$=250\times6,940=1,735,000$(원)
이때, 이자에 대하여 이자소득세 15.4%를 내야 하므로 이를 제외하면
$1,735,000\times(1-0.154)=1,735,000\times0.846$
$=1,467,810$(원) …… ㉡

④ 한편, 채권 만기일인 2023년 7월 1일에 처음 투자되었던 원금 16,666(달러)를 돌려받으므로 이것을 원화로 환전하면 이때의 환율은 1,130(원/달러)이므로
$16,666\times1,130=18,832,580$(원) …… ㉢

⑤ 따라서 만기일까지 받을 수 있는 총 원리금은
㉠+㉡+㉢ = 20,301,190(원)

068 정답 ④

간단풀이

2013년 1월 1일, 원금 1,000만 원을 달러화로 환전하면 이때의 환율은 1,180(원/달러)이므로
$\dfrac{10,000,000}{1,180}=8474.57\cdots≒8,474$(달러)
즉, 8,474달러를 헤알화로 환전하면 이때의 환율은 3.75(헤알/달러)이므로
$8474\times3.75=31,777.5$(헤알)
즉, 진우가 브라질 국채에 투자한 금액은 31,777(헤알)입니다.
이 채권의 이자는 연 10%이고, 매년 지급되지만 원금과 함께 재투자가 되므로 이자에도 이자가 붙습니다.
즉, 31,777헤알이 10년간 연복리로 투자되므로 10년 후 원리금은
$31,777\times(1.1)^{10}≒82,620$(헤알)
2023년 1월 1일에 채권 만기 후, 원리금 82,620헤알을 달러로 수령하였으므로
$\dfrac{82,620}{5.17}≒15,980$(달러)
구하는 것은 원화로 계산된 원리금이므로 이것을 원화로 환전하면
$15,980\times1,310=20,933,800$(원)

상세풀이

이 문제는 환전을 두 번 해야 하므로 실제로 채권에 투자된 금액이 얼마인지 먼저 파악해야 합니다. 또한, 매년 발생하는 이자를 원금과 함께 재투자하기로 하였으므로 연복리 예금 상품으로 생각하는 것이 좋습니다.

① 2013년 1월 1일, 원금 1,000만 원을 달러화로 환전하면 이때의 환율은 1,180(원/달러)이므로
$$\frac{10,000,000}{1,180} = 8474.57\cdots \geq 8,474(달러)$$
즉, 8,474달러를 헤알화로 환전하면 이때의 환율은 3.75(헤알/달러)이므로
$8474 \times 3.75 = 31,777.5(헤알)$
즉, 진우가 브라질 국채에 투자한 금액은 31,777(헤알)입니다.

② 이 채권의 이자는 연 10%이고, 매년 지급되지만 원금과 함께 재투자가 되므로 이자에도 이자가 붙습니다. 즉, 31,777헤알이 10년간 연복리로 투자되므로 10년 후 원리금은
$31,777 \times (1.1)^{10} = 31,777 \times 2.6$
$\fallingdotseq 82,620(헤알)$

③ 2023년 1월 1일에 채권 만기 후, 원리금 82,620헤알을 달러로 수령하였고 이때의 환율은 5.17이므로
$$\frac{82,620}{5.17} \fallingdotseq 15,980(달러)$$
구하는 것은 원화로 계산된 원리금이므로 이것을 원화로 환전하면
$15,980 \times 1,310 = 20,933,800(원)$

069 정답 ①

간단풀이

6월 1일 100만 원을 달러로 환전하면 이때의 환율은 1,149(원/달러)이므로
$$\frac{1,000,000}{1,149} = 870.3\cdots \geq 870 \text{ (달러)}$$
870달러를 몽골 현지에서 투그릭으로 환전하면 이때의 환율은 3,532.4(투그릭/달러)이므로
$870 \times 3,532.4 = 3,073,188(투그릭) \cdots\cdots \text{㉠}$
7월 3일 원화로 환전하여 받은 금액이 21만 원이라고 하였으므로 이것을 다시 달러로 환전한다면 이때 적용된 환율은 1,200(원/달러)이므로
$$\frac{210,000}{1,200} = 175(달러)$$
즉, 7월 1일 현지에서 투그릭을 달러로 환전하여 받은 금액이 175달러이므로 이것을 다시 투그릭으로 환전한다면 이때 적용된 환율은 3,420(투그릭/달러)이므로
$175 \times 3,420 = 598,500(투그릭) \cdots\cdots \text{㉡}$
따라서 구하는 현지에서 사용한 투그릭은
㉠-㉡ $= 3,073,188 - 598,500 = 2,474,688(투그릭)$

상세풀이

① 6월 1일 100만 원을 달러로 환전하면 이때의 환율은 1,149(원/달러)이므로
$$\frac{1,000,000}{1,149} = 870.3\cdots$$
따라서 몽골로 떠날 때 들고 간 달러화는 870달러입니다. 이것을 몽골 현지에서 투그릭으로 환전하면 이때의 환율은 3,532.4(투그릭/달러)이므로
$870 \times 3,532.4 = 3,073,188(투그릭) \cdots\cdots \text{㉠}$
즉, 현지에서 쓸 수 있는 몽골 투그릭화는 3,073,188투그릭입니다.

② 7월 3일 달러를 원화로 환전하여 받은 금액이 21만 원이라고 하였으므로 이것이 달러로 얼마였는지 알아보려면 처음 달러를 원화로 환전할 때의 환율, 즉 7월 3일 달러를 팔 때의 환율인 1,200(원/달러)을 적용하여 다시 달러로 환전해야 합니다. 즉,
$$\frac{210,000}{1,200} = 175(달러)$$
따라서 원화로 환전하기 전 금액은 175달러입니다.

③ 또한, 7월 1일 현지에서 투그릭을 달러로 환전하여 받은 금액이 175달러이므로 이것이 투그릭으로 얼마였는지 알아보려면 처음 투그릭을 달러로 환전할 때의 환율, 즉 7월 1일 투그릭을 팔 때의 환율인 3,420(투그릭/달러)을 적용하여 다시 투그릭으로 환전해야 합니다.
즉, $175 \times 3,420 = 598,500 (투그릭) \cdots\cdots \text{㉡}$

④ 즉, 현지에서 3,073,188투그릭을 쓰고 남은 금액이 598,500투그릭이므로 구해야 하는 현지에서 사용한 투그릭은
㉠-㉡ $= 3,073,188 - 598,500$
$\quad\quad\quad = 2,474,688(투그릭)$

070 정답 ③

간단풀이

2020년 5월 3일 원화 500만 원을 달러로 환전하면 이때의 환율은 1,260(원/달러)이므로
$$\frac{5,000,000}{1,260} \fallingdotseq 3968(달러)$$
이것으로 1주에 65달러인 A주식을 가능한 최대로 사려면
$$\frac{3968}{65} = 61.05\cdots \geq 61(주)$$

따라서 A주식을 61주 매수할 수 있으므로 이것을 매수하는 데 투자된 원화는
$61 \times 65 \times 1{,}260 = 4{,}995{,}900$(원) …… ㉠
2023년 3월 5일 1주에 65달러인 A주식이 200%로 올랐다고 하였으므로 이때의 가격은
$65 \times 200\% = 130$(달러)
즉, 130달러에 61주를 모두 매도하면 $61 \times 130 = 7{,}930$(달러)를 받을 수 있습니다. 이것을 2023년 3월 8일 원화로 환전하였으므로
$7{,}930 \times 1{,}050 = 8{,}326{,}500$(원) …… ㉡
구하는 것은 재민의 이익이므로
㉡ − ㉠ $= 8{,}326{,}500 - 4{,}995{,}900 = 3{,}330{,}600$(원)

상세풀이

① 2020년 5월 3일 원화 500만 원을 달러로 환전하면 이때의 환율은 1,260(원/달러)이므로
$$\frac{5{,}000{,}000}{1{,}260} \fallingdotseq 3{,}968\text{(달러)}$$
이것으로 1주에 65달러인 A주식을 가능한 최대로 사려면
$$\frac{3968}{65} = 61.05 \cdots \geq 61\text{(주)}$$
따라서 A주식을 61주 매수할 수 있습니다.
이때, A주식을 61주 매수하는데 투자된 원화는
$61 \times 65 \times 1{,}260 = 4{,}995{,}900$(원) …… ㉠

② 2023년 3월 5일 1주에 65달러인 A주식이 200%로 올랐다고 하였으므로 이때의 가격은
$65 \times 200\% = 130$(달러)
즉, 130달러에 매도했다고 하였으므로 61주를 매도하면 $61 \times 130 = 7{,}930$(달러)를 받을 수 있습니다. 이것을 2023년 3월 8일 원화로 환전하였고 이때의 환율은 1,050(원/달러)이므로
$7{,}930 \times 1{,}050 = 8{,}326{,}500$(원) …… ㉡

③ 구하는 것은 재민의 이익이므로
㉡ − ㉠ $= 8{,}326{,}500 - 4{,}995{,}900$
$= 3{,}330{,}600$(원)

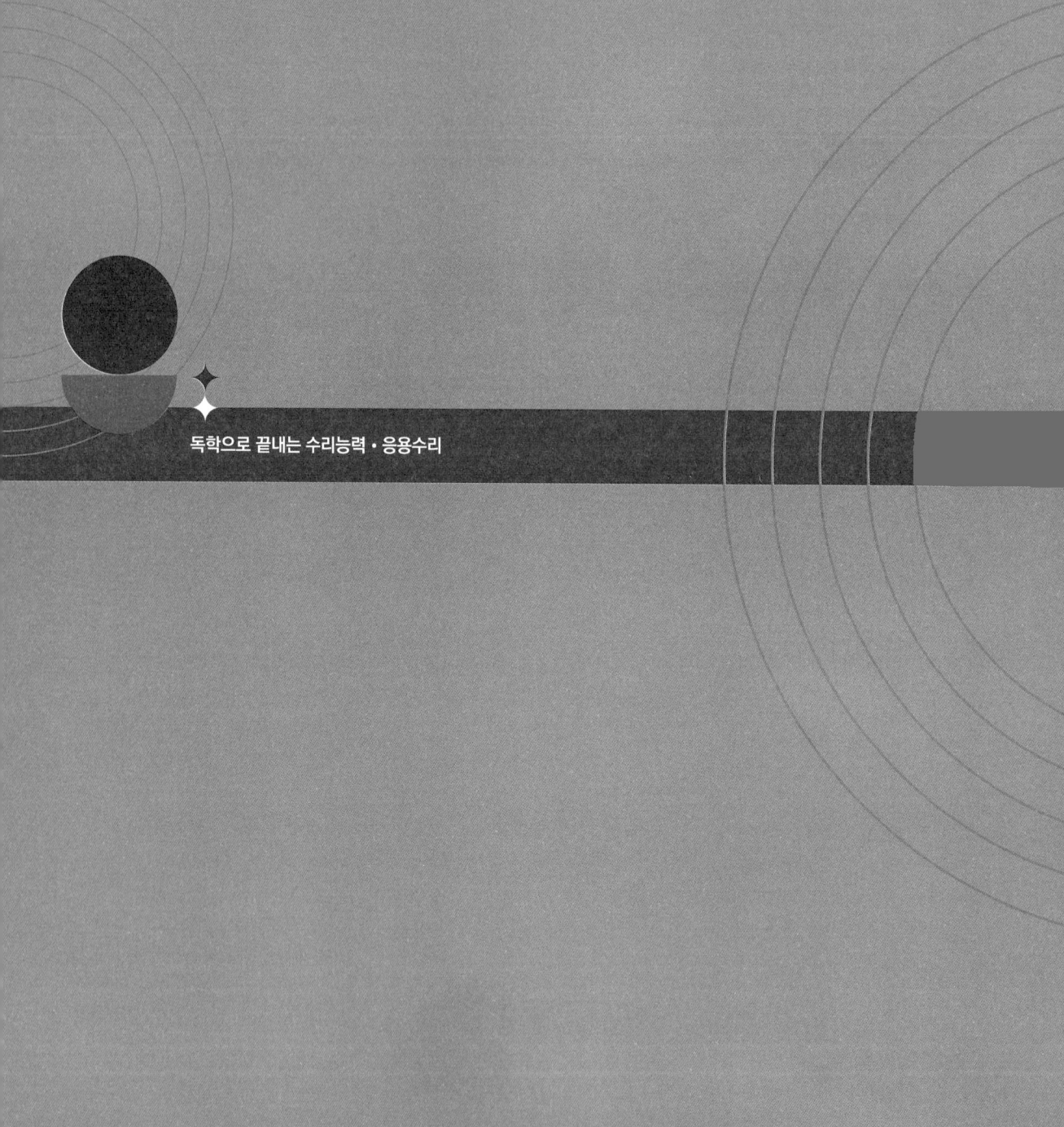

독끝

한 눈에 보는 정답

한 눈에 보는 응용수리 500제 정답

LEVEL TEST 33제

001	④	002	②	003	⑤	004	②	005	⑤
006	⑤	007	①	008	③	009	④	010	④
011	①	012	②	013	①	014	⑤	015	②
016	⑤	017	⑤	018	⑤	019	④	020	③
021	④	022	②	023	②	024	②	025	⑤
026	③	027	⑤	028	②	029	⑤	030	②
031	①	032	③	033	⑤				

1일차 001~033

001	③	002	⑤	003	④	004	②	005	②
006	④	007	④	008	①	009	①	010	④
011	①	012	②	013	②	014	①	015	③
016	①	017	⑤	018	⑤	019	①	020	⑤
021	③	022	③	023	⑤	024	①	025	④
026	④	027	②	028	②	029	⑤	030	③
031	④	032	⑤	033	⑤				

2일차 034~066

034	④	035	⑤	036	②	037	③	038	①
039	⑤	040	①	041	①	042	⑤	043	④
044	①	045	④	046	④	047	①	048	④
049	⑤	050	⑤	051	①	052	②	053	③
054	④	055	④	056	⑤	057	②	058	⑤
059	①	060	④	061	④	062	②	063	⑤
064	④	065	②	066	②				

3일차 067~100

067	①	068	②	069	①	070	④	071	②
072	④	073	②	074	⑤	075	③	076	①
077	④	078	③	079	③	080	①	081	④
082	③	083	④	084	⑤	085	④	086	②
087	①	088	②	089	①	090	⑤	091	①
092	①	093	⑤	094	②	095	①	096	①
097	④	098	④	099	②	100	②		

4일차 101~133

101	③	102	③	103	④	104	④	105	③
106	②	107	②	108	②	109	②	110	②
111	①	112	①	113	①	114	①	115	③
116	①	117	②	118	②	119	①	120	②
121	③	122	③	123	②	124	③	125	③
126	①	127	④	128	③	129	①	130	①
131	①	132	①	133	③				

5일차 134~166

134	②	135	⑤	136	⑤	137	⑤	138	⑤
139	④	140	②	141	③	142	②	143	③
144	③	145	⑤	146	①	147	②	148	⑤
149	②	150	②	151	①	152	③	153	②
154	③	155	②	156	②	157	①	158	④
159	①	160	④	161	④	162	⑤	163	④
164	④	165	①	166	⑤				

6일차 167~200

167	③	168	③	169	②	170	③	171	②
172	①	173	④	174	③	175	⑤	176	④
177	①	178	⑤	179	③	180	①	181	②
182	②	183	⑤	184	④	185	③	186	③
187	①	188	①	189	①	190	③	191	④
192	④	193	④	194	②	195	①	196	①
197	③	198	③	199	④	200	③		

7일차 201~233

201	③	202	②	203	①	204	⑤	205	①
206	④	207	④	208	③	209	②	210	⑤
211	②	212	⑤	213	①	214	②	215	⑤
216	③	217	②	218	③	219	③	220	①
221	③	222	③	223	④	224	②	225	①
226	②	227	③	228	③	229	①	230	⑤
231	②	232	②	233	⑤				

8일차 234~266

234	⑤	235	③	236	④	237	⑤	238	③
239	④	240	④	241	③	242	⑤	243	⑤
244	④	245	③	246	③	247	②	248	⑤
249	④	250	⑤	251	①	252	③	253	①
254	③	255	③	256	③	257	②	258	①
259	②	260	④	261	③	262	④	263	⑤
264	③	265	③	266	③				

9일차 267~300

267	③	268	④	269	②	270	②	271	④
272	④	273	⑤	274	⑤	275	③	276	②
277	③	278	④	279	②	280	⑤	281	②
282	①	283	②	284	①	285	②	286	②
287	⑤	288	③	289	①	290	⑤	291	④
292	④	293	②	294	⑤	295	③	296	②
297	②	298	④	299	④	300	⑤		

10일차 301~333

301	④	302	②	303	①	304	②	305	④
306	③	307	①	308	④	309	②	310	①
311	③	312	②	313	④	314	②	315	③
316	③	317	④	318	②	319	③	320	⑤
321	③	322	②	323	②	324	②	325	①
326	②	327	⑤	328	①	329	①	330	②
331	①	332	②	333	①				

11일차 334~366

334	④	335	④	336	④	337	①	338	⑤
339	③	340	④	341	③	342	③	343	④
344	③	345	③	346	⑤	347	②	348	④
349	④	350	②	351	③	352	③	353	⑤
354	③	355	④	356	⑤	357	①	358	③
359	④	360	③	361	③	362	⑤	363	②
364	③	365	②	366	④				

한 눈에 보는 응용수리 500제 정답

12일차 367~400

367	②	368	⑤	369	①	370	③	371	②
372	①	373	④	374	③	375	②	376	④
377	②	378	④	379	②	380	⑤	381	④
382	②	383	②	384	③	385	①	386	④
387	⑤	388	④	389	②	390	⑤	391	④
392	⑤	393	③	394	④	395	④	396	④
397	③	398	⑤	399	③	400	⑤		

고난도 13일차 01~35

01	④	02	⑤	03	⑤	04	③	05	⑤
06	②	07	①	08	⑤	09	①	10	③
11	③	12	②	13	④	14	③	15	②
16	④	17	②	18	③	19	④	20	④
21	④	22	③	23	③	24	④	25	③
26	③	27	④	28	②	29	①	30	③
31	④	32	②	33	②	34	②	35	①

고난도 14일차 36~70

36	⑤	37	②	38	②	39	④	40	⑤
41	②	42	④	43	③	44	④	45	③
46	③	47	①	48	⑤	49	③	50	④
51	②	52	④	53	②	54	③	55	⑤
56	①	57	⑤	58	④	59	④	60	④
61	④	62	②	63	②	64	③	65	①
66	③	67	①	68	④	69	①	70	③

MEMO

초판 발행 : 2022년 6월 1일
4판 2쇄 발행 : 2025년 12월 1일
발행인 : 박경식
저자 : 길잡이연구소, 애드투북스 공저
편집자 : 조재필, 심재훈, 한단비
발행처 : (주)애드투
등록번호 : 제 2022-000008호
이메일 : books@addto.co.kr
교재정오표 : addto.co.kr

저자와
협의하에
인지를 생략함

* 잘못된 책은 구입한 곳에서 문의해주세요.
* 이 책은 저작권법에 의해 보호를 받는 저작물로 저작권자나 (주)애드투의 사전 동의없이 본문의 일부 또는 전부를 무단으로 복제하거나 다른 매체에 기록할 수 없습니다.

ISBN 979-11-93369-07-4
정가 29,000원